下城年鉴

XIACHENG YEARBOOK

2020

总第3卷

杭州市下城区地方志编纂研究室 编

方志出版社

图书在版编目（CIP）数据

下城年鉴. 2020 / 杭州市下城区地方志编纂研究室编. -- 北京 : 方志出版社，2020.8
ISBN 978-7-5144-4320-2

Ⅰ. ①下… Ⅱ. ①杭… Ⅲ. ①区（城市）—杭州—2020—年鉴 Ⅳ. ①Z525.54

中国版本图书馆CIP数据核字（2020）第172455号

下城年鉴（2020）

编　　者：杭州市下城区地方志编纂研究室
责任编辑：梅中英

出 版 者：方志出版社
地址　北京市朝阳区潘家园东里9号（国家方志馆4层）
邮编　100021
网址　http://www.zgfzcb.cn
发　　行：方志出版社图书经销中心
电话（010）67110500
经　　销：各地新华书店

印　　刷：南京凯德印刷有限公司
开　　本：889毫米×1194毫米　1/16
印　　张：25
字　　数：630千字
版　　次：2020年8月第1版　2020年8月第1次印刷
印　　数：0001~1000册

ISBN 978-7-5144-4320-2　定价：280.00元

下城区地方志编纂委员会

顾　　问	刘　颖			
主　　任	柴世民			
副 主 任	林炳达	谢渐升	何　伟	任雁鸣
成　　员	王振霄	哈军礼	丁向崧	吴　俊
	沈潮建	郑天华	凌　智	杨能丹
	史　梁	房雪峰	黄　伟	杨晓萍
	蔡延平	江海灵	朱卫东	孙丽萍
	高晓岚	邵兰珍	孔　奇	卢名辉
	章　柯	袁　俊	吴　琳	李　驷
	冯琼梅	吴　昊	吕东东	林　丽

下城年鉴编辑部

主　　编	林　丽			
副 主 编	朱　旭			
特约编审	余显幕			
执行主编	周子荣			
编　　辑	（以姓氏笔画为序）			
	朱　旭	刘　沁	陈　玲	周子荣

数字下城

2019

城区面积
31.46平方千米

常住人口
52.6万人

户籍人口
42.37万人

地区生产总值
1049.6亿元

第二产业增加值
42.08亿元

第三产业增加值
1007.52亿元

商贸业增加值
177.5亿元

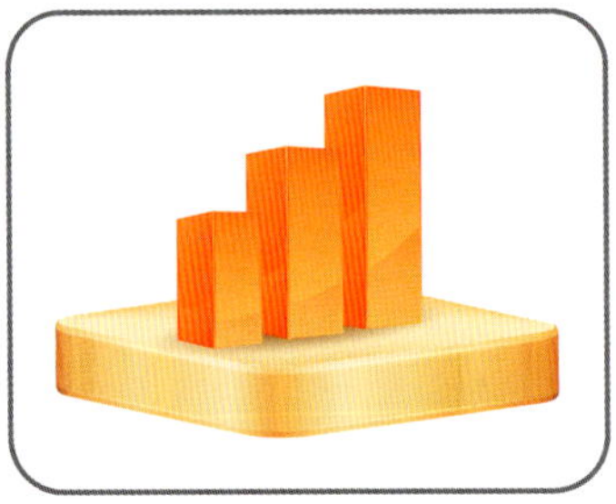

金融业增加值
388.03亿元

文化创意产业增加值
166.08亿元

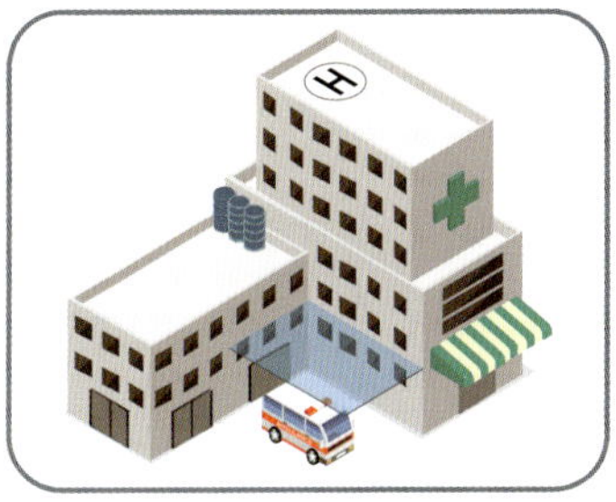

健康产业增加值
106.56亿元

数字经济核心产业增加值
24.28亿元

社会消费品零售总额
534.87亿元

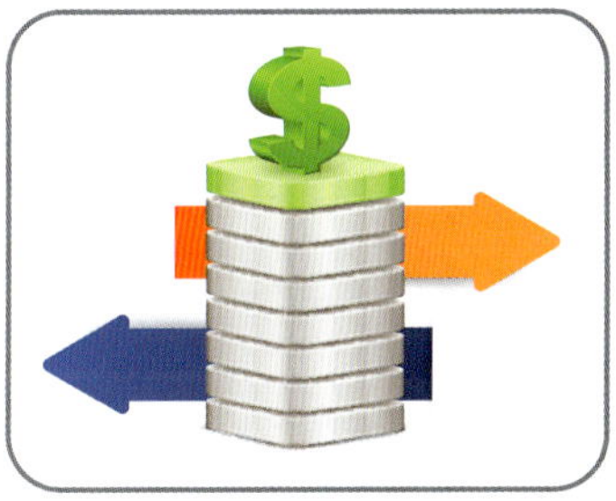

利用外资
6.7亿美元

财政总收入
175.12亿元

地方一般公共预算收入
96.59亿元

固定资产投资
146.71亿元

自营进出口总额345.99亿元
其中：进口总额158.19亿元
出口总额187.80亿元

专利申请量6722件，
授权数3467件
其中：发明专利申请量3855件，
授权数1113件

杭州城北体育公园

（徐 晖 摄）

京杭大运河（下城段）夜景

（林之江　摄）

武林广场“八少女”音乐喷泉　　（赵乃刚　摄）

杭州大厦购物城

坤和中心灯光秀

（区委宣传部　供稿）

文晖路夜景　　（区委办　供稿）

（区委宣传部　供稿）

杭州嘉里中心夜景　　（区城管局　供稿）

中大广场外景　　　　（贺勋毅　摄）

中国（杭州）汽车文化精品街区、国际化汽车服务产业发展示范街区　　　　（贺勋毅　摄）

杭州中国丝绸城　　（区委宣传部　供稿）

2019年8月5日，中共杭州市下城区委十届六次全体（扩大）会议在区行政中心召开　（区融媒体中心　供稿）

2019年1月15—18日，杭州市下城区第十五届人民代表大会第三次会议在区行政中心召开　（区融媒体中心　供稿）

2019年1月14—17日，中国人民政治协商会议第五届杭州市下城区委员会第三次会议在区行政中心召开

（区融媒体中心　供稿）

2019年9月11日，下城区“不忘初心、牢记使命”主题教育工作会议在区行政中心召开　（区委组织部　供稿）

2019 年 3 月 27 日，下城区举行第一批重点项目集中开工仪式
（区融媒体中心　供稿）

2019 年 5 月 3 日，浙江集商优选电子商务有限公司旗下会员电商平台“云集”在美国纳斯达克上市　（区金融办　供稿）

2019 年 7 月 9 日，区四套班子领导出席下城区第二批重点项目集中开工暨石桥永丰（西区）安置房开工仪式
（区城投集团　供稿）

2019年9月17日，下城区举行第三批重点项目集中开工暨杭州恒隆广场项目开工仪式

（区融媒体中心　供稿）

2019年11月20日，下城区举行第四批重点项目集中开工暨东新路整治工程开工仪式

（区融媒体中心　供稿）

2019年11月29日，下城区长庆派出所获评全国首批“枫桥式公安派出所”。图为派出所民警在接受辖区居民咨询

（区融媒体中心　供稿）

2019年10月17日，区委书记刘颖(前左三)到东新街道调研主题教育开展情况　　（区委宣传部　供稿）

2019年3月19日，区委副书记、区长柴世民(前右三)调研杭州地铁3号线征迁工作　　（区住建局　供稿）

2019年7月30日，下城区开展第一轮“互学互看”大比武活动。图为大比武活动动员大会现场 （区融媒体中心　供稿）

2019年9月12日，下城区委理论学习中心组全体成员到云居山浙江革命烈士纪念馆重温入党誓言

（区委宣传部　供稿）

2019年1月1日，由区委、区政府主办，天水街道承办的2018—2019年“武林跨年”活动在武林广场举行

（区融媒体中心　供稿）

2019年9月12—15日，浙江国际进口（武林洋淘）博览会在浙江展览馆举行

（文　芝　摄）

2019年11月9日，“杭城新零售嘉年华”武林大巡游活动在下城区举行　　（区融媒体中心　供稿）

2019年11月12日，“武林记忆”暨杭州中国丝绸城金秋购物节开幕　　（区融媒体中心　供稿）

2019年5月30日，区委宣传部等单位举办“之江国际青年艺术周校园歌手走进武林路国际音乐街区”专场演出

（区委宣传部　供稿）

2019年8月9日，下城区首届文化节开幕，加拿大“太阳马戏”亚洲唯一驻场秀举行首场公演

（区融媒体中心　供稿）

2019年9月27日，由下城区委、区政府主办，区委宣传部承办的“永守初心、歌唱祖国”下城区庆祝中华人民共和国成立70周年歌咏比赛在杭州观成实验学校举行

（区委宣传部　供稿）

2019年10月14日，下城区首届群众原创文艺精品展演在西湖文化广场举行　　（区文广旅体局　供稿）

1 | 3
2 | 4 | 5

2019年，杭州观成实验学校（图1）、杭州市长寿桥岳帅小学（图2）、杭州市安吉路幼儿园锦绣园区（图3）、杭州市西园实验幼儿园白石园区（图4）、杭州观成幼儿园（图5）5所校园投入使用　（区教育局　供稿）

2019年，下城区实施“美丽街巷”改造工程。图为改造后的打铁关巷　（区城管局　供

2019年，下城区启动老旧小区综合提升改造工程。图为改造后的流水北苑　（区城管局　供稿）

2019年，潮鸣街道“小天竺、知足弄社区综合整
程”被省住房和城乡建设厅评为“2019年老旧小区住
造样板工程”　（区城管局　供

2019年，下城区建成石桥南苑蓝领公寓　（区城管局　供稿）

2019年，下城区完成18座公厕改造。图为引入5G无触碰感应技术的武林路智慧公厕
（区城管局　供稿）

2019年9月12—25日，第四届淘宝造物节在杭州锅炉厂老厂房（城市之星工业遗存保护区）举行。主会场分为科技、国风非遗、潮流、设计、美食五大版块，汇聚400多家淘宝店、1000多种特色商品。

2019年9月12—25日，淘宝造物节在杭州锅炉厂老厂房举

新物种喵星垃圾分拣机

（区融媒体中心　供稿）

淘宝造物节柔宇科技（ROYOLE）成果

（区融媒体中心　供稿）

（区融媒体中心　供稿）

淘宝造物节特斯拉鲨鱼试驾

（区融媒体中心　供稿）

下城区行政区划图
半山街道
石桥街道
东新街道
笕桥街道
上塘街道
浙江大学城市学院
浙江树人大学
永佳苑
永佳南苑
永佳东苑
北上新城
元都新景
泗龙湖邸
华丰北苑
华丰南苑
华丰东苑
亿城嘉园
风华新语公寓
杭州公交集团
华丰工业经济园
怡乐银座
华悦大厦
佳美大厦
半山旧货交易市场
永富大厦
杭州装饰材料市场
都市枫林
永锦苑
杭州轴承厂
杭州汽轮动力集团
水岸晶座
石桥苑
窑浜公寓
丰禾苑
甘长苑
景翠公寓
石大路货运市场
新华集团经济园
杨家春晓
杨家沁苑
中国（杭州）跨境贸易电子商务产业园
冯家园
中天银泰城
西文东苑
世嘉新座
跨贸小镇
万家星城
新天地中心
星城发展大厦
区电子商务产业园
欣景苑
香源公寓
西文北苑
漾河人家
西文公园
水印康庭公寓
西联广场
西悦大厦
区中西医结合医院
中国(杭州)国际人力资源产业园
区行政服务中心
万和玺园
灯塔豪园
东新园小区
区法院
三塘小区
城北体育公园
三立时代广场
拱
墅
区
江
干
石桥路
德胜路
华丰路
同协路
长城街
兴业街
白塘桥路

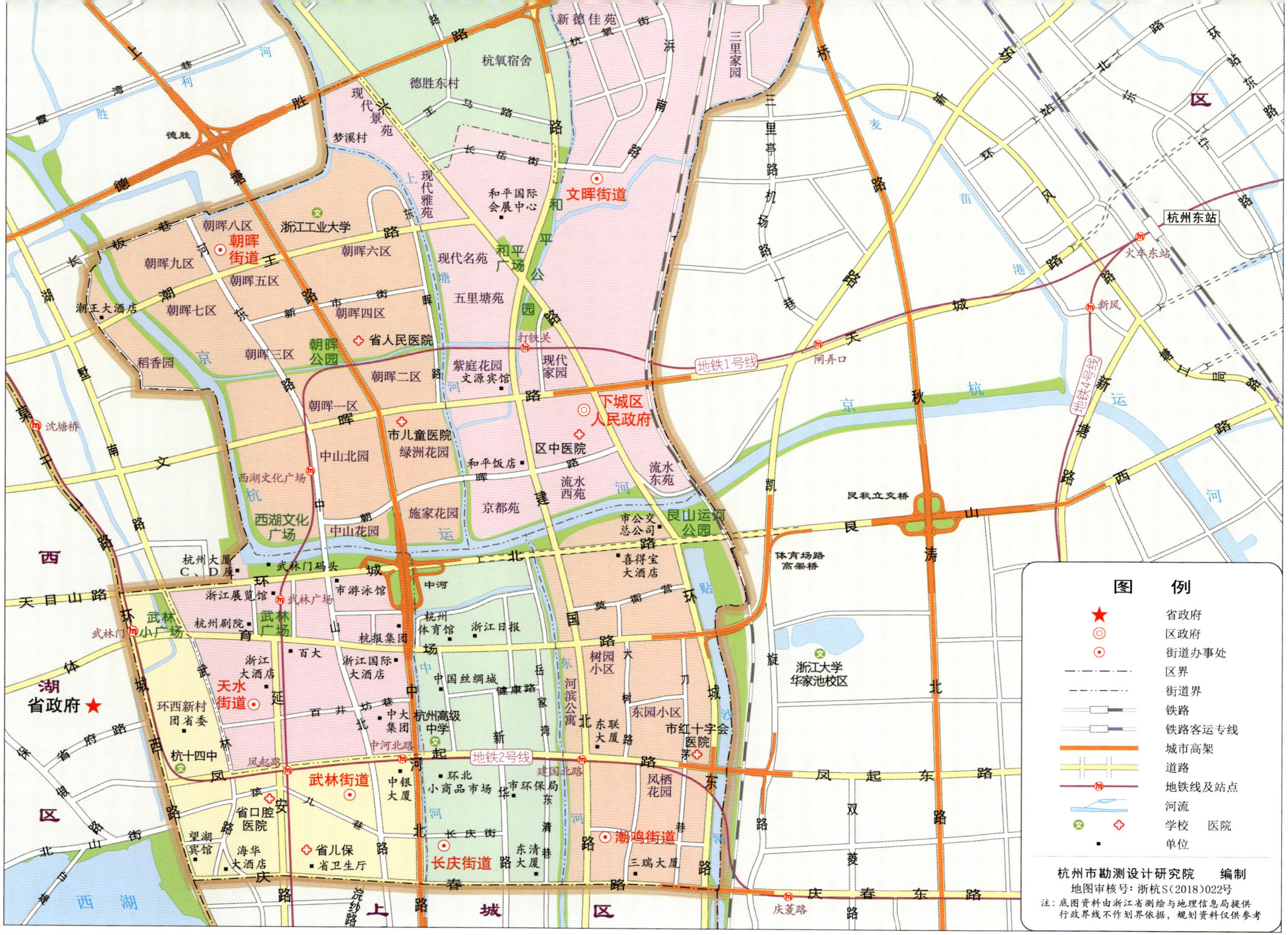

图 例
省政府
区政府
街道办事处
区界
街道界
铁路
铁路客运专线
城市高架
道路
地铁线及站点
河流
学校 医院
单位
杭州市勘测设计研究院 编制
地图审核号：浙杭S（2018）022号
注：底图资料由浙江省测绘与地理信息局提供
行政界线不作划界依据，规划资料仅供参考
下城区人民政府
省政府
文晖街道
朝晖街道
天水街道
武林街道
长庆街道
潮鸣街道
杭州东站
火车东站
新风
闸弄口
打铁关
武林广场
凤起路
建国北路
中河北路
庆菱路
沈塘桥
地铁1号线
地铁2号线
地铁4号线
德胜
艮秋立交桥
体育场路高架桥
浙江大学华家池校区
浙江工业大学
朝晖八区
朝晖九区
朝晖七区
朝晖六区
朝晖五区
朝晖四区
朝晖三区
朝晖二区
朝晖一区
朝晖公园
省人民医院
市儿童医院
绿洲花园
中山北园
中山花园
施家花园
京都苑
西湖文化广场
艮山运河公园
和平广场
和平国际会展中心
现代名苑
五里塘苑
紫庭花园
文源宾馆
现代家园
区中医院
和平饭店
流水西苑
流水东苑
市公交总公司
喜得宝大酒店
杭州大厦C、D座
武林门码头
市游泳馆
浙江展览馆
杭州剧院
武林小广场
浙江大酒店
百大
浙江国际大酒店
杭报集团
杭州体育馆
浙江日报
中国丝绸城
健康路
中大集团
杭州高级中学
树园小区
河滨公寓
东园小区
东联大厦
市红十字会医院
环西新村
团省委
杭十四中
省口腔医院
望湖宾馆
海华大酒店
省儿保
省卫生厅
中银大厦
环北小商品市场
市环保局
东清大厦
凤栖花园
三瑞大厦
德胜东村
杭氧宿舍
新德佳苑
三里家园
现代景苑
现代雅苑
梦溪村
稻香园
湖王大酒店
中河
西湖
西湖区
上城区

编辑说明

一、《下城年鉴》记录下城区自然、政治、经济、文化、社会和生态建设等方面的基本情况，为各级党政机关、研究机构以及社会各界人士了解、研究下城区提供基本资料，为日后编纂各类志书积累丰富史料。

二、《下城年鉴（2020）》是2018年创刊以来的第3卷。本卷年鉴以马克思列宁主义、毛泽东思想、邓小平理论、“三个代表”重要思想、科学发展观、习近平新时代中国特色社会主义思想为指导，坚持辩证唯物主义和历史唯物主义的立场、观点和方法，求真务实，反映下城区深入贯彻党的十九大精神和省、市委的重大战略部署，动员全区广大党员干部干在实处、走在前列、勇立潮头，当好建设“重要窗口”“头雁战队”排头兵的生动实践和重要事件。

三、《下城年鉴（2020）》记述时限为2019年1月1日至12月31日（部分内容根据实际情况，时限略有前后延伸）。凡在文中直书月、日的，均指2019年内的日期，“年内”一律指“2019年”，“上年”均指“2018年”。

四、《下城年鉴（2020）》采用分类编辑法。由类目、分目、条目三个层次构成，以条目为主要信息载体。全书条目的标题统一用黑体加【 】表示，全书对不同层次的标题在字号、字体和版式上有所不同。全书设特载、年度聚焦、大事记、区情概览、中共下城区委员会、下城区人民代表大会、下城区人民政府、政协下城区委员会、中共下城区纪律检查委员会下城区监察委员会、民主党派·工商联、社会团体、法治 、军事、外事·侨务·港澳台事务 、特色产业、工业、特色产业园（街区）、投资促进·区域合作、综合经济管理、财政·税务·金融、城区建设、城区管理、环境保护、科技、教育、文化·体育、卫生和健康、人力资源和社会保障、社会生活、街道、人物、统计资料、附录、索引等类目34个、分目203个，收录条目1026个，随文照片174幅、表格27张。卷首彩页刊有数字下城、美丽下城、年度聚焦、重要活动、武林文化、民生福祉、品质生活、淘宝造物节的照片和下城区行政区划图。

五、文中除“民主党派”外，未标明党派的“区委”均指“中共下城区委”，“党员”均指“中共党员”，“党建”工作均指“中国共产党建设”工作，缩略语随文注释。

六、本卷年鉴具有双重检索系统，卷首刊有详细中文目录和英文要目，卷末有主题索引、图照索引和表格索引，以便查阅。

七、本卷年鉴所采用的稿件由各撰稿单位提供并审核。少数条目由下城年鉴编辑部撰写。文中主要数据由下城区统计局提供，部分数据由各单位提供，由于统计口径等原因，有的数据与统计资料不尽相同，引用时请注意。

1 特 载

2 年度聚焦

3 大事记

4 区情概览

5 中共下城区委员会

6 下城区人民代表大会

7 下城区人民政府

8 政协下城区委员会

9 中共下城区纪律检查委员会 下城区监察委员会

10 民主党派·工商联

11 社会团体

12 法 治

13 军 事

14 外事·侨务·港澳台事务

15 特色产业

16 工 业

17 特色产业园（街区）

18 投资促进·区域合作

19 综合经济管理

20 财政·税务·金融

21 城区建设

22 城区管理

23 环境保护

24 科 技

25 教　育

26 文化·体育

29 社会生活

30 街　道

31 人　物

32 统计资料

33 附　录

34 索　引

Contents

Special Report

Highlights of the Year

Chronicles of Major Events

District Overview

Xiacheng District Committee of the Communist Party of China

People's Congress of Xiacheng District

People's Government of Xiacheng District

Xiacheng Committee of Chinese People's Political Consultative Conference

Commission for Discipline Inspection of CPC Xiacheng District Committee,Supervision Commission of Xiacheng

Democratic Parties & Federation of Industry and Commerce

People's Organization

Rule of Law

Military Affairs

Foreign Affairs; Overseas Chinese Affairs; Hong Kong, Macao and Taiwan Affairs

Characteristic Industries

Industry

Characteristic Industrial Parks(Blocks)

Investment Promotion & Regional Cooperation

Comprehensive Assets Supervision and Administration

Finance & Taxation & Banking

Urban Construction

Urban Governance

Environmental Protection

Science & Technology

Education

Culture & Sports

Hygiene & Health

Human Resources & Social Security

Social Life

Street

Personages

Statistics

Appendix

Index

认真学习贯彻党的十九届四中全会精神 提高政治站位 扛起责任担当 高水平推进中心城区治理现代化

——在区委十届七次全体（扩大）会议上的报告

（2020年1月3日）

中共杭州市下城区委书记 刘 颖

同志们：

这次区委全会的主要任务是：高举习近平新时代中国特色社会主义思想伟大旗帜，深入贯彻落实党的十九届四中全会和省市委全会精神，回顾总结2019年工作，重点部署2020年任务，动员全区上下聚焦高质量发展、高品质生活，提高站位、争创一流，高水平推进中心城区治理现代化，努力在纵深推进全域中央商务区建设、奋力打造世界名城一流核心城区的征程上展现更大担当作为。

下面，我代表区委常委会作报告。

一、区委常委会2019年主要工作

2019年是新中国成立70周年。区委常委会深入学习贯彻习近平新时代中国特色社会主义思想，坚决落实中央和省市委决策部署，统筹做好改革发展稳定和改善民生各项工作，不断将全面从严治党引向深入，全区经济社会事业继续保持健康发展，人民群众获得感、幸福感、安全感稳步提升。地区生产总值、社零总额双双突破千亿元大关，预计同比分别增长6.7%和8.5%；预计完成固定资产投资150亿元，同比增长33.1%，增幅位居全市各区（县、市）前列；财政总收入和地方一般公共预算收入在实施大规模减税降费政策的背景下，分别实现175.12亿元、96.59亿元，同比增长6.71%、8.04%。

过去的一年，面对复杂多变的

经济形势、任务繁重的改革发展、日趋激烈的城区竞争，全区上下坚持稳中求进工作总基调，认清所处的时代和下城的方位，明确发展的方向和实现的路径，找准自身的优势和存在的短板，领悟努力的意义和奋斗的价值。我们坚持行动至上、实干至上，干出了转型升级的新气象，干出了项目拆迁的新速度，干出了民生实事的新样板，干出了城区环境的新面貌，干出了平安有序的新局面，干出了风清气正的新风尚，也干出了下城干部的精气神，干出了下城百姓的好口碑。

（一）一年来，我们狠抓新旧动能转换，持续增强经济运行新动力，发展质效越来越好。区委常委会切实加强对经济工作的集中统一领导，12次召开区委财经委员会会议，当好经济发展的领航员和指战员。围绕市委数字经济和新制造业计划“双引擎”发展战略，组建区数字经济产业园区管委会，成立全国区（县、市）首家数字经济商会，首个区块链服务网络（BSN）全球运维中心落户下城。坚持每季度举行重点工程集中开工和重大项目集中签约，恒隆广场等49个重点项目加快推进，嘉里数创、金蚂投资等29个大好高、小而美项目顺利引进，全年到位外资7.8亿美元，总量全市第二。支持“云集”成功上市。出台人才生态“黄金30条”，成立政府产业基金创投联盟，评选表彰区十佳“杰出人才”和十佳“伯乐企业”，全年新认定高层次人才183人，新增市“521”计划人才1名。国际人力资源服务峰会、中国（杭州）“数智武林”院士论坛、“创客天下”大赛来华留学生专场，以及浙江国际进口博览会（武林洋淘）、绍兴路汽车文化精品街区首届“车享节”等活动成功举办，杭州中国丝绸城列入省级高品质步行街创建试点。坚持向“拆”字要发展空间，地铁56项征迁清零任务全面完成，“三村”全面清零，“四村”完成集体土地企业和国有土地居民清零，全年完成土地出让（含已挂牌）19宗696亩，土地出让金超200亿元，创历史新高。荣获第四次全国经济普查国家级先进集体。

（二）一年来，我们狠抓全面深化改革，积极探索改革攻坚新实践，特色亮点越来越多。区委常委会切实加强对改革的设计、谋划和推动，点上突破出亮点，面上开花出经验。作为全省区（县、市）唯一代表，参与全国街道服务管理创新实验区建设，得到国家民政部充分肯定。作为全省唯一试点，率先破题3岁以下婴幼儿照护服务，发出全省第一张“登记证”，成立全省第一个“发展中心”，“532”模式在全国同行中的影响力显现。作为全市城区代表，参与浙江省综合行政执法体制改革试点，成立全省首个街道综合执法机构。作为全市区（县、市）唯一代表，在浙江省基层党建论坛上介绍“坚持党建引领加强小区治理建设幸福家园”经验，改革实践受到中组部、住建部、民政部联合调研组充分肯定。在全市率先建成杭州城市大脑的区县级平台和街道级数字驾驶舱。深入推进“最多跑一次”改革，新行政服务中心改造提升工程竣工交付。制定出台促进经合社产业发展实施意见，扶持壮大集体经济。顺利完成全区党政机构改革，机构履职更加顺畅高效。

（三）一年来，我们狠抓民生关键小事，不断扩大民生福祉新成果，百姓获得感越来越足。区委常委会时刻把群众利益放在心上、落实到行动上，不断增进民生福祉。全区10大类15个小项政府民生实事全部完成，兑现了年初对下城百姓的承诺。加快老旧小区综合提升改造，作为全市试点之一，潮鸣街道小天竺社区建成全市首个样板。全区安置房建设27个项目全部开工，蓝领公寓竣工交付2050套，既有住宅加装电梯60部，新建社区微型消防站30个，“小区管家”服务模式稳步推广。办好教育、卫生、养老等社会事业，推进全域优质美好教育，启用观成实验学校等新校园5所。建设品质型为老服务阵地，“互联网+养老”项目成果丰硕，新增养老服务中心5家，打造全省首个社区“银尚之家”。实施精准就业服务，全区新增就业3万余人，成功创建省级“无欠薪区”。构建社会化双拥优抚工作模式，建成三级退役军人服务保障体系。扎实做好黎平、巴东的对口帮扶工作，落实专项资金1.5亿元，“山凤凰”帮扶品牌得到好评。

（四）一年来，我们狠抓平安法治建设，加快构建社会治理新格局，平安创建越来越实。区委常委会切实强化推进城区治理的责任担当，积极构建共建共治共享的社会治理新格局。在全省89个区

（县、市）平安创建综合考评中勇夺第一名，再次荣获“浙江省创建法治县（市、区）工作五星级示范单位”称号。长庆派出所荣获全国首批、全市唯一“枫桥式公安派出所”。建成区级社会矛盾纠纷调处化解中心（信访超市），28件历时多年的信访积案成功化解，化解率达80%以上。全力推进扫黑除恶专项斗争，打掉黑恶团伙35个。坚决打好防范化解金融风险攻坚战。法治政府建设、普法宣传教育深入推进，审判和检察工作积极有为。“武林大妈”工作站全区覆盖。全年未发生重大安全事故，实现了保一方平安的目标。

（五）一年来，我们狠抓文化铸魂育人，全力推进城市品质新提升，美丽下城越来越靓。区委常委会积极把握下城区位优势，注重在提升城市品质上持续发力，久久为功。多角度“讲好下城故事”，广泛开展庆祝新中国成立70周年宣传文化系列活动，“永守初心·歌唱祖国”歌咏比赛展现下城干部群众炽热情怀。加拿大国宝级演艺“太阳马戏”亚洲唯一驻场秀精彩亮相，国际女装设计大奖赛永久落户新天地，杭锅老厂房工业文化遗存与阿里淘宝造物节完美结合，成为新的网红打卡胜地，全区文创产业蒸蒸日上。延安路灯光秀、“葵颂”大型雕塑影像展、“潮涌之江”彩车巡展、“武林K歌”等活动各具特色、好戏连台，文化惠民成果喜人，我区率先达到省级公共文化服务标准。践行社会主义核心价值观，推进文明城市创建，圆满完成6次文明程度指数测评，成绩稳居全市前列。高标准完成融媒体中心建设，全年主题宣传亮点纷呈，新华社、《人民日报》、中央电视台、《浙江日报》等主流媒体正面宣传报道下城178篇次。《下城年鉴》荣膺全国区县级一等奖。围绕“全域美丽”目标和“双街示范工程”，积极推进“武林广场、西湖文化广场、延安路（下城段）、武林路”综合提升和美丽河道、美丽街巷建设。加大治气、治水、治废工作力度，中央环保督察信访件全部办结销号，一批餐饮油烟扰民等历史遗留难题逐一攻克。垃圾分类“定时定点”投放全面启动，“减桶、并桶、撤桶”取得初步成效。成功创建省级“基本无违建区”。

（六）一年来，我们狠抓全面从严治党，认真落实主题教育新要求，党建引领越来越强。区委常委会坚决落实管党治党的政治责任，坚持把抓好党建作为最大政绩，推动管党治党责任全面覆盖、层层传导。认真组织开展“不忘初心、牢记使命”主题教育，全区57家单位、1644个基层党支部、3.3万余名党员参与，通过“大学习、大讨论、大检视、大比武”四大行动，较好解决了基层、企业、群众反映的一大批问题，在思想政治、干事创业、为民服务等方面交出了合格答卷。高度重视意识形态工作，旗帜鲜明坚持党管宣传、党管意识形态，严格落实意识形态工作责任制。强化干部教育培训，推广应用“学习强国”平台，举办区委理论学习中心组（扩大）学习会19场，开展干部教育培训主体班次27期，组织4批250余人次赴北京、深圳开展专题培训班，提高干部专业化水平。深入推进领导班子和干部队伍建设，以实绩选人用人，并加大优秀年轻干部培养选拔力度，全年累计调整干部13个批次，选拔任用区管干部48人，5名同志入选省市担当作为好干部，2名公务员荣获杭州市“十佳公务员”。深入开展强基固本行动，全面实施“党建双强”工程，建立全省首家城市基层党支部学院，在全市率先制订出台基层党群服务中心地方标准，街社两级党群服务中心全面建成并投入使用，“武林红盟”吸纳党建共建单位523家、辐射党员4万多人。加强监督执纪，完成四轮进驻巡察任务。严格执行中央八项规定精神，坚决整治“四风”问题，坚持打好“四种形态”、派驻监督、进驻巡察的组合拳，全年立案53件次、处分43人，对8名被举报不实的党员干部予以澄清，全区政治生态更加风清气正。

一年来，区委常委会高度重视自身建设。我们坚持绝对忠诚，始终把学懂弄通做实习近平新时代中国特色社会主义思想作为首要政治任务，增强“四个意识”、坚定“四个自信”、做到“两个维护”，思想上政治上行动上同以习近平同志为核心的党中央保持高度一致。我们坚持从严治党，严守政治纪律和政治规矩，严格执行民主集中制和“三重一大”决策机制，对事关全局的重大问题、重大事项均提交区委常委会集体研究、民主决策，自觉维护集体领导和班子团结，不断提高政策理论水平和领导决策能力。认真执行廉洁自律准则，全面履行“一岗双责”，自觉接受各方监督，努力为全区党员干部作表率。我们坚持走群众路线，大兴调查研究之风，区四套班子领导干部领衔的重点调研课题全部完成，并付诸实践；区委常委带头包案化解信访积案，“走亲连心三服务”累计走访基层、企业、群众近1.2万人次，解决问题5000余个。我们坚持加强和改进党对人大、政府、政协工作的全面领导，全力支持人大、政府、政协以及审判机关、检察机关依法开展工作，密切与各民主党派、无党派和非公经济人士的团结合作，扎实做好民族宗教、侨务、对台、非公经济、新阶层人士等工作，区统一战线人士服务中心的效能得到进一步提升，重视发挥工青妇等群团组织作用，有效汇聚起建设发展的强大合力。

同志们，过去的一年，在全区广大党员干部群众的共同努力下，各项工作取得了可喜的成绩，为下城新一轮发展打下了坚实基础。我们高兴地看到，大家的思想认识已经日趋统一。思想认识统一是一个部门、一个区域做好工作的前提和关键。一年来，全区上下紧紧围绕“两高两区”目标，深入贯彻落实区委决策部署，认识一致、步调一致，大家心系下城、发展下城、奉献下城的初心越来越红。我们高兴地看到，想干、肯干、干好已经成为大家的共同自觉。幸福是奋斗出来的，成绩是靠干出来的。一年来，全区上下始终保持着旺盛的斗志和干事的激情，想干事、能干事、干成事。大家怀着干出一番事业的雄心壮志，不等不靠、迎难而上，项目为王、实干至上、实绩至上的意识越来越强。我们高兴地看到，干部的执行力、战斗力已经明显提升。我们之所以能打赢每一场战役，就是因为有足够的执行力、战斗力作保证。一年来，大家不怕困难、紧盯目标，出实招、求实效，能征善战、能打硬仗、合力攻坚的本领越来越高。我们高兴地看到，全区上下比学赶超的氛围已经日渐浓厚。一个地方的风气很重要，一个地方的氛围更重要。一年来，全区上下鼓足干劲、力争上游，“八仙过海、各显神通”，各部门、各街道通过微信群、现场会等载体，比谁速度快、比谁招数多、比谁成效好，比学赶超、争先创优、互学互鉴的氛围越来越浓。我们也高兴地看到，下城百姓最可爱，下城干部很可敬。一年来，下城百姓在项目拆迁、垃圾分类、旧改提升等工作中，全面参与、积极参与，如果没有他们的理解、支持和配合，我们的各项工作推进不可能那么顺利。下城干部活跃在全区经济社会发展的第一线，夙兴夜寐、克难攻坚，责任感越来越强，方向感越来越明，成就感也越来越足。

同志们，过去一年成绩的取得，是省市党委政府正确领导、亲切关怀的结果，是区四套班子同心同德、凝心聚力的结果，是各街道、部门、市直驻区单位和社区、经合社克难攻坚、苦干实干的结果，是各位老领导、各民主党派、工商联、群众团体和辖区各企事业单位、驻区部队积极参与、大力支持的结果。在此，我代表中共下城区委，向为我区经济社会事业发展作出贡献的广大干部群众和社会各界，表示衷心的感谢和崇高的敬意！

在充分肯定成绩的同时，我们也清醒看到工作中存在的差距和不足，主要表现在：对中心城区发展的前瞻性谋划还不够深，产城融合的步伐还需继续加快；产业项目集聚和人才集聚的态势还不够强劲，数字经济的规模和质量还需有更大提升，全区上下凝心聚力抓经济工作的精力仍需进一步集中；城区治理现代化面临新的困难和挑战，城市建设管理精细化、品质化水平还需提升；文化、教育、卫生、养老等社会民生事业与群众期望值还有不少差距；一些干部的思想认识和能力水平与新时代新要求还不相适应，少数领导干部干事热情和创业激情还需进一步激发。对此，我们一定要高度重视，采取有力措施切实加以解决。

二、从积极探索中心城区治理现代化的“下城实践”中，认真总结经验，写好时代答卷

站在“两个一百年”奋斗目标的历史交汇点上，党的十九届四中全会对坚持和完善中国特色社会主义制度、推进国家治理体系和治理能力现代化进行了全面擘画，省委十四届六次全会、市委十二届八次全会分别就高水平推进治理现代化作出了重要部署。治理不仅仅是社会治理，是包括经济、政治、文化、社会、生态五位一体的治理。作为省会城市核心城区，一年来，

我们坚持系统性、全局性、关联性、协同性思维，围绕中央和省市委重大决策部署，积极开展探索和实践，较好处理了各领域各环节治理之间的关系，较好实现了社会建设与经济建设同步、平安幸福与民生改善共进、客观指标与群众感受相符，为推进中心城区治理现代化积累了经验、提供了借鉴。

一是始终坚持党的领导，这是高水平推进中心城区治理现代化的根本保证。党的领导是中国特色社会主义最本质的特征，坚持和完善党的领导制度体系，是不断开辟"中国之治"新境界的命脉所在。回顾一年来的工作，我们深深感受到，正是因为我们始终坚持以习近平新时代中国特色社会主义思想为指引，充分发挥党总揽全局、协调各方的领导核心作用，才能在纵深推进"两高两区"的新征程中众志成城、昂扬奋进。在区委统一领导下，全区上下解放思想、求真务实，以走在前列、争创一流的信心决心，把"长三角一体化发展""八八战略再深化""干好一一六、当好排头兵"等中央和省市委重大决策部署落到实处、抓出实效。比如，区四套班子领衔大抓项目、抓大项目，农居安置房建设等26个攻坚克难保发展重点项目强势推进，除3个项目因规划设计方案调整等因素未启动外，其余项目都已开工或完成；各街道部门比作风、赛实绩，全区三轮"互看互学"大比武亮点纷呈；各社区"楼道建支部、网格建总支、社区建党委"三级治理体系不断完善，激活了小区治理的"红色细胞"；各社区、业委会、物业公司三方协调、同向发力，全区物业方面信访投诉量同比下降40%以上；项目党建"突击连"、党员骨干"先锋队"作用持续强化，跑出了机场轨道快线拆迁（朝晖段）全市率先交地、长隆公寓搬迁28天清零、省工业品市场搬迁8天清零、杭汽轮和机二路国有居民户搬迁当日签约当日清零等方面的下城速度。实践告诉我们，只要我们坚持一个声音贯到底、一个步调走到底、一切工作同轴转，坚定不移地贯彻落实中央和省市委各项决策部署，就一定能沿着正确的道路阔步向前。

二是始终坚持各方协同，这是高水平推进中心城区治理现代化的必然要求。习近平总书记曾以"指头"与"拳头"的关系妙喻打好"团结牌"的重要性，生动贴切又富有深意地指明了只有"众人拾柴"才能"火焰高"，只有"握紧拳头"才能"力量强"。回顾一年来的工作，我们深深感受到，正是因为我们始终坚持分工不分家、打好"团结牌"，切实增强工作的协同性、协调性、协作性，才办成了一件件大事、要事、实事、难事。比如，区人大及其常委会自觉坚持党的领导，主动融入中心工作，在助力民营经济发展，及监督助推安置住房建设、打造美好教育、生活垃圾分类等民生实事项目中深入一线、履职尽责，真正当好依法履职的监督者、改革发展的推动者、共担使命的参与者。区政协始终坚持与区委同心同德，充分发挥专门协商机构作用，引导社会各界人士，聚焦产业发展、环境提升、文化赋能等议题协商建言，围绕老旧小区综合改造提升等开展民主监督，全力助推全区经济社会高质量发展。在"8·28"建国北路突发事件应急处置工作中，在区委区政府统一领导和区应急指挥部具体指挥下，公安、交警、住建、应急、消防、城管、民政、教育、卫健、团区委、市政公司等部门及潮鸣街道和社区的广大干部群众不怕牺牲、协同奋战，抢抓"黄金10分钟"，及时疏散周边13幢共792户居民，全力确保居民生命财产安全，充分展示了下城干部队伍关键时刻拉得出、冲得上、打得赢的"铁军"风貌。去年一系列重大活动的成功举办，其背后也无不蕴含着各街道和各部门的通力协作、艰辛努力和无私奉献。实践告诉我们，只要我们树立全区"一张图""一盘棋""一条心"的理念，同心同向、同甘共苦、同舟共济，就一定能克服前进道路上的一切艰难险阻，形成无坚不摧的强大力量。

三是始终坚持社会参与，这是高水平推进中心城区治理现代化的重要法宝。进入新时代，社会治理已不再是党委政府的"独角戏"，而是在党的领导下，政府、社会组织、公民及各方良性互动、协调运转的共同治理。回顾一年来的工作，我们深深感受到，正是因为我们始终坚持"多元主体、多元平台、多元服务"，积极倡导民主协商、广泛动员公众参与，才形成了推动社会和谐发展、保障社会安定有序的强大合力。比如，我们坚持"问情于民、问需于民、问计于民、问绩于民"，完善"居民微公约”“居民议事会”“居民点评会”等社区协商载体，“干不干”请百姓定，“干什么”请百姓选，“怎么干”请百姓提，“干得好不好”请百姓评，全面落实百姓的知情权、参与权、选择权、监督权，找到了群众意愿和要求的最大公约数。像平安居小区自设立“业主接待日”以来，业主提出的地下车库改造、外来车辆停放等问题得到迅速解决，物业费收缴率从不足10%提升到99.5%。又如，我们引领更多的社会主体参与治理，各尽其能、各展其长，最大程度激发社会创造活力。像“武林大妈”从最初建立时18名热心居民的班底，如今已壮大为拥有近4.5万人队伍的基层社会治理“金名片”，在平安下城、美丽下城、文明下城建设中展示作为；“鲍大妈聊天室”“三和交流室”等累计服务数万人次，在社区基层治理中发挥着独特作用；“公羊会”始终秉持“公益帮扶，智趣人生”理念，公益足迹遍及全国和海外多个国家，同时也把中国文化、中国精神传播到了全世界。如今，“有事好商量、遇事多商量、下城的事由下城百姓商量着办”已蔚然成风，广大群众在公共事务决策中的主人翁地位不断彰显；全区2600余家社会组织茁壮成长，如同毛细血管一般融入下城经济社会发展的方方面面，让我们生活的这座城市更有温度。实践告诉我们，只要我们坚持一切为了群众、一切依靠群众，治理过程请群众参与、治理成效让群众评判、治理成果由群众共享，就一定能开创“人人有责、人人尽责、人人享有”的共建共治共享治理新格局。

四是始终坚持改革驱动，这是高水平推进中心城区治理现代化的内在动力。发展出题目，改革做文章。党的十九届四中全会后召开的首次中央深改委会议，进一步明确要驱动全面深化改革之“轮”，为新时代改革之路勾勒出更加清晰的顶层设计。回顾一年来的工作，我们深深感受到，正是因为我们始终坚持把人民的利益和百姓的期盼作为改革的出发点和落脚点，以逢山开路、遇水架桥的劲头抓好各项重点改革任务，才有效破解了基层治理领域多项难题。比如，我们将全国街道服务管理创新实验区建设与“最多跑一次”改革、“城市大脑”推进等紧密结合，从突破信息壁垒搭平台、再造政务流程建标准、拓展智慧应用促治理等方面入手，积极探索审批服务事项“移动办”“全时办”“就近办”，推动街道政务服务更加便民利民惠民。又如，随着街道“承担任务有责缺权”等治理难题与日俱增，我们积极承接省市推进基层社会治理现代化改革试点，着力构建“一个中心管统领、一枚印章管审批、一支队伍管执法、一张网格管治理、一个平台管运行”的“1+3+1”扁平化基层治理体系，相关经验和做法得到省委主要领导充分肯定。再如，针对“3岁以下婴幼儿谁来照护”这一摆在不少家庭面前的难题，我们按照“政府引导、部门协作、家庭为主、多方参与”的思路，主动承接开展省政府赋予的改革试点任务，对全省婴幼儿照护服务的健康规范发展起到破题作用，受到国家卫健委、中国计生协会好评。还有，我们在深入调查研究的基础上，将跨贸和电竞两个特色小镇“合二为一”，搭建区数字经济产业园重点平台，助推武林新城高品质建设，伴随着区块链服务网络（BSN）全球运维中心及全球合作伙伴大会永久会址的成功落户，必将极大推动我区数字经济蓬勃发展。实践告诉我们，只要我们大力弘扬敢闯敢试、勇立潮头的改革创新精神，积极探索敢为人先、守正出新的改革创新实践，就一定能为高水平推进城区治理现代化提供不竭动能、注入新的活力。

五是始终坚持智慧赋能，这是高水平推进中心城区治理现代化的有效举措。党的十八大以来，以习近平同志为核心的党中央把创新驱动发展战略摆在更加突出位置，高度重视数字中国和智慧城市建设，为科技创新赋能国家治理体系和治理能力现代化指明了方向。回顾一年来的工作，我们深深感受到，正是因为我们始终坚持“脑”中有“智”、“心”中有“数”，沿着习近平总书记擘画的“数字中国”路线图坚定不移地走下去，才进一步增强了新时代社会治理的效能和执行力。比如，我们以“智”图“治”，破除部门隔阂、打通数据孤岛，完成全市首个区县级城市大脑平台建设，构建区、街道和园区各级驾驶舱“1+8+1”建设格局，让资源调配更加精准、便民服务更加精细、社会治理更加精心。我们以“智”提“质”，打造集智慧商业、智慧停车、智慧物流、智慧旅游等功能于一体的“智慧商圈”，赋予消费者更好的服务和消费体验，仅“双十一”期间，武林商圈四大商场就实现社零总额8.2亿元，同比增长24.2%，下城传统商贸大区的地位更加巩固。我们以“智”谋“祉”，深化拓展“可信身份认证”等技术应用，在人力社保、卫生健康、档案查阅等领域先行推出“刷脸办”，并将其嵌入“1Call”移动办事平台；在全国首创“视频办”，实现企业和群众办事“零次跑”。实践告诉我们，只要我们充分认识新技术广泛应用对经济社会产生的深刻影响，进一步提高驾驭新技术手段的能力和水平，就一定能为高水平推进城区治理现代化提供高效的智慧解决方案。

六是始终坚持法治护航，这是高水平推进中心城区治理现代化的基础保障。法律是治国之重器，法治是国家治理体系和治理能力的重要依托。党的十九届四中全会规划了全面推进依法治国的重点任务和举措，这也是对“四个全面”战略布局的再深化、再落实、再推进。回顾一年来的工作，我们深深感受到，正是因为我们始终坚持法治城区、法治政府、法治社会一体建设，把全区各项工作纳入法治轨道一起谋划、一起部署、一起推进，才让广大群众的获得感更加充实、更有保障。比如，我们坚持纪在法前、纪严于法、纪法协同，将执纪和执法贯通起来，强化对党员干部的日常管理和监督，用纪律和法度维护党的肌体健康纯洁。我们依法公正对待百姓诉求，深入开展司法系统“质量建设年”活动，以严格执法和公正司法的实际行动，维护法律的尊严、维护党和政府威信、维护社会公平正义。我们把开展扫黑除恶专项斗争、化解网贷风险和信访积案等作为法治下城建设的试金石和活教材，全区上下办事依法、遇事找法、解决问题用法、化解矛盾靠法的氛围更加浓厚。我们把全民守法作为依法治区的基础性工作，严格落实党政机关“谁执法谁普法”责任制，大力弘扬法治精神、繁荣法治文化，法治对社会治理的引领、规范和保障作用不断增强。实践告诉我们，只要我们自觉把法治下城建设与全区经济社会发展大局有机结合起来，不断提高运用法治思维和法治方式推动发展、深化改革、化解矛盾、应对风险、维护稳定的能力，就一定能为高水平推进城区治理现代化提供坚强的法治保障。

三、以高水平推进中心城区治理现代化为动力，扎实做好2020年各项工作

2020年是高水平全面建成小康社会的决胜之年、实现第一个百年目标的攻坚之年，也是推进国家治理体系和治理能力现代化的开局之年。做好今年工作的总体要求是：高举习近平新时代中国特色社会主义思想伟大旗帜，深入贯彻落实党的十九届四中全会精神和省市委全会精神，以“干好一一六、当好排头兵”“一流施工队”的姿态，聚焦高质量发展、高品质生活，高水平推进中心城区治理现代化，做大格局、拉高标杆，统筹做好强党建、促发展、惠民生、保平安、优环境等工作，全面完成“十三五”、科学谋划“十四五”，努力在纵深推进全域中央商务区建设、奋力打造世界名城一流核心城区的征程上展现更大的担当作为，为全市发展大局贡献更大的下城力量。

新的一年主要预期目标是：全区地区生产总值增长6%左右；财政总收入增长5%以上；地方一般公共预算收入增长5%以上；固定资产投资增长15%以上；社零总额增长7.5%以上；金融风险有效防控，能源和环境指标以及实际利用外资完成市下达的计划目标。

全区各级党组织必须站在讲政治的高度，观大势、识全局、干实事，全面落实中央和省市委一系列重大决策部署，尤其要以“抓铁有痕、踏石留印”的恒心和韧劲，聚焦关键处、打开突破口，高标准回答好推进城区治理体系和治理能力现代化这个时代考题。综合一段时间以来的学习贯彻和调研成果，区委常委会认为，下城作为省会杭州的中心城区，我们有基础、有条件、也有责任在推进城区治理现代化上走在前列。具体来讲，重点要做好六个方面的工作。

（一）聚焦大融合发展，夯实治理基础。推动经济高质量发展，是实现中心城区治理现代化的基础。我们要突出经济建设这个中心，积极参与长三角一体化发展，弄清楚下城有什么、缺什么，要什么、做什么，以更多的精力来研究、推动经济工作，为城区治理现代化打下坚实基础。要整合一流的资

源。坚持跳出下城看下城、立足全局谋下城，建立健全以发展规划为统领、空间规划为基础、专项规划和产业规划为支撑的统一规划体系，增强我区综合承载和资源优化配置能力。围绕规划落地、交通路网、水电设施、民生改善、生态修复等方面，进一步加快推进武林新城建设。抓住杭州地铁交汇成网的机遇，精心布局地铁时代经济发展新路径。围绕土地做地出让计划，科学把握做地出地节奏，精准土地招商，全年土地出让金不少于200亿元。要优化一流的环境。把优化营商环境作为下城经济发展的“生命线”来抓，对标杭州市打造全国一流营商环境的目标，全力打造公平竞争的市场环境、高效廉洁的政务环境、公正透明的法治环境、开放包容的人文环境，着力提升下城区域竞争综合实力。深化“最多跑一次”改革，持续推进商事登记和企业投资项目审批减环节、压时限、提效率。不折不扣落实减税降费各项政策，减轻企业负担，激发市场活力，抓好协税护税。进一步构建法治化市场秩序，落实支持民营企业发展各项政策，更好发挥商协会作用，大力支持民营经济发展壮大。深化“走亲连心三服务”活动，聚焦企业生产经营中的痛点难点，健全完善领导干部联系服务企业常态工作机制，积极帮助企业解决融资、用地、用工等问题，做到“有求必应、无事不扰”。要壮大一流的产业。充分发挥下城比较优势，注重做大做强现代服务业，聚焦商贸、金融、文创、信息软件等优势产业，加速特色优势产业集聚，建设现代服务业强区。深入实施数字经济“一号工程”和“研发+设计+服务+总部”的新制造业计划，推动高新技术与文化创意、金融服务、生物医药、人工智能等特色产业融合发展。支持集体经济发展。瞄准未来产业发展先机，着力把握前沿科技和未来产业发展趋势，推动5G通信、生命健康、智能物联、新能源、新材料等产业发展，努力形成未来产业竞争优势。用足用好创新型产业用地和经合社10%留用地的资源，这是下城长远发展的潜力所在。要打造一流的平台。数字经济产业园要加快基础设施配套建设，做好数字经济、人工智能等产业招引培育，力争多上项目、多创特色、多作贡献、多争荣誉。人力资源服务产业园要盘活存量，开发增量，加快引进龙头型企业，提升发展规模和亩均效益，打造产业发展新增长点。武林商圈要结合新零售新消费模式，推进业态调整、地下联通与基础设施完善，承接好上海进博会溢出效应，办好武林洋淘、武林跨年等系列活动，进一步集聚商圈人气财气，成为展示现代化中心城区的重要窗口。杭州中国丝绸城等其他产业平台也要提档升级、焕发生机。大力发展“楼宇经济”，注重挖掘中央、省市属企事业单位和社会楼宇资源，做大楼宇体量，提升楼宇品质，保障配套服务，打造更多“亿元楼”。要招引一流的项目。强化招商引资“一把手”工程，健全招商引资和招才引智的“双招双引”联动机制，促进项目、资金、人才、技术一起落户。提升招商队伍专业能力，做到知己知彼、知大势，引大引强、引凤凰。继续坚持区级领导联系攻坚克难保发展重点项目制度，利用每季度“双集中”载体，谋划实施好重点项目，协调解决好项目推进中的难题，全力以赴抓开工、抓进度、抓质量、抓运营，以项目带动有效投资，实现更有质量、更有效益的发展。要培育一流的企业。实践证明，企业稳，经济才能稳；企业有活力，经济才会好。要深入实施“俊鸟工程”，大力扶持发展前景好、潜力大的成长型、创新型中小企业，促进小型企业上规模、中型企业上层次，支持骨干龙头企业做大做强，支持优质企业上市，不断提升我区规模企业的质量和效益。鼓励企业研发攻关、品牌塑造，支持企业开展兼并、联合与重组，盘活存量资产，突破发展瓶颈，实现规模化、集约化发展。积极培育在各细分领域领先的单项冠军企业及国内领先的专精特新“小巨人”企业。

（二）聚焦大生态理念，提升治理品质。环境就是民生，青山就是美丽，蓝天也是幸福。生态环境是关系宗旨的重大政治问题，也是关系民生的重大社会问题。要深入贯彻“两山理论”。持续改善生态环境质量，全面打通断头路、断头河，完善交通路网，构建生态水网。健全完善生活垃圾分类全流程管理体系，提高分类质量，增强处置能力，推动形成生活垃圾分类新时尚。进一步深化“五气、五水、五废”共治，坚决打赢蓝天、碧水、净土保卫战，努力把绿色发展理念转化为建设美丽下城的生动实践。要全面加强城市管理。认真贯彻习近平总书记“城市管理要像绣花一样精细”的重要指示精神，更加精细化做好城市长效管理，落实道路保洁、停车管理、绿化养护、垃圾分类等常态化机制，高标准做好美化、洁化、序化、亮化、绿化等工作，努力打造中心城区长效管理的标杆。要加快推进有机更新。以“工匠精神”聚焦功能完善、空间挖潜和服务提升，紧盯美丽街巷、清肠行动、二次供水、雨污分流等民生实事，高标准推进老旧小区综合改造提升，努力打造更加出彩的“下城样板”。积极探索推进未来社区建设。进一步提升武林商圈、延安路、武林路、西湖文化广场等中心地带的国际时尚气质，推动文化艺术、时尚购物、特色餐饮、休闲娱乐等业态与生态景观深度融合，努力将“杭州之心”雕琢得更加精致。要加快实施重点项目。秉承对城市负责、对百姓负责、对后代负责的理念，高水平打造东新路景观大道、新天地商业圈，实施建国路提升改造等一批重点工程，加快基础配套设施建设，同步带动产业振兴、文化发展，塑造城市新形象，展现下城新亮点。

（三）聚焦大文化品牌，凝聚治理共识。文化是一座城市的独特印记，滋养着城市的历史传承和当代精神，为城区治理现代化注入源源不断的“正能量”。要进一步传承历史文脉。挖掘武林文化，加大对下城商贸、丝绸、工业遗存、历史建筑等文化遗产的研究整理，重视对文化名人资源的挖掘宣传，展示武林文化内涵，延续下城历史文脉。留住下城记忆，将推进北部“七村”城中村改造和南部“美丽街巷”、老旧小区改造提升等工作与历史文化传承相结合，保持旧的肌理、赋予新的功能、展现老的味道。引领时尚潮流，继续举办好“武林系”文化活动和国际女装设计大奖赛，持续推动现代演艺业创新发展。要进一步推动文化产业发展。坚持把文化产业发展与土地规划、招商引资等工作联动谋划，加快推进互联网影视产业园、电竞（数娱）小镇等平台建设。精耕细作文化地标，将武林广场、西湖文化广场、丝绸城、城北体育公园、杭州新天地、武林美术馆等文化地标串珠成链，让下城“文化长廊”越长越美。推进以现代演艺、文化博览、休闲旅游等为重点的下城运河文化带建设，丰富大运河文化内涵。要进一步提升百姓文化获得感。深入实施文化惠民工程，丰富群众性文化活动。持续推进社区文化家园建设，打造“一社一品”。启动建成区、街两级新时代文明实践中心，并组织开展相应活动。广泛开展“放歌新时代、文化进万家”主题活动，推动科技、文化、卫生、教育、法律进社区。积极引进大型体育品牌赛事，办好ITF世界男子网球巡回赛、杭州水上马拉松公开赛、全国体能大赛总决赛等活动。提升市民文明素质，弘扬时代文明新风。选树“道德模范”“最美人物”，推动“最美现象”从“盆景”变“风景”，营造良好社会风尚。

（四）聚焦大平安建设，增强治理效能。平安是人民幸福之基、社会和谐之本，是实现城区治理现代化的“生命线”。我们要持续完善党委领导、政府负责、民主协商、社会协同、公众参与、法治保障、科技支撑的社会治理体系，创新社会治理思维，锚定“平安考核进全市第一梯队、列全省前十名”目标不动摇，严格落实平安建设领导责任，健全完善“全区一盘棋、部门抓牵头、街道强执行、社会齐参与”城区社会治理工作机制，把平安建设的“大合唱”唱得更响。要着力形成机制。注重发挥信访联席会议作用，优化区领导日接访、周会审、月通报和积案包案化解等制度，推动依法信访。完善安全生产长效机制，健全管理体系，消除安全隐患。深化街道综合行政执法体制改革。深化司法体制综合配套改革，构建社会“大普法”格局。深化平安建设工作协调机制，统筹好政法系统和相关部门的资源力量，形成问题联治、工作联动、平安联创的良好局面。要着力巩固根基。擦亮“武林大妈”“和事佬”等平安志愿服务品牌，夯实共建共享、共治共管的基层治理格局。完善区社会矛盾纠纷调处化解中心（信访超市）功能，强化“基层治理四平台”运行管理，推进“全科网格”建设规范提升，健全“在线矛盾纠纷多元化解平台”。深入推进社区治理创新，强化党建引领小区治理工作。完善社会治安防控体系，推进“雪亮工程”和“智安小区”建设。切实履行公检法司法定职责，打造一支忠诚履职尽责、勇于担当作为的政法主力军。要着力解决问题。咬定“积案清零”目标不放松，力争再化解一批信访积案，继续保持进京“零非访”。积极稳妥推进网贷风险的处置工作。深入开展扫黑除恶专项斗争，严厉打击各类违法犯罪活动。切实做好安全生产和防灾减灾工作，紧盯交通、消防、建筑工地等重点，持续深入开展大排查大整治，早发现、早预防、早整改，坚决防范遏制较大以上事故发生，确保一方平安。要着力智慧应用。坚持把大数据、云计算、人工智能、区块链运用于城区治理之中，依托杭州城市大脑下城平台，完善数字驾驶舱功能，拓展数字化应用场景，加快形成新型治理形态。加快推进政府数字化转型，进一步打通信息共享，以流程再造实现跨部门、跨系统、跨层级高效协同。启动“云上城管”三期工程。

（五）聚焦大民生导向，共享治理成果。我们推进城区治理，最终的价值归属是让人民群众有更多的获得感、幸福感、安全感。新的一年，我们要在社会民生方面着力解决有没有、好不好的问题，本质上也就是人民群众对美好生活向往与发展不平衡不充分的问题。要坚持从无到有。走好群众路线，深入基层了解民之所想、民之所盼，认真梳理在文化、教育、卫生、养老、就业、社会保障等领域存在的短板和空白，用好民生实事项目“票决制”，夯实街道居民议事制度，切实办好安置房建设、老旧小区综合提升改造等新一轮民生实事。要坚持从少到多。立足发展实际和群众所需，不断在供给总量和人均占有量上实现新突破，让百姓享受到更丰富、更便捷的民生服务。比如教育方面，竣工中小学、幼儿园4所，开工3所，提升改造2所；文化方面，新建社区文化家园20个；养老方面，新建2家街道级综合为老服务中心。要坚持从低到高。聚焦民生领域的“低小散”现象，加强对硬件设施的升级改造，为群众提供更好的公共产品和服务。建成投入使用区行政服务中心新办事大厅，优化群众办事环境。提升改造7个社区卫生服务中心、站点。要坚持从点到面。科学谋划空间布局，在北部武林新城加大设施布点，不断扩大民生保障覆盖面和辐射力，让老百姓在家门口上学更方便、看病更放心、养老更舒适、文化生活更丰富。要坚持从有到优。在追求数量达标的同时，更要关注服务质量的提升，注重满足群众多样化、差异化、个性化的需求，重点打造一批民生精品工程。要紧紧围绕“全域美好教育”优质均衡发展，加快实施名校集团化战略，推进名优校长、名优教师引育工程。积极推行医联体建设，落实分级诊疗制度，加强居民全方位全周期健康管理服务，争创中国计生协全国婴幼儿照护服务示范区。加快建设居家社区机构相协调、医养康养相结合的养老服务体系，办好社区老年食堂，更好满足老年人需求。完善流动人口管理服务机制，优化出租房管理。完善社会力量兴办社会事业体制机制，健全公建民营、民办公助等制度，促进公共服务多元化供给。做好拥军优属和退役军人服务保障工作。兜牢社会保障底线，健全困难家庭帮扶救助和残疾人保障服务制度，小康路上不让一个困难群众掉队。继续扎实做好对黎平、巴东等地的对口帮扶工作。

（六）聚焦大党建统领，强化治理保障。党政军民学、东西南北中，党是领导一切的。要切实加强政治建设。巩固“不忘初心、牢记使命”主题教育成果，以习近平新时代中国特色社会主义思想为指导，增强“四个意识”、坚定“四个自信”、做到“两个维护”，在思想上政治上行动上同以习近平同志为核心的党中央保持高度一致，确保党中央和省市委重大决策部署在我区一贯到底、落地生根。进一步健全区委对重大工作的领导机制，强化区委决策议事协调机构职能，充分发挥党总揽全局、协调各方的领导核心作用。要筑牢意识形态防线。严格落实意识形态工作责任制，种好“责任田”，守好“主阵地”，唱响主旋律，壮大正能量，鼓舞士气，凝聚力量。要坚持党管干部原则。坚持新时期好干部标准，重品行、重实干、重业绩、重担当，切实把德才兼备的好干部选出来、用起来。选优配强各级领导班子，营造“争先进位、争创一流”的浓厚干事氛围。加大年轻干部培养选拔力度，实施年轻干部政治素养与专业能力“双提升”工程。坚持严管与厚爱并重，政治上多激励，工作上多支持，生活上多关心，旗帜鲜明为敢于担当的干部撑腰鼓劲。统筹加强党外干部、女干部队伍建设。要加强党管人才工作。加快推进人才生态“黄金30条”落地生效。统筹实施区“513武林英才”计划、“518武林英杰”计划，广纳海外英才，厚植本土人才。实施链式引才行动，完善人才“引、育、服”全链条保障体系。要夯实基层党建基础。深化区域化党建工作，积极构建各领域党建互联互动融合发展的城市基层党建工作新格局。深入持续开展“最强党支部”“最强领头雁”评选，着力解决一些基层党组织弱化问题，持续锻造坚强战斗堡垒。加强党员分类教育管理，充分调动党员积极性。不断扩大“两新”党建覆盖范围，开设数字党建论坛，争创“两新”党建示范集群。要推进执纪监督全覆盖。落实清廉下城建设责任制，进一步压实管党治党“两个责任”，推动全面从严治党向基层延伸。驰而不息正风肃纪，持之以恒贯彻中央八项规定精神，坚决防止“四风”反弹回潮。巩固监察体制改革成果，用好监督执纪“四种形态”特别是第一种形态，在强化监督上取得更大突破，全面落实决策科学、执行坚决、监督有力的权力运行机制，营造海晏河清的政治环境。要加强统一战线工作。进一步加强对各民主党派、无党派、党外知识分子及港澳台侨等人士的政治引领，全面贯彻党的民族政策和宗教工作基本方针，强化对非公经济人士和新社会阶层等人士的工作，画出最大同心圆。进一步增强工青妇及科协、侨联、文联、社科联、残联等群团组织的政治性、先进性、群众性，充分发挥其联系群众的桥梁纽带作用。继续加强党管武装、老干部、老龄委、关工委和退役军人管理保障等各项工作，更好地凝聚各方面智慧和力量，形成齐心协力抓发展的强大合力。

同志们，城区治理启新程，美好前景催奋进。让我们更加紧密地团结在以习近平同志为核心的党中央周围，深入贯彻落实中央和省市委决策部署，牢记初心使命，彰显智慧担当，只争朝夕、不负韶华，聚焦高质量发展、高品质生活，高水平推进中心城区治理现代化，在纵深推进全域中央商务区建设、奋力打造世界名城一流核心城区的征程上阔步前进！

名词解释

1.“登记证”：3岁以下婴幼儿托育机构民办非企业单位登记证书。

2.“发展中心”：下城区3岁以下婴幼儿照护服务发展中心。

3.“532”：制定出台5个政策文件，鼓励开展3种形式的婴幼儿照护服务，搭建线上线下2个平台，逐步满足人民群众对婴幼儿照护服务的需求。

4.“双街示范工程”：延安路国际商业大街和湖滨路步行街提升改造工程。

5.“区块链服务网络”（BSN）：基于区块链及共识信任机制的第二代智能专业互联网。

6.“未来社区”：围绕社区全生活链服务需求，以人本化、生态化、数字化为价值导向的新型城市功能单元。

7.“俊鸟工程”：杭州市引导各类市场主体做大做强的支持政策。

8.“智安小区”：以提升智慧安防水平来推进平安小区建设。

9.“山凤凰”计划：实施对象为全区对口帮扶黎平县侗族、瑶族、苗族等相对集聚的6个乡镇12个贫困村的女孩，建立女生教育基金，开展关爱女孩行动。

10.“党建双强工程”：指“最强党支部”创建、“最强领头雁”培育工程。

政府工作报告

——在杭州市下城区第十五届人民代表大会第四次会议上

（2020年1月17日）

杭州市下城区区长　柴世民

各位代表：

现在，我代表下城区人民政府，向大会作工作报告，请予审议，并请各位政协委员和其他列席同志提出意见。

一、2019年工作回顾

2019年是新中国成立70周年，也是下城保持稳健发展、取得明显成效的一年。在市委、市政府和区委的坚强领导下，在区人大、区政协的监督支持下，区政府认真贯彻习近平新时代中国特色社会主义思想，全面落实市委“干好一一六、当好排头兵”的决策部署，统筹推进高质量发展、高品质生活各项工作，较好完成了区十五届人大三次会议确定的目标任务。全年地区生产总值和社会消费品零售总额同比分别增长6.8%和8.5%，双双突破千亿元大关，成为全省首个社零总额破千亿的县（市、区）；完成固定资产投资146.7亿元，同比增长30.2%，增速位居全市第一；财政总收入和一般公共预算收入分别完成175.12亿元和96.59亿元，分别增长6.71%和8.04%；数字经济综合评价排名全省第四。主要工作有：

（一）城市规划建设加快推进

我们积极融入长三角一体化发展、省“四大”建设、市大城北规划建设等重大战略，城市发展能级加快提升。

武林新城建设拉开框架。完成武林新城道路、桥梁、排水管网方案研究及七个重要片区城市设计成果深化，完成64个项目规划方案和城市设计审批。加快22个校园、19条道路、9条河道建设。加快城北体育公园南地块、沈家经合社留用地等20个产业类项目建设。七村317.7万平方米27个安置房项目全面开工。新增蓝领公寓2050套，在全市率先实现“三年任务，两年完成”。完成绍兴路汽车文化精品街区一期改造提升。启动东新路改造整治。

重点项目推进有力。健全大项目推进协调机制，杭州恒隆广场、打铁关地铁上盖、商储、京诚万城地块等总投资628亿元的57个项目开工。杭州中心完成地下6层深30米大底板浇筑，浙江数字出版印刷大楼完成地上12层施工，农都农产品流通产业园即将主体结顶，环城北路提升改造工程下城段进入基坑开挖阶段。推进市体育馆亚运场馆改造。丽笙酒店等23个项目竣工、交付。

土地整理提速增效。完成华丰工业园等14宗588亩土地收储，完成武林之星等19宗696亩土地出让（含已挂牌），土地出让金超过200亿元。全面完成56项地铁征迁任务，机场轨道快线（朝晖段）在全市率先清零交地，5号线下城段建设进入收尾阶段。实现“三村”、省工业品市场、长隆公寓、焦家里等项目签约清零。实现“四村”集体土地企业和国有土地居民签约清零。搬迁企业（含经营户）1090家、居民1546户，拆除房屋107万平方米。

城市功能完善提升。加快武林商圈建设，推进延安路国际商业大街和武林路国际商业街区“双街示范”工程，完成武林银泰等58幢建筑景观亮灯提升，推进交通慢行系统建设，武林广场地上地下全面贯通，打造都市夜景新地标。扎实推进新天地区域环境提升。中国丝绸城列入省级高品质步行街试点。完成中河、南应加河、古新河市级美丽河道创建。完成三塘中心公园等4个美化彩化工程。全区新增停车泊位1984个、地下空间面积15.5万平方米、绿化面积4.23万平方米。

（二）转型发展动能不断积聚

我们深入实施数字经济“一号工程”，围绕杭州市打造“全国数字经济第一城”的目标，着力推动“三化融合”协同发展，新旧动能接续转换持续发力。

数字产业化持续推进。出台数字经济产业政策，聚焦区块链、金融科技、生命健康等前沿产业，加强招引和培育。创新招商平台体系，梳理全区楼宇、园区、土地等招商资源，落地香港嘉里数创港、金蚂投资、省金控总部、杭银理财、省担保等29个亿元以上项目，总注册资金218亿元。到位外资7.8亿美元。汇金国际入驻企业基金管理规模突破800亿元。举办首届区块链服务网络（BSN）合作伙伴大会，全国首个BSN全球运维中心落户下城。开展“数智武林”院士论坛、全国双创活动周下城分会场等活动，成立政府产业基金创投联盟，新认定国家高新技术企业62家、省级科技型中小企业93家，国家级众创空间和科技企业孵化器达到5家。数字经济核心产业增加值同比增长15.3%。

产业数字化持续深化。加快传统产业与数字经济深度融合，推动企业转型升级。发布区十大新零售业态，举办浙江国际进口（武林洋淘）博览会、休闲购物节、车享节等活动。实施新制造业计划，出台创新型产业用地政策实施细则，杭汽轮5G智能制造创新实验室成为全国首批5G工业互联网项目，新增上云企业1265家。创新中国产业园和人力资源服务产业园税收分别达到2.43亿元和2.51亿元。

城市数字化持续提升。在全市率先启用城市大脑区县平台，建设城市大脑新天地应用示范区，率先完成区、街两级数字驾驶舱建设，在抵御超强台风“利奇马”以及服务保障重大活动等工作中发挥实战作用。推进城市管理智慧化，建成“云上城管”二期。在全市率先开通停车“先离场后缴费”模式，接入停车场库257个，泊位数超过3万个。

营商环境持续优化。落实减税降费政策，为企业减负39.33亿元，及时兑现“1+7”经济扶持政策、“一企一策”等资金3.14亿元。规上企业利润总额增长9.8%。出台人才生态“黄金30条”，表彰区十佳“杰出人才”和“伯乐企业”，新认定高层次人才209名，新增市“521”计划人才1名、两院院士2名。持续开展“花落下城”行动，全年转入企业1390家。新增注册企业6184家，注册商标9440件。云集成功上市。“下城企服”上线运行，解决问题320余个。荣获第四次全国经济普查国家级先进集体。

（三）文化兴盛行动成果显现

我们秉承文化是城市灵魂的理念，不断提升文化软实力和城市韵味，推动文化事业大发展大繁荣。

文化特质更加凸显。全力打造武林文化品牌，开展“武林跨年”“武林炫风”“武林K歌”“武林诗韵”“武林记忆”等武林系列活动，举办区首届“武林新韵”群众原创文艺精品展演，“武林新说”等栏目在学习强国平台持续推出。精心打造武林非遗集市，新增市非遗传承教学基地2个、区级非遗项目9个。《下城年鉴》荣获全国区县级一等奖。

文化产业更加繁荣。扎实推进武林美术馆、武林路国际音乐街区等文化类项目。加拿大国宝级演艺“太阳马戏”亚洲唯一驻场秀精彩亮相，国际女装设计大奖赛永久落户，打造集演艺、会展、休闲、旅游等于一体的新天地“文化艺术公园”。举办淘宝造物节和武林大巡游。推出“夜游武林”“文化风情”“寻味街巷”等都市旅游专线，开展营业性文艺演出4535场，推动文旅融合发展。文创产业增加值同比增长12%。

文化氛围更加浓厚。开展“永守初心、歌唱祖国”歌咏比赛、“葵颂”大型雕塑影像展等庆祝新中国成立70周年宣传文化系列活动。深化文化惠民个性化服务机制，推出特色培训300余场，演出服务60场。成立区美术家协会、戏剧家协会、舞蹈家协会。建成社区文化家园16个。成功创建全省首批基本公共文化服务标准化达标区。

（四）重点领域改革蹄疾步稳

我们坚持改革攻坚不停步，推进重点领域和关键环节改革创新，添活力、增动力，破解发展中遇到的新情况新问题。

“最多跑一次”改革向纵深推进。在全部1718个事项“最多跑一次”的基础上，实现90%以上民生事项仅凭身份证“一证通办”，88%的个人事项就近办。在全省率先推出“视频办”，在全市首批实现一个半小时内完成企业开办。新行政服务中心竣工交付。推动“最多跑一次”改革向公共场所延伸，武林商圈优化服务主要做法在《竞跑者》刊登。加快政府数字化转型，实现99%以上机关内部事项“最多跑一次”。

机制体制创新完善。圆满完成全区机构改革任务。整合跨贸、电竞两大特色小镇资源，组建全市首个数字经济产业园区，获评杭州市服务贸易示范园区。出台促进经合社产业发展和规范管理政策，扶持壮大集体经济。构建科创园、孵化园和产业园区与楼宇高质量发展监测体系，引导各类园区做大做强。修订政府投资管理办法，完善政府投资项目全流程监督管理，切实提升政府投资绩效。

国企改革稳步有序。出台区国有企业经营管理办法，进一步提升实体化、市场化运营水平，深化产业引导和集聚，加快推进城市建设与开发。区国投集团控股上市企业上海润达医疗，优化基金投后管理和持股企业服务。基本完成区属国企清理整合及注销工作，推进区保安服务公司全民所有制企业公司制改革。坚决守牢政府隐性债务红线底线。

基层治理示范引领。加快全国街道服务管理创新实验区建设，成立全省首个街道综合执法队，构建扁平化基层治理体系，完善街道政务信息化系统标准流程。鼓励社会组织参与社区治理。坚持党建引领加强小区治理，完善党组织领导下的社区、业委会、物业三方联动机制。推广老旧小区“小区管家”服务模式，惠及10个社区2.11万户居民。

（五）各项民生事业协调发展

我们把一般公共预算支出的81.56%用于民生，十件民生实事全面完成，使改革发展成果更好惠及人民群众。

社会保障力度加大。把稳就业摆在突出位置，加强职业技能培训，新增就业3.06万人。成功创建省“无欠薪区”。做好精准帮扶和托底救助，发放低保、残保金3976万元。完成100户困难残疾人、老年人家庭无障碍设施改造。新增5家养老服务综合中心、5家老年食堂，建设“1+2”养老服务综合体。构建社会化双拥优抚工作模式，建成三级退役军人服务保障体系。

教育事业优质均衡。出台建设“美好教育”加快实现教育现代化政策，加强教育资源供给，启用观成实验学校等5所校园，新增入学名额3845个。进一步提高教师待遇，招聘教师217人，其中硕士研究生52名，将民办学校纳入教师“区管校聘”改革和教师交流范畴。加强校外培训机构管理，清理转型16家。深化学后托管。推进“护校安园”专项行动。成功举办2019模拟联合国杭州国际青少年峰会。

卫健服务便民惠民。在全省率先探索3岁以下婴幼儿照护服务，建立政策、服务、管理体系，新增托位超500个，培训家长5600人次，被列为婴幼儿照护服务全国唯一示范创建区。全面推进“舒心就医”信息化改造，提升家庭签约医生服务质量，开具慢性病连续处方20.8万张、免费送药到家2.1万余人次。改造迁建石桥社区卫生服务中心和5个卫生服务站。创建多元化医疗机构监管模式，推进医疗市场健康发展。有力防控登革热疫情。成功创建第三批全国健康促进区。

人居环境不断改善。启动老旧小区综合改造提升工程，创新“10+X”改造模式，完成小天竺、知足弄社区和流水北苑小区市、区试点建设。打造6条“美丽小巷”，完成800幢楼房管网“清肠”、97个小区847幢楼房雨污分流整治，完成15个小区二次供水改造、60台既有住宅电梯加装。拆除违建472处8.17万平方米，成功创建省级“基本无违建区”。全面启动垃圾分类“定时定点”投放，成功创建5个省级垃圾分类示范小区。巩固省食品安全区创建成果，新增省级放心消费单位100余家，完成9家农贸市场提升改造。率先在全市开展“除尘净土”扬尘防控行动。中央、省两级环保督察信访件全部办结销号。

城区运行安全稳定。坚决打好防范化解重大风险攻坚战，构建以智慧防控系统、应急处置机制、群防群治队伍为核心的立体防控体系。圆满完成浙江省庆祝新中国成立70周年升国旗仪式服务保障。妥善处置“8・28”路面塌陷事件。长庆派出所荣获全国首批、全市唯一“枫桥式公安派出所”。“武林大妈”工作站实现全区覆盖。网贷风险处置取得阶段性成果。28件信访积案妥善化解，2840起矛盾纠纷成功调处。深入开展安全生产、消防安全专项整治，全年未发生较大及以上安全事故。荣获省扫黑除恶专项斗争先进集体。在年初考核中，勇夺全省平安建设综合考评第一名。

（六）政府自身建设进一步加强

我们持之以恒坚持加强党的领导和政府党组自身建设，全面提升政府效能，为全区人民提供优质高效服务。

主题教育深入开展。坚持“不忘初心、牢记使命”，把学习教育、调查研究、检视问题、整改落实四项举措贯穿始终。进一步增强“四个意识”，坚定“四个自信”，做到“两个维护”。在“走亲连心三服务”中累计走访1.2万人次，解决问题5409个。不断推动“解放思想促两高，凝心聚力争一流”。

依法行政扎实推进。认真执行区人大各项决议，坚持重大事项向人大报告、政协通报，自觉接受人大、政协监督。234件建议、提案全部办结，满意率100%。全区行政机关负责人出庭应诉率100%。完善公共法律服务体系，建设“社会化大普法”平台。再次获评“浙江省创建法治县（市、区）工作五星级示范单位”。

作风效能更实更优。落实全面从严治党主体责任，严格贯彻执行中央八项规定精神，深入整治形式主义、官僚主义。规划、土地、财政、审批服务等政府运行机制更加扁平顺畅。加强政府督查和审计监督，工作执行力进一步提高。推进基层减负，为基层创造良好工作环境。

与此同时，我们认真做好贵州黎平、湖北巴东和临安、江山等地对口帮扶协作，落实帮扶资金1.5亿元，“山凤凰”帮扶品牌得到好评。支持工会、共青团、妇联、关工委、工商联、侨联、残联、科协、社科联、文联、红十字会等群团组织工作，国防教育和后备力量建设、港澳台侨事务、民族、宗教、人防、保密、物价等工作取得新进展。

各位代表，一年来，我们坚持打基础、谋长远，带头弘扬斗争精神，妥善应对各种风险挑战，办成了一批要事、难事。我们坚持稳中求进、蹄疾步稳，良好的发展势头持续巩固，取得的成绩鼓舞人心。我们坚持重实干、抓落实，比学赶超的氛围更加浓厚，勇争一流的信心更加坚定。这是市委、市政府和区委科学决策、坚强领导的结果，是区人大和区政协有效监督、大力支持的结果，是全区上下万众一心、团结奋斗的结果。在此，我代表区人民政府，向辛勤工作在各条战线上的广大干部群众，向所有关心、支持和参与下城建设发展的同志们和朋友们，致以衷心的感谢和崇高的敬意！

同时，我们也清醒认识到发展中还存在不少困难和挑战：创新发展动力还不够足，转型升级任务仍然较重；大项目的招引和推进力度还需加强；城市管理精细化还不够，生态环境品质仍需改善；公共服务供给水平与群众期待还有差距；部分干部在担当意识、干事劲头方面还不够强。对这些问题，我们将采取切实有效措施，认真予以解决。

二、2020年工作安排

2020年是高水平全面建成小康社会和“十三五”规划的收官之年。纵观发展形势，世界经济仍处在国际金融危机后的深度调整期，我国正处在转变发展方式、优化经济结构、转换增长动力的攻关期，与此同时，经济稳中向好、长期向好的基本趋势没有改变，困难与机遇同在，挑战与希望并存。特别是党的十九届四中全会对新时代坚持和完善中国特色社会主义制度、推进国家治理体系和治理能力现代化作出了顶层新设计，随着长三角一体化发展国家战略深入实施，全省“四大”建设，全市“六大行动”、筹办亚运会、大城北规划建设等战略持续推进，提供了重大历史机遇。从我区自身看，在区委的坚强领导下，大家共同努力，全域中央商务区和世界名城一流核心城区建设全面迈向纵深，下城发展已经按下快进键。只要我们按照区委十届七次全会“六个聚焦”的要求，坚定信心，抢抓机遇，万众一心加油干，就一定能在高水平全面建成小康社会的进程中继续走在前列，高标准回答好推进中心城区治理体系和治理能力现代化这个时代考题。

今年，政府工作的总体要求是：高举习近平新时代中国特色社会主义思想伟大旗帜，深入贯彻落实党的十九届四中全会精神和省市委全会精神，以“干好一一六、当好排头兵”一流施工队的姿态，聚焦高质量发展、高品质生活，高水平推进中心城区治理现代化，做大格局、拉高标杆，统筹做好强党建、促发展、惠民生、保平安、优环境等工作，全面完成“十三五”、科学谋划“十四五”，努力在纵深推进全域中央商务区建设、奋力打造世界名城一流核心城区的征程上展现更大的担当作为，为全市发展大局贡献更大的下城力量。

今年，经济社会发展主要预期目标是：全区地区生产总值增长6%左右；一般公共预算收入增长5%以上；固定资产投资增长15%以上；社会消费品零售总额增长7.5%以上；金融风险有效防控，能源和环境指标以及实际利用外资完成市下达的计划目标。

围绕上述总体要求和预期目标，要进一步提高政治站位，把党的领导作为根本保证，牢牢把握高水平推进中心城区治理现代化的根本要求，聚焦“高质量发展，高品质生活”，把制度优势转化为治理效能。坚持稳字当头。保持战略定力，全面贯彻落实新发展理念，科学运用逆周期调节手段，把“六稳”落脚点建立在稳企业的基础上，以管用实招稳企业，促进经济运行保持在合理区间，推动发展实现量的合理增长和质的稳步提升。坚持项目带动。发挥投资关键作用，全力开展“项目建设年”，突出抓好具有乘数效应的投资项目和重大标志性工程，加大项目建设、招引、见效力度，加快现代产业体系建设，提升城市基础设施水平。坚持以民为本。秉承“共建共治共享”理念，人民城市人民建，人民城市为人民，始于需求、见于行动、终于满意，着力解决群众关心的公共安全、权益保障、公平正义和人居环境等各种不平衡、不充分问题，进一步提升群众的获得感、幸福感、安全感。

重点做好以下五方面工作：

（一）突出稳企业、促增长，加快经济高质量发展

打好稳企惠企组合拳。对标杭州市打造国际一流营商环境的目标，坚决落实减税降费政策，积极发挥各类产业发展政策和产业基金作用，持续推进拟上市企业培育，支持各类市场主体发展壮大。进一步构建法治化市场秩序，大力支持民营经济发展。鼓励企业拓展国际市场，推进“一带一路”海外仓建设。组建下城金融联盟，为企业提供综合性金融服务，缓解民营和中小微企业融资难融资贵问题。加强统筹协调，建立“一企一档”动态信息管理数据库，完善安商稳商问题督办机制，畅通企业家意见沟通渠道，把精准服务、解决问题落到实处。

积极扩大有效投资。强化大项目推进协调，创新破解土地、资金等要素制约，聚焦民间投资和产业投资，加强项目过程管理，实现嘉里数创港、杭银理财大楼等38个项目开工建设，杭州恒隆广场、杭州中心等项目加快推进，新天地P1地块商务楼等29个项目建成、投用。加快土地整理，完成省工业品市场等9宗335亩土地收储，杭锅住宅等13宗589亩土地出让。

推动消费提质扩容。提升国际时尚气质，推进业态升级和基础设施完善，建设国际消费中心城区。优化武林商圈和新天地商圈景观亮灯，创建夜间经济示范项目，提升武林广场、西湖文化广场、新天地景观和商业氛围。继续深化延安路、武林路、绍兴路、中国丝绸城提升改造。推进智慧商业建设，鼓励引导中央商城等商贸综合体业态转型，加快新商业、新零售、新消费业态招引和培育。办好“武林洋淘”、金秋购物节、“浙里来消费下城更精彩”等促消费活动。谋划推进地铁经济。完善社区商业布局，打响“放心消费”品牌。

提升重点平台承载力。成立数字经济产业园区运营公司，强化数产园实体化运作。进一步优化布局、盘活存量，提升楼宇品质，推动5G通信、区块链、智能物联、生命健康、新能源等产业发展，做强楼宇经济，打造更多“亿元楼”，提升产业竞争优势。推动创新中国产业园向特色化、高端化升级。建设BSN创新孵化产业园，做强跨境电商产业园、海蓝国际电竞数娱中心等平台，打造数字经济产业高地。实现数字经济核心产业增加值增长10%。进一步发挥区属国企产业培育引进和城市建设作用，完善现代企业制度，不断做强实力。积极支持经合社用好留用地和存量空间资源，加快转型升级。用好创新型产业用地政策，鼓励工业用地改造提升，支持丝绸女装等传统产业发展。加强众创空间和科技企业孵化器建设，激发创新活力，新增国家高新技术企业40家。

实施双招双引工程。坚定不移推进数字经济和新制造业计划“双引擎”发展战略，瞄准世界500强、大型央企、行业领军企业、知名民企和细分领域的“头部企业”，制定重点招商企业目录清单。开展敲门招商，推动阿斯利康、浙江金融资产交易中心、华为创新中心、蓝盾科技等重点项目落地。切实抓好土地推介。打造港资集聚区。完善人才“引、育、服”全链条保障体系，建好网上人才服务平台，统筹实施区“513武林英才”“518武林英杰”计划，办好国际人力资源峰会、来华留学生创新创业大赛、梦想基金创业大赛等活动。推进人力资源服务产业园基础设施升级改造，加强长三角区域合作，引进一批具有示范引领性的大项目和人才团队。

（二）坚持建管并举、品质至上，提高城市现代化水平

加快城市有机更新。全力推进各项规划落地。完成大城北三年行动计划任务，实现“四村”清零，加大81个河道、道路、教育配套及安置房项目建设力度，武林新城建设初具雏形。推进久安里、艮山门铁路上盖等重点区块改造。新建道路19条，完工14条，建成6.68公里。实施6条“迎亚运”道路整治，东新路景观大道完成石祥路以南段建设。持续推进长浜河、沈家河等10条河道整治。全面打通“断头路”“断头河”。完成年度地铁征迁任务，全力保障辖区13个地铁站点建设，加强地铁站点出入口管理。实施高架桥墩垂直覆绿工程。新增停车泊位2000个、地下空间面积10万平方米、绿化面积4万平方米。

深入推进生态治理。持续开展大气、水、固废和土壤污染防治，打好蓝天、碧水、净土三大保卫战。全力做好新一轮中央生态环境保护督察迎检工作。加大餐饮业油烟、工地扬尘管理力度。探索智慧化治水方式，开展4个“污水零直排街道”、3条市级美丽河道创建。完成新世纪钢材市场地块土壤污染治理修复。依法全面拆除违法建筑，有效落实“防违控违”长效机制。完善生活垃圾分类工作体系，加快清运体制改革，加大查处力度，提高分类质量，推动垃圾分类引领低碳生活新时尚。

持续打造美丽家园。强化区、街道、社区、居民联动机制，保持旧的肌理、赋予新的功能、展现老的味道，全面推进老旧小区综合改造提升工程。加强资金、项目统筹，有序推进美丽小巷、加装电梯、公厕改造、二次供水、雨污分流等基础设施提升，改善小区居住环境。加强危旧房监管和解危。完成第三次农贸市场提升改造。完善党组织领导下的小区治理新模式，引导业主有序参与治理，加强小区物业管理，持续推广物业经营性收支信息公示。打造美丽家园“下城样板”。

强化城市精细管理。深化全国街道服务管理创新实验区建设，破解街道政务服务难题，创建流程标准，提升服务水平，为街道赋能增效。运用区块链技术助力城市大脑建设，推进各类场景应用，完善数字驾驶舱功能。下足“绣花功夫”，高标准做好洁化、序化、绿化、美化等工作，启动“云上城管”三期工程，使城市管理更加科学化、精细化、智能化。

（三）坚定文化自信、守正创新，彰显武林文化新魅力

加强文化保护挖掘传承。弘扬优秀传统文化，持续开展“武林跨年”“武林K歌”等武林系列活动，将武林文化打造成为大运河文化带的金名片，提升武林文化品牌影响力。做好非遗、老字号的传承发展。加强工业遗存保护利用。推进历史建筑测绘建档工作。实施吴宅、环西新村1号、梅鹤堂、达三里等历保建筑修缮。挖掘小巷历史典故和文化故事，重塑历史人文风貌，留下城市记忆，推进文化街区建设。发现和挖掘“最美”事迹，让最美现象成为城市风景。

增强公共文化服务供给。积极创建第四批国家公共文化服务体系示范项目，优化资源配置，深化标准体系建设。统筹推进文化惠民工程，建设社区文化家园和城市书房，建成区、街两级新时代文明实践中心。推动10分钟文化圈、健身圈全覆盖，丰富基层体育文化生活，提高群众文化素质和健康水平。

加快文创产业做优做强。推动演艺业创新发展，支持杭州剧院、西湖文化广场北岸文化街区、武林路国际音乐街区、加拿大“太阳马戏”等做强品牌，打造国际演艺文化产业链。加快数字文化、影视创作、创意设计等产业发展，培育具有下城文化特色的产业街区。办好中国国际女装设计大奖赛、亚洲设

计管理论坛等会展活动。引进和举办顶级电竞赛事，推进电竞产业发展。加快北景园生态公园（电竞馆）、武林美术馆等文化设施建设。

促进文旅体融合发展。盘活现有文化、旅游和体育资源，完善融合发展的体制机制，构建大文旅体格局。推进新天地、武林之星两个文旅融合活力区以及武林文化长廊、武林艺术商圈“两区一廊一圈”建设，打造时尚地标和文化高地。用好博物馆、文保建筑、美丽街巷等各类优质资源，加强旅游宣传推介，做优都市旅游专线，做强城市旅游品牌。推动浙江省全民健身中心及亚运场馆建设。办好世界男子网球巡回赛、杭州水上马拉松公开赛等体育赛事。

（四）聚焦解决不平衡、不充分，推动社会事业全面进步

进一步优化公共服务。实施教育品牌发展战略，全力推进23所校园建设，启动老旧校园改造提升三年行动计划。深化名校集团化办学，推进卓越教育人才培养工程。打造新时期德育工作样板。建设面向国际的培训项目，推动国际理解教育升级优化，实现中小学“校校有外教”，持续推进教育国际化。推动公民办教育高质量协同发展。深化“健康下城”建设，提升大健康治理能力。优化医疗资源规划布局，提高基层健康服务质量，提升医患友好度。全面做好公共卫生疾病防控工作。持续推进中医药事业发展。深化3岁以下婴幼儿照护服务工作，着力推进家门口“微托育”建设，创建国家级示范区。加快社会组织的培育和发展，加强社会工作人才培养。强化家政服务市场管理。

进一步强化民生保障。全面落实就业创业政策，精准施策推进就业帮扶，提升就业质量。继续开展全民参保扩面。做好企退人员社会化管理服务改革试点。聚焦智慧养老，推进医养护一体化为主导的康养体系建设，改造提升街道级综合为老服务中心。试行“养老服务顾问”模式，为困难、高龄、独居老年人提供精准化、专业化服务。织密扎牢社会保障网，更加关心困难群众生活。健全退役军人服务保障体系，做好拥军优属各项工作。开展第七次全国人口普查。做实“山凤凰基金”等帮扶品牌，助推对口帮扶地区全面奔小康。

进一步加强社会治理。坚持和发展新时代“枫桥经验”，持续深化“六和塔”工作体系，完善区社会矛盾纠纷调处化解中心（信访超市）功能。加大涉稳问题项目化监管，积极化解信访积案。深化诉源治理，完善大调解格局，推动矛盾纠纷调处化解“最多跑一地”。健全“人防+技防”治安防控体系。持续擦亮“武林大妈”“公羊会”等品牌。推进“雪亮工程”“智安小区”建设。完成存量网贷企业清退，最大限度追赃挽损。健全打击违法犯罪长效机制，深入开展扫黑除恶专项斗争。切实做好生产、消防、食药品、特种设备等各领域安全工作，提升防灾减灾能力。全面推广智慧监管模式，坚决遏制重特大安全事故。打好平安创建攻坚战。

进一步办好民生实事。坚持“党领导、群众提、政协议、人大定、政府办”，以民生需求为导向，注重连续性和可操作性，着力办好一批老百姓关注、获得感强的“关键小事”。经过多轮筛选，现将12个方面的候选实事项目提交大会，请区人大代表审议：

1. 完成12个安置房项目地下部分的工程建设。

2. 开工3所校园，竣工4所校园，改造2所校园；实现公办中小学校、幼儿园空调加装和教室照明改造全覆盖。

3. 完成50个老旧小区综合改造提升工程，改造7条美丽小巷。

4. 完成60台既有住宅电梯加装。

5. 完成15个小区的二次供水设施改造。

6. 打造2家街道级综合为老服务中心；为100户困难老年人、重度残疾人家庭提供住房适老化改造或无障碍设施设备改造。

7. 提升改造3家街道级社区卫生服务中心和4家社区卫生服务站。

8. 按标准建设20个社区文化家园。

9. 在32个社区实行“小区管家”服务，实现无物业老旧小区“小区管家”服务全覆盖。

10. 创建5个省级垃圾分类示范小区、8个市级垃圾分类达标街道和20个市级垃圾分类示范小区。

11. 提升改造30个社区微型消防站。

12. 完成800幢楼房“清肠行动”，完成1800幢楼房的住宅雨污分流工作。

（五）强化务实担当有为，建设人民满意的服务型政府

提高政治站位。深入学习贯彻习近平新时代中国特色社会主义思想，进一步增强“四个意识”、坚定“四个自信”、做到“两个维护”，不断巩固拓展“不忘初心、牢记使命”主题教育成果。全面落实政府党组主体责任，严明政治纪律和政治规矩，加强政治历练，增强斗争本领，坚持系统思维、辩证思维、底线思维，把党的领导落实到政府治理各领域各方面各环节，切实贯彻中央和省、市、区委各项决策部署。

持续推进改革。坚持把“最多跑一次”改革蕴含的理念方法作风运用到各方面体制机制创新中。加快政府数字化转型，推进流程再造、业务协同、效能提升。推出企业和公民个人全生命周期“一件事”联办。深化“互联网+可信身份认证”技术应用，实现更多事项“视频办”“零跑次”。做好全区公益类事业单位和基层整合审批服务执法力量改革。

坚持依法办事。大力推进法治政府建设，依法履行政府职能。做好行政应诉、复议、执法监督等工作。积极推进党政主要负责人年终述法全省试点。认真办好人大代表建议和政协委员提案。自觉接受人大监督、政协民主监督和社会舆论监督。加强普法工作，确保“七五”普法圆满收官。

锻造一流作风。全面落实党风廉政建设责任制，加强“一岗双责”，持之以恒贯彻执行中央八项规定精神，坚持抓早抓小，形成决策科学、执行坚决、监督有力的权力运行机制。严格控制和压减一般性支出，严守政府性债务风险底线。深化预算管理改革，盘活闲置资金，提升财政绩效。加强重点领域审计监督。深入开展“走亲连心三服务”活动，切实帮助群众和企业解决实际困难。加大基层减负力度，改进和创新工作方法，力戒形式主义、官僚主义，务实担当、崇尚实干。强化正向激励，健全容错纠错制度体系，选树一批新时代新担当新作为的先进典型，形成比学赶超、奋勇争先的干事氛围。

各位代表！时代赋予重任，奋斗成就梦想。让我们更加紧密地团结在以习近平同志为核心的党中央周围，在市委、市政府和区委的坚强领导下，始终牢记初心和使命，只争朝夕，不负韶华，聚焦高质量发展、高品质生活，高水平推进中心城区治理现代化，为纵深推进全域中央商务区建设、奋力打造世界名城一流核心城区作出新的更大的贡献！

名词解释

1.区块链服务网络（BSN）：基于区块链及共识信任机制的第二代智能专业互联网。

2.“1+7”经济扶持政策：“1”是《下城区关于加快推进全域中央商务区建设的若干意见》；“7”是围绕五大产业和高端中介服务业、科技创新创业、“513武林英才”、企业上市、跨贸小镇、电竞数娱小镇、村级股份经济合作社7个方面制定的针对性政策。

3.“1+2”养老服务综合体：即北景园养老综合服务中心（区重度残疾人托养中心）和潮鸣街道、朝晖街道2个居家养老服务中心。

4.“10+X”改造模式：“10”指依法拆除违章建筑，管道改造（电力、弱电管线上改下及雨污分流），整修外立面和公共部位（屋顶补漏、楼道修补），加装电梯，停车扩容，绿化彩化，环境美化，智能管理，公共设施升级，挖掘历史文化碎片10项提升改造内容；“X”指根据老旧小区实际，结合老百姓改造意愿进行的自选动作。

5.“山凤凰”帮扶品牌：为黎平县侗族、瑶族、苗族等相对集聚的6个乡镇12个贫困村的女孩，建立女生教育基金，开展关爱女孩行动。

6.六个聚焦：区委十届七次全会提出，聚焦大融合发展，夯实治理基础；聚焦大生态理念，提升治理品质；聚焦大文化品牌，凝聚治理共识；聚焦大平安建设，增强治理效能；聚焦大民生导向，共享治理成果；聚焦大党建统领，强化治理保障。

7.国际理解教育：指以“国际理解”为教育理念而开展的教育活动。通过融入国际理解教育元素等途径，培养学生国际意识及跨文化理解与沟通能力，尊重世界各地文化、宗教、风俗、礼仪，培养国际化人才。

8.“六和塔”工作体系：指实施“党建领和”工程，提升统筹谋划能力。实施“政府主和”工程，提升防控处置能力。实施“社会协和”工程，提升共建共治能力。实施“智慧促和”工程，提升数字治理能力。实施“法治守和”工程，提升依法善治能力。实施“文化育和”工程，提升舆论引导能力。

2 年度聚焦

2020

“不忘初心、牢记使命”主题教育

根据中央和省、市委关于第二批“不忘初心、牢记使命”主题教育的部署安排，下城区于2019年9月11日正式启动主题教育工作，年内主题教育各阶段的任务基本完成。全区参加第二批主题教育的区属单位57个、基层党支部1644个、党员3.3万名。区委紧扣“守初心、担使命，找差距、抓落实”的总要求，做实规定动作，创新自选动作，四项重点措施一体推进。省委第一巡回指导组组长尚清2次赴下城区调研指导，省委常委、市委书记周江勇，市委常委、组织部部长毛溪浩分别深入天水街道灯芯巷社区等基层一线检查指导，市委第二巡回指导组对下城区主题教育工作给以指导和帮助。

下城区主题教育主要做法和特点：

组织谋划精心周密，领导带头示范推动。下城区确定把“解放思想促两高，凝心聚力争一流”作为总载体，结合四项重点措施和下城实际，提出“理论武装大学习、解放思想大讨论、对表对标大检视、克难攻坚大比武”四大行动。区委建立主题教育领导小组，区委书记刘颖担任组长；各单位成立相应的领导机构和工作机构，党委（党工委、党组）书记担任领导机构主要负责人，切实履行第一责任人职责。刘颖代表区委常委会做出“五个坚决不动摇”集体承诺，区人大常委会党组、区政府党组、区政协党组与区委常委会同步学、一起做。区委理论学习中心组3次举办专题读书会。区领导带头领衔31项重点调研课题，先后征求到领导班子意见建议43条次，班子成员意见建议88条次。12月2日，区委常委会召开主题教育专题民主生活会，聚焦9项专项整治，梳理查摆问题88个。

学习教育扎实认真，调查研究深入务实。下城区分两批在市委党校对446名区管干部进行主题教育集中轮训，对1644名基层党组织书记进行分批轮训，举办“初心·使命”下城先锋故事会，12位来自“两新”组织的年轻党员，讲述身边优秀党员的先进事迹。对“8·28”建国北路路面塌陷事件应急处置工作中涌现的12个先进集体和80名先进个人予以表彰，推动广大党员干部学习先进、见贤思齐。全区各级党员领导干部每人领衔1～2个重点调研课题。区四套班子领导包干结对全区8个街道75个社区，深入结对社区走访调研343次，收集意见问题291个，解决难题194个。围绕市委提出的“十个如何”，开展解放思想“大讨论”，全区57个区属单位全部开展专题讨论，参与讨论3.3万人，形成支部“微建议”1427条，刊发大讨论宣传报道74篇。收集破解下城发展改革瓶颈的点子和建议95条。全区57个主题教育单位“一把手”讲党课57场，班子成员讲党课263场，现场听党课的党员干部群众超过1.5万人。主题教育期间，各单位召开调研成果交流会57场，形成调研报告320个。

检视问题自觉深刻，整改落实有的放矢。区四套班子主要领导分别牵头召集部分基层单位代表、人大代表、政协委员座谈，征集意见建议191条；区四套班子主要领导与领导班子成员之间、领导班子成员与分管单位负责人之间谈心谈话161人次。区属各单位按照对标对表大检视行动要求征集意见建议1457个；各单位主要领导与领导班子成员之间、领导班子成员与分管科室负责人开展谈心谈话，1657人次参加。全区各级领导班子及党员领导干部检视问题1803个，列出整改措施1020条。11月8日，区委常委会召开对照党章党规找差距专题会议，全区各单位相继召开找差距会议，领导班子成员累计检视问题2013个。组织开展扶贫、民生领域不正之风和侵害群众利益问题专项整治，对16个整治项目面向社会公开，接受群众监督；开展正风肃纪检查74次，参与人员169人次，检查单位230个，发现问题2个，督促整改2条。围绕9项专项整治查摆问题178个，开展“三小”问题（“小微权力运行、小型工程建设、小额资金管理”等涉及居民切身利益问题）督查351次，发现问题56个，问责处理1人。全区开展党员志愿服务3.43万人次，为群众办好事实事2623件。全区35件陈年积案和国家信访局交（督）办件化解24件。

党的建设基础夯实，监督指导从严从实。下城区坚持把开展主题教育与推动基层党建结合起来，实现基层党建“全领域建强、全区域提升”。研究出台《区委关于加强党建引领推进小区治理建设幸福家园的指导意见》和10个配套制度，发布“党建引领小区治理十法”。选拔推荐产生20个区级“最强党支部”和20名“最强领头雁”，举办“礼赞先锋——下城区‘党建双强’工程巡礼”活动，区领导结对的15个软弱落后党组织全部验收销号，完成整转提升。区委抽调精干力量组建5个巡回指导组，从严从实对57个单位进行点对点指导。发放测评问卷，梳理对全区开展主题教育总体评价“好”的占99.5%，对本单位（本部门）开展主题教育总体评价“好”的占99.0%。

下城区主题教育取得明显成效。通过扎实深入的理论学习，全区党员干部在读原著学原文悟原理中深化对习近平新时代中国特色社会主义思想的深刻认识，进一步加深对习近平总书记关于浙江和杭州工作重要指示精神的理解，进一步提高运用理论指导实践、推动工作的能力。通过深刻的思想洗礼，全区党员干部及时校准偏差，进一步坚定信仰、信念、信心，在增强“四个意识”、坚定“四个自信”、做到“两个维护”上有新的提高。通过以学促干、比学赶超、学用结合，全区党员干部在保障重大活动、推动重大改革、防范重大风险、抗击重大灾害中进一步增强政治责任感和历史使命感。注重解决群众关心关注的热点难点痛点堵点问题，使党员干部树立群众观点，站稳群众立场，增进群众感情，提升服务群众的能力，党群关系、干群关系进一步密切。通过严明纪律、专项整治，全区党员干部保持为民务实清廉政治本色的意识进一步增强，同特权思想和特权现象做斗争的自觉性进一步坚定，预防和反对腐败的坚决性进一步提升，清清白白为官、干干净净做事、老老实实做人的氛围进一步浓厚。

（刘暑云）

“武林新城”建设

下城区被誉为“杭州的心、城市的眼”，拥有杭州最传统、最繁华的商业中心——武林商圈，商圈在全国现代服务集聚区中居于前五位。在融入长三角一体化发展、省大湾区大花园大通道大都市区建设、市大城北规划建设等重大战略指引下，下城区在城区北部城中村集聚地加快打造与南部武林商圈遥相呼应的“武林新城”，作为全市“大城北”区域发展的重要增长极。

“武林新城”规划范围北至临丁路，南至德胜路，西至上塘河，东至同协路，总面积16.06平方千米。此前，该区域以传统重工业生产为主，杭州重型机械厂、杭州制氧机厂、杭州叉车厂均坐落其中，并有长木、草庵、沈家、杨家、华丰、永丰、石桥7个城中村。

2017年，下城区委托全球知名机构戴德梁行开展“武林新城”城市及产业功能定位设计，提出建设“数字创新高地、国际文娱中心”理念，规划建设总部经济、城市之星、绍兴路生活体验、杭氧北国际创新产业集聚、新天地综合体、杭汽轮文创综合和电竞小镇数字娱乐等板块。

2018年，草庵城中村改造涉及的企业、居民均完成签约，并基本完成拆除。

2019年,"武林新城"建设正式拉开框架。城中村整村改造加快。长木、沈家、杨家、华丰、永丰、石桥6个城中村改造涉及的企业、居民均完成签约,并基本完成拆除。长木、草庵、沈家"三村"全面"清零",杨家、华丰、永丰、石桥"四村"完成集体土地企业和国有土地居民"清零"。全年完成土地出让(含挂牌)19宗46.4公顷。"七村"317.7万平方米27个安置房项目全面开工,新增蓝领公寓2050套,在全市率先实现"三年任务,两年完成"。"武林新城"道路、桥梁、排水管网方案研究及7个重要片区设计成果进一步深化,完成64个项目规划方案和城市设计审批。沈家小学、草庵小学等22个校园及19条道路、9条河道开工建设。杭州城北体育公园南地块、沈家经济合作社留用地等20个产业类项目加快建设。年内完成绍兴路汽车文化精品街区一期改造提升。该街区南起德胜路,北至香积寺路,全长960米,拥有宝马、奥迪、奔驰等12个4S店,连续10年税收超过1亿元,被全国步行街商业委员会评为"中国特色商业街"。11月,东新路启动改造提升工程。东新路全长10千米,由建国北路—东新路—华丰路三段组成,是上城、下城、江干三区横贯大城北范围一条重要的城市交通主干道,是"武林新城"的新名片。整治提升工程以"一路繁华"为理念,以留石、德胜快速路为界,把东新路打造成"一轴联三区、双星链多点"的规划结构,将对下城区乃至大城北区域的交通出行、城市景观、产业振兴和文化发展起到重要的纽带作用和示范效应。（刘景昕）

数字经济"一号工程"

2019年,下城区在省数字经济"五年倍增"计划引领下,紧抓杭州市打造"全国数字经济第一城"机遇,深入实施数字经济"一号工程",推进数字产业化、产业数字化和城市数字化,加快促进数字经济高质量发展。区委、区政府召开5次专题会议,研究讨论加快数字经济发展、推进"三化融合"(数字产业化、产业数字化和城市数字化协同融合发展)的行动方案和具体举措。专门成立数字经济发展工作领导小组,下设经济社会、政务、技术3个专项工作推进小组,加强数字经济工作的组织领导。结合区域实际,制定《下城区加快数字经济发展行动计划(2019—2022年)》《关于促进数字经济产业发展的实施意见》,修订完善数字经济人才引育政策,形成对数字经济发展的政策支撑。全年全区完成数字经济核心产业增加值24.28亿元,占地区生产总值的2.3%,比上年增长15.3%,高出全省增幅0.3个百分点,增幅在全市排名第七位,数字经济规模以上企业实现营业收入106.86亿元,增长37.0%。

大力提升数字产业化。下城区加快数字产业化进程,连续4个季度举办重大项目招引签约活动,先后签约浙江华院数据技术有限公司、浙江顺联网络科技有限公司、浙江弄潮儿智慧科技有限公司等重大项目59个,累计总投资562亿元,项目涉及大数据、智慧生活、文创数娱等领域。依托武林智慧商圈,推出各类新零售、新商业、新消费等数字经济业态。围绕杭州市打造"中国演艺之都"的发展目标,着力培育以数字演艺为特色的文创产业新业态。紧盯区块链技术发展,主动与国家信息中心、中国移动通信集团有限公司、中国银联股份有限公司等单位发起的区块链服务网络(BSN)发展联盟对接,助推全国第一个区块链服务网络孵化基地在下城新天地正式挂牌,区块链服务网络全球运营维护中心及全球合作伙伴大会会址永久落户下城。不断挖潜数字经济企业"小升规"潜力,年内引导培育符合入库条件的"小升规"企业10家。依托"凤凰行动计划"助推数字经济企业发展壮大。5月3日,数字经济企业浙江集商优选电子商务有限公司旗下电商平台"云集"正式登陆美国纳斯达克,股票代码为"YJ"。

稳步推进产业数字化。持续开展企业"上云"专项行动,主动对接阿里巴巴网络技术有限公司、中国移动通信集团有限公司、中国电信集团有限公司、中国联合网络通信集团有限公司等云平台服务商,协调开展"上云"专题培训,引导传统企业转型升级。全区新增"上云"企业1265家,超额完成全年新增"上云"企业900家的目标任务。做好企业数字化改造摸排指导。推荐杭州汽轮机股份有限公司列入杭州市第一批制造业数字化技改攻关单位,加快"机器换人"和"工厂物联网"项目建设。

全区完成数字化改造“机器换人”项目13个、“工厂物联网”项目4个，超额完成年度数字化改造项目建设任务。全区24家规模以上工业企业中，实施各类数字化改造企业20家，覆盖率83.3%。率先开展5G商用，全区建成5G基站642个，新天地区块成为省内首个5G商用智慧园。

深入实施城市数字化。下城区全面对接杭州“城市大脑”平台，拓展深化“城市大脑”在公共管理和民生领域的创新应用。4月，杭州嘉里中心率先在全市激活“先停车后缴费”功能，运用极简化的路径和手段，将分散在各个角落的停车数据同步接入“城市大脑”，实现停车数据的共享共用及车位资源与群众需求之间的有效对接。“五一”小长假前，武林商圈核心区域内9个社会停车场和3个公共停车场全部开通“先离场后缴费”功能，停车场空位利用率平均提高9.7%。5月8日，杭州“城市大脑”下城平台1.0版成功发布，“遇见武林”“城市大脑”下城版形成“一图、四类、五场景”特色板块。推进“武林新城”欢乐旅游、舒心就医和“阳光厨房”等场景应用，依托各街道社会治理综合指挥中心，打造“实时、在线、真实”街道级数字驾驶舱，下城区初步成为杭州市政企合作共建“城市大脑”的样本和场景应用的示范区。（王晓斌）

“最多跑一次”改革

2019年，下城区坚持把人民的利益和百姓的期望作为“最多跑一次”改革的出发点和落脚点，将“最多跑一次”改革与各项工作紧密结合，着力抓好政务服务扩面深化、营商环境优化提速、身份认证便捷化应用拓展、“1Call移动办”平台升级等工作，做到便捷办事有提升、工作举措有特色，企业和群众办事获得感进一步增强。

推进政务服务标准化再扩面。下城区根据机构改革中部门职能划转情况，推动部门间审批职能交接到位，梳理规范办事指南和标准化手册，做到办事指南同源发布、同步更新，让办事群众一目了然。全区1718个办事事项全部实现“最多跑一次”，41个“一件事”办事指南及时公开并实现联办。

推动政务服务“五个办”再深化。下城区推进实现行政许可、行政给付、行政奖励、行政确认、行政裁决、其他行政权力、审核转报、联办事项、公共服务事项等九大类办事事项100%网上可办。在全市率先发布“城市大脑”区县平台、第一批建设街道级数字驾驶舱，承办全市首场“城市大脑”建设数字驾驶舱发布暨现场推进会。实现90%以上民生事项“一证通办”。全年实现77类电子证照通过共享获取代替申报材料提交，有效解决办事材料重复提交问题。加快推进基层社会治理体系和治理能力现代化工作，整合基层审批服务执法力量。梳理形成涵盖50个行政审批和82个公共服务事项的街道审批服务事项清单，39个事项下放至街道办结，实现街道政务服务办理标准、流程标准、制度标准、硬件标准的“四统一”。全区88%的公民个人办事事项实现就近可办。推广“浙里办”、“杭州办事”App和办事服务综合自助机，在区行政服务中心、街道便民服务中心和人流密集公共场所放置30台综合自助办事服务机，全区“掌上办”实现率达98.9%。设置G60科创走廊长三角“一网通办”综合服务窗口，规范开展“一网通办”工作，下城区实现长三角城市群跨城市接收咨询、协调联系、代收材料、代发证照等事项异地通办。

推进营商环境便利化进程再提速。实行企业法人办事“四个减”（减事项、减次数、减材料、减时间），全区涉及减少材料的事项341个，减少环节的事项55个，减少时间的事项330个。累计减少材料936项，减少环节116个，减少时间8.43万小时，降低办事时间比例达51.8%。全面推广双向快递免费服务，实现以“快递跑”代替“企业跑”。推行常态化企业开办一日办结。原区市场监管局、区公安分局、下城税务局、辖区银行分别负责的4个独立环节整合为1个闭环流程，实现常态化企业开办平均1.5小时办结，并进一步降低企业开办成本，公章刻制费用由政府买单。一日办结专窗设置后，累计有679家企业享受该改革红利。实现企业注销简易注销登记。将“发布注销公告”和“申请注销登记”整合为1个业务环节，省去清算组备案登记手续和登报公告程序，办理时间从近两个月减至当天受理、即时办结。全区近50%注销企业通过简易注销实现快速“退市”。发挥投资在线审批监管平台优势，实现“系统对接、网上申报、网上审批、批文回传”4个100%常态化。在工程建设许可阶段，同步开展方案审查、公示、施工许可证核发，项目审批用时减少10个工作日。在施工许可阶段，组织开展施工图审查和备案及建设项目设计卫生审查，实现项目中标公示结束当天即可领取建设工程施工许可证。下城区一般企业投资项目审批“最多90天”的目标全面实现。

推进身份认证便捷化范围再拓展。深入开展“互联网+可信身份认证”的落地应用。在全区8个派出所户籍窗口全面推行36项户籍、6项流动人口事项和4项出入境代办事项的“可信认证、容缺办理”基础上，逐步拓展至134项其他领域审批业务办理，部分事项在原先“一证通办”基础上升级为“零材料”办理，打通“减材料”工作“最后一公里”。针对“办事群众本人无法到场情形下如何办成事”的问题，通过网上实名、实人认证，实现线上远程委托代办，使委托群众无须到场即可完成涉及其本人或与本人有重大利益关系的办事事项。年内，下城区在5项户籍业务的委托办理事项上开展应用“窗口刷脸”办证，将“可信身份认证”应用推向社会事务领域。针对日常普遍发生的没有携带有效身份证件而需要专门到派出所开具证明的情况，下城区向社会各界拓展“可信身份认证”应用覆盖面。至年末，全区有296家旅馆入住登记、12家典当行交易登记、31家娱乐场所从业人员登记实现与“可信身份认证”平台的衔接应用。

推进“1Call移动办”平台再升级。“1Call”系统作为第四届中国“互联网+政务”50强项目，在上年实现政务服务事项咨询、预约的基础上，科学糅合人脸识别身份认证、视频连线、在线签章等技术，在全国率先实现“视频办”“残疾人证申请及制发”“残疾人证遗失补办”“机动车所有人联系方式变更”“遗失补领机动车驾驶证”“期满换领机动车驾驶证”“个人参保信息查询”“个体工商户开业登记”9个事项全流程“跑零次”。其中推进“视频办”后，残疾人证办理的申报材料从5份简化为0.5份，在高度还原窗口现场办事场景的基础上实现全程“跑零次”，而且把手机变成“口袋”办事窗口，方便残疾人有关事项的办理。

推进“最多跑一次”改革内涵再丰富。加快改革向机关内部和公共场所延伸工作，区本级梳理确定63个单位360项机关内部事项，依托“浙政钉”统一入口，上线机关内部“最多跑一次”网上办事协同平台，99%以上内部事项实现“最多跑一次”，其中高频事项100%“最多跑一次”，部门之间办事更加方便快捷。推动“最多跑一次”改革向公共场所延伸，下城区成立武林商圈优化提升工作小组，由常务副区长任组长。聚焦商圈服务痛点难点，以“最多跑一次”改革为内生动力，全面优化商圈营商环境，进一步集聚商圈人气财气，《武林商圈服务优化提升》方案被省委改革办《竞跑者》杂志刊发。

（王　凯）

全区机构改革顺利完成

2019年1月，下城区在上年下半年充分调研准备基础上，正式启动全区深化机构改革工作。《杭州市下城区机构改革方案》经省委、省政府批准，市委办公厅、市政府办公厅正式印发后，1月4日，区委召开十届五次全会进行传达学习，并研究贯彻意见。1月19日，区委、区政府召开全区机构改革动员大会，对实施机构改革进行动员部署，全区机构改革正式进入全面实施阶段。当日，新组建的区委全面深化改革委员会办公室、区发改经信局、区商务局、区文广旅体局、区卫生健康局、区退役军人事务局、区应急管理局、区政府金融工作办公室、区数据资源管理局、区投资促进局等10个部门全部挂牌，以新部门名义开展工作。

为加快推进机构改革各项重点工作的组织实施，1月25日，全区机构改革人员转隶及部门“三定”（定职能、定机构、定编制）工作动员培训会召开，并随即启动人员转隶工作。按照“编随事转、人随事走”的原则，区委编办根据各部门改革前的人员岗位配置情况，结合涉改双方单位改革后所承担的具体职能，并通盘考虑全区行政编制总量，提出人员编制划转建议。1月18日，出台《下城区机构改革人员转隶工作意见》，明确人员转隶实施步骤和工作纪律要求，旨在确保人员转隶工作有条不紊、平稳有序、无缝衔接。根据人员转隶工作意见，机构改革涉及的15个单位58名科级以下人员（含11名事业编制人员）及时有序完成转隶，转隶人员的工资、社保、公积金等关系均按时完成转接。

加强“三定”规定编制工作。在编制起草各部门新的“三定”规定工作中，下城区坚持优化协同高效的原则，统一规范内设机构规格和名称，加大内设机构综合设置力度，强化部门内部职责和业务整合，并着重把握机构改革中涉及17个部门的50项职能划转，确保机构改革方案明确划转的重点职能在划入部门中有所体现。3月，经过审核报批后，机构改革方案中明确设置的34个区级党政部门、8个街道、3个工青妇群众组织和区跨贸小镇管委会共46个单位新的“三定”规定全部按时印发实施，各项机构改革工作全部按时顺利完成。机构改革后，全区设置党政机构35个。其中，区委机构12个，包括纪检监察机关1个，工作机关11个；区政府机构23个，包括1个办公室和21个工作部门，市级部门派出机构2个，其中市规划资源局下城分局计入机构限额，市生态环境局下城分局不计入机构限额。

为进一步巩固机构改革成果，10月，根据省市统一部署，下城区开展机构改革实施情况督查评估，区级党政部门和街道对照《杭州市下城区机构改革方案》《杭州市下城区街道职能调整和体制改革方案》，以及新印发的部门“三定”规定，重点对本单位建立健全党对重大工作领导体制机制情况、“三定”规定执行情况、部门间职责划转和协作配合情况、街道机构改革情况及工作人员专题培训情况，以及涉改单位档案和资产移交、政务服务网权力清单调整、机关和内设机构挂牌等情况进行全面督查评估，对改革任务落实不到位的情况及时进行查漏补缺。

经过机构改革，区委职能部门和区政府工作部门在机构设置和职能配置上，与中央和省市基本对应。同时，适应下城经济社会发展需要，在机构限额内因地制宜设置部分机构，规范合署及挂牌机构设置，优化调整一些领域的机构职能，基本形成系统完备、科学规范、运转高效的机构职能体系。

（焦文博）

十件民生实事完成

民生实事项目是人民代表的选择，是对政府执政能力、服务能力及群众工作能力的现实检验。下城区坚持以人民为中心的发展理念，把解决民生“关键小事”摆在突出位置，按照“最大理解、最小影响、最快速度、最好质量”要求，扎实做好民生实事工作，让人民群众共享改革发展成果。2019年，区政府10件民生实事全面完成。

坚持以群众需求为工作导向，主动谋事。下城区围绕老旧小区居民关于改善基础设施的需求，提出“美丽小巷”改造、实施“清肠行动”、公厕及垃圾房提升改造、既有住宅电梯加装、引进“小区管家”等民生实事项目；围绕老年人、残疾人、学龄儿童的需求，提出新建或改造养老服务综合中心和老年食堂（助餐点）、家庭无障碍设施改造、校园建设等民生实事项目；围绕拆迁安置居民和外来务工人员的居住需求，提出开工安置房、建设蓝领公寓等民生实事项目。在区第十五届人大第三次会议的票决中，10件区级民生实事项目平均得票率92.7%，票决产生的民生实事项目集中反映全区市民的迫切需求。

坚持以建章立制为工作规范，积极办事。下城区建立责任明确、联动推进的工作机制，区政府主要领导在区政府全体会议上进行任务交办，并就民生实事推进情况多次专项调研。按照省、市、区、街道、社区五级民生实事进行任务分解，明确时间表和路线图，各部门、街道通力合作。健全投入保障机制，全年投入民生实事项目资金57.27亿元。以实效为导向，健全自我评价、综合评价、监督评价、民主评价的绩效联评机制，客观地评价民生项目的实效。重视民生项目后续管理和延伸，助推民生实事发挥长效作用，更好地惠及和服务人民群众。

坚持以群众受益为根本目标，办好实事。下城区坚持百姓事百姓议、百姓事百姓决的工作方法，汇集群众的智慧与力量，实现最广泛的群众认可和群众满意。建立健全居民群众深度参与的全方位、全视角、立体式评价体系，通过邀请现场实查、群众评议、座谈交流和问卷调查等方式，组织居民群众对实事项目落实情况进行绩效评价。创新第三方评审机制，邀请党代会代表、人大代表、政协委员、专家学者、民情观察员、媒体代表等第三方代表对实事项目进行评审，把群众满意作为根本要求，努力把实事办好、好事办实。

（程少华）

2019年下城区民生实事项目完成情况

表1

序号	工作任务	牵头单位	完成情况
一	开工建设安置房80万平方米	区住建局	开工沈家南苑、白田畈、永丰、长木东新路、杨家跨贸园、华丰、甘长苑、长木村、丝宏、杨家沁苑等21个安置房项目，建设安置房面积257万平方米
二	开工建设6所校园，启用5所校园	区教育局	开工杨家幼儿园、杨六堡幼儿园、长德弄幼儿园、永丰幼儿园、华丰幼儿园、和平幼儿园6所校园。启用杭州观成实验学校、杭州观成实验幼托园、杭州市安吉路幼儿园锦绣园区、杭州市西园幼儿园白石园区、杭州市长寿桥岳帅小学5所校园
三	在10个社区实行“小区管家”服务	区住建局	完成流水东苑、天堂园、环北新村、中北、王马、浙大御跸、所巷、应家桥、东园、富春园10个社区“小区管家”入驻，开展专业化管理服务
四	完成6条“美丽小巷”改造	区城管局	完成天水街道戒坛寺巷、武林街道竹竿巷（永丰巷）、长庆街道直燕子弄（横燕子弄）、潮鸣街道游泳巷（回龙庙前）、朝晖街道双河弄、文晖街道河琈上（同心弄）6条“美丽小巷”打造
	完成老旧小区800幢楼房“清肠行动”	区城管局	完成老旧小区800幢楼房“清肠行动”，累计清疏管网12.78万米，完成清淤量818立方米
	提升改造18座公厕	区城管局	完成秋水巷公厕等18座公厕提升改造及验收工作，建成全市首家引入5G的智能化无碰触公厕
	按标准改造垃圾房57座	区城管局	完成打铁关新村、万家星城二期等57处垃圾房提升改造
五	完成1300套蓝领公寓建设	区住建局	建成石桥南苑蓝领公寓2050套，并于12月24日启动招租
六	完成40台既有住宅电梯加装	区住建局	完成既有住宅加装电梯60台，并完成全市第一个商品房整体加梯项目——天巢花苑成片成幢加梯项目
七	提升改造1家社区卫生服务中心及3家社区卫生服务站点，迁建2家社区卫生服务站点	区卫生健康局	完成石桥街道社区卫生服务中心提升改造。完成灯芯巷站、十五家园站、塘北站3个社区卫生服务站点提升改造。完成永丰站、石桥站2个社区卫生服务站点迁建
八	新建或改造5家养老服务综合中心和5家老年食堂（助餐点）	区民政局	建成北景园、仙林、流水东苑、景安、东新园5个养老服务综合中心并投入运营。建成戒坛寺巷、仙林、浙大御跸、流水东苑、景安5家老年食堂（助餐点）并投入运营
	为100户困难残疾人、老年人家庭实施无障碍改造	区残联	完成100户困难残疾人、老年人家庭无障碍设施改造，其中34户家庭为无障碍设施装修改造，66户家庭配发安装无障碍辅助器具
九	完成16个社区文化家园建设	区委宣传部（区文明办）	完成灯芯巷、戒坛寺巷、环西、中北、吴牙、柳营、小天竺、东河、稻香园、应家桥、打铁关、和平苑、沁苑、富春园、华中、景春16个社区文化家园建设，7个社区文化家园获杭州市三星级以上社区文化家园称号，灯芯巷社区文化家园被评为杭州市五星级文化家园
十	按标准提升改造20个社区微型消防站	下城消防救援大队	完成体东社区、流水西苑社区、石桥社区等20个社区微型消防站提升改造
	提升校园安防设施，建设90个校园微型消防站	区教育局	完成90个校园微型消防站建设，消防站设备全部完成安装

3 大事记

2020

1月

1日 由区委、区政府主办，天水街道承办的2018—2019年“武林跨年”活动在武林广场举行。“武林跨年”活动成为“净寺敲钟”活动之外最具杭州特质的品牌迎新年活动。

2日 市委常委、市纪委书记、市监委主任陈擎苍到下城区参加“服务企业服务群众服务基层”活动。

4日 中共下城区委十届五次全体（扩大）会议召开。区委书记刘颖代表区委常委会向全会做《高质量发展，高品质生活，纵深推进全域中央商务区建设，奋力打造世界名城一流核心城区》的报告。区委副书记、区长柴世民主持会议。

△ 2019年下城区“春风行动”动员大会在区行政中心召开。区委书记刘颖做动员讲话。区领导、各街道、区属各单位、市属垂直各部门主要负责人在现场捐款。

△ 青春建功文化兴盛行动暨“青春悦读·满城书香”活动启动仪式在下城区行政中心举行。

10日 省委常委、常务副省长、省第四次经济普查领导小组组长冯飞到杭州嘉里中心调研经济普查登记工作，看望慰问一线普查指导员和普查员。

12日 中央文明办二局局长吴向东一行到下城区看望慰问“全国道德模范”吴斌家属。区委书记刘颖，区委常委、宣传部部长赵一文陪同看望。

14日 中国人民政治协商会议第五届杭州市下城区委员会第三次会议开幕（17日闭幕）。

15日 下城区第十五届人民代表大会第三次会议开幕（18日闭幕）。

17日 2018年度下城区基层党建和人才工作述职评议会召开。8个街道党工委和6个区直单位党委（党组）主要负责人对基层党建和人才工作现场述职。

△ 下城区朝晖街道居民徐沙获第六届“最美杭州人”、第十四届杭州市十大道德模范（平民英雄）称号；石桥派出所民警汪豪斌获第六届“最美杭州人”提名奖。

19日 下城区机构改革动员大会召开，区委书记刘颖出席会议并讲话，区委副书记、区长柴世民主持会议。会议部署全区深化机构改革工作，下城区机构改革进入全面实施阶段。

23日 卢旺达发展署首席运营官Emmanuel Hategeka和卢旺达驻华大使馆商务领事沙米尔到跨贸小镇参观考察。

24日 “武林下，臻杭城”暨2019年下城区土地招商发布会在杭州城中香格里拉大酒店举行。杭州万科房地产有限公司、绿城房地产集团有限公司、杭州滨江房地产集团股份有限公司、融创中国杭州公司等100多家房地产企业及金融机构、新闻媒体参加。

28日 香港中文大学附属医院负责人到天水武林街道社区卫生服务中心考察信息化建设、慢性病管理等情况。

31日 市委常委、市纪委书记、市监委主任陈擎苍，市人大常委会副主任陈红英到下城区慰问困难群众、困难党员、信访干部和敬老院长者。

△ 下城区2018年“大党建”综合考核会议在区行政中心召开。市委常委、市纪委书记、市监委主任陈擎苍出席会议并讲话。区委书记刘颖主持会议。

2月

3日 副省长、省公安厅厅长王双全到下城区长庆派出所看望慰问春节期间坚守岗位的一线公安民警。

14日 区政府全体（扩大）会议召开，区委副书记、区长柴世民向各街道、各部门下达2019年度任务书。

15日 杭州红色博物馆联盟工作推进会暨“红色精神”交流会在杭州都锦生织锦博物馆举行。市委常委、秘书长许明，省委党史和文献研究室副主任王祖强，区委书记刘颖等领导参加。

18日 下城区创建全国街道服务管理创新实验区动员暨和谐社区建设表彰大会在区行政中心召开。区住建局、东新街道、石桥街道、长庆街道王马社区做交流发言。

△ 下城区石桥城中村改造安置房项目代建签约仪式在区行政中心举行，区城投集团与绿城房地产建设管理集团签约。

21日 市政协主席潘家玮带领市政协特邀一组到下城区视察电竞数娱小镇、跨贸小镇和太阳马戏团。

27日 区委政法工作会议暨全区信访、平安建设大会召开，区委、区政府分别与各街道和部门签订《下城区平安创建工作目标责任书》《下城区信访和区长公开电话工作目标管理责任书》。

28日 下城区经济工作暨重点项目推进大会召开，区委、区政府向部分重点企业兑现奖励政策并授牌。

△ 国家卫生与健康委员会免疫督查组到下城区专项督查疫苗管理和预防接种工作。

3月

1—30日，区领导、区直各部门和街道、区属各单位党员干部集中开展“走亲连心三服务”蹲点调研活动，了解基层实际情况，倾听企业和群众诉求，帮助企业、群众和基层解决困难和问题。

5日 杭州市志愿服务市校合作推进行动暨下城区全民志愿智慧伙伴街开街仪式在长庆街道举行，副市长王宏出席。

7日 市、区两级人大代表到浙江静博士美容科技有限公司视察。

8日 下城区纪念“三八”国际妇女节109周年大会在区行政中心召开，下城区“武林·粉”城市妇联工作品牌发布。

12日 下城区向瑞幸咖啡（杭州）有限公司东新路二店颁发首张直营连锁餐饮企业新开业门店食品经营许可证。

13日 市委常委、统战部部长陈新华到下城区新颜苑社区“少数民族之家”调研基层统战工作，对该社区发挥少数民族社会公益组织作用的做法和成效给予肯定。

△ 杭州市中小商贸流通企业服务中心、下城区企业服务中心、杭州市中小商贸流通企业服务有限公司在区行政中心举行项目合作签约仪式。

14日 中国（杭州）人力服务资源产业园与贵州省黔东南州人力资源和社会保障局签订人力资源战略合作框架协议，帮助对口帮扶地区贫困人员实现就业脱贫目标。

19日 住房和城乡建设部房地产市场监管司巡视员周韬、省住房和城乡建设厅副厅长沈敏一行，到文晖街道京都苑社区金都华庭小区调研小区物业管理工作。

20日 省人力资源和社会保障厅厅长鲁俊到中国（杭州）人力资源服务产业园调研，召开园区重点企业负责人座谈会，听取企业经营情况和对产业发展的意见建议。

△ 武林智慧大讲坛2019年开年第一讲在区行政中心举行，浙江大学郑强教授应邀做“中国精神与中国梦”主题讲座。

21日 由杭州新天地集团有限公司、中国联合网络通信有限公司杭州分公司、浙江华为通信技术有限公司共同举办的“创见·未来”杭州新天地5G战略合作签约仪式在杭州新天地丽笙酒店举行，首个联通—华为5G智慧园区落户杭州新天地中央活力区。

27日 下城区2019年第一批8个重点项目集中开工，总投资89.47亿元，开工安置房项目2个、公共服务设施类项目1个、产业类项目5个。

△ 下城区2019年一季度重

点招商引资项目集中签约仪式在区行政中心举行，签约项目12个，总投资50亿元。

△ 泰国中小企业代表团到下城区跨境电商综合试验区展示中心参观，并与园区有关方面举行座谈。

28日 区委网络安全和信息化委员会第一次全体会议召开，区委书记、区委网络安全和信息化委员会主任刘颖主持会议并讲话。会议研究部署全区网络安全和信息化建设各项工作。

△ 下城区土地招商发布会（上海站）在上海举行，30多家房地产开发商、投资商、基金公司代表参加活动。

29日 下城区获"2018年度省级平安区"称号，考核成绩列全省第一。

30日 民政部基层政权建设和社区治理司副司长汤晋苏一行到下城区考察基层政权建设、社区治理及全国街道服务管理创新实验区创建工作。

△ 下城区"春风行动"专场人力资源招聘会在东新街道新北街举行，60多家用人单位提供近1000个工作岗位。

△ 2019年下城区首届"武林杯"中小幼学生击剑比赛（第一站）在杭州孙武国际击剑中心开幕（31日闭幕）。比赛分为男、女花剑和重剑、佩剑个人赛，下城区25所学校（幼儿园）161名中小幼学生参加比赛。

4月

1日 "杭州市下城区两岸邻里节十周年庆"活动在下城区举行，文晖街道社区居民代表和台湾新北市居民代表参加。

9—10日 区委书记刘颖到湖北省恩施州巴东县开展东西部扶贫协作工作。其间，召开下城区—巴东县东西部扶贫协作联席会议。

10日 省人大常委会副主任赵光君一行到下城区长庆市场监管所、长庆派出所调研扫黑除恶专项斗争开展情况。

△《下城年鉴（2018）》首发暨赠书仪式在区行政中心举行。杭州市地方志办公室副主任阮关水、下城区委副书记林炳达等领导向杭州市图书馆、下城区档案馆、下城区图书馆、下城区青少年活动中心、下城区社区学院等18个单位赠送《下城年鉴（2018）》。

10—12日 区委书记刘颖到贵州省黔东南州黎平县开展东西部扶贫协作工作。其间，召开下城区—黎平县东西部扶贫协作高层联席会议。

11日 省政协副主席张泽熙到跨贸小镇考察。参观小镇客厅、"一带一路"来华留学生创业馆，并召开座谈会。

△ 下城区通过浙江省基本公共文化服务标准化建设认定。

△ 2019年下城区总工会"就业创业服务月"专场招聘会在杭州城北体育公园举行，招聘会推出工作岗位1000多个。

12日 市政协副主席冯仁强率部分市政协委员到下城区，开展"推动支持民营企业各项政策落实，打造国际一流营商环境"专项集体民主监督。

14—19日 下城区参加杭州市政府主办的杭州·黄山旅游京津冀推介会，推广下城区都市旅游资源。

15日 下城区"带出先锋，'戴'出平安"党建主题宣传公益活动在杭州和平广场举行，活动现场为外来务工人员代表、居民代表赠送电动车安全头盔。

17日 "武林新城·杭州之心——杭州市下城区土地招商推介会"在香港举行。区委副书记、区长柴世民出席推介会并致辞。恒隆集团有限公司、九龙仓集团有限公司、新鸿基地产发展有限公司、嘉里置业（杭州）有限公司、瑞士银行、香港物联网商会等20多家香港地产界、金融界企业和香港媒体参加。

18日 区人大常委会第九期法制讲座举行，浙江大学光华法学院教授、浙江省生态环境厅行政法律专家咨询委员会委员、杭州市人大常委会立法咨询委员会委员钱水苗应邀讲解《中华人民共和国大气污染防治法》。

20日 下城区首届"武林杯"中小幼学生阳光体育啦啦操比赛在下城区体育馆举行。

26日 下城区"遇见·下城"旅游推介暨"美丽街巷"开街仪式举行，开街仪式上推出4条都市旅游专线和10条"美丽街巷"。

28日 下城区"青春心向党，建功新时代"纪念五四运动100周年主题活动在浙江展览馆中央大厅举行。共青团浙江省委书记朱林森、下城区委书记刘颖和下城区共青团干部、青年学生、少先队员等300人参加。

△ 下城区停车“先离场后缴费”模式启动暨武林商圈停车场库智能监管系统发布仪式举行，武林商圈智能停车监管系统正式启用。

29日 下城区加强党建引领推进小区治理建设幸福家园工作动员会召开，会议部署加强党建引领推进小区治理建设幸福家园工作。

30日 下城区庆祝“五一”国际劳动节暨第二届“下城工匠”颁奖大会举行，区委书记刘颖出席并讲话，丰莉萍、邓之全、张祖庆等10人被评为第二届“下城工匠”。

5月

3日 下城辖区浙江集商优选电子商务有限公司在美国纳斯达克挂牌上市，成为第一家在美国上市的中国会员电商企业，股票代码为YJ。

4日 第十五届中国国际动漫节中北创意街区分会场彩车巡游活动在下城区中山北路举行。巡游活动分为序幕“杭州欢迎你”、上篇“再看经典”、中篇“动漫杭州”、下篇“你好新时代”、尾声“赞赞新时代”五个部分。

6日 下城区教育大会在区行政中心召开，会上表彰区“十佳”美德少年、中小学首届模范班主任、区“十佳教师温馨空间”，区委书记刘颖为下城区新时代教育终身成就奖获得者颁奖并讲话。

7日 区委全面依法治区委员会第一次会议暨区委法律顾问聘任会议召开。会议审议并原则通过《中共杭州市下城区委全面依法治区委员会工作规则》《中共杭州市下城区委全面依法治区委员会协调小组工作规则》《中共杭州市下城区委全面依法治区委员会办公室工作细则》《2019年法治下城建设工作要点》等相关文件。

8日 区委理论学习中心组（扩大）学习会暨杭州“城市大脑”下城平台发布会在浙江展览馆举行。“城市大脑”下城平台首批战略合作企业进行签约，杭州“城市大脑”总架构师、阿里云创始人王坚做主旨演讲。

9日 市人大常委会《浙江省学前教育条例》执法检查第二组到下城区朝晖幼儿园朝一园区、杭锅新村幼儿园开展执法检查。

△“智汇下城·技兴武林”2019年下城区职工人才大比武活动启动仪式暨“杭帮菜”烹饪大赛活动在浙江大酒店举行。

△ 下城区统一战线“同心助力行”活动启动暨民主党派、统战团体与重点项目结对签约仪式举行。下城区7个民主党派和5位统战团体负责人与区10个重点项目建设单位负责人签订结对共建协议。

10日 市委副书记、市长徐立毅到下城区金都华庭小区、小天竺社区调研老旧小区改造和住宅小区物业管理工作，与街道社区干部、物业公司负责人、业主代表座谈。区委副书记、区长柴世民等陪同调研。

12日 下城区举行防空防灾人员应急疏散演练，全区应急民兵分队队员、各社区社工和居民代表等200多人参加。

15日 下城区—黎平县东西部扶贫协作高层联席会议在区行政中心召开。双方教育局、民政局签订帮扶协议。

△ 浙江省电子竞技发展研究中心成立大会暨揭牌仪式在电竞数娱小镇举行。

16日 杭州市暨下城区庆祝第29个“全国助残日”活动在下城区中西医结合医院举行。启动仪式上，表彰下城区10户残疾人“最美家庭”，宣布“福彩助力、点亮梦想”公益资助项目启动，并为受助家庭代表赠送福彩公益金。

△ 下城籍残疾人运动员史册在北京举行的第六次全国自强模范暨助残先进表彰大会上获“全国自强模范”荣誉称号并受到国家领导人接见。

17—19日 “抖inCity 城市美好生活节”首发站在武林广场举行。

17—28日 下城区党政领导干部创新发展专题研修班在深圳大学举行。区党政领导和区直部门（单位）主要负责人、街道主要负责人80多人参加。

19日 下城区“科技强国，科普惠民”科技活动周启动仪式在西湖文化广场举行，活动周进行“科技创新成果”“5G技术应用”“科学生活展”“科技大集市”等主题展示（26日闭幕）。

21日 下城区防汛防台（气象防灾减灾）应急演练在杭州城北体育公园举行。演练科目包括行道树支撑加固、道路清障、地下空间应急防汛、低洼积水应急处置、人行便桥搭设、被困群众急救与伤员运送、大功率泵车排水作业等。

22日 下城区星原托育园取得全省首张3岁以下婴幼儿照护服务托育机构法人证书。

24日 下城区美术家协会成立暨第一次会员代表大会在区行政中心召开，会议选举产生区美协第一届理事会和主席团。

28日 副市长王宏到下城区长庆街道王马社区退役军人服务站和潮鸣街道退役军人服务站调研退役军人服务保障体系建设工作。

△ 浙江省首个街道综合执法队在下城区长庆街道成立。

△ “武林旋律”下城区首届青年歌手大赛暨杭州市第二十五届“三江歌手”大赛下城赛区初赛启动（6月15日结束）。

29日 省政协副主席孙景淼到下城区天水街道灯芯巷社区社会组织实践街区、下城区公羊会公益服务中心调研社会组织参与社会治理工作。

30日 下城区互联网协会成立暨第一次会员代表大会在新天地跨贸小镇召开，大会选举产生互联网协会第一届理事会。

△ 杭州新天地“太阳马戏”“绮幻之旅，触碰梦境”——《X绮幻之境》产品发布会在杭州新天地太阳剧场举行。

△ 下城区之江国际青年艺术周校园歌手走进武林路国际音乐街区专场演出在武林路小剧场举行。

△ 第十三届中国国际女装设计大奖赛在市政府新闻发布厅召开新闻发布会，宣布赛事启动（10月29日结束）。

31日 浙江省世界无烟日公益宣传活动在杭州嘉里中心广场举行，现场提供控烟咨询，发放各类控烟、戒烟宣传资料。

6月

1日 下城区“六·五”世界环境日主题宣传活动在杭州城北体育公园举行，主题宣传活动包括开展巡河、保洁等志愿活动。

2日 “创客天下·2019杭州市海外高层次人才创新创业大赛”来华留学生专场暨浙江省外国留学生创新创业大赛决赛在杭州跨贸小镇举行。

5日 下城区在区行政中心召开社区教育工作大会。会上举行浙江涌嘉保险经纪有限公司、下城区教育发展基金会捐赠仪式和下城区市民终身学习流动图书点图书赠送仪式。

9—15日 下城区“武林红盟”启动仪式暨党群服务中心集中开放日活动在朝晖公园举行。启动仪式上，发布下城区基层党群服务中心建设规范、服务规范和评价规范3个地方标准。

10—15日 区政协组织政协委员到贵州省黔东南州开展“不忘初心、牢记使命”主题教育培训。

11—14日 区委书记刘颖带队到香港开展招商活动，与香港知名企业及国际投资机构负责人会谈，推介下城区区位优势及营商环境。

17日 下城区融媒体中心成立，标志着下城区纵深推进媒体融合发展的新征程开启。挂牌仪式结束后，融媒体中心举行第一次媒体见面会。

19日 区委书记刘颖带队检查防汛防台工作，并召开防汛防台工作推进汇报会，要求各部门、各单位全力做好防汛防台各项工作。

△ 杭州市第十三届健身气功比赛在杭州城北体育公园体育馆举行，下城区代表队获得3个单项冠军和团体总分第一名。

△ 浙江省人民调解协会首届培训班暨下城区人民调解员骨干能力提升培训班在下城区举办。区人民调解委员会、专业性和行业性调解委员会、街道调解委员会和社区调解委员会主要负责人及调解员140人参加培训。

20日 下城区2019年二季度重点招引项目集中签约仪式在区行政中心举行。10个项目集中签约，总投资132亿元。

22日 下城区首届“武林杯”系列体育赛事暨足球比赛开幕式在下城区体育中心举行（7月21日结束）。

26日 下城区戏剧家协会成立暨第一次会员代表大会在区行政中心举行。大会选举产生区戏剧家协会第一届理事会和主席团。

27日 “智汇武林·筑梦启杭”第二届杭州国际人力资源峰会在下城区举行，斯坦顿大通国际咨询公司与下城区政府签署意向入驻协议。

28日 下城区2019年第二批重点项目集中开工仪式在石桥永丰（西区）安置房项目现场举行，7个项目集中开工，总投资36.86亿元。

29日 武林商圈党建联盟年会在浙江展览馆中央大厅举行。

7月

1日 下城区庆祝中国共产党成立98周年大会在区行政中心举行，会上表彰下城区先进基层党组织、优秀共产党员和优秀党务工作者。区委书记刘颖为参会人员上主题党课。

3日 市人大常委会主任于跃敏一行到下城区长庆街道王马社区调研。听取街道和社区关于人大代表联络站建设运行、百姓议事票选工作及民生实事项目办理等情况介绍。

△ 下城区组织党员领导干部到省法纪教育基地接受廉政警示教育，区四套班子领导，区法院院长、区检察院检察长，全体区管正职干部，市级垂直各部门主要负责人参加警示教育活动。

4日 省委常委、政法委书记王昌荣，市委副书记、政法委书记张仲灿到下城区长庆街道社会治理综合服务中心（信访超市）调研基层社会治理体系和治理能力现代化改革试点工作。

△ 省政协副主席孙景淼到下城区新颜苑社区参加杭州同心少数民族服务政协委员会客厅调研活动，并为委员上"坚守党的初心、强化使命担当"主题党课。

5日 市委常委、宣传部部长戚哮虎到杭州新天地太阳马戏团和下城区新颜苑社区文化家园调研。

△ 中国"数智武林"院士论坛暨区委理论学习中心组（扩大）学习会在浙江展览馆举行。会上，创新中国·数字产业园、武林数字众创空间两个数字经济平台启动运行。

△ 下城区"唱支赞歌给党听"——"武林K歌"红歌会在武林路小剧场举行，各街道和教育、卫健、司法、住建等部门"两新"组织（新经济组织和新社会组织）青年党员参加。

8日 市人大常委会主任于跃敏一行到下城区回龙庙前四弄老旧小区改造施工现场调研老旧小区综合改造提升工作。

11日 住房和城乡建设部副部长黄艳一行到下城区潮鸣街道归德弄"美丽街巷"、潮鸣街道老旧小区综合提升改造工作指挥部、回龙庙前四弄样板楼、潮邻益家居家养老服务中心调研老旧小区改造工作，听取情况介绍并与居民座谈。

16日 中央统战部二局副巡视员倪智泉一行到下城区东新街道新颜苑社区调研城市民族工作。

17日 下城区庆祝中华人民共和国成立70周年安保技能汇报演练在杭州观成中学操场举行。下城区公安分局、下城保安公司约300人组成5个方队进行演练。

22日 下城区—巴东县东西部扶贫协作联席会议在区行政中心召开。

△《人民日报》和杭州电视台记者到下城区小天竺社区和知足弄社区，对下城区老旧住宅改造提升工作进行专题采访。

26日 下城区"互看互学"大比武活动在区行政中心举行，区领导到11个比学赶超活动考察点观摩，观摩后召开点评会议。

△ 杭州老干部大学长庆分校揭牌仪式暨长庆银龄志愿服务项目发布会在下城区长庆街道王马社区举行。

30日 下城区纪念中国人民解放军建立92周年暨"最潮老兵、礼赞八一"军歌之夜活动在杭州古城墙陈列馆广场举行。

8月

1日 下城区组织领导干部到余杭区梦想小镇考察，学习创新创业、发展数字经济、深化社会治理等方面经验做法，谋划下城区发展新思路、新举措。

2日 下城区数字经济产业园管委会揭牌仪式暨投资环境推介会在跨贸小镇举行。阿里巴巴网络技术有限公司、网易（杭州）网络有限公司等20家企业代表和省、市媒体代表参加。

3日 庆祝中华人民共和国成立70周年"奔跑吧杭州·2019"城市定向挑战赛下城赛区系列活动在下城区体育中心举行。

5日 中共下城区委十届六次全体（扩大）会议在区行政中心召开。区委书记刘颖代表区委常委会向全会做《思想再解放，融入长三角，全面提升下城发展能级和核心竞争力》的工作报告。

8日 浙江金蚂股权投资管理

有限公司、浙江远景数字经济产业股权投资基金合伙企业落户下城签约仪式在区行政中心举行。

9日　下城区首届武林文化节开幕式暨新天地“太阳马戏”《X绮幻之境》首演在杭州新天地太阳剧场举行。

12日　下城区市政公司组织应急抢险队伍携带装备器材到遭受9号超强台风“利奇马”影响的台州市临海开展灾后救援工作。

15日　下城区召开全区招商引资、招才引智工作推进会，贯彻落实全市“双招双引”工作推进会精神，部署推进全区招商引资、招才引智工作。

21日　区委副书记、区长柴世民一行到黎平县开展对口帮扶，召开下城区—黎平县东西部扶贫协作联席会议。

22日　下城辖区内华东医药股份有限公司、泰地控股集团有限公司、杭州东恒石油有限公司上榜“2019中国民营企业500强”。

△ 市人大常委会副主任许勤华一行到下城区调研《杭州市生活垃圾管理条例》贯彻落实情况。

27日　日本静冈县代表团一行到电竞数娱小镇LGD联盟电竞馆、互星新零售直播基地参观，就电竞产业发展和小镇规划建设情况与电竞数娱小镇管委会进行交流。

28日　杭州地铁5号线宝善桥站至建国北路站施工区域——建国北路（体育场路至凤起路段）路面发生塌陷，造成管道燃气泄漏、树园小区31幢房屋主体损坏。

29日　下城区公羊会创始人、公羊会联席会议主席何军获“优秀中国特色社会主义事业建设者”称号。

30日　“武林炫风”第二季广场舞大赛开幕式在西湖文化广场举行。大赛设一二三等奖、创作奖、“马可波罗”友人奖（10月17日闭幕）。

9月

2日　杭州市下城区舞蹈家协会成立暨第一次会员代表大会在区行政中心召开，会议选举产生区舞蹈家协会第一届理事会、监事会和主席团。

4日　省民政厅厅长王剑侯一行到下城区天水街道“四个平台”（综治工作、市场监管、综合执法、便民服务平台）综合指挥中心调研，了解全国街道服务管理创新实验区建设工作推进情况。

5日　副市长王宏到下城区跨境电商特色馆参观，与园区留学生创业者交流。

6日　下城区“喜迎中华人民共和国70华诞暨庆祝第35个教师节”活动在省人民大会堂举行。现场主题活动分为“新时代·好老师”“新时代·好少年”“新时代·新集体”“新时代·新征程”4个篇章，集中展示下城区教育成果，展现下城区教师优秀风采。

9日　区政府在区行政中心召开深入实施“美丽家园”建设推进大会，对生活垃圾分类和老旧小区综合改造提升工作进行再动员、再部署、再落实。

10日　下城区第二届天使梦想基金创业大赛决赛暨下城区政府产业基金创投联盟成立仪式在下城区国投大厦举行。

11日　下城区委召开“不忘初心、牢记使命”主题教育工作会议，对全区开展主题教育工作进行动员部署。

△ 下城区举行2019年各界人士中秋茶话会。区各民主党派代表，区工商联、知联会、新联会代表，区民族、宗教界代表，区港澳台侨海外人士代表，留学生代表，区新生代企业家联谊会代表参加。

12日　“辉煌70年·下城区经济社会发展成就”暨2019年度重点实施项目阶段性成果新闻发布会召开。会上，有关部门详细介绍下城区70年来的发展历程及2019年重点实施项目的阶段性成果。

△ 下城区委理论学习中心组全体成员开展“新时代·践初心”、“五个一”初心之行主题教育活动，组织参观中国共产党杭州历史馆，到云居山浙江革命烈士纪念馆集体重温入党誓词。

12—15日　浙江国际进口（武林洋淘）博览会在武林商圈举行，35万人次观展，直接成交额1.5亿元，意向成交额20亿元。

12—25日　第四届淘宝造物节主会场在杭州锅炉厂老厂房举行，400家店铺、1000多种新物种参加造物节。

17日　下城区2019年三季度重大项目集中开工暨杭州恒隆广场项目开工仪式在百井坊地块项目现场举行。集中开工重点项目18个，总投资336亿元。

△ 第二届浙台合作周·人力

资源交流与产业合作论坛在下城区举行。浙江人才市场、杭州人力资源服务产业园管委会分别与台湾人力资源企业代表、产业项目实施方签署战略合作协议。

19—20日 下城区首届“武林杯”乒乓球比赛在杭州城北体育公园举行。比赛设混合团体、男子单打、女子单打等项目，全区15个单位近100名选手参加比赛。

20日 省委常委、市委书记周江勇，市委常委、宣传部部长戚哮虎，市委常委、秘书长许明，副市长陈国妹一行到杭州市第十三届文化创意产业博览会下城展馆考察下城文化创意产业发展工作。下城展馆以“下城演艺，联结世界”为展示主题，有“国际级文化IP”“太阳马戏”、大船文化·国际戏剧节等国际演艺品牌参展。

△ 第十一届“浙江·中国非物质文化遗产博览会（杭州工艺周）”——“传统工艺走进社区”系列活动在陆游纪念馆开幕，全市20个非遗手工艺项目参加展示展陈。

△ 下城区举办“初心·使命”先锋故事会，展现新时代下城区共产党员风采，营造“向榜样学习，向典型看齐”氛围。

26日 下城区武林路国际商业大街开街，商业大街以龙游路环城西路口“遇见武林”牌坊为起点，经龙游路往南至武林路9号音乐街区，沿路设置亮灯、表演点、3D投影光绘等多个节点。

27日 下城区庆祝中华人民共和国成立70周年歌咏比赛在杭州观成实验学校剧场举行。

28日 由市城管局、下城区委、下城区政府主办的“点亮杭城”——庆祝中华人民共和国成立70周年暨杭州市第五届灯光小品秀活动在武林广场举行。

30日 省委副书记、省长袁家军到万寿亭农贸市场调研节日市场供应工作，强调要加强市场监测，密切掌握节日期间市场供求情况，加强货源组织调度和食品质量安全监管，确保生活必需品市场供应充足、价格稳定，老百姓吃得放心。

△ 杭州“城市大脑”建设数字驾驶舱发布暨现场推进会在下城区举行。市委副书记、政法委书记张仲灿出席会议并讲话，副市长陈卫强主持会议，杭州“城市大脑”总架构师、阿里云创始人王坚出席。

△ 下城区召开“8·28”建国北路路面塌陷事件应急处置工作表彰大会，总结8月28日突发事件应急处置工作，表彰应急处置工作先进集体和先进个人。

10月

3日 浙江省文艺界“葵颂——大型雕塑影像展演”在武林广场举行，展演由大型葵园雕塑群、浙江展览馆建筑立面3D影像与“葵颂”音乐舞蹈表演组成。

8日 省委主题教育第一巡回指导组组长尚清带队到下城区长庆街道社会治理综合服务中心、长庆派出所、文晖街道金都华庭小区调研，指导基层单位主题教育工作和党建工作。

9日 “彩墨武林，美丽下城”——庆祝中华人民共和国成立70周年美术作品展在杭州画院美术馆开展。

10日 下城区政府与浙江省担保集团有限公司在区行政中心签署促进类金融发展战略合作框架协议。

△ 下城区退役军人返乡欢迎仪式暨专场招聘会举行。区退役军人事务局与中国农业银行杭州之江支行、杭州联合银行石桥支行签署双拥优抚战略合作协议。

11日 下城区“奋战四季度、冲刺全年红”动员大会在区行政中心召开。会议要求进一步统一思想认识，夯实工作举措，鼓足发展干劲，全力以赴完成全年各项目标任务。

12日 下城区“先锋论坛”暨社区书记工作交流会在区行政中心召开，区委书记刘颖出席并上主题教育专题党课。

14日 杭州市下城区第三十二届社区文化月开幕暨群众文艺大会演在西湖文化广场举行，全区8个街道75个社区群众文艺团体参加演出。

15日 下城区“不忘初心、牢记使命”主题教育专题党课暨国有企业专题培训会在区国投集团举行，区委副书记、区长柴世民出席并上专题党课。

16日 下城区上市服务基地暨下城国投集团投资人中心揭牌仪式举行。区政府与深圳证券交易所签订战略合作协议，区金融办与浙商证券股份有限公司、财通证券股份有限公司、国泰君安股份有限公司等单位达成合作协议，服务基地聘请18名资本市场领域专家组成下城区资本市场专家咨询委员会。

△“助力脱贫攻坚，杭州在行动”主题论坛在之江饭店举行。下城辖区杭州东恒石油有限公司、杭州恒大实业公司、杭州兴中圆控股集团有限公司、云集共享科技有限公司和杭州国泰门窗工程有限公司5家企业，分别被评为“热心参与东西部扶贫民营企业”和“热心参与跨地域消薄民营企业”。

△ 杭州红会医院“仁爱医院旧址”入选第八批全国重点文物近现代重要史迹及代表性建筑保护名单。

17日 “潮涌之江，舞动武林”国庆巡游彩车展示暨杭州“武林炫风”大运河文化带群众文化活动广场舞总决赛在西湖文化广场举行。

20日 民政部部长黄树贤一行调研下城区民政工作。调研组考察潮鸣街道服务中心功能布局、“一窗受理、受办分离”服务模式、街道综合执法改革和24小时综合办事自助服务、“潮鸣街道政务数字驾驶舱”实战应用等情况。区委书记刘颖，区委副书记、区长柴世民等陪同调研。

22日 下城区公安工作会议在区行政中心召开。会议部署全区公安工作。对全区公安机关2019年度先进集体和先进个人进行表彰。

24日 下城区长庆街道王马人大代表联络站和东新街道东新园人大代表联络站被市人大常委会表彰为杭州市首届“最美人大代表联络站”。

25日 “十月的阳光·我和我的祖国”——浙江省庆祝中华人民共和国成立70周年大型广场文艺活动在武林广场举行。

△ 下城区庆祝浙江省第二十三个环卫工人节活动在区行政中心举行。会上为2019年省、市、区市容环境卫生工作先进集体和先进个人颁奖。

△ 下城区“不忘初心、牢记使命”社会组织第三届公益嘉年华暨第十届社区工作者节活动在杭州城北体育公园举行。活动为公益组织搭建服务交流和展示平台，推动下城区公益事业发展。

28日 下城区人才工作大会召开。会上发布人才生态“黄金30条”，对全球应届高学历毕业生（含毕业五年内的回国留学人员）发放一次性生活（租房）补贴；表彰2019年十佳“杰出人才”和十佳“伯乐企业”。

△ 区委人大工作会议召开，会议研究部署新时代下城区人大工作。

△《下城年鉴（2018）》被中国地方志指导小组评为第六届全国地方志优秀成果（年鉴类）全国县区级综合类年鉴一等年鉴。

29日 由中国服装设计师协会、下城区政府主办的第十三届中国国际女装设计大奖赛总决赛暨颁奖晚会在杭州新天地星光文化广场开幕。

31日 亚洲设计管理论坛暨生活创新展（ADM）在杭州锅炉厂老厂房开幕。展会以“设计驱动，万象更新”为主题（11月4日闭幕）。

11月

1日 中国移动5G未来体验馆在电竞数娱小镇开馆，为杭州首个中国移动5G未来体验馆。

4日 下城区召开全区领导干部会议，传达学习中共十九届四中全会精神。区委书记刘颖主持会议并讲话。

7日 参加第三届中国（浙江）—欧洲（德国）数字经济和高新技术产业高峰对接会的欧洲（德国）商务代表团到下城区考察，并进行商务对接和交流。

8日 下城区物业技能大比武在西湖文化广场举行，9支队伍参加交通指挥、消防水带使用、垃圾分类、工程电力设施安装等物业服务基本技能比赛。

9日 区委书记刘颖会见美国国家工程院院士、美国艺术与科学院院士、超级计算机专家陈世卿和北京鲸准网络科技有限公司总裁柴源。

△“杭城新零售嘉年华”武林大巡游在延安路举行。大巡游以武林银泰公司广场为起点，途经延安路、凤起路，全程1.1千米，近1000人组成20个大型花车表演方阵。

△ 下城区大学生创新创业“加油站”项目参加杭州国际人才交流与项目合作大会展示。会上达成56个合作意向项目，其中签约25个，总金额约9000万元。

10日 “智汽东来、车享新程”

中国(杭州)汽车文化精品街区集中签约暨首届车享节在绍兴路汽车精品街举行(25日结束)。

13日 下城区“不忘初心、牢记使命”主题教育第三次专题读书会暨全区第二轮“互看互学”大比武活动举行。

16日 蒙特梭利模拟联合国杭州国际青少年峰会开幕。保加利亚共和国常驻联合国代表乔吉·帕纳约托夫、荷兰常驻罗马联合国粮食及农业组织代表汉斯·霍赫芬出席并分别致辞。

18日 区委召开政协工作会议,研究部署新时代下城区人民政协工作。

19日 下城区政府与浙江省农业信贷担保有限公司在区行政中心举行促进类金融发展战略合作框架协议签约仪式。

△ 2019年下城区“119”消防宣传月启动仪式暨微型消防站大比武活动在杭州新天地举行。

20日 下城区重点项目第四批集中开工活动暨东新路整治工程开工仪式在东新路整治工程项目现场举行。第四批集中开工项目16个,总投资112亿元。

22日 下城区举办互联网企业诚信论坛,区互联网企业代表签署下城区互联网企业公约。

27日 下城区数字档案馆通过“省级数字档案馆评估”。

28日 下城区长庆派出所被公安部授予全国首批“枫桥式公安派出所”称号。

29日 “礼赞先锋——下城区‘党建双强’工程巡礼”活动举行。区领导为获得2019年度下城区“最强领头雁”、下城区“最强党支部”称号的代表颁奖。

12月

1日 首届区块链服务网络(BSN)合作伙伴大会暨区块链服务网络助力社会治理和“城市大脑”下城平台试点启动仪式在下城区举行。下城区块链服务网络孵化基地成立,区块链服务网络发展联盟与区政府签署全面战略合作协议。

2日 下城区旧住宅区改造项目设计大比武暨旧住宅区改造工作推进会在区行政中心举行。设计大比武由9名专家评委现场打分,并当场公布大比武结果,潮鸣街道、文晖街道设计方案获一等奖。

4日 下城区“12·4”国家宪法日暨第二个宪法宣传周系列宣传活动启动仪式在下城宪法主题公园举行。

10日 下城区和江山市山海协作高层对接会议召开,两地进一步深化交流合作。区委书记刘颖等区四套班子领导参加对接会。

△ 下城区青蓝小学教师蔡静被评为第六届感动杭城“十佳教师”。

11日 下城区王笃清木雕工作室创始人王笃清被省委宣传部、省总工会授予浙江省“最美工匠”称号。

12日 下城区3岁以下婴幼儿照护服务中心在下城区天水武林社区卫生服务中心揭牌。

13日 下城区街道党工委书记工作汇报会召开。区委书记刘颖主持并讲话,区委副书记、区长柴世民出席并讲话。

14—15日 浙江省高校电子竞技联赛(ZUEL)总决赛在下城区数字经济产业园区举行。

15日 杭州第19届亚运会倒计时牌在武林广场落成,标志着杭州进入亚运会1000天倒计时。

16日 杭州市二次供水设施改造现场会暨2020年攻坚大会战在下城区举行,会议表彰2019年二次供水改造工作十佳小区,部署全区供水改造主要任务。

17日 下城区数字经济商会成立。该商会是全国区县(市)首个数字经济商会。

19日 下城区第四季度重点招引项目集中签约仪式在区行政中心举行,集中签约项目17个,总投资106亿元。

23—27日 “镜遇·武林”下城区风光摄影展在下城区行政中心展出。

24日 下城区党政代表团到上海市静安区、杨浦区学习考察城市基层治理、城市有机更新、商业商圈项目建设、城市规划建设、产业园区打造等方面经验做法。

△ 下城区摄影家协会成立暨第一次会员代表大会在区行政中心召开,会议选举产生区摄影家协会第一届理事会和主席团。

26日 区人大常委会组织全区80名人大代表对区2019年度民生实事项目完成情况开展“两会”前视察。

27日 区政协组织政协委员对区2019年度民生实事项目完成情况开展“两会”前视察。

综　述

【历史沿革】 民国元年（1912年）2月，杭州并钱塘、仁和2个县为杭县。民国16年（1927年）5月，划杭县城区等地设杭州市，杭州置市始此。民国19年（1930年）5月，杭州划13个区，区境为第五、第六区。民国23年（1934年）3月，杭州13个区撤并为8个区，原第五区、第六区合并为第三区，下城区属第三区。1949年5月3日，杭州解放。6月，建立下城区。1950年6月，杭州市撤销下城区公所，由市政府直辖。1952年11月，复建下城区，并划入艮山区流水桥、艮山上、西俞家桥等6个居民区。1954年8月，辖竹竿巷、孩儿巷、武林路、体育场路、打枝巷、忠清巷、健康路、海狮沟、东街路、艮山门、潮鸣寺巷11个街道。1957年5月，杭州市撤销中城区建制，将原中城区的2个街道划入下城区；12月，辖孩儿巷、打枝巷、武林路、忠清巷、健康路、东街路、潮鸣寺巷、横河桥8个街道。1960年4月，建立下城人民公社，辖天水、长庆、武林、潮鸣、横河5个分社。1962年5月，恢复街道设置，下城区辖天水桥、长庆街、艮山门、武林路、潮鸣寺、横河桥6个街道。1963年12月，横河桥街道划属上城区。1964年5月，所辖街道更名为武林、天水、长庆、艮山、潮鸣街道。1969年3月，西湖区北山街道划入下城区。1972年12月，恢复西湖区建制，北山街道复归西湖区。1982年12月，西湖区上塘公社河西、朝阳、黎明3个生产大队（后更名为河西、河东、潮王村）划归下城区。1983年1月，建朝晖街道，下城区辖天水、长庆、艮山、武林、朝晖、潮鸣6个街道。1996年12月12日，拱墅区东新街道和石桥乡划入，下城区辖天水、长庆、艮山、武林、朝晖、潮鸣、东新7个街道，石桥1个乡。1999年，撤销东新街道、石桥乡合并建石桥镇，下城区辖天水、长庆、艮山、武林、朝晖、潮鸣6个街道，石桥1个镇。2004年7月5日，撤销石桥镇，设立石桥、东新、文晖3个街道，撤销艮山街道并入潮鸣街道，下城区辖天水、长庆、武林、朝晖、潮鸣、石桥、东新、文晖8个街道。

【地理位置和面积】 下城区地处杭州市城区中心。位于东经120°08′48″～120°12′22″，北纬30°15′37″～30°21′13″。东以北横港、杭笕港、沪杭铁路、贴沙河与江干区为界，北、西以上塘河、长板巷、夹城巷、古河巷、叶青兜路、京杭运河及环城北路与拱墅区相邻，西以环城西路与西湖区毗连，南以庆春路与上城区相接。总面积31.46平方千米，境域东西最大距离4.1千米，南北最大距离9.8千米。其中陆地面积29.67平方千米，占94.3%；水域面积1.79平方千米，占5.7%。

【地貌】 下城区境域属浙北平原中的滨海平原，在海积、江积、湖积作用下形成。地表土质为粉砂质黏土、潮土。地表以下15～50米有5个主要持力层，适宜各种大小型或重型建筑、高层建筑项目布局。境域河道属太湖水系。京杭运河经拱墅区入境，境西有其客运轮船码头。上塘河、备塘河、石桥港、颜家漾、贴沙河、中河、东河、桃花港纵横贯穿，常年水位1.35～6米。河岸种植花木，供市民休闲游览。地下水为孔隙潜水、承压水。地表5～8米赋存淡水，民用井出水量小于10立方米/天，水质尚优。留存在延安路灯芯巷口北侧的钱王井至今有1000多年。境域植被丰富，以常绿阔叶林、常绿与落叶阔叶混交林为主，香樟、桂花、蔷薇最为常见。下城区为全国绿化先进区。

【气候】 下城区属亚热带季风气候。四季分明，日照充足，雨量丰沛。一年中，随着冬、夏季风逆向转换，天气系统、控制气团和天气状况的变化，形成春多雨、夏湿热、秋凉冬冷的气候特征。春季始于3月下旬，夏季始于5月下旬，秋季始于9月下旬，冬季始于12月上旬。年平均气温为18.1℃。极端最高气温38.3℃，最低气温-4.4℃。年日照数1775小时，无霜期250天左右。年雨日130～160天，年均降水量1656毫米。2019年有两个雨季和一个多雨时段：第一个雨季始于5月初，6月底至7月上旬结束，称梅汛期，平均降水量350～550毫米。第二个雨季出现在8月底至9月底，多因台风所致，平均降水量500毫米以上。3月与4月为多雨时段，称春雨期，平均降水量200～300毫米。

【行政区划】 2019年，下城区街道建制数保持不变。石桥街道增设华锦社区。全区有街道8个、社区75个。其中天水街道社区7个、武林街道社区7个、长庆街道社区6个、潮鸣街道社区9个、朝晖街道社区12个、文晖街道社区8个、东新街道社区16个、石桥街道社区10个。 （李道法）

【人口状况】 2019年末，下城区有户籍家庭132502户，总户籍人口423678人，全部为城镇人口。其中男性208085人，占总人口的49.11%；女性215593人，占总人口的50.89%。户籍人口自然增长率5.16‰。全区死亡率4.38‰，出生率9.54‰。每户平均人口3.2人。全年登记在册流动人口199925人。全区实有人口密度每平方千米19822人。 （宋 晔）

2019年下城区行政区划情况

表2

街道名称	区域面积（平方千米）	所辖社区
天水街道	1.37	灯芯巷社区、仓桥社区、胭脂新村社区、戒坛寺巷社区、延安新村社区、皇亲苑社区、环北新村社区
武林街道	1.18	仙林社区、中北社区、竹竿巷社区、凤麟社区、长寿社区、环西社区、安吉社区
长庆街道	1.39	浙大御跸社区、柳营社区、新华坊社区、吴牙社区、王马社区、十五家园社区
潮鸣街道	1.98	知足弄社区、小天竺社区、刀茅巷社区、体东社区、艮园社区、东园社区、所巷社区、艮山门社区、东河社区
朝晖街道	3.03	黎园社区、玉公桥社区、华联社区、老房地社区、应家桥社区、大木桥社区、塘南社区、虹园社区、施家花园社区、大家苑社区、河东社区、稻香园社区
文晖街道	5.48	京都苑社区、流水西苑社区、流水东苑社区、打铁关社区、和平苑社区、现代城社区、胜利社区、三里家园社区
东新街道	7.30	中舟社区、灯塔社区、三塘社区、西文社区、沈家社区、富春园社区、杭氧社区、德胜东村社区、长青苑社区、三塘苑社区、三塘北苑社区、沁苑社区、新颜苑社区、东新园社区、水漾苑社区、万家星城社区
石桥街道	9.73	石桥社区、杨家社区、华丰社区、永丰社区、天堂园社区、景荣社区、景安社区、华中社区、景春社区、华锦社区

（李道法）

2019年下城区各街道户籍人口情况

表3

街道名称	户数(户)	总人口(人)	总人口按性别分		平均每户人口(人)
			男(人)	女(人)	
合　计	132 502	423 678	208 085	215 593	3.2
天水街道	11 777	41 285	20 640	20 645	3.5
武林街道	14 061	43 215	20 854	22 361	3.1
长庆街道	15 273	42 207	20 462	21 745	2.8
潮鸣街道	18 677	49 131	23 691	25 440	2.6
朝晖街道	23 631	66 911	33 197	33 714	2.8
文晖街道	12 561	71 897	34 855	37 042	5.7
东新街道	24 374	69 592	34 528	35 064	2.9
石桥街道	12 148	39 440	19 858	19 582	3.2

(宋　晔)

经济建设

【概况】 2019年,下城区全面落实市委“干好一一六、当好排头兵”的决策部署,统筹推进高质量发展、高品质生活各项工作,较好地完成区十五届人大三次会议确定的目标任务。全年地区生产总值1049.6亿元,比上年增长6.8%。按产业分,第二产业增加值42.08亿元,增长2.2%。其中,规模以上工业增加值9.83亿元,下降8.5%。第三产业增加值1007.52亿元,增长7.0%。实现财政收入175.12亿元,增长6.71%。其中地方一般公共预算收入96.59亿元,增长8.04%。一般公共预算支出44.45亿元,增长15.3%。社会消费品零售总额534.87亿元,增长8.5%。

【重点项目推进有力】 2019年,下城区健全大项目推进协调机制,坚持每季度举行重点工程集中开工和重大项目集中签约。深化“最多跑一次”改革,42个投资项目权利审批事项网上办、掌上办、材料电子化、即办率均达100%,71个政府投资类项目和84个项目规划方案及城市设计高效完成审批,全区固定资产投资和大项目建设进度加快。年内,杭州恒隆广场、打铁关地铁上盖、京诚、万城地块等总投资628亿元的57个项目先后开工。“杭州中心”完成地下6层深30米大底板浇筑,浙江数字出版印刷大楼完成地上12层土建施工,浙江农都农产品流通产业园主体建筑基本结顶,环城北路提升改造工程下城段进入基坑开挖阶段,市体育场馆改造等重点项目加快推进。丽笙酒店等23个项目竣工、交付。

【转型发展动能积聚】 2019年,下城区围绕杭州市打造“全国数字经济第一城”的目标,深入实施数字经济“一号工程”,着力推动“三化融合”协同发展,新旧动能转换持续发力。出台数字经济产业政策,聚焦区块链、金融科技、生命健康等前沿产业,加强招商引资和产业培育工作。举办首届区块链服务网络(BSN)合作伙伴大会,全国首个BSN全球运行维护中心落户下城。举办“数智武林”院士论坛、“全国双创活动周”下城分会场等活动。成立政府产业基金创投联盟。实施新制造业计划,出台创新型产业用地政策实施细则,杭州汽轮机股份有限公司智能创造创新实验室成为全国首批5G工业互联网项目。全年全区新认定国家高新技术企业60家、省级科技型中小企业93家,国家级众创空间和科技企业孵化器增至5家,新增“上云”企业1265家。实现数字经济核心产业增加值24.28亿元,比上年增长15.3%。数字经济综合评价排名全省第四位。

【营商环境持续优化】 2019年，下城区结合“走亲连心三服务”活动，推出各项服务举措，进一步推动营商环境优化。高质量完成政府数字化转型工作，完善外商投资企业新设及变更相关流程，全年办理外商投资企业新设及变更142家，比上年增长12%。金融机构争创一流信贷营商环境，针对企业提出的融资难、融资贵问题，举办“添翼起飞、助力融资”——下城区优质企业融资路演和普惠金融产品推介等银行与企业对接活动。全面落实减税降费政策，全区形成“党政领导、税务主责、部门合作、企业及社会组织多方参与”的减税降费社会共治格局。简化流程，实行免填单、“一次都不跑”、全程无纸化退税，全年为企业减税降费41.66亿元，兑现“1+7”经济扶持政策（“1”是《下城区关于加快推进全域中央商务区建设的若干意见》;“7”是围绕五大产业和高端中介服务业、科技创新创业、“513武林英才”、企业上市、跨贸小镇、电竞数娱小镇、村级股份经济合作社7个方面制定的针对性政策）、“一企一策”等资金3.14亿元。持续开展“花落下城”行动，年内转入下城区企业1390家。

【园区平台提质增效】 2019年，下城区充分鼓励各类主体发挥自身优势建设众创空间、孵化器，全区以众创空间、科技企业孵化器为主的孵化体系不断壮大。坚持紧抓“创新中国产业园”平台打造，新建武林数字经济产业园。深化“亩产论英雄”改革，实施园区优化、督改工作，全年园区入驻企业1200多家，其中引进浙江弄潮儿智慧科技有限公司、深圳海岸语音技术有限公司、亚联数据网络有限公司等数字经济优质企业994家。着力布局区块链产业发展方向，全球合作伙伴大会永久会址、001号孵化基地、中国移动中国银联联合实验室等重点项目落户园区，为区块链相关产业、技术、人才汇聚园区奠定基础。全年园区实现税收2.13亿元，比上年增长13.5%。园区获杭州市服务贸易示范园区、杭州市跨境电商电子商务“三新”引领园区等称号。 （严　建）

政治建设

【概况】 2019年，下城区深入学习贯彻习近平新时代中国特色社会主义思想，坚决贯彻落实中央和省、市委决策部署，统筹做好改革发展稳定和改善民生各项工作，坚决落实全面从严治党各项要求，加快政府职能转变，推进中心城区治理现代化，营造风清气正干事创业政治生态环境，优化市场化法治化营商环境，为纵深推进全域中央商务区建设、努力打造世界名城一流核心城区提供坚强保证。

【旗帜鲜明讲政治】 2019年，下城区委常委会重视自身建设，把学懂弄通做实习近平新时代中国特色社会主义思想作为首要政治任务。全年举办“名师大讲堂”等区委理论学习中心组学习19次，二级中心组组织理论学习270多次。全面推进“学习强国”学习平台推广与应用。扎实开展“不忘初心、牢记使命”主题教育，区四套班子成员率先垂范，446名区管干部和1644名基层党组织书记参加主题教育集中轮训。通过理论学习和主题教育，增强“四个意识”、坚定“四个自信”、做到“两个维护”，思想上政治上行动上同以习近平同志为核心的党中央保持高度一致。

【政治生态风清气正】 2019年，下城区以强化监督全面推动政治生态风清气正。深化纪检监察体制机制改革，聚焦“两个维护”，压实“两个责任”，运用“四种形态”，形成净化政治生态合力。开展党的十九大精神和省、市、区委全会精神学习贯彻落实情况专项督查，开展“最多跑一次”改革集中督查。严格执行中央八项规定精神，加强监督执纪，先后完成四轮进驻巡察任务。开展重点领域和作风问题专项治理，全年立案53件次，处分43人。坚持严在经常、管在日常，综合运用情况通报、提醒谈话、批评教育、谈话函询等方式，抓早抓小，实现“红脸出汗”的目的。

【执法改革深化】 2019年，下城区创新基层社会治理，加快街道社会治安综合治理体系建设，推动执法力量进一步下沉。在街道着力构建“一枚印章管审批、一支队伍管执法、一核引领管统筹、一个平台管运行”的“四个一”执法体系，加快打造营商环境、便民服务、执法监管一流的城区，为全市推进基层治理体系和治理能力现代化，积累可复制、可借鉴、可推广的“下城经验”。在长庆街道试点新建街道社会治理综合服务中心，新增一批审批和服务事项。5月28日，长庆街道成立全省首个街道综合执法队，执法队首批承接区城管局、区市场监管局等8个部门、涉及14个领域320项执法权力事项。8月，其余7个街道均成立综合执法队。9月，全区完成所有街道社会治理综合服务中心建设。为让居民办事更智能，下城区引进杭州首台24小时智能政务服务工作台。该“智能柜”具备智能导办、人证核验、材料智审、视频咨询、材料打印、自动交件等10项核心功能，能24小时为居民办理业务。下城区通过完善一系列便民举措，推动“最多跑一次”改革向纵深推进。

【政府效能提升】 2019年，下城区以“不忘初心、牢记使命”主题教育为动力，加强政府党组自身建设，全面提升政府效能，为全区提供优质高效服务。区政府各部门在“走亲连心三服务”活动中，累计走访1.2万人次，解决问题5409个，推动全区“解放思想促两高，凝心聚力争一流”。推进依法行政，坚持重大事项向区人大、区政协通报，自觉接受区人大、区政协监督。全年区“两会”234件建议、提案全部办结，满意率100%。全区行政机关负责人出庭应诉率100%。完善公共法律服务体系，建设“社会化大普法”平台，下城区获评“浙江省创建法治县（市、区）工作五星级示范单位”。

（严　建）

文化建设

【概况】 2019年，下城区以人文历史为基石、时尚文化为特色，全面推进“武林文化”弘扬行动。围绕杭州市打造“中国演艺之都”的发展目标，着力培育数字演艺产业，打造具有下城特色的“国际化演艺”金名片。全年举办首届武林节、“大船文化・国际戏剧节”、“之江国际青年艺术周青年歌手走进武林国际音乐街区”等国际演艺活动37场。亚洲唯一的“太阳马戏”驻场秀在杭州新天地太阳剧场举行首演，标志着下城区文化创意产业朝着国际化、数字化、特色化方向发展迈出新的步伐。推出“夜游武林”“文化风情”“寻味街巷”等旅游专线，开展营业性文艺演出4535场，进一步推动文化与旅游融合发展。全年全区实现文化创意产业增加值166.08亿元，比上年增长12.0%。

【文化产业发展】 2019年，下城区不断提升文化软实力和城市韵味，加快文化产业与商贸、旅游、科技、健康等多种产业融合，使文化产业从单一的集市文化变为跨界融合的多元文化。全力打造武林品牌。10月14日，举办区首届“武林新韵”群众原创文艺精品展演。在“学习强国”平台推出《武林新说》等栏目。精心打造武林非遗集市，全年下城区新增市级“非遗”传承教学基地2个、区级“非遗”项目9个。推进武林美术馆、武林路国际音乐街区等文化类项目的培育工作。加拿大国宝级演艺“太阳马戏”、国际女装设计大赛永久落户新天地，杭锅老厂房工业文化遗存与阿里淘宝节完美结合，成为新的网红打卡胜地。新天地文化艺术公园集演艺、会展、休闲、旅游于一体，成为杭州主城区娱乐文化的新地标。

【公共文化活动多元】 2019年，下城区以宣传贯彻《中华人民共和国公共文化服务保障法》为契机，推进公共文化服务体系向着标准化、均等化方向持续迈进。居民文化生活更加丰富。围绕庆祝中华人民共和国成立70周年主题，举办延安路灯光秀、“永守初心、歌唱祖国”歌咏比赛、“武林K歌”、“葵颂”大型雕塑影像展、“潮涌之江”彩车巡展及展现区域人文历史境遇和人文特色的“武林丛书”首发仪式等各具特色、群众喜闻乐见的文化活动，促进“武林文化”与长三角文化、运河文化进一步融合。深化惠民个性化服务机制。区文广旅体局组织推出“文艺微课堂”“武林艺萃”“乐活下图”等公共文化特色讲座培训524场，参加培训近3万人次。创新推出送清廉、送关爱等“四送”演出服务60场，惠及群众10多万人次。先后成立区美术家协会、区戏剧家协会、区舞蹈家协会。全年建成社区文化家园16个，累计37个。全省首个实体有声书房落户下城。

【公共文化服务全省领先】2019年，下城区以公共文化达标区建设为抓手，大力推进文化兴盛行动。实施第四批国家公共文化服务体系示范项目，全区8个街道、75个社区实现智慧文化网络全覆盖，年内建成20个可看可学的公共文化服务体系建设样本社区。持续打响“武林文化”品牌。11月9—10日，下城区举办来自全球的10支乐队53位音乐家参演的首届“爵士文旅音乐节”，音乐节为引进项目，现场观众达1万余人。推进大运河文化带建设，将武林广场、西湖文化广场、城北体育公园、新天地等文化地标串珠成链，打造成为贯穿全区的“武林文化长廊”。推进图书文化馆总分馆制建设，8个街道均建立图书分馆和文化分馆，实现文化资源共联共享。全年图书馆外借图书41万余册，流通总人次100多万人次，电子阅览室累计服务1.3万人次。下城区获批全省首批公共文化服务达标县（市、区），基层公共文化服务绩效排名全省89个县（市、区）第七位。

（严　建）

社会建设

【概况】2019年，下城区围绕打造世界名城一流核心城区目标，统筹做好经济社会发展各项工作，不断增强人民群众获得感、幸福感和安全感。全年城镇居民人均可支配收入70330元，比上年增长8.3%。加强职业技能培训，全区新增就业3.07万人。做好精准帮扶和托底救助，全年发放低保金、残保金3976万元。出台建设“美好教育”加快实现教育现代化政策，加强教育资源供给，杭州观成实验学校等5所校园投入使用，新增入学名额3845个。在全省率先探索3岁以下婴幼儿照护服务，下城区被列为婴幼儿照护服务全国唯一示范创建区。提升家庭签约医生服务质量，全年开具慢性病连续处方20.8万张，为2.1万人次患者免费送药。完善防欠薪长效机制，下城区成功创建省“无欠薪区”。城区安全稳定，区、街道、社区成功调处矛盾纠纷2840起，下城区获全省平安建设综合考核第一名，被评为杭州市扫黑除恶专项斗争先进集体。

2019年，下城区推进全科医生签约工作。图为签约医生为患者开具慢性病处方

（区卫生健康局　供稿）

【社会民生事业发展】2019年，下城区把发展社会民生事业，作为调动一切积极因素建设全域中央商务区的关键所在。紧盯年初确定的民生实事目标、进度、质量不放松，扎实推进区、街道、社区三级民生实事项目建设，做一件成一件，做一件让老百姓满意一件，全年全区81.56%的一般公共预算支出用于民生。全力抓好安置房项目和石桥南苑蓝领公寓建设。东新路整治工程全面开工，拟打造成为下城区最具特色的景观大道。杭锅支河、纵三路、石横路等断头河、断头路被打通，建成戒坛巷—万寿亭街、竹竿巷（含永丰巷）等“美丽小巷”6条。进一步提高教师待遇，全年招聘教师217人，其中硕士研究生52人。做好高校毕业生、退役士兵等群体的就业创业工作，全区建成三级退役军人服务保障体系。加快发展社区养老服务事业，改造迁建石桥社区卫生服务中心和5个卫生服务站，下城区创建成为第三批全国健康促进区。

【幸福家园建设推进】2019年，下城区把解决百姓身边的关键小事作为检验基层治理、建设幸福家园成效的“试金石”，专门召开“加强党建引领推进小区治理建设幸福家园动员会”，把幸福家园建设列为年度区委书记领办的基层党建项目，研究出台《区委关于推进党建引领小区治理建设幸福家园的指导意见》和10项配套制度规范，旨在进一步做强党建引领的“主心骨”，延伸城市基层治理的神经末梢，推动工作力量下沉，在全区范围内建设幸福家园。全区针对物业小区、老旧小区和拆迁安置小区3个不同类别的小区，制定15条有针对性的措施，加快推进幸福家园建设，提高小区居民幸福指数。各相关部门在人力、物力、财力上给予幸福家园建设保障，并推进管理、执法、服务“三进”小区。在推进小区治理过程中，及时总结形成“党建引领小区治理十法”，包括严把入口法、先锋示范法、搭建平台法、部门联动法等，每种方法均附有实践案例介绍，通过全区所有小区相互学习借鉴，共同提升小区治理水平。

【公共服务水平提升】 2019年，下城区深入推进“最多跑一次”改革，在全部1718个办事事项“最多跑一次”的基础上，实现90%以上民生事项仅凭身份证“一证通办”，88%的个人事项“就近办”，在全省率先推出“视频办”，在全市首批实现一个半小时内完成企业开办。加快政府数字化转型，实现99%以上机关内部事项“最多跑一次”。加快全国街道服务管理创新实验区建设，长庆街道将原先的街道城管中队升级为全省首个街道综合执法队，以街道名义开展执法，并建立健全街道与区职能部门执法案件移送及协作机制，实现基层一支队伍管执法。在执法权力下放的同时，街道有养犬许可证、居民停车包月证等39个审批事项在街道层面就可办结，有93个事项在街道就能“一窗受理”，打通服务“最后一公里”后，居民不仅“最多跑一地”，而且实现就近办，企业和群众对公共服务工作的满意度进一步提升。

（严　建）

生态文明建设

【概况】 2019年，下城区以习近平生态文明思想为指引，全面落实五大发展理念，不断创新体制机制，多管齐下进行环境治理，高标准打好打胜污染防治攻坚战，进一步夯实全区经济社会高质量发展的良好生态环境保障。围绕“全域美丽”目标，推进武林广场、西湖文化广场、延安路（下城段）、武林路综合提升和“美丽河道”“美丽街巷”建设，加大治水、治气、治废工作力度，开展“除尘净土”扬尘防控行动，推动新世纪钢材市场、西湖漾污染地块土壤修复等工作。第一轮中央环保督察67件信访件全部办结销号。全年拆除违法建筑472处、8.17万平方米，下城区成功创建省级“基本无违建区”，天水、武林、长庆、潮鸣、文晖、东新6个街道创建成为市级“无违建街道”，朝晖、石桥2个街道创建成为市级“基本无违建街道”。

【生态环境质量改善】 2019年，下城区蓝天碧水净土清废行动取得阶段性成果，辖区生态环境质量持续改善。按照环境空气质量标准，环境空气优良天数为287天，比上年增加18天，优良率78.6%，提高7.5个百分点。细颗粒物（PM2.5）平均浓度为44.1毫克/立方米，下降4.1%，下降幅度全市排名第一。推进市域污水直排全面“清零”，严防黑臭水、劣质水反弹，市控以上功能区断面水质达标率100%，交接断面水质状况及评价结果为优秀。打好蓝天保卫战，全区40多家涉油漆汽车修理企业全部安装活性炭吸附装置。全区化学需氧量、氨氮、二氧化硫、氮氧化物等主要污染物排放量明显下降，提前完成“十三五”期间减排计划。

【城区环境整治】 2019年，下城区围绕更干净、更整洁、更有序城区环境建设目标，加大辖区人居环境治理工作力度。推进生活垃圾定时定点分类投放，全年建成5个省级垃圾分类示范小区。增加管道煤气覆盖用户，完成97个小区847幢楼房雨污分流整治。加强违法建设查控。创新老旧小区综合改造模式，完成小天竺、知足弄社区和流水北苑小区市、区试点建设。打造6条“美丽小巷”，完成6个农贸市场提升改造。率先在全市开展“除尘净土”扬尘防控行动。中央、省两级环保督察信访件全部办结销号。

【“美丽下城”建设】 2019年，下城区以铁的手腕、铁的举措、铁的纪律，全力做好新一轮中央生态环境督察迎检工作，确保问题即时整改、不留死角。积极探索垃圾分类工作的好做法、好经验，完善垃圾减量、分类、投放、收集、资源化利用等操作系统，完成57座智能垃圾房提升改造，实施30个垃圾分类示范小区建设，全年清运生活垃圾22.08万吨，日均660吨，垃圾减量化取得明显成效。完成57个小区雨污分流整治，对800幢房屋进行"清肠行动"，天水、长庆、潮鸣3个街道成功创建"污水零直排区"街道。抓好西湖漾等地块土壤污染修复。有序推进老旧小区综合改造提升，完成60台既有住宅电梯加装。以"绣花"功夫推进"美丽小巷"建设、公厕改造、二次供水等民生工程，年内完成18座公厕提升改造，其中武林路防疫站公厕打造成为全国首座引入5G通讯的全程无触碰智慧公厕。戒坛巷—万寿亭街、竹竿巷（含永丰巷）、直燕子弄（含横燕子弄）等6条小巷被评为"美丽小巷"。（严　建）

组织机构及其负责人名录

中共杭州市下城区第十届委员会

书　记：刘　颖
副书记：柴世民
　　　　齐　力（至1月）
　　　　林炳达（1月始）
常　委：赵一文（女）
　　　　沈国祥
　　　　郑学龙
　　　　林炳达（至1月）
　　　　谢淅升（1月始）
　　　　沈华锋
　　　　沈凯波
　　　　黄　飞
　　　　王　仁（至8月）
　　　　李都金（至7月）
　　　　李卫东（至8月）
　　　　潜友华（8月始）
委　员：（按姓氏笔画为序）
　　　　丁向崧
　　　　王　仁（至8月）
　　　　王振霄
　　　　王晓光
　　　　刘　颖
　　　　齐　力（至1月）
　　　　许岳荣（至9月）
　　　　李卫东（至8月）
　　　　李都金（至7月）
　　　　杨国琴（女）
　　　　何　敏
　　　　何政祥
　　　　应彩虹（女）
　　　　沈华锋
　　　　沈国祥
　　　　沈凯波
　　　　张毅敏（女，至10月）
　　　　陈　治（至1月）
　　　　陈琴箫（女，至1月）
　　　　邵伟华
　　　　林炳达
　　　　周国江
　　　　郑天华（女）
　　　　郑学龙
　　　　赵一文（女）
　　　　胡建岚（女）
　　　　姜利民
　　　　柴世民
　　　　唐　锋
　　　　唐国宏
　　　　黄　飞
　　　　黄　伟
　　　　龚　巍（至1月）
　　　　谢淅升（1月始）
　　　　蔡延平
　　　　樊　峥（女）
　　　　潜友华（8月始）
候补委员：（按得票多少为序）
　　　　朱卫东
　　　　周国强
　　　　江海灵（女）
　　　　李　驷
　　　　凌　智（女）
　　　　魏爱琴（女）
　　　　俞　红（女）

区委工作部门

办公室
主　任：王振霄

组织部
部　长：沈华锋

老干部局
局　长：朱建芬（女）

宣传部
部　长：赵一文（女）

统战部
部　长：黄　飞

政法委
书　记：齐　力（兼）（至1月）
　　　　林炳达（兼）（1月始）

区委改革办（区委政研室）
主任、党组书记：黄庆芳（1月始）

区委编办
主　任：胡耀明

区委直属机关工委
书　记：林　轶

区委巡察办
主　任：袁望平（6月始）

信访局

党组书记：丁文伟（至4月）

局　长：丁文伟

中共杭州市下城区纪律检查委员会　下城区监察委员会

纪委书记、监察委员会主任：

沈国祥

纪委副书记：胡建岚（女）

杨晓萍（女，至6月）

胡建设（6月始）

监察委副主任：胡建岚（女）

杨晓萍（女，至7月）

胡建设（7月始）

纪委常委：朱鸿刚（至1月）

林根雷（至7月）

费志国（7月始）

监委委员：朱鸿刚（至1月）

袁望平

费志国（7月始）

下城区第十五届人民代表大会常务委员会

主　任：许岳荣（至1月）

杨国琴（女，1月始）

副主任：何　伟

陈　康

张毅敏（女，至12月）

王守全

费英明

赵行光

委　员：（按姓氏笔画为序）

丁杭缨（女，至11月）

马德华

王心平

王绍庆

包志明

朱　毅（至11月）

朱雅仙（女）

李一崇

李信明

杨兆麟

杨小兰（女，1月始）

林　辉（女）

周国明

郑天华（女）

郑英奇（女）

钟辉元（至11月）

祝　敏

钱勇华（至11月）

徐嘉骅

凌　智（女，至11月）

蒋　毅

傅真义

楼春荣（至11月）

潘华法

戴　雍（女）

魏海涛（至11月）

党组书记：许岳荣（至1月）

杨国琴（女，1月始）

区人大常委会工作部门

办公室

主　任：钟辉元（至5月）

哈军礼（5月始）

代表工作委员会

主　任：林　辉（女）

财政经济工作委员会

主　任：傅真义

监察和法制司法工作委员会

主　任：蒋　毅

教科文卫民宗侨工作委员会

主　任：王绍庆

城建环保工作委员会

主　任：李信明

下城区人民政府

区　长：柴世民

副区长：林炳达（至1月）

谢渐升（1月始）

包晓东

陈　治（至1月）

唐　锋

樊　峥（女）

邵伟华

王振峰（1月始）

党组书记：柴世民

区政府工作部门

办公室

主任、党组书记：丁向崧

发改经信局

局　长：房雪峰

党组书记：郑绮娟（女）

教育局

局长、党委书记：黄　伟

科技局

局长、党组书记：杨　军

公安分局

局长、党委书记：郑学龙

民政局

局长、党组书记：周国强（至7月）

杨晓萍(女,7月始)

司法局

局长、党组书记：黄向阳

财政局

局长、党组书记：蔡延平

人力社保局

局长、党组书记：江海灵（女）

住建局

局长、党委书记：朱卫东

文广旅体局

局长、党组书记：王仙桃（至1月）

高晓岚（1月始）

卫生健康局

局长、党委书记：李　驹（至1月）

卢　栋（1月始）

退役军人事务局

局长、党组书记：金煜雷（1月始）

审计局

局长、党组书记：潘德娴（女）

金融办

主任、党组书记：宋震跃（1月始）

市场监管局

局长、党委书记：陈利平

统计局

局长、党组书记：邵兰珍（女）

城管局（综合行政执法局）

局长（大队长）、党委书记：

金　浪（至1月）

朱鸿刚（1月始）

数据资源局

局长、党组书记：姜云洲（1月始）

投资促进局

局长、党组书记：孔　奇（1月始）

审管办

主　任：黄庆芳（至1月）

奚倩文（女，4月始）

党组书记：林炳达（兼）（至1月）

谢渐升（兼）（1月始）

政协杭州市下城区第五届委员会

主　席：杨国琴（女，至1月）

陈　晨（1月始）

副主席：任雁鸣

潘松萍

陈圣杭

周　钢

傅丽华（女）

秘书长：吴　俊

常务委员：王广强

王勤保

韦　锋（至1月）

朱　琦

朱家辉

朱敬东

刘　巍

李　霞（女，至1月）

李西文（女）

严娜俊（女，1月始）

杨　军

杨小明（1月始）

孟　飞（1月始）

肖　钪（女）

沈叶芝（女）

宋晓赟

张云举（至1月）

张建国（至1月）

陈　安

陈　曦（女）

房雪峰

夏亚林

徐　虹（女）

徐　红（女，1月始）

黄为群（女）

章　前（女）

鲁　韵（女）

曾　婷（女）

楼晓光

雷松美（女）

蔡才河

颜纯华

党组书记：杨国琴（女，至1月）

陈　晨（1月始）

区政协工作部门

办公室

主　任：吴　俊

经济科技委员会

主　任：顾杭靖

文史和教卫文体委员会

主　任：姚建农

社会法制和港澳台侨委员会

主　任：陈东明

城建和人口资源环境委员会

主　任：范侠义

提案委员会

主　任：黄益民

委员学习和工作联络委员会

主　任：陈杭萍（女）

区人民法院

院长、党组书记：何　敏

区人民检察院

检察长、党组书记：王晓光

民主党派·工商联

民革下城区基层委员会

主　委：郭　兵

民盟下城区基层委员会

主　委：徐　虹（女）

民建下城区基层委员会

主　委：费英明

民进下城区基层委员会

主　委：房雪峰

农工党下城区基层委员会

主　委：傅丽华（女）

致公党下城区基层委员会

主　委：张菊美（女）

九三学社下城区基层委员会

主　委：陈　安

区工商联

主席、党组书记：钱勇华（至1月）
舒　健(女,1月始)

群众团体

区总工会

主　席：张毅敏（女，至11月）
党组书记：王心平（至5月）
朱云祥（9月始）

团区委

书记、党组书记：
凌　智（女，至1月）
鲁　韵（女，1月始）

区妇联

主席、党组书记：杨小兰（女）

区科协

主　席：杨　军（兼）

区归国华侨联合会

主　席：严娜俊

区残疾人联合会

理事长、党组书记：杨小明

区红十字会

会　长：包晓东（兼）

区计划生育协会

会　长：费英明（兼）

其他综合部门、有关单位

区数字经济产业园区管委会

党组书记：沈凯波（兼）（7月始）
主　任：肖军文（7月始）

区建管中心

主　任：楼晓光
党组书记：林剑云

区城投集团

董事长、党组书记：王跃平
总经理：潘云山

区国投集团

董事长、党组书记：俞　康
总经理：赵伟东

区市政公司

董事长：王　震
总经理：江向东

街道

天水街道

党工委书记：龚　巍（至1月）
伍　洲（1月始）
人大工委主任：徐嘉骅
办事处主任：伍　洲（至1月）
卢名辉（1月始）

武林街道

党工委书记：唐国宏
人大工委主任：李一崇
办事处主任：章　柯

长庆街道

党工委书记：应彩虹（女）
人大工委主任：朱　毅（至7月）
周国强（7月始）
办事处主任：宋震跃（至1月）
袁　俊（1月始）

潮鸣街道

党工委书记：金　浪（1月始）
人大工委主任：杨兆麟
办事处主任：毛　欢（至12月）
吴　琳（12月始）

朝晖街道

党工委书记：何政祥
人大工委主任：马德华
办事处主任：胡真鹏（至1月）
李　驷（1月始）

文晖街道

党工委书记：钟一民（至12月）
毛　欢（12月始）
人大工委主任：楼春荣（至5月）
王心平（5月始）
办事处主任：卢　栋（至1月）
冯琼梅（女，1月始）

东新街道

党工委书记：王　卉（女）
人大工委主任：祝　敏
办事处主任：孔　奇（至1月）
郑　斌（1月始）

石桥街道

党工委书记：姜利民
人大工委主任：包志明
办事处主任：程晓东（至10月）
吕东东（10月始）

5 中共下城区委员会

综　述

【概况】 2019年，下城区委深入学习贯彻习近平新时代中国特色社会主义思想，坚决落实中央和省、市委决策部署，深入推进各领域改革。制定出台促进经济合作社产业发展实施意见，扶持壮大集体经济。如期完成全区党政机构改革，新机构履职顺畅高效。推进全国街道服务管理创新实验区建设，参与浙江省综合行政执法体制改革试点，成立全省首个街道综合执法机构。下城区在全省基层党建论坛上以“坚持党建引领加强小区治理建设幸福家园”为题的经验介绍，受到中央组织部、住房和城乡建设部、民政部充分肯定。在全市率先建成杭州“城市大脑”的区县级平台和街道级数字驾驶舱。全区经济社会事业健康发展，人民群众获得感、幸福感和安全感进一步提升。

【习近平新时代中国特色社会主义思想学习贯彻】 2019年，下城区委把学习贯彻习近平新时代中国特色社会主义思想作为首要政治任务，按照学懂弄通做实要求，在全区部署开展“大学习、大讨论”活动，引导党员干部深学、笃行习近平新时代中国特色社会主义思想，用以武装头脑、指导实践、推动工作。区委常委会从自身做起，健全完善理论学习中心组学习制度，全年举办“名师大讲堂”等区委理论学习中心组学习19次、二级中心组学习270多次，3000多人次参加中心组学习。应用“学习强国”平台，创新“潮说武林3分钟”交流平台，推动党员干部读原著、学原文、悟原理。理论联系实际学，与贯彻习近平总书记对浙江和杭州工作的重要指示精神相结合，进一步营造“走在前列、争创一流”的干事氛围，较好地实现“理论学习有收获、思想政治受洗礼、干事创业敢担当、为民服务解难题、清正廉洁做表率”的预期。

【意识形态工作加强】 2019年，区委重视宣传意识形态工作，加强对宣传意识形态工作领导，严格落实意识形态工作责任制。强化宣传舆论和意识形态阵地管理，创新“名师大讲堂”理论学习载体，推广应用“学习强国”平台，发挥区委理论学习中心组带头示范作用，组织开展两级理论中心组学习。强化舆论宣传，建成区融媒体中心。完善以区委主要负责人为组长的网络安全与信息化领导小组，网上宣传影响力进一步提升。全年完成6次文明程度指数测评，成绩排名全市前列。启动第七届区道德模范评选表彰活动，评出10名道德模范和10名提名奖。开展身边好人选树活动，下城区入选“杭州好人”4人、“浙江好人”1人。全年新华社、《人民日报》、中央电视台、《浙江日报》等主流媒体刊播178篇次下城区改革创新报道。

【经济高质量发展】 2019年，区委围绕市委数字经济和新制造业计划“双引擎”发展战略，统筹全区经济工作，成立区数字经济产业园和全国区县（市）首个数字经济商会，首个区块链服务网络（BSN）

全球运维中心落户下城。坚持每季度举行重点工程集中开工和重大项目集中签约活动，恒隆广场等49个重点项目加快推进，嘉里数创港、浙江金蚂股权投资管理有限公司等29个“大好高”“小而美”项目引进落地，全年实际利用外资6.7亿美元。举办中国（杭州）“数智武林”院士论坛、“创客天下”大赛来华留学生专场、浙江国际进口（武林洋淘）博览会等活动，杭州中国丝绸城列入省级高品质步行街创建试点。坚持向“拆”字要发展空间，“三村”城中村改造拆迁“清零”，“四村”完成集体土地企业和国有土地居民征迁“清零”，全年出让土地19宗46.4公顷，收取土地出让金217.37亿元，创历史新高。

【平安法治建设深化】 2019年，下城区推进平安法治建设，构建共建共治共享的社会治理新格局。年内获评“浙江省创建法治县（市、区）工作五星级示范单位”。长庆派出所获评全国首批、全市唯一“枫桥式公安派出所”。建成区级社会矛盾纠纷调处化解中心（信访超市），化解信访积案28件。深入推进扫黑除恶专项斗争，累计惩治黑恶团伙35个。打好防范化解金融风险攻坚战。“武林大妈”工作站覆盖全区。全年未发生重大安全事故，实现保一方平安的目标。

【城市品质提升】 2019年，下城区把握区位优势，注重在提升城市品质上持续发力。打造延安路灯光秀，举办“葵颂”大型雕塑影像展、“潮涌之江”彩车巡展、“武林K歌”等活动，文化惠民成果喜人，下城区率先达到省级公共文化服务标准。围绕“全域美丽”目标和“双街示范工程”，推进武林广场、西湖文化广场、延安路（下城段）、武林路“两广两路”综合提升和“美丽河道”“美丽街巷”建设。加大治气、治水、治废工作力度，中央环保督察信访件全部办结销号。全面启动垃圾分类“定时定点”投放，“减桶、并桶、撤桶”取得初步成效。下城区成功创建省级“基本无违建区”。加拿大国宝级演艺“太阳马戏”举行首场演出、国际女装设计大奖赛永久落户新天地。推进杭锅老厂房工业文化遗存保护，举办淘宝造物节。

【民生福祉增进】 2019年，下城区完成10大类15个小项政府民生实事，兑现年初对下城百姓的承诺。全区开工安置房建设项目27个，蓝领公寓竣工交付2050套，加装既有住宅电梯60台，新建社区微型消防站30个，“小区管家”服务模式在全区推广。潮鸣街道小天竺社区建成全市老旧小区综合提升改造样板社区。办好教育、卫生、养老等社会事业，建成启用杭州观成实验学校等新校园5所。新增养老服务中心5个，老年食堂5个，将灯芯巷社区打造成为全省首个社区“银尚之家”。实施精准就业服务，全区新增就业3.07万人，下城区成功创建省级“无欠薪区”。

【“走亲连心三服务”活动】 2019年，区委按照更细更实更精准服务的要求，组织开展走访服务活动，了解基层实际情况，倾听企业和群众诉求，帮助企业、群众解决困难和问题。部署全区党员干部集中开展蹲点调研活动，发挥“三服务”协同办理平台作用，加快问题上报录入和处置速度，全区办结“走亲连心三服务”事项5410个，办结率100%。用好省“三服务”协同办理平台，下城区“三服务”事项梳理数、办结数、办结率在全市14个区县（市）（含钱塘新区）排名中均居前列。

【基层减负】 2019年，下城区组织开展基层负担加重、文山会海突出、检查考核过多等形式主义、官僚主义问题专项整治。大力精简文件，全年以区委、区政府名义发文（或联合印发）总量比上年减少38.8%、“三类文件”（党内法规规范性文件类、通报类、议事协调机构类三类文件）减少35.2%。严格控制会议和活动，注重会议和活动安排的前瞻性、科学性和实效性，全区性大会和活动减少46.4%。区委常委会会议原则上每两星期召开一次。优化各项督查检查考核工作，检查考核从88项减到22项。抓好对街道、社区、校园等基层的减负工作，对街道“一票否决”和签订责任状事项进行清理和规范，取消招商引资相应考核指标和奖励，取消或整合社区6个事项、6块牌子、5个上墙制度，重新编制6项常规工作进校园活动目录。（米　一）

重要会议

【区委十届五次全体（扩大）会议】 2019年1月4日，下城区委十届五次全体（扩大）会议在区行政中心召开。全会高举习近平新时代中国特色社会主义思想伟大旗帜，全面贯彻落实中央和省、市委各项决策部署，回顾2018年工作，部署2019年任务，动员全区上下提高站点、坚定信心，担当作为、争创一流，纵深推进全域中央商务区建设。区委书记刘颖代表区委常委会向全会做《高质量发展，高品质生活，纵深推进全域中央商务区建设，奋力打造世界名城一流核心城区》的报告。

【区委十届六次全体（扩大）会议】 2019年8月5日，下城区委十届六次全体（扩大）会议在区行政中心召开。全会高举习近平新时代中国特色社会主义思想伟大旗帜，认真学习贯彻习近平关于推进长三角一体化发展的重要指示精神，全面落实全省推进长三角一体化和市委十二届七次全会精神，动员全区上下抢抓"杭州市实施长三角一体化发展国家战略、全面提升城市综合能级和核心竞争力，全力打造长三角南翼强劲增长极"的重要机遇期，进一步解放思想，奋发有为，为奋力打造世界名城一流核心城区做出新的更大贡献。区委书记刘颖代表区委常委会向全会做《思想再解放，融入长三角，全面提升下城发展能级和核心竞争力》的工作报告。会议期间，参会人员围绕区委常委会工作报告进行分组讨论，结合工作实际，提出意见建议。

【区委常委会会议】 2019年，中共第十届下城区委召开常委会会议41次，区委常委（扩大）会议1次。区委常委会会议以习近平新时代中国特色社会主义思想为指导，全面贯彻中央和省、市委决策部署，就事关下城区经济社会发展的重大问题进行研究。具体包括：研究和讨论全区数字经济发展相关工作、《关于新时代下城区大力发现培养选拔优秀年轻干部三年行动计划（2019—2021年）（送审稿）》、特色小镇机制改革相关工作、《下城区加强和改进基层统战工作三年行动计划2019—2021年（送审稿）》。听取重点工作汇报，主要包括：全区公务员职务与职级并行制度实施方案、下城区基层社会治理体系和治理能力现代化推进方案与《下城区推进基层社会治理体系和治理能力现代化实施意见（送审稿）》、全区老旧小区综合改造提升、《关于聚焦下城高质量发展、打造人才生态一流城区的实施意见（送审稿）》、关于促进经合社产业发展和规范管理若干政策等。

【全区创建全国街道服务管理创新实验区动员暨和谐社区建设表彰大会】 2019年2月18日，下城区创建全国街道服务管理创新实验区动员暨和谐社区建设表彰大会在区行政中心召开。区委书记刘颖出席并讲话。区委副书记、区长柴世民主持会议。区四套班子领导陈晨、赵一文、沈国祥、沈华锋、陈康、潘松萍出席会议。区委副书记、政法委书记林炳达宣读《关于表彰2018年度下城区志愿服务工作先进集体和先进个人的决定》。副区长樊峥宣读《关于2018年度下城区和谐社区建设示范社区命名和社区和谐指数评估结果的通报》《关于命名2018年度下城区"三社联动"示范点、优秀社区社会组织、十佳社区社会组织领军人才、优秀社区社会工作示范岗、优秀居民自治服务项目、优秀社区居委会成员、优秀楼宇自治会长、优秀单元居民自治小组长的通报》。区住建局、东新街道、石桥街道、长庆街道王马社区主要负责人分别做交流发言。会议要求以习近平新时代中国特色社会主义思想为指引，落实市委"干好一一六、当好排头兵"决策部署，主动当好"探路者"，切实耕好"试验田"，为全国街道服务管理创新工作提供下城经验，做出下城贡献，打赢创建全国实验区的攻坚战。区推进社区治理和服务创新领导小组及办公室成员单位（部门）主要负责人，各街道党政主要负责人、分管副书记（副主任）、团工委负责人，区级机关各单位团组织负责人，各社区党组织、居委会、公共服务工作站负责人，社区专职工作者代表及受表彰单位、个人代表等500人参加会议。

【区委政法工作会议暨全区信访、平安建设大会】 2019年2月27日，下城区委政法工作会议暨全区信访、平安建设大会召开。区委书记刘颖出席并讲话。区委副书记、区长柴世民主持会议。区人大常委会主任杨国琴，区政协主席陈晨，其他区委常委，区人大、区政协分管领导，区法院院长、区检察院检察长出席。区委副书记、政法委书记林炳达总结2018年度全区政法、信访、平安建设工作，部署2019年度工作。区委常委、常务副区长谢渐升通报2018年度政法平安战线获得的市级以上荣誉名单。区委、区政府分别与各街道和部门签订《下城区平安创建工作目标责任书》《下城区信访和区长公开电话工作目标管理责任书》。刘颖要求准确把握形势，进一步增强做好新时代政法、信访、平安创建的责任感和自觉性，奋力开创全区政法、信访和平安工作新局面，以优异成绩喜迎中华人民共和国成立70周年。武林街道、区公安分局长庆派出所负责人做交流发言，区住建局、下城消防救援大队主要负责人做表态发言。区属各单位、市级垂直各部门主要负责人，各街道党政负责人，各社区和经合社主要负责人及下城平安巡防支队保安大队代表等参加会议。

【区经济工作暨重点项目推进大会】 2019年2月28日，下城区经济工作暨重点项目推进大会召开。区委书记刘颖出席并讲话。区委副书记、区长柴世民部署2019年工作任务。区人大常委会主任杨国琴、区政协主席陈晨等区四套班子领导，区法院院长、区检察院检察长出席。区委常委、常务副区长谢渐升主持会议并宣读全区经济发展扶持政策相关兑现文件。会议要求深入学习贯彻习近平新时代中国特色社会主义思想，全面落实中央及省委经济工作会议精神和市委全会精神，全面推进全区经济工作和重点项目建设。浙江物产集团、浙江浮云科技有限公司、东新街道沈家经合社、天水街道、区商务局、区城投集团6个单位代表做交流发言。区属各单位、市级垂直各部门负责人，各街道党政负责人，各经济合作社负责人，以及有关企业、社会投资重点项目建设单位、金融投资机构、在杭商会负责人，高校及科研机构、行业协会、重点楼宇业主或物业服务企业、媒体代表等参加会议。

【攻坚克难保发展重点项目推进工作座谈会】 2019年5月16日，下城区区领导联系攻坚克难保发展重点项目推进工作座谈会召开。区委书记刘颖出席并讲话。区委副书记、区长柴世民主持会议。区人大常委会主任杨国琴，区政协主席陈晨等区四套班子领导，区法院院长、区检察院检察长出席。会议听取26个攻坚克难项目推进情况汇报。刘颖强调攻坚克难项目对全区经济社会发展所起的示范性、关键性、支撑性和引领性作用，要求全区各级干部围绕市委打造“干好一一六、当好排头兵”的“一流施工队”、打造“全国数字经济第一城”和推进大城北地区开发建设的决策部署，抓住“项目”这个牛鼻子，进一步增强责任感，采取有效措施破解项目推进中存在的问题，确保如期完成各项目标任务。柴世民就土地收储、安置房项目推进、十件民生实事办理等工作提出要求。区属各单位（含区人大、区政协有关部门）主要负责人、各街道党政主要负责人、市级垂直部门主要负责人参加座谈会。

（米　一）

重要决策

【加快数字经济发展】 2019年3月11日，区委常委会会议听取下城区数字经济发展工作汇报，并进行研究和讨论。会议认为，大力发展数字经济，是响应市委全面推进“三化融合”行动、打造“全国数字经济第一城”等重大决策部署的重要举措，也是下城区打造“干好一一六、当好排头兵”的重要抓手，要加快推进数字经济发展。会议强调要完善数字经济发展三年行动计划，细化分解年度目标任务，围绕打造延安路新消费示范街、推进“城市大脑”下城版场景应用、实施“俊鸟引育工程”和名院名校名所“三名工程”、加快重大平台建设、加大人才引育力度等重点工作，挂图作战、攻坚克难，全面推进重点项目落地落细落实。会后下城区成立专门领导小组，统筹各方面资源要素，完善督查考核体系，为推进全区数字经济发展提供坚强保障。

【发现培养选拔优秀年轻干部三年行动计划实施】 2019年5月5日，区委常委会会议就《关于新时代下城区大力发现培养选拔优秀年轻干部三年行动计划（2019—2021年）（送审稿）》进行研究和讨论。会议认为，大力发现培养选拔优秀年轻干部，是贯彻落实全国和省、市组织工作会议精神的重要举措，是全区着眼新时代加强领导班子和干部队伍建设的实际需要。全区各级党组织要把大力发现培养选拔优秀年轻干部作为重大政治责任，围绕“素质更加优秀、数量更加充足、来源更加广泛、结构更加合理”的工作要求，科学实施“选苗”“育苗”“用苗”“护苗”行动，统筹推进全区年轻干部梯队建设。会议原则同意“发现培养选拔优秀年轻干部三年行动计划”。

【推进特色小镇体制改革】 2019年5月14日，区委常委会会议听取关于推进下城区特色小镇管理体制改革的情况汇报，并进行研究和讨论。会议认为，跨贸、电竞两个小镇管理体制改革，是响应杭州市打造“全国数字经济第一城”决策部署的重要行动，是更好融入全市“大城北”战略规划的重要举措。会议决定撤销跨贸小镇党委，成立下城区数字经济产业集聚区管委会党组；撤销跨贸小镇、电竞小镇管委会和区都工办，筹建下城区数字经济产业集聚区管委会，管委会下设3个正科级事业单位，并保留浙江跨贸小镇建设投资发展有限公司。会议要求完善“一个管委会、三个事业单位、一个国有公司”，即“131”模式架构，明晰功能定位，配强人员力量，切实耕好全区数字经济新一轮发展“实验田”，集中精力发展好下城区数字经济，提升全区数字经济产业集聚度。

【制订加强和改进基层统战工作三年行动计划】 2019年6月10日，区委常委会会议听取区委统战部关于《下城区加强和改进基层统战工作三年行动计划（2019—2021）（送审稿）》编制情况汇报，并进行研究和讨论。会议强调，要把统战工作纳入重要议事日程，求真务实，坚持抓示范引领与抓规范建设同步实施，夯实统战工作基层基础，着力形成一批具有下城特色、在全市有一定影响力的基层统战工作示范单位。会议原则同意该计划。

【公务员职务与职级并行制度实施】 2019年7月8日，区委常委会会议听取下城区公务员职务与职级并行制度实施方案的情况汇报，并进行研究和讨论。会议认为，推行公务员职务与职级并行制度，是贯彻落实《中华人民共和国公务员法》及中央和省、市有关会议精神的具体举措，各单位党组（党委）要加强组织领导，把握时间节点，稳步推进各项工作。要严格执行政策，严肃干部人事工作纪律，对责任不到位、不担当，敷衍塞责、延误改革的，严肃追责问责。要注重舆论引导，细致做好政策解释和思想政治工作，确保公务员队伍思想稳定和组织实施工作圆满完成。会议原则同意《杭州市下城区公务员职务与职级并行制度实施方案》。

【推进基层社会治理体系和治理能力现代化】 2019年7月29日，区委第十届第八十八次常委会会议召开。会议听取关于下城区基层社会治理体系和治理能力现代化推进会方案和《下城区推进基层社会治理体系和治理能力现代化实施意见（送审稿）》的情况汇报，并进行研究讨论。会议强调，全区上下要充分认识党中央和省、市委加快推进基层社会治理体系和治理能力现代化的重大意义，深入贯彻落实中央有关文件精神、市委有关加强新时代城市基层党建“1+3”和推进市域社会治理现代化“1+5”文件精神，增强推进改革工作的责任感和使命感，锚定目标，狠抓落实，全面提升基层社会治理体系和治理能力现代化水平。会议原则同意下城区基层社会治理体系和治理能力现代化推进会方案和《下城区推进基层社会治理体系和治理能力现代化实施意见》。

【老旧小区综合改造提升】 2019年8月19日，区委常委会会议听取全区老旧小区综合改造提升工作专题汇报，并进行研究。会议认为，老旧小区综合改造提升工作事关百姓生活和城市形象，全区各级党组织和广大干部要拿出城中村改造的作风、气势和劲头，全力以赴抓好老旧小区改造提升各项工作，努力交出让人民满意的答卷。会议决定，成立区老旧小区综合改造提升领导小组及工作专班，工作专班采取实体化运作。改造工作要在确保安全和质量的基础上，能早则早，能快则快，力争按预期进度完成改造任务。相关改造资金由区财政局统筹安排。

【《关于聚焦下城高质量发展、打造人才生态一流城区的实施意见》出台】 2019年9月23日，区委常委会会议听取下城区《关于聚焦下城高质量发展、打造人才生态一流城区的实施意见（送审稿）》主要内容的汇报，并进行研究和讨论。会议强调，要认清形势，聚焦高质量发展要求，积极破解人才发展面临的重点难点问题。强化项目意识，通过引进优质项目，带来一批人才、带动一个产业、带活一片区域。充分发挥下城区作为杭州市核心城区的区位、资源优势，加快打造下城人才高地。会后，区委办印发该实施意见。

【《关于促进经合社产业发展和规范管理若干政策》出台】 2019年10月16日，区委常委会会议听取关于促进经合社产业发展和规范管理若干政策的情况汇报，并进行研究讨论。会议认为，出台促进经合社产业发展和规范管理若干政策，是下城区结合主题教育攻坚克难的结果，对于促进全区产业转型升级、规范经合社“三资”（资金、资产、资源）和班子管理等具有重要作用。各单位要扛起主体担当，结合实际制定相应实施细则，做到奖罚分明，把政策成果运用好、执行好，推动经合社产业由“房东经济”向“税收经济”转变，以改革的实际成效赢得经合社的信任和支持。会议原则同意《关于促进经合社产业发展和规范管理若干政策》，由区委办印发到各单位贯彻执行。 （米　一）

重要活动

【“城市大脑”下城平台全市首发】 2019年5月8日，由区委、区政府主办，区委宣传部、区数据资源管理局承办的“杭州‘城市大脑’下城平台发布会”在浙江展览馆中央大厅举行。区委书记刘颖，区委副书记、区长柴世民，区人大常委会主任杨国琴，区政协主席陈晨等出席。杭州“城市大脑”总架构师、阿里云创始人王坚应邀到会并发表主旨演讲，市数据资源管理局局长郑荣新到会祝贺。区属各单位、市垂直部门主要负责人，各街道党政主要负责人，以及相关企业代表、媒体嘉宾等300多人参加。“城市大脑”下城平台是以城市信息数据为基础建立的三维城市空间模型和城市信息有机综合体，平台以用户需求为导向，以提升消费为目的，以《智慧下城数字化转型“四统一”规范》为要求，以智慧物联感知设备为触手，以“1Call”多元数据重构模式为手段，实现“城市大脑”下城平台的智能采集、实时流转、分析研判和辅助决策等功能，提升城市治理现代化、智慧化水平，为市民衣食住行提供更优质的服务。“城市大脑”下城平台应用可概括为“一图、四类、五场景”。“一图”即实景三维地图；“四类”指该平台的应用包括经济发展、社会治理、城市管理、便民服务；“五场景”指“智慧停车”、武林商圈、游乐下城、云上城管、舒心就医五种应用场景。

【区融媒体中心挂牌成立】 2019年6月17日，下城区融媒体中心在区行政中心挂牌成立。市委宣传部副部长来虹、区委书记刘颖等领导出席挂牌仪式。中国美术学院、浙江传媒学院相关负责人及新华社浙江分社、人民日报浙江分社、中新社浙江分社、浙江日报报业集团、浙江广播电视集团、杭州市文化广播电视集团、杭州华数传媒集团等30多家新闻媒体嘉宾和记者应邀出席。新成立的下城区融媒体中心以“报、网、微、端、屏”等多媒体矩阵融合应用为支撑，以“策、采、编、审、发”等业务流程再造为基础，实现“新闻+政务+服务”等综合信息一体化传播。成立仪式上，区融媒体中心与中国美术学院跨媒体艺术学院全媒体人才教育实践基地、浙江传媒学院新闻与传播学院产学研创新人才培养实践基地签订全媒体人才交流合作协议，与杭州日报报业集团融媒体中心签订关于深化全域一体化融媒体中心建设战略合作协议，并发布喜马拉雅武林之音官号、抖音号“下城发布”，开通上线“下城发布”App等，至此，下城新闻传播矩阵“大家庭”的成员增至15个。

【数字经济产业园区管委会挂牌成立】 2019年8月2日，下城区数字经济产业园区管委会揭牌仪式暨投资环境推介会在跨贸小镇举行。区委书记刘颖出席并讲话，区委副书记、区长柴世民主持会议，区人大常委会主任杨国琴等领导出席。阿里巴巴网络技术有限公司、网易（杭州）网络有限公司等20家企业代表和省、市主流媒体代表应邀出席。区领导与参加推介会各单位代表共同见证“杭州市下城区数字经济产业园区管委会”揭牌。区委政法委、区发改经信局、区住建局、区审管办、区数字经济产业园区管委会、区城投集团、市规划资源局下城分局、朝晖街道、文晖街道负责人分别做交流发言，区相关部门和各街道主要负责人参加活动。

【重点招引项目集中签约】 2019年6月20日，下城区重点招引项目集中签约仪式在区行政中心举行。区委书记刘颖，区委副书记、区长柴世民，区人大常委会主任杨国琴，区委常委、常务副区长谢渐升，副区长唐锋，区政协副主席任雁鸣出席签约仪式。区相关部门负责人、各街道党政负责人，以及企业代表等参加签约仪式。下城区坚持“一盘棋”思维、“一张网”联动，把招商引资工作作为全区发展的重中之重和“一把手”工程抓好落实，形成比学赶帮超、争创一流、一切围绕项目干的浓厚氛围，取得良好成效。该集中签约项目有宝贝仓数字供应链综合体、“城市大脑”停车系统运营、东恒燃气轮机、农都·保利影院等10个项目，总投资132亿元。

【下城区“互看互学”大比武活动】 2019年7月26日，下城区举行“互看互学”大比武活动。区委书记刘颖参加并讲话，区委副书记、区长柴世民主持点评会，区人大常委会主任杨国琴参加活动。区四套班子领导分两组现场观摩全区各街道和区相关部门11个比学赶超活动考察点，听取相关单位情况介绍。考察结束后，在区行政中心召开点评会议。全区党员干部通过观摩点评各街道和区相关部门特色亮点工作，进一步激发“争先进位、争创一流”的干事创业热情和争做“干好一一六、当好排头兵”“一流施工队”的责任担当。有关区领导，区法院院长、区检察院检察长，区管正职干部及市垂直部门主要负责人参加活动。

【18个重大项目集中开工】 2019年9月17日，下城区第三批重大项目集中开工暨杭州恒隆广场项目开工仪式在武林商圈百井坊地块项目现场举行。区委书记刘颖，区委副书记、区长柴世民，区人大常委会主任杨国琴，区政协主席陈晨等四套班子领导出席开工仪式。该安排集中开工活动重点项目18个，主要以杭州恒隆广场项目为代表，涉及安置房、产业类、公共服务设施、基础设施等领域，总投资336.1亿元。其中产业类项目6个，总投资268.8亿元；安置房项目4个，总投资56亿元；公共服务设施项目4个，总投资7.4亿元；基础设施及民生改善项目4个，总投资3.9亿元。区级相关部门和各街道主要负责人，企业代表及媒体嘉宾等参加开工仪式。（米　一）

组织工作

【概况】 2019年，下城区有街道党工委8个、区直属单位党委（党工委）8个、党组34个。74个社区党组织中党委建制71个、党总支建制2个、党支部建制1个。有基层党组织2079个，其中党委126个、党总支312个、党支部1641个。有党员34706名（含预备党员230名），其中，女党员15140名，离退休党员17769名，大专以上学历党员20599名，少数民族党员173名。全年新发展党员192名。区委组织部以全面加强党的建设和干部队伍建设为主线，以20个年度重点项目为抓手，当好组织工作“一流施工队”，为纵深推进全域中央商务区建设提供可靠的组织保证。

【党建引领小区治理】 2019年，下城区围绕打造“新时代城市党建高质量发展先行区”目标，从体制机制上系统谋划，全面推进党建引领小区治理工作，促进党建工作和社会治理深度融合，形成以“一核引领”“双向驱动”“三方协调”“十法并举”为主要内容的“12310”小区治理模式。健全完善区街社三级联动平台，建立由区委书记任组长的区党建引领小区治理工作领导小组，下设办公室和党建推进、物业指导两个专项工作组；街道、社区分别成立物业工作站和工作组。加强党组织对业委会换届选举领导。试点建立小区党支部，统领小区建设。突出“双向”驱

2019年4月29日，下城区召开加强党建引领推进小区治理建设幸福家园工作动员会 （区委组织部 供稿）

动，增强牵引力。小区内部推行党员“亮身份”，组建红色义工社、百姓智囊团等志愿服务团队，强化居民“主人翁”意识，增强内生动力。推行业主接待日、物业开放日等做法，实行民情民意三方联访。出台《区委关于加强党建引领推进小区治理建设幸福家园的指导意见》和10项制度规范，总结提炼《党建引领小区治理十法》，让小区治理有章可循。新华社、人民网、《浙江日报》等媒体多次报道下城区加强党建引领小区治理建设幸福家园等工作。

【党建“红色纽带”工程】 2019年，下城区把城市基层党建作为一个“大系统”统筹，深入推进区域化党建“红色纽带”工程。建立下城区“武林红盟”、街道“党建联盟”、社区“红色伙伴圈”等党建共建组织，健全完善工作例会、联席会商等机制，使隶属不同系统、掌握不同资源的党组织成为联系紧密的区域化党建共同体。区、街道、社区三级实现“红色联盟”全覆盖，吸纳党建联盟成员单位600多个，覆盖党员4万余人，形成党建共建项目720多个，服务企业5200多次，推进既有住宅加装电梯等民生实事落地。

【“党建双强”工程】 2019年，下城区加强基层领头雁队伍建设，创新成立下城区城市基层党支部学院和8个街道分院，建立4支教学骨干队伍和首批7个现场教学点，培训学员6000多人次。组织街道咔咔团成员和社区远教站点管理员100多人，参加在浙江传媒学院举办的全区电教远教管理员培训班。常态化开展基层党组织“打擂比武”，开设特色党课，推出党建共建实事项目，开展固定主题党日活动案例评选。年内，在评选“月度之星”“季度之星”基础上，评出行业示范点17个、年度下城区“最强党支部”20个、“最强领头雁”20名。11月29日，举办“礼赞先锋——下城区‘党建双强工程’巡礼”活动，活动分“初心印记、情系百姓、领雁风采”3个篇章，以情景剧、人物访谈、诗朗诵、快板、小品等表现形式，展现辖区实施“党建双强”工程取得的丰硕成果。活动现场举行下城区“最强党支部”“最强领头雁”颁奖仪式，组织党员集体重温入党誓词。巡礼活动在浙江电视台公共新闻频道全程播出。

【“两新”组织党建和行业党建】 2019年，下城区在全市率先出台基层党群服务中心地方标准，规范标识视觉识别系统，建成启用街道党群服务中心8个，实现党群服务中心街道全覆盖。完成社区级党群服务中心提升改造，重点打造杭州汇金国际、电竞数娱小镇等“两新”（新经济组织和社会组织）集聚区党群服务中心。出台社区党组织书记区级备案管理制度，召开“先锋论坛——社区书记工作交流会”，推进优秀社区党组织书记纳入专项事业编制管理，培育一批有思路、有能力、有干劲的“领头雁”。出台《社区党组织服务群众专项经费使用管理办法》，以项目化运作提升资金使用效益。推进“两新”党建“三整一全”（整园建强、整楼推进、整线突破、全面提升）建设，全年新建“两新”党组织65个，招录20名“两新”组织专职党务工作者，落实社工编制待遇，加强“两新”组织党建工作力量。每月面向全区“两新”组织党员开展“红动武林”开放式主题活动。推进行业党建工作，年内完成区民办教育协会党委、民营医疗行业党委换届，选优配强行业党委书记。推进机关党组织“一单位一品牌”建设，进一步发挥机关党建的表率示范和引领带动作用。

【干部选拔任用】2019年，区委组织部贯彻落实“坚持重德才、重实绩、重基层、重公认”的选人用人导向，建设担当有为的高素质干部队伍。严格执行新修订的《干部任用条例》，做好干部选拔任用工作。全年讨论干部任免14次，调整干部168人次，其中提任区管正职干部14人、副职干部24人，转任重要岗位9人。制定出台《下城区援派（挂职）干部人才待遇有关规定》，1名干部获评省级“担当作为好干部”，4名干部获评市级“担当作为好干部”。坚持梯次备才，出台《关于新时代下城区大力发现培养选拔优秀年轻干部三年行动计划（2019—2021年）》，统筹建立“151”优秀年轻干部人才库，动态管理1000名中长期培养年轻干部。开展综合比选和竞岗交流，择优录取17名“985”“211”高校紧缺专业人才进入事业编制。

【干部监督管理】2019年，区委组织部贯彻全面从严治党要求，着力打造从严治吏政治生态。严格执行干部日常监督管理各项举措，出台《领导干部个人有关事项报告“十个一律”》和《因私出国（境）管理十个一律》规定，强化纪律刚性约束。开展干部因私出国（境）违规问题专项督查，7名干部因瞒报个人有关事项被诫勉，1名干部被取消考察资格，56名干部存在因私出国（境）违规违纪问题被组织处理。加大对不作为、不称职、不胜任干部的调整力度，1名区管干部被降职，1名区管干部被调整岗位。坚持严管与厚爱并重，推进容错免责机制落地生效，为敢于干事担当者撑腰，8名干部被澄清正名。

【干部教育培训】2019年，区委组织部举办各类专题培训班24个（28期），参训培训的区管领导干部、区优秀年轻干部、企业管理人员及区高层次人才等3200多人次。6月17—21日和6月24—28日，在深圳大学举办2期党政领导干部创新发展专题班，旨在提升领导干部创新实践能力，90多名区管党政正职以上领导参加培训。举办武林智慧大讲坛4场，1800多人参加，邀请浙江大学党委副书记郑强、中国浦东干部学院副院长王金定等学者，分别围绕文化兴盛、改革攻坚、民生福祉、强基固本等主题做主旨演讲。加强市管干部学习考核管理，全年市管干部申报学时、学分200多人次，市管干部平均学分位于全市前列。

【公务员队伍建设】2019年，下城区以建设高素质专业化公务员队伍为目标，以贯彻落实公务员法为主线，以推进公务员分类改革为重点，加强公务员制度和队伍建设。推进全区机构改革，完成15个单位58名科级及以下干部（含11名事业编制人员）人员转隶。开展公务员职务职级并行工作，制订《下城区职务与职级并行制度实施方案》，指导各单位做好职级套改和晋升工作，全区73个单位647名非领导职务公务员完成职级套转，56个单位272名公务员完成一级主任科员及以下职级晋升。充实全区公务员队伍力量，新招录公务员21人、选调生4人。开展优秀公务员推荐、奖励工作，对全区258名2018年度考核为优秀等次的公务员予以嘉奖，给64名连续3年考核为优秀等次的公务员记三等功，2名公务员被评为“杭州市十佳公务员”。

【人才培养引进】2019年，区委常委会第5次专题研究人才工作。结合机构改革，调整充实人才工作领导小组，将行业、领域人才队伍建设职责纳入相关部门“三定”方案。召开全区人才工作大会，推出引进高层人才举措。深化“弘扬爱国奋斗精神、建功立业新时代”活动内涵，表彰区十佳“杰出人才”和十佳“伯乐企业”，赴西安举办高层次人才国情研修班。出台《关于聚焦下城高质量发展打造人才生态一流城区的实施意见》《下城区高层次人才分类认定办法》《下城区人才驿站建设规范（试行）》等制度规范。举办中国（杭州）国际人力资源峰会、“创客天下·2019杭州市海外高层次人才创新创业大赛”来华留学生专场暨浙江省外国留学生创新创业大赛、“数智武林”院士论坛、第二届天使梦想基金创业大赛等“智汇下城”人才活动5场。来华留学生创新创业大赛被市委、市政府主办的“创客天下”大赛冠名。下城区与4个国际机构、2个国家级小微企业园签署合作协议。参与杭州国际人才交流与项目合作大会，承办大会子项目大学生创新创业“加油站”，举办“携手西想村，绽放新天地”国际项目对接暨下城区首家国际人才驿站揭牌仪式等下城分会场活动。签约中芬国际教育交流与培训中心等海外人才项目25个。全年新认定高层次人才209人，其中，市级及以上领军人才77人。入选市全球引才“521”计划1人，新评选“513武林英才”计划创业人才6人。新引进高学历应届毕业生6283人。

（刘署云）

2019年6月17日，下城区融媒体中心挂牌成立。图为区融媒体中心的15个新闻传播矩阵和发布平台（区委宣传部　供稿）

宣传工作和精神文明建设

【概况】2019年，下城区宣传思想文化工作坚持以习近平新时代中国特色社会主义思想为指导，根据党管宣传、党管意识形态、加快媒体宣传工作创新发展的要求，将宣传工作和意识形态工作纳入常委会工作重点，牢牢把握宣传工作和意识形态工作主动权。宣传工作突出主题主线，创新工作载体，完成迎接杭州市文化兴盛行动比学赶超活动实地考察任务。全区理论武装、新闻舆论、文明创建、文化繁荣、文创产业发展等工作均取得较好成绩，为纵深推进全域中央商务区建设提供有力思想保证、精神动力和舆论支持。

2019年11月12日，区委宣传部举办“逐梦新时代·畅响最强音”优秀基层宣讲员大赛暨下城区优秀基层宣讲员及宣讲课件评比活动（区委宣传部　供稿）

【理论武装】2019年，下城区深入学习贯彻习近平新时代中国特色社会主义思想和党的十九大，十九届三中、四中全会精神，利用“学习强国”平台，在全区党员干部中掀起学习习近平新时代中国特色社会主义思想的热潮。全年举办“名师大讲堂”等区委理论学习中心组学习会19次、二级中心组理论学习270多次，3000多人次参加。结合“不忘初心、牢记使命”主题教育，创新“潮说武林3分钟”学习交流平台，举办“潮说武林”讲座12次。组织“逐梦新时代·畅想最强音”优秀基层宣讲员大赛，推动全区理论宣讲队伍不断扩大。年内，理论宣讲队伍深入企业、校园、社区，举办集中宣讲活动3000多场。

【媒体宣传】 2019年6月17日，区融媒体中心挂牌成立。区融媒体中心以媒体大数据资源为依托，以“报、网、微、端、屏”等多媒体应用为支撑，以“策、采、编、审、发”等业务流程再造为基础，推进“新闻+政务+服务”等综合信息一体化建设。开展学习贯彻党的十九届四中全会精神、“不忘初心、牢记使命”主题教育、“走亲连心三服务”等重大主题宣传。全年中央和省市主流媒体及新媒体刊登下城新闻6600多条，其中新华社、中央电视台、《人民日报》《浙江日报》报道下城工作178篇次。“葵颂”大型雕塑影像展演登上中央电视台《新闻联播》栏目。做好“8·28”建国北路路面塌陷突发险情处置宣传引导工作，2人获评下城区突发险情应急处置工作先进个人。区融媒体中心选送的《不忘初心，众志成城，做好居民群众的“守护者”》新媒体作品和“‘抖inCity’美好生活节杭州站”新闻行动获评杭州市年度创新重大主题报道优秀新闻作品和优秀融媒体项目（活动）。

【网络宣传】 2019年，下城区成立由区委书记任主任的区委网信委并召开第一次全体会议，审议通过《中共杭州市下城区委网络安全和信息化委员会工作规则》和《中共杭州市下城区委网络安全和信息化委员会2019年工作要点》。围绕庆祝中华人民共和国成立70周年系列活动，制作微视频100多个，阅读量超过400万人次。参与市“网络杭军”大练兵活动，展现“下城网军”优良的业务素质，下城区获全市网课评比三等奖，网文评比一、二等奖各1名、三等奖2名。组织开展网络安全自查、网络安全宣传周和网络治理等专项行动10多次。成立区互联网协会，举办互联网诚信论坛，发布《下城区互联网企业诚信公约》，助力打造下城区清朗网络空间。

【精神文明建设】 2019年，下城区大力培育和践行社会主义核心价值观，深入开展“美丽下城”创建活动。按照全国及省、市城市文明程度指数测评要求，完成6次文明程度指数测评。5月5日，召开区文明委全体（扩大）会议暨“美丽下城”创建工作推进会，成立“美丽下城”创建督查队，实现督查工作常态化、长效化。全年组织文明创建督查200多次，印发问题抄告件206份，整改问题1万余个，城区文明程度和市民文明素质进一步提升。实施“交通安全文明素质提升工程”，开展“文明出行，杭城更美”文明出行实践活动，全区34个交通路口实现文明劝导常态化。建立“两站两员”（交通安全管理站、交通安全宣传站；管理员、宣传员）和“红黑榜”制度，先后曝光严重交通违法行为33次。弘扬敬老爱老优良传统，推动16个先行社区孝心车位建设，全年建成社区孝心车位363个。完成16个社区文化家园建设任务，下城区形成“党建+”“文明+”“文化+”的社区文化家园建设模式，7个社区分别获市三星级、五星级文化家园称号。推进公民道德建设，启动第七届区道德模范评选表彰工作，评选道德模范和提名奖各10名。开展“身边好人”选树活动，王慕桢获第七届“最美杭州人”称号，单杭平获评“浙江好人”，刘正刚等5人获评“杭州好人”。健全完善关爱关怀机制，全年慰问道德模范和“身边好人”76人

2019年，下城区深入开展精神文明创建活动。图为全国劳动模范孔胜东义务为市民修理自行车
（区融媒体中心　供稿）

2019年9月27日，下城区举行庆祝中华人民共和国成立70周年歌咏比赛。图为比赛现场
（区委宣传部　供稿）

次，形成德者有得、好人好报的价值导向。

【文化“软实力”提升】2019年，下城区以迎接杭州市文化兴盛行动比学赶超活动实地考察为契机，深化文明城市建设，提升文化“软实力”。做强“武林文化”品牌，深入开展“武林跨年”等“武林系列”文化活动；编印《武林新说》书籍，推出《武林星说》栏目，开设音频专栏。在杭州“学习强国”平台持续推出“武林新说”“武林星说”融媒体产品。成立区美术家协会、区戏剧家协会、区舞蹈家协会、区摄影家协会，400多名各类专业人士和文艺爱好者加入协会。区委宣传部、浙江清华长三角研究院杭州分院、余杭旅游集团和浙江允中也文化传媒有限公司联合出品的《太阳和祖国》音乐MV获杭州市精神文明建设“五个一工程”优秀作品奖。举办“永守初心、歌唱祖国”歌咏比赛、“葵颂”大型雕塑影像展演、国庆阅兵浙江彩车展览、“彩墨武林，美丽下城”美术作品展、“镜遇·武林”下城风光摄影展等庆祝中华人民共和国成立70周年系列文化活动。省政协主席葛慧君，省委常委、宣传部部长朱国贤，省委常委、杭州市委书记周江勇等领导给予充分肯定。

（王建亚）

统战工作

【概况】2019年，区委统战部坚持把学习贯彻习近平新时代中国特色社会主义思想和党的十九届四中全会精神作为首要政治任务，全面落实中央和省、市、区委统战工作要求，着力构建大统战工作格局，加强对党外人士的思想政治引领，团结带领全区统一战线成员围绕中心工作建言献策、发挥作用。各领域统战工作取得新进步。

【多党合作制度效能提高】2019年，下城区健全完善街道党工委与各民主党派、知识分子联谊会、社区、楼宇与各党派支部的结对共建机制，深化“同心·商议团”“百姓议事团”“同心协商圆桌会”等基层协商民主建设，形成统一战线常态化、多元化参与基层治理体系的格局。开展“同心助力行”专项行动，推动民主党派、统战团体参与重点项目建设。组织民主党派、工商联、知联会以“参政建言，合力兴区”为主题，开展调查研究，9篇调研报告获区委书记刘颖批示肯定。调研成果以图文并茂形式编成《同心·策》刊物，进行宣传交流。

【党外代表人士队伍建设】2019年6月10日，区委统战部出台《2019—2023年下城区党外干部队伍建设规划》，量化党外干部实职安排数量和政治安排比例，明确党外干部发现储备、培养锻炼、选拔配备和党外人才管理等方面的工作任务和指标要求。指导民建、农工党、民盟3个民主党派完成换届。全区新认定无党派人士36名，统一战线人才优势更加明显。

【新社会阶层人士统战工作】2019年，下城区发挥市新阶层人士统战工作示范点、全国枢纽型社会组织公羊会示范带动作用，按照“扩面、提质、增效”要求，分别在杭州东恒石油有限公司、杭州浮云网络科技有限公司、杭州天一文化传播有限公司等民营企业打造“同心荟”平台。组织辖区民营企业参与对口帮扶和“山海协作”，为帮扶地区捐助160多万元专项资金和价值10万元的图书。公羊会会长何军获评“浙江省劳动模范”和“全国优秀中国特色社会主义事业建设者”。下城区新的社会阶层代表人士联谊会理事周建平撰写的《关于建立职业放贷人名单制度的建议》被中央统战部内部刊物录用,下城区推进新阶层人士统战工作做法在全国和省、市推广。

【港澳及海外统战工作】 2019年,下城区完善城区侨情数据库,提升楼宇、社区、园区侨联阵地建设标准,探索形成基层侨联工作新模式。通过建立港澳青年实习锻炼基地、组织香港同胞回乡省亲等活动,增强港澳青年民族自豪感和国家荣誉感;通过承办“杭州市侨联第九次海外协作会议暨海外侨领走进下城”活动,提升侨联凝聚力,促成有关项目落地下城。活动开展情况被新华社、《欧洲时报》等40多家海内外华文媒体转载报道。

【基层统战工作创新】 2019年6月15日和18日,区委统战部印发《进一步加强楼宇社区统战工作意见》,区委统一战线工作领导小组出台《下城区加强和改进基层统战工作三年行动计划(2019—2021年)》,要求各级党组织把基层统战工作放在重要地位,大力推进基层统战工作在实践中创新。各街道加强“武林古韵·同心济”“武林新城·同心苑”等武林系列文化统战阵地建设。推进杭州中国丝绸城、跨贸小镇、电竞小镇成立侨联、新阶层联谊会分会、新生代企业家联谊会等统战社团。积极实施文化统战“四个一”工程(建设一批文化统战阵地、培育一批文化统战项目、打造一批文化统战品牌、挖掘一批统一战线名人),助推楼宇、园区经济高质量发展,相关做法被中央统战部网站、《浙江日报》推介,并被经济日报社编入“辉煌七十年,建功新时代”系列丛书。通过建立“1+3+5”服务体系(1套激励引导和绩效考核机制、3级用户体系、5类核心服务能力),搭建“1+2+8”信息技术架构(1个一体化数字统战平台、2大终端、8个主体功能模块),为基层统战工作赋予新动能。按照“有组织、有人员、有阵地、有机制”的要求,在陆游纪念馆成立“下城区新乡贤联谊组织工作室”,在武林街道启动新乡贤联谊组织试点,形成共建共治共享的基层治理新格局。年内,天水街道、东新街道被市委统战部评为全市第一批基层统战工作典型;新颜苑社区“少数民族之家”“新侨双创园”被市委统战部评为全市第一批“单项特色典型范例”。

【助推民营企业发展】 2019年,下城区举办民营企业奋斗历程图片展、“重温70载光阴故事·致敬下城民营企业”等系列活动,引导民营企业家重温创业初心,坚定发展信心。深入开展“走亲连心三服务”活动,累计走访民营企业170多家,协调解决小微企业融资难、企业用工成本高、场地小等重点难点问题。联合区检察院开办“下城检企论坛”,为民营企业发展提供帮助;联合区司法局开展“司法联侨”活动,为涉侨企业开展“法律体检”和“一对一”精准服务。区总商会副会长,杭州东恒石油有限公司董事长赵建荣获评“杭州市劳动模范”。

【维护民族团结和宗教和顺】 2019年,下城区深入开展民族团结进步教育,推进少数民族交往交流交融。深化新颜苑社区“少数民族之家”的“微平台、微组织、微窗口、微热线”品牌建设,为民族村农副产品销售“进社区、进超市、进电商”进行牵线搭桥。与景宁县少数民族村结对,开展各项帮扶工作,促进各民族共同发展。抓好中央和省、市宗教工作督查整改重点任务落实,围绕“四治”(治假、治俗、治热、治乱)工作,推进“平安宗教活动场所”创建,实现宗教工作“街道领导+社区领导+网格员三人驻堂小组”和“五进”(国旗国歌、社会主义核心价值观、宪法和法律法规、平安创建、优秀传统文化进宗教活动场所)全覆盖,宗教领域相关重点难点问题得到解决获缓解。

【统一战线庆祝中华人民共和国成立70周年活动】 2019年,区委统战部以“同心同行七十年·凝心聚力新时代”为主题,在民主党派、统战团体中开展“风雨七十年,肝胆长相照”“坚定发展信心,矢志报效国家”等专题教育。组织300多名统战成员参与拍摄《我和我的祖国》宣传片,举办“我的祖国我的家”书画展、“统战情·祖国颂”诗歌朗诵大会、“祖国在我心中”统战心语线上征集、“同心助力行”及“爱满中秋，情系家国”全区各界代表人士庆中秋迎国庆联谊“七个一”活动，为庆祝中华人民共和国成立70周年营造良好氛围。“七个一”活动被中央统战部网站等媒体刊登，《我和我的祖国》专题宣传片被“学习强国”浙江平台录用。

资料：“七个一”活动

配合“不忘初心、牢记使命”主题教育，开展一系列统战各领域专题教育活动；奏唱“我和我的祖国”系列爱国歌曲，拍摄一部文化统战专题宣传片；围绕“我的祖国我的家”宣传主题，举办一场统战成员书画摄影展；持笔咏志，以文抒怀，组织一次“祖国在我心中”爱国主题征文活动；以“说句心里话，爱国又爱家”为主题，开展一次“统战心语”线上征集活动；对接“武林诗韵·潮鸣诵”活动，举办一次“统战情·祖国颂”诗歌朗诵大会；以“爱满中秋，情系家国”为主题，举办一场全区各界代表人士庆中秋迎国庆联谊活动。

【统一战线“同心助力行”专项行动】 2019年5月9日，下城区举行统一战线“同心助力行”活动暨民主党派、统战团体与重点项目结对签约仪式。市委统战部副部长、市工商联党组书记徐祖德，区委常委、统战部部长黄飞，副区长邵伟华出席活动启动仪式。区委统战部、区发改经信局、区教育局、区城投集团、区国投集团相关负责人，各街道、各民主党派、统战团体负责人及区重点项目建设单位、施工单位负责人60多人参加活动。下城区7个民主党派和5个统战团体负责人分别与区10个重点民生实事项目建设单位负责人签订结对共建协议，助力全区重点建设项目有序高效推进。

（戴俊伟）

机构编制

【概况】 2019年，下城区委机构编制委员会办公室（简称区委编办）组织实施机构改革工作，统筹推进事业单位“还政予政”改革、综合行政执法改革、街道机构改革等重点改革任务，合理利用机构编制资源，强化机构编制管理及监督检查，规范机关事业单位法人登记管理，协同推进机关内部“最多跑一次”改革。在党政机构新“三定”编制过程中，注重把握机构改革方案划转的职能重点在划归部门的体现，全年完成46个单位新“三定”方案的印发实施。按照“编随事转、人随事走”原则，合理制订具体人员划转方案，确保人员转隶工作平稳有序，全年完成58名科级以下人员转隶。加强与区财政、数据资源管理、档案、机关事务中心等部门的对接，确保机构改革涉改单位档案移交、资产移交、政务服务网权力清单调整、机关和内设机构挂牌等工作有序开展。对照机构改革督查评估内容，对全区所有街道、部门建立健全党对重大工作领导体制机制情况、“三定”方案执行情况、部门间职责划转和协作配合情况、街道机构改革情况及工作人员专题培训情况进行全面督查，确保各项改革要求落实到位。年内办理行政事业单位机构编制调整事项66件，印发有关机构编制文件23件、函件6件，办理政协提案1件，完成全区229个机关事业单位中文域名的集中注册缴费。

【事业单位“还政予政”改革】 2019年，区委编办将事业单位承担的行政职能划归行政机构。按照能转职能不转机构、确需转机构的实行综合设置原则，下城区区分情况推进改革，理顺政事关系，实现政事分开。摸查全区208个事业单位的名称、主要职责和分类等情况，按照改革要求，经梳理确定区文化市场执法大队等12个单位纳入综合行政执法改革序列，其他涉及改革的事业单位采取“还政予政”办法。推进事业单位规范化管理，完成区工业总公司资产管理委员会办公室、区中央商务区建设领导小组办公室等6个事业单位机构名称调整。

【街道职能调整和体制改革】 2019年，下城区推进街道机构改革，按照构建简约高效的基层管理体制要求，整合基层审批、服务、执法等方面力量和职能，统筹机构编制资源，综合设置街道机构，实行扁平化和网格化管理。辖区8个街道统一设置党政综合办公室、党建工作办公室（群团工作办公室）、综合信息指挥室（公共管理办公室）、公

2019年1月25日，下城区举办全区机构改革人员转隶及部门"三定"工作动员培训会（区委编办 供稿）

共服务办公室、平安建设办公室、区域发展办公室6个综合性办公室，以及党群服务中心、公共服务中心（退役军人事务站）、区域发展与治理中心（社会治安综合治理中心）3个事业单位。开展机构改革后街道工作人员专题培训，全区各相关部门及街道组织各类培训85次，参加培训3440人次，培训覆盖1182名街道工作人员。

【机构编制资源效益提升】 2019年，区委编委召开编委会会议4次，重点研究区人大和区政协工作力量建设、教育和卫生等民生领域人员力量保障，以及消防审批、应急管理、规划和自然资源、数字经济产业、信访矛盾调处等重点领域机构编制保障等问题。发挥现有编制效能，将机构编制资源用在服务保障经济社会发展的重点领域和关键环节，保障3岁以下婴幼儿照护服务试点工作机构编制，新设立杭州市长寿桥岳帅小学、杭州市桦枫居幼儿园2所学校（幼儿园）。

【机构编制督查】 2019年，区委编办根据机构改革工作要求，对全区各机关事业单位的机构编制情况进行核查，查摆梳理全区机关事业单位机构编制违纪违规、信息不规范等问题，维护机构编制实名制系统信息。根据用编单位实际需求，结合科学核编与消化超编，统筹年度用编安排，向教育、卫生健康系统及街道基层适当倾斜，全年下达用编计划550名。严格落实消化超编相关举措，确保全区各行政编制实有人员控制在编制之内。落实两项预报制度（对机关事业单位实行"机构编制管理事项预报审核"和"配备领导干部职数使用预报备案"制度），全年为130个机关事业单位使用的190多名科级职数办理预报审批和任职备案手续。

【机关事业单位登记管理】 2019年，区委编办推进机关群团统一社会信用代码赋码管理和事业单位法人登记管理标准化规范化工作。3月，完成上年度全区事业单位法人年度报告公示，审核通过210个事业单位年度报告材料，在区政府门户网站予以公示。办理党政机构改革和事业单位"还政予政"改革后的机关事业单位名称及业务范围变更事项。全年办理事业单位法人变更登记147件，设立登记12件，注销登记3件；办理党政机关单位证书信息变更登记31件，设立登记12件，撤销登记10件。

（焦文博）

党史编研

【概况】 2019年，区委党史研究室围绕"存史、资政、育人"的根本任务，加强红色资源保护和利用，推进改革开放简史、组织史等党史资料征集编纂。结合纪念五四运动100周年、中华人民共和国成立70周年、杭州解放70周年等重大纪念活动，面向机关、学校、企业和街道、社区开展形式多样的党史宣传教育。加强党史信息报送，全年"学习强国"全国平台录用下城党史信息1篇，"学习强国"杭州平台录用信息3篇，省委党史网站刊登信息3篇，市委党史研究室微信公众号整版报道下城党史资料3期，报送的《全国第一个楼道党支部的光辉岁月》被市委党史研究室《征途》杂志录用。

【《中共杭州市下城区组织史（第六卷）》编纂】 2019年2月，区委党史研究室完成《中共杭州市下城区组织史（第六卷）》资料初稿收集工作，8月形成征求意见稿发至各单位广泛征求意见。根据各单位提出的修改、补充意见，逐章逐节对照进行更改和补充。11月底形成送审稿，分送区委、区人大、区政府、区政协四套班子主要领导审核，并报送市委组织部审核。根据反馈意见再次对书稿进行系统的修改、校正，年内完成《中共杭州市下城区组织史资料（第六卷）》定稿。全书记述中共杭州市下城区第九届、第十届委员会5年时间的组织沿革及干部任职情况。收录机构条目603个，其中党的系统229个、政权系统152个、地方军事组织12个、人民政协组织8个、群众团体组织43个、事业单位77个、企业单位75个、市属延伸机构7个。收入党组织221个，其中党组42个、党委86个、党工委8个、党总支42个、党支部43个。

【党史阵地保护利用】 2019年2月15日，下城区协助市委党史研究室、市党史馆举办第二批红色博物馆联盟推进会。杭州都锦生织锦博物馆入选第二批杭州红色博物馆联盟成员单位。结合全市红色资源普查工作，对辖区党史基地、文保单位进行全面摸底排查。经审定，下城区报送红色资源18处，其中浙江省第一师范旧址、马寅初纪念馆、民国浙江省高等法院及杭县地方法院旧址、民国浙江陆军监狱斗争遗址（纪念碑）、“浙江现代革命历史陈列”展厅、浙江展览馆（抗战英烈雕塑、“最美浙江人”展厅）、杭州都锦生织锦博物馆、杭州制氧机厂旧址、王马社区9处入围全市第一批红色资源点。推动党史基地成为下城区城市基层党支部学院、下城区中学生团校成为党史基地现场教学点。

【党史宣传教育】 2019年，下城区深入开展党史宣传教育工作。举办全区“两新”党组织开放式组织生活，结合参观红色场馆、互动答题、毅行等元素，创新组织生活形式。4月28日，联合团区委、浙江展览馆、浙江五四运动发源地——浙江省第一师范旧址（杭州高级中学）等党史场馆，举办纪念五四运动100周年主题活动，以举办情景话剧、微党课等形式开展系列纪念活动，致敬为民族复兴大业而奋斗的各个时代先锋。组织有关学校，参与全市中小学生“爱中国爱杭州”微视频大赛，下城区获个人组二等奖、三等奖各2名，集体组三等奖5名。4月30日至5月3日，在区行政中心一楼大厅举办庆祝杭州解放70周年图片展，1500多人次观展。9月29日，联合区住建局在长庆街道王马社区举办百岁老党员谷文柟诗文选编《无悔岁月》首发仪式，向中华人民共和国成立70周年献礼。（刘暑云）

综合考评

【概况】 2019年，区考评办按照《杭州市绩效管理条例》和《下城区“十三五”绩效管理总体规划（2016—2020年）》，创新“绩效下城123”模式，优化综合考评体系，精简督考事项75%。结合主题教育开展大督查，69个问题有序“销号”，147件督办件有效落实。牵头对接市电视问政活动，完成1268条社会评价意见整改。推进“三服务”工作，办理“三服务”（服务企业、服务群众、服务基层）活动中反映的问题4716个，办结率99.9%，办结满意率100%。区绩效管理中心更名为下城区绩效评估中心。

【市对区综合考评】 2019年1月3日，区考评办启动市对区集中检查考核迎检工作。1月8日，以市考评办党组副书记、副主任俞明辉为组长的第一检查考核组到下城区检查考核2018年度绩效管理工作。区委书记刘颖出席并讲话，区委副书记、区长柴世民汇报2018年度目标任务完成情况。3月11日，市考评办印发2018年度社会评价意见建议及整改工作要求。下城区按时完成市区两级社会评价意见建议的梳理归并、分解抄告、督查整改、公告公示和情况汇总等工作，先后落实10项、107条重点整改意见的征求、督查和公示。印发《2019年度全区综合考评目标任务及考评办法》，完成2019年度市对区综合考评目标任务梳理与分解。完成市对区社会评价1049个代表样本信息的补充完善及报送工作。5月1日，市委召开全市综合考评总结部署大会，公布2018年区县（市）综合考评结果，下城区在全市14个区县（市）（含钱塘新区）综合考评中排名第五。

【区本级综合考评】 2019年，下城区深化“绩效下城123”考评模式（指督、考、评一体化机制，市对区、区本级两级综合考评平台，共性目标、个性目标、激励目标三维指标体系），全区年度目标考评实现“捆绑联动”，按各牵头单位100%、责任单位80%、配合单位60%、其他单位50%的责任大小比例进行考核赋分，鼓励真干实干、多做贡献。重点工作单项实现“块抓条保”，鼓励履职尽责、敢于担当。市区重点项目实现“奖优罚劣”，在全市排名前列或圆满完成目标的相应加分，排名靠后的相应扣分，鼓励争先进位，避免“干与不干、干多干少、干好干坏”一个样。6月11日，下城区召开2019年度全区综合考评大会，贯彻市综合考评大会精神，总结工作，部署2019年度工作任务。区委书记刘颖在会上强调，2018年下城区综合考评取得很大进步，但主要经济指标、重点工作、特色产业等方面缺乏竞争力，社会消费品零售总额、引进外资、就业创业、教育等方面优势已经失去，要重新创造新优势，抓紧做好补强短板工作。

【社会评价标准调整】 2019年，区考评办重新调整区本级社会评价标准。调整后的标准设基本分30分，由领导评价、单位互评和社会评价三方面组成。其中领导评价中，区委、区政府主要领导评价权重为20%；单位互评中，评价等次按单位性质进行分类设档限额，部门优秀、良好数不超过同类部门的15%和20%，街道优秀、良好数不超过2个和4个；社会评价中，“两代表一委员”、各单位领导班子成员和各社区主要负责人实行全样本评价，辖区企业代表、市民代表采取抽样评价。市民代表对街道评价只评价本街道，让知情人评价知情事。

【督查工作】 2019年8月2日，区委办印发《下城区2019年督查检查考核年度计划》，对全区各项督查检查考核事项进行统筹规范和优化简化，督查检查考核事项从88项减至22项。9—12月，结合“不忘初心、牢记使命”主题教育，开展“奋战四季度，冲刺‘全年红’”市区重点目标大督查，督查采取现场踏看、抽查暗访等形式，加强目标过程监控，动态掌握进展情况。全年区委办办理市委主要领导批示件150件，其中督办、反馈22件；办理区委主要领导批示督办件104件，督办、整改、反馈《今日聚焦》《今日关注》等媒体曝光件6件；牵头做好党委系统15件政协提案办理闭环督办工作，并编印督查通报7期。

【“公述民评”问政活动】 2019年8月26日，下城区按照《2019年杭州市“公述民评”面对面问政活动实施方案的通知》要求，成立以区长柴世民为组长，区考评办、区政府办等相关部门负责人为组员的工作协调小组。围绕问政“基层服务是否高效”“社区治理是否精细管用”“垃圾分类是否精准协同”“美好教育是否有效推进”四大主题，召集相关单位研究具体事项，听取情况汇报，查找存在问题和不足，对下一阶段工作进行部署。区考评办对2018年度征集的479条意见建议按照四大问政主题逐条进行梳理汇总。10月18日、11月1日，协调小组召开两次座谈会，邀请社区书记、市民代表参加，进一步梳理群众的意见建议，总结社会各界关注度高、意见较集中的具体问题，要求责任部门抓紧完成整改。将“公述民评”活动与社会评价意见整改工作有机整合，强化整改推进，开展绩效考核。10月24日，区考评办印发《关于参加杭州市2019年“公述民评”面对面电视现场问政活动的通知》，并落实问政会相关工作。11月7—15日，区长柴世民参加由市综合考评委员会、市绩效管理委员会办公室主办，杭州文广集团、杭报集团承办的杭州市“公述民评”活动，接受市民问政，收集相关意见建议27条。 （米　一）

保密工作

【概况】 2019年，区委保密委员会加强全区保密工作领导，把保密工作与中心工作同时部署、同时检查。推进定密管理、网络保密管理、涉密人员管理，落实保密工作责任制。规范各类资质单位涉密人员管理，对新上岗涉密人员开展上岗培训，提升全区党政机关涉密人员业务水平。组织开展涉密单位、部门保密自查，并委托第三方服务机构进行检查。加强政府采购项目涉密审查，开展涉密网络测评及风险评估。全年全区未发生泄密失密事件。

【保密教育】 2019年，区保密局开展保密形势教育和普法保密知识竞赛，举办保密漫画展，组织观看警示教育片，播放保密微电影，抓好全员经常性保密宣传教育。坚持涉密人员培训常态化。专门邀请市保密局局长顾江为全区各直属单位办公室主任做“新时代保密工作”的专题讲座，结合通报保密自查自评情况，开展专业指导。年内，分两批组织涉密人员上岗培训，机构改革后新上岗的28名涉密人员参加集中培训并全部通过考试。

【保密检查】 2019年，区委保密局加强保密工作监督检查。7月，组织全区61个单位开展保密工作自查自评，8至10月，委托第三方服务机构对32个重点单位开展评估，针对14台涉密计算机、1016台非涉密计算机、19个单位台账存在的问题，责令相关单位限期完成整改，及时消除安全隐患，对问题突出的单位按考评办法进行通报扣分处理，确保压力传导到位、评查落实到位。开展门户网站、档案数字化服务外包、政务邮箱管理、红白机安全保密管理、中考安全保密专项检查，消除泄密失密安全隐患。

【保密管理】 2019年，区委保密委员会加强保密管理，实行定密责任人制度，对全区涉密人员从分类确定、上岗审查、在岗管理、出国（境）管理和离岗离职实行全过程管理。规范定密管理，对机构改革以来新设立的单位，明确定密权限，开展定密授权，依法进行国家秘密确定、变更和解除。落实保密属地监管职能，依法规范涉密采购、涉密工程审查等工作，全年确认审批涉密政府采购项目9个。加强涉密网络分级保护指导，健全安全保密风险评估机制，强化保密技术装备配备和安全保密产品管理。发挥保密审查辅助系统作用，做好涉密计算机“三合一”装置等相关保密防护设备的配备，依托数据库检查系统、入网辅助系统等新型检查体系，实现网络动态监管防护。在14个重点单位中推广运用保密自查自评系统、涉密人员实时监控系统和涉密光盘刻录监管系统。实施涉密领域国产化设备替代工程，根据全区涉密信息设备配备和涉密网络建设情况，将全区涉密单机分步实施全面替代。全年新明确法定定密责任人、指定定密责任人各2名。 （米　一）

信　访

【概况】 2019年，下城区信访工作以创建“无信访积案区”为契机，推进信访工作重心下移、关口前移，夯实基层基础，打造阳光信访、责任信访、法治信访、民生信访。全年信访部门受理群众来信来访和网上信访6.26万件次，比上年上升63.8%。全年省、市、区、街道四级接待群众来访3940人次，区领导值班接访195批次2614人次，化解信访积案28件，化解率80%。群众反映较为集中的问题主要涉及消费服务、社区管理、消防质量、物业管理、房产管理等方面。下城区被省信访工作领导小组评为“无信访积案”县（市、区）。全区网贷风险整治工作成绩突出，获市政府集体行政嘉奖。

【信访积案化解】 2019年，下城区全面推进信访积案化解工作，加大对信访积案的动态排查力度，开展信访积案“清零”行动。9月10日至10月15日，开展“信访积案化解攻坚月”专项行动，成立领导小组，对24件化解类、14件稳控类积案，按照“诉求合理的解决问题到位、诉求无理的思想教育到位、生活困难的帮扶救助到位、行为违法的依法处理到位”的要求，逐一开展评查，促进信访矛盾的依法妥善化解。区信访工作领导小组把信访积案化解作为领衔破难的重点项目，排出责任清单，由包案领导发函督办包案化解。全区建立区级领导亲自抓、属地街道主动抓、涉事单位配合抓的包案工作机制。区主要领导每星期听取积案化解情况汇报，根据积案反映的突出问题，深入调查研究，有针对性提出对策建议。全年下城区35件信访积案中，化解28件，完成“无信访积案”区创建工作5项指标，《下城区以主题教育为契机推进信访积案化解成效显著》的报告获市委副书记、政法委书记张仲灿批示肯定。

【区级初访化解】 2019年，下城区实行民生小事“秒接快办”，对区级初访反映事权在下城区而且简单易办的民生小事，在登记反映内容后，实行首办责任制，做到及时处理、快速回应，将信访件“吸在基层、化在本区”。深入排查化解群众重复投诉和不满意信访问题，创新推行“三抓”（抓好精准交办、信息研判、整改落地）、“三查”（做好规范自查、质效巡查、跟踪督查）、“三必访”（实行重复件、不满意件、回访不成功件必回访）机制。全区四级上访中区级上访占总数的81.3%，绝大部分问题吸附化解在区本级。

【“信访超市”推进信访工作“最多跑一次”】 2019年7月1日，区社会矛盾纠纷调处化解中心（信访超市）投入试运行，中心设置7个窗口，有7个部门入驻。中心以“资源整合、信息共享，功能集成、综合施策，数据跑路、服务到位”的功能定位，进行设计和建设，以“常驻+轮驻”的方式实行“一站式”办公，为信访群众提供“一站式接待、一条龙办理、一体化调处”的服务平台，实现信访群众“最多跑一处”、初次初访“最多跑一次”，提高初次信访事项办结率、疑难积案化解率和信访群众满意率。下城区通过创建“信访超市”，完善区社会矛盾纠纷调处化解中心软硬件设置，健全工作机制，为信访群众提供优质高效服务。

【信访工作责任压实】 2019年，下城区加强信访工作责任制，落实情况专项督查，压实各级信访工作责任。区政府出台《下城区领导干部公开接待群众工作实施意见》，推动区领导接待群众来访工作制度化、规范化，全年领导值守接待群众195批2614人次，接访批次占区本级登记总批次的68.9%，人次占区本级登记总人次的79.5%。区委召开政法和信访工作会议，区委书记刘颖，区委副书记、区长柴世民与30个重点责任单位签订《下城区平安创建工作目标责任书》和《下城区信访和区长公开电话工作目标管理责任书》。区信访局制订工作预案和责任清单，落实矛盾化解和社会面稳控责任。完善信访工作联席会议制度和区委、区政府定期研究信访工作制度，全年区委书记办公会、区委常委会专题研究信访工作7次，推动信访工作落实落地。加强与司法、综合治理及职能部门的对接，主动构建“大信访”格局。（张慧华）

老干部工作

【概况】 2019年，区委老干部局有离退休党支部1个，管理离退休干部118人，其中，离休干部75人（含异地安置19人），区级退休干部35人，老干部局直管退休干部8人。服务居住辖区离休干部259人，其中，省属需助老员服务的离休干部11人，市属居家养老离休干部248人。区委老干部局完成离退休干部党总支（党支部）换届选举工作。与仙林社区开展“走亲连心三服务”活动，认领“微心愿”10个。参与文明劝导、垃圾分类等志愿服务12次。全年在《浙江老年报》、杭州老干部局微信公众号推送信息文章80多篇（条），编发微信公众号48期。中央和省、市老干部部门领导到下城调研13次，省内外同行到下城区调研考察16次。在全国地市老干部局局长培训班上交流发言，在全国和省级会议交流发言3次，接待中央组织部老干部局局长许宏彬等领导到下城调研。在灯芯巷社区创建全省首个社区“银尚之家”，创设“党建+正能量+服务”的“12410工作法”（擦亮“银闪灯芯”1个品牌，搭建“社区服务老干部、老干部奉献社会”2个平台，抓实先锋引领、志愿服务、健康乐活、智慧养老4个体系，建立支撑体系运行的10个载体，打造老干部“养、学、乐、为”的“银尚之家”）获评全省老干部工作“十佳创新案例”。创建“12345”“银闪武林”工作品牌，提升下城区老干部工作水平。建立“志愿汇”信息系统，开展垃圾分类、文明劝导、家风传承、法律服务等志愿服务。长庆街道成立杭州市首个市老干部大学街道级分校，学校首创“导师+助教+志愿者”的精品小班化教学模式和班级自治体系管理方式，整合社区文化资源和师资力量按需分层次授课，开设书法、绘画、声乐等特色课程10多门。

【老干部思想政治和组织建设】 2019年，区委老干部局开展“不忘初心、牢记使命”主题教育，收集意见建议10条。举办离退休党支部书记、党支部委员、离退休干部培训班及政情通报会13期次，参加1050多人。成立社区机关事业单位离退休党员临时党组织，组织离退休党员参与“三会一课”、主题党日等组织生活和社区活动。创设老党员驿站、老干部党建共享基地各3个，为离退休党员开展学习、交流活动提供方便。宣传老干部先进事迹，总结离退休干部教育管理和增添正能量等做法。开展庆祝中华人民共和国成立70周年主题征文交流、书画摄影展等文化活动。180名“银闪武林”志愿者参与省老干部局组织的快闪《我和我的祖国》歌曲录制。

【老干部作用发挥】 2019年，区委老干部局深化老干部工作品牌建设，凝聚老干部合力，发挥老干部正能量。全区5018名离退休干部纳入离退休干部管理信息系统，41支志愿服务队的505名志愿者纳入“志愿汇”平台。组织区级离退休干部参加重要会议和重大活动23次。开展离退休干部调研垃圾分类、社会综合治理、教育、民营企业等“走、看、促”活动7次，建言献策50多条，专报获区委书记、区长批示。开展助力垃圾分类先锋行动，发放“垃圾分类我先行”倡议书1000多份，参加垃圾分类宣传等志愿服务390多次。杭州市安吉路实验学校离退休干部党支部获评“浙江省最美离退休干部党支部”。“鲍大妈聊天室”、“老干部三和交流室”、“武林大妈”社会公益组织、“老李调解室”、“银闪华联先锋队”、“章大姐暖心工作室”等获评杭州市老干部品牌工作室。“鲍大妈聊天室”同时获评省离退休干部先进集体。区人大文教工委原主任、浙大御跸社区“老干部三和交流室”和楼道家风文化创始人周鸿英被评为全国离退休干部先进个人，并与吴建中同时入选省离退休干部百名红色讲师名录。区教育局退休教师朱松范被评为“浙江省最美共和国同龄人”。

【离退休干部文化生活】 2019年，下城区注重老干部服务功能区域布局，加强老干部文化活动阵地建设，丰富老干部精神文化生活。在长庆街道、天水街道灯芯巷社区、长庆街道浙大御跸社区创建“家门口”老年大学3所。区老干部大学新增书法、瑜伽2个专业班次。开展15个临时党支部教育学习活动，完成13个专业27个班1100名学员的教学任务。组织50名离退休干部“网宣员”、老干部大学部分学员到杭州则一国学馆、浙商博物馆、宁海邬家庄园与前童古镇开展教学实践活动。全年组织“我陪父母看西湖”“金秋游园“等文体活动10次。举办“礼赞祖国、银闪武林”——庆祝中华人民共和国成立70周年诗歌吟诵及文艺会演2次，老干部以个人诗朗诵、团体诗朗诵、歌唱、舞蹈、书法等形式，礼赞祖国70华诞，表达“不忘初心永远跟党走，热爱祖国弘扬正能量”的信念。由区级离退休干部等65名老干部组成的合唱团在区新春团拜会合唱《走向复兴》《中国脊梁》两首歌曲，获区委书记刘颖肯定。

【离退休干部服务保障】 2019年，区委老干部局落实中央和省市关于离休干部生活待遇各项政策文件，完善离退休干部服务保障机制。组织全区117名离退休干部分别到天水武林街道社区卫生服务中心体检和杭州五云山疗养院疗休养。开展“走亲连心”结对慰问活动，强化特困帮扶，加强走访慰问，高温和传统节日期间，慰

2019年3月7日，下城区组织离退休干部开展“我看下城新变化”的“走、看、促”活动

（区委老干部局　供稿）

问因病住院和居家休养的老干部（党员）200多人次。构建签约医师+签约助手+健康管理师"三位一体"模式的专业服务团队，推动离休干部自愿签约，有143名离休干部与社区医生签约。根据"最多跑一次"改革要求，优化离休干部离休证和优待证补发办理、离退休干部关爱帮扶补助申领、区老年大学（老干部大学）网络报名便民服务。深化离退休干部"四就近"（即就近学习，就近活动，就近得到关心照顾，就近发挥作用）服务工作，充实老干部居家养老服务内容，提高家政、助购、助医等助老服务覆盖率。（祝凯伦）

关心下一代工作

【概况】 2019年，下城区有关工委组织145个，"五老"（老干部、老战士、老专家、老教师、老模范）参加区级讲师团15人、调研团10人、关爱团11人、网吧义务监督员104人。19个楼宇社区、8个部门建立关工委组织，全区"五好"关工委比例达40%以上。区关工委以习近平新时代中国特色社会主义思想为指引，发挥"五老"作用，开展社会主义核心价值观教育。联合区教育局、区司法局在杭州市明珠实验学校开展"少年模拟法庭""宪法伴我成长"等法制宣传活动，加强《中华人民共和国未成年人保护法》学习宣传。深化长庆街道浙大御跸社区楼道好家风建设，举办"立家规、重家教、树家风"等活动。各街道开展各有特色的夏令营活动，开办形式多样的假日学校。天水街道"银天书院"在杭州中大银泰城设立分院，市关工委副主任曾东元出席"银天书院"结业仪式。区关工委联合区文广旅体局执法大队"五老"网吧监督员实施"绿网工程"，通过巡查辖区网吧，净化青少年成长环境。区教育局关工委赴浙江省丽水市、贵州省黔东南州黎平县开展支教活动，区关工委资助"侗情家园"品牌项目2万元。马寅初纪念馆被评为市级关心下一代教育基地。张汝民、周仁娣被评为省关心下一代工作先进个人。

【青少年思想道德教育】 2019年，杭州市长寿桥小学关工委在寒假期间组织假日小分队学生参观"五四宪法"历史资料陈列馆，让学生们了解中华人民共和国第一部宪法起草的历史。在宪法日组织未成年人参加以"普及宪法知识、弘扬宪法精神"为主题的法治教育活动。发挥社区和"五老"作用，开展"重温革命历史，争当红色传人""我的家国情怀""我心中的下城记忆"等"辉煌70年·我心中的祖国"主题教育活动25次。杭州市安吉路实验学校、杭州青蓝小学关工委分别开展"五四追忆100周年，青春献礼70华诞""我为祖国点赞"活动。潮鸣、文晖、石桥等街道关工委开展"火红五月·风起飞扬·礼赞祖国"系列活动。区关工委讲师团"五老"与朝晖街道大家苑社区青少年举办"诵读红色经典，献礼新中国70华诞"诗歌朗诵会。引导青少年践行社会主义核心价值观，2名青少年获评杭州市十大"美德少年"。

【国防和爱国主义教育】 2019年2月21日，杭州市江心岛小学关工委在开学典礼上，以"加强国防教育，提升意志品质"为主题，开展国防和爱国主义教育，激发全校学生爱党爱国热情。学校关工委邀请省新四军研究会革命传统宣讲团成员和参加过中越边境自卫还击作战的老战士为同学们讲述革命先驱事迹和抗战亲身经历，宣讲团成员通过朗诵烈士遗诗，教育学生以实际行动不忘过去。老战士用亲身作战经历让同学们在重温历史中缅怀先烈，珍惜和平年代来之不易的生活，引导学生树立正确的人生观、价值观。

【助学帮困】 2019年，区关工委关爱外来务工人员子女和留守儿童，开展以生活困难家庭青少年及城建、环卫系统留守儿童和来自湖北恩施州贫困地区的少年儿童为重点的助学帮困工作。天水街道"银天书院"和长庆街道"名师空间站"分别邀请湖北恩施州6名儿童到杭州参加"小候鸟"夏令营，体验丰富的暑期生活并与父母团聚。组织"五老"关爱团成员为"小候鸟"授课、向"小候鸟"赠送学习用品。全区为15名大学一年级新生、1名小学生和51名贫困儿童发放助学金18.3万元。8月26日，下城区举办第三届"爱心助学"活动，区关工委、东新街道党工委、浙江仟和网络科技有限公司相关领导及"五老"、受助学生参加资助仪式，筹集助学款7万元，

2019年7月8日，区关工委会同东新街道举行“小候鸟童伴计划”暑期夏令营活动
（区关工委　供稿）

其中浙江仟和网络科技有限公司捐助5万元，爱心人士捐助2万元，10名大学生、20名中小学生获得助学金。

【“小候鸟”暑期公益夏令营活动】 2019年7月8日，区关工委会同东新街道办事处举行“小候鸟”暑期公益夏令营开营。来自全国各地的20位“小候鸟”参加夏令营活动，夏令营通过专业化教育辅导，培养和提高青少年思辨能力、团队协作能力、动手能力及生活自理能力。夏令营开设硬笔书法、软笔书法、少儿英语、少儿写作等传统课程及“红色教育”、环境保护、研学旅行家等趣味性课程，让“小候鸟”们过一个富有活力的暑期生活。（黄　云）

档案工作

【概况】 2019年，区档案局围绕区委、区政府中心工作，加强档案公共服务能力建设和基础业务建设，促进档案工作提质增效。根据机构改革总体要求，参照省、市档案部门机构设置，对区档案局（区档案馆）主要职责、内设机构、人员编制等情况进行梳理，拟定“三定”方案，明确岗位及工作人员职责。加强机构改革中档案管理，完成涉改单位档案进馆工作。推进数字档案馆建设，区档案馆通过省级数字档案馆评估。至年末，全区创建示范型档案馆（室）9个、规范型档案馆（室）19个，除新组建部门外均完成数字档案室创建工作。推进“最多跑一次”改革、“互联网+监管”、档案年度检查、“双随机”档案执法等工作。对标先进，制订基础业务建设计划，加强制度建设、档案资源建设。按照“增量重民生”要求，推进民生档案进馆工作，全年接收婚姻档案82107件。

【区档案馆通过省级数字档案馆评估】 2019年11月27日，区档案馆通过省级数字档案馆评估。由市档案局组织省、市有关专家以听取工作汇报、审阅相关台账、观看系统演示的方式，对区数字档案馆基础设施、系统功能、档案资源、保障体系、服务绩效5个方面99个关键指标300多个子项目进行全面测试。专家认为区档案馆依据国家和行业相关规定，构建局域网馆基础平台和政务网数据共享平台，建立较为实用的数字档案资源管理和应用体系，开展“最多跑一次”行政事项电子化归档工作，初步实现档案资源数字化、管理系统化、利用网络化。

【机构改革档案管理】 2019年，区委办、区政府办印发《关于在机构改革中切实加强档案工作的通知》，区档案局（区档案馆）根据通知要求加强机构改革档案管理，专题调研区安监局、区应急管理局、区司法局等单位，了解机构改革中档案管理等情况，做好机构改革中涉改机构档案流向的监管和指导，确保档案按照规定流转或移交。区档案馆制订申报单位档案进馆计划，有针对性地开展涉改单位的业务指导，帮助解决档案整理过程中的问题，做好涉改单位档案进馆工作对接。全年接收4个单位的机构改革档案1859卷、1753件。

【档案馆新馆项目地址调整】 2019年，区档案馆新馆建设进入实质推进阶段。区委、区政府为保证档案新馆建设有序进行，将档案馆项目地址调整至文晖单元地块内，与区城管行政办公、文晖街道服务中心同步建设。至年末，区档案馆新馆完成项目审批立项和选址认定，并取得用地规划许可证。其间，区档案局组织建设单位及设计单位到兄弟城区档案考察，向省、市档案馆征询建设意见，经过10多次调整修改，区档案馆新馆设计方案进一步完善。

【档案执法检查】 2019年，区档案局改变传统的档案年检方式，采取网上检查、现场考核等方式，对全区开展档案执法年检，实现档案管理向档案治理转变。依法行使档案行政权力，依托浙江省政务服务平台，开展“最多跑一次”电子化归档工作，全年牵头完成全区300多个事项电子文件归档，归档率100%。通过“互联网+监管”，完成各单位档案后台事项配置。对区委编办、区人力社保局、区财政局、文晖街道、石桥街道、浙江中智经济技术服务有限公司等21个单位开展档案“双随机”执法检查，根据执法检查发现的突出问题，责令8个单位抓紧落实整改工作。 （童兰玲）

区委直属机关工作

【概况】 2019年，区委直属机关工委辖直属机关党组织51个，其中直属党委3个、直属党总支25个、直属党支部23个，管理党员1925人。全年完成23个机关党组织换届选举，新成立机关党组织8个，党组织更名6个、改选或增补4个、调整1个、撤销2个，建立临时党支部1个。发展新党员24人，预备党员转正20人。区委直属机关工委以习近平新时代中国特色社会主义思想为指导，以“不忘初心、牢记使命”主题教育为主线，学习贯彻区委十届五次、六次全会精神和全区党建工作会议精神，围绕区委、区政府中心工作，参与区委“不忘初心、牢记使命”主题教育巡回指导，开展“走亲连心三服务”“党建双强”活动调研，指导机关党组织加强自身建设。

【涉改单位党建】 2019年，区委直属机关工委围绕“秩序不乱、队伍不散、工作不断”要求，优化党的组织体系、实现形式、工作制度和机构职能体系。同步调整组建机关党组织。根据机构改革中机关党组织不同情况，区别处理“不变”“更名”“调整”“新建”“撤销”五类情况，结合各涉改单位实际，明确实现途径。同步配齐配强机关党务工作力量。加强与各涉改单位沟通，明确机关党务工作力量配备要求，完善党务工作队伍结构。依托全国党员管理信息系统，做好各涉改单位党员组织关系接转和党员信息维护工作。做好党费归属、审计和移交工作。对撤销、合并和不再单独保留的单位，由新建单位党组织负责党费收缴；督促新建和更名单位党组织开设或变更党费科目（账户），按程序撤销不需要保留的原党费科目（账户）。对机构改革前下拨的党费，确定使用主体与使用金额，明确专人监管，确保规范使用。做好发展党员和工作资料移交工作。指导调整、新建单位的机关党组织与原单位机关党组织的工作交接，使调整、新建单位掌握现单位党组织中入党申请人、入党积极分子、发展对象、预备党员的基本情况。整理和交接发展党员全程纪实档案、党员档案、党费证等材料和《党委（总支、支部）工作记事簿》等工作台账，确保涉改单位党

2019年8月2日，区委第二巡察组对区委直属机关工委巡察情况进行反馈

（区委直属机关工委　供稿）

建工作平稳过渡。

【巡察意见整改】2019年5月8日至6月8日，区委直属机关工委接受区委第二巡察组巡察。巡察组反馈巡察意见后，区委直属机关工委把整改工作作为重要政治任务。按照巡察组提出的“以最鲜明的态度抓整改、最有力的举措抓整改、最严格的制度抓整改”的要求，对巡察反馈的4个方面11个问题进行专题研究，逐一落实整改意见。年内，巡察组提出的问题全部完成整改，并制定制度2项，修改完善制度8项。

【机关党组织书记培训】2019年7月22—26日，区委直属机关工委会同区委组织部举办区直机关党组织书记培训班。全区37个部门、街道机关党组织书记和机关工委部分党员干部42人到贵州遵义等地开展培训。培训为期5天。其间，邀请贵州遵义和习水两地党校教授讲述经典红色革命历史故事，解读红军光辉历程和长征精神。培训突出机关党组织书记能力提升这一新要求安排课程。培训结束后组织全体学员参观红色革命教育基地，开展红歌大联唱、向红军烈士陵园敬献花篮、重温入党誓词等活动。

【结对帮扶】2019年，区委直属机关工委以“走亲连心三服务”活动为载体，开展“结对帮扶”走访慰问活动。其间，开展机关“春风募捐”行动，全区1581名干部职工参与募捐，募集资金52.7万元，用于帮扶结对的352户困难家庭。春节和高温期间，安排党员领导干部走访慰问帮扶结对的困难家庭，发放慰问金112.5万元，慰问实物折价14万元。组织机关党员干部开展“冬送温暖、夏送清凉”系列活动，慰问困难群众和困难党员230多人、高温一线职工1.25万人，发放慰问金115万元。

【机关党员志愿服务】2019年3—4月，区委直属机关工委围绕“垃圾分类，党员先行”主题宣传月活动，选派区直机关党组织代表，与结对社区携手共建垃圾分类示范小区，推进小区治理现代化。动员全区机关党员干部参与文明城区创建。4月15日，会同文晖街道党工委举办“带出先锋、‘戴’出平安”交通安全综合治理党建主题宣传活动，210多名机关党员志愿者参与交通文明劝导。6月15日，参与“武林红盟”启动仪式暨党群服务中心集中开放日活动，1400多名党员分别走访结对社区，认领服务项目50多个、微心愿800多个。

【机关文体活动】2019年6月，区委直属机关工委为丰富机关文化生活，结合开展“不忘初心、牢记使命”主题教育，组织“我的初心故事”主题征文活动。开展“一季一赛”机关文体活动和“一流状态、毅路同行”机关干部健康毅行活动及“静修茶艺”培训。会同区文广旅体局举办“武林杯”系列体育赛事，并组队参加区运动会羽毛球赛、乒乓球赛、足球比赛等项目。做好机关干部职工疗休养等工作，增强机关干部职工凝聚力。

（童利军）

6 下城区人民代表大会

综　述

【概况】 2019年，下城区有各级人大代表235人，其中省人大代表9人、市人大代表40人、区人大代表198人。区十五届人大常委会有组成人员25人，其中主任1人、副主任5人、委员19人。区十五届人大设法制内务司法、财政经济2个专门委员会，区人大常委会设代表、财政经济、监察和法制司法、教育科学文化卫生民族宗教华侨、城乡建设环境保护、社会建设6个工作委员会和办公室等机构。全区8个街道设立人大街道工作委员会。

2019年是地方人大设立常委会40周年。区人大常委会高举习近平新时代中国特色社会主义思想伟大旗帜，深入学习贯彻习近平总书记关于坚持和完善人民代表大会制度的重要思想及省、市、区委全会和人大工作会议精神，坚持党的领导、人民当家做主、依法治国的有机统一，聚焦“盯住法”“管好钱”“把牢图”“决定事”“任免人”“履好职”六大职能，履行宪法法律赋予的职责，推动新时代人大工作高质量高水平发展，为下城区全域中央商务区建设贡献人大智慧和力量。全年举行常委会会议10次、主任会议15次，听取和审议“一府两院”工作报告20个，做出决定决议20项，对2部法律法规开展执法检查。

【区人大常委会自身建设】 2019年，区人大常委会深入学习贯彻习近平新时代中国特色社会主义思想，学习贯彻习近平总书记关于坚持和完善人民代表大会制度的重要思想及党的十九届四中全会精神，牢固树立“四个意识”，强化使命担当。健全理论中心组学习、人大读书会、工作务虚会、法制讲座等制度，全年举办《中华人民共和国大气污染防治法》《中华人民共和国监察法》法制讲座2次，发放法律读本300本。组织常委会机关干部赴北京中国人民大学进行能力素质提升培训，组织全体人大干部参观“五四宪法”历史资料陈列馆。继续推出“11楼文化视窗”机关文化讲堂。召开党组扩大会议及常委会会议、主任会议，传达学习省市区委人大工作会议精神，分层分类抓好学习，细化分解工作任务，全力推动会议精神贯彻落实。开展“不忘初心、牢记使命”主题教育，以“举办一次专题读书会、带头一线调研服务、助推一批重点攻坚项目”等“十个一”活动为抓手，结合“走亲连心三服务”活动，集中走访人大代表听取意见，开展民生实事项目专项监督，全年开展基层走访调研47次，收集意见建议38条，协调推动万家星城农贸市场投用、环卫工人住房保障、老旧小区居民停车难等问题的解决。加强人大工作宣传，编发《下城人大动态》8期、《下城人大公报》4期，拍摄制作人大工作视频宣传片，向全国及省、市等有关媒体投稿200多篇。

【调查研究】 2019年，区人大常委会领导领衔民营经济高质量发展、国有资产管理、教育软实力提升等7个重点调研课题，深入开展基层调研工作，形成一批质量较高的调研成果。常委会各工作机构围绕年度监督议题，深入企业和社区调研，推动调研成果转化为工作举措。常委会在全区人大系统和人大代表中组织“开展一次调研活动、撰写一篇调研文章、实现一项工作创新、提出一项重要建议意见、开展一次有影响力的活动”的“五个一”活动，丰富人大工作内涵，参加调研200多人，收到调研文章81篇，梳理汇总后报区委、区政府及有关部门参考。经审议评定，蒋纹撰写的《关于城镇老旧小区改造的策略研究》、胡萍撰写的《武林新城建设中历史文化建筑的保护利用》2篇调研文章被评为一等奖，杨兆麟撰写的《关于全面提升老城区老旧小区综合环境的思考》、徐嘉骅撰写的《关于人大代表联络站建设规范化建设与功能作用发挥的思考》、陈月鸯撰写的《关于完善居委会、业委会、物业“三方协调”机制的思考》3篇调研文章被评为二等奖；洪霞撰写的《关于杭州市残疾人出行现状的调研报告》、戚雅芳撰写的《关于民情联络员队伍建设的调查报告》、文晖街道人大代表联络大组撰写的《关于把老旧小区打造成为老百姓满意工程的思考》3篇调研文章被评为三等奖；人大天水街道工委、长庆街道工委、朝晖街道工委获组织奖。

【人大街道工委工作】 2019年，区人大常委会坚持把丰富街道人大工作实践作为加强基层民主建设的重要抓手，全力支持人大街道工委大胆探索，求实创新。天水街道工委发挥代表作用，推动垃圾分类工作走在全市前列。武林街道工委在既有住宅加装电梯民生实事项目中用情用力，助推环西社区实施全市首台连廊住宅电梯加装工作。长庆街道工委结合“初心小巷”打造，助力5个社区实现老年食堂全覆盖。潮鸣街道工委利用居民议事平台，推进小天竺社区老旧小区综合提升改造，在“8·28”建国北路路面塌陷突发事件处置中发挥人大代表作用。朝晖街道工委助推地铁机场快线（朝晖段）搬迁与小区高层住宅二次供水改造。文晖街道工委助力流水北苑老旧小区综合改造提升与党建引领小区治理等工作。东新街道工委发挥居民议事会议成员作用，推进校园建设和安置房建设。石桥街道工委发挥人大代表在安置房项目和城中村改造工作中的监督作用。（朱雪华）

重要会议

【区十五届人民代表大会第三次会议】 2019年1月14—18日，区十五届人民代表大会举行第三次会议。会议应到代表196人，实到代表185人。部分市人大代表，区委、区政府、区政协领导，区人大常委会离退休领导，区人大常委会有关机构负责人，出席政协下城区五届三次会议政协委员，区级机关各部门、各街道办事处主要负责人，部分市属分支机构主要负责人，部分企业代表等列席会议，40名公民应邀旁听会议。会议听取和审议《政府工作报告》《区人大常委会工作报告》《区人民法院工作报告》《区人民检察院工作报告》，选举杨国琴为区人大常委会主任，选举区人大常委会委员1人；票决产生开工建设安置房、推进校园建设、推行“小区管家”服务、实施“美丽小巷”建设、建设蓝领公寓、推进既有住宅电梯加装、提升改造社区卫生服务站点、提升改造养老服务设施、建设社区文化家园、建设微型消防站10件2019年度下城区民生实事项目。审查《关于下城区2018年国民经济和社会发展计划执行情况及2019年国民经济和社会发展计划草案的报告》《关于下城区2018年财政预算执行情况和2019年财政预算草案的报告》，通过6个相应决议。大会收到代表提出的议案2件、建议134件。其中，城市建设管理方面69件，政权建设方面18件，财政经济方面12件，教育、科学、文化、卫生、体育方面22件，群众生活福利方面15件。根据《中华人民共和国地方各级人民代表大会和地方各级人民政府组织法》《中华人民共和国全国人民代表大会和地方各级人民代表大会代表法》和《下城区人民代表大会常务委员会关于人大代表议案以及建议、批评和意见处理办法》的有关规定，大会主席团决定，将潘华法等12位代表提出的《关于进一步加强对下城区安置房建设进行专项监督的议案》、徐嘉骅等11位代表提出的《关于区人大常委会对区检察院公益诉讼工作开展专项监督的议案》交由区人大常委会于闭会期间审议办理；将周国明等代表提出的《关于深化居家养老打造养老服务下城特色的建议》、吴琼等代表提出的《关于加强下城区教育软实力的建议》、邹鹤海等代表提出的《关于打造数字经济“一号工程”下城模式的建议》、童晓东等代表提出的《关于成片推进老旧小区改造及精细化管理的建议》、潘华法等代表提出的《关于进一步加大对经合社集体经济发展支持力度的建议》5件建议作为重点建议，交由区人大常委会审议决定。

【区人大常委会会议】 2019年，区十五届人大常委会举行10次会议，即第十七次会议至第二十六次会议。

1月11日，区十五届人大常委会举行第十七次会议，做出关于接受龚巍辞去杭州市第十三届人大代表职务请求的决定，补选应彩虹为杭州市第十三届人大代表；听取和审议2019年下城区政府重大投资项目年度计划安排情况的报告，听取区人大财政经济委员会关于2019年下城区政府重大投资项目年度计划安排情况的审查报告；听取和审议区政府关于2018年民生实事项目实施情况的报告；听取区政府关于民生实事票决制有关工作情况的汇报，审议通过2019年区政府民生实事候选项目，决定作为正式候选项目提交区十五届人大三次会议票决。听取和审议区十五届人大常委会代表资格审查委员会关于补选代表的代表资格审查的报告，关于代表变动情况的报告；听取下城区2019年度民生实事项目人大代表票决制投票表决办法（草案），决定提交区十五届人大三次会议讨论和表决；听取区人大常委会办公室关于区十五届人大三次会议筹备工作情况和安排意见的汇报，讨论通过拟提交区十五届人大三次会议预备会议通过的大会建议议程和大会主席团、秘书长建议名单，决定区十五届人大三次会议列席人员名单；讨论拟提交区十五届人大三次会议审议的区人大常委会工作报告（审议稿），同意对报告进一步修改完善后提交区十五届人大三次会议审议；讨论并通过区人大常委会2019年工作要点；讨论并做出关于表彰2018年度“五好代表”的决定、关于表彰2018年度人大街道工委的决定、关于表彰2018年度优秀议案、建议的决定；审议并表决区政府、区法院、区检察院人事任免事项，向被任命的国家机关工作人员颁发任命书，并进行宪法宣誓。

1月19日，区十五届人大常委会举行第十八次会议，根据《杭州市下城区机构改革方案》，进行有关政府部门负责人人事任免；区委书记刘颖到会并讲话。

2月1日，区十五届人大常委会举行第十九次会议，做出关于接受张建定等代表辞去区第十五届人大代表职务的决定，听取区十五届人大常委会代表资格审查委员会关于终止代表资格的报告；审议并表决区政府人事任免事项。

3月28日，区十五届人大常委会举行第二十次会议，听取和审议区政府关于区十五届人大三次会议重点建议办理方案的报告，并做出相应决议；听取和审议区政府关于2019年民生实事项目实施方案的报告；做出关于交办区十五届人大三次会议议案审议办理的决定；审议并表决区政府、区法院、区检察院人事免职事项。

5月21日，区十五届人大常委会举行第二十一次会议，听取和审议区政府关于《中华人民共和国劳动争议调解仲裁法》实施情况的报告，听取区人大常委会咨询委关于《中华人民共和国劳动争议调解仲裁法》实施情况的审查报告；听取和审议区政府关于促进民营经济高质量发展情况的报告，听取区人大常委会财经工委关于促进民营经济高质量发展专题调研情况的报告，并进行专题询问；审议并表决区人大常委会、区法院人事任免事项。

7月24日，区十五届人大常委会举行第二十二次会议，听取和审议区政府关于调整杭州市东新路提升改造工程投资规模的报告，做出《关于同意调整东新路（环城北路—同协路）整治工程投资规模的决议》；听取和审议区政府关于落实区人大常委会“十三五”期间校园规划建设决议情况的报告和区人大常委会教科文卫民宗侨工委的调查报告；听取和审议区法院关于推广应用在线矛盾纠纷多元化解平台工作的报告和区人大常委会法制内司工委的调查报告；审议通过关于《下城区人民代表大会代表履职评估办法（试行）》的议案；审议并表决区人大常委会、区法院、区检察院人事任免事项。

传达学习习近平总书记对地方人大及其常委会工作的重要指示精神、全国人大常委会纪念地方人大设立常委会40周年座谈会精神及区委的贯彻意见。

9月26日，区十五届人大常委会举行第二十三次会议，听取和审议区政府关于2018年度财政决算及审计报告和2019年上半年财政预算执行情况的报告，听取区人大财政经济委员会关于2018年度财政决算及审计和2019年上半年财政预算执行情况报告的审查报告，做出关于批准区政府2018年度财政决算的决定；听取区政府关于2019年地方政府债务限额和新增地方政府债券预算调整的报告，做出关于批准2019年杭州市下城区地方政府债务限额的决议；听取和审议区政府关于2019年上半年区国民经济和社会发展计划（上半年政府重大投资项目年度计划）执行情况的报告，听取区人大财政经济委员会关于2019年上半年区国民经济和社会发展计划执行情况报告的审查报告；审议并表决区人大常委会、区政府、区监委、区法院、区检察院人事任免事项。

11月29日，区十五届人大常委会举行第二十四次会议，听取和审议区政府关于城中村改造工作推进情况的报告，听取区人大常委会城建环保工委的调查报告；听取和审议区政府对审计查出问题整改落实情况的报告，听取区人大财政经济委员会的调查报告；做出关于接受钱伯皓辞去市十三届人大代表职务的决议；补选市十三届人大代表；做出关于接受丁杭缨等9人辞去下城区第十五届人大代表职务的决定，听取区十五届人大常委会代表资格审查委员会关于终止代表资格的报告；听取关于补选下城区第十五届人大代表的方案，做出关于补选下城区第十五届人大代表的决定；审议并表决区法院、区检察院人事任免事项。

12月20日，区十五届人大常委会举行第二十五次会议，听取和审议区政府关于2019年度环境状况和环境保护目标任务完成情况的报告、关于区十五届人大三次会议重点建议办理情况的报告；听取区人大常委会相关工委关于议案办理情况的报告；做出关于召开区十五届人大四次会议的决定、关于设立社会建设工作委员会及法制内务司法工作委员会更名的决定、关于接受张毅敏辞去区人大常委会副主任职务的决定、关于表彰首批“最美人大代表联络站”的决定。听取和审议关于补选下城区第十五届人民代表大会代表的方案，做出关于补选下城区第十五届人民代表大会代表的决定。审议并表决区人大常委会、区法院人事任免事项。

12月31日，区十五届人大常委会举行第二十六次会议，听取和初审区政府关于2019年财政预算执行情况和2020年财政预算（草案）；听取和审议区政府关于2019年民生实事项目实施情况的报告，并对10件区政府2019年民生实事项目实施情况进行满意度测评，测评结果均为满意；听取和审议区政府关于2020年民生实事候选项目的情况说明（草案），决定作为正式候选项目提交区十五届人大四次会议票决；听取区十五届人大常委会代表资格审查委员会关于补选代表的代表资格审查的报告，确定伍洲、朱云祥、谢渐升、周国强、舒健、哈军礼、金浪、陈伟、王丽华、史梁、袁永军、鲁韵、帅鑫、娄屹兰、伍卓凌15人的代表资格有效；听取区十五届人大四次会议筹备工作情况和安排意见的汇报，讨论通过大会建议议程和大会主席团、秘书长建议名单及列席人员名单，决定提交区十五届人大四次会议预备会议表决；讨论拟提交区十五届人大四次会议审查的区人大常委会工作报告（审议稿），决定提交区十五届人大四次会议审查。（朱雪华）

重大事项决定与人事任免

【概况】2019年，区人大常委会坚持“抓大事、议大事、决大事”，围绕区委决策和中心工作，强化责任意识，依法行使重大事项决定权。坚持党管干部原则和人大依法行使人事任免权的有机统一，规范任免程序，依法任免国家机关工作人员。组织宪法宣誓活动6次，强化新任国家机关工作人员宪法意识、公仆意识。全年依法任免国家机关工作人员81人次、人民陪审员234人次，

【重大事项决定】2019年，区人大常委会坚持重大事项向区委请示报告制度，修订完善常委会党组议事规则，提高常委会党组议事决策水平。全年做出关于表彰2018

年度“五好代表”，表彰2018年度人大代表“优秀议案、建议”，批准2018年财政决算，重点建议办理方案，批准2019年下城区地方政府债务限额等决议、决定20项。听取和审议区政府关于2019年上半年区国民经济和社会发展计划（上半年政府重大投资项目年度计划）执行情况的报告、区人大常委会“十三五”期间校园规划建设决议情况的报告、2019年民生实事项目实施情况的报告，并对上述报告做出决议。

【人事任免】 2019年，区人大常委会坚持党管干部原则与人大依法任命的统一，加强和改进人事任免工作，坚持拟任命人员任前法律知识考试、任后颁发任命书等制度，规范拟任命人员介绍、见面的方式和程序，落实新任命的国家工作人员向宪法宣誓制度，切实增强被任命人员的宪法意识、公仆意识和自觉接受人大监督的意识。依法任免国家机关工作人员81人次、人民陪审员234人次，组织宪法宣誓6次，为地方国家机关的正常运转提供组织保障。（朱雪华）

依法监督

【概况】 2019年，区人大常委会围绕推动重大决策、重点工程、民生改善等重点工作落实和法治下城建设，综合运用执法检查、跟踪视察、听取汇报、专题调研等多种手段，依法开展监督工作，促进政府部门依法行政和司法部门公正司法，推动区域实现高质量发展。全年开展执法检查、跟踪监督、专题调研30多次，受理督办来信、来电、来访33件，接受规范性文件备案审查10件，政府部门和街道负责人出庭应诉率均100%。

【经济工作监督】 2019年，区人大常委会围绕区委“大城北”发展战略和“武林新城”建设决策部署，提前谋划城中村拆后重建问题，着力促进区域发展能级提档。对区财政局、下城税务分局等12个部门开展定向视察，召开企业负责人与相关部门工作对接会，走访企业238家，召开座谈会28次，征集意见建议206条，推动区政府出台《2019年下城区建设国际一流营商环境攻坚计划》等举措，助力营商环境优化。召开专题询问会，就落实减税降费政策、破解融资难等重点热点问题进行现场询问，政府部门现场答问、现场表态。连续4年跟踪督查招商引资工作，针对存在的“压舱石”项目不多、产业集聚度不高等问题，提出量质并举促招商等建议，督促政府进一步改善营商环境、提升招商引资绩效。重点关注老旧小区综合改造提升、延安路国际商业大街打造及新业态、新零售等重点工作，助力提升武林都市发展能级。加强对“武林新城”拆迁“清零”、土地出让、PPP项目实施、整体规划、产城融合、民生保障等工作的调研，助力打造与南部武林都市两翼齐飞的发展格局。围绕区委融入长三角一体化发展国家战略、打造“全国数字经济第一城”和新制造业计划“双引擎”、“武林新城”发展等中心工作，深入财税、发改经信、投资促进等部门和重点产业平台、龙头企业开展调研，提出针对性意见建议，推进年度政府重大投资项目、国民经济和社会发展计划和PPP项目实施，以及招商引资、数字经济发展、东新路（环城北路—同协路）整治等重点工程和工作实施。推进预算联网监督，听取和审议区政府预算执行、财政决算、审计工作报告，审查批准2018年度财政决算，建议加强财政资金管理、深化财政管理改革、优化营商环境、加大问题整改力度，提高财政资金使用绩效。重视发挥审计刚性监督作用，常委会连续3年专题审议审计查出问题的整改情况，对审计查出的问题持续跟踪监督，年内完成20个问题的整改。

【安置房建设监督】 2019年，安置房建设是年初区人代会票决产生的重点民生实事项目，是人大代表联名提出的议案。常委会全力助推安置房建设破难提速，第一时间成立领导小组，制订详尽的年度监督方案，建立安置房项目监督工作微信群，明确政府工作任务和人大监督重点。在常委会听取和审议政府工作报告并提出确保进度、安全和质量等10多条建议的基础上，督促建立安置房项目专班、政府每周一通报一例会、人大每月一回头一督查等刚性工作机制，坚持做到“一线”视察调研、“一线”协调解决问题，先后开展专项督查10次，实地踏勘安置房地块10多次，梳理融资不到位、“SPV”公司内部协调不畅、控规调整频繁、“四

2019年4月26日，区人大常委会召开安置房建设专题协调会

（区人大办　供稿）

村”项目地块拆迁未“清零”等影响安置房建设的问题10多个，提出意见建议20多条。推动杭州汽轮机股份有限公司搬迁、石桥慈惠养老院及杭州东新幼儿园搬迁等难题的破解，助推总建筑面积317.7万平方米、总投资约200亿元的27个安置房项目年内全部领到施工许可证，相关工作受到市人大常委会主任于跃敏批示肯定。

【民生实事监督】 2019年，区人大常委会紧扣“区域全覆盖、项目全监督、代表全参与、合力全方位”要求，制订民生实事项目专项监督书，紧盯项目计划、实施进度、工程质量等重要环节，压实时间表、责任人，通过民生实事项目监督月、专项视察等督查活动，助推安置房建设、既有住宅加装电梯、“美丽小巷”打造、蓝领公寓建设等10件区级民生实事项目落地落细，常委会满意度测评分均在85分以上。全年开展民生实事项目监督活动45次，参加监督活动代表400多人次，收集意见建议200多条。深入有关街道及社区开展老旧小区综合改造提升工作调研，发挥代表联络站和居民议事厅在反映民意、集聚民智方面的优势，助推老旧小区提升改造。听取、审议区政府关于残疾人精准康复行动计划实施、《中华人民共和国劳动争议调解仲裁法》贯彻实施情况的报告，提出拓展残疾人精准康复服务领域，完善精准康复服务体系，提升调解仲裁内动力、公信力、创新力等对策建议，促进社会和谐稳定。组织代表对公共文化服务建设工作开展跟踪视察，推进灯芯巷等16个社区文化家园建设创亮点、真惠民，丰富武林系文化品牌内涵。

【“美好教育”建设监督】 2019年，区人大常委会对区政府“启用5所、开工6所、续建13所”校园建设规划开展监督，通过现场办公、实地踏勘、听取和审议有关报告，提出意见建议30多条，推动规划审批、资金筹措、管理验收等重难点问题的解决，年内校园建设项目全部竣工移交。结合《关于加强下城区教育软实力》重点建议的督办，召开座谈会征求意见建议，聚焦下城教育办学软实力方面存在的痛点和难点，从深化名校集团化、强化师资队伍建设、加大基础保障等方面提出建议13条。听取下城区校外培训机构专项治理工作报告，提出严格校外培训机构准入制度、完善校外培训机构监管机制、共促校外培训机构规范发展等方面建议7条，推动区政府规范整治辖区校外培训机构，全面护航“美好教育”建设。

【垃圾分类工作监督】 2019年，区人大常委会以贯彻《杭州市生活垃圾管理条例》为契机，以落实“五个员”（学习员、示范员、宣传员、信息员、监督员）、“五个一”（开展一次现场推进会、一次培训部署会、一次专题督查活动、一次代表履职评估、一次街道居民议事会）、“五个进”（进机关、进学校、进企业、进社区、进家庭）为抓手，完成229名市、区人大代表垃圾分类“随手拍”App安装，高效落实市人大对人大代表监督垃圾分类活动的具体部署。组织人大代表开展“随手拍”活动56次，监督反映问题601条，提出意见和建议134条。市人大常委会主要领导实地调研下城区垃圾分类工作并给予充分肯定，浙江电视台新闻频道、《钱江晚报》、杭州之声等媒体相继

2019年9月9日，区人大常委会主任杨国琴（左一）参加“垃圾分类，代表先行”活动
（区人大办　供稿）

报道下城区垃圾分类工作。

【司法执法监督】 2019年，区人大常委会对《浙江省大气污染防治条例》《浙江省学前教育条例》开展执法检查，深入一线看现场、听汇报、查台账，梳理问题19个，提出建议20条。组织人大代表对全区贯彻实施《中华人民共和国消防法》《浙江省居住房屋出租登记管理办法》情况开展跟踪视察，促进两部法律法规有效实施。组织人大代表赴法院旁听行政诉讼案件庭审，对区政府贯彻实施“七五”普法决议情况开展跟踪视察，接受区政府规范性文件备案审查10件，促进普法用法工作落到实处。开展司法监督，常委会听取和审议区法院关于推广运用在线矛盾纠纷化解平台的报告，主任会议听取区检察院检察公益诉讼工作报告，专题听取扫黑除恶专项斗争情况报告，提出具体建议，推进相关工作。组织人大代表赴法院旁听涉众型经济犯罪案件庭审、开展视察调研等活动，助力形成互联网金融监管合力。着力化解信访积案，常委会领导参加接访40多次，促进西文新村3、4幢居民用水等信访积案的化解。全年常委会办公室受理群众来信11件，接待来访9批、11人次，来电13次，来信来访来电均及时办结。（朱雪华）

人大代表工作

【概况】 2019年，区人大常委会聚焦精准履职，促进代表作用发挥。制定区人大代表履职评估办法，加强代表履职管理。组织全体区人大代表开展能力素质提升培训，提升代表履职能力。加快议案建议办理工作，召开代表议案建议交办会，交区政府办理代表建议129件，建议办结率、满意和基本满意率均100%，解决率65.1%。深化街道居民议事制度，召开居民议事会21次，开展监督活动39次，收集意见建议83条。围绕民生实事项目专项监督等主题开展“代表统一活动日”活动，省、市、区三级人大代表178人参加，提出建议67条。依法补选17名区人大代表、2名市人大代表。

【居民议事制度实施】 2019年，区人大常委会围绕加强基层民主

2019年2月28日，人大天水街道工委召开代表进联络站暨微型居民议事会
（区人大办　供稿）

政治建设，把深入推进街道居民议事制度作为推进基层治理体系与治理能力现代化的生动实践。4月23日，区委出台《关于规范和完善街道居民议事制度的实施意见》，常委会第一时间制定具体操作办法，通过建立广泛议事、三级联动、代表票选等机制，推动街道居民议事制度的规范化、制度化和常态化。各人大街道工委围绕老旧小区综合改造提升、基层社会治理等主题，召开居民议事会21次，开展监督活动39次，收集意见建议83条。潮鸣街道在推进老旧小区改造提升过程中，借力潮邻议事厅，搭建居民议事会议成员、施工单位代表等多元参与平台，动员各方力量商量解决老旧小区改造难题，推进“有事好商量，众人的事由众人商量”的制度形成并在实践中取得较好效果。人民日报客户端、中国网等媒体对潮鸣街道老旧小区改造工作进行跟踪报道。

【人大代表履职服务】 2019年，区人大常委会加强人大代表履职服务工作。通过《人民代表报》《杭州日报》等媒体，传播代表好声音，讲述代表好故事。有关媒体刊登代表在推进城中村改造、“五水共治”、校园建设等方面的履职事迹12篇。组织开展评优活动，表彰先进人大街道工委4个、单项优胜人大街道工委4个、优秀议案1件、优秀建议13件、“五好”代表41人、优秀调研文章8篇，激发人大代表和街道工委履职的热情。出台人大代表活动经费管理使用意见，促进代表活动经费使用更加规范。

【人大代表议案建议督办】 2019年，区人大常委会通过召开交办会、领导领衔督办重点建议、组织代表视察承办单位建议办理情况、对建议办理情况“回头看”、评选优秀建议等措施，提高议案建议办理质量。全年送交政府部门办理意见建议129件，办结率100%，解决率65.1%。建立区人大常委会领导督办机制，2件议案和5件重点建议按时办结，助力深化居家养老硬件建设和完善软件服务体系，提升教育软实力，加快数字经济发展。开展“主任接待代表日活动”8次，接待代表、群众31人次，办结代表建议15件。

【人大代表主题实践活动】 2019年，区人大常委会围绕发挥代表主体作用，做优做实人大代表履职服务保障和管理。根据市人大“建世界名城、尽人大职责、展代表风采”活动要求，区人大常委会围绕中央环保督察问题整改、智慧城市建设等主题开展“代表统一活动日”活动，省、市、区三级人大代表178人参加，提出意见建议67条。组织开展省、市代表小组活动9次，专题视察杭州市民办教育发展、良渚文化遗产保护等工作。组织全体区人大代表赴中国人民大学开展能力素质提升培训，得到市人大常委会主要领导批示肯定。制定《杭州市下城区人民代表大会代表履职评估办法（试行）》，进一步推动代表履职管理考核精细化、常态化。

【“最美人大代表联络站”打造】 2019年，区人大常委会围绕代表联络站能级提升，制订《深化人大代表联络站工作和建设操作手册》，全区24个代表联络站均获评市级规范化联络站，长庆街道王马代表联络站、东新街道东新园代表联络站被授予杭州市首届“最美人大代表联络站”。组织开展首批区级“最美人大代表联络站”评选工作，评选优秀联络站、达标联络站各4个。坚持领导干部中的人大代表进站接待代表和选民机制化、常态化，发挥站点设置在一线、代表履职在一线、解决问题在一线的作用，围绕民生实事项目、街道服务管理创新、垃圾分类等主题开展接待活动156次，接待代表332人次、选民658人次，收集群众意见建议247条。《人民代表报》《杭州日报》等媒体对下城区代表联络站建设工作进行专题报道。

（朱雪华）

7 下城区人民政府

2020

综　述

【概况】 2019年，区政府全面落实市委“干好一一六、当好排头兵”的决策部署，统筹推进全区高质量发展、高品质生活各项工作。主动融入长三角一体化发展、省大湾区大花园大通道大都市区“四大”建设、全市大城北规划建设等重大战略，城市发展能级加快提升。深入实施数字经济“一号工程”，围绕杭州市打造“全国数字经济第一城”的目标，着力推动“三化融合”协同发展，新旧动能接续转换持续发力。坚持改革攻坚，推进重点领域和关键环节改革创新，破解发展中遇到的新情况新问题。不断提升文化软实力和城市韵味，推动文化事业大发展大繁荣。坚持加强党的领导和政府党组自身建设，全面提升政府效能。全年地区生产总值和社会消费品零售总额分别比上年增长6.8%和8.5%，其中地区生产总值突破1000亿元大关，为1049.6亿元。完成固定资产投资146.71亿元，增长30.2%，增速位居全市第一；财政总收入和一般公共预算收入分别完成175.12亿元和96.59亿元，分别增长6.71%和8.04%。

（黄　菲）

【城市建设项目加快推进】 2019年，下城区全面启动老旧小区综合改造提升工程，运用“10+X”模式，完成小天竺社区回四弄老旧小区改造，回四弄成为全市样板楼。5个市级老旧小区改造试点项目全面开工。打造3.0版蓝领公寓石桥南苑，提供房源2050套。完成环北新村、流水东苑等10个社区“小区管家”入驻并开展服务。完成既有住宅加装电梯60台，建成全市首个商品房成片加梯项目——天巢花苑小区。27个安置房项目和30个配套设施项目开工。“恒隆广场·杭州”项目在武林商圈百井坊地块正式开工。全年完成杭州地块建设征迁项目56个，机场轨道快线建设涉及西湖文化广场站房屋拆除工作提前完成。东新路整治工程开工，长浜路中段建成通车，全年建成支小路3条。完成西湖文化广场交通综合整治，新建华中路3对公交站点，新增停车泊位1984个。建成新能源汽车充电桩303个。完成地下空间开发15.5万平方米，武林广场地上地下全面贯通。大城北建设项目开工22项、续建30项、完工12项。完成庙桥港、东新河（杭氧街段）2条河道治理，沈家河、红西河等7条河道开工整治。完成海绵城市建设2.25万平方米，涉及重点项目4个。建成雨水管网1.78千米、污水管网1.81千米。全区新增绿化面积4.23万平方米，绿化改造提升涉及朝晖路、体育场路、三塘公园、武林广场、上塘（中河）高架等区域。

【数字经济健康发展】 2019年，下城区成立数字经济发展工作领导小组，制定数字经济发展行动计划和实施意见，整合两个小镇资源，成立数字经济产业园区管委会，形成对数字经济发展的政策机制支撑。建立数字经济精准招引合作项目库，全年签约重大项目59个。全国第一个区块链服务网络孵化基地挂牌，区块链服务网络（BSN）全球运维中心落户下城。全区新认定国家高新技术企业60家，成功助推“云集”在美国上市。推进企业“上云”专项行动，市区联动开展“上云”专题培训，新增“上云”企业1265家。加快推进企业数字化改造，杭州汽轮动力集团有限公司列入杭州市第一批制造业数字化技改攻关单位，全区完成数字化改造“机器换人”项目13个和“工厂物联网”项目1个。在全市率先发布“城市大脑”县区（市）平台和“先停车后缴费”场景应用，打造街道级数字驾驶舱，新天地区块成为省内首个5G商用智慧园。加快实施“双街示范”工程，推进延安路（下城段）国际商业大街建设。推动新零售业态空间布局，盒马鲜生、“淘腔调·style”等新零售业态入驻下城区。全年数字经济核心产业增加值24.28亿元，比上年增长15.3%；规模以上数字经济核心产业企业实现营业收入106.86亿元，增长37.0%。全区数字经济综合评价排名全省第四。

【“最多跑一次”改革深化】 2019年，下城区纵深推进“最多跑一次”改革，全区1718项办事事项全部实现“最多跑一次”，41个“一件事”办事指南及时公开并实现联办。推进实现行政许可、行政给付、行政奖励、行政确认、行政裁决、其他行政权力、审核转报、联办事项、公共服务事项九大类办事事项100%网上可办。全年实现77类电子证照通过共享获取代替申报材料提交，有效解决办事材料重复提交问题。加快推进基层社会治理体系和治理能力现代化，整合基层审批服务执法力量，梳理形成涵盖50个行政审批和82个公共服务事项的街道审批服务事项清单，39个事项下放至街道办结，实现街道政务服务办理标准、流程标准、制度标准、硬件标准的“四统一”。全区88%的公民个人办事事项实现就近可办。推进营商环境便利化进程再提速。实行企业法人办事“四个减”，全区涉及减少材料的事项341个，减少环节的事项55个，减少时间的事项330个。开展“互联网+可信身份认证”的应用工作。全区8个派出所户籍窗口在全面推行36项户籍、6项流动人口事项和4项出入境代办事项“可信认证、容缺办理”的基础上，实现90%以上民生事项仅凭身份证“一证通办”。

【招商引资成效明显】 2019年，下城区构建“1+3+8+X”（1个区级招商中心，区城投集团、区国投集团、区数字产业园3个平台，8个街道招商分中心，全区各部门、各直属单位）招商大格局，完善重大项目信息首报机制、全域联动统筹和招商“赛马榜”机制，牵头主谈重点项目68个，整合土地130多宗，可供招商面积960多万平方米。聚焦产业发展，全面做深产业链招商。打造创新金融、互联网新零售、文创数娱3条重点产业链，集中要素资源推动优质项目导入。聚焦项目招引，全力做好大项目引进工作。全年举行集中签约4次，集中签约和单独签约项目59个，总投资561.81亿元，浙江金蚂股权投资管理有限公司、浙江省担保集团有限公司等企业落户下城。全力拓展招商渠道，赴北京、上海、香港等地开展敲门招商和专场推介活动20多场，围绕数字经济、“区块链”等新兴产业，开展主题招商推介，实现在谈重点盯引项目169个，总投资722.76亿元。全年引进项目1351个，项目注册资本451.24亿元，其中注册资本1亿元以上项目37个。

【民生实事落实】 2019年，下城区统筹安排民生实事专项资金57.27亿元，区人大票决产生的十件民生实事完成。开工沈家南苑、白田畈、永丰等安置房项目21个，建设安置房面积257万平方米。开工杨家幼儿园、杨六堡幼儿园、长德弄幼儿园等幼儿园6所，启用杭州观成实验学校、杭州观成实验幼托园、杭州市长寿桥岳帅小学等学校（幼儿园）5所。完成流水东苑、天堂园、环北新村等10个社区“小区管家”入驻。打造天水街道戒坛寺巷、武林街道竹竿巷（永丰巷）、长庆街道直燕子弄（横燕子弄）等“美丽小巷”6条。完成老旧小区800幢楼房“清肠行动”，累计清疏管网12.78万米，完成清淤量818立方米。完成秋水巷公厕等18座公厕提升改造及验收，建成全市首座引入5G的智能化无碰触公厕。完成打铁关新村、万家星城二期等57处垃圾房和灯芯巷站、十五家园站、塘北站3个社区卫生服务站点及石桥街道社区卫生服务中心提升改造；完成永丰站、石桥站2个社区卫生服务站点迁建。建成石桥南苑蓝领公寓2050套，并于年内启动招租。完成既有住宅加装电梯60台，天巢花苑成片成幢加梯成为全市第一个商品房整体加梯项目。北景园、仙林、流水东苑、景安、东新园5个养老服务综合中心建成并投入运营；戒坛寺巷、仙林、浙大御跸、流水东苑、景安5家老年食堂（助餐点）建成开业。完成100户困难残疾人、老年人家庭无障碍改造，其中34户家庭为无障碍设施装修改造，66户家庭配发安装无障碍辅助器具。推进灯芯巷、戒坛寺巷、环西等16个社区文化家园建设，7个社区获评杭州市三星级以上社区文化家园，其中灯芯巷社区获评杭州市五星级文化家园。完成体东、流水西苑、石桥等20个社区微型消防站提升改造；全区新增校园微型消防站90个。

（下城年鉴编辑部）

重要会议

【区政府全体（扩大）会议】 2019年2月14日，区政府召开全体（扩大）会议。区政府组成部门主要负责人、各街道办事处主任、区政府直属单位主要责任人及有关驻区单位主要负责人出席。区长柴世民和各分管副区长分别向各街道办事处、各部门下达新年度工作任务书，区发改经信局、区教育局、区城管局、区投资促进局、区城投集团、武林街道、东新街道7个单位负责人做表态发言。柴世民肯定过去一年的工作，要求全区上下共同努力，以敢于担当、敢于负责的作风，当好“一流施工队”，确保全年各项工作任务圆满完成，为纵深推进高质量发展、高品质生活的全域中央商务区建设，奋力打造世界名城一流核心城区做出更大贡献。

2019年12月10日，北景园养老服务综合中心建成并投入运营

（区政府办　供稿）

【区政府常务会议】 2019年，区政府召开常务会议9次。主要议题有：审议《政府工作报告》《关于下城区2018年国民经济和社会发展计划执行情况与2019年国民经济和社会发展计划草案的报告》《下城区2018年财政预算执行情况和2019年财政预算草案的报告》，研究2019年区政府民生实事候选项目，研究《2018年下城区环境状况和环境保护目标任务完成情况的报告》，听取区人大十五届三次会议、区政协五届三次会议期间人大代表建议和政协委员提案收集情况的汇报，讨论确定重点建议和重点提案，研究调整下城区“三村”连片综合改造PPP项目、区违建别墅问题清查整治专项行动有关事宜，研究《下城区关于开展招商引资、安商稳商正向激励的暂行办法》《下城区老旧小区综合改造提升四年行动实施方案（2019—2022年）》《下城区创新型产业用地管理的实施细则》《下城区国有企业经营管理办法》，研究区网贷风险处置，区招商资源梳理和招商考核，促进经合社产业发展和规范管理政策，2019年度行政奖励计划，关于明确文晖、东新、石桥街道部分区域管理职责，成立石桥街道华锦社区，长庆街道办事处相对集中行使行政处罚权公告等事宜，研究2020年主要经济指标、政府投资计划、2019年财政预算执行情况（初测）和2020年财政预算（草案）。

【区长办公会议】 2019年，区政府召开区长办公会议11次。主要议题有：审议《政府工作报告》、市重点工作任务书、民生实事项目任务分解等有关事宜，研究杭州联华华商集团有限公司搬迁补偿、全区教育大会、餐饮业污染投诉问题专项整治、《关于进一步加强专职社区工作者队伍建设的实施意见》、东新路（环城北路—同协路）整治工程建设、《下城区加快促进3岁以下婴幼儿照护服务工作发展的意见》《下城区3岁以下婴幼儿托育机构设置标准（试行）》、区国投集团投资控股上海润达医疗科技股份有限公司、石桥南苑蓝领公寓改造项目、树园31幢搬迁补偿、长隆公寓搬迁、《下城区政府投资项目投资控制管理办法》、下城区餐饮场所管理、东新单元XC0605-37地块西文公园项目（南面部分）征收补偿事宜等。　（孙关烽）

建议提案办理

【概况】 2019年，区政府接收承办区人大代表提出的有关政府建议144件，其中，区“两会”期间提出129件，闭会期间提出15件。政协委员提案108件，其中，区“两会”期间提出105件，闭会期间提出3件。全部建议提案均按照办理工作规定时限、流程、规范要求办结，办结率、满意率均100%。接收承办省人大代表建议1件、市人大代表建议6件、市政协委员提案4件，其中由区政府主办的市人大代表建议、市政协委员提案各1件，均按时办结，满意率100%。

【《关于深化居家养老，打造养老服务下城特色的建议》重点建议办理】 2019年，区人大代表周国明提出的第4号《关于深化居家养老，打造养老服务下城特色的建议》由副区长樊峥负责办理，区民政局牵头经办。根据该建议，下城区着力提升综合性居家养老服务硬件建设水平，推进5家养老服务中心和5家老年食堂（助餐点）建设。年内，规划建设的养老服务中心和老年食堂全部建成并投入运营。全面打造“1+2”养老服务综合体项目（北景园综合体项目和朝晖、潮鸣街道示范型养老服务中心）。依托杭州市智慧养老监管平台，建立健全“智慧养老”机构服务质量管理和提升长效机制。

【《关于加强下城区教育软实力的建议》重点建议办理】 2019年，区人大代表吴琼提出的第6号《关于加强下城区教育软实力的建议》由副区长包晓东负责办理，区教育局牵头经办。根据该建议，区政府出台《关于建设“美好教育”加快实现教育现代化的实施意见》，要求有关部门探索名校集团化办学办法，加大学校引才留才和职称岗位统筹力度，提高教师收入待遇，加强青年教师过渡性住房保障，完善中小学校长和教师交流制度，推进中小学教师“区管校聘”人事制度改革。

【《关于打造数字经济“一号工程”下城模式的建议》重点建议办理】 2019年，下城区成立数字经济发展工作领导小组，研究制定《下城区关于促进数字经济产业发展的实施意见》《下城区加快数字经济发展行动计划（2019—2022年）》。全年数字经济产业园引进企业994家，注册资本46.39亿元。其中，数字经济产业链企业546家，占数字经济产业园企业的54.9%。举办首届区块链服务网络（BSN）合作伙伴大会，区块链服务网络（BSN）全球运维中心及全球合作伙伴大会永久会址落户下城区。

【《关于成片推进老旧小区改造及精细化管理的建议》重点建议办理】 2019年，区人大代表童晓东提出的第18号《关于成片推进老旧小区改造及精细化管理的建议》由副区长樊峥负责办理，区住建局牵头经办。根据该建议，下城区计划在第19届亚运会举办前，基本完成93个小区改造提升工程，其中2019年完成5个。年内，潮鸣街道小天竺、知足弄社区综合整治，文晖街道流水北苑小区“美丽家园”提升改造，武林街道孩儿巷旧住宅区改造、东新街道富春园社区杭锅新村1—14幢旧住宅区改造、电信巷小区旧住宅区改造5个项目完成改造提升。全区有10个社区推进“小区管家”服务。

【《关于进一步加大对经合社集体经济发展支持力度的建议》重点建议办理】 2019年，区人大代表潘华法提出的第121号《关于进一步加大对经合社集体经济发展支持力度的建议》由常务副区长谢渐升负责办理，区发改经信局牵头经办。根据该建议，区政府出台关于促进股份经济合作社产业发展和规范管理的若干政策。实施绿色通道审批程序，使留用地项目早立项早开工，并把经合社招商资源纳入全区“1+3+8”招商平台，实行统一招商。

【《关于打造下城文创演艺金名片的建议》重点提案办理】 2019年，区政协委员舒健提出的第18号《关于打造下城文创演艺金名片的建议》由副区长包晓东负责办理，区文创办牵头经办。根据该建议，区政府加强下城区演艺业布局规划，提出以下城文化长廊为主轴，南部依托武林路国际音乐街区，中部依托金海岸、武林国际艺术村，北部依托新天地“太阳马戏”秀场，加快下城区演艺业差异化发展，打造以“太阳马戏”亚洲唯一驻场秀《X绮幻之境》、“大船文化·国际戏剧节”为标志的国际化品牌。实施区文创产业重大项目，通过大项目带动，推进下城区文创产业发展。

【《关于运河下城段保护开发问题及建设》重点提案办理】 2019年，区政协委员颜纯华提出的第72号《关于运河下城段保护开发问题及建设》的提案由副区长樊峥负责办理，区城管局牵头经办。根据该建议，下城区实施京杭大运河（杭州段）保护完善工程下城段驳岸修缮三期工程，全面提升西湖文化广场的景观灯光，深度挖掘运河历史文化，对河埣上进行“美丽小巷”提升改造，开展以运河遗产为主题的文化宣传活动，传承保护好运河沿线的传统文化。

【《关于进一步重视3岁以下婴儿照护教养需求建议》重点提案办理】 2019年，区政协妇联界别提出的第90号《关于进一步重视3岁以下婴儿照护教养需求建议》由副区长包晓东负责办理，区卫生健康局牵头经办。根据该建议，下城区成立由区长任组长的领导小组，印发试点工作实施意见。出台《下城区加快促进3岁以下婴幼儿照护服务工作发展的意见》等5个政策性文件。探索家庭自主照护养育、托幼一体延伸服务、企事业单位自办福利等5种服务模式，构建线上线下2个工作平台，推进照护服务试点工作。

【《关于武林新城打造产城融合新典范的建议》重点提案办理】 2019年，区政协科技界别提出的第99号《关于武林新城打造产城融合新典范的建议》由常务副区长谢渐升负责办理，区发改经信局牵头经办。根据该建议，区政府优化城市规划布局，编制完成下城区国土空间总体规划发展大纲，系统整合城乡规划、土地利用总体规划等内容。深入实施数字经济“一号工程”，依托《下城区加快数字经济发展行动计划（2019—2022年）》《下城区关于促进数字经济产业发展的实施意见》，推进产业数字化、数字产业化。出台《下城区创新型产业用地管理的实施细则》，加快创新型用地的布局和落地，推动存量低效工业用地转型升级、提质增效。

【《关于加强下城区高层次人才留人和服务建议》重点提案办理】 2019年，区政协委员熊伟提出的第106号《关于加强下城区高层次人才留人和服务建议》由副区长王振峰负责办理，区人力社保局牵头经办。根据该建议，区政府做好培养期内的“258”人才和拔尖人才服务工作，落实好应届大学毕业生创业项目无偿资助、钱江特聘专家等各类引才政策，开展新一轮“513武林英才”评审，向高层次人才和区属重点税源企业提供人才公寓供应服务。（尉颂佳）

重点项目推进

【概况】 2019年，下城区聚焦投资拉动、大项目带动，不断增强区域发展动力。健全大项目推进协调机制，“恒隆广场·杭州”、打铁关地铁上盖物业等总投资628亿元的57个项目开工。“杭州中心”完成地下6层深30米大底板浇筑，浙江数字出版印刷大楼完成地上12层施工，浙江农都农产品流通产业园大楼完成主体结顶，环城北路提升改造工程下城段进入基坑开挖阶段。推进市体育馆亚运场馆改造。丽笙酒店等23个项目竣工并交付使用。全年完成固定资产投资146.71亿元，比上年增长30.2%。其中房地产开发投资119.66亿元，增长46.6%。

【大项目推进领导小组会议制度建立】 2019年，下城区建立完善大项目推进领导小组会议制度，统筹推进大项目建设。按照事前审核把关要求，优化议事程序，对需要提交会议研究的事项，由项目责任单位上报区大项目推进领导小组办公室，办公室召集相关职能部门，对议题进行研究论证，明确路径和建议后列入备选上会议题，同步将项目有关事项报送分管区领导研究，再将拟上会的议题报经大项目推进领导小组会议研究确定。突出工作针对性和实效性，提升会议效率和质量，对拟上会研究的议题，经领导小组组长确定后，第一时间召开会议研究。需临时增加或紧急研究的议题，报领导小组组长同意后临时召开会议研究，并明确会议纪要签发的流程和时间，加快项目建设涉及有关方面问题的解决时效。全年召开领导小组联席会议7次，协调议题47个，涉及项目106个。

【重点招引项目集中签约】 2019年6月20日，下城区二季度重点招引项目集中签约仪式在区行政中心举行。区委书记刘颖出席并讲话，区长柴世民主持仪式。有10个项目集中签约，项目涵盖文创、健康医疗等产业及数字经济领域。其中，浙江弄潮儿智慧科技公司项目致力于打造国际顶级的智能传感技术，智能传感技术融合人工智能、物联网、大数据和云计算等前沿技术。"城市大脑"停车系统运营项目以打造杭州市停车产业龙头企业为目标，力争成为"停车场库线上线下立体化运营服务、停车专业咨询、停车场库和智能停车系统投资与建设"四大业务于一体的综合停车服务供应商。浙江省振兴乡村建设投资发展公司项目主要从事乡村土地整理、修复，并计划引入农林、康养等产业。杭州互联网化工科技有限公司项目主要开展化工产品电子商务服务、互联网信息服务及网络销售。集中签约项目总投资132亿元。签约仪式上，区领导要求以大项目带动大收入，以大收入带动大发展，加快推进重大项目建设，实现"在谈项目抓紧签约、签约项目抓紧开工、开工项目抓紧投产"。（黄　菲）

【重大项目集中开工】 2019年，下城区举行四次重大项目集中开工活动。3月27日，第一次集中开工重大项目8个，包括安置房项目2个、公共服务设施项目1个、产业类项目5个，总投资89.47亿元。其中，东新单元有关地块服务设施用房项目（武林美术馆项目）总投资5.7亿元。6月28日，第二次集中开工重大项目7个，包括产业类项目1个、安置房项目3个、重点改造类项目3个，总投资36.86亿元。9月17日，第三次集中开工重大项目18个，包括安置房项目4个、产业类项目6个、公共服务设施项目4个、基础设施及民生改善项目4个，总投资336亿元。11月20日，第四次集中开工重大项目16个，包括基础设施项目2个、安置房项目7个、公共服务设施项目6个、产业类项目1个，总投资112亿元。

（张　蓉）

【港企数字创新先行区打造】 2019年6月，下城区引进港企数字创新先行区、杭银理财等3个大项目。其中港企数字创新先行区位于下城区中部核心区块，具体为绍兴路以东，杭宣铁路以西，香积寺路以南区域，涵盖杭锅杭氧相关区块、杭氧北区块和绍兴路沿线区块，南连武林都市，北接"武林新城"。平台南部规划浙金总部集聚区，中部规划武林之星博览中心项目，西部规划慢生活水街，东部规划武林数字硅巷。区域内有多个世界500强企业项目及高端品牌落户，各项生活及文化配套设施均初具规模。港企数字创新先行区将打造集数字经济、高端中介服务、品质文旅于一体的产业高地与建筑群城市新地标。（黄　菲）

行政审批服务与公共资源交易管理

【概况】 2019年，下城区聚焦"最多跑一次"改革，推动全区各部门各街道政务服务水平全方位提升，不断增强办事群众和企业的获得感。全年区行政服务中心受理行政许可、便民服务和其他事项102.84万项，办结100.72万项，办结率97.9%。杭州市公共资源交易中心下城分中心受理交易项目211项，成交金额123.4亿元。其中：工程建设项目招投标113项，成交金额120.28亿元，节约资金17亿元；政府采购项目28项，成交金额3339.06万元，节约资金405.95万元，资金节约率10%；国有房产租赁权成交63项，成交金额1758万元，租金增加1127万元，首年租金增长率198%；公款竞争性存放项目6项，涉及金额

1.08亿元，增加利息46万元；综合交易项目招投标1项，成交金额1.58亿元，节约资金973万元。区审管办获市“青年文明号助推‘最多跑一次’改革”主题活动“示范集体”称号。在全市开展的“最多跑一次”改革“实现率”和“满意率”测评中，下城区两项指标分别达91.9%和96%，分别位列14个区县（市）（包括钱塘新区）第五名和第四名。

【基层整合审批服务执法力量改革】 2019年，下城区作为杭州市“就近办”试点城区，试点开展基层整合审批服务执法力量改革，加快推进基层社会治理体系和治理能力现代化。根据中央办公厅印发的《关于推进基层整合审批服务执法力量的实施意见》，梳理形成涵盖50个行政审批和82个公共服务事项的街道审批服务事项清单，实现39个事项下放至街道办结，并在全区8个街道形成统一的办理标准、流程标准、制度标准、硬件标准，全区88%的居民个人办事事项实现就近可办。在区行政服务中心、街道便民服务中心和人流密集公共场所安装30台综合自助办事服务机，实现207个事项24小时自助可办。全区“掌上办”实现率98.9%。下城区承接省市整合审批服务力量推进基层社会治理现代化改革试点工作得到市委常委、常务副市长戴建平批示肯定。

【审批事项“减材料”成效提升】 2019年，区审管办聚焦群众身边“一件事”，根据“减事项、减次数、减材料、减时间”的要求，进一步简化办事流程。将“互联网+可信身份认证”技术拓展应用于134项审批业务办理，以“刷脸”方式识别办事人身份，“流动人员人事档案接收”等事项在原先“一证通办”的基础上升级为“零材料”办理，打通“减材料”工作“最后一公里”。该项工作采取分批落实的办法，实现77类电子证照通过共享获取代替申报材料提交，较好地解决办事材料重复提交的问题。年内全区1718个办事事项实现“最多跑一次”，41个“一件事”事项实现联办，90%以上民生事项实现凭身份证“一证通办”。

【9个事项全流程“零跑次”“视频办”】 2019年，下城区升级完善“1Call”政务服务平台功能，在政务服务事项咨询、预约的基础上，糅合人脸识别、在线签章等技术，在全国率先实现“残疾人证申请及制发”“期满换领机动车驾驶证”“个人参保信息查询”等4个条线9个事项全流程“零跑次”“视频办”。以更适应群众办事习惯的方式，推出政务服务“移动办”旗舰版。对残疾人证申请事项，由原来本人持身份证、照片等材料到服务大厅现场提出申请，经由医疗机构评定后领取残疾人证改为申报材料“零提供”，通过申请在线提交、证件快递到家，实现“零跑次”。通过一对一聊天办事的方式，高度还原窗口现场办事场景，实现会用微信聊天就能办事的目的。11月21日，《浙江日报》第二版刊登《视频远程审批，下城“1Call”让你一次都不跑》要闻。11月24日，浙报集团新型融媒体平台“天目新闻”在《基层治理创新》栏目刊登《远程视频办证，杭州下城让百姓“一次也不用跑”》报道。11月28日，“1Call”“视频办”服务案例在第二届（2019）中国营商环境评选活动中获评营商环境

2019年，下城区升级“1Call”政务服务平台，实现有关事项全流程“零跑次”“视频办”
（区审管办　供稿）

执行力领先案例。

【企业开办全流程“一件事”一日办结】 2019年，下城区将区市场监管局、区税务局、区公安分局、杭州银行分别负责的申领营业执照、发票、公章刻制和银行开户4个独立环节整合为1个闭环流程，实现企业开办四大环节平均一个半小时办结，并免收公章刻制费。4月10日，“下城区常态化企业开办专窗”正式运营，杭州青提信息技术服务有限公司成为第一家实施企业开办全流程“一件事”一日办结的企业，申请材料一次提交，当场办结。全年企业开办专窗受理办件2294件。4月18日，下城区常态化企业开办全流程“一件事”一日办结服务模式推动营商环境再优化的做法在《浙江政务信息（专报）》上刊登。

【长三角区域联动“一网通办”】 2019年，下城区聚焦区域融合发展，在区行政服务中心经济服务大厅设置G60科创走廊长三角“一网通办”综合服务窗口，按照首批开通的企业服务事项清单（51个政务服务事项）常态化运转开展服务，实现长三角城市群异地通办，为G60科创走廊企业提供审批服务绿色通道。下城区在全市率先开展企业“零障碍、零距离、零跑次”异地迁移工作。9月，杭州森井空气净化技术有限公司通过长三角地区政务服务“一网通办”机制，就近就便在湖州市长兴县行政服务中心窗口完成异地迁移，长三角城市群异地通办举措真正落地。

2019年，下城区推动长三角城市群异地通办工作。图为G60科创走廊长三角“一网通办”综合服务窗口 （区审管办　供稿）

【公共资源交易“电子化”】 2019年，下城区开发电子招投标系统，推动招投标全流程电子化。运用云服务器、云存储和电子签章等先进技术，开发工程建设电子招投标系统，推进全区工程建设项目“不见面开标”全覆盖。11月15日，完成全区首个全流程电子招投标项目——“三塘单元XC0506-R22-27地块12班幼儿园”项目。启用“杭银在线”电子担保保函平台，投标企业每次投标前登录平台申请保函即可参加投标，进一步降低企业投标成本，全年节省投标保证金5.9亿元。依托“政采云”平台，推行政府采购信息“共享化”、文件“无纸化”、环节“标准化”、全程“不见面”，交易流程全部实现线上操作，实现“一次都不跑”。11月12日，完成全区首个电子化采购项目——下城区数据资源管理局民生综合信息共享系统开发项目。探索国有房产租赁权“淘宝网”交易模式，网拍累计成交租金2880万元，租金比上年增加1749万元，推动房产招租智慧化和国有资产保值增值。12月6日，国有房产“淘宝模式”拍租项目获评全国公共资源交易奖项年度示范项目。下城区优化营商环境系列做法在全国公共资源交易平台《公共采购》杂志上刊登。

【办事大厅服务提升】 2019年，下城区以企业和公民个人全生命周期领域“一件事”联办标准重塑审批服务流程，实现58个部门联办“一件事”一窗受理、集成服务。区级、街道和社区三级办事大厅全面公布浙江政务服务网、“1Call移动办”、“杭州办事”、“浙里办”等二维码，供办事人员扫码链接，自助完成办事指南查询。为不动产登记、社保医保、公积金等11类便民事项提供午间值班服务。建立咨询服务员队伍，40个业务窗口42部咨询电话固化业务骨干接听群众来电。建立专业导办员队伍，交通违法、住房保障等6类高频业务设立导办咨询窗口，提供取号、咨询、预审服务。全面推行双向快递免费服务，实现以“快递跑”代替“企业跑”。

【区行政服务中心迁址改建】 2019年，下城区将3个办事大厅统一搬迁至香积寺东路58号，并进行改建提升，全面提升政务服务环境。7月10日，新址改建项目启动，下城区结合办事群众实际需求及各入驻部门办公需要，对建筑外立面、内部架构、办公设备进行全面升级，力求展现“亲民、高效、智慧”的新一代政务服务大厅。提升后的办事大厅按照“省政务服务2.0建设”有关要求，围绕“智能导服、收办取分离、线上线下融合”工作目标，以“最多跑一次”为牵引，加快落实功能配备、职能整合、流程规范“三到位”，全面实现“无差别受理、同标准办理、全过程监控、服务好差评”服务大闭环。根据大厅场地面积、服务领域、关联程度、办件数量等实际情况，设置投资项目审批、企业开办、清算注销、员工招聘、就业创业、不动产登记、婚育户登记等“一件事”专窗，实现“进一家门、到一个窗、办多家事”。 （方 琳）

应急管理

【概况】 2019年，区委、区政府把应急管理工作作为保障公共安全、社会和谐稳定、促进经济社会协调发展的重要抓手，将自然灾害类、事故灾难类、公共卫生事件类、社会安全事件类等各项应急资金纳入部门预算。区应急管理局挂牌成立后，按照机构改革要求，主动对结区民政局、区科技局、区城管局等部门，完成各项应急管理职责平稳交接。健全政府主导、社会参与、分级负责的应急管理体制，进一步明确应急工作管理职责，完善统一指挥、统一协调、统一管理的应急指挥体系，形成反应灵敏、运转高效的应急工作机制。全区安全生产形势总体平稳，全年发生各类生产安全事故12起，比上年减少6起，下降33.3%；死亡2人，减少1人，下降33.3%。工业商贸领域首次实现“零死亡”。全区未发生较大以上级别的突发事件。

【应急队伍建设】 2019年，区应急管理局通过自荐评估、单位推荐等方式，广泛征集专家人选，在全市率先完成应急专家库组建，专家库成员覆盖化工、建筑施工、特种设备、消防救援和自然灾害等领域。着力培育区应急救援大队和社会救援力量，加强应急救援队伍建设，组建应急队伍15支1100多人。修改完善赋分细则，落实安全生产考核要求，压实各行业主管部门的监管职责。开展建筑施工安全、安全生产经费使用、防汛抗台应急管理等专项督查和街道安全生产责任制巡查。编辑《应急管理日志》72期，详细记录区安委会成员单位加强应急管理和安全生产工作情况。

【安全生产管理流程优化】 2019年，区应急管理局深化“最多跑一次”改革，调整行政审批服务事项，完善工作流程，做到行政审批网上通办和一次办结，全年办结安全生产行政审批事项166件，节省企业办证、备案时间266个工作日。推进“安责险”工作，在全区高危行业和重点领域全面实施安全生产责任保险，新增投保企业48家。政府购买社会化服务支出559万元，服务企业418家。鼓励推广安全生产先进适用技术，全区新增智慧用电设备1894套，完成年度目标的158.2%。

【安全生产执法检查】 2019年，区应急管理局组织开展高空作业、燃气安全、危险化学品管理、喷涂作业、涉爆粉尘治理专项执法检查，突出春节、“两会”、“五一”劳动节、国庆节等重要时期的监管，不间断开展安全生产隐患大排查，对发现的安全隐患抓紧整改，整改率100%，确保安全生产形势稳定。开展“深化执法年”活动，探索建立“双随机”抽查监管机制，用好“浙政钉·掌上执法系统”，提高安全生产监管执法水平，全年出动检查组473个，出动检查人员7946人次，检查企业和各类场所473家，查处并整改安全隐患735处，立案查处72家，罚款54.46万元，立案数和罚款金额分别比上年上升10.8%和7.9%。采取包干督导模式，完成38个大型活动现场布展撤展安全监管工作。

【自然灾害应对】 2019年，区应急管理局建立完善防汛防台联动机制和救灾物资储备使用管理机制。防汛防台期间，全区启动及调整应急响应14次，出动抢险人员1.78万人次，动用应急抢险车辆521辆次，核查避灾场所28处，排查危旧房11处，应急转移安置居民5886人，加固各类树木2000多株，拆除各类广告牌120多块，处置低洼积水点21处。全区未发生自然灾害导致人员伤亡事件。

【应急预案管理】 2019年，下城区制订修订突发事件应急预案，全区形成较为完善的应急预案体系。依托咸亨国际救援装备中心组织开展全区性危险化学品泄漏应急演练，增强危险化学品生产和运输企业各类人员安全生产意识。联合区城管局、区住建局、区卫生健康局、区市政公司等单位，在杭州城北体育公园开展防汛防台综合应急演练，参加演练125人。完成8处避灾安置点规范化建设任务，更新制作全区避灾安置点指示标牌165块。组织各街道在"5·12"防灾减灾日、"10·13"国际减灾日、安全生产月期间开展各类应急预案演练。（汪　剑）

【应急科普宣传】 2019年，区应急管理局组织举办应急救援队伍和应急管理人员业务培训7期，培训企业负责人、安全管理人员和社区网格员829人。创新开展"安全VR进工地"体验活动和杭州赛孚城公共安全体验日活动，参加体验活动1100人。通过安全生产月、消防安全宣传教育日及危险化学品泄漏应急演练等活动，普及预防、避险、自救、互救等应急防护知识，增强公众公共安全意识和防范自救意识。利用"两微一端"（微博、微信及新闻客户端）加强安全生产宣传，在市应急管理局官方微信、"下城发布"微信公众号、区应急管理局微信和微博上发布安全生产动态信息100多条。

【重大安全隐患挂牌督办机制推行】 2019年，区应急管理局发挥区安委会办公室牵头作用，常态化推行重大安全隐患挂牌督办机制。全年完成市安委会交办的8个单位隐患整改督办工作。牵头开展5期隐患暗访曝光工作，其中第1期至第4期印制隐患交办单70份，交办隐患整改236处，隐患整改完成率95.8%；第5期印发隐患交办单21份，交办隐患整改40处，各相关单位抓紧进行整改。严格落实工贸企业事故隐患挂牌督办制度，年内1个市级挂牌、13个区级挂牌重点隐患单位整改销号。

【突发事件应急处置】 2019年，区应急管理局聚焦"不死人、少伤人、少损失"目标，有效统筹全区力量，成功抗击第9号超强台风"利奇马"和第18号台风"米娜"。8月9日，面对超强台风"利奇马"的严峻考验，区委、区政府通过使用"城市大脑"下城平台危旧房管控应用场景，利用下城平台实时数据和运算能力，实现对区内145栋危房全方位无死角管控，形成实时化、精准化的在线指挥，充分发挥"城市大脑"下城平台三维地图直观优势，确保指挥高效、实时、可靠，保障上下协同有效、实施有力，发挥"城市大脑"建设在抗台防台中的重要作用。在"8·28"建国北路路面塌陷突发事件中，潮鸣街道利用街道驾驶舱启动应急响应预案，通过应急指挥功能及时发布疏散指令，短时间内疏散树园小区受影响的792户居民，以数据的算力和协同争取到"黄金10分钟"，避免重大伤亡事件的发生。

【消防制度落实】 2019年，下城区把消防工作融入城市安全统筹管理等五大平台，出台《消防安全岗位职责规定和责任追究办法》，建立消防事前、事中、事后全过程监管机制。市消防救援支队下城区大队（简称下城消防救援大队）以消防管理体制改革为契机，树立"大应急"理念，着力构建防范、救援、救灾一体化运作模式，完善各类救援预案，提升指挥协调、专业救援和快速反应能力，完成重要节假日和重大活动安保任务。全年接处警614起，比上年下降1.9%。出动官兵6308人次、车辆1115辆次，抢救、疏散被困人员90人，抢救财产价值379.7万元。全区发生火灾62起，下降44.6%；无死亡，受伤1人；直接财产损失6.2万元，损失下降73.6%；未发生较大以上火灾事故。检查辖区单位5336家次，发现火灾隐患5014处，督促整改火灾隐患4996处，印发责令改正通知书1769份、行政处罚决定书362份、临时查封决定书97份，责令"三停"（停产停业、停止使用、停止施工）单位108家，罚款136.46万元，行政拘留62人。全区办理建筑工程消防审核项目14个，验收（复查）消防项目39个，设计备案抽查（复查）项目21个，开业前消防安全检查项目332个。下城消防救援大队获评全省消防安全工作先进单位、全市消防救援系统岗位练兵先进大队。所辖半山、朝晖消防站获评消防工作基层建设先进单位。

【朝晖消防站“两严两准”试点】 2019年6月，下城消防救援大队下辖朝晖消防站被确定为全省“两严两准”（严格的纪律、严密的组织，准现役、准军事化）试点单位。消防站根据省消防救援总队“小而精”管理要求，按照《全市消防救援队伍“两严两准”试点工作方案》，制定“不丢军事化、体现职业化、管理正规化、融入人性化”的“四化”实施细则，推动“两严两准”试点深入开展。从严落实规章制度，开展内部自查自纠活动。加强消防官兵职业训练，提升消防队伍过硬的综合应急能力。加强消防装备器材科学管理，从实际出发设置内务科目。实行正规化考评奖惩制度，着力营造拴心留人环境，确保新时代消防救援队伍“融入人性化”。

【消防安全宣传教育】 2019年，下城消防救援大队依托消防站、社区消防体验中心和消防安全屋，组织辖区学校师生、企业单位员工、社区工作者，开展应急疏散演习，增强消防应急处置突发工作能力。利用户外公益广告牌、企事业单位户外LED屏，全天候播放消防“三提示”（提示公众所在场所火灾危害性、公众所在场所安全出口和疏散通道、公众所在场所逃生设备具体位置和使用方法）内容及防火知识。组织居民及各行业消防安全责任人、经营管理人员和重点岗位人员集中培训，重申各类人员职责。围绕“安全生产月”“119”消防宣传月等主题，开展了解消防、体验消防、感受消防、参与消防等活动72次，开放消防宣传教育馆和微型消防站610场，联合社区宣传大使、消防志愿者、社区网格员开展消防安全宣传120多次，发放《消防安全常识手册》等宣传资料5万余份，推送官方微博信息4000多条、公众微信1230多条、短信20多万条，及时传递有针对性的消防安全信息。

2019年12月27日，下城消防救援大队在杭州市风帆中学开展消防安全疏散演练。图为消防队员为师生讲解消防安全知识　　（下城消防救援大队　供稿）

【老旧小区消防设施改造】 2019年，下城消防救援大队推进辖区内113个居住小区和10个老旧小区消防设施增配改造，对接区住建局等部门，将消防设施增配改造与“美丽家园”建设有机结合。根据《全省老旧小区整治指导标准》，制订《老旧小区消防基础设施增配改造任务清单》，通过区消防安全委员会全程督导老旧小区提升改造。落实智慧化管控手段，将100%的高层公共建筑、94%的高层住宅接入城区消防远程监控系统。全年各街道投入资金236万余元，用于消防基础设施提升改造。

【微型消防站升级】 2019年，下城消防救援大队根据区政府下达的年度民生实事项目，制订《下城区社区微型消防站三年提升改造实施方案》，结合辖区老旧小区消防设施改造，推进社区微型消防站建设，织密灭火救援作战网，年内完成20个社区微型站提升改造。对微型消防站实施规范化管理。11月19日，下城区举行“119”消防宣传月启动仪式暨微型消防站大比武活动，区委常委、常务副区长谢渐升，市消防救援支队副政委王金伟等出席，8个社区和8个重点单位微型消防站组队参加，大比武活动分别评出社区组和重点单位团体前三名。

【长租公寓整治】 2019年，下城消防救援大队加大消防风险隐患研判力度，开展石桥街道长租公寓整治工作。联合街道召开长租公寓房东约谈会，通过“定点、分片、包干”形式，实现全过程责任捆绑。成立执法宣讲小队，印发《致长租公寓租客公开信》7000多份，进行消防安全知识普及。组织工作专班，开展“一对一”实地核查，核查公寓长租户117户，针对发现的380多个消防安全隐患分别提出限期整改要求，其中强制关停5户，督促拆除16户，通过整治，疏解流动人口1700多人，清空出租房屋1120多间、面积5万余平方米。年内，石桥街道发生火灾比上年下降56.3%，财产损失下降20.7%。

【居住小区消防安全综合治理试点】 2019年4月30日，下城区组织召开居住小区暨高层建筑消防安全综合治理现场会，各街道办事处分管负责人参加。各街道交流制定党建引领、协同管控、高层住宅建筑消防安全智慧管控和老旧小区消防安全管理等七项试点工作情况。通过全覆盖排查，摸清全区289个居住小区消防安全状况，分类建立隐患清单，制订年度消防工作推进计划，督促22个“设施瘫痪”小区开展设施维修，对上报完成试点建设任务的居住小区开展现场验收。试点居住小区引进微循环管理系统，设置道闸封闭管理，拓宽道路并将小区主干道设为消防通道，禁止私家车无序停放；增设室外消防栓，弥补小区消防基础设施的不足。全年全区有113个小区完成城市居住小区消防安全综合治理试点建设任务，完成率39.1%。

（宋晓骏）

2019年11月19日，下城消防救援大队举行“119”消防宣传月启动仪式暨微型消防站大比武活动

（下城消防救援大队　供稿）

“城市大脑”建设

【概况】 2019年1月19日，区数据资源管理局挂牌成立。按照中央及省、市关于“互联网+政务服务”改革和“数字政府”建设的工作部署，区数据资源管理局围绕杭州市打造“全国数字经济第一城”的目标，推动政府数字化转型，组织实施城市数据大脑等重大项目建设。制定《智慧下城数字化转型“四统一”规范》《下城区政府投资信息化项目管理办法》，从制度、标准、数据、用户和安全等方面，对“城市大脑”和相关场景应用建设进行规范。以“资源整合、互联互通、数据共享、分级应用”为建设理念，以综合信息系统为基础，在全市率先完成“城市大脑”下城平台建设，建成区级、街道及园区数字驾驶舱。区级驾驶舱上线后，通过规范化运作管理，完成数据交换516万余条，归集数据372万余条，整理数据指标116项，实现基础数据互联、实时信息共享。11月12日，区数据资源管理局参加由市总工会会同市数据资源管理局主办的杭州“城市大脑”数字尖兵技能比武决赛，参赛的“下城平台·新天地示范区”项目获优胜奖。

【“城市大脑”建设工作推进】 2019年2月20日，下城区“城市大脑”建设情况汇报会召开。会上，区数据资源管理局汇报下城区“城市大脑”建设情况，区委书记刘颖对

2019年5月8日，杭州“城市大脑”下城平台正式上线

（区数据资源管理局　供稿）

相关工作表示肯定，并提出要求。4月24日，区委常委、副区长李都金带队赴云栖小镇调研，并参加“城市大脑”工作例会，与“城市大脑”总架构师王坚就下城区“城市大脑”建设工作进行交流。王坚听取区数据资源管理局有关“城市大脑”下城平台设计理念、建设进度等情况介绍，认为下城区是最早完成区级“城市大脑”思考和描述的城区，动态停车实施效果达到预期目标，对下城区“城市大脑”建设工作予以肯定。

【“城市大脑”下城平台发布】 2019年5月8日，杭州“城市大脑”下城平台发布会在浙江展览馆中央大厅举行，市数据资源管理局局长郑荣新，区委书记刘颖，区委副书记、区长柴世民，“城市大脑”总架构师王坚及15家武林商圈相关商贸单位主要负责人、8家数字产业企业代表、四大网络运营商负责人等300多人参加发布会。会上，郑荣新为杭州“城市大脑”下城平台授牌，标志着“城市大脑”下城平台成为首个严格按照统一标准全面接入杭州“城市大脑”中枢的区县平台。26家省、市媒体对下城平台发布会进行报道。“城市大脑”下城平台是以城市信息数据为基础，建立起三维城市空间模型和城市信息的有机综合体，重点在经济发展、社会治理、城市管理、便民服务四大领域布局，并在智慧停车、商圈管理、智慧社区、街道治理、“云上城管”、智慧监控等应用场景取得初步成效，有效提升城市治理现代化、智慧化水平，为市民衣食住行提供更优质的服务。

【区级数字驾驶舱率先建成】 2019年，下城区按照“城市大脑”建设规划，以“经济、政治、文化、社会、生态”五大领域为架构，在市“城市大脑”专班和专家王坚的指导下，全面开展“城市大脑”数字驾驶舱开发工作，进一步深化“城市大脑”运用场景，提升数字治理能力。率先在全市建成区级数字驾驶舱，并创新性提出建设街道数字驾驶舱和示范园区数字驾驶舱，构建完整的区、街道、园区“三位一体”数字驾驶舱体系，形成“1+8+X”数字驾驶舱下城模式（1个区级数字驾驶舱、8个街道数字驾驶舱、1个场景应用示范园区数

2019年9月30日，杭州“城市大脑”建设工作现场推进会在下城区举行，市委副书记张仲灿出席会议并讲话

（区数据资源管理局　供稿）

2019年12月1日，区块链服务网络全球运维中心和全球合作伙伴大会永久会址落户杭州仪式在下城举行　　（区数据资源管理局　供稿）

字驾驶舱）。9月25日，民政部、省民政厅相关领导到潮鸣街道调研，肯定数字驾驶舱的实战效果。9月30日，杭州“城市大脑”建设工作现场推进会在下城召开，位于东新街道的“城市大脑”新天地示范区正式上线。“城市大脑”新天地示范区依托新天地场景应用指挥中心建设，数字驾驶舱的应用覆盖商务、酒店、百货、娱乐等多元业态，便捷泊车、“智慧电梯”、“10秒找房、20秒入园、30秒入住”等“城市大脑”场景应用全面落地，让市民亲身体验到生活便捷与科技魅力。东新街道数字驾驶舱界面上，各类相关数据实时更新，为管理者提供一目了然的区域动态。

【区块链服务网络全球运维中心和全球合作伙伴大会永久会址落户下城】 2019年12月1日，由国家信息中心主办，市政府、中国移动通信集团浙江有限公司承办，区政府、中国移动通信集团杭州分公司协办的首届区块链服务网络（BSN）合作伙伴大会暨区块链服务网络助力社会治理和“城市大脑”下城平台试点启动仪式在下城举行。区委书记刘颖，区委副书记、区长柴世民，区委常委、副区长王振峰参加启动仪式。会上举行区块链服务网络（BSN）全球运维中心和合作伙伴大会永久会址落户杭州下城仪式，国家信息中心信息化和产业发展部主任单志广和区委书记刘颖为区块链服务网络（BSN）孵化基地001号基地揭牌。其间，区政府与BSN发展联盟签订全面战略合作协议，与中国移动通信集团杭州分公司签订5G运用及杭州“城市大脑”下城平台和区块链建设战略合作协议。三方将整合优势资源，抢占区块链产业发展高地，推进区块链相关生态产业快速发展。　　（潘春炜）

地方志工作

【概况】 2019年，下城区地方志编纂委员会办公室更名为下城区地方志编纂研究室（简称区志编研室）。区志编研室以深入贯彻《全国地方志事业发展规划纲要（2015—2020）》、推进志鉴“两全目标”实现为根本任务，重点围绕打造队伍、加强编修、创新方法等方面开展工作。区志编纂进度加快，年内形成约300万字的初稿。年鉴编纂体现特色，《下城年鉴》成为宣传下城的重要窗口。完善推进志鉴编纂工作方案，开展志鉴编修业务培训，全年志鉴编修任务逐一分解，责任落实到人，形成人人肩上有指标的工作机制，充分调动包括外聘人员在内每个人的积极性，提升编修效率与质量。《下城年鉴》创刊卷获评第六届全国地方志优秀成果（年鉴类）县（区）级综合类年鉴一等年鉴。

【区志编纂进度加快】 2019年，区志编研室将承编单位上交的初稿进行编辑整理修改，部分重点篇章通过专家评审与编辑部评审验收，形成约300万字的初稿，并排版印刷制作出10套合订本。区志编研室通过首轮统稿及每月编务会研讨，调整篇章框架、资料归属和文字、表格等问题，分别于6月和11月完成志稿分纂和总纂。与杭州市勘察测绘院签订地图制作合同，年内初步完成地图制作。与市摄影家协会、区摄影家协会、区老干部摄影爱好者合作开展下城区老照片征集，征集到照片近300幅。根据有关省、市地方志办公室关于“两全目标”进度要求，年内完成区志初审、复审和终审。12月25

日，《下城区志》形成250万字复审稿，交杭州市地方志办公室进行复审。

【《下城年鉴（2018）》首发暨赠书仪式】 2019年4月10日，区志编研室在区行政中心举行《下城年鉴（2018）》首发暨赠书仪式。杭州市地方志办公室副主任阮关水、下城区委副书记林炳达出席并分别致辞，区人大常委会副主任何伟出席会议，区委常委、常务副区长谢渐升主持，区属各部门、各街道和市级垂直单位有关负责人及各单位年鉴撰稿员160多人参加首发式。市志办和区领导向杭州市图书馆、区档案馆、区图书馆、区青少年活动中心、区社区学院等18个单位赠送《下城年鉴（2018）》。由区志编研室编纂、浙江人民出版社出版的首部《下城年鉴》历时300多天编纂而成，参与供稿单位60多家、供稿作者130多人。《下城年鉴（2018）》全面系统记录2017年下城区经济社会发展变化的基本情况，反映深化全域中央商务区建设获得的成果，为社会各界了解下城、研究下城提供全面系统的参考资料，具有一定存史价值。

【《下城年鉴（2018）》获评全国一等年鉴】 2019年10月29日，《下城年鉴（2018）》被中国地方志指导小组评为第六届全国地方志优秀成果（年鉴类）县（区）级综合类年鉴一等年鉴。全省仅3部县（区）级综合年鉴获得该奖项。《下城年鉴（2018）》是杭州市地方志办公室推荐报送浙江省地方志办公室，由中国地方志指导小组组织专家进行复评，并通过公示评出的优秀年鉴。编纂工作中，区委、区政府领导十分重视，多次听取情况汇报。区志编纂委员会召开协调会，及时协调解决实际问题。区志编研室组织年鉴业务培训，加强质量把关。《下城年鉴（2018）》封面以西湖文化广场为背景，全书为大16开全彩印刷，共60.9万字，设类目34个、分目207个，收录条目1086条、随文图照202幅，制作表格24张。

【地方志业务培训】 2019年6月10—14日，杭州市地方志办公室在上海复旦大学举办地方志业务工作培训会，来自全市13个区县（市）及钱塘新区地方志机构近70名学员参加培训，区志编研室编修人员3人参加。杭州市地方志办公室主任蒋文欢、副主任阮关水，复旦大学统战部原部长阎嘉陵出席开班仪式，蒋文欢在开班仪式上做动员讲话。复旦大学教授巴兆祥、刘豪兴、戴鞍钢、王德耀及苏州年鉴编辑部主任哈幸凌等专家、学者在培训会上授课，围绕"志稿初稿分纂总纂规范要点""镇村志编纂实务""方志文化建设""图书出版实务及操作流程""地方综合年鉴的编写与创新"等主题，结合编纂实务进行讲解。培训期间，举办方组织学员参观中共一大会址，并到青浦区朱家角镇进行现场教学。（下城年鉴编辑部）

《下城年鉴（2019）》（刘沁 摄）

8 政协下城区委员会

综　述

【概况】 2019年，第五届区政协有委员194人。区政协设常务委员会，由主席1人、副主席5人、秘书长1人和常务委员34人组成。区政协设办公室和提案委员会、经济科技委员会、城建和人口资源环境委员会、社会法制和港澳台侨委员会、文史和教文卫体委员会、委员学习和工作联络委员会6个专门委员会。区政协及其常委会以习近平新时代中国特色社会主义思想为指导，深入贯彻中央和省、市、区委决策部署，坚持团结、民主两大主题，组织开展调研视察、协商议政等履职活动，形成调研报告、协商建议等23篇，125件立案提案全部办复。加强政协党的建设，以党建引领政协自身建设，推动形成以党建促履职的良好局面。

【政治引领】 2019年，区政协把加强思想政治引领作为政协履职的中心环节，引导参加政协的各民主党派、社会团体和各界人士深入学习贯彻习近平新时代中国特色社会主义思想，通过两级党组织带头学、专题培训重点学、政协委员广泛学，推动学习贯彻走深走实。结合开展“不忘初心、牢记使命”主题教育，加强对政协委员的思想教育和政治引领，增强“四个意识”、坚定“四个自信”、坚决做到“两个维护”，巩固团结奋斗的共同思想政治基础。深入学习习近平总书记关于加强和改进人民政协工作的重要思想，召开“新时代人民政协的新样子”专题研讨会，通过主题讲座、交流领学、调研促学、集中培训等方式，准确把握政协工作的新方位、新使命，增强做好政协工作的责任感和使命感。通过组织开展庆祝中华人民共和国成立70周年等系列活动，引导各民主党派、社会团体和各界人士增强坚持中国共产党领导的自觉性，进一步凝聚思想共识。

【党建引领政协自身建设】 2019年，区政协坚持在区委的领导下开展工作，发挥政协党组在政协组织中的领导核心作用。加强政协机关党组、机关党总支和基层党支部建设，探索政协系统党建工作“两个全覆盖”的路径和方式，依托区域化党建，推动党的组织对党员委员的全覆盖、党的工作对政协委员的全覆盖，提升政协系统党建水平。加强委员队伍建设和服务管理，尊重和保障委员的各项民主权利，科学安排委员履职活动。经常听取委员意见，改进履职服务工作。根据年度履职计划和委员队伍实际，制订履职清单，推行菜单式履职，开展优秀街道政协委员活动小组和“双好”委员评选，激发委员履职积极性。深化委员履职平台建设，推动政协工作向基层延伸，实现街道政协委员活动小组、委员之家及“请你来协商”平台建设“三个覆盖”，推动委员履职更接地气、更有活力。成立市政协委员下城联络组委员工作站，探索推动省、市、区三级政协委员联动履职的新途径，充分发挥委员主体作用，助推下城区经济社会高质量发展。

【政协制度建设】 2019年，区政协推进政协工作制度化、规范化、程序化建设，修订完善《政协杭州市下城区委员会全体会议工作规则》《政协杭州市下城区委员会常务委员会工作规则》和《中共杭州市下城区政协党组工作规则》等制度，并制订制度建设责任分解方案，围绕坚持党的领导、强化理论武装、推进双向发力、提高履职质量和强化自身建设5个方面，归纳梳理15项需进一步修订完善的制度。区政协对政协各类会议、调研视察、机关建设、街道政协委员活动等工作做出规定，实现政协履职和机关工作规范化、制度化、程序化运行。

【助推民生实事】 2019年，区政协坚持履职为民的工作导向，综合运用协商议政、民主监督、专题视察、课题调研等履职形式，助推民生“关键小事”落地。围绕“推进老旧小区改造，提升居民生活品质”和“加快3岁以下婴幼儿照护服务工作”等议题，开展视察调研、座谈交流、多方协商，形成多个高质量协商建议，助推公共服务提质、社会保障增效和民生福祉改善。围绕“美丽小巷改造提升”“校园项目建设”“社会办医优质发展”“青少年维权与心理健康疏导”等议题，组织开展多形式、多层面的协商活动。围绕区政府为民办实事项目落实情况，组织委员开展视察监督，在项目推选、工作推进、成果落地等环节建言献策、发挥作用，均取得较好成效。

【强化民生服务】 2019年，区政协深入开展界别服务月活动，组织政协委员近距离体验社区管理、河道治理、生态保护、新城建设和项目推进等工作，使委员在深入基层、体验基层、服务基层过程中，进一步了解中心大局、倾听民声民意，提高履职为民成效。各专委会、界别和街道政协委员活动小组创新履职载体，开展各类惠民活动，展现新时代政协委员的良好形象。工商联界别委员通过产业扶贫、资金扶贫等方式，为对口帮扶地区捐款捐物300多万元，助推乡村振兴。共青团青联界别委员出任贵州省黎平县贫困村“名誉村长”，助推贫困村脱贫攻坚。朝晖街道政协委员活动小组创设“同心协商圆桌会”，每月开展协商活动，围绕民生事项、基层治理等工作建言献策，有效推动街道、社区民生工作落地。区政协法律服务团开展法律援助进园区、进楼宇活动，全年服务中小企业50多家，合力营造良好营商环境。

2019年10月18日，区政协主席陈晨（前排左二）带队开展“老旧小区综合改造提升”专项集体民主监督活动 （区政协 供稿）

【开展调查研究】 2019年，区政协把调查研究作为重要的基础性工作，坚持在求深、求精、求准上下功夫，弘扬求真务实作风。开展“界别调研月”活动，组织政协委员深入基层、深入群众开展调查研究，形成《关于促进下城区社会办医优质发展的建议》《下城区5G应用驱动产业高质量发展对策建议》等调研报告15篇，多项建议被相关部门采纳。充分发挥政协“人才库”“智囊团”作用，领衔开展建设高品质滨水环境、持续推进老旧小区生活品质提升、打造平安环境、提高武林商圈发展定位、推进“武林新城”城市设计实施、公办民办学校协同发展6个重点课题调研，就经济发展、城市建设、社会治理、环境提升、民生改善等方面提出建议79条，为党委和政府决策建睿智之言、献务实之策，助力全区经济社会各项事业高质量发展。

【反映社情民意】 2019年，区政协依托委员之家、委员工作室等平台载体，组织政协委员走基层、察民情，围绕群众普遍关心的养老扶幼、基础教育、医疗卫生、平安建设、生态保护等民生问题开展走访调研，反映群众诉求，提出意见建议，真心实意帮助群众解决实际问题，形成《关于推进下城“信息化养老服务平台”建设的建议》《关于优化民生资源配置的建议》等民生提案。加强社情民意信息员队伍建设，各基层信息联系点分别组织辖区委员开展活动，有效拓宽委员知情议政渠道。全年区政协委员上报社情民意信息167条，传递的社情民意专业性强，内容涉及面广、观点鲜明。

【加强联络联谊】 2019年，区政协全面贯彻党的民族和宗教政策，鼓励和支持少数民族和宗教界委员献计出力、发挥作用。加强与港澳台同胞及海外华人华侨的联系，搭建团结联谊桥梁。主动走访新经济组织、新社会组织和新社会阶层代表人士，不断扩大朋友圈。深入开展“走亲连心三服务”（服务企业、群众、基层）活动，做好提振信心、凝聚共识工作。参与省、市政协庆祝中国人民政治协商会议成立70周年活动史料征集工作，以文化架起团结联谊桥梁。区委统战部举办各界人士中秋茶话会，密切与各界人士联络联系，促进交流、增进共识。鼓励支持政协委员深入一线、面向群众，发出好声音、传递正能量，做深做细团结引领界别群众工作。 （王　舜）

重要会议和活动

【政协五届三次会议】 2019年1月13—17日，区政协五届三次会议召开。会议回顾总结2018年工作，协商2019年任务。审议通过杨国琴代表政协第五届杭州市下城区委员会常务委员会所做的工作报告、任雁鸣受政协第五届杭州市下城区委员会常务委员会委托所做的提案工作报告，表彰政协第五届杭州市下城区委员会第二次会议以来的优秀提案、2018年度“双好委员”、2017—2018年度优秀界别小组。会议选举陈晨为政协第五届杭州市下城区委员会主席，增补选举4名政协第五届杭州市下城区委员会常务委员。会议对区政协过去一年的提案工作表示满意，认为区政协提案工作围绕区委、区政府中心工作和人民群众普遍关心的热点、难点问题，开展调查研究，提出真知灼见。推进提案办理全程协商，健全重要提案摘报机制、重点提案督办机制、提案办理评议机制、优秀提案评选机制，提案工作呈现常做常新、活跃有序的良好局面。

【政协主席会议】 2019年，五届区政协召开主席会议14次，就政治协商、民主监督、参政议政、提案办理等工作进行研究安排。

2月1日，区政协召开五届二十六次主席会议，听取区政协办公室、各专委会关于2019年度各项工作计划及2月份重点工作安排的汇报，协商讨论近期重点工作。

2月28日，区政协召开五届二十七次主席会议，审议通过《中国人民政治协商会议杭州市下城区委员会优秀提案评选办法》《关于对2019年度重要提案办理情况开展督查的通知》《关于开展民主评议提案办理工作的通知》及智库成员调整名单、部分专委会组成人员调整名单，并协商讨论区政协3月份重点工作。

4月1日，区政协召开五届二十八次主席会议，听取区政协办公室、各专委会负责人关于3月份工作总结和4月份重点工作计划的汇报，协商讨论近期重点工作。

4月29日，区政协召开五届二十九次主席会议，研究“推进城市设计的实施，助力武林新城高质量发展”专题协商工作。会议听取武林新城城市设计方案和《推进“武林新城”重要片区城市设计实施的对策建议》课题报告的汇报，并进行协商讨论。

5月13日，区政协召开五届三十次主席会议，协商讨论有关委员调整事项。

5月31日，区政协召开五届三十一次主席会议，传达学习全国地方政协工作经验交流会精神、全国地方政协秘书长工作会议精神，研究部署区政协6月份重点工作。

7月5日，区政协召开五届三十二次主席会议，专题协商武林商圈和延安路国际商业大街产业定位问题。

8月6日，区政协召开五届三十三次主席会议，听取区政协办公室、各专委会负责人关于7月份工作总结和8月份重点工作计划的汇报，协商讨论8月份重点工作。

9月4日，区政协召开五届三十四次主席会议，传达学习全省政协主席暑期读书会精神，研究部署贯彻落实工作，听取区政协办公室、各专委会负责人关于8月份工作总结和9月份重点工作计划的汇报，协商讨论9月份重点工作。

9月30日，区政协召开五届三十五次主席会议，听取区政协办公室、各专委会负责人关于9月份工作总结和10月份重点工作计划的汇报，协商讨论近期重点工作。

9月30日，区政协召开五届三十六次主席会议，传达学习中央政协工作会议暨庆祝中国人民政治协商会议成立70周年会议精神，研究部署贯彻落实工作。会议根据区委“不忘初心、牢记使命”主题教育安排，研究开展解放思想大讨论等有关工作。

11月8日，区政协召开五届三十七次主席会议，围绕“深化检警协同机制，维护社会和谐稳定”议题开展协商。与会人员实地视察检察服务大厅、未成年人检察办案区，听取区检察院和区公安分局有关工作汇报。区政协主席会议成员、相关专委会负责人和部分政协委员发表协商建议。

12月6日，区政协召开五届三十八次主席会议，听取区政协办公室、各专委会负责人关于11月份工作总结和12月份重点工作计划的汇报，协商讨论近期重点工作。

12月20日，区政协召开五届三十九次主席会议，研究和讨论有关区政协委员调整事项、《下城区政协加强和改进人民政协工作重点任务责任分解方案》、《区政协五届常委会工作报告（审议稿）》、《区政协五届三次会议以来提案工作报告（审议稿）》，区政协五届四次会议的日程、议程及有关事项，2019年度优秀提案、“双好委员”、优秀街道委员活动小组名单等议题。

【政协常委会会议】 2019年，区政协召开5次常委会会议，分别为：

五届十三次常委会会议1月16日召开。会议协商审议关于接受辞职请求的决定（草案）、大会选举办法（草案），政协第五届杭州市下城区委员会主席、增补政协第五届杭州市下城区委员会常务委员候选人建议名单（草案），总监票人、副总监票人和监票人建议名单（草案），《政协第五届杭州市下城区委员会第三次会议决议（草案）》。

五届十四次常委会会议1月16日召开。会议听取区政协五届三次会议各组召集人关于小组讨论情况的汇报。会议审议通过关于接受辞职请求的决定（草案）、大会选举办法（草案），政协第五届杭州市下城区委员会主席、增补政协第五届杭州市下城区委员会常务委员候选人建议名单（草案），总监票人、副总监票人和监票人建议名单（草案），《政协第五届杭州市下城区委员会第三次会议决议（草案）》和《政协第五届杭州市下城区委员会第三次会议提案收集及初审情况的报告（草案）》。

五届十五次常委会会议4月4日召开。会议听取区政协五届三次会议以来提案审查立案、2019年重点提案确定情况及督办建议、重点提案办理方案的汇报，开展提案办理协商。

五届十六次常委会会议11月29日召开。会议围绕“以数字经济为抓手，推进武林新城‘三化融合’”议题开展专题协商。

五届十七次常委会会议12月31日召开。会议听取区政府2019年度为民办实事项目完成情况和区政协五届三次会议以来提案办理情况的汇报。

【重要活动】 3月18日，区政协武林书画院召开2019年年会，讨论通过书画院新章程，选举产生新一届书画院领导班子。

4月15日，区政协开展“武林新城”重要片区城市设计实施专题调研，实地踏勘电竞数娱小镇、杭汽轮公司地块、武林硅巷，并进行座谈协商，提出协商建议。

4月17日，区政协主席陈晨，副主席陈圣杭、周钢、傅丽华一行赴安吉县学习考察“请你来协商”平台建设工作。安吉县政协主席叶海珍、副主席杨绍军陪同考察。考察组参观考察“两山”科学论断发源地余村，走访浙江省自然博物院安吉分院等单位。

5月9日，区政协主席陈晨带队调研“城乡生活垃圾分类处理”工作。陈晨一行实地调研和乐苑、河滨公寓、浙报公寓及流水北苑小区，听取相关单位关于推进生活垃圾“三化四分”（指无害化、资源化、减量化和分类投放、分类收集、分类利用、分类处置）工作介绍。区政协副主席周钢和区城管局、武林街道、潮鸣街道、文晖街道负责人及部分区政协委员参加调研。

7月2日，区政协专题调研延安路国际商业大街产业定位工作。调研组实地察看国大城市广场、浙江饭店、武林路9号音乐街区和武林广场，就相关工作提出协商意见。

8月16日，区政协举行“推进老旧小区综合改造提升居民生活品质”协商会。区委书记刘颖出席并讲话，区政协主席陈晨主持会议。副区长邵伟华通报下城区老旧小区综合改造提升工作情况，副主席任雁鸣汇报区政协开展相关课题调研情况。参加会议的区政协委员、区政协智库人员、社区居民代表发表协商建议，区住建局、区城管局、区民政局主要负责人做表态发言。

9月12日，区政协召开“不忘初心、牢记使命”主题教育会议。会议强调政协委员和政协机关党员干部要充分认识开展主题教育的重要性，紧密结合政协工作实际，牢牢把握主题教育总要求，确保主题教育各项工作落到实处。区政协机关全体干部参加会议。

9月23日，在中华人民共和国和人民政协成立70周年之际，下城区政协和武林书画院共同举办“喜迎新中国成立70周年、凝心聚力再出发”书画摄影作品展。区委书记刘颖参加作品展开幕式并宣布作品展开幕。区政协主席陈晨在开幕式上致辞。

9月29日，区政协依托“请你来协商”平台，开展“加快推进3岁以下婴幼儿照护服务工作”专题协商。区委副书记、区长柴世民出席并讲话，区政协主席陈晨主持会议。会上，副区长包晓东通报下城区开展3岁以下婴幼儿照护服务试点工作情况，区政协副主席傅丽华汇报相关课题调研情况。与会区政协委员、区政协智库人员、社区居民代表发表意见建议。区卫生健康局、区财政局、区住建局主要负责人做表态发言。

11月18日，区委召开政协工作会议。区委书记刘颖出席并讲话，区委副书记、区长柴世民主持会议。天水街道、朝晖街道、区商务局、区卫生健康局、区工商联、长庆街道政协委员活动小组、文晖街道政协委员活动小组7个单位做交流发言。其他街道及街道政协委员活动小组、界别小组做书面发言。

12月27日，区政协组织政协委员开展会前视察活动。区领导陈晨、樊峥、邵伟华、任雁鸣、潘松萍、陈圣杭、周钢、傅丽华参加视察。区政协委员分组对杭州观成实验学校、草庵村安置房建设、京都苑社区微型消防站、潮鸣街道养老服务中心、直燕子弄（横燕子弄）“美丽小巷”建设等民生实事项目进行实地视察，听取区相关部门、街道负责人介绍。

（王　舜）

政治协商

【概况】 2019年，区政协利用“请你来协商”平台，制订协商实施方案和年度协商计划。构建“1+8+X”三级协商平台体系，在区级层面成立总平台、街道政协委员活动小组建立分平台，依托界别和委员之家设立微平台，围绕深化改革创新、“最多跑一次”改革、提升经济发展质效、“五水共治”、环保督察整改落实、优化城区环境品质、推进基层社会治理和宗教场所安全等工作，开展专题协商、对口协商、界别协商、提案办理协商等形式的协商活动。完善协商成果报送、采纳、落实和反馈机制，助推协商成果转化为工作成果。全年组织开展33场形式多样、内容丰富的“请你来协商”活动，为党委、政府科学决策提供参考。

【围绕“武林新城”城市设计专题协商】 2019年4月29日，区政协召开五届二十九次主席会议，围绕“推进城市设计实施，助力‘武林新城’高质量发展”专题开展协商。区政协主席陈晨主持并讲话，副主席任雁鸣、潘松萍、陈圣杭、周钢、傅丽华出席。副区长邵伟华应邀出席。会议听取“武林新城”城市设计方案和《推进武林新城重要片区城市设计实施的对策建议》课题报告的汇报，并进行座谈协商，提出完善设计方案抓好成果落地等12条意见建议。区政协办公室、各专委会和区住建局、区投资促进局、区农居建管中心等单位负责人，文晖街道、东新街道、石桥街道负责人及部分区政协委员、设计单位负责人、浙江工业大学专家参加。

【组织延安路国际商业大街建设建言献策】 2019年7月5日，区政协召开五届三十二次主席会议，依托“请你来协商”平台，专题协商武林路商圈和延安路国际商业大街产业定位，助推商圈和大街转型升级、能级升级。区政协主席陈晨出席并讲话，副主席任雁鸣、陈圣杭、周钢、傅丽华出席。副区长唐锋应邀出席。会议围绕延安路国际商业大街产业定位、商圈建设、业态布局、智慧赋能、形象塑造等进行建言献策，提出健全产业规划、完善城市功能、提升街区品质等9条协商建议。区政协办公室、各专委会和区商务局、区住建局、区城管局、区投资促进局、区财政局负责人，天水街道、武林街道、朝晖街道负责人及部分政协委员参加。

【开展“深化检警协同机制”民主协商】 2019年11月8日，区政协召开五届三十七次主席会议，围绕“深化检警协同机制，维护社会和谐稳定”开展民主协商。与会人员实地视察下城区检察服务大厅、未成年人检察办案区，听取区检察院和区公安分局有关“三远一网”建设工作汇报。区政协主席会议成员、相关专委会负责人和部分区政协委员发表协商建议，提出要完善“大维稳”机制、深化合成维稳、强化风险评估、预防化解不稳定因素等意见。区政协副主席任雁鸣、陈圣杭、周钢、傅丽华出席会议。区政协办公室、各专委会、区法院、区检察院、区政法委、区公安分局等单位负责人参加。

【助推数字经济高质量发展议政建言】 2019年11月29日，区政协围绕“以数字经济为抓手，推进武林新城‘三化融合’”议题召开五届十六次常委会进行议政建言。区政协主席陈晨出席并讲话。区政协副主席任雁鸣、潘松萍、陈圣杭、周钢、傅丽华和区政协常委出席会议。副区长唐锋应邀出席。会上，区发改经信局、区数字产业园管委会、区数据资源管理局汇报全区数字经济发展情况，区政协经济科技委员会汇报课题调研情况，区科技局、区商务局、区统计局、区投资促进局、东新街道、石桥街道负责人做交流发言。会议提出推动产业升级、优化营商环境、提升发展水平等方面建议。区政府办公室、区政协办公室、区政协各专委会、区有关部门、街道主要负责人和部分政协委员、区政协智库成员列席会议。

（王　舜）

民主监督

【概况】 2019年，区政协把协商贯穿于监督全过程，聚焦重点领域和关键环节，就议题选择、内容确定、流程设置及成果运用等方面进行全程协商，充分发挥协商式监督作用。监督以实地暗访为主要形式，直指重点、热点、难点问题，体现政协敢监督、真监督、善监督，增强民主监督实效。全年围绕公众关注的重要事项开展专项监督、视察监督、民主评议监督20多次，参加委员200多人次。

【老旧小区综合改造提升专项集体民主监督】 2019年，区政协将老旧小区综合提升改造列入民主监督重点。10月18日，区政协主席陈晨带队开展“老旧小区综合改造提升”专项集体民主监督活动。陈晨一行实地视察文晖街道流水苑、潮鸣街道知足弄2个老旧小区综合提升改造情况，并召开座谈会，听取区住建局和潮鸣街道、文晖街道试点工作汇报，区政协委员和区政协智库成员进行建言献策。12月11日，陈晨带队开展老旧小区综合改造提升集中调研和民主监督，实地视察石桥街道天堂园社区、东新街道德胜东村、朝晖街道朝晖二区、潮鸣街道小天竺、知足弄片区二期、文晖街道流水苑西苑6个改造项目，听取设计方案完善和工作推进情况汇报。区政协根据全区老旧小区综合提升改造进展情况提出要系统推进、完善功能、体现特色、群众参与、注重时效等协商意见。

【生活垃圾分类处理监督】 2019年，区政协将生活垃圾分类处理列入民主监督重点。4月1日，区政协召开五届二十八次主席会议，制订《关于开展“城乡生活垃圾分类处理”专项集体民主监督的实施方案》，多层次组织开展专项集体民主监督。5月9日，区政协主席陈晨带队到和乐苑、河滨公寓、浙报公寓及流水北苑小区实地调研视察，听取相关单位关于推进生活垃圾“三化四分”情况介绍。区政协并与省、市政协联动开展集体民主监督。区政协委员紧盯生活垃圾源头减量分类和中端回收运输等环节，进行链条式监督协调，发现和反馈问题116个，提出意见建议15条，均转给有关部门办理落实，助推打赢生活垃圾处理攻坚战。（王　舜）

重要提案办理

【概况】 2019年，区政协全体委员和政协各参加单位、专门委员会、界别小组，围绕下城区“纵深推进高质量发展、高品质生活的中央商务区建设，奋力打造世界名城一流核心城区”的发展目标和区委、区政府中心工作，抓住下城经济社会发展的重大问题及人民群众关注的热点、难点问题，深入调研，积极建言。全年收到以提案形式提出的意见建议131件。其中，全会期间收到126件，闭会期间收到5件，分别经提案委员会及提案委员会主任会议审查，立案125件，立案率95.4%。未立案的6件提案，以社情民意信息的形式转市政协处理2件，经征得提案人同意后做并案处理4件。立案提案中，以团体名义提出的8件，委员联名提出的18件，委员个人提出的99件。提案涉及全区经济社会方方面面。经区政协五届二十六次主席会议审议，确定《关于打造下城文创演艺金名片的建议》等5件提案为区政协2019年重点提案。

【提案办理协商】 2019年，区政协开展办理协商活动，做好提案分办协商，推进办理过程协商和办理结果协商，针对难点问题开展高层协商，全年经审查立案的125件提案全部办复。从办理情况看，问题解决和意见建议被采纳的A类提案96件，占提案办理总数的76.8%；列入计划拟解决或采纳的B类提案20件，占16.0%；参考的C类提案8件，占6.4%；无法办理的D类提案1件，占0.8%。在提案办理专项督查回访期间，收到提案人书面反馈和电话、微信征询意见125件，反馈率100%，委员对提案办理落实情况表示满意的123件，基本满意的2件，分别占提案办理总数的98.4%和1.6%。（王　舜）

政协委员活动

【概况】 2019年，区政协通过举办政协委员暑期读书会、组织委员异地培训等形式，提高委员履职能力。通过打造“请你来协商”平台等载体，丰富委员履职内容，调动委员履职积极性、主动性。评选天水、长庆、朝晖、东新4个街道政协委员活动小组为优秀街道政协委员活动小组，评选武林、潮鸣、文晖、石桥4个街道政协委员活动小组为先进街道政协委员活动小组。根据年度履职业绩，评选于伟、王迟冰、石旭杲等22名委员为“双好委员”。区政协对评选出的履职工作先进集体和先进个人进行表彰。

【委员工作站建设】 2019年，区政协深化委员履职平台建设，推动政协工作不断向基层延伸，实现街道政协委员活动小组、委员之家及“请你来协商”平台建设全覆盖。成立市政协委员下城联络组委员工作站，探索推动省、市、区三级政协委员联动履职的新途径，充分发挥委员主体作用，更好地服务下城经济社会高质量发展。年内，委员工作站开展视察活动4次，调研视察成为委员知情明政、提高履职实效的有效途径。

【政协委员暑期读书会】 2019年8月15—17日，区政协召开政协委员暑期读书会。区委书记刘颖到会看望委员并讲话。区委副书记、区长柴世民向委员通报区情。区政协主席陈晨通报上半年区政协工作情况，部署下半年重点任务并做开班动员。其间，举行“推进老旧小区改造，提升居民生活品质”专题协商。国务院政府特殊津贴获得者、华信咨询设计研究院有限公司副总经理、总工程师朱东照，浙江赛伯乐创始合伙人兼总裁陈斌，区政协委员、省人民医院国际医疗中心（名医馆）全科医学科主任陈曦分别以“数字未来5G智联”“数字产业和风险投资”“生命由天赋，健康靠人为”为题，做专题讲座。全体区政协委员、各街道政协委员活动小组负责人、联谊会成员200多人参加暑期读书会。

（王　舜）

9 中共下城区纪律检查委员会 下城区监察委员会

综　述

【概况】 2019年，区委全面贯彻从严治党工作要求，以上率下落实管党治党政治责任。各级纪检监察组织将纪检监察工作融入全区发展大局。区纪委监委出台《下城区纪委监委监督工作办法（试行）》，推行“1+1+2+2”分片协作机制，健全完善“纪法”贯通、“法法”衔接机制，切实履行党章和宪法赋予的职责，推进“清廉下城”建设。全年区纪委监委处置问题线索253条，受理信访举报件189件，立案查处53件，处分43人，发出纪检（监察）建议书5份，采取留置措施10人。

【分片协作机制建立】 2019年，区纪委监委建立以“1+1+2+2”为框架的分片协作机制，将街道纪工委（监察办）和派驻（出）机构划分为4个片区，每个片区由2个派驻（出）机构、2个街道纪工委（监察办）组成，落实1名区纪委监委班子成员联系指导，1个纪检监察室牵头协调，形成区纪委监委抓工作部署和指导、纪检监察室统筹协调、街道纪工委（监察办）和派驻（出）机构协助参与的三级联动监督工作格局。全区纪检监察组织按照监督检查、整改反馈、问题挂号、销号处理、追责问效等8个环节的日常监督流程，着力打造闭环式监督体系。

【《下城区纪委监委监督工作办法（试行）》出台】 2019年，区纪委监委加强监督方法研究。通过委机关、派驻（出）机构、街道纪工委（监察办）双月例会，结合案件监督管理情况分析、信访问题统计分析、巡察报告等大数据分析结果，找准监督重点。3月，2个派驻机构、2个街道纪工委开展日常监督试点。5月30日，在总结试点经验基础上，出台《下城区纪委监委监督工作办法（试行）》，试行办法明确日常监督的主要内容为遵守执行党章党规党纪和宪法法律情况、落实中央八项规定精神等9个方面。基层纪检监察组织主要通过受理检举控告、开展廉政风险排查、建立廉情档案等9种方式开展日常监督。试行办法明确监督对象为全区各级党组织及党员干部、行使公权力的公职人员及其他有关人员，实现日常监督对象的全覆盖。制作统一问题处置的“一单三书”（廉情抄告单、纪律检查建议书、监察建议书、监督意见书），对基层纪检监察组织监督检查中发现问题后的处置方法进行规范。

【监督力量统筹运用】 2019年，区纪委监委建立统筹纪律监督、监察监督、派驻监督、巡察监督4支力量，加强与系统外政府职能部门的协同配合，解决监督力量分散、专业性不够强等问题，实现“4+1>5”的效果。将“20条问题清单”自查自纠情况、巡视巡察指出问题整改情况、公务消费情况、领导干部利用名特产类特殊资源牟取私利问题等8个方面监督内容一次性打包纳入专项监督检查范围，组织8个小组，在全区开展第一期专项监督检查。在外部依托派驻（出）机构的“探头”职能，发挥政府职能部门的主体责任，强化各部门的监督检查结果运用。在对扶贫领域的监督检查中，组织区发改经信局、区审计局职能科室的专业人员一同参与。加强信息共享，落实问题线索定期会商机制，邀请区公安、检察、法院等部门参与，通过研判线索按周按月、初核线索分片协作、关键线索重点攻关的办法，落实一体分析、集体会商制度。

【区纪委十届四次全体（扩大）会议】2019年2月13日，下城区召开区纪委十届四次全体（扩大）会议，深入学习贯彻习近平新时代中国特色社会主义思想，全面贯彻落实党的十九大和十九届二中、三中全会精神，按照中央及省、市纪委全会、市深化作风建设暨“干好一一六、当好排头兵”推进大会和区委十届五次全会的要求，总结2018年全区党风廉政建设和反腐败工作，部署2019年工作任务。区委书记刘颖，区委副书记、区长柴世民，区人大常委会主任杨国琴，区政协主席陈晨等区四套班子主要领导，区法院院长，区检察院检察长，其他市管领导出席会议。区委常委、纪委书记、监委主任沈国祥代表区纪委常委会做题为《主动担当作为、建设清廉下城，为纵深推进全域中央商务区建设、奋力打造世界名城一流核心城区提供坚强纪律保证》的工作报告。刘颖在会上讲话，强调全面从严治党只有进行时，全区各级党组织和党员干部要“不忘初心、牢记使命”，推动全区从严治党取得新的成效。（顾栩颖）

党风廉政建设

【概况】2019年，区纪委监委加强日常监督、专项检查，突出抓好廉政风险防控，强化对区委、区政府重大决策部署落实情况的监督检查，打造环环相扣的闭环式监督体系，对监督发现的问题以“一单三书”的形式下发，督促问题整改，实现监督目标精准落地，相关做法获省、市纪委领导批示肯定。落实党风廉政建设“两个责任”（党委负落实党风廉政建设责任制主体责任，纪委负监督责任）“一岗双责”（单位领导干部对本单位业务工作和党风廉政建设负双重责任），严格执行中央八项规定精神及实施细则精神，筑牢拒腐防变的思想防线和制度防线。强化管党治党主体责任的全面考核，8人因落实“两个责任”不力受到“一案双查”。加强跟踪督办防范机制建设，全年发出“一单三书”类文书101份，督促整改问题149个。作风效能问责81人。

【政治监督】2019年，区纪委监委把“两个维护”的要求体现在纪检监察工作全过程、各方面，加强对践行“四个意识”、贯彻党章和其他党内法规、执行党的路线方针政策和决议情况的监督检查。严明政治纪律和政治规矩，查处违反政治纪律案件2起2人。抓住党委主体责任“牛鼻子”，推动管党治党责任落地生根，召开全面从严治党主体责任汇报会，区委书记听取区人大常委会、区政府、区政协、区法院、区检察院5个党组和部分区委常委履行党风廉政建设责任情况汇报。严格落实“两个责任”，以《履行党风廉政建设责任制意见书》的形式，提出党风廉政建设整改意见25条，推动“不忘初心、牢记使命”主题教育、三大攻坚战、扫黑除恶专项斗争、机构改革、减税降费、基层减负等重要决策部

2019年2月13日，下城区召开第十届纪律检查委员会第四次全体（扩大）会议
（区纪委　供稿）

2019年4月2日，下城区召开全面从严治党主体责任汇报会（区纪委　供稿）

署的落地见效。

【政治巡察】 2019年，区纪委监委聚焦政治巡察，统筹推进区委四轮巡察工作，同步组织开展二级单位巡察和“回头看”。创新巡察工作方式，加强巡察机构和巡察队伍建设，推动巡察问题整改落实。完善上下联动、巡审联动、巡改联动机制，建立巡察机构、财政、审计等部门参加的集体会商机制，加强巡审信息沟通、力量融合。运用点面结合、交叉巡察、专业支持等方式，实现巡察工作全面覆盖。巡察期间，同步组织派驻人员、街道人员参与巡察。全年完成16个单位的巡察和问题反馈，发现问题395个，督促被巡察单位建立完善制度16个。梳理工程领域6个方面100个问题和20类74个共性问题，为加强工程领域监管和各单位全面建设提供参考依据。

【作风建设深化】 2019年，区纪委监委贯彻落实省纪委《关于着力整治形式主义、官僚主义，持之以恒纠正“四风”工作的意见》和市纪委有关会议精神，以钉钉子精神深入整治“四风”问题，紧盯重要时间节点，抓好中央八项规定精神和区委具体办法的贯彻落实。全年印发通报4期，查处违反中央八项规定精神案件14件，给予党纪政务处分11人，查处形式主义、官僚主义问题25人。构建“1+7+16”正风肃纪明察暗访监督网络，在主题教育期间开展形式主义、官僚主义问题监督检查351次，参与437人次，检查单位325个次，发现问题56个，问责处理15人。查处发生在群众身边的腐败和作风问题5人。

资料：“1+7+16”正风肃纪明察暗访监督网络

“1”指整改联络组（正风肃纪组）主要负责统筹协调全区正风肃纪明察暗访工作，做好9项专项整治牵头单位工作进展情况的督查，市委、区委巡回指导组和区领导交办重点问题的督办及已整改情况的“回头看”。“7”指区委直属机关工委正风肃纪工作小组等7个小组落实主体责任，对本系统的正风肃纪工作负责，认真组织实施，灵活机动开展明察暗访，着重对本系统内参与单位专项整治进展情况、上级交办重点问题整改情况等进行监督检查。“16”指各街道纪工委、各派驻（出）机构主要做好所在单位和监督单位专项整治、上级交办重点问题完成、自查发现问题整改等情况的监督检查、正风肃纪明察暗访。

【专项整治】 2019年，区纪委监委以群众利益为中心，贯彻“基层减负年”要求，深入整治基层腐败，督促有关部门集中整治“文山会海”、推诿扯皮、检查考核过多等顽疾，确保基层减负减到实处。组织11个区直单位开展“扶贫、民生领域不正之风和侵害群众利益问题专项整治”，确定16个集中整治项目向社会公开，接受群众监督。集中开展领导干部违规借贷、违规房产交易和违规享受集体所有土地征迁安置政策问题治理，全区9264名党员干部开展自查自纠。组织开展人防系统腐败问题专项治理。严查发生在民生项目建设、“三资”管理、征地拆迁、教育医疗、生态文明建设等领域的腐败和作风问题，5名党员干部受到问责处理，其中被移送司法机关处理2人。

【“清廉下城”建设】 2019年，区纪委监委协助区委落实“清廉下城”建设各项工作。区纪委常委会专题听取7个牵头单位汇报，开展“清廉下城”基层示范点创建，全区各机关、社区、企业、学校和医院等基层单位上报示范点12个。结合信访举报、案件查处、巡察反映等情况，开展政治生态分析，为区委决策提供依据。推进廉政风险排查防控机制建设，推动政治生态不断优化。深入推进村级“三小”（小微权力、小型工程项目、小额资金拨付）监督体系建设，实现经济合作社小微权力清单制度全覆盖。区委召开全区警示教育大会，通报区住建系统相关案件，组织与会人员观看《以案为鉴，警钟长鸣——党的十九大以来我省查处的违纪违法领导干部案件警示录》警示教育片，引导全区广大党员干部进一步敬畏党纪国法，强化自律意识，推动全面从严治党不断深入。（顾栩颖）

廉政宣传教育

【概况】2019年，区纪委监委加强廉政宣传教育，组织党风廉政建设宣讲团到基层单位开展宣讲活动，选取有针对性的警示案例，开展廉政教育活动20次。组织新任职干部廉政谈话，全年有243名新任职干部接受廉政教育。在“清廉下城”微信公众号开设“清廉下城建设”专栏，定制宣传党规党纪和廉政建设短信。推动清廉文化宣传，各部门和各街道推出“清廉风筝”大赛、“一社一阵地，处处见清廉”清廉社区建设等清廉文化活动，提升廉洁文化的教育、熏陶和导向作用，弘扬清风正气。

【“十个一”警示教育活动】2019年5月28日，区纪委监委在全区范围内开展“十个一”警示教育活动，并以“警示教育月”为契机，聚焦腐败易发高发的关键领域，运用“一把钥匙开一把锁”，提高警示教育的针对性和有效性。及时通报区住建系统的典型案例，并组织拍摄警示片《坚定清醒，引以为戒》，通过以案说纪、观摩案件审理现场，增强党员干部法纪观念和廉洁自律意识，筑牢不能腐、不想腐、不敢腐的制度防线。在警示教育活动中，区住建局有3人主动向组织说明问题。选取近两年发生的形式主义、官僚主义典型案例，制作警示片《坚决把形式主义官僚主义连根拔除》，通过还原案情、剖析原因，引导党员干部自觉抵制“四风”。全年各级召开警示教育专题会182次，组织党员干部观看警示教育片、参观廉政教育基地、聆听廉政教育宣讲8200多人次。

资料：“十个一”警示教育活动

召开一场警示教育专题会议；组织一次警示教育参观活动；剖析一批严重违纪违法典型案例；开展一次专题组织生活会；开展一次廉政风险排查和防范化解工作；开展一次形式主义、官僚主义专项整治；组织一次党风廉政专题培训；开展一次巡视巡察问题自查自纠立行立改活动；开展一次警示教育专项监督；开展一次清廉文化传播活动。

【党风廉政建设宣讲课件定制】2019年，区党风廉政建设宣讲团结合警示教育、主题教育等专项活动进行课件定制，并采取多种形式，将定制课件送到企业、学校、社区。同步梳理下城区近两年曝光的典型案例，给1100多名党员

2019年5月28日，下城区在全区范围内开展“十个一”警示教育活动。图为党员干部观摩庭审现场（区纪委　供稿）

干部送去20堂警示教育课。“不忘初心、牢记使命”主题教育期间，宣讲团成员精心备课，为区发改经信局举办的全区经济合作社财务人员培训班上廉政教育课。以区委宣传部的《“潮”说武林3分钟》视频理论课堂为平台，将主题教育与“清廉下城”建设宣传相结合，让理论学习的课堂从“纸面”走向“云端”。开展向王忠权等优秀纪检监察干部学习宣传活动，强化纪检监察干部“打铁还需自身硬”的意识。全年廉政宣讲团开展宣讲活动78场，参加听讲党员干部7000多人次。

【“清廉下城”宣传】 2019年，区纪委监委发挥融媒体优势，抓住关键时间节点，在“清廉下城”微信公众号开设“清廉下城建设”专栏，刊发下城区清廉学校、清廉医院、清廉社区建设工作动态信息，并向省市区各级媒体推送先进典型和工作成果。加强重要节日开展监督检查的宣传，在中央电视台《新闻联播》《朝闻天下》《新闻直播间》《中国新闻》等栏目播放6次，引导全社会崇廉倡廉促廉。春节期间推送“送你一面透视镜，揭穿宴请收礼易容术”微信信息，组织自编自导自演原创说唱MV《清廉七兄妹》。结合庆祝中华人民共和国成立70周年活动，推出《我骄傲，我是纪检监察人》微视频，在学习强国、“清廉浙江”、“下城发布”等平台公开发布，强化党员干部群众对“清廉下城”的心理认同、行为趋同，为“清廉下城”建设营造良好的舆论氛围。

【任前廉政教育】 2019年，区纪委监委坚持抓早抓小、教育在先、预防在前的思路，综合运用“谈”“测”“思”等方式，严把领导干部任前廉政教育关，引导干部心有所畏、言有所戒、行有所止，体现严管和厚爱。区纪委、各街道纪工委和派驻（出）机构分级组织新提任干部廉政谈话。街道纪工委（监察办）、派驻（出）机构负责对被监督单位科级干部的任前谈话，区纪委监委主要负责人对新任区管干部的集体谈话。全年有243名新任职干部参加廉政谈话。对新提任、转任重要岗位和试用期满的区管干部，在出具党风廉政回复意见前，组织参加廉政知识闭卷测试，内容包括政治理论和党纪法规知识，测试成绩填写到回复函中，并计入个人廉政档案。对廉政考试成绩在90分及以下试用期的人员，转正前组织再次考试。全年分5次对43名拟提拔使用的区管干部进行廉政测试。

2019年3月26日，区党风廉政建设宣讲团开展送课上门活动

（区纪委 供稿）

【清廉文化建设】 2019年，区纪委监委挖掘当地清廉文化资源，指导全区各部门和街道开展形式多样的清廉文化进基层活动。长庆街道开展“家庭助廉、廉情寄语、闻香送廉”活动，书写廉洁寄语，助推清廉家庭建设。武林街道以写“廉”福和春“廉”为载体，在廉政教育基地——陆游纪念馆开展“清风送廉迎新春，扬帆思廉贺佳节”活动，引导党员干部守牢“廉关”过廉节。潮鸣街道开展“翰墨颂清风，笔尖年味浓”“廉花盛开，清风徐来”等廉政书画活动，并将书画作品在街道机关展示。朝晖街道黎园社区在社区党群服务中心开展“棕情浓浓，文化传承，清廉黎园，你我共建”端午节主题活动，营造崇洁尚廉的社区文化氛围。石桥街道开展“粥香传邻里，腊八颂清风”活动，传递风清气正的正能量。区妇联开展“弘扬家国情怀，传承家庭美德，讲好家风故事”家风家教主题宣传活动，推进全区清廉家风建设。区市场监

管局举办“壮丽70年，奋斗新时代”党团员廉政知识竞赛，以习近平新时代中国特色社会主义思想、党员廉洁自律条例准则及团章等为出题基础，展示参赛青年干部对习近平总书记“读原著、学原文、悟原理”思想贯彻落实的成果，鼓励青年干部回归初心，以更加昂扬向上的精神状态履职尽责。

（顾栩颖）

执纪审查

【概况】 2019年，区纪委监委坚持反腐败无禁区、全覆盖、“零容忍”，加大审查调查力度，深入推进执纪执法惩腐固本行动，严肃整治发生在群众身边的腐败问题，持续保持惩治腐败高压态势。强化对权力集中、资金密集、资源富集的领域的监督，拓展线索来源渠道，注重从派驻监督、专项行动、监督检查中发现有价值的线索，提高问题线索成案率。全年立案查处违纪违法案件53件。其中运用留置监察措施10人，占全部立案案件的18.9%。留置案件来源多为上级指定管辖。

【审查调查力度加大】 2019年，区纪委监委坚持有腐必反、有贪必肃，严肃查处违纪违法案件。全年立案数比上年上升26.2%，处分43人，上升8.3%；挽回经济损失4598万余元。深化扫黑除恶专项斗争，采取立案调查1人，留置措施1人，组织处理2人。完成区住建系统腐败窝（串）案调查，查处涉案金额1400多万元。利用反面教材加强警示教育，做到查处一案、警示一批、教育一片，3人主动向组织说明情况。严格落实审查调查安全工作要求，确保依纪依法、安全文明办案。加强案件审理，严把案件质量关，全年案件处理实现“零申诉”。

【“四种形态”执纪监督】 2019年，区纪委监委打好运用监督“四种形态”（咬耳朵、扯袖子、红红脸、出出汗）组合拳，坚持教育提醒、谈话函询、组织处理、纪律处分相结合。全年处置问题线索253条，发出纪检（监察）建议书5份，运用“四种形态”处置294人次，其中第一、二、三、四种形态分别占85.4%、6.0%、4.3%和4.3%，结构不断优化，监督执纪由“惩治极少数”向“管住大多数”转变，通过实践和运用“四种形态”，加强对党员干部及监察对象的日常监督。推进形成“及时澄清问题、支持干部干事创业”的氛围，为8名受到错告、诬告的党员干部澄清问题，营造良好政治生态。坚持抓早抓小、关口前移，对12名党员干部开展谈话函询，对反映不实或没有证据证明有问题的，及时以书面形式向被函询人反馈了结情况。开展受处分人员回访教育活动，帮助干部卸下包袱、转化思想。严把党风廉政意见回复关，全年为629人次出具廉政鉴定意见。

【问题线索会商机制完善】 2019年，区纪委监委统筹全区纪检监察干部力量，推进分片协作，抓好过程管理，履行好监督执纪问责和监督调查处置双重职责，探索形成问题线索处置的“下城方案”。每周由主要领导牵头，案管室会同信访室、监察室共同对线索进行研判，决定线索的分派；每月召开执纪审查工作汇报会，研究问题线索处置情况；运用监督执纪“四种形态”，把好线索定性关。每两个月各纪检监察室与联系单位（派驻机构和街道纪工委）进行问题线索会商，制作使用问题线索呈批、分办、登记等标准文书格式。在线索初核阶段，运用分片协作机制，统筹巡察监督、派驻监督和监察监督工作，协调区法院、区检察院、区公安分局参与问题线索的初核处置。

【信访举报办理质量提高】 2019年，区纪委监委围绕“减存量、遏增量、增流量、提质量”的工作要求，坚持联动、研判、调查、化解、稳控工作一齐发力。建立信访举报问题会商机制，加强信访业务培训，推动基层信访举报办理质量、能力双提升。以着力化解初次信访工作为目标，严格落实领导、程序、调查、反馈“四到位”责任机制，实现业务范围内信访举报、越级访、重复访数量分别比上年下降28.7%、19.1%和58.1%。打铁关经济合作社等单位信访问题得到化解。全年全区赴省访人数和批次均保持在全省低位。（顾栩颖）

纪检监察队伍建设

【概况】 2019年，下城区各级纪检监察组织贯彻党的十九届三中全会精神，按照政治过硬、本领高强的要求加强自身建设，聚焦政治定力、专业能力、担当魄力、工作活力，全面从严管理，坚持问题导向，打造一支政治过硬、本领高强的纪检监察铁军，为推进纪检监察工作提供坚强组织保证。探索上下互挂、轮岗交流管理模式，组建“啄木鸟学思班”，聘请政治素养、业务能力“双过硬”的干部作为年轻干部的“导师”。核实涉及纪检监察干部的信访举报，建立特约监察员制度。通过开展业绩大比拼、“纪检监察之星”评比等活动，调动纪检监察干部工作积极性，并将考核推优结果作为年底评先评优、干部提拔任用的重要依据。

【“打铁还需自身硬”教育】 2019年，区纪委常委会站在“两个维护”的高度，结合“不忘初心、牢记使命”主题教育，开展“打铁还需自身硬”教育。通过组织专题学习、集体夜学、开展“解放思想大讨论”、班子成员和区管干部上党课谈体会、开展调研交流等形式丰富教育内容。结合廉政风险排查，梳理风险、责任、权力“三张清单”，确保权力规范运行。做好学习成果的集中展示，举办中华人民共和国纪检监察史专题展览、“永葆初心，歌颂祖国”主题教育诵读音乐会。主题教育期间，组织集中学习8次，参加调研29人次，形成调研文章15篇，检视问题245个，修订完善制度18个，取得“理论学习有收获、思想政治受洗礼、干事创业敢担当、为民服务解难题、清正廉洁作表率”的既定效果。

【“三项改革”一体推进】 2019年，区纪检监察机关一体推进纪律检查体制、国家监察体制和纪检监察机构“三项改革”。3月底，完成区纪委机关“三定”方案制订，明确工作职责、人员编制和领导职数。深化“三转”（转职能、转方式、转作风）工作，制订《下城区纪委监委派驻机构改革方案》和实施意见，通过优化人员配置、职能综合设置，将全区6个派驻（出）机构整合为4个综合派驻纪检监察组，增强综合派驻力量，改革后每组编制调整至5～6人。发挥区委直属机关纪检监察工委案件审理职能，规范派驻机构案件审理流程。加强监察职能延伸至基层的探索，在文晖、石桥两个街道试点，完善11项相关制度和规范3套工作流程，基本解决监督难问题。强化“家门口的监委”队伍建设，形成街道监察员、社区监察联络员、网格监督信息员三级监察队伍。

【干部教育培养全链条健全】 2019年，区纪委强化提升纪检干部业务能力素质，坚持月有政治理论学习、季有专题业务培训、年有主体研修集训的制度，学习贯彻监督执纪工作规则和监督执法工作规定，用好中央纪委制发的培训课程光盘和讲义，组织各类学习40多次，培训500多人次。加大年轻干部培养力度，组建年轻纪检监察干部“啄木鸟学思班”，每月围绕一个主题集中开展学习。推选6名各方面素质过硬的纪检监察干部作为年轻干部的“领路人”，实行导师传带制。探索上下互挂、分片协作等模式，达到上挂提升能力、下挂指导业务、轮岗积累经验的目的。全年抽调8名干部到省、市纪委及扶贫一线挂职锻炼，抽调系统内15名年轻骨干到专案组跟案学习。

2019年10月1日，区纪委在区行政中心举办中华人民共和国纪检监察史专题展览
（区纪委　供稿）

【激励机制完善】 2019年，区纪

委修订《下城区纪委监委业绩大比拼活动方案》《下城区纪委监委"纪监之星"评比活动方案》，每月在各派驻机构和街道纪工委间开展业绩大比拼，每季度在纪委机关内评比"纪监之星"。通过量化指标、实绩比拼、用数据说话，强化精神鼓励和政治激励，形成实干至上、实绩至上的用人导向。全年有6位表现优秀的干部提任正处和副处领导职务，8位干部提任正科和副科领导职务。完善干部的信息核查和相关数据网上填报工作，对科级以下干部档案进行核查，完成9名公务员职务职级并行工作。

【纪检监察干部监督】 2019年，区纪委监委突出预防为主，分层签订党风廉政责任书，严格落实干部管理各项制度。牵头开展机关廉政风险排查工作，每个职能科室分别梳理权力、责任、风险3张清单，完善内控机制，强化自我监督。制定《下城区监察委员会特约监察员工作办法》，规定特约监察员的聘请范围、任职条件、聘请程序、任期、工作职责和权利义务。经区委组织部等部门推荐，区纪委监委从"两代表一委员"中选聘首届8名特约监察员。6月12日，区纪委监委召开特约监察员座谈会，区委常委、纪委书记、监委主任沈国祥到会并向特约监察员颁发证书。特约监察员对全区纪检监察系统开展监督，提出意见建议。

（舒　江）

巡察工作

【概况】 2019年，下城区委贯彻中央和省、市委巡视巡察决策部署和工作要求，聚焦全面从严治党，突出政治巡察，盯住基层群众关心、关注的重点问题，着力发现侵害群众利益的不正之风和腐败问题。加强扶贫领域巡察，推动全区帮扶救助政策落到实处，维护群众切身利益。将法治建设、扫黑除恶工作列入巡察内容，压实相关部门和单位责任。探索构建纪律、监察、派驻、巡察"四位一体"监督新格局，推动区委巡察工作深入开展。

【巡察质量提升】 2019年，下城区创新巡察工作方法，提升巡察质量和实效。根据区委部署安排，区委2个巡视组开展4轮巡察工作，完成2个街道、3家国有企业、1个事业单位、10个区直部门的常规巡察。开展"机动式"巡察、"回头看"巡察，发现问题340个，提出意见建议68条，建立健全制度64个。移送问题线索9条，问责6人，诫勉2人，党纪政务处分4人。

【巡察问题整改】 2019年，下城区通过压实整改责任、加强督查力度、完善问责机制等措施，高质量推动巡察整改任务落实，扎实做好巡察整改"后半篇文章"。坚持把落实整改责任作为履行全面从严治党责任的重要环节，将巡察报告原原本本向被巡察单位党组织主要负责人进行反馈，三方签字背书，切实压实整改主体责任。严格落实巡察整改"六见"（见人、见事、见单位、见处理结果、见责任追究、见建章立制）要求，督促被巡察单位党组织全面整改普遍性问题、专项整治倾向性问题，对问题整改不落实、不彻底的，组织回访督查，确保巡察反馈问题得到有效整改。对巡察发现的普遍性、苗头性问题进行分类汇总、梳理分析，在要求全区各单位进行集中整改规范的同时，做到举一反三，抓早抓小。区委书记集体约谈问题较多的被巡察单位领导班子，逐条反馈问题，要求被巡察单位正视巡察发现的问题，剖析深层次体制机制原因，建立健全相关制度机制，落实整改，推动改革，促进发展，真正把管党治党工作落实到位。对照《省委第六巡视组对下城区巡视情况的反馈意见》提出的4个方面15个具体问题、区委巡察发现的13类57个共性问题深入开展自查自纠，逐条对标对表，及时查漏补缺，弥补短板，确保各单位的问题整改见效到位。

（周红霞）

民革下城区基层委员会

【概况】 2019年，民革下城区基层委员会有支部4个，党员71人，其中新发展7人。主要成员和所联系对象为原中国国民党有关系人士、与民革有历史和社会联系人士、与中国台湾各界有联系人士和其他中上层人士，以及社会和法制专业人员中的代表性人士。区民革党员中担任市政协委员3人、区人大代表2人、区政协委员5人。

【民革参政议政】 2019年，民革下城区基层委员会围绕区委、区政府中心工作和群众关注的热点难点问题，开展调研、申报、立项等工作，为下城区经济社会发展建言献策。全年提交提案议案15件，提案议案内容涉及数字经济、“武林新城”建设、教育事业发展、环境保护等方面。四支部党员、区人大代表胡萍撰写的调研报告《武林新城建设中历史文化建筑的保护利用》被评为杭州市优秀调研文章。党员屠渭泉、丁炜被民革杭州市委会评为年度信息调研工作先进个人，民革下城区基层委员会获民革杭州市委会信息调研工作一等奖。

2019年6月25日，民革下城区基层委员会组织民革党员到杭州安吉路实验学校东新校区建筑工地调研　（民革下城区基层委员会　供稿）

【服务社会发展】 2019年，民革下城区基层委员会围绕城中村安置房及配套设施建设进行民主监督，派员调研杭州安吉路实验学校东新校区配套建设项目，针对项目建设过程中渣土运输难等问题向有关部门提出意见建议。一支部组织党员深入结对社区东新园了解民情，慰问群众，开展各类服务活动。推进“民革党员之家”筹建工作，年内完成场地落实、前期设计等相关准备。四支部组织党员及医务人员到结对园区中国杭州人力资源服务产业园开展咨询活动。由一支部党员钱春江担任理事长的杭州同心博爱公益服务中心，动员合作伙伴为贵州省恩施县等贫困地区筹集捐赠物资。党员周文源向区教育局捐资30万元，用于贫困地区发展教育事业，获评杭州市“尊师重教”先进个人。全年民革下城区基层委员会全体党员通过参加“春风行动”、走访慰问困难群众等形式捐款捐物总价值55万余元。（郭　兵）

民盟下城区基层委员会

【概况】2019年，民盟下城区基层委员会有支部4个，盟员62人。主要成员和联系对象为文化教育界、科学技术界等界别的知识分子。盟员中担任区人大代表1人、区政协委员5人，其中2人担任区政协常委。民盟下城区基层委员会开展基本国情、基本路线和形势教育。教育支部在五四青年节期间组织支部青年盟员学习交流。青春中学支部组织盟员下载“学习强国”学习平台，学习中共十九届四中全会精神，增强家国意识、大局意识。组织向各支部通报市情、区情。盟员围绕“最多跑一次”改革、优化营商环境、促进经济发展、加快城市建设等课题提交调研报告10多篇，其中主委李巍撰写的调研报告《重视窗口工作人员情绪减压，为“最多跑一次”改革保驾护航》被民盟杭州市委会作为年度调研报告立项。

【思想组织建设】2019年，民盟下城区基层委员会完成换届选举。4个支部依次进行换届，换届后各支部成员呈年轻化趋势。健全完善适合基层组织特点及实际工作的制度和工作机制，对支部组织生活和反映社情民意情况进行量化考核。全年各支部召开组织生活会6次。教育支部盟员赴毛泽东祖居地——江山市清漾村进行“不忘合作初心，继续携手同行”教育活动；艮山中学支部以构建和谐社区为主题，通过举办画版展览和社区“邻居节”宣传下城；青春中学支部组织盟员参加中华人民共和国成立70周年系列纪念活动；综合支部组织盟员参加民盟杭州市委会组织的毅行活动和趣味运动会。民盟下城区基层委员会在纪念中共中央“五一口号”发表70周年主题征文活动中获组织奖。开展推荐市级“优秀盟员”及区级“最美盟员”活动，增强组织凝聚力和集体荣誉感。民盟中央、民盟省委会、民盟市委会等微信公众号多次报道下城区“不忘合作初心，继续携手前进”主题教育活动成果。

2019年5月27日，民盟下城区基层委员会举办“下城民盟‘同心’助学行——城乡儿童手拉手庆六一”活动　（民盟下城区基层委员会　供稿）

【服务社会发展】2019年，民盟下城区基层委员会发挥盟员特长，打造“黄丝带帮教行动”和“城乡儿童手拉手”两大品牌，提升社会服务工作水平和成效，展现良好社会形象和影响力。1月21日，下城民盟黄丝带帮教团队会同省乔司监狱，邀请世界游泳冠军吴鹏围绕“不懈拼搏，修心塑魂”主题开展入监送讲，促进监狱服刑人员心灵改造。7月1日，联合杭州民生公益服务中心在省乔司监狱为2019年参加“双证”高中班学习的556名服刑学员组织毕业考试。9月16日，配合省乔司监狱举行“重塑新生·与祖国同行”庆祝中华人民共和国成立70周年服刑人员大合唱比赛。年内，杭州民盟黄丝带修心教育基地为服刑人员开办电子商务、电工维修、室内装潢、服装制作、汽车维修、汽车模拟驾驶、茶艺和中医推拿等职业技能培训，参训服刑人员200人次。“六一”儿童节前夕，盟员方鹏代表民盟下城区基层委员会随同省新家庭儿童成长发展中心负责人到建德杨村桥中心小学，为山区孩子送去1000册课外读物，并为该校师生提供心理咨询等服务。青春中学支部组织教师盟员参加外来务工人员子女夏令营支教活动。艮山中学支部带领盟员参与下城“春风常驻”活动，资助多个生活困难家庭学生。（方　鹏）

民建下城区基层委员会

【概况】2019年，民建下城区基层委员会有支部8个，会员195人，其中新发展8人。会员中担任省人大代表1人、省政协委员1人、市政协委员1人、区人大代表5人、区政协委员16人。民建下城区基层委员会完成换届选举。新一届基层委员会由1位主任、4位副主任、11位委员组成，委员会领导班子成员平均年龄47岁，均为大学以上学历。

【民建参政议政】2019年，民建下城区基层委员会以提高参政议政能力为着力点，突出界别特色，加强组织建设，开展走访调研，做好社会服务工作。全年民建下城区基层委员会代表和委员向区“两会”提交提案建议10件，主要有会员屠丹提交的《特色花卉提升杭州城市格调初探》、会员周玲提交的《关于加强开展和防范非法集资的建议》、会员赵冠文提交的《下城区健康产业发展建议》、会员徐雳报送的《关于出租房环保管理的建议》《关于单车治理管理的建议》《环保工人凌晨作业安全管理的建议》、会员陆峤提交的《关于加强下城区电梯安全管理的建议》《关于加强加装电梯后续管理的建议》《关于简化个人所得税申办流程的建议》。会员吴琼在区“两会”期间提交的《关于加强下城区教育软实力的建议》被作为重点提案议案交办。

【服务社会发展】2019年，民建下城区基层委员会三支部关注流动人口儿童的素质教育，开展“新杭州人”爱心助学活动，走访杭州长江实验小学，了解校园文化建设情况，重点考察“非遗文化进校园”工作。四支部为杭州健康实验学校成立专项公益基金，组织会员与该校师生共度新学期开学日。五支部联合石桥街道景荣社区开展“社区结对心连心”走访活动，与石桥街道人大工委领导及社区领导看望慰问社区老党员、海外归国华侨老人及生活困难家庭高龄老人等。6月19日，六支部在市救助管理站举办以“大爱寻亲、温暖回家”为主题的开放日活动，与市救助管理站签约成立爱心公益共建基地，为流浪乞讨人员提供各方面支持和服务，六支部被市民政局授予杭州市爱心公益组织称号。

（翁馨璐）

2019年9月2日，民建下城区基层委员会四支部在杭州市健康实验学校举办“心系特教，情暖师生”为主题的开学第一课暨“民建下城四支部公益基金”公益活动，并在活动现场宣布成立专项公益基金　（民建下城区基层委员会　供稿）

民进下城区基层委员会

【概况】2019年，民进下城区基层委员会有支部4个，会员113人，会员主要由从事教育文化出版工作的高中级知识分子组成。会员中担任市人大代表1人、市政协委员1人、区人大代表2人、区政协委员5人。民进下城区基层委员会开展“同心助力行”活动，组织会员中的人大代表调研区重点项目——“武林之星”国际博览中心，为项目招商等建言献策，助推下城区大项目建设。开展深化“最多跑一次”改革调研，现场察看居民个人事项办理情况，为推进营商环境优化建言资政，并形成《进一步优化营商环境的思考与建议》调研报告。民进下城区基层委员会汇聚各方面力量，开展课题研究，所有立项课题全部结题。区人大代表、政协委员撰写并提交的人大建议和政协提案5件，参加各类调研视察活动10人次。组织撰写并上报《利用城市大脑实施智能公交站牌场景应用的建议》等社情民意信息20篇。

【思想组织建设】 2019年4月8日，民进下城区基层委员会召开年度工作会议，学习习近平新时代中国特色社会主义思想、十三届全国人大二次会议精神和民进杭州市委会有关文件精神，通报区委全会和区“两会”精神，加深对习近平新时代中国特色社会主义思想内涵的理解。基层委员会和各支部深化“不忘合作初心，继续携手前进”主题教育活动，以基层组织创新和队伍建设为抓手，全面落实习近平总书记对民主党派提出的“三好”“四新”要求。联合一支部开展“不忘革命先烈，传承红色基因”清明节祭扫活动，缅怀革命先烈。组织会员参加区委统战部组织的《我和我的祖国》音乐视频拍摄，为祖国70华诞献礼。组织参观“五四宪法”历史资料陈列馆。开展市区支部共建，选派在职会员参加民进杭州市委会举办的年度青年骨干会员培训班，开阔年轻骨干会员的眼界。

【社会服务深化】 2019年，民进下城区基层委员会开展东西部帮扶工作。原主委陈音在贵州省黎平县挂职一年，参与实施的“山凤凰”关爱女生行动取得良好成效，瑶族女孩为关爱行动寄来感谢信一事获省委书记车俊批示肯定。会员李蕾将1万元优秀班主任奖金捐赠给黎平小学建造图书馆。会员与市民进教育工委开展为期5天的帮扶活动，捐赠价值40万元的爱心物品。会员周继祥到黎平中学送教并参与课后研讨活动。会员蒋秀霞带领杭州医疗专家为黎平县送医送药，诊治患者105人次，捐赠药品价值1.01万元。副主委赵国平为黎平村小捐赠学习生活用品等。协同推进送医爱老公益活动，会员蒋秀霞依托创办的富阳城中中西医结合医院，开展送医下乡活动，与24个社区签订服务协议，免费为社区75岁以上老人义诊。联合省幸福慈善会成立“幸福爱心基金”，募得款项用于捐助癌症患者和因伤致残伤病员。会员李南希组织的明伦公益杭州志愿者团队走访辖区6家养老院，看望慰问“五保户”和孤寡老人。

（房雪峰）

2019年3月7日，民进下城区基层委员会组织会员到“城市之星”一期工程建设工地调研

（民进下城区基层委员会　供稿）

农工党下城区基层委员会

【概况】 2019年，农工党下城区基层委员会有支部3个，党员79人，其中新党员6人，成员组成以医药卫生、人口资源等领域的高级知识分子为主。农工党下城区基层委员会召开换届大会，选举产生新一届基层委员会。农工党下城区基层委员会获评农工党杭州市2018—2019年度先进集体，一支部、二支部、三支部获评农工党杭州市2018—2019年度先进支部，三支部获评农工党浙江省2018—2019年度先进基层组织。三支部被评为杭州市“四星级支部”，一、二支部被评为杭州市“三星级支部”。根据党员王希年赴贵州省黔东南州台江县民族中学支教经历改编的情景剧《栀子花开》获农工党杭州市委会主办的“不忘合作初心，继续携手前进”微视频大赛三等奖。一支部主委陶盛笑被评为农工党浙江省2018—2019年度优秀党务工作者，党员褚虹被评为农工党浙江省2019年度参政议政先进个人，党员谢军获“浙江省首席技师”称号。

【农工党参政议政】 2019年，农工党下城区基层委员会把参政议政作为党派履职的重要内容，聚焦社会热点难点问题，引导党员积极参政议政。组织党员参加各类区情通报会、恳谈会、征求意见会及区政协组织的各类视察、调研、论坛活动，围绕区委、区政府中心工作，开展调查研究、建言献策。区政协副主席、农工党下城区基层委员会主委傅丽华带领党员到区投资促进局、区商务局调研，就招商引资政策等问题提出建议。全年农工党下城区基层委员会提交提案、建议5篇。党员徐超撰写的《关于加快发展下城区新经济新动能的思考》获区委统战部党派团体调研成果优秀奖；党员褚虹撰写的《关于拓展跨境电商企业+金融发展服务新渠道》和党员赵无恙撰写的《药店借“在线问诊”不规范销售抗生素行为值得警惕》等文章被农工党省委会有关刊物录用；党员赵伟明撰写的《关于加快浙江西部山区水资源科学规划统筹提升水体涵养利用能力的建议》被农工党市委会有关刊物录用。

2019年1月14日，农工党下城区基层委员会青年医师党员与退休党员在主题为“践行初心，敬业有为”的会议上结对 （农工党下城区基层委员会 供稿）

【组织建设】 2019年，农工党下城区基层委员会以基层组织创新和党员队伍建设为重点，全面落实习近平总书记对民主党派提出的“三好”“四新”要求，不断提升基层委员会的组织活力、团队凝聚力。农工党下城区基层委员会把基层组织作为教育、发现和培养人才的摇篮，在保持农工党界别特色的前提下，多层次、多领域吸收优秀人士、骨干分子加入农工党，并为优秀党员提供活动平台，使其发挥更大作用。加强新老党员结对工作，8名青年医师党员与退休党员结对。开展“同心助力行”活动，主委傅丽华带领党员实地调研下城区重点项目浙江农都农产品产业园，了解项目建设进度和产业园招商情况。

【服务社会发展】 2019年，农工党下城区基层委员会发挥党员专业优势，围绕精准扶贫及居民群众关心的医疗、教育等方面开展社会服务活动。联合杭州市食品药品检验研究院在文晖街道举办名贵中草药材鉴定会。4月13—17日，党员肖钪、梁薇随农工党杭州市委会帮扶小组赴贵州省大方县开展精准帮扶，实地调研对接产业扶贫、健康扶贫、教育扶贫、旅游扶贫、消费扶贫等项目并建言献策。深化基层组织服务点建设，与文晖街道打铁关社区、江南楼宇社区开展结对共建活动。杭州明视康眼科医院专门为中小学生量身定制“护眼爱目”体验项目，获学生和家长一致好评。 （徐 超）

致公党下城区基层委员会

【概况】 2019年，致公党下城区基层委员会有支部3个，党员81人。党员中省人大代表1人、省政协委员和市人大代表各1人、市政协委员3人、区人大代表1人、区政协委员9人；区政协委员中常委3人。致公党下城区基层委员会以中共十九大和习近平新时代中国特色社会主义思想为指导，以“不忘合作初心，继续携手前进”主题教育和“凝心聚力建名城”主题活动为载体，结合基层委员会实际，围绕党委、政府中心工作履职参政，开展社会服务。基层委员会获评致公党市委会综合先进集体和“参政议政提质增效年”活动及社会服务工作先进集体称号，8名党员分别获市委会“不忘合作初心，继续携手前进”主题教育、“参政议政提质增效年”活动、组织工作、对外联络工作、社会服务工作先进个人。致公党下城区基层委员会发动党员参与“庆祝人民政协成立70周年”为主题的各类活动，撰写征文5篇；编排《我和我的祖国》诗文诵读分享活动节目；向致公党杭州市委会微信公众号报送信息21篇、典型事迹1篇。

【参政议政成果丰硕】 2019年，致公党下城区基层委员会就下城区重大问题参与政治协商，提出意见和建议，大部分意见建议被区委、区政协及有关部门采纳。年内，党员中的5名省市人大代表、政协委员提交提案和建议案7件；8名区政协委员、1名区人大代表在区“两会”上提交提案9件、建议案1件。其中，党员颜纯华提交的《关于运河下城段保护开发问题及建议》获评年度区政协重点和优秀提案；党员曾婷提交的《关于加强城中村改造过程中历史文化保护工作的对策和建议》获评区政协优秀提案。党员毛爱东等人联合提出的《关于尽快健全数据资源管理法律体系的提案》《关于优化服刑人员医疗管理机制的提案》的核心内容被致公党中央吸收，并以致公党中央提案形式提交至全国政协十三届二次会议。组织党员中的省、市、区三级人大代表和政协委员组成调研组，围绕“做强杭州都市圈，主动接轨大上海，深度融入长三角一体化发展”主题，调研中国（杭州）跨境电子商务综合试验区（下城区块），完成《借力上海进博会辐射溢出效应，助力打造对外开放新高地》课题，并以致公党界别名义在市政协十一届十三次常委会上做大会发言。结合“不忘合作初心，继续携手前进”主题教育，组织“议政日”活动，梳理参政议政素材、成果2篇，完成调研报告5篇，其中《加强安置房建设管理的思考与建议》获区委统战部党派团体调研成果优秀奖；与江干区基层委员会就3岁以下婴幼儿照护服务和推进物业、业委会与社区和谐共赢等问题进行交流、探讨；围绕“参政议政提质增效年”要求，赴东新街道物业管理工作站及有关社区开展民生工作调研，完成“以社区治理为抓手，加快推进城区基层社会治理现代化”课题；开展“解放思想促两高”献一计活动，为城区工作出谋划策，提出建议和社情民意23条。成立专项民主监督小组，对“城乡生活垃圾分类”处理情况进行专项集体民主监督，提出建议7条；组织6名党员参加市生态环境局“环保开放日”活动，为杭州开展大气整治、打好“蓝天保卫战”建言献策；与杭州市儿童医院医疗综合楼建设项目小组结对，建立服务团队深入现场调研督查，协调解决业主方办公、停车难和夜间施工居民投诉等问题；发挥党员优势，参与“三网融合”工作，为下城区做强做优“城市大脑”，提高城市治理精细化、现代化提供技术支持。

【思想组织建设】 2019年，致公党下城区基层委员会组织专题学习会、集体学习会等各层面集中学习11次，邀请区政协、区委统战部、致公党杭州市委会领导讲课3次，参与听课210人次。选派42名党员参加各级统战部门和致公党省委会、市委会组织的各类培训、报告会、专题讲座。组织9名党员赴广州、深圳、汕尾参加“重走致公路”活动，赴贵州省黔东南州委党校参加“不忘初心、牢记使命”主题教育，赴重庆市委党校和嘉兴南

2019年6月28日，致公党杭州市委会、致公党下城区基层委员会负责人调研跨贸小镇留学生创业园
（致公党下城区基层委员会　供稿）

湖进行"红色教育"等；发动30名党员安装"学习强国"App，借助手机学习平台优化党员自身知识结构，增强履职能力，提升服务社会水平。致公党下城区基层委员会召开领导班子成员民主生活会，从思想政治、精神状态、工作作风等方面查摆问题，撰写对照检查材料，开展批评与自我批评。组织领导班子届中述职、书面评议，开展专项整治，促进整体工作提升。调整充实专门工作小组成员、财务管理人员，做好经费使用台账，规范财务管理，定期通报工作和财务收支情况。不定期召开领导班子成员碰头会，利用微信工作群，及时交流情况。致公党下城区基层委员会组织新春团拜会，表彰年度先进党员；组织党员参观"拥江发展"主题展示馆和钱塘江博物馆，了解杭州市"母亲河"钱塘江的形成和发展历史，以及杭州市实施"拥江发展"城市战略的背景和意义。

【海外交流】 2019年，致公党下城区基层委员会注重党派特色发挥和党员资源优势利用。加强部门沟通协商，召开政府对口部门联席（协商）会议，共同参与城市垃圾分类民主监督、区重点项目调研，助推下城区发展。5名党员利用在国外工作、赴境外探亲和旅游机会，开展联谊交流活动；17名党员接待美国、意大利、日本、马来西亚、澳大利亚、印度尼西亚等地的亲友18批22人到杭州考察、旅游。党员金盈利用自身工作优势，接待来自马来西亚Adastra知识产权公司2位专家进行涉外法律交流，促进与境外法律机构的合作。

【开展社会服务】 2019年，致公党下城区基层委员会组织律师党员走进共建街道重点企业浙江顺联网络科技有限公司，开展一对一法律服务。党员毛爱东参与杭州电视台《和事佬》栏目组织的义务调解27次，为省内300多家外贸企业开展涉外知识产权纠纷方面的法律培训；为200多家企业300多名技术和管理人员举办企业知识产权风险防范培训。党员秦伟立受理市总工会劳动援助案件，为外来务工人员挽回经济损失1.8万元。建立法律辅导微信群，为共建街道楼宇、企业、个人提供法律服务。开展"不忘初心，服务民生"系列活动。在杭州天水幼儿园举办"爱护牙齿"专题讲座。赴建德航头村开展"走亲连心三服务"暨"六送"活动，为镇村行政管理事务、企业知识产权、商业秘密保护提供专业的法律意见。党员金盈认捐建德航头村致公党图书角1个，一次性提供价值2.6万元的图书。党员潘淦平为淳安安阳乡上梧村、下栖梧村的文化礼堂建立致公图书角，为图书角捐赠图书5624册，并为杭州市儿童福利院孤残儿童募捐冬季服装。

（张菊美）

九三学社下城区基层委员会

【概况】 2019年，九三学社下城区基层委员会有支社4个，社员85人，其中新发展3人。九三学社社员以科学技术界高、中级知识分子为主，学社具有政治联盟特点。九三学社下城区基层委员会中，市人大代表2人、市政协委员1人、区人大代表4人、区政协委员6人。九三学社下城区基层委员会开展课题调研和民主监督。围绕社会经济发展工作，代表和委员在"两会"上建言献策。主委陈安提出的《关于建立道路绿化联合审批机制的建议》和代表汪洋提出的《关于促进我市药膳发展的建议》受到区人大、区政协重视。代表曹志毅提出的《关于适时修订〈杭州市物业管理条例〉》建议被

2019年9月3日，九三学社下城区基层委员会社员参加"九三学社喜迎新中国成立70周年"活动
（九三学社下城区基层委员会　供稿）

评为市人大优秀建议。代表姚友乐和委员楼建华分别提交人大建议3件、政协提案5件。开展信息上报工作，全年上报信息20多篇、调研课题6篇，为上报信息和调研课题最多的一年。社员张开代撰写的《创新打造“人工+智能”极简用户办事模式有效推进“最多跑一次”》被编入下城区党外人士《参政建言，合力兴区》调研文章汇编。全年社员开展各类调研活动13次。社员汤武华在“读习近平在庆祝改革开放40周年大会上的讲话有感”活动中撰写的《以国运为吾使命》的感言文章被中央办公厅有关刊物录用；社员胡榴燕执笔的信息稿《我国冷链运输落后严重威胁食品安全》被九三学社中央“内参”录用。

【思想组织建设】 2019年，九三学社下城区基层委员会以“不忘合作初心，继续携手前进”主题教育活动为载体，加强思想组织建设。组织传达学习中共十九届四中全会精神，召开学习例会4次，开展各类特色活动15次。开展谈心活动，收集社员意见建议，剖析梳理班子问题，及时落实整改措施。组织参观马寅初纪念馆、“五四宪法”历史资料陈列馆，做好主题学习、工作交流、落实社务、课题研究等工作。赴建德杨村桥、嘉兴南湖开展各类主题教育活动。开展应急救援培训，强化社员应急自救和援助他人意识。举办“智慧沟通、促进家庭关系”讲座，为社员解答生活中遇到的疑难问题。在朝晖四区老房地社区组织开展“垃圾分类知识宣传贯彻和垃圾分类智能设备使用”培训和专题讲座；在杭州亲和源老年公寓举办主题教育科技讲座；组织参加杭州市药学会举办的“全国科普日”活动，发放宣传资料60份。社员楼建华获青海省海西州德令哈市西湖小学爱心捐赠证书，郑煦民的《举国欢庆70华诞》绘画作品被编入《江山永固大爱无疆》庆祝中华人民共和国成立70周年书法美术主题创作及优秀作品集。

（傅佳婧）

下城区工商业联合会

【概况】 2019年，区工商联有会员1373个，比上年增加80个，其中企业会员1334个、团体会员11个、个人会员28个。区工商联结合“不忘初心、牢记使命”主题教育，按照省、市、区“大学习大调研大抓落实”及“走亲连心三服务”活动部署，以召开专题座谈会，走访企业和发放问卷等形式进行调研，了解企业生产经营情况、困难问题及意见建议。先后走访企业180多家次，发放问卷300多份，对困难问题及意见建议进行汇总整理，并逐一进行落实解决。编印民营经济财政、科技、人才等优惠扶持政策合订本，分发给会员企业。开展全国总商会民营企业社会责任调研、民营经济发展情况专题调研、营商环境优化情况调研、非公企业纪检组织建设情况调研。搭建政企交流平台，开展政企交流活动，邀请区委组织部、区财政局、区科技局、区商务局、区税务局等相关部门负责人参加“服务非公经济，助推民企发展”座谈会，为民营企业负责人讲解减税降费政策，并进行政策对接。联合《每日商报》推出《下城民营企业家访谈录》专栏，刊登访谈文章20篇。与《今日下城》联合开办《下城民企风采》专栏，宣传下城区民营企业转型升级经验做法，提升民营企业影响力。利用微信公众号等新媒体发布会员企业供求信息和产品信息，为民营企业拓展市场牵线搭桥。杭州东恒石油有限公司、杭州华东医药股份有限公司、泰地控股集团有限公司3家企业在全国工商联开展的第21次上规模民营企业调研活动中，再次入围全国民营企业500强。区工商联被评为全国“五好”县级工商联。

【理想信念教育】 2019年，区工商联以非公有制经济人士理想信念教育为重点，开展“重温70载光阴故事·致敬下城民营企业”庆祝中华人民共和国成立70周年主题系列活动，以出版一本书籍、组织一周观影、开设一个专栏、拍摄一部短片的形式，弘扬新时代下城区民营企业家创新创业精神。举办“主题党日七进民企”、“足迹”——下城民营企业奋斗历程图片展、“红色电影周”、“红色阅读节”等活动，组织机关干部和企业负责人到上海中共一大会址、上海博物馆及杭州良渚古城遗址公园、良渚博物院开展“不忘初心牢记使命，感悟历史勇于担当”现场教育。在贵州省遵义市委党校举办下城区非公经济人士理想信念教育专题培训，采用专题教学、现场教学、互助互学

2019年9月23日，区工商联启动“重温70载光阴故事·致敬下城民营企业”系列活动
（区工商联　供稿）

等方式，引导企业家保持初心。安排16位企业家参加市工商联组织的“品质杭商”高级研修班，研修班分别设在中国人民大学、清华大学、厦门大学。开展民营企业文化建设交流拓展培训，促进企业之间文化建设成果分享和交流。

【营商环境优化】2019年，区工商联搭建法律服务平台，深化与区检察院建立的检企联系协作机制。以区非公有制企业法律服务中心为平台，为企业开展“法律体检”，根据企业潜在的法律风险，提出控制法律风险的方案。推进行业自律鼓励企业守正创新。联合举办以“打击恶意职业索偿·共话企业健康发展”为主题的第二届检企交流论坛，根据辖区商业集聚、传统零售业发达的特点，为企业经营管理者提供法律法规和风险防控知识咨询，提升检察护航经济发展实效。与区法院联合开展“与你来协商”主题活动，推进建立依法服务保障民营经济健康发展合作机制，探讨建立企业法律风险防控体系。

【工商联界别参政议政】2019年，区工商联成立课题组，围绕下城区经济高质量发展遇到的问题及民营企业家队伍建设等问题，组织非公有制经济领域人大代表、政协委员开展调研。区“两会”期间，区工商联会员中的人大代表、政协委员提交提案、议案30多件，为区委、区政府决策提供参考。人大代表周国明提出的《关于促进我区数字经济高质量发展的议案》获9位代表附议；政协委员凌超、陈国强联合提交的《关于加强对再生资源回收企业支持的建议》被有关部门采纳。

【社会公益活动】2019年，区工商联组织13家会员企业参与“春风行动”进社区活动，先后上门慰问王马社区、京都苑社区和景荣社区生活困难家庭。推进下城区“千企结千村、消灭薄弱村”专项行动，协调杭州国泰塑钢门窗工程有限公司、杭州兴中圆实业有限公司、杭州恒大实业有限公司、杭州新白鹿餐饮管理有限公司、杭州照晖冠江楼餐饮（连锁）有限公司、风雅颂扬文化传播（杭州）有限公司等企业与江山市结对村进行项目对接，落实帮扶资金30万元。组织杭州乐缘人力资源有限公司、浙江六律律师事务所有限公司、万泰控股集团有限公司、杭州首屏科技有限公司、杭州天航咨询监理工程有限公司等企业参与湖北省巴东县等地精准扶贫活动，支持非公经济人士兼任当地名誉村主任，开展消费扶贫、项目扶贫、智力扶贫和产业扶贫，筹集捐款200多万元，并且捐款全部到位。杭州东恒石油有限公司、杭州恒大实业有限公司、杭州兴中圆实业有限公司、云集共享科技有限公司和杭州国泰门窗工程有限公司5家企业分别被评为杭州市“热心参与东西部扶贫民营企业”和“热心参与跨地域消薄民营企业”。

【区数字经济商会成立】2019年，区工商联以商会组织改革为契机，重点培育和发展特色商会组织，围绕全区数字经济产业发展，指导成立下城区数字经济商会。通过商会组织激发会员企业发展活力，助力下城数字经济再上新台阶。12月21日，下城区数字经济商会召开第一次会员代表大会，选举云集共享科技有限公司高级副总裁张铁成为首任商会会长，中国通信服务股份有限公司浙江省分公司党委书记、总经理邹鹤海为名誉会长，杭州浮云网络科技有限公司总经理周游、浙江天演维真网络科技股份有限公司董事长郑新立、杭州东恒石油有限公司副总经理周先月等6位企业家为副会长。（黄新华）

下城区总工会

【概况】 2019年，下城区有基层工会1606个，其中新建工会91个；社区联合工会74个，覆盖企业9257家；工会会员20.4万人，其中新增会员5967人。有751个企业工会开展"职工之家"创建活动，事业单位职工代表大会和厂务公开制度建制率100%，非公有制企业职工代表大会和厂务公开制度建制率96%。区总工会围绕中心、服务大局，持续深化工会改革，精准服务企业和职工，推进企业和谐劳动关系建设，切实维护职工合法权益。3人被授予浙江省劳动模范称号、1个单位被授予浙江省模范集体称号；12人被授予杭州市劳动模范称号、4个单位被授予杭州市模范集体称号。区总工会财务部获评全国工会财务工作先进集体。

【基层工会改革】 2019年，下城区开展工会组建"百日攻坚"行动，以100人以上单位和新社会组织为建会重点，推进规模企业单独建会，采取建立联合工会、工会联合会、行业工会等方法，扩大工会对小微企业的覆盖，推动工会组建和会员发展向新领域、新群体延伸。区总工会率先探索工会联系引导劳动关系领域社会组织工作，建立领导小组、印发指导意见，与区民政局建立会商制度，与区委组织部"两新"工委建立信息通报制度，形成培育引导和品牌引领两种模式，充分发挥"公羊会"社会组织、黄飞华爱心车队、区社区教育学院作用，为辖区企业免费提供职工技能培训、心理疏导、职工子女送考等服务。9月30日，成立下城区首个工会联系引导劳动关系领域社会组织联合工会（简称区社会组织联合工会），涵盖企业28家，工会会员220人。区社会组织联合工会探索服务职工新途径，建立以职工服务为主，多领域、广覆盖的社会组织工作网络，更好地服务基层职工。

2019年9月30日，下城区社会组织联合工会成立　　（区总工会　供稿）

【工会自身建设】 2019年，区总工会开展“不忘初心、牢记使命”主题教育，印发主题教育实施方案，围绕新时代中国特色社会主义思想学习纲要、“不忘初心、牢记使命”论述摘编、党章等内容，通过个人自学、集中夜学等方式，引导工会党员干部在学思践悟中提高思想认识。结合“三服务”活动，走访基层工会，征集意见建议40多条。加强工会工作者队伍建设，强化基层工会干部培训，健全完善工会工作者年度述职、测评和考核体系，细化工会每项重点工作完成情况在考核中的权重，激发工会工作者干事积极性和主动性，确保职业化工会工作者队伍“招得进、留得住、管得严、用得活”。规范工会经费使用管理，按照省、市、区相关要求，工会经费向基层倾斜、向职工倾斜、向优质项目倾斜。健全完善财务制度，全年检查街道、区直部门工会财务规范化建设情况22个，审查基层工会经费计拨上缴情况1025个。

【维权帮扶服务优化】 2019年，区总工会围绕“七五”普法要求，加大《中华人民共和国工会法》《中华人民共和国劳动法》《中华人民共和国劳动合同法》《中华人民共和国安全生产法》《杭州市企业工资集体协商条例》等法律法规宣传力度，开展“下城区职工法律宣传服务日”活动，举办职工法律知识讲座和咨询活动39场，发放各类宣传手册1800份。组织6.8万名职工参加在职职工医疗互助，累计补助参保职工1268人次，发放补助金额164.92万元。向120名困难职工发放救助款25.35万元，帮助13户因学致困家庭申请“春风”“金秋”助学补助款4.4万元，帮助6名患重大疾病的困难家庭职工申请特殊疾病补助款2.4万元，帮助3名困难家庭职工申请杭州市工会会员意外伤害及家庭财产损失保障金2.4万元。为549人次外来务工人员提供平安返乡服务。在街道、社区、楼宇组织开展“五进五送”服务活动，为职工服务十件实事全部落实。全区新建“爱心驿家”18个，为户外作业职工提供挡风遮雨、歇脚如厕等温馨服务。开展“送清凉”高温慰问活动，向2万余名坚守高温一线职工送上价值10万元的防暑降温用品。

【“智慧工会”服务水平提升】 2019年，区总工会通过“智慧工会”平台和“杭工e家”App，构建“互联网+”工会服务体系，创新网上、网下服务举措，扩大工会服务项目知晓度，职工医疗互助参保、医药费报销和高技能人才奖励申报、外来务工人员临时困难救助实现网上办理，工会法人资格信用代码证办理“最多跑一次”，群众办事满意率进一步提升。全年有9.91万名工会会员的信息纳入“智慧工会”平台，2.03万名职工注册“杭工e家”App。

【和谐企业创建】 2019年，区总工会健全工会服务企业长效机制，推进劳动关系和谐企业创建。开展“凝心聚力促发展，服务企业零距离”活动，通过“送保障、送补贴、送慰问、送培训、送健康”，助力企业做优做强，增强职工群众获得感、幸福感和安全感。推进企业社会责任建设和“双爱”活动向区域性、行业性及中小微企业延伸工作，维护普通劳动者的合法权益。开展工资集体协商“集中要约行动”，累计发出“要约书”660份。按照工资集体协商规范化程度，做到协商程序“八个有”[有协商代表名单；有书面协商要约书和应约书；有协商准备阶段的书面记录和图片；有协商会议的书面记录和图片；有职代会审议过程的书面记录、图片和审议通过的决议文本；有双方首席代表签名的《工资协议书》；有公示的图片和相关资料（包括人社部门备案审核资料）；有每年协商的独立档案资料]，规范全区1333家独立建会企业开展工资集体协商，提升区域性、行业性工资集体协商覆盖率。2家企业被评为企业社会责任建设A级企业。区总工会被评为“浙江省创建和谐劳动关系暨双爱活动先进组织”。

【工会活力增强】 2019年，区总工会深化“中国梦·劳动美”主题教育。开展形式多样的学习活动60多场。举行“与党同行70年”庆祝中华人民共和国成立70周年暨下城区劳模工匠宣讲团成立仪式，通过榜样力量，引导职工群众守初心、担使命，为下城区发展助力添彩。举办“守初心、担使命”诗歌朗诵会，16名专职工会干部集体朗诵《祖国，一首唱不完的恋歌》

2019年12月4—6日，“中国梦，劳动美”浙江省第二届职工电子竞技大赛在怀德电竞影视文化中心举行　（区总工会　供稿）

《祖国颂》《不忘初心，砥砺前行》等诗词，抒发对伟大祖国的美好祝愿，展示全区工会干部团结奋进、开拓创新、昂扬向上的精神风貌。区劳模工匠宣讲团开展宣讲活动63场，通过劳模工匠的事迹介绍，激励职工践行“爱岗敬业、技艺精湛、勇于创新、无私奉献”的工匠精神。区总工会承办第二届全省职工电子竞技大赛，并组团代表杭州市参加大赛，获优秀组织奖。区总工会组团参加首届杭州职工文化节赛事，获最佳组织奖，绘画作品《红豆生南国》获绘画组一等奖。举办下城区文化体育节，全区2336名职工参加朗诵、书画、羽毛球、乒乓球等比赛；组织516名职工在杭州剧院观看钢琴独奏音乐会、话剧等惠民文艺演出，职工文化生活丰富多彩。

【职工技术比武】 2019年，区总工会聚焦下城重点项目、重点工程，举办“智汇下城·技兴武林”主题立功竞赛，组织动员职工群众立足岗位、创新创业。全年举办5场物业服务、杭帮菜、全科技能劳动竞赛，组队参加5场杭州市育婴员大赛、计算机技能大赛、中式烹调师职业技能竞赛。对612名晋升高一级职业技能等级的职工进行奖励，聘评区级职业技能带头人28人、区级“工人先锋号”37个。开展“下城工匠”评选，树立行业服务标杆，评选10名“下城工匠”，并召开庆祝“五一”国际劳动节暨第二届“下城工匠”颁奖大会予以表彰。　（蒋全全）

共青团下城区委员会

【概况】 2019年，下城区有基层团组织492个，其中团委36个、团工委10个、团总支6个、团支部317个、毕业生团组织123个；团干部871人；35岁以下户籍青年15.12万人；共青团员5360人，其中新发展团员497人。全区共青团组织学习贯彻习近平总书记对共青团和青少年工作的重要讲话精神，把围绕中心、服务大局作为工作主线，推进改革攻坚、服务青年、从严治团等工作，增强团组织的吸引力、凝聚力，发挥组织青年、引导青年、维护青少年合法权益的作用，为推进全域中央商务区建设贡献青春和力量。区税务局办税大厅团支部获“全国五四红旗团支部”称号，团区委少工委获“浙

2019年4月30日，下城区召开庆祝“五一”国际劳动节暨第二届“下城工匠”颁奖大会　（区总工会　供稿）

江红领巾公益基金贡献奖”,“三和交流室助推社区治理志愿服务项目”获浙江省青年志愿服务项目大赛银奖,区审管办获市“青助跑”示范集体称号。

【青少年思想教育】 2019年,团区委推进中学共青团改革工作,在杭州市安吉路实验学校成立全市首个区级中学生团校,成为全区中学生接受理想信念教育、学习团务知识、提高综合素质的新平台。改版“青春下城”微信公众号,在公众号举办青年“新媒体”抖音大赛、摄影大赛,建好网上青年社区。1月4日,承办市青春建功文化兴盛行动暨“青春悦读,满城书香”活动,建成阅读角50个。围绕中华人民共和国成立70周年、纪念五四运动100周年等开展“青年大学习”网上主题团课,组织团员青年认真学习习近平总书记在纪念五四运动100周年大会上的重要讲话精神,举办各类教育活动700多场,参加活动青少年1万余人次。5月17日,承办浙江省暨杭州市“我的14岁集体生日”主题教育活动和下城区中学生团校成立仪式,团省委书记朱林森等领导为下城区中学生团校现场教学点授牌。全区成立区级红领巾学院1个、校级红领巾课堂23个。9月2日,承办杭州市“我与祖国共奋进”特别主题团日活动暨区中学生团校开学第一课,推荐党团员代表做主题演讲,组织团员青年重温入团誓词,通过“沉浸式”的仪式教育,激励青少年弘扬伟大民族精神,引导青少年坚定中国梦的美好愿景。11月7日,团中央书记处书记、全国少工委主任吴刚一行到杭州长江实验小学调研少先队工作。

【服务青年创新创业】 2019年1月11日,团区委承办杭州市“青春无边·数字无界”青年企业家论坛,论坛邀请华为5G无线解决方案高级专家李春林围绕数字经济主题,做“5G改变社会,带来发展新机遇”的专题讲座。11月8日,举办下城区物业服务技能竞赛,竞赛项目有交通指挥、垃圾分类、家电维护等。11月12日,团区委会同区委组织部制定《下城区人才驿站建设规范(试行)》。同日,下城区成立首个国际人才驿站,驿站推出涵盖创业、办事、生活、信用等12项礼遇的“青遇”礼包。开展“三服务”活动,走访浙江点我达网络科技有限公司等20多家企业,梳理解决问题15个。开展“迎接科创板的春天”论坛、《青年时报》电商平台助力黔货出山等“青联委员服务月”专项活动。其中,“迎接科创板的春天”论坛邀请30名来自区金融办、区青联、区工商联、区侨联的金融投资类企业代表就科创板的发展前景、企业资本化路径的选择等问题进行分享。

【“青年文明号”管理】 2019年,团市委新命名下城区6个青年集体为2018—2019年度市级“青年文明号”,分别是中大广场A座大楼客服中心、杭州银耀百货有限公司、中国太平洋财产保险股份有限公司杭州中心支公司客户服务部、杭州市求知小学品德教研组、下城区城建基础发展中心和下城区公安分局潮鸣派出所专业打击中队。新命名2018—2019年度杭州市“青年安全生产示范岗”2个,累计23个。新命名2018年度区级“青年文明号”9个。开展“号声嘹亮·青年文明号向祖国报告”、“青年文明号”开放周活动和“青年文明号”助推“最多跑一次”活动,引导青年担当时代责任、锤炼品德修行。

【维权关爱活动】 2019年,下城区深化青少年禁毒防艾、预防暴力、平安自护等宣传活动,全年开展各类“三禁三防三自”主题宣传教育活动152场,参加活动4900人次,发放宣传册4200多册。联合浙江汉鼎律师事务所、浙江丰国律师事务所开展平安宣传月系列活动。制作H5系列宣传片,组织平安“三率”有奖竞答。联合区检察院绘制禁毒漫画《拿什么拯救你?生活在“毒雾”中的孩子》。配备少先队志愿辅导员305名,举办公益夏令营14场,推出“夏令营开营三分钟”安全教育活动。依托“亲青恋”平台,组织“最美的青春,最好的相遇”等相亲交友活动8场。依托“青年之家”平台,开展“职场加油站”“志愿帮”“知心小青”等活动164场,参与青年4500多人次。

【参与社会治理】 2019年3月29日,下城区承办全市深化基层群团改革现场推进会,团区委以“三向延伸,找准社会治理的‘青春坐标'”为题介绍组织团员青年参与社会治理工作。团区委撰写的《夯实基层基础，激发群团活力》文章被团省委《群团改革》简报录用。拓宽青年参与途径，在电竞数娱小镇率先成立全省首个小镇青年工作委员会，民主选举产生第一届理事会，青年工作委员会利用自身优势，结合青年需求带项目开展工作。7月4日，团市委书记马利阳、副书记李莲萍和各区县（市）团组织主要负责人到长庆街道调研共青团工作，参观王马社区党群服务中心、长庆街道党群服务中心和综合治理服务中心，了解长庆微脑·社会治理综合服务系统和“青点”志愿服务对接平台建设工作，考察共青团参与社会治理、平安志愿服务等品牌工作。

2019年8月19—21日，团区委和区青联组织青联委员赴贵州省黎平县开展实地扶贫。图为青联委员走访贫困家庭（团区委 供稿）

【助力脱贫攻坚】2019年，团区委与社会组织联合深化扶贫协作，向贵州省黎平县、湖北省巴东县捐赠资金30万元（含实物）。开展青春“益”起来系列活动，联合“点我达”平台，为湖北省恩施州、贵州省黎平县生活困难家庭学生捐赠价值5万元的1000套御寒帽子和手套。联合杭州银耀百货有限公司团总支，推出“石头花开，牵手巴东”项目，筹集善款7.55万元，并为来自巴东县的听障青年捐助人工耳蜗。联合《青年时报》举办“点亮梦想，情系巴东”巴东县小学生到杭州游学夏令营。发起“我为黎平出把力”活动，组织7名青年企业家担任黎平县7个贫困村“名誉村长”，并捐赠资金9万元。团区委为当地建档立卡贫困家庭应届大中专毕业生提供就业岗位17个。

【青年志愿服务】2019年，团区委创新青年志愿服务活动，提升青年自身社会价值。全年全区有在册志愿者9.85万人，累计服务时数89.8万小时。与区平安办联合举办“武林大妈”志愿者培训班，组织赴桐乡市乌镇实地考察世界互联网大会平安志愿服务工作，学习乌镇管家志愿服务工作经验。深化“共青团与人大代表、政协委员面对面”活动，组织区政协共青团、青联界别委员调研“武林大妈”志愿服务工作。编纂《武林风云录》，绘制“武林大妈”志愿者话平安系列漫画，系统梳理“武林大妈”志愿者的缘起、发展和壮大。组织“武林大妈”等骨干志愿者，开展“喜看杭城新变化”活动。启用西湖文化广场微笑亭，引进杭州银耀百货有限公司志愿服务队，开展周末驻点志愿服务。与黄飞华爱心车队联合开展文明出行主题宣传教育活动，发放《遵守交通法规，珍惜生命安全》宣传手册。成立下城区垃圾分类“青骑”志愿服务队，志愿服务队与“点我达”平台签订合作协议，通过分发贴有垃圾分类标识的配送箱、外卖袋和快递盒，开展垃圾分类宣传。与区治水办共同开展“六五”世界环境日主题宣传活动，营造生态环境保护的浓厚氛围。

【志愿服务“青点”网络对接平台打造】2019年，团区委利用志愿汇平台试点打造志愿服务的“滴滴”版，形成“群众点单、社区收单、平台发单、组织抢单”的便捷服务模式，辖区452个志愿服务队为百姓按需提供医疗、法律、便民等专业化特色服务。《杭州日报》以《居民一键“求助”，10万志愿者线上“抢单”来帮忙》为题做专题报道。8月28日上午10点左右，建国北路一处路面突发塌陷。团区委第一时间启用下城“青点”志愿服务对接平台，根据现场情况和实际需求，向有心理疏导和救援经验的志愿者发出“求助”。浙江医院、“公羊会”志愿者和浙江省之江社会工作发展服务中心等社会组织迅速响应，组织队伍参与现场救援。

【全市首条全民志愿智慧伙伴街打造】2019年3月5日，团区委承办杭州志愿服务市校合作推进行动暨下城区全民志愿智慧伙伴街开街仪式，副市长王宏、团市委书记马利阳出席并宣布伙伴街开街。会上，门客鲜花店店长代表全民志愿智慧伙伴商户做公益分享，承诺作为新华路志愿者服务点，将在店铺门口免费提供书报刊，供志愿者阅读；每月为社区提供一次花艺培训并承诺诚信经营，做文明商户。沿街餐馆、美发、药店等50多家商户、单位成为“伙伴联盟”，为志愿者提供打折优惠等“志愿礼遇”。至年末，“伙伴联盟”累计提供便民服务700多次，有1500多名志愿者获得2000多次“志愿礼遇”。

【“青春心向党，建功新时代”纪念五四运动100周年主题活动】2019年4月28日，区委组织部、区委宣传部、团区委、天水街道等单位联合在浙江展览馆举办下城区“青春心向党，建功新时代”纪念五四运动100周年主题活动。团省委书记朱林森、区委书记刘颖、市委党史研究室副主任曹正法、团市委副书记陈龙宁、杭州高级中学校长蔡小雄、浙江展览馆副馆长吴晨出席活动，全区团干部、青年学生、少先队员等近300人参加。朱林森和区委副书记林炳达分别致辞。活动分“穿越百年，与信仰对话”“奋斗当下，与青春相遇”“未来已来，与时代同行”3个篇章，展示“五四精神”在下城区的起源、发展和传承。来自杭州高级中学的学生表演话剧《“一师风潮”燃激情》，区青联委员首发原创作品《奋斗的青春最美丽》，展示各行各业青年在下城奋斗、拼搏的精神风貌。现场启动下城区青年参与社会治理“青·基”工程三年行动计划，并宣布天水街道“未来社区”青春施工队成立。根据《浙江省未来社区建设试点工作方案》，该项工程由9名队长带领团队实施“未来服务”“未来治理”“未来邻里”“未来低碳”等9个类别的社会治理项目。辖区120家共建单位成立265支服务队，有3000多名青年参与。

（俞秋紫）

下城区妇女联合会

【概况】2019年，全区有街道妇联8个，区直属机关妇工委1个，部门妇联4个，部门妇委会1个；社区妇联74个；“两新”妇女组织489个。区妇联落实改革精神，坚持以联系服务妇女群众为工作主线，推出“武林·粉”城市妇联工作品牌，打好“画、举、织、盘、激”（画亮一抹粉，在妇女群众中提高妇联圈粉量；举高一面旗，在团结引领中唱响巾帼最强音；织密一张网，在多个维度上实现服务全覆盖；盘活一手棋，在助力发展中实现效率最大化；激活一池水，在社会治理中顶起妇女半边天）组合拳。打造以微信微博为核心、各级妇联组织QQ群和微信群为基地、网宣员和网评员微信群为土壤的覆盖广泛、互动活跃的妇联融媒体矩阵。加强基层妇联组织建设，创新工作内容和载体。“下城妇联”微信公众号每月推出一个主题模块，与全区重点工作相呼应，全年推送信息330条。举办“下城女性生活学堂”13场，引领女性思想，推进和谐家庭建设。组织“巾帼心向党，建功新时代”“学习榜样黄文秀”等大型宣讲活动15场。区公安分局妇联主席郭菲拉被全国妇联评为全国巾帼建功标兵。陈轶凡、王明磊、许秋霞、陈志新、张洁、郑映华、屈宜静7名妇联干部被市妇联评为杭州市基层优秀妇女干部。戴雍、裘康飞、高虹3人被杭州市巾帼建功和双学双比活动协调小组评为杭州市巾帼建功标兵。

【推出“武林·粉”城市妇联工作品牌】2019年，区妇联围绕高质量发展要求，根据下城区文化特质，在全区纪念“三八”国际妇女节109周年庆祝大会上推出“武林·粉”城市妇联工作品牌，引领下城区城市妇联工作更加精细化、品质化。区妇联将品牌中的“武林”和“粉”分别代表下城、妇联和“粉丝”，通过原创一朵粉色梅花的徽标和一套标准的视觉系统，将其作为贯穿全区各级妇联工作、展现下城女性形象的视觉主线，以

"视觉体系标准化、宣传主题模块化、植入形式多样化"的品牌运营理念推进妇联组织"政治引领、巾帼建功、家庭工作、共建共治、平安维权"等工作与"武林·粉"的"风""范""Family""Friend""Felicity"五大主题模块相呼应，为妇女儿童和家庭提供多层次、多元化的服务，提升妇联组织在妇女群众中的辨识度、感受度和满意度。

【深化妇联改革】2019年，区妇联全面推进妇联基层组织建设"两个覆盖"工作，在建立党组织的759个"两新"组织、6个楼宇商圈、3个产业园、1个专业市场和2个特色小镇中实现妇联组织全覆盖。成立杭州市美容行业、杭州市律师行业的首个妇联——浙江蕾蕾美颜妇联和下城区律师行业妇联，以及下城区女性社会组织联盟妇联、杭州中国丝绸城妇联等，将妇联组织向新领域、新业态、新阶层、新群体延伸。以"资源共享、阵地共建、服务共通"为原则规范"妇女之家"建设，并将"妇女之家"建设向小微空间延伸阵地，打通服务妇女群众"最后一公里"。加强示范性"妇女之家"建设，年内评选下城区十佳"示范妇女之家"和十佳"示范妇女微家"。浙江中智经济技术服务有限公司、杭州电竞数娱小镇小美家等5家"妇女之家"被命名为杭州市"示范妇女之家"，恒丰银行杭州分行营业部、浙江蕾蕾健康管理有限公司花蕾之家、区城管局建北市容环卫所3家"妇女微家"被命名为杭州市"示范妇女微家"。建立"1+4"市、区两级妇联执委工作站，3名市妇联执委和28名区妇联执委分片入驻，亮出执委身份和职责。制定实施区妇联执委履职清单，提升妇联执委履职能力。各工作站因地制宜开展联系接待和志愿者活动，每名执委联系一定数量的妇女代表、妇女组织和妇女群众，为妇女群众提供权益维护、素质提升、创业就业帮扶、家庭教育等方面服务。发挥妇联网格妇女小组"联"字优势，把志愿者、社会组织联动起来，带动广大妇女共同参与社区共建共治共享。

【"平安家庭"创建】2019年，下城区"平安家庭"创建工作以市域社会治理创新为抓手，不断壮大社会治理专业力量，深化家事纠纷多元化解机制，联合区司法局成立区婚姻家庭纠纷人民调解委员会，招募38名执业律师、心理咨询师等专业人员，组建家事调解"六大员"队伍，进驻区法院协同开展家事调解、妇女维权、心理干预等工作，全年成功调解家事纠纷33件。联合区公安分局、杭州合欢心理咨询服务中心在长庆派出所吴牙警务室成立反家暴工作室——"合欢爱家工作室"，通过警民联调、专业介入的方法探索家事纠纷调解工作模式。全年区妇联接待处理妇女信访38件，办结率、满意率均100%。联动街道、部门调处家暴事件485件，送达告诫书42份，发出人身保护令1份。各级妇联组织举办法律知识竞赛、讲座600多场，发放宣传海报、折页4.5万份。

【支持女性创新创业巾帼行动】2019年，区妇联创建省、市、区"巾帼文明岗"18个，引领职业女性岗位建功、岗位奉献。开展支持女性创新创业巾帼行动。10月25日，区妇联举办小微企业战略管理培训班，邀请战略管理专家、协睿企业管理咨询合伙人兼总经理吴翀博士做题为"当前小微企业的六个'痛'和三服'药'"的讲座，40多名女企业家参加，引领女企业家适应新常态、应对新挑战。11月7日，浙江小巷三寻文化创意有限公司开展的"手工的村落"项目获全国妇联和湖北省政府共同举办的中国妇女手工创新创业大赛总决赛优秀奖，该公司开发的创新产业模式得到全国妇联认可。

【女干部能力提升培训】2019年9月3—5日，区委组织部、区妇联在市委党校联合举办"下城区女干部能力提升培训班"，全区8个街道、区直属部门50名优秀女干部参加。培训采取集中授课、参观考察、分组讨论等形式，培训课程有"学习贯彻习近平外交思想""杭州发展创新型经济的若干思考""正念训练""中国妇女解放和发展历程"等。组织学员实地参观杭州未来科技城梦想小镇和5G创业园，并围绕"不忘初心、牢记使命"主题进行交流讨论，提升女干部理论修养水平。

【三八国际妇女节109周年庆祝大会】2019年3月5日，下城区纪念"三八"国际妇女节109周年庆祝大会暨"武林·粉"城市妇联工

2019年3月5日，下城区纪念"三八"国际妇女节109周年大会暨"武林·粉"城市妇联工作品牌发布仪式在区行政中心举行　（区妇联　供稿）

作品牌发布仪式在区行政中心举行，市妇联副主席陈红美，区委副书记林炳达，区委常委、宣传部部长赵一文等出席，各街道、有关单位分管领导，街道、有关部门及社区妇联主席等220人参加。会议命名表彰区"最美家庭"、"巾帼文明岗"、"巾帼创业带头人"和"家庭生活垃圾分类示范户"等先进集体和个人。活动现场举办"武林·粉"城市妇联工作品牌发布仪式，区妇联以不同的演绎形式，从多角度切入对"武林·风""武林·范""武林·Family""武林·Friend"和"武林·Felicity"五大幻化主题的阐释。会上，29位妇联执委发出倡议书，动员更多妇女群众加入"武林·粉"城市妇联工作品牌创建队伍。

【"巾帼礼赞，舞动下城"下城区第四届排舞大赛】 2019年9月20日，区妇联、区文广旅体局、区总工会联合举办"巾帼礼赞，舞动下城"下城区第四届排舞大赛，市妇联副主席吕芬芳、市文化广电旅游局副巡视员那燕、区委副书记林炳达、区政协副主席傅丽华等出席活动。各街道、有关部门组建15支代表队参加比赛，近300名妇女干部用激扬的舞步演出排舞《我和我的祖国》等节目，赞美成立70周年的中华人民共和国。经过专业评审，区城管局选送的排舞《墨梅》和区教育局选送的排舞《绽放光芒》获一等奖，武林街道、东新街道和区检察院选送的3个排舞获二等奖，区税务局、朝晖街道、区住建局、区法院和石桥街道选送的5个排舞获三等奖。

【寻找"最美家庭"活动】 2019年，区妇联、区文明办常态化开展寻找"最美家庭"系列活动，17户家庭被命名为省、市、区"最美家庭"，12户家庭被命名为市"绿色家庭"。5月15日，区妇联联合区纪委监委、区委宣传部（区文明办）、区教育局共同举办"弘扬家国情怀，传承家庭美德，讲好家风故事"下城区"国际家庭日"家风家教主题宣传活动，市妇联副主席丁立燕，区委副书记林炳达，区委常委、区纪委书记沈国祥等出席。活动现场展示20户家庭的"最美全家福"照片，活动表彰的20户家庭中，既有廉洁奉公、勤俭持家的

2019年9月20日，区妇联、区文广旅体局和区总工会联合举办"巾帼礼赞，舞动下城"下城区第四届排舞大赛　（区妇联　供稿）

2019年5月15日，区妇联联合区纪委监委、区委宣传部（文明办）、区教育局共同举办“弘扬家国情怀，传承家庭美德，讲好家风故事”下城区“国际家庭日”家风家教主题宣传活动　　（区妇联　供稿）

“清廉家庭”，也有乐于奉献、善于重教的“最美家庭”和引领绿色潮流、打造绿色风尚的“绿色家庭”。《中国妇女报》《浙江日报》《杭州日报》和浙江新闻客户端等媒体相继报道活动情况。（屈宜静）

下城区科学技术协会

【概况】2019年，区科协有基层科技团体24个，其中街道科协8个，专业学会、协会7个，企业科协9个。省级科普教育基地3个、市科普教育基地4个、区科普教育基地16个。科普画廊4个。有注册科普志愿者1532人。区科协贯彻落实《中华人民共和国科学技术普及法》和国务院《全民科学素质行动计划纲要》，推进下城区科普建设与发展。围绕“礼赞共和国、智慧新生活”主题，举办科普宣传周活动。依托既有平台，开展人才培训、科技成果推广等工作。区科协科普活动被中国科协列为“全国科普日表扬活动”，区科协被市科协表彰为“年度‘四服务’工作优秀单位”，下城区获“杭州市区、县（市）创新发展专项考核良好等次”。中国水稻研究所所长胡培松当选中国工程院院士，副所长钱前当选中国科学院院士。

【中国水稻研究所新增两名院士】2019年11月22日，中国水稻研究所所长胡培松当选中国工程院院士，副所长钱前当选中国科学院院士。胡培松毕业于南京农业大学，先后任杭州农业学校助教、中国水稻研究所助理研究员、研究员，中国水稻研究所副所长、所长，农业农村部水稻专家组副组长，国际杂交稻联盟（HRDC）专家委员会委员，浙江省粮食作物育种重大专项协作组首席专家。研究领域为水稻品质遗传改良。先后被评为全国农业科技杰出人才、浙江省农业科技突出贡献者、第五届中国作物学会科学技术成就奖、浙江省特级专家。钱前毕业于中国农业科学院研究生院，先后任中国水稻研究所研究实习员、助理研究员、副研究员、研究员，中国水稻研究所水稻生物学国家重点实验室主任，中国水稻研究所副所长。主要从事作物种质创新与分子育种研究，曾主持国家杰出青年基金、国家基金委创新研究群体等项目。获得国家自然科学奖2次、国家科技进步奖1次、省部级科技奖励10项。

【全区公民科学素质建设】2019年，区科协探索“互联网+”工作模式，依托微博、微信等新媒体开展网上“建家交友”活动。持续推进“科普中国”App落地应用，发挥科普宣传栏、科普活动室、“科普中国e站”、科普教育基地等科普设施的作用，开展宣传普及，激发群众参与科普的积极性。开展科普宣传周、全国科普日等系列活动，打造科普活动品牌。加强基层科普基地管理，加大科普资源建设和开发力度，引进共享优质科普资源。至年末，全区创建国家、省、市、区各级科普教育基地17个，建立“科普e站”22座，开展科技活动周、科普宣传周等活动190多项，举办科普讲座80多场，社区科普组织、科普画廊覆盖率100%，实现科普宣传常态化。

【“礼赞共和国，智慧新生活”科普宣传周】2019年9月16—22日，下城区举办以“礼赞共和国、智慧新生活”为主题的科普宣传周。科普宣传周开幕式在杭州市刀茅巷小学举行，由区科协、区科技局、区教育局、潮鸣街道和杭州市刀茅巷小学共同举办，全区300多人参加。科普活动周期间，全区各街道、社区、科普教育基地、企业设立5个分会场，围绕科普主题，安排各种形式的科普讲座、科普展览、知识竞赛、培训体验等活动12场。参加单位110个、人员1.11万人次。展出科普画板、挂图1000多张。发放科普资料1万余份，浙江卫视、浙江经视等科普栏目及《钱江晚报》《青年时报》等省级媒体做相关报道。省科普教育基地——咸亨国际应急装备中心开办应急安全课堂，为师生们讲解应急救助知识。开展科普讲座进校园活动，邀请全国航天科学普及首席科学传播专家田如森为学生普及航天航空知识。

2019年9月16日，下城区协办主题为"科技强国，科普惠民"的浙江省暨杭州市科技（科普）活动周。图为活动周开幕式　（区科技局　供稿）

【区域学术交流】 2019年，区科协引导区级学会发挥专业特长，推动学会协同创建服务基地。发挥高端智力优势，建好"院士工作站"。学会围绕区重点产业开展技术攻关、技术咨询和学术交流，促成与院士专家的科技合作，推进"产学研"项目对接，提升企业核心竞争力。全年新建1个健康产业协同创新基地，新增树兰（杭州）医院省级院士工作站、中国航天科工集团有限公司市级院士工作站，柔性引进5名院士。全年开展院士技术讲座、技术交流、高峰论坛等活动29场。"全国双创活动周"期间，下城区组织"双创"活动12场，其中"中国'数智武林'院士论坛"邀请潘云鹤、谭建荣等院士、专家做主旨演讲。

【群众性科普活动】 2019年9月12日，全国科普日暨下城区武林街道科普宣传周活动启动，启动日举办"萌肉手作、为生活添一抹绿"为主题的多肉植物DIY活动，活动由下城区科协、杭州绿港花卉世界有限公司、浙江省花卉协会多浆植物分会主办，武林街道承办，科普教育基地组织讲解多肉花卉分类及养护知识，40多位居民参加。9月17日，区科协联合区创新产业园在杭州市求知小学丝绸扎染工艺坊举办科普教育基地体验日活动，园区50多名科技工作者参加活动。杭州市求知小学学生代表介绍学校科普项目、科技活动和创新扎染的基础知识，并引领科技工作者参观学校丝绸博物馆的师生扎染作品。9月25日，区科协、天水街道科协联合万寿亭农贸市场开展以"安全食品为大家、食品安全靠大家"为主题的科普宣传活动。活动推出网上菜场、"你点我检"、垃圾分类宣传、法律咨询、"科普中国"App注册推广等项目，设置食品安全咨询台，为居民介绍健康饮食知识及药品安全知识。现场发放垃圾分类、科普资料宣传册200多份，接待咨询服务100多人次。

【特色科普教育基地作用发挥】 2019年，下城区省级科普教育基地——咸亨国际应急装备中心完成一期工程，总面积9500平方米，展厅面积3000多平方米，是集装备展览、技术推广、防灾实训、应急救援、社会公益、综合体验和应急培训于一体的综合性服务平台，设有科普培训教育区、户外装备区、应急救援特种车辆区、应急模拟体验区、水上搜救设备区、无人飞机区等10多个展区。中心依据日常生活设置多种应急场景，模拟10多种安全隐患和灾害现象，通过模拟场景体验和安全隐患的展示教育，提升体验人员的自救互救技能。中心设置家庭隐患防范、车辆溺水逃生、防踩踏事件应对、地震应急逃生、台风应急逃生、地铁安全逃生、电梯安全应急、溺水自救互救、火灾紧急逃生等16个体验模块，成为应急科普、应急体验、应急培训“三位一体”的公共安全教育体验平台。为提升防震减灾科普能力，中心新增地震屋、高空绳索缓降、逃生滑道等应急科普设备，并运用高科技，添置VR科普体验设备，编制《防灾应急手册》。（张建成）

下城区归国华侨联合会

【概况】 2019年，下城区归国华侨联合会（简称区侨联）有基层侨联分会65个，其中，区直机关侨联分会1个，街道侨联分会8个，社区侨联分会49个，楼宇社区侨联分会5个，园区侨联分会3个。有委员39人，分布在党政机关、企业、学校、医院等领域。区侨联为侨界政协文员和侨联委员履职搭建平台、汇集侨智、发挥侨力，密切中国共产党与侨界群众的联系，做好服务侨企、弘扬华侨文化、维护侨眷权益等工作。武林街道侨联、长庆街道侨联、东新街道侨联被市侨联评为“最具活力基层侨联组织”。

【思想政治建设】 2019年，区侨联组织侨界人士参与区委统战部组织的“携手奋进新时代·同心追梦有担当”系列教育活动，举办统战理论培训班、“坚守初心、勇担使命”宣讲会、党的十九届四中全会精神学习交流会、侨界人士参与基层社会治理座谈交流会等活动。4月1—5日，区侨联组织侨界人士参加下城区统战理论专题培训班，并赴重庆渣滓洞感悟“红岩精神”。5月19日，组织区侨界人士参与统一战线庆祝中华人民共和国成立70周年宣传片的录像，宣传片在“学习强国”平台多次播放。6月18日，组织侨界人士到抗日战争浙江受降纪念馆、萧山抗日战争纪念馆接受爱国主义教育。

【基层侨联组织建设】 2019年，下城区新成立基层侨联组织2个。3月7日，石桥街道电竞数娱小镇召开第一次归侨侨眷代表大会，会上宣读《关于同意成立电竞数娱小镇归国华侨联合分会的批复》，审议电竞数娱小镇第一届侨联分会委员候选人建议名单。通过投票选举产生电竞数娱小镇第一届侨联分会委员班子成员，杭州海蓝电竞数娱企业运营管理有限公司产业投资部总监章家浩当选电竞数娱小镇侨联分会主席，区侨联电竞小镇分会成立。11月15日，杭州中国丝绸城召开归国华侨联合会成立大会，杭州储秀丝绸有限公司总经理朱明霞当选第一届杭州中国丝绸城侨联主席。特色小镇、特色街区基层侨联组织的成立，为增强侨界凝聚力提供组织保障，助推下城区全域中央商务区建设。

【侨界政协委员参政议政】 2019年5月17日，区侨联组织侨联政协委员到东新街道开展“三服务”活动，围绕区委、区政府中心工作和群众关心的热点难点问题，提出意见建议8条，推动政府及有关部门办好民生实事。7月18日，区政协侨联界别开展“招侨才、引侨智”专题活动，组织政协委员参观考察侨企——杭州艾米机器人有限公司，听取区侨联主席严娜俊关于招引侨才侨智工作介绍，政协委员就平台搭建、政策完善、方法创新等方面建言献策。侨界政协委员在区政协五届三次会议上提交《关于推进武林智慧商圈消费升级的建议》《关于加强下城区高层次人才留人和服务的建议》等提案议案5件，其中《关于加强下城区高层次人才留人和服务的建议》作为重点提案办理。

【“司法联侨”活动】 2019年，区侨联以“走侨企、找矛盾、解困难”的服务方式拓展为侨服务，围绕营造最佳营商环境开展“司法联侨”活动。3月9日，区侨联会同区司法局召开“司法联侨”座谈会，“法护创客”律师团队专业律师、侨企及各街道统战干部参加，为推进“司法联侨”活动建言献策。会上，“法护创客”律师团团长胡美玉讲解电子商务活动中企业权益保护等方面的法律知识；参会律师对侨企提出的股权、投融资等方面法律问题进行解答。6月，区侨联联合北京盈科（杭州）律师事务所分别为华盛达控股集团有限公司和杭州九链科技有限公司等民营企业进行“法律体检”，帮助企业查找制度漏洞和薄弱环节，并提出相关意见建议。

【"海燕集结"行动下城行活动】 2019年7月24日，区跨贸小镇侨联新侨创新创业基地开展省侨联"海燕集结"行动下城行活动，活动以"海燕集结激扬青春，创新创业筑梦年华"为主题，自5月启动报名以来，受到海外留学生热烈欢迎。经筛选，共集结来自12个国家和地区20多所知名高校的30多位杭州籍留学生。留学生在省侨联负责人带领下走访下城区园区企业，先后实地考察杭州浮云网络科技有限公司等"大数据+人工智能"技术型企业，听取云集共享科技有限公司关于企业发展历程、经营模式、经营管理等情况介绍，并与企业负责人进行座谈交流。通过面对面交流，使留学生了解家乡杭州的建设情况，并学到宝贵的创业经验。 （楼汉峰）

2019年7月24日，省侨联举办"海燕集结"行动下城行活动。图为留学生参观杭州浮云网络科技有限公司 （区侨联　供稿）

下城区残疾人联合会

【概况】 2019年，区残疾人联合会有街道残疾人联合会8个，社区残疾人协会74个；有持证残疾人1.03万人。全年新办残疾人证899本，上门鉴定残疾情况384人。完成第二代残疾人证到期集中换证3250本，整理残疾人证档案1.31万份，监测残疾人收入样本88人。组织开展全国残疾人基本服务状况和需求信息数据动态更新工作，完成1.01万名残疾人的入户调查和数据录入。推进浙江省无障碍社区创建工作，朝晖街道稻香园社区通过省市创建工作督导验收，景春、胜利社区完成无障碍设施提升改造。全区有100户困难残疾人、老年人家庭被纳入年度无障碍改造计划，其中，无障碍设施装修改造34户，配发安装无障碍辅助器具66户，配发各类无障碍辅助器具387件。开展全区无障碍环境建设现状摸底调查，调查各类公共服务场所无障碍设施497处。开展助残志愿者招募活动，启动"助残志愿服务进社区"工作，全区有注册助残志愿者184人，全年开展各类助残志愿服务29场。区残疾人联合会根据省政府创建"残疾人之家"任务要求，巩固和提升"残疾人之家"9家，为350名重度残疾人提供庇护服务。区残疾人联合会开展的"康复服务进家庭"工作入选全国优秀案例，并在全国推广。副市长陈卫强对辖区"残疾人庇护照料"工作及打造"家庭一站式"精准康复服务模式给予批示肯定。下城区听障残疾人史册在北京召开的第六次全国自强模范暨助残先进表彰大会上，获"全国自强模范"称号。"公羊会公益大学"创始人何军被评为"浙江省助残先进个人"。

【残疾人社会保障】 2019年，区残疾人联合会发放各类助残补助近4000万元，助残补助覆盖全体残疾人。发放困难残疾人生活补贴432.41万元、残疾人护理补贴1814.41万元。全面落实残疾人参加社会保险补贴政策，发放社会保险补贴384.33万元。开展残疾人意外伤害保险，为全区9个庇护机构购买机构保险，为1.02万名残疾人提供保障服务。为17户残疾人家庭发放"1+X"亮居工程（"1"为按照一定标准免费装修，"X"为由残疾人自行选择免费配备5000元以内家具家电）补助，为414名重度残疾人提供"援助通话呼叫服务"，为2667名残疾人提供家电统一保修服务。杭州市健康实验学校设立学前部，残疾儿童义务教育入学率100%，完成残疾学生和残疾人家庭子女助学任务，为433名残疾学生发放助学补助。

【精准康复服务】2019年，区残疾人联合会完成助听器适配119人、盲人智能眼镜验配30人、白内障复明手术补贴63人，免费体检631人、儿童抢救性康复45人。完成省“健康浙江”建设工作考核指标，残疾人三类“重点人群”（重度肢体残疾人、精神残疾人、残疾儿童）家庭医生签约率72%。完善康复服务设施建设，对32家社区残疾人康复站重新规划，在下城区中西医结合医院设立“下城区肢体残疾人康复治疗病区”，设置床位35张，为困难肢体残疾人提供“绿色就医”服务。区残疾人托养公寓完成提升改造，设置托养床位25张。支持民办康复机构发展，为3个民办康复机构发放政策补助。3月8日，北京大学第六医院专家姚贵忠、闫婧一行到下城区开展精神障碍社区康复服务课题调研，对辖区工疗站“三疗一教育”工作进行指导。落实精神残疾人服药补贴和住院补贴794人，补贴费用24.9万元。潮鸣街道工疗站被评为杭州市“平安工疗站”。

【“康复进家庭”服务】2019年，区残疾人联合会将重度肢体残疾人“康复进家庭”项目列为区级重点改革工作任务，将残疾人社区精准康复服务纳入家庭医生签约服务内容，组建“康复进家庭”服务团队41个，每月为经评估有康复需求的重度肢体残疾人上门提供健康管理和康复医疗服务，全年实施“康复进家庭”服务4000多人次。6月24日，中国残疾人联合会康复部主任胡向阳、浙江省残疾人联合会理事长蔡国春到天水、武林街道社区卫生服务中心调研，肯定下城区残疾人“家庭一站式”精准康复工作。11月25日，中国残疾人联合会、国家卫生健康委员会联合召开残疾人家庭医生签约服务工作经验交流电视电话会议，区残疾人联合会报送的家庭医生签约工作案例作为浙江省唯一案例，入选全国《残疾人家庭医生签约服务工作经验交流会优秀案例集》。

【残疾人就业创业扶持】2019年，区残疾人联合会推进残疾人就业创业帮扶工作，组织辖区残疾人进行职业技能培训，参加培训102人，安置残疾人就业89人，发放就业创业补助4人、5.3万元，为94个用人单位发放按比例就业补贴113.88万元。完成用人单位残疾人职工就业情况审核，对辖区内487个用人单位安置残疾人就业情况进行网上与现场审核确认，全年安置残疾人就业1283人，其中142个单位实现超比例就业安置。10月25—30日，下城区残疾人选手在嘉兴举办的第六届全国残疾人职业技能竞赛上，分别获全国第二名和第三名。

【残疾人文化体育活动】2019年，区残疾人联合会组织残疾人开展文化体育活动，营造良好的扶残助残社会氛围。5月16日，市残疾人联合会、市民政局、区政府在下城区中西医结合医院举办杭州市暨下城区庆祝第二十九个“全国助残日”主题宣传活动，活动评出残疾人“最美家庭”10户。10月4日，区残疾人联合会联合区文广旅体局、区总工会、团区委、区妇联在西湖文化广场举办庆祝中华人民共和国成立70周年“武林新韵”下城区首届群众原创文艺精品展

2019年8月29日，下城区残疾人运动员史册（中）与兄弟单位队员参加全国第十届残疾人运动会暨第七届特奥会获乒乓球TT13级别女子双人赛金牌

（区残疾人联合会　供稿）

演活动，演出群众原创文艺节目12个，展出残疾人原创摄影、书画作品37幅。区残疾人联合会承办杭州市残疾人首届旱地冰壶比赛，完成赛事组织和保障任务，下城区残疾人选手获智力残疾人组第一名；选派残疾人运动员参加杭州市残疾人田径、游泳锦标赛，获金牌8枚、银牌2枚，金牌和奖牌总数均列主城区第一名；参加全国第十届残疾人运动会，获金牌1枚、银牌3枚、铜牌1枚；残疾人王淑华参加在北京举办的第二届全国听力残疾人柔力球交流赛，获个人自编套路优秀表演奖。全年区残疾人联合会编印《下城残联》简报6期，印发简报6000份。

2019年5月16日，杭州市暨下城区第二十九个"全国助残日"主题宣传活动在下城区中西医结合医院举行。图为活动评选出的残疾人"最美家庭"

（区残疾人联合会 供稿）

【助残服务"最后一公里"难题破解】 2019年，区残疾人联合会结合全国街道服务管理创新实验区创建和浙江省推进综合执法改革试点，探索助残服务管理新办法。实现残疾人证件办理"视频办"，在原有窗口申请现场办、社区代办、网上申请办的基础上，将残疾人证申领、遗失补办等服务纳入"1Call"政务服务平台，通过"视频办""在线签名"，实现全流程"跑零次"。推进民生保障系统数字化建设，启动试用"下城区残疾人综合服务审批平台"，推动服务审批工作下放，对政策享受群体主体清晰、政策标准统一的补贴项目一律核定下放到街道，年内完成2批次15个服务审批事项的下放准备，完成助残服务"1+X"联办事项清单的梳理，实现联办事项15项。

【助残协作】 2019年，区残疾人联合会与临安区残疾人联合会开展城乡区域统筹发展区县协作，落实30万元资金，助力临安区残疾人创业就业，推进临安区残疾人种养殖基地建设和康复机构建设。与湖北省巴东县残疾人联合会和贵州省黎平县残疾人联合会签订东西部扶贫协作协议，组织3名教师赴巴东县为55名残疾人开展订单式电商培训，推动残疾人技能就业。接收26名巴东县残疾人到杭州参加残疾人电商培训提升班。向黎平县残疾人联合会捐赠轮椅80辆、拐杖等辅助器具100副。

（林　凌）

下城区红十字会

【概况】 2019年，下城区红十字会设常务副会长、秘书长、专职工作人员各1人，兼职会长1人，兼职副会长6人，团体会员单位147个。区红十字会下设红十字学校工作委员会、红十字医疗卫生工作委员会及8个街道红十字会、22个楼宇红十字会、12个社区公益服务站点。区红十字会贯彻执行《中华人民共和国红十字会法》《浙江省实施〈中华人民共和国红十字会法〉办法》，开展备灾救灾、社会救助、应急救护培训、造血干细胞捐献、无偿献血宣传、人体器官（遗体、组织）捐献、红十字志愿服务、红十字青少年服务等活动。全年开展红十字志愿服务21场，动员100人加入中华骨髓库，为年度目标的1.11倍；2人捐献人体器官，13人捐献遗体（角膜），捐献人数比上年增长136.3%；31人办理人体器官（遗体、角膜）志愿捐献登记手续，增长106.9%。联合区委组织部、区委宣传部、区委直属机关工委等部门开展"我为七一献热血""迎国庆献热血"等大型无偿献血活动，组织597人无偿献血13.3万毫升。全年开展应急救护培训200场，参加普及培训2.09

万人次，培训红十字救护员2383人。规范造血干细胞爱心采样工作，开展造血干细胞捐献宣传动员，规范器官（遗体、角膜）捐献登记流程，对老年人等特殊人群上门服务。区、街道、社区红十字会加强对成功捐献者家属的人道关怀。区红十字会在辖区学校开展红十字青少年活动，3名红十字救护培训师被区教育局聘为“下城区护校安园宣讲团成员”。杭州青蓝青华实验小学和杭州市刀茅巷小学学生陈星翰分别被市红十字会评为“杭州市红十字示范学校”和“杭州市红十字优秀青少年”。区红十字会被市红十字会评为“救护培训工作先进单位”。

【“三服务”活动】 2019年，区红十字会深化“最多跑一次”改革，开展服务企业、服务群众、服务基层“三服务”活动，优化接受爱心款物捐赠、应急救护培训报名、造血干细胞捐献登记、人体器官（遗体、组织）捐献登记的服务流程，简化办事手续。开展街道红十字会、社区红十字会兼职工作人员业务培训，提高兼职工作人员业务素质。以便民利民为原则，在各街道、社区就近办理居民人体器官（角膜、遗体）捐献登记手续，为自愿参加捐献登记的老人、病人、残疾人提供上门登记办理服务。推进数字红十字会建设，把红十字应急救护培训报名纳入浙江政务服务网的公共服务项目，实现救护培训报名“一次不用跑”。开展“你留下爱，我帮你尽孝”活动，安排红十字志愿者与人体器官捐献者困难家庭老人结对，志愿者定期对困难家庭老人进行电话问候和上门走访，帮助解决家庭实际困难。

【参加全国自救互救知识竞赛】 2019年，区红十字会在下城区大、中、小学校及企业、机关单位普及《中华人民共和国红十字会法》和自救互救知识，提高群众风险防范意识和自救互救能力。3月，区红十字会联合辖区学校、医院、企业、机关、社区，组织动员红十字志愿者、青少年学生参加由中国红十字会总会主办、中国红十字会总会报刊社承办的《中华人民共和国红十字会法》暨红十字青少年自救互救知识竞赛，在“五八”博爱周期间完成竞赛答题，全区8000名学生、医务人员及社区工作人员参加。杭州市大成实验学校、杭州市刀茅巷小学、杭州市风华中学、杭州市青蓝小学4所学校获单位组织一等奖，区红十字会获单位组织二等奖。

【红十字应急救护培训】 2019年，区红十字会扩大应急救护师资队伍，举办三级应急救护培训师培训班1期，培训三级应急救护培训师12人。承办市红十字会二级应急救护培训师培训班，培训二级应急救护培训师26人。依托杭州市民健康生活馆、杭州赛孚城国际应急安全教育中心、浙江工业大学药学院、杭州观成中学、杭州市永天实验小学、杭州市安吉路实验学校及各街道社区卫生服务中心和杭州中西医结合医院等单位的红十字救护培训基地，就近开展红十字应急救护培训21场，普及救护知识783人次。走访街道、社区、企业、医院、工地、楼宇、商场等重点单位和区域，了解应急救护培训需求，并上门开展救护培训。应急救护培训工作被纳入“健康下城”考

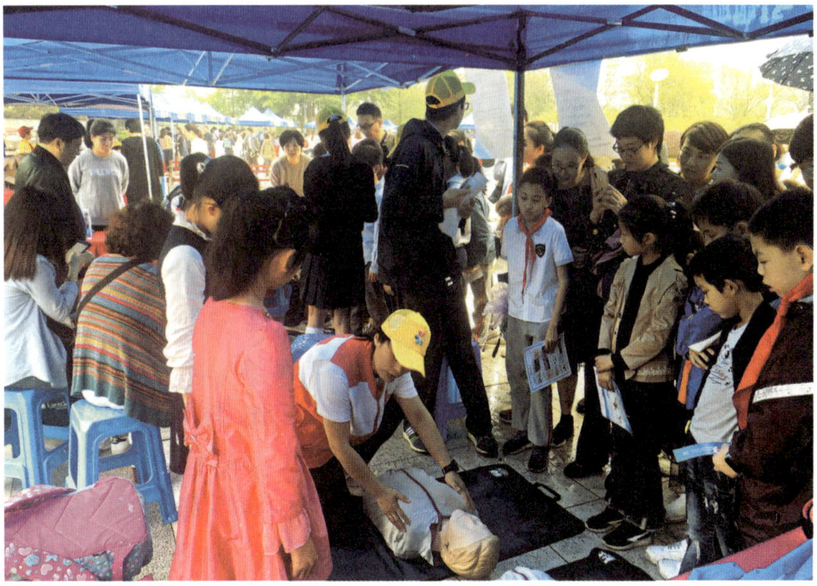

2019年4月20日，区红十字会救护培训师参加下城区“教育超市·教育公园”安全教育宣讲活动。图为救护培训师现场指导学生进行心肺复苏急救演习

（区红十字会　供稿）

评。区红十字会为方便市民参加救护培训，开发“红十字救护培训信息化辅助系统”升级版，市民通过线上完成救护员培训报名和理论学习，线下进行操作考试便可取得救护员证。3名一级救护培训师被市公安局、市城管局、团市委、市志愿者工作指导中心、市红十字会、杭州西子志愿服务发展中心聘为杭州“最美”社区志愿服务课堂培训师。

【博爱帮困活动】 2019年，区红十字会开展红十字新春“博爱送温暖”活动，慰问志愿登记捐献造血干细胞和人体器官（遗体、角膜）的志愿者、连续献血的无偿献血者。开展“迎国庆送祝福活动”和生命关爱活动，对捐献人体器官（角膜、遗体）志愿者家属，按照《杭州市人民政府办公厅关于推进关爱生命工作的实施意见》给予人道慰问。开展临时救助，对因突发重大疾病导致经济困难的家庭予以慰问。全年救助困难群众2550人次，发放救助款物价值34.2万元。（潘向东）

下城区慈善总会

【概况】 2019年，区慈善总会围绕“携手慈善，共创和谐”主题，坚持“安老助孤，扶贫济困”宗旨，创新资金募集方法，广泛募集善款善物，推动慈善资源与扶贫需求精准对接，实现全区慈善事业健康发展。全年募集善款655.7万元。开展安老、扶孤、帮残、助学、济困、救灾等慈善活动。向救助群众发放救助款617.24万元，受助4243人次。组织杭州东恒石油有限公司、区司法局及6个律师事务所、杭州国泰门窗工程有限公司、杭州拓云计算机信息系统有限公司、杭州银行环北支行、潮鸣街道等单位向贵州省黎平县、湖北省巴东县定向捐款186.5万元。为帮助贵州省黔东南州家境贫困、品学兼优的学子圆梦大学，区慈善总会参与市慈善总会与黔东南州慈善总会共同开展“慈德圆梦”助学工程项目，援助资金6万元。捐赠给山海协作单位江山市10万元。印发《下城区春风卡及慈善爱心家园（慈善超市）管理办法》，加强各街道慈善爱心家园管理，由区慈善总会统一采购慈善爱心家园物资115.62万元，统一发放“春风卡”2136张。区民政局与黎平县、巴东县民政局签订对口帮扶框架协议，与江山市民政局签订山海协作协议，在“春风助学”活动、慈善项目“牵手”、“智慧民政”建设、人才交流与培训、支持养老事业发展5个方面进行帮扶。

【慈善救助】 2019年，区慈善总会开展临时性生活救助，对因家庭成员患急病、重病住院，医疗费用数额较大，或因自然灾害、突发性事件造成临时家庭生活困难的，给予一次性生活救助，全年救助临时生活困难人员840人次，发放救助款553.83万元。对困难家庭老人住院给予一次性护理补贴，有232人次住院老人享受护理补贴131.9万元。为全区339名家庭生活困难儿童发放生活救助金170.64万元。开展“春风行动”慈善资金募集，全区筹集慈善资金671.4万元。

【低保家庭成员参保补助】 2019年，区慈善总会对下城区户籍低保家庭成员进行参保补助，补助对象为持有下城区核发的“杭州市困难家庭救助证（低保家庭）”，已达退休年龄，并符合省、市有关文件规定申请条件的人员。补助办法为本人在一次性补缴基本养老保险和职工基本医疗保险后政府给予减免40%的基础上，剩余部分由区慈善总会给予50%的补贴。全年为252名低保家庭成员参保补助90.44万元。

【困难家庭子女就学救助】 2019年，区慈善总会对辖区内持证困难家庭子女开展就学救助工作。对持有下城区审核发放的“杭州市困难家庭救助证”“杭州市区级困难家庭救助证”，并且在有效期内的及街道、社区救助圈内的困难家庭子女就学和幼儿入托，区慈善总会按照不同持证类型及不同就学阶段的孩子，每人发放150～2000元不等的救助金额。全年为247名困难家庭子女发放就学救助金20.68万元。（李道法）

12 法 治

政法委及综治

【概况】2019年，下城区以省级平安区创建"十五连冠"及平安考核争先保优为目标，深化政法领域改革，创新基层社会治理，营造良好法治环境，建设过硬政法队伍，为促进下城经济社会发展、维护城市安全稳定做出积极贡献。全年完成各级"两会"、"中华人民共和国成立70周年大庆"、"武林跨年"活动、武林大巡游等重要会议、重大活动安全保障任务。下城区平安建设工作考核获全市第三名、全省第十二名的成绩，获评浙江省年度"一星平安金鼎"和"杭州市平安考核优秀单位"。区委政法委被省委、省政府授予"平安护航中华人民共和国成立70周年工作成绩突出集体"称号。

【基层社会治理创新】2019年，区委政法委贯彻落实《关于推进基层整合审批服务执法力量的实施意见》，开展基层整合审批服务执法力量改革试点，指导长庆街道构建"一枚印章管审批、一支队伍管执法、一核引领管统筹、一个平台管运行"基层治理体系。出台社区"武林大妈"工作站建设标准和工作职责、综合信息服务站（微笑亭）管理办法，成立8个街道"武林大妈"平安志愿者服务中心，75个社区全面建成"武林大妈"工作站，更大限度地发挥群防群治作用。推进市域社会治理"六和工程"（党建领和、政府主和、社会协和、智慧促和、法治守和、文化育和）建设，打造"平安不出事、矛盾不上交、服务不缺位"的"枫桥经验"城市版。长庆派出所获评全国首批"枫桥式公安派出所"，全区新时代"枫桥经验"城市样板工作两次获国务委员、公安部部长赵克志批示肯定。潮鸣街道作为全国街道服务管理创新实验区试点，整合各类资源，打造潮鸣街道政务数字驾驶舱，通过"五朵云"功能服务模块，推进基层治理现代化。"8·28"建国北路路面塌陷事件发生后，街道数字驾驶舱立即启动应急响应预案，避免重大人身伤亡事故发生。

【"平安下城"建设】2019年，下城区成立平安建设暗访督查专班、过程性考核指标专项小组，优化政法委机关干部联系重点成员单位机制、"三班合一"（指扫黑除恶专班、维稳安保专班、平安督查专班三个工作专班合署办公）机制，推进"平安下城"建设。全年开展暗访检查和专项督查78次，出动人员420人次，整改各类问题315个。全区平安考核结果性指标扣分比上年下降35.7%。区委政法委针对平安暗访考核情况，召开动员部署会，成立迎检指挥部，印发"暗访清单"，最大限度地降低扣分值。群众对政法工作满意率、知晓率超过省市平均水平。创新项目加分考核获满分。全年全区刑事立案数、"两抢"案件、盗窃案件分别下降3.0%、100%和30.0%，交通事故死亡人数下降42.1%，火灾起数和财产损失分别下降44.6%和74.0%，食品药品案件下降10.6%。

【社会和谐稳定维护】2019年，下城区把握重大活动节点，落实项目化监管、稳控处置等举措，全年参与群防群治的平安巡防志愿者近10万人次，保障各级“两会”、“中华人民共和国成立70周年大庆”、“武林跨年”活动、武林大巡游等重大活动期间的安全稳定。完成省市庆祝中华人民共和国成立70周年升旗仪式维稳安保工作。嘉里中心商业综合体“反恐标准化体系样本”被纳入杭州市地方标准，开创全国同类场所反恐标准化建设的先河，获国家反恐怖工作领导小组办公室认可。全年开展重大项目社会稳定风险评估39次，实施项目化监管涉稳问题33个，排查化解风险隐患57件，确保全区社会面持续稳定。全区存量网贷机构4个，比上年减少50%；借款余额18.33亿元，下降69.6%，网贷风险处置工作取得初步成效。

【扫除黑恶势力】 2019年，下城区保持打击黑恶势力高压态势，配合中央扫黑除恶督导组开展下沉督导和“回头看”工作。全区累计惩治黑社会性质组织1个、恶势力犯罪集团13个、恶势力犯罪团伙24个，刑事拘留犯罪嫌疑人770人。执行线索核查“三长责任制”（线索核查会签报告落实经办负责人、分管领导、主要领导“三长”的责任）和线索排查“四长责任制”（公安在线索排查时落实所长、刑侦大队长、分管局领导、局长“四长”的责任），做好上级交办各类线索核查、反馈工作。年内核查完成各类线索179件，其中核实涉恶线索1件、核否线索178件。区公安分局和有关部门联合制定《下城区整治“黄赌毒”和黑恶势力联动机制（征求意见稿）》和《关于落实重点领域扫黑除恶专项斗争工作长效管理的方案（征求意见稿）》。9月，下城区由区扫黑办统筹协调，开展“雷霆”“飓风”系列行动13次，出动警力7000多人次，调动平安巡防力量4800多人次，对辖区内出租房、网吧、娱乐场所等重点部位、重点行业进行大排查。做好宣传发动工作，调动和激发群众参与扫黑除恶专项斗争积极性、主动性。

（陈小亚）

法治政府建设

【概况】 2019年，下城区根据《法治政府建设实施纲要（2015—2020年）》《县乡法治政府建设行动计划（2018—2020年）》《杭州市建设法治政府任务措施分工方案（2017—2019年）》等文件要求，深化行政管理改革，创新法治政府建设工作机制，为开启新时代全域中央商务区建设新征程提供有力法治保障。依法推进政府重大事项科学决策、民主决策、依法决策，对重大行政决策实行目录化管理，并通过编制重大行政决策目录向社会公布。探索对执行一年以上的重大行政决策实施第三方评估，委托浙江工业大学法学院对辖区住宅电梯安全责任保险重大行政决策执行情况进行评估。根据省、市对重大行政决策规定修订要求，修改完善区重大行政决策程序实施细则。开展行政规范性文件制定主体自查清理，先后公布45个制定主体和统一编号表，并制作《行政规范性文件合法性审核材料提交表》《行政规范性文件合法性审核受理通知书》和《行政规范性文件合法性审核提交材料通知书》，对行政规范性文件的制定实行规范化管理。通过区政府常务会议和区长办公会议明确规范性文件的审核流程及要求，为政府依法决策提供前置法律审查。全年区司法局参与区政府常务会议和区长办公会议21次，参与52项政府行政决策事项讨论，参与37件政府信息公开合法性审查，审查区政府各类会议纪要、重大行政合同131件，出具法律意见64条。

【协审机制建立】 2019年，区司法局建立健全专家协审机制，提升合法性审核的质量和效率。全年审查规范性文件53件，其中10件行政规范性文件分别向市政府、区人大常委会报备。开展规范性文件定期清理和涉及“民营经济31条”惠企政策等专项清理。邀请专家和法律顾问参与全区创新项目绩效评估，就基层综合行政执法改革及“3岁以下婴幼儿照护服务”等全省试点工作提供法律意见。规范各类执法及服务流程，为基层政务服务体系建设提供可操作、可复制的模板。

【1718件事项“最多跑一次”】 2019年，下城区深化“最多跑一次”改革，全区实现1718件办事事项“最多跑一次”，90%以上民生事项凭身份证“一证通办”。整合基层审批服务执法力量，将39个事项下放至街道办理，并统一办理标准、流程标准、制度标准、硬件标

准，下放的行政权力事项及公共服务事项运行规范顺畅。制订41项公民个人和企业全生命周期多部门联办“一件事”实施方案，通过“视频办”，在全市率先实现一个半小时完成企业开办。“优化武林商圈服务”的做法在全省改革领域权威刊物《领跑者》刊发。加快推进政府工作数字化转型，实现99%以上机关内部事项“最多跑一次”。

【法律顾问制度建设】 2019年7月16日，修订后的《下城区全面推行政府法律顾问制度的实施意见》出台，区司法局统筹安排12个律师事务所为全区53个党委政府部门提供法律顾问服务，实现法律顾问全覆盖。定期召开全区政府法律顾问工作推进会，加强对法律顾问的服务和管理，健全政府法律顾问工作情况考核评价制度。安排法律顾问主动对接服务部门，提供个性化、精准化的服务，全年法律顾问参与重大合同合法性审查143次、重大项目谈判及文书起草26次、其他法律事务102次。

【行政复议应诉】 2019年，区司法局整合行政复议职责，健全案件审理机制。全年收到行政复议申请85件，受理办结66件，行政复议决定判决“零败诉”。行政复议案件办理阳光透明，主动接受社会监督，全年公开行政复议决定书39件。印发《下城区行政机关负责人出庭应诉工作指引》，实行行政机关负责人出庭应诉OA审批数字化管理，全区行政负责人出庭应诉率100%。办理以区政府作为被告的行政诉讼案件76件、以区政府为被申请人的行政复议案件3件。开展“两高一低”（行政案件发案量高、纠错率高，负责人出庭应诉率低）专项整治，全区行政诉讼案件发案量比上年下降11.5%。探索行政败诉案件责任追究机制，联合区纪委追究因弄虚作假、履职不力等11种行为导致案件败诉的相关责任人责任。梳理14个部门和8个街道的行政调解依据74条，全年全区行政调解案件1.42万件，调解成功1.25万件，调解成功率88.0%，涉案金额2284万元。

2019年7月24日，下城区举行政府法律顾问签约仪式　（区司法局　供稿）

【“最佳营商环境”打造】 2019年，区司法局按照“工作项目化、项目清单化、清单责任化”要求，助力法治政府建设。以“法护创客”大学生创业律师顾问团为基础，组建打造“最佳营商环境律师顾问团”，先后在跨贸小镇、电竞小镇设立园区公共法律服务工作站，在浙江六律律师事务所成立“企业法律服务中心”，在北京盈科（杭州）律师事务所成立“互联网法律服务团队”，引导各类律师公益组织为企业提供有效的法律服务。区司法局与区侨联共同开展“司法联侨”活动，为归侨、侨眷及侨资企业解决相关法律问题。杭州艾米机器人有限公司因不可抗力因素导致订单骤增，有关律师组织及时给出切实可行的方案，并在知识产权维护和商业机密保护方面给予帮助。会同区工商联举办“助推民营企业高质量发展”法治体检活动。与区法院联合召开优化营商环境座谈会，17家企业参加，收集企业意见建议176条；为302家民营企业进行“法治体检”，帮助企业解决法律问题240多个。

【行政执法主体资格确认】 2019年，区司法局结合机构改革和行政执法体制改革，开展行政执法主体资格确认工作，确认首批区本级31家行政执法主体并对外公告。落实行政执法人员持证上岗和资格管理要求，组织行政执法人员培训，参加93人次，申领、换发行政执法人员上岗证142张，全区855名行政执法人员均持证上岗、亮证执法。在长庆街道开展全省基层综合执法改革试点，成立全省首个街道综合执法队，建立“一枚印章管审批、一支队伍管执法、一核引领管统筹、一个平台管运行”的执法体系，该做法在全区各街道推广，推进基层执法力量更大范围融合。

【行政处罚裁量基准制度推行】2019年，区司法局全面推行行政处罚裁量基准制度，提高执法办案质量。全区拥有行政执法记录仪1105台，通过文字和音像记录相结合的方式，对行政执法启动、调查取证、审查决定、送达执行等行政执法全过程进行记录和归档。落实行政执法公示制度，在区政府门户网站及各行政服务窗口、行政执法单位显要位置，统一公开各部门责任清单、权力清单及服务事项等，并按照法定职权、法定授权和受委托范围开展执法活动。落实重大行政执法决定法制审核制度，对未经法制审核或者审核未通过的情况，不得做出决定。

【执法监督】2019年，区司法局将行政处罚结果进行网上公示，全年全区在省政务平台公示行政处罚信息5801条，备案通过重大行政处罚853件。开展行政执法案卷评查，累计集中评查案卷11871卷，其中优秀案卷2400件、合格案卷9453件、不合格案卷18件。发挥检察监督作用，区司法局与区检察院联合对建设领域落实无欠薪长效机制及农民工工资支付情况开展督察。拓展社会监督渠道，做好特邀行政执法监督员换届工作，发挥特邀行政执法监督员在依法行政工作培训、行政执法“三项制度”推行和行政执法案卷评查工作中的作用。（王　媛）

公　安

【概况】2019年，区公安分局以庆祝中华人民共和国成立70周年活动维稳安保工作为重点，以“枫桥式优秀公安派出所”创建活动为抓手，强化打防管控各项措施，深化治安防控体系建设，提升重点案件打击能力，推进“两高两区”（高质量发展、高品质生活，全域中央商务区、世界名城一流核心城区）建设，为全区经济社会发展、人民安居乐业创造良好社会治安环境。全年全区接报110有效警情6.41万件，比上年上升0.6%；接报刑事类警情5221件，上升6.5%。破获各类刑事案件521件，其中八类危害严重犯罪案件10件，破案率100%。移送起诉991人，刑拘1017人，行政拘留1065人。以“钱潮”“飓风”“雷霆”系列行动为载体，加大惩治电信（网络）诈骗、侵财、黄赌毒等各类违法犯罪行为力度，先后惩治电信（网络）诈骗案团伙4个、网络赌博团伙20个、组织卖淫团伙2个。区公安分局获评省模范集体、省扫黑除恶专项斗争先进集体，蝉联全省公安机关执法质量优秀单位、全省公安队伍正规化建设优秀单位。长庆派出所获全国首批、全市唯一“枫桥式公安派出所”称号，并获集体一等功、全省政法系统先进集体荣誉。民警郭菲拉被全国妇联授予全国巾帼建功标兵称号，民警臧建华被省公安厅授予“全省公安机关千名好民警”称号。

【重大活动维稳安保】2019年，区公安分局以维稳安保作为工作

2019年4月30日，区公安分局在武林路9号音乐街区举办下城公安“践行新使命，奋斗新时代”纪念五四运动100周年主题活动　　（区公安分局　供稿）

主线，坚守下城主阵地，守住北京主战场，先后完成17批、40人次中外来宾到杭州考察、访问警卫任务。出动警力4500多人次，完成“武林跨年”、动漫节彩车巡游、“淘宝造物节”、武林大巡游、“抖in杭州城市美好生活节”等156场大型活动安保。做好香港回归22周年、澳门回归20周年和庆祝中华人民共和国成立70周年升国旗仪式等活动维稳工作，全力保障武林广场等重点部位的安全和全区社会面的高度稳定。

2019年10月1日，区公安分局民警以拍摄视频短片的形式庆祝中华人民共和国成立70周年

（区公安分局　供稿）

【扫黑除恶专项斗争深化】 2019年，区公安分局对标扫黑除恶专项斗争第二阶段重点任务，配合中央扫黑除恶督导组到浙江督导工作。抽调警力15名，实行24小时专班核查，核查中央督导组督办线索30条，其中核实查结线索2条，立案2起，刑拘2人，行政拘留1人，实现中央督导组交办线索办结率100%。开展多次集中统一收网行动，惩治黑恶团伙6个，采取刑事强制措施59人，查扣非法资产2600万元。

【“8·28”建国北路路面塌陷险情处置】 2019年8月28日，建国北路446号附近地面因地铁5号线施工过程中发生渗漏引发塌陷，造成树园小区31幢等周边居民楼体受损。区公安分局在塌陷事件发生后立即启动重大警情等级响应，明确值班备勤、指挥调度、警力部署、面上管控、安全警示等重点环节的针对性举措，调集300名警力赶赴现场，开展疏散、封控、警戒等各项工作，会同属地街道及相关部门完成周边13幢居民楼、2家银行网点、24家沿街个体商户，共2000多户居民安全疏散，配合区委、区政府做好住户劝导和稳控工作，保障处置工作达到预期要求。

【安保增援】 2019年8月25日至10月3日期间，区公安分局先后派遣10名党员民警组成“忠诚保大庆”党员先锋突击队，赴北京配合友好分局——北京市公安局东城分局开展大庆安保的一线安保支援。全体党员民警协助东城分局东华门派出所完成反恐防恐、现场警卫、阅兵演练、基础调摸、社区防控、惩治犯罪、服务群众等工作，配合北京市公安局东城分局完成“中华人民共和国成立70周年庆祝活动”安保任务。

【智慧安防建设】 2019年，区公安分局以“武林智慧心眼”工程建设为载体，深化治安防控体系建设。对接区属相关职能部门，配合区住建局将智慧安防建设标准列入安置房、新建商品房设计验收标准，将智慧安防建设工作纳入老旧小区综合提升改造计划，推动区委政法委制定三年行动计划实施纲要。年内，下城区建成“智安小区”“智安楼宇”“智安校园”“智安工地”等智慧安防单位100多个，提升全区智慧安防覆盖面。

【实景指挥平台建设】 2019年，区公安分局以武林广场为试点，打造一个集视频监控系统、人像卡口系统、车辆卡口系统、人流量统计预警系统等多平台视频图像数据融合的智能警务指挥体系——“下城区地标性城市广场实景智能指挥系统”。该系统通过全方位实景视频和警力地图结构化呈现，增强治安防控工作指挥调度的时效性及准确度，提升辖区内重点区域应急处置及日常防控的能力水平。

【"嘉里中心商业综合体反恐防范体系建设经验"成为"杭州标准"】 2019年，区公安分局以杭州嘉里中心为试点，开展反恐防范体系建设与管理研究，打造城市商业综合体反恐防范工作样板。3月，区公安分局申报的"嘉里中心商业综合体反恐防范体系建设经验"，由市市场监督局审批通过，并以建设经验为样板，在杭州地方标准《反恐怖防范体系管理规范》中发布《商业综合体》和《防冲撞硬隔离设施》两项规范。规范要求全市在"商业综合体"中建设反恐设施和在其他地方建设"防冲撞硬隔离设施"时均按照上述标准执行。下城区首创经区公安分局和杭州嘉里中心协作打造的"反恐防范体系建设样板"成为杭州地方标准。

【"可信身份认证"应用2.0版推出】 2019年，区公安分局围绕"可信身份认证"试点，推出新型的2.0版本，为形成具有杭州特色的"可信认证"和"网证应用"相融合服务体系先行探路。全方位提升、拓展后的"可信身份认证"2.0版本，在全市实现出入境、车辆驾驶管理、户籍、流动人口、治安类事项等197项业务"刷脸"办理，全年各窗口为群众提供"刷脸"、刷码双认证服务7万余次，并在区人力社保局、区卫生健康局、区文广旅体局、市生态环境局下城分局、区住建局、区城管局、下城消防救援大队7个部门的134项政务服务中开展应用。该项工作被纳入省委《关于加强新时代公安工作的实施意见》在全省推开，其经验做法在省委改革办编发的《领跑者》刊登，并得到省委常委、政法委书记王昌荣，副省长、公安厅厅长王双全批示肯定，同时获第三届全省公安机关改革创新大赛金奖，获评全省公安工作改革优秀实践案例。

【行业自治模式推出】 2019年，区公安分局探索行业自治模式，深化平安共同体建设。长庆派出所主动对接、融入辖区市场管理协会、楼宇联盟、地区商会等各类社会组织，完善矛盾自处、风险自控的内部自律机制。推进"青蓝党建"品牌打造、派出所"小脑+手脚"新型勤务改革、平安共同体建设、"四合一"办事服务大厅建设等工作，提高辖区群众幸福感和满意度。武林派出所督促"武林夜市"经营方与175家商户签订《治安管理责任书》，形成商家自治、夜市主导、公安监管的共治管理模式体系，辖区接报警情比上年下降50%以上。

【监所医疗社会化】 2019年，区看守所按照"医疗档案电子化、药品器材管理社会化、突发疾病处置联动化、在押患者管理住院化、医疗监督专业化、服务办案便捷化"要求，整合利用现有医疗资源，着力构建入所体检、所内医疗、病区解难的"三位一体"医疗救治机制，保障在押人员的医疗健康权益，维护监所安全稳定，形成可复制、可推广的监所医疗社会化经验。该做法受到市公安局肯定，并在全市监管系统推广。

【执法监督管理】 2019年，区公安分局加强执法办案中心、案管中心、涉案财物管理中心"三个中心"一体化建设，实现对警情、案件、场所、财物、案卷等关键执法要素的全流程、闭环式、可回溯管理，并通过开展涉案财物和执法突出问题的专项治理，全面提升全区公安系统执法规范化建设水平。2月13日，《法制日报》头版头条刊发题为《从抽屉案到智能柜看法治公安之变》的文章。报道以区公安分局东新派出所执法规范化建设为例，以案卷智能柜、执法记录仪、物证保管箱作为器物文明的演进，追溯浙江公安机关执法规范化、制度化建设的全过程。

【长庆派出所入选全国首批"枫桥式公安派出所"】 2019年11月28日，公安部在北京举行全国首批"枫桥式公安派出所"命名仪式，下城区长庆派出所为杭州市唯一入围的公安派出所。长庆派出所围绕实现新时代"枫桥经验"的新内涵，坚持党建统领、民意引领，忠实践行以人民为中心的思想，全面推进硬件设施改造、勤务机制转变和警务模式打造。建立以"邻里纠纷就近调处、行业矛盾社会共处、治安纠纷专业精处"为基本模式，多部门协同、多层面结合，法理情融合的矛盾纠纷多元化解机制。设立服务咨询专员，成立社区安全委员会、律师援助队，打造平安街道建设共同体，实现基层社会治理的“力量融合、警民融智”。深化“最多跑一次”改革，将户籍室打造成集户籍业务办理、流动人口登记、出入境和交通管理等业务于一体的综合办事服务大厅，率先开展“互联网+可信身份认证”试点，实现首批197项业务“刷脸办”“刷码办”，方便群众就近办、随时办、无证办。成立“民意征集所”，设置网上“解忧警务站”，年内征集民意150多条，解决民忧问题34个。

【情景说唱小品《网红来了》获公安部金奖】 2019年10月25日，区公安分局根据警营正能量故事改编创作的情景说唱小品《网红来了》在全国开展的“为祖国放歌”——第四届全国公安系统文艺会演中获得金奖。该节目以说唱小品的形式，将4个“网红民警”的经历编成警营正能量串烧小品，通过艺术演绎，展现新时代杭州公安民警的风采。

【潜逃20年命案逃犯抓获】 2019年7月30日，区公安分局在舟山市嵊山镇抓获一名潜逃20年的命案逃犯。1999年5月21日，杭州三立大厦停车场发生一起故意伤害致死案，区公安分局开展侦查工作，并抓获4名嫌疑人，另有一名犯罪嫌疑人陈某某在逃。2019年7月，区公安分局获有效线索后进行调查，发现该嫌疑人改名为贺某某，并通过伪造身份藏匿在舟山市嵊泗县嵊山镇，区公安分局当即出动6名警力，将潜逃20年的逃犯在嵊山镇抓获。

【利用境外期货平台实施电信诈骗案件侦破】 2019年3月25日，区公安分局破获一个以假借推荐股票为名、引诱受害人在境外开设的期货交易平台开户投资并实施诈骗活动的犯罪团伙。2018年10月31日至12月21日期间，被害人刘某在一个股票分享群内认识一名叫“吴云飞”的人，对方向刘某介绍“富赢通”平台可通过投资股指期货赚钱，引诱其通过银行卡转账至该平台，骗取人民币13万元。区公安分局接案后启动合成作战机制，刑侦、网警和派出所警力联动作战，历经3个多月侦查，摸清团伙成员身份和团伙架构。在确定该团伙落脚点为深圳后，抽调精干警力与当地警方联合实施异地抓捕，一举打掉该犯罪团伙，刑拘犯罪嫌疑人15名，破获相关案件17起，涉案金额1072万元。

【网络跨境开设赌场团伙专案侦破】 2019年初，区公安分局接到举报称辖区某公司有人利用手机软件在网上进行赌博。区公安分局接案后抽调精干警力成立专案组，开展专案调查，经过近4个月侦查，掌握以宋某某、戴某某为首的犯罪团伙租用辖区某写字楼，开发制作赌博App，并以代理返佣等手段招揽赌客，建立多个赌博群组，在该App内以“扫雷”“牛牛”等形式赌博牟利。5月30日，区公安分局抽调特警治安大队、网警大队、刑侦大队及派出所150多名干警，兵分多路，在温州、嘉兴、宁波及广西、云南、四川、重庆、湖南等地同步收网，一举抓获违法犯罪嫌疑人53名，冻结涉案金额390万余元，查获服务器2台。该案涉案金额累计1800多万元。

【“套路贷”诈骗团伙骨干成员落网】 2019年2月，区公安分局接事主杨某报案称其被先后非法拘禁在辖区某公司及受害人家中，并以殴打的方式胁迫其还款。区公安分局接警后抽调警力成立专案组进行证据搜集，分析研判，摸清该团伙是以犯罪嫌疑人王某为首、张某某、琚某等为骨干成员的“套路贷”诈骗团伙，该团伙通过开设公司为他人提供周转资金，从中收取高额保证金、中介费、利息等，并以非法拘禁等违法方式逼迫借款人还款。9月18日，区公安分局在确定犯罪嫌疑人窝点后组织统一抓捕行动，将6名犯罪嫌疑人抓获归案。 （宋 晔）

检 察

【概况】 2019年，区检察院以开展“法律监督行动年、检察业务建设年、智慧检务提升年”活动为抓手，推进形成刑事、民事、行政、公益诉讼“四大检察”监督新格局。履行刑事检察职能，严惩各类刑事犯罪。全年受理提请逮捕刑事案件474件795人，批准逮捕各类犯罪嫌疑人362件583人；受理移送审查起诉961件1433人，提起公诉712件1124人。参与互联网金融风险专项整治，受理“人人爱家”“啄米理财”等P2P非法集资案件37件105人，涉案资金54亿余元，案卷4000多册，接待群众来访

400多人次，坚持做好案件审查、追赃挽损、风险防控。依法起诉骗取网络游戏装备侵害虚拟财产案、利用"第四方支付"平台网络赌博案等新型网络犯罪案件，起诉区住建局原局长赵某某等人职务犯罪系列案件。结合办案提出检察建议98件。维护市场秩序，起诉妨害民营经济发展案件47件102人。深化重点领域突出问题专项治理，起诉下城区首例敲诈勒索恶势力犯罪集团。深化司法责任制改革，对机构设置、职能配置、人员编制进行系统性、整体性、重构性改革，工作重心从刑事检察为主向"四大检察"并行转变，办案质效明显提升。区检察院获全国检察系统宣传工作先进单位、全省检察工作成绩突出基层检察院、全省检察机关创新成果奖等国家级、省级荣誉14项，7篇调研论文在省级期刊发表。

【黑恶势力惩治】 2019年，区检察院根据省、市扫黑除恶专项斗争攻坚年工作部署，建立扫黑除恶检警合作"大控方"工作格局，依托基层公安机关检察官办公室，提前介入全部涉黑案件和重大涉恶案件。依法查办民间借贷、土方工程、垃圾清运等领域黑恶势力团伙案件23件88人，其中涉黑犯罪案件4件16人、涉恶犯罪案件19件72人，批捕28人，起诉80人，判决64人。对一起原定性为普通团伙犯罪案件立案监督同案犯4人、增捕漏网犯罪嫌疑人1人。该案最终被认定为恶势力集团犯罪，首犯金某某被判处有期徒刑十一年九个月，案件获评全省侦查监督优秀案例。起诉通过设"饭局"、下"迷药"、"出老千"等手段骗取钱财的恶势力犯罪集团案件3件45人，犯罪嫌疑人被依法判处三至十七年有期徒刑不等。发现并移送涉嫌"保护伞"和虚假诉讼案件线索6条，追缴赃款400多万元。

【刑事检察】 2019年，区检察院实行刑事检察"捕诉一体化"改革，强化刑事诉讼监督职能，立案监督、撤案监督44人，增捕、增诉12人，提出抗诉、再审检察建议5件，改判4件。其中何某某抢劫、盗窃抗诉案，金某某等7人立案监督案被评为全省刑事检察审判监督精品案例、侦查监督优秀案例；申某骗取贷款证据不足不诉案被评为全省指导性案例；侯某某正当防卫无罪不诉案入选最高人民检察院指导性案例。深入推进认罪认罚从宽和精准量刑试点工作，就轻微刑事案件不起诉制定适用规范，在全国检察机关适用认罪认罚从宽制度推进会上做经验交流。探索创新"诉前会议"机制，召集诉前会议30次，促成刑事和解9起、不起诉6人、退赔340多万元。坚持"少捕慎诉"理念，对轻微刑事案件不捕129人、不诉213人，不捕率和不诉率比上年上升1.2%和4.6%。

【民事检察】 2019年，区检察院构建多元化民事诉讼监督格局，办理民间借贷、买卖合同、侵权纠纷等领域民事诉讼案件128件。以惩治虚假诉讼为重点，在"套路贷"等刑事犯罪案件中深挖线索，监督60多件涉虚假诉讼民事裁判案件启动再审，维护诉讼秩序和社会诚信。根据《最高人民法院关于审理涉及夫妻债务纠纷案件适用法律有关问题的解释》，对何某某民间借贷纠纷案提请抗诉，为申诉人免除不应承担的165万元夫妻共债。推进"诉源治理"工作，运用检调对接就地化解矛盾，成功调处车某某等人医疗损害责任纠纷案件，主动为申诉人申请司法救助，促成医院给予弱势群体方一定的经济补偿，化解医患矛盾。

【行政检察】 2019年，区检察院根据最高人民检察院关于做实行政检察工作的要求，建立健全区行政执法监督和行政检察监督协作机制，以开展行政诉讼监督为基础，持续推进非诉执行监督专项活动。主动监督介入一起超过法院诉讼时效的行政争议，调查核实原告身份证信息被冒用于公司登记后，督促行政机关及时启动公示调查程序，促成原告主动撤诉。该做法获最高人民检察院副检察长张雪樵批示肯定，并入选首批全国行政争议实质性化解八大典型案例、全省法律监督十大案例。

【公益诉讼】 2019年，区检察院办理各类公益诉讼案件74件，比上年上升29.8%。聚焦食品药品环境保护等领域，开展农贸市场食品安全专项检察，督促职能部门规范整顿9家市场证照不全、贩卖活禽、农药残留等问题的摊位。监督阻止有害食品流入市场，督促被查处的3800多千克过期冻牛肉做无害化处理，获评全省“保障千家万户舌尖上的安全”专项监督活动优秀案例。开展扬尘污染防治、口腔诊所医疗污水治理专项行动，督促监管部门处理消纳场（渣场、弃土场、建筑垃圾场）扬尘污染、口腔诊所无证排污、违规放射诊疗等环境污染隐患问题。监督国有企业改制漏报房产造成国有资产流失案、房产公司建设项目开竣工违约延期案、服刑人员违规领取养老金案等公益诉讼重特大案件的办理，挽回经济损失4800多万元。探索安全生产、个人信息保护等公益诉讼案件办理，督促辖区相关部门开展消防安全专项整顿，监督行政机关对全市首例依据《中华人民共和国网络安全法》办理的侵害公民个人信息案件嫌疑人做出处罚。

【未成年人司法保护】 2019年，区检察院坚持“逮捕、起诉、监督、预防、帮教”一体化工作模式，加强未成年人全方位综合司法保护。办理涉未成年人案件38件，对8人做出情节轻微不起诉、附条件不起诉决定。为70多人次提供亲情会见、不公开听证、心理测评疏导、临界预防等特殊帮扶。牵头建立涉未成年人线索强制及时报告机制。对一起医院报告患病女童在诊疗中被性侵的线索进行监督立案，启动“一站式询问”（指开展一次性询问调查、检验鉴定、未成年人权益保护、心理抚慰等工作，注重保护未成年受害人隐私，避免给未成年被害人造成二次伤害）。在全市率先创新未成年人临界预防及帮教工作机制，将具有严重不良行为、违反治安管理规定的未成年人预防帮教纳入规范体系。开展预防校园欺凌、加强自我保护、培养法律意识等校园普法宣传活动16场，受众3000多人次。依托“young检察官工作室”“亲职教育”“亲青帮”等未成年人特殊帮扶品牌项目，在全区30多所中小学开展法治宣传。

【服务民营经济】 2019年，区检察院运用惩治、保护、预防等检察手段保障民营经济健康发展。针对辖区全域中央商务区零售业密集的区域特点，专项整治破坏营商环境乱象，起诉破坏市场秩序、妨害企业正常经营管理等影响民营经济发展案件47件102人。起诉杭州首例恶意敲诈勒索恶势力犯罪集团，首要分子郭某一审判处有期徒刑十四年六个月。结合“走亲连心三服务”活动，以走访企业、发放调查问卷和防范手册、举办检企论坛等形式精准服务企业诉求，围绕恶意职业索偿治理防范工作撰写的报告建议被省委有关部门采用，并获省人民检察院检察长贾宇和区委书记刘颖批示。

（张伊雨）

法　院

【概况】 2019年，区法院围绕“让人民群众在每一个司法案件中感受到公平正义”的宗旨，开展“质量建设年”活动，推进“七村”征迁“清零”、机场轨道快线建设搬迁、树园31幢拆除和电子科技大楼征收等重点项目。护航“中华人民共和国成立70周年大庆”等重大活动，化解涉诉信访积案13件，落实重大敏感案事件依法处理、舆论引导、社会面管控“三同步”原则。借助在线矛盾纠纷多元化解平台，引入第三方专业力量开展精准调解，依托“武林大妈”

2019年3月4日，区检察院会同区工商联举办主题为“打击恶意‘职业索偿’，共话企业健康发展”的第二届下城检企论坛　（区检察院　供稿）

等基层力量提高调解效率。在社区设立"微法庭",设置诉讼服务自助平台一体机,助推城区治理现代化。完善失信惩戒联动大格局,助力诚信社会建设。坚持立案、审理、执行兼顾,完善类案审理规则,加大随案执结力度。全年受理各类案件1.48万件,比上年下降8.8%;办结案件1.51万件(含历年案件),结案率102.5%;一线法官人均结案354件,高于全省平均数。加强产权司法保护,提高商事纠纷化解效率,全年审结商事纠纷5167件。开展民间借贷协同治理,审结涉众型经济犯罪及"套路贷"案件19件61人,其中审结"套路贷"案件7件36人,涉案金额470万元。审结各类金融纠纷2819件,消化金融不良债务51.3亿元,民间借贷纠纷下降21.5%。审结涉黑涉恶案件11件77人,追缴违法所得748万元、罚金514.8万元,核查中央督导组、市扫除黑恶势力办公室移交的涉黑涉恶线索24条,公安机关和纪委监委移交的线索17条。审结涉及环境保护行政案件15件。落实"谁执法谁普法"责任制,做优普法品牌,提升群众法治素养。区法院司法宣传工作获最高人民法院政治部、最高人民法院新闻局、人民法院新闻传媒总社通报表扬。区法院被省委宣传部等部门授予"浙江省书香机关"称号,获市中级人民法院授予"杭州市法院系统第十九届学术研讨会优秀组织奖"。区法院机关党委第四党支部获评"2018—2019年度杭州市政法系统最强党支部";刑事审判庭获集体三等功。区法院法官原创歌曲《宝贝又睡了》在最高人民法院举办的"献给祖国的公平正义之歌"主题优秀原创歌曲比赛中获二等奖。

【刑事审判】 2019年,区法院审结刑事案件688件,判处罪犯1007人,其中判处三年以上有期徒刑193人。审结故意伤害、抢劫、强奸、黄赌毒等犯罪案件37件60人。审结电信网络诈骗、网络赌博、侵犯公民个人信息等犯罪案件15件50人,从严惩治植入非法"挖矿"木马病毒、骗取游戏装备等新型网络犯罪,保护公民网络虚拟财产安全。惩治生产、销售伪劣产品犯罪,维护老百姓"舌尖上的安全"。审结因醉酒引发的危险驾驶、交通肇事等犯罪案件286件288人。审结区住建局原局长赵某某等人贪污受贿系列案件,全区200多名机关干部到场旁听,接受警示教育。坚持宽严相济刑事政策,对具有从轻情节的268名被告人依法从宽判处缓刑,针对高龄老人因老小区停车问题划伤玛莎拉蒂汽车案,促成双方刑事和解,依法予以免刑。

【民事审判】 2019年,区法院审结民事案件2320件,其中审结教育、医疗、交通事故、劳动争议等案件446件。审结旅游服务、产品责任、消费维权等案件64件,妥善化解涉及培训、健身等活动引发的系列纠纷,加强预付式消费的法律风险提示。审结婚姻、继承、赡养、抚养等家事纠纷431件,为家暴受害者签发人身保护令,为其提供司法保护。审结房屋买卖、租赁、精装修、中介、物业等纠纷662件。区法院坚持主动服务,妥善审结轨道机场快线项目被拆迁人申请无民事行为能力程序案件2件。该案涉及机场轨道快线项目(朝晖段)的建设进度,区法院开通"绿色通道",以最快速度完成材料审核、专业鉴定机构鉴定和笔录制作,取得鉴定意见书后立即开庭,并当庭宣判,当日送达判决书。

【行政审判】 2019年,区法院审结行政诉讼及非诉审查案件163件,比上年增加31件。审查行政行为合法性,依法判决行政机关败诉案件14件。发挥行政争议调解中心作用,调解、撤诉案件27件。落实行政机关负责人出庭应诉常态化制度,全区30多个行政执法机关工作人员参加"旁听百场庭审"活动,提升应诉能力和执法规范化水平。推进司法工作与行政工作的良性互动,联合区司法局召开政府与法院联席会议2次,并编发行政审判白皮书。

【司法为民】 2019年,区法院会同区妇联、区公证处、区律师协会等单位,完成诉前化解纠纷1327件。推进社区"微法庭"建设,派出工作人员进驻区社会矛盾纠纷调处化解中心,提高矛盾纠纷的前期化解效率。落实立案登记制,全面推行网上立案、跨域立案,当场立案率达98.5%。完善类案审理规则,以示范性判决案例引导当事人选择不通过诉讼解决纠纷

2019年,"武林大妈"调解团队深入基层参与家事纠纷调解 (区法院 供稿)

的途径,全年化解系列纠纷600多件;加大随案执结力度,民商事案件自动履行率47.4%。清理长期未结案件,惩治拒不执行和虚假诉讼行为,全区12个月以上未结案比上年下降67.0%。组织案件质量评查,累计评查案件637件,对近三分之二员额法官进行庭审抽查,提升法官办案质量意识。健全专业法官会议和审判委员会制度,落实院(庭)长监督管理职责,优化评估鉴定、案款管理、案卷流转、二次送达等流程,执行案件结案平均用时缩短64天,审判案件结案平均用时缩短18.5天。全年审结司法救助案件6件,向19名困难当事人发放救助金48万余元,为114名当事人缓、减、免交诉讼费。深化"基本解决执行难"成果,构建"自动履行为主、强制执行为辅"的执行长效机制,执结案件6373件,执行到位标的额16.62亿元,未结案数量下降30.8%。落实浙江省高级人民法院强制执行措施规定,最大限度地规避被执行人失信行为。开展"清积案、打拒执、强规范"百日攻坚和打击欠薪失信专项行动。区法院制作宣传执行工作的微型电视剧5个。创新网络拍卖的形式,法官在线直播拍卖,买家直观了解网络拍卖工作流程。全年司法网络拍卖成交额12.33亿元,平均溢价率177.8%,为买家节省佣金2600多万元。

【司法体制综合配套改革】 2019年,区法院深化司法体制综合配套改革,健全人员分类管理机制,开展员额遴选,组建专业化团队45个。选任人民陪审员224人,细化陪审员随机参审、庭前准备和庭后合议规定,一审普通程序陪审率98.2%。推进以审判为中心的刑事诉讼制度改革,实施庭前会议、非法证据排除和法庭调查"三项规程",推进"四类人员"(证人、鉴定人、侦查人员和有专门知识的人)出庭作证,防范冤假错案,发挥庭审决定性作用。落实律师辩护全覆盖制度,为296名被告指派辩护律师,保障被告人诉讼权。深化认罪认罚从宽制度,提高被告人认罪服判比例。开展"分调裁审"改革,完善案件繁简分流机制,发挥速裁程序、简易程序、小额诉讼程序等快速审理制度优势。智能化助推司法领域"最多跑一次"改革,提升"移动微法院"和智能送达的应用率,减少群众诉讼成本。试点"政法机关一体化办案系统"和"掌上慧执行"等项目,司法工作体现现代化和智能化。

【接受社会监督】 2019年,区法院自觉接受区人大、区政协监督,向区人大、区政协专题报告在线矛盾纠纷多元化解平台工作。落实区第十五届人大三次会议决议,政协委员提案办理回复率100%,健全人大代表联络全覆盖工作机制,邀请代表委员视察法院、旁听庭审、参与执行112人次。依法接受检察机关诉讼监督,邀请区检察院检察长列席审委会6次,审结检察机关对生效裁判提起的抗诉案件3件。接受社会监督,向当事人推送案件节点信息12.4万条,公开裁判文书1.13万份,庭审直播3117场,累计观看庭审直播100万人次;召开新闻发布会1次,组织公众开放日32次,通过官方微信、微博推送信息924条,各级媒体播发区法院工作动态317篇。落实律师与法官互评机制、律师投诉快速办理机制,促进律师与法官良性互动。

【赵某某利用职权谋取不当利益案审理】 2019年,区法院严厉惩治贪污贿赂犯罪，依法惩治贪腐行为。判处贪污受贿罪被告人赵某某有期徒刑七年三个月，并处罚金人民币80万元。赵某某在担任艮山街道、区经贸局、区住建局主要负责人期间，利用职权或通过其他国家工作人员职务之便，为他人牟取不正当利益，收受他人财物价值人民币458万余元、欧元1.4万元。被告人赵某某违反国有房产出租管理等规定，滥用职权，造成经济损失102万余元，对被告人赵某某实行数罪并罚。因其主动投案自首，归案后如实供述犯罪事实，并退出全部赃款，具有较好认罪态度，为体现认罪认罚从宽制度，对被告人赵某某减轻处罚。

【金融借款合同纠纷案审理】 2019年，区法院妥善审结中国农业银行城东支行诉浙江和平工贸集团有限公司、杭州打铁关股份经济合作社等金融借款合同纠纷案12起，涉及本金3.4亿元、利息349万余元。区法院成立由分管副院长负总责，庭长、副庭长为主力的审判专班，与文晖街道对接了解村民诉求，与杭州打铁关股份经济合作社董事会成员座谈，梳理相关问题。会同区金融办做好中国农业银行城东支行的罚息减免工作，对杭州和平大厦资产收购进行法律风险提示，在法律允许范围内适当延长审理期限，为涉案资产变现赢取时间。此案在主债务人偿还债务后撤诉结案，既保护村民集体利益，又稳妥化解金融风险，实现法律效果、政治效果、社会效果的有机统一。 （叶麟儿）

司法行政

【概况】 2019年，下城区完成政府法治和司法行政职能的整合、人员转隶、“三定”方案制订等工作。加强司法行政系统党建工作，新设立律师事务所党支部10个，累计30个，有党员律师311人。加强干部队伍建设，建立普惠、均等的公共法律服务体系，打造人民调解品牌，为全区经济发展和社会稳定提供法治保障。制定“两规则一细则”（《中共下城区委全面依法治区委员会工作规则》《中共下城区委全面依法治区委员会协调小组工作规则》和《中共下城区委全面依法治区委员会办公室工作细则》）及《2019年法治下城工作要点》，梳理形成95项年度法治重点工作任务。抓好重点人员普法工作，全区16名新任市管干部和1895名公务员全部完成网上学法用法考核。建立行政败诉案件原因分析及责任追究机制，通过追责促使具体行为人履职尽责。为全区1.4万名1～3年级小学生定制法治教育读本，做好低龄段小学生普法工作。加强普法阵地建设，联合区住建局和东新街道建成下城区首个宪法主题公园，并在第六个国家宪法日启动使用。加大“文明规范公正”司法所创建力度，东新司法所和潮鸣司法所被评为首批市级“文明规范公正”司法所。区司法局获评全省法治县（市、区）工作五星级示范单位。

【社区矫正工作】 2019年，区司法局依法依规完成特赦工作，与特赦人员签订特赦工作告知书320份，制作调查笔录23份，对17名符合条件的社区服刑人员进行特赦。创新推出入矫教育“学法律、看影片、练队列、测知识、谈感受、写体会”“六步走”新举措，为99名新入矫的社区矫正对象上好矫正“第一课”。加强“智慧矫正中心”建设，利用“易帮矫”网上教育帮扶平台，做好全区160名社区

2019年12月4日，下城区首个宪法主题公园开园 （区司法局 供稿）

矫正对象管控工作，规定社区矫正对象每日发送定位、签到打卡、按时参加集中教育。深入开展扫黑除恶专项斗争，组织29次以社区矫正对象、刑满释放人员为重点的线索排查，涉及社区矫正对象、刑满释放人员4672人次。举办“刑辩技能大巡讲”暨“律师办理涉黑恶势力犯罪案件”专题培训班，邀请市律师协会4位资深律师现场授课，并将录制视频制成光盘发给各律师事务所学习借鉴，加强辖区834名律师对涉黑恶势力犯罪案件办理的培训指导。落实重大案件报告、旁听庭审等制度。组织司法人员参加杭州市社区矫正能力比武大赛，获个人第一名和第二名。代表杭州市参加省司法厅矫正能手比武获个人第二名。

【人民调解工作】 2019年，区司法局开展民营企业矛盾纠纷排查化解专项活动，通过“点、线、面、体”四维度整合化解民营企业矛盾纠纷125件。坚持发展“枫桥经验”，构建以“人民调解为基础、品牌调解为特色、行政调解为保障、联动调解为补充”的矛盾纠纷大调解工作网络，推进“诉源治理”工作，相关做法得到市司法局主要领导批示肯定。指导朝晖街道人民调解委员会成立“邻里和睦互助协会”，落实无缝隙、全覆盖的“大调解”工作机制，探索以政府引导、居民自治、人人参与“大调解”的基层人民调解路径。协会会长余芝君因成功调处一起邻里纠纷获省委常委、市委书记周江勇批示肯定，协会就地化解矛盾纠纷做法获市委常委、常务副市长戴建平批示。拍摄由基层人民调解员组成的“和事佬”演唱队演唱《我和我的祖国》“快闪”视频，该视频在杭州“学习强国”平台、司法部微信公众号等平台播放。全年排查矛盾纠纷1331次，利用“和事佬”“武林大妈”等调解组织调解处理各类矛盾纠纷2840件，其中调解成功2755件，成功率97.0%，涉及标的金额8593.33万元。

【公共法律服务】 2019年，区司法局推动法律服务行业健康有序发展，上海汇业（杭州）律师事务所、浙江圣银律师事务所等4个律师事务所落户下城区，接收浙江浙联律师事务所、浙江海浩律师事务所2个综合大型律师事务所的管理工作。采取多种举措发挥“党员律师公益联盟”作用的做法获区委书记刘颖批示肯定，该做法被市委政法委“平安六和塔”公众号转载。参与脱贫攻坚行动，结合主题教育发动全局干部职工和党员律师为贵州黎平县、杭州淳安县等地捐款63.7万元，通过实地走访及以担任当地名誉村主任的形式进行结对帮扶。推进实现公共法律服务事项“最多跑一次”改革，在区公共法律服务中心、街道公共法律服务站、社区公共法律服务点三级公共法律服务站点，投放公共法律服务自助机8台，提前完成司法部要求的普及化、一体化、精准化公共法律服务体系建设目标。深化公共法律服务三大平台（各级公共法律服务中心为实体平台、浙江省法律援助统一服务平台为网络平台，“12348”为热线平台）建设，办结法律援助案件427件，指派律师进行法律帮助认罪认罚案件440件，接待来电来访1411人次，为弱势群体和重点对象挽回经济损失150.27万元。（王　媛）

13 军　事

人民武装

【概况】2019年，区人武部以习近平新时代中国特色社会主义思想和强军思想为指引，围绕“两个高质量”目标，加强党的领导和党的建设，大项任务党委集体筹划部署，部领导分工协作，带头抓落实。坚持问题导向，组织干部量化考评，激发干部事业心、责任感。推动党管武装制度落实。区委书记、区人武部党委第一书记刘颖带队到区人武部现场办公，听取武装工作汇报并提出要求。区委常委会召开专题议军会，研究解决制约武装工作发展的突出问题。组织区领导参加“军事日”活动，让地方领导了解部队正规化建设情况。加强民兵队伍建设和国防动员各项工作，完成多样化军事任务。区人武部组织民兵参加全省岗位练兵杭州分赛场比武，分别获民兵车辆运输专业组第一名、指挥军官个人综合成绩第二名、动员行动组织指挥小组第三名。

【民兵整组】2019年4月，区人武部按照“编为用，建为战”原则，从构建新型民兵力量体系出发，开展民兵整组工作。压缩基干民兵规模，新编新锐基干民兵分队，队伍专业化程度进一步提高。依托参加上级培训、考核比武、跨区联训等方式，完成各类人员练兵备战任务。结合民兵整组，推进民兵建设融入现代社会管理体系。投入资金对民兵建设试点场所进行改造。组织民兵参加抢险救灾、扶贫帮困等工作，充分发挥民兵作用。11月，军委国防动员部检查浙江省民兵组织整顿改革情况，肯定下城区民兵综合救援连调整改革工作。

【征兵工作】2019年4月，区人武部启动征兵工作。按照“一年征兵，四季准备”的要求，加强征兵宣传、业务培训、兵役登记等前期准备工作。开展征兵宣传进高校活动，在浙江工业大学毕业生招聘会现场举行征兵工作启动仪式，向大学生发放征兵宣传手册。全区利用广播、电视、报刊、微信、网站

2019年7月26日，区人武部会同区退役军人事务局召开“迎八一”双拥共建军政座谈会
（区人武部　供稿）

等平台，建立"五位一体"征兵宣传体系，营造"报国有道、从军有为、军属有光"的氛围。辖区征兵对象登记率为100%。征兵工作程序规范，执行规定严格，如期高质量完成。全区征集新兵中大学生占新兵总数的90.6%，大学生新兵比例为历年来最高。

【安全管理】2019年，区人武部加强安全保密常识教育，采取日常灌输和集中学习相结合、警示教育和正面教育相结合的方法，提高安全保密教育效果。建立安全形势分析、安全风险评估等制度。开展"条令学习月""百日安全无事故"活动。做好省市"两会"期间、敏感时段和重大节日的安全工作。通过人防与技防的结合，抓好安全隐患整改。每月开展营区消防安全检查。组织武器装备保管员培训，完善武器装备管理制度，确保武器装备完好。

【国防教育宣传】2019年，区人武部创新国防教育思路，凝聚社会力量营造全民国防教育氛围。抓好全国第十九个国防教育日和浙江省第八个国防教育周活动，组建以退伍老兵为主的民兵承训教官队伍，为浙江传媒学院实验中学开展为期一周的军训，区人武部部长潜友华到该校为学生上国防形势专题课。组织各街道、社区、中小学校设置国防教育活动宣传栏和"军人荣誉墙"，让居民和学生了解军队建设、国家安全形势、国防法规及民兵发展历史等情况。在《杭州日报》刊登下城区"八一光荣榜"立功受奖人员名单，增强军人军属政治荣誉感，调动青年从军报国的积极性。（毛俏燕）

人民防空

【概况】2019年，区人防办规范人防依法行政审批工作，完善人防规划管理网上并联审批流程，实现人防审批事项依法依规网上申报。深化审批制度改革，实现审批流程再提速。组织"3·1"国际民防日、"5·12"防灾减灾日人防宣传，结合"9·18"防空警报鸣放开展人员疏散演练。加强人防指挥所维护管理，落实人防军事斗争准备。推进人防改革试点，探索人防产权制度改革举措。加快人防信息化建设，定期开展单边带电台和移动指挥车操作训练，提升通信设备使用技能。围绕人防指挥所工程维护管理规范要求，对区人防指挥所进行调整升级，完成发电机组更新、购置和安装调试，解决原有设备的缺陷。开展"让园于民、避暑纳凉"工作，联合石桥街道和景荣社区，建成北景园避暑纳凉点，避暑纳凉点开放60天，接待纳凉居民4290人次，发放各类人防宣传资料800多份。

【人防审批制度改革】2019年，区人防办落实省投资项目在线审批监管平台3.0和施工联合图图审系统运行工作，完善人防系统后台建设，实现人防审批事项依法依规网上申报、审批全流程办理。推进人防审批"即时办""掌上办"改革措施落地，通过梳理精简办理事项法律依据、办事材料，压缩办理时限，提高审批效率。做好市人防办下放的审批事项承接工作，区人防办根据《杭州市人民防空办公室关于进一步规范市、区（县、市）人防工程审批和管理权限的通知》，接管人防工程拆除、改造、报废许可等9项事项的审批和管理，在接管下放事项后抓紧梳理相关内容，把控建设项目审批节点，解决人防行政审批中遇到的技术规范等问题，做到衔接到位，服务不留缺项。按照人防系统组织开展"双随机、一公开"监管要求，将人防工程日常监督检查纳入区"双随机"抽查监管范围。

【人防产权制度改革】2019年，区人防办作为杭州市试点单位，全面推进全省人防工程产权制度改革试点工作。成立区人防工程产权制度改革试点工作领导小组。领导小组成员单位包括区司法局、区发改经信局（区物价局）、区财政局、区住建局、市规划资源局下城分局、区国投集团、区人防办及8个街道办。7月30日，下城区召开人防产权制度改革试点工作推进会，副区长邵伟华主持会议，会议讨论通过《下城区结建防空地下室产权制度改革试点方案》，并对下阶段工作进行布置。8月13—14日，下城区组织区人防工程产权制度改革领导小组成员及各街道人防工作负责人，赴省人防工程产权制度改革试点单位衢州龙游县及嘉兴海宁市学习考察。11月15日，区人防工程产权制度改革试点工作领导小组印发《下城区结建防空

2019年5月12日，区人防办联合潮鸣街道在辖区开展人员应急疏散演练

（区住建局　供稿）

地下室产权制度改革试点方案（试行）》，并报市人防办。

【人防宣传活动】 2019年3月1日，市人防办在国际民防日组织主城区人防办在杭州城北体育公园开展宣传咨询活动，区人防办承办并落实场地布置和秩序维护工作，市人防办主任裘新谷等参加宣传活动。现场展出宣传展板50块，悬挂横幅10条，向市民赠送《人民防空防灾宣传手册》等资料2000册，参与活动200多人。区人防办两次对人防警报器进行统一调试播放，警报器实际鸣响率100%。开展第十七次全市人防（民防）宣传月活动，潮鸣街道下辖9个社区200多人参加宣传演出，街道党政领导及机关工作人员、区直相关部门负责人参加活动。5月12日，下城区13所中小学1.2万名师生参与防灾减灾疏散演练，提升师生对火灾等灾害发生时的应对能力。

（刘景昕）

双拥共建

【概况】 2019年1月19日，区退役军人事务局挂牌成立。区退役军人事务局围绕“让军人成为全社会尊崇的职业”的工作目标，在创新双拥工作上下功夫，做好军地双拥共建、开展全民国防教育等工作。协调组织军地双方定期会晤，强化需求对接和资源整合，开展走访慰问，为军烈属提供上门服务，帮助解决实际困难，营造良好拥军优属氛围。开展“不忘初心、牢记使命”主题教育，为实现中国梦强军梦凝聚力量。全区军政军民关系巩固。

【双拥活动】 2019年，下城区常态化开展拥军爱军工作，区双拥工作领导小组制订双拥活动实施方案，确保各项双拥活动落实到位。7月26日，下城区召开“迎八一”双拥共建军政座谈会，区委书记刘颖出席会议并讲话，要求双拥工作做好“广、优、融、实、强”的文章。年内，下城区举办“迎八一、庆国庆”退役军人双向服务“八个一”系列活动，包括“最潮老兵，礼赞八一”军歌之夜主题活动、专业文艺团体“送文化进军营”文艺慰问演出等。区四套班子领导带队走访慰问，送去慰问金、慰问品价值22.67万元。慰问辖区内生活有困

2019年7月30日，区退役军人事务局、潮鸣街道办事处联合主办的“最潮老兵，礼赞八一”军歌之夜主题活动在杭州古城墙陈列馆门前广场举行

（区退役军人事务局　供稿）

难的义务兵家庭，发放慰问金3.36万元。为军人军属协调解决实际困难10多个。区退役军人事务局举办“下城区退役士兵返乡欢迎仪式暨专场招聘会”。区卫生健康局联合区中西医结合医院与区人武部举行结对送医活动启动仪式，地方与驻军签订“‘情系国防、关爱民兵’结对送医协议书”。各街道走访慰问退役军人，建立重大节日、重大变故、独居高龄、生活困难、重病重残退役军人“五必访”制度，确保各项拥军优抚政策落到实处。开展“联乡结村”共建活动，区人武部为淳安县王阜乡胡家坪村提供村道改建资金10万元。

2019年，区退役军人事务局开展“最具亲和力双拥志愿者”评选活动。图为受到表彰的双拥志愿者　（区退役军人事务局　供稿）

【双拥宣传】2019年，区退役军人事务局加强双拥宣传教育。联合区委宣传部、区人武部开展全区优秀退役军人“每月一星”评选，并在《今日下城》设立《优秀退役军人风采》专栏，挖掘和宣传退役军人典型事迹，讲好退役军人故事。下城区推荐上报的鲍倩、李灯东分别被评为“浙江省最美退役军人”和全市“军队为你骄傲”优秀退役军人，章平、奚旺泉、沈伦娥被评为“杭州市最美退役军人”。在“八一”建军节、春节前夕，区退役军人事务局向全区退役军人发送致敬短信、送上年画和慰问信。举办“最潮老兵、礼赞八一”军歌之夜主题活动，用嘹亮的军歌展示下城区退役军人“退役不褪色”的精神风貌。举办“感恩·2019尊崇英烈”活动月，组织对全区烈士纪念设施完好情况的全面调查。开展清明节烈士公祭、英烈故事宣讲等“六个一”系列活动。区四套班子主要领导分别为141位中华人民共和国成立前参加革命的老战士、老同志颁发中华人民共和国成立70周年纪念章。区退役军人事务局组织开展英烈故事大宣讲。清明节前，与天水街道联合组织党建联盟单位200多名党员，到云居山革命烈士纪念碑开展烈士公祭活动。

【社会化双拥优抚工作新模式打造】2019年，区政府投入80万元，组织社会力量参与双拥优抚工作。各街道依托项目社工优势，采取向社会组织购买服务的方式，构建“社区+社会组织+志愿者”的社会化双拥优抚工作新模式，打造“鱼水情”系列8个双拥志愿者服务项目。“一街道一项目”品牌获副市长王宏批示肯定。制订年度活动计划，采取政府补贴、社会捐赠、群众参与的形式，举办退役军人读书会、人生故事会、军民联欢联谊、红色观影、外出采风等文化娱乐活动100多场，为优抚对象提供水电维修、法律咨询、心理慰藉等服务。在特定节假日组织“爱国强军”系列活动，通过扩大志愿者队伍，促进服务对象与社区居民形成良性互动。　（朱少华）

14 外事·侨务·港澳台事务

2020

外　事

【概况】2019年，下城区扩大对外交流，加强友好城区建设、中外文化交流、外国人服务管理、招商引资等工作，助推经济社会发展。全年报批市管、区管干部因公临时出国自组团12批、56人次，其中区级自组团8批、47人次；教育系统自组因公出国（境）团组3批、67人，学校自行组团访学、游学20批、70人次；个人参加上级组团9批、9人次；为企业办理邀请函109份，提交邀请函企业中，贸易企业15家、机械设备进出口企业8家、科技小微型企业8家。

【接待服务】2019年，下城区外事部门围绕“全面、细致、体贴、周到”的接待要求增强责任意识，提升服务质量。全年接待德国、日本、南非等20多个国家的团组及嘉宾，接待三井住友银行杭州分行、英国研究与创新署（UKRI）、日本悠太郎株式会社、德国Motor Ai公司、法国能源协会、中德汽车维修有限公司、美国英伟达公司（NVIDIA）、上海美国商会杭州中心等企业及机构负责人。推动恒隆广场开发、中南矿产（南非钻石）资源合作等项目；举办中英人才科技交流合作专题见面会、下城—德国商务代表团商务交流会、“非同凡想”南非人才创新创业项目引介会等，推介下城营商环境。

【对外交流合作】2019年，下城区开展主要领导出访活动，扩大下城区知名度、影响力。全年区委、区政府主要领导出访意大利、捷克、俄罗斯、日本、英国等国家，走访及考察日本岐阜市政府、法国尼斯市政府、英国伯明翰市政府、荷兰阿姆斯特丹市政府等政府机构及怡和集团、富力地产集团、日本SEGA株式会社等企业。组织参与浙江国际人才交流与项目合作大会——中德生物经济大会、南非钻石（中国区）品牌发布及战略签约仪式、“全球天使投资峰会”、APEC

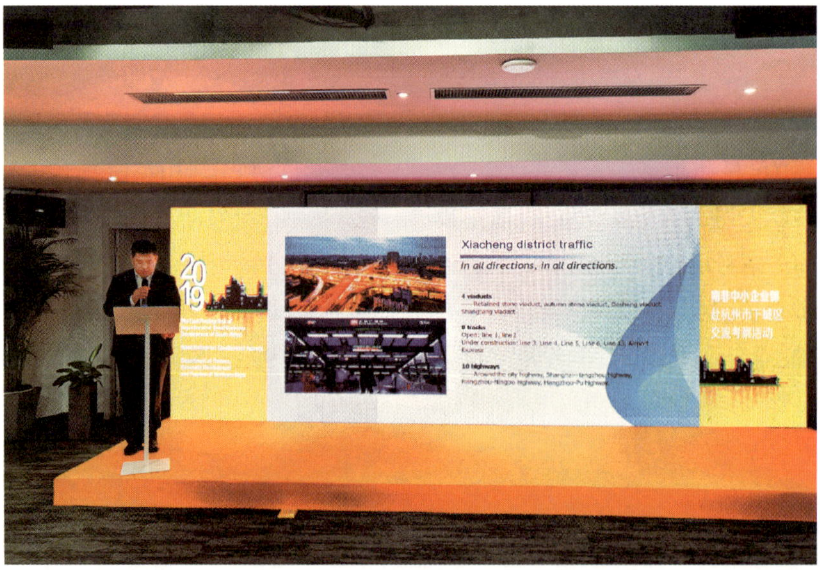

2019年11月8日，南非中小企业代表团到下城区开展经贸考察活动

（区投资促进局　供稿）

工商领导人中国论坛开幕式等对外交流活动。

【海外高层次人才创新创业大赛】2019年6月2日，由浙江省教育厅、杭州市委、杭州市政府主办，杭州市委组织部（人才办）、杭州市人力社保局、杭州市科技局、下城区委、下城区政府承办的第五届“创客天下·2019杭州市海外高层次人才创新创业大赛”来华留学生专场暨浙江省外国留学生创新创业大赛决赛在跨贸小镇举行。省教育厅副厅长于永明，市委组织部副部长、市委人才办常务副主任陈键，市人力社保局副局长黄菊火，市科技局党组成员、总工程师楼立群，区委副书记、区长柴世民等领导出席活动。来自清华大学、浙江大学、东华大学、江苏大学、深圳大学等省内外25所高校的163个项目参赛。经过初赛和复赛，最终10个项目进入决赛。经项目路演、现场答辩和专家评审，浙江工业大学推荐的iHear项目获大赛特等奖，浙江大学推荐的Amorphyx、宁波大学推荐的阿里光伏项目获一等奖。

【下城·南非钻石项目交流会】2019年6月10日，“非凡启杭·共想未来”下城·南非钻石项目交流会在杭州新天地南非钻石项目资源管理中心举行。副区长唐锋同南非国家钻石孵化器董事会主席、北开普省发展局局长斯丁坎普一行进行会见。双方就中非钻石项目合作进行交流洽谈。中非钻石项目是南非国家孵化器与西联泽虹集团在杭州打造的一项科研和人才引进项目，多元化业态覆盖教育、贸易、金融、文化等领域，钻石项目落地对下城引进国际高端人才、加快外向型经济发展、推进国际化发展进程具有积极意义。

【下城—德国商务代表团商务交流会】2019年11月7日，参加第三届中国（浙江）—欧洲（德国）数字经济和高新技术产业高峰对接会的欧洲（德国）商务代表团，包括Accenture（埃森哲）、Hamburg Chamber of Commerce（汉堡工商会）等20多家欧洲（德国）数字经济和高新技术领域的国际知名企业高级管理人员赴下城实地考察并进行商务交流。交流会嘉宾实地走访数字经济产业园、听取下城区区位优势和营商环境推介。双方就深化数字经济领域合作深入交换意见，达成初步合作意向。区委常委、组织部部长沈华锋，区委常委、区数字经济产业园区管委会党组书记沈凯波，省商务厅等有关单位领导出席交流会。（沈梦萍）

侨　务

【概况】2019年，下城区有归侨（改革开放后回国定居）39人、侨眷5400人。区侨办、区侨联组织海外华侨华人开展文化和经贸交流，承办市侨联第九次海外协作会议暨海外侨领走进下城活动，帮助海外侨商了解国内经济社会发展情况，领略杭州人文历史和山水风光。会同有关部门建立涉侨纠纷案件诉调对接工作机制，推进多元化解涉侨矛盾纠纷。加强涉侨信访工作排查，加大涉侨热点难点问题调处力度，坚持领导接访制度。全年区侨办接待来电来信来访17件次，其中，来访6批次，来电11件，办结率100%。

【承办“杭州市侨联第九次海外协作会议暨海外侨领走进下城”活动】2019年10月31日至11月1日，区侨办承办“杭州市侨联第九

2019年10月31日，区侨办承办“杭州市侨联第九次海外协作会议暨海外侨领走进下城活动”。图为海外侨领到跨贸小镇参观（区侨联　供稿）

次海外协作会议暨海外侨领走进下城活动”。来自26个国家43个海外联络处（侨团）的50多位海外侨领参加投资环境推介会。海外侨领实地参观中国（杭州）电竞数娱小镇LGD联盟电竞馆、中国（杭州）跨境电商综合试验区展示中心及云集微店展示厅等，区投资促进局、区数字经济产业园管委会负责人分别介绍下城区投资环境和区数字经济产业园建设情况，并回答侨胞侨领的提问。省侨联副主席张维仁，省侨联副主席、杭州市政协副主席、市侨联主席王立华，区委书记刘颖，区委副书记、政法委书记林炳达，区委常委、区数字经济产业园区管委会党组书记沈凯波，区委常委、统战部部长黄飞，副区长王振峰等领导出席活动。

【“同心助力行”活动】 2019年5月6日，下城区举办统一战线“同心助力行”活动。启动仪式上，区侨办（区侨联）与杭州城北市民健身中心重点项目建设方区国投集团签订结对协议，承诺发挥侨界各方面优势，当好重点项目建设的宣传员、信息员、服务员和参谋员，为打造下城民生实事样板工程贡献统战力量。6月4日，下城区组织区侨界人士到杭州城北市民健身中心调研，围绕下城区重点发展的五大产业方向，结合杭州城北体育公园的区块优势，商讨文化创意、大数据、物联网、云计算等行业领域的招商工作，为打造“独角兽”企业（指估值10亿美元以上、创办时间在10年内未上市的公司）集聚的综合性示范园区建言献策。

【为侨服务】 2019年，区侨联开展“依法助侨护侨、凝聚侨心侨力”系列宣传活动，切实维护侨民合法权益。区侨联制作侨法宣传展板，在各街道社区巡回展出，以问答的形式向群众解读华侨投资政策。在石桥街道、文晖街道开展侨法宣传进社区活动，侨务工作人员为归侨、侨眷讲解保护和促进华侨投资政策。开展走访慰问活动，春节、中秋节期间，共走访慰问20户困难归侨侨眷家庭，发放慰问金和慰问品价值3.5万元。全区“尊侨、爱侨、护侨”良好氛围进一步形成。（楼汉峰）

港澳事务

【概况】 2019年，区委统战部依托下城区港籍人士联谊会，开展各种公益活动。邀请港籍人士联谊会40多名理事回杭州省亲，感受家乡新变化。参与市委统战部“未来之星·星动杭州”香港青年杭州暑期实习生交流活动，组织50多名香港青年到下城区参观学习。打造香港青年实习基地，组织香港青年大学生开展“两访三进”（访名店、访名校，进社区、进园区、进市区）活动，激发香港青年的国家归属感、民族自豪感和文化认同感。

【加强与港籍人士联络联谊】 2019年3月24—27日，区委副书记林炳达带队赴香港参加下城区港籍人士联谊会，并开展交流活动。其间考察香港《大公报》和《文汇报》，了解香港报刊发展历史。参观香港宁基有限公司，与港籍人士联谊会荣誉会长、香港宁基有限公司董事长沈墨宁及联谊会部分理事座谈交流。10月21—24日，下城区港籍人士联谊会会长朱琦一行40多人回杭州省亲，在杭期间，回乡省亲团参观首批国家级非物

2019年10月21—24日，香港杭州下城区港籍人士联谊会回乡省亲，感受下城新变化
（区侨联 供稿）

2019年8月6日，区侨办承办"港澳青年走进下城"活动。图为杭州王星记扇业有限公司扇面书法技艺传承人朱方华（前右一）为来自澳门和香港的大学生现场展示技艺　　（区侨联　供稿）

质文化遗产、中华老字号——杭州王星记扇业有限公司，考察国家级生态文明建设示范区临安和"两山"理念发源地安吉，感受绿色发展带来的新变化、新气象。

【香港青年学生在杭参观学习】2019年，区侨办与盈盈理财金融科技平台合作，依托港澳青年实习锻炼基地，组织在盈盈理财金融科技平台实习的香港理工大学学生和杭州青年一起走访社区、企业、历史博物馆、文化艺术馆，了解杭州历史、景观和文化。组织香港学生参观"五四宪法"历史资料陈列馆，了解"五四宪法"（西湖稿）的编纂情况，加深对内地法制建设历史的认识。组织游览西湖景区，并到于谦祠瞻仰民族英雄于谦。

【承办"港澳青年走进下城"活动】2019年8月6日，区侨办承办由市委统战部举办的"港澳青年走进下城"活动。来自香港和澳门的140多名大学生组成参访团，实地参观高科技企业、特色小镇、园区。参访团参观港澳青年实习锻炼基地，了解互联网科技型企业发展情况、未来前景和企业文化。参观电竞数娱小镇LGD电竞比赛场馆，听取工作人员讲解电竞职业联赛情况。参访团在小巷三寻·土布生活体验馆，在手工老师指导下体验纺织、茶染技艺。参访团学生通过体验民族传统文化、参观新兴互联网科技企业，加深对杭州经济社会发展的了解，进一步增强国家荣誉感和民族自豪感。（楼汉峰）

台湾事务

【概况】2019年，区台办深入学习贯彻党的十九届四中全会精神和习近平总书记关于对台工作重要论述，按照中央对台工作方针政策和省、市委决策部署，秉持"两岸一家亲"理念，推动两岸经贸融合和基层交流，提升服务水平，增进两岸同胞亲情友情。区委副书记林炳达率考察团赴台考察交流。举办下城区"两岸邻里节"十周年庆系列活动。全年接待台湾各界人士、社团3批100多人次。

【基层交流活动】2019年4月1日，台湾新北市30多位台胞参加"两岸邻里节"十周年庆系列活动，海峡卫视、中央电视台《海峡两岸》栏目、中国台湾网等媒体进行连续报道。6月23—29日，区委副书记、政法委书记林炳达带队赴台湾开展基层交流和经贸考察，拜会台湾政界、商界人士，参观台湾企业，推动下城区商贸、金融、文创、信息、健康产业同台湾相关企业的对接。7—8月，区台办接待2名台湾大学生到下城区实习交流，安排参观武林非遗馆，观看昆曲、古琴等传统文艺表演，体验盘扣、书画装裱等手工艺制作。区台办选出30多幅台胞字画、摄影作品及征文参加市台联成立30周年作品比赛及第六届两岸亲子文创作品联展。

【"两岸邻里节"十周年庆活动】2019年4月1日，下城区举行"两岸邻里节"十周年庆活动，围绕民间交流、文化交流、经贸交流开展圆桌对话。文晖街道京都苑社区党委书记围绕社区邻里和谐、台湾新北市政界人士围绕议员职责、新北市中和区顶南里里长围绕发展话题做交流发言。在杭州台商浙江浮力森林食品股份有限公司

2019年4月1日，下城区举行“两岸邻里节”十周年庆活动

（区融媒体中心　供稿）

总经理郑正当、乐象永续科技（杭州）有限公司股东谢义鸿结合在杭州的创业经历和对未来发展的展望做交流。两岸同胞开展文艺交流，台湾新北市参访团嘉宾表演闽南语合唱《爱拼才会赢》，京都苑社区居民与台湾新北市居民合作朗诵《乡愁》。台胞到京都苑社区开展“重温当年路、十年再聚首”活动，参观社区“台胞台属之家”，与社区结对家庭共同种下象征“两岸一家亲”的“亲情树”。区委书记刘颖、区政协主席陈晨、副区长王振峰与参加邻里节活动的台湾同胞见面交谈。

【台胞台属服务】 2019年，下城区开展惠台政策落实年活动，搭建平台，创造条件，形成各部门为台服务的浓厚氛围。区台办协调区人力社保局、区住建局等部门，向辖区内台湾人才提供就业实习岗位，向符合条件的青年台胞提供青年人才公寓，安排辖区台胞子女就近入托入园，为台胞在下城区学习、生活、创业办好实事。开展辖区两岸婚姻家庭信息普查，为发现、培养、推荐优秀台胞台属人才，做好台胞台属各项服务工作提供依据。在中秋节、春节等传统节日，开展台企、台属、台胞走访联谊活动。全年走访慰问台胞台属15批、300多人次。

【涉台经贸服务】 2019年5月9日，区委专题听取区台办对台工作情况汇报，就做好台企台胞服务工作提出要求。深化两岸经贸服务交流。7月，区委副书记林炳达率考察团赴中国台湾开展交流活动，与当地企业在商贸、金融、文创、信息、健康五大产业进行对接。更新完善全区台资企业基础数据库，了解台资企业生产经营情况。杭州贝高母婴用品有限公司（台资企业）联合创始人吴宛庭在跨贸小镇创业的故事在第二届海峡两岸青年发展论坛上交流，并获国务院台湾事务办公室主任刘结一点赞。

【对台宣传】 2019年，区台办开展纪念《告台湾同胞书》发表40周年纪念活动。组织对台工作干部和台胞台属学习习近平总书记在《告台湾同胞书》发表40周年纪念大会上的重要讲话，加深新时期党的对台工作方针政策的认识。通过学习讨论、座谈交流、上门宣传等方式，引导辖区的台胞台属参与下城区经济社会建设，共享两岸和平发展红利，共圆中华民族伟大复兴的“中国梦”。开展赴台学生行前教育。通过上门走访赴台学生家庭开展面对面谈心、组织赴台学生座谈交流等方式，宣传涉台政策。组织街道、社区10名基层对台干部到市委党校参加杭州市对台工作业务培训，提升基层对台工作业务水平。区台办主要负责人参加在省委党校举办的全省台办主任培训班。（米　一）

15 特色产业

2020

数字经济

【概况】 2019年，下城区深入实施数字经济“一号工程”，围绕杭州市打造“全国数字经济第一城”的目标，着力推动“三化融合”协同发展，新旧动能接续转换持续发力。全年数字经济核心产业规模以上企业增加值24.28亿元，比上年增长15.3%，增加值占全区GDP总量的2.3%，数字经济核心产业规模以上企业营业收入106.86亿元，增长37.0%。数字经济新动能催生新业态、新模式，产业格局由“骨干主导”向多业态转变。

【数字经济产业培育】 2019年，下城区出台数字经济产业政策，聚焦区块链、金融科技、生命健康等前沿产业，加强招商、引进和培育工作力度。创新招商平台体系，梳理全区楼宇、园区、土地等招商资源，香港嘉里集团数创港（港企数字创新先行区）、浙江金蚂股权投资管理有限公司、浙江金融控股有限责任公司总部、杭银理财有限责任公司、浙江省担保集团有限公司等29个1亿元以上项目落地，总注册资金218亿元。到位资金7.8亿美元。杭州汇金国际大厦入驻企业基金管理规模突破800亿元。举办“数智武林”院士论坛、“全国双创活动周”下城分会场等活动，成立政府产业基金创投联盟。年内，下城区新认定国家高新技术企业60家、省级科技型中小企业93家，新增国家级众创空间和科技企业孵化器5家。

【传统产业数字化改造加快】 2019年，下城区加快传统产业与数字经济深度融合，推动企业转型升级。发布区十大新零售业态，举办浙江国际进口（武林洋淘）博览会、休闲购物节、车享节等活动。实施新制造业计划，出台创新型产业用地政策实施细则，杭州汽轮机股份有限公司5G智能制造创新实验室成为全国首批5G工业互联网项目，全年新增“上云”企业1265家，累计6484家。推进“机器换人”和“工厂物联网”项目建设，完成数字化改造“机器换人”项目13个和“工厂物联网”项目4个。全区24家规模以上工业企业中，实施各类数字化改造企业20家，覆盖率83%。创新中国产业园和人力资源服务产业园税收分别为2.43亿元和2.51亿元。

【区块链服务网络全球运维中心落户下城】 2019年10月15日，国家信息中心智慧城市发展中心、中国移动通信集团设计院有限公司、中国银联股份有限公司、中移金融科技有限公司、中国移动通信有限公司政企客户分公司、北京红枣科技有限公司6个单位，在北京发布跨公网、跨地域、跨机构的区块链服务网络（BSN）测试网。该网络为基于联盟链技术，提供可以低成本开发、部署、运维、互通和监管联盟链应用的公共基础设施网络。12月1日，由国家信息中心、中国移动通信集团有限公司、中国银联股份有限公司等发起的区块链服务网络发展联盟首次全体成员大会在杭州召开。会上，区块链服务网络（BSN）助力社会治理和杭州“城市大脑”下城平台试点启动，

BSN全球运维中心、全球合作伙伴大会永久会址落户下城。大会宣布BSN发展联盟成立，首批成员为中国联合网络通信有限公司、中国电信集团公司、人民网、火币中国总部等14个单位。

【浙江集商优选电子商务有限公司】 浙江集商优选电子商务有限公司成立于2016年4月，注册资本1000万元，注册地为下城区新天地商务中心，在深圳、合肥分别设有研发、客服中心。公司为国家高新技术企业，开发的“云集”电商平台通过云端资源共享，提供商品、物流、IT、培训、售后等服务。公司致力于“精选”供应链策略及社交“爆款”营销策略，为超过5210万个注册用户提供特色服务。2018年4月，公司完成1.2亿美元B轮融资，成为社交电商行业“独角兽”企业。2019年5月3日，浙江集商优选电子商务有限公司旗下电商平台“云集”正式在美国纳斯达克挂牌上市，成为“中国会员电商第一股”。2019年末，在“云集”平台注册会员超过1380万个，网站成交金额（GMV）超过350亿元。“云集”把社交和电商结合在一起，赋能会员群体利用互联网进行社交零售，打造基于社交的网上精品会员超市。

【浙江仟和网络科技有限公司】 浙江仟和网络有限公司成立于2015年11月，注册资金2亿美元，有科研场所2000平方米，技术人员151人，获得软件著作权27项、发明专利1项、外观专利2项，受理发明专利5项。公司品牌——“点我达”是一家众包模式的即时物流平台，致力于末端即时物流服务，以众包共享模式，为用户提供直接从门到门的快速、准时、可信赖的物品送达服务。“点我达”在即时物流行业排名前列。业务范围覆盖全国350多个城市，平台注册骑手超过400万人，为250万户商家和1.5亿消费者提供即时配送服务。先后获蚂蚁科技集团股份有限公司、创新工场、阿里巴巴集团、菜鸟网络科技有限公司等企业战略投资和资金注入。2018年7月，“点我达”获菜鸟网络科技有限公司的众包业务和其他业务资源及2.9亿美元现金战略投资，成为即时物流领域最大的一笔融资。2019年，“点我达”服务覆盖下城区生活服务中的各种业务场景，包括外卖、快递末端揽派、鲜花蛋糕和门店发货等新零售配送。

（王晓斌）

楼宇经济

【概况】 2019年，下城区完善优惠政策，加强楼宇社区建设，加快楼宇经济发展。通过开发、出售或出租楼宇引进各类企业，扩大财税来源，带动全区经济快速发展。全年新增商务楼宇面积5.34万平方米，新增入驻企业280家，实现楼宇税收95.96亿元（不含金融楼宇）。年末，全区有统计范围内楼宇125幢，面积274万平方米。其中全口径税收超过1亿元楼宇55幢，新增1亿元楼宇1幢，超过10亿元楼宇3幢（包括金融楼宇）。楼宇入驻企业7589家，比上年增加259家，楼宇平均入驻率92.0%。税收贡献率3047元/平方米，每平方米增加63.87元。

【金融楼宇】 2019年，下城区有金融楼宇25幢，其中天水街道有广发银行大厦、省经贸广场、标力大厦、金都杰地大厦、元通大厦、百井大厦、浙信大楼7幢，全年分别实现税收5.72亿元、3.25亿元、1.5亿元、1.4亿元、1.04亿元、3942.28万元、2260.42万元。武林街道有浙商银行综合楼、中国进出口银行杭州总部大楼、杭州嘉里中心、浙江中银大厦、杭州太平洋保险公司大楼、广利大厦6幢，分别实现税收73.89亿元、3.88亿元、2.13亿元、1.78亿元、1.52亿元、1.1亿元。长庆街道有中国工商银行浙江省分行营业部大楼、凯喜雅大厦、农业银行大厦3幢，分别实现税收10.81亿元、1.4亿元、1.37亿元。潮鸣街道有杭州银行大厦、省农业银行营业部大楼、兴业银行大厦、三瑞大厦、华源发展大厦、人保大厦、云天财富中心、河滨商务楼8幢，分别实现税收27.81亿元、5.33亿元、4.92亿元、2.97亿元、2.96亿元、2.1亿元、1.68亿元、209.43万元。东新街道有浙江三立时代广场1幢金融楼宇，实现税收6.09亿元。

【楼宇经济政策扶持】 2019年，下城区为优化服务效能、打造高能级平台集聚区，出台一系列政策支持品质楼宇建设。对经营建筑面积1万平方米以上、落户下城区的企业入驻率和注册率均在60%以上的新建商务楼宇，自符合条件年度起3年内，按楼宇所有入驻企业当年形成地方财力的5%给予楼宇运营主体资助。鼓励平台培育形成特色产业，对落户下城区的企业入驻率和注册率均在70%以上的新建商务楼宇，其同一产业的企业数量在80%以上或同一产业形成地方财力占80%以上时，自符合条件的年度起两年内，对平台运营主体按形成特色产业的所有入驻企业当年形成地方财力（已享受政策的除外）的10%给予资助。支持平台形成引擎效应，根据效益产出和管理服务硬件配套情况定期评选表彰最佳楼宇、园区运营商（具体考核办法另行制定）。经认定为市级、区级文创特色楼宇的，分别给予10万元、5万元的一次性奖励。通过用好经济发展“1+7”政策中有关楼宇经济的扶持政策，为楼宇经济发展营造良好的氛围和环境。年末，辖区浙商银行综合楼、杭州银行大厦、中国工商银行浙江省分行营业部等55幢税收超过1亿元的楼宇发展能级提升。其中，凯喜雅大厦获下城区第六批“文化创意产业特色楼宇”称号，浙江三立时代广场、省外经贸广场、汇金国际大厦等10幢楼宇获“2019年度下城区楼宇经济贡献企业奖”。

【楼宇社区建设】 2019年，下城区8个街道有楼宇社区22个。其中，天水街道有坤和、延安2个楼宇社区，全年实现全口径税收36.25亿元，税收超过1亿元楼宇11幢；武林街道有广利、中北、武林、环西4个楼宇社区，全年实现全口径税收98.21亿元，税收超过1亿元楼宇10幢；长庆街道有嘉德、永通2个楼宇社区，全年实现全口径税收23.19亿元，税收超过1亿元楼宇8幢；潮鸣街道有凤起、庆春、环北3个楼宇社区，全年实现全口径税收54.39亿元，税收超过1亿元楼宇9幢；朝晖街道有环球、朝晖路、武林时代3个楼宇社区，全年实现全口径税收11.87亿元，税收超过1亿元楼宇8幢；文晖街道有江南、现代2个楼宇社区，全年实现全口径税收5.90亿元，税收超过1亿元楼宇2幢；东新街道有三立、华洲、星火、中国人力资源服务产业园4个楼宇社区，全年实现全口径税收18.32亿元，税收超过1亿元楼4幢；石桥街道有中大银泰、电竞数娱小镇2个楼宇社区，全年实现全口径税收6.8亿元，税收超过1亿元楼宇3幢。

【楼宇社区服务】 2019年，下城区实施规模以上楼宇社区党建“红色纽带”工程，建立“智慧服务”创新服务机制和服务模式，以党建引领楼宇经济发展。完善各街道“一楼六员七人”（楼宇指导员、楼宇招商员、楼宇管理员、楼宇安全员、楼宇办事员、楼宇联络员）制，加强对楼宇社区管理，提升服务实效。完善“三位一体”（楼宇社区综合党委、楼宇社区综合服务中心、楼宇社区促进会）的楼宇社区组织框架体系，提高楼宇社区自治能力。开展企业服务平台进楼宇试点，通过企业移动端形成大数据支撑、内外网互联的服务闭环，以“1Call”模式打通政府与企业沟通“最后一公里”，为楼宇企业提供全方位一站式综合服务，实现政府、企业、个人“零距离”对接。（洪　璐）

商贸服务业

【概况】 2019年，下城区商贸服务业在经济新常态下稳步增长，全区社会消费品零售总额534.87亿元，比上年增长8.5%。辖区内商贸综合体发展迅速，有正式开业商贸综合体9个，营业总面积50.43万平方米。大中型超市、便利连锁超市协同发展，其中营业面积2500平方米以上的大型超市8个，营业总面积12.08万平方米。有农贸市场22个，经营面积5.22万平方米。专业市场9个，经营面积15.64万平方米。完成朝晖六区农贸市场、绿合现代景苑农贸市场、凤起农副产品交易市场等9个农贸市场提升改造。建成孩儿巷再生资源回收网点、艮园小区东园公园再生资源回收网点、石桥路沈家一组回收网点等110个再生资源标准化回收网点。全区特色街建设有序推进，取得国字号认证的特色街3条，分别为武林路国际商业街、杭州中国丝绸城和绍兴路汽车文化精品街，街区总长度4140米，总面积16.5万平方米。武林路、绍兴路特色街区全面提升改造，杭州中国丝绸城被列为12条省级高品质步行街试点。对外贸易面对复杂的全球经济环境，大力拓展国际市场。组织辖区企业参加第二届中国进口博览会、中国华东进出口商品交易会、中国出口商品交易会等境内外展会，扩大重点企业、重点产品出口市场。帮助企业申请产品认证，推进“订单+清单”监测预警系统建设，实现订单信息填报“外贸企业全上线、涉美企业全覆盖”。全区外贸进出口总额345.99亿元，比上年下降1.6%。其中：出口总额187.80亿元，增长2.8%；进口总额158.19亿元，下降6.4%。服务贸易出口13.13亿美元，增长22.3%。跨境电子商务出口9.2亿美元，完成市下达计划的106.3%。新增境外投资项目13个，完成境外投资5388.74万美元，完成市下达计划的53.9%。

【武林商圈业态提升】2019年，下城区围绕中央商务区建设，在武林商圈2.5平方千米范围内，通过提质扩容、搭建平台，引导消费进一步升级。举行“武林商圈十大新零售业态抖音挑战赛”“下城区十大新零售业态发布会（第一季）”等活动，带动消费品市场销售快速增长。通过打造延安路（北段）的“夜景长卷”，推进武林商圈夜间经济发展。业态引育持续发力。“盒马鲜生”“淘宝腔调Tao style”等新零售业态不断入驻；“每日优鲜”、中国免税品（集团）等项目相继落地；“七号巴士”、肯德基（红绿餐厅）等新零售杭州首店落户下城。国大城市广场首店率超过40%，武林银泰21个品牌成为全国单柜销量冠军，为武林商圈业态提升注入新动力。

【特色街区转型升级】2019年，下城区推进武林路、绍兴路、丝绸城等特色街区提升改造。延安路（下城段）国际化商业大街街区互联互通、景观亮灯等工作有序推进，业态调整步伐进一步加快，梳理沿街空置商铺及国有控股物业，挖掘商业空间。各综合体和商业街区挖掘“楽楽茶”“猩猩健身”等新消费业态20多个。与“口碑”“抖音”“今日头条”等新媒体开展合作，通过各类互动活动，扩大新业态的知名度和影响力。全年特色街区举办各类促销活动70多次，全面促进市场流通和消费活跃。其中“武林商圈go购够”微话题突破2.2亿次的播放量，吸引关注人数3.4万人。

【电子商务发展向好】2019年，下城区进一步推广电子商务应用技能，主动与移动互联网新技术、新业态和新模式对接，组团参加第六届中国（国际）电子商务博览会，以“整体宣传+企业演示+互动体验”的方式，全面展现下城商贸发展及推进新零售方面的举措和成就。开展电子商务扶贫工作，云集电商平台以农民带头人研修班学员为基础，联合浙江每日优鲜电子商务有限公司等电商企业、百世汇通有限公司等快递物流企业、浙江天祥检测技术有限公司等农业服务企业，发起成立“新农人创新与发展专业委员会”，致力于为新农民带头人群体提供品牌设计、冷链物流和产销对接等服务。

【3家企业成为省级供应链创新与应用试点企业】2019年4月1日，杭州华东医药股份有限公司、浙江国贸云商控股有限公司、浙江英特物流有限公司被确定为省级供应链创新与应用试点企业。该试点旨在通过创新发展产业供应链、大力发展绿色供应链、积极融入全球供应链、构建供应链质量促进体系、规范发展供应链金融、探索供应链政府公共服务和治理新模式六大任务，推动形成完整高效的产业供应链体系。1月3日，杭州联华华商集团有限公司、杭州千一运输有限公司被确定为市级供应链试点企业。

2019年下城区大型商贸综合体分布情况

表4

序号	大型商贸综合体	所属街道	地　址	营业面积（万平方米）
1	杭州大厦有限公司（含地下商城）	天水街道	武林广场21号	20.5
2	浙江银泰百货武林店	天水街道	延安路530号	4.5
3	百大集团股份有限公司杭州百货大楼	天水街道	延安路546号	4.2
4	杭州银耀百货有限公司（银泰西湖文化广场店）	朝晖街道	西湖文化广场18号	3.0

续表4

序号	大型商贸综合体	所属街道	地　址	营业面积（万平方米）
5	杭州嘉里中心	武林街道	延安路353号	9.3
6	杭州国大城市广场	天水街道	延安路609号	6.0
7	杭州中大银泰城	东新街道	东新路822号	8.3
8	杭州G193华盛达时代中心	石桥街道	长浜路988号	3.1
9	杭州新天地购物中心	石桥街道	长浜路718号	10.7

2019年下城区大型超市分布情况

表5

序号	大型超市	所属街道	地　址	营业面积（平方米）
1	杭州永丰大润发超市有限公司	石桥街道	石桥路399号	12 050
2	杭州顶仁乐购超市有限公司	东新街道	德胜路28号	8 402
3	华润万家生活超市（浙江）有限公司杭州施家桥店	朝晖街道	朝晖路142号	5 532
4	杭州物美东荇百货有限公司	东新街道	东新路655号西联广场	10 920
5	杭州宝能百货零售有限公司新天地分店	东新街道	东文街86号森望地下商城B1层	9 516
6	世纪联华（杭州和平广场店）	东新街道	东新路155号和平家私城1-3层	39 183
7	世纪联华（杭州庆春店）	长庆街道	庆春路86号	18 640
8	世纪联华（杭州西湖文化广场店）	朝晖街道	西胡文化广场1号B1、B2层	16 349

2019年下城区农贸市场分布情况

表6

序号	农贸市场	所属街道	地　址	营业面积（平方米）
1	杭州万寿亭农贸市场	天水街道	武林桥河下24号	4 343
2	杭州屏风街农贸市场	天水街道	玄坛公寓1-2幢一层	1 240
3	杭州仙林苑农贸市场	武林街道	仙林桥直街6号	2 500
4	杭州新华路农副产品市场	长庆街道	青春坊22幢	980
5	浙江中江农贸市场	潮鸣街道	莫衙营122-2号	500
6	杭州刀茅巷农贸市场	潮鸣街道	刀茅巷91号	1 900
7	杭州朝晖二区农副产品综合市场	朝晖街道	朝晖二区26幢	942
8	杭州朝晖四六小区农贸市场	朝晖街道	朝晖四六小区21-3号	1 000
9	浙江中河农副产品综合市场	朝晖街道	施家花园19-20号	841
10	杭州长板巷农副产品综合市场	朝晖街道	朝晖九区76幢	1 060
11	杭州朝晖农副产品综合市场	朝晖街道	集市街33号	2 000
12	杭州打铁关农贸市场	文晖街道	东新路51号	1 842

续表6

序号	农贸市场	所属街道	地　址	营业面积（平方米）
13	杭州艮山农副产品市场	文晖街道	京都苑18幢1室	1 582.7
14	杭州新三里家园农贸市场	文晖街道	三里家园25幢	1 350
15	杭州西文农贸市场	东新街道	白石巷418号	550
16	杭州东新农贸市场	东新街道	电信巷8号	1 000
17	杭州三塘农副产品综合市场	东新街道	香积寺路115号	2 500
18	杭州东新苑农贸市场	东新街道	香积寺东路33号	1 470
19	杭州灯塔农副产品市场	东新街道	颜三路158号	1 595
20	杭州华丰农贸市场	石桥街道	华丰路296号-5号	2 000
21	杭州杨家村农产品交易市场	石桥街道	石祥东路1559号	18 000
22	杭州北景园农贸市场	石桥街道	北景园中心广场A楼一层	3 000

2019年下城区专业市场分布情况

表7

序号	专业市场	所属街道	地　址	营业面积（平方米）
1	杭州都锦生实业有限公司鞋革批发中心	武林街道	武林路163号	12 000
2	杭州中国丝绸城	长庆街道	新华路266号7楼	20 000
3	杭州环北小商品市场	长庆街道	凤起路287号、291号	45 000
4	杭州乐意丝绸面料市场	东新街道	德胜路28号	2 030
5	杭州家私市场	东新街道	东新路839号	14 000
6	杭州德胜食品市场	东新街道	德胜路28号	4 030
7	浙江省工业品市场	东新街道	东新路728号	35 800
8	浙江浙金钢材现货市场	东新街道	绍兴路116号	5 000
9	杭州半山旧货交易市场	石桥街道	临丁路2011号	13 578

【国际市场开拓】 2019年，下城区支持重点企业开拓国际市场，指导企业做好外贸展会参展工作，组织100多家企业参加华东进出口商品交易会、中国进出口商品交易会、土耳其（中国）产品贸易展、波兰（中国）产品贸易展、南非（中国）产品贸易展、埃及（中国）产品贸易展等境内外重点展会，设摊位350多个，帮助企业开拓国际市场，重点开拓“一带一路”沿线新兴市场。下城区出口产品以家具、礼品、建材为主。鼓励企业自发参加中国国际休闲产业博览会、中国—中东欧国家投资贸易博览会、中国消费品（俄罗斯）品牌展、中国机械电子（阿尔及利亚）品牌展、中国（上海）国际技术进出口交易会、中国（北京）国际服务贸易交易会、杭州“一带一路”服务贸易（波兰）博览会等境内外专业展会，降低企业开拓海外市场的信息成本，提升企业参加各种展会的实效。

【外经贸发展政策扶持】 2019年，下城区围绕区产业发展重点，积极落实国家和省、市外经贸扶持政策，为74家外贸企业拨付中央外经贸发展专项资金补助178万元，为3家外贸企业拨付中央外贸

2019年10月15日至11月4日，区商务局组织区内40多家外贸企业参加中国进出口商品交易会
（区商务局 供稿）

发展专项资金（外贸综合服务企业补助）180万元，为23家外贸企业申报杭州市外贸发展资金补助130.43万元，为3家服务贸易企业拨付中央外贸发展专项资金（服务外包业务和技术出口项目）补助293.49万元。下城区数字经济产业园获评杭州市服务贸易示范园区。中国联合工程公司、杭州泛远国际物流股份有限公司和杭州越华国际货物代理有限公司获评杭州服务贸易示范企业。浙江中智经济技术服务有限公司获评杭州服务贸易成长型企业。

【外经贸企业服务】 2019年，下城区健全外经贸企业数据库，依托信息化手段加强对辖区内582家外贸企业和185家服务贸易企业服务指导。加大对区内150家重点外经贸企业走访力度，协助解决外贸企业货物通关、出口退税、银行授信、信用保险等方面问题。举办全区外贸业务培训会，邀请省外贸服务中心、市贸易促进会、中国出口信用保险公司、中国银行、杭州市中小商贸流通企业服务有限公司等单位，为近300家外贸企业进行业务辅导和政策讲解，助力外贸企业拓展国际业务。组织区内20多家企业负责人和业务骨干参加杭州市服务贸易高级人才培训班和数据驱动企业转型升级高级研修班，助推服务贸易市场主体和数据驱动企业转型发展。 （洪 璐）

文化创意产业

【概况】 2019年，下城区文化创意产业抓住“实施长三角一体化发展国家战略”的重要机遇期，围绕“高品质发展、高质量生活，纵深推进全域中央商务区建设，奋力打造世界名城一流核心城区”的目标任务，以全域推进为方向，以数字创新为引擎，以高端集聚为路径，以开放发展为特色，高点定位、高位谋划、高效推动，努力提升新时代文创产业发展增长极和核心竞争力，推进文创产业科学健康持续发展，为全区经济转型升级提供坚实的文化保证与产业支撑。全年实现文化创意产业增加值166.08亿元，比上年增长12.0%；限额以上文创企业主营业务收入714.0亿元，增长16.7%；利润总额27.0亿元，增长11.1%；文化创意产业从业人员9.09万人，增长3.5%。全区限额以上文创企业317家。浙江日报报业集团、杭州日报报业集团获评“2019世界媒体500强”；浙江出版联合集团有限公司、浙报传媒控股集团有限公司连续多年入选“全国文化企业30强”；浙江出版联合集团有限公司获评“2019—2020年度国家文化出口重点企业”；浙报传媒控股集团有限公司被认定为“国家文化和科技融合示范基地”；杭州磨铁有狐文化传播有限公司签约作家的作品《绝顶》获第十六届中国动漫金龙奖最佳漫画编剧奖。浙江蓝巨星国际传媒有限公司等5家企业入选第四批浙江省成长型文化企业，杭州宗师影视传媒有限公司制作的电影《昆的故事》入选杭州市文化精品工程扶持项目。

【推进文化创意产业国际化】 2019年，下城区完善项目管理机制，出台《关于推进下城区文化创意产业重大项目的实施意见》《下城区文化创意产业重大项目管理办法》，制订年度项目推进计划，进一步完善“三定”责任、联络沟通、绩效评估等机制，推出全区文创产业重大项目每月通报、每季例会制度。有序推进武林美术馆、新天地“太阳马戏”秀场、武林路国际音乐街区等“9+3”省级、区级文创产业重大项目，提升下城区文创产业整体实力。围绕杭州市打造“中国演艺之都”目标，加快培育数字演艺新业态，打造具有下城特色的“国际化演艺”金名片。8月9日，“国际级文化IP”“太阳马戏”亚洲唯一驻场秀《X绮幻之境》首演。举办以引入、演绎国际知名剧目为主要内容的“大船文化·国际戏剧节”，全年在北京、上海等全国55个城市举办巡演活动450多场，其中杭州地区78场。在武林路国际音乐街区举办“2019之江国际青年艺术周校园歌手走进武林路国际音乐街区专场演出”等音乐演艺活动。

【优质文创品牌创建】 2019年，下城区加大文创品牌推介力度，加强展示平台建设。举办第十三届中国国际女装设计大奖赛，提升“下城设计”国际影响力。来自12个国家和地区近900件作品参赛。连续10年举办中国国际动漫节南宋御街中北创意街区分会场暨彩车巡游活动，每年观众达5万人次，中央电视台、“爱奇艺”视频播放平台全程直播彩车巡游活动盛况。在第十三届杭州文化创意产业博览会上，下城区独立展馆以“下城演艺，联结世界”为主题，创新展示演艺作为下城区文创产业的新兴业态和融于生活、走向国际的发展成果。杭州经纬天地创意产业园开办“经纬创业大讲堂”26期。下城区与西泠印社联合举办“西泠艺苑国学馆”公益讲座6场、常规课程1560节，参加听讲超过1万人次。实施国际项目“引进来”，成功引进加拿大“太阳马戏”、百老汇互动亲子科学剧、法国艺术启蒙魔术剧、德国原版绘本启蒙交响音乐会、西班牙多媒体动画创意剧等国际品牌项目。在杭锅老厂房连续5年协办全球性设计管理峰会“亚洲设计管理论坛暨生活创新展”，从国际视角把脉文创产业发展趋势。支持特色品牌“走出去”，加强文创产业国际交流、合作。由国家一级编剧、剧作家余青峰担任总策划、总监制，浙江允中也文化传媒有限公司出品的黄梅戏《薛郎归》，在韩国第十五届光州和平国际戏剧节、大田国际小剧场艺术节演出，获评最佳剧目奖。推进中国传统文化传播，凯喜雅丝绸入选中俄建交70周年和中华人民共和国成立70周年“国礼”，杭州王星记扇业有限公司先后到西班牙、美国开展工艺大师技艺展示。杭州十竹斋艺术馆馆长魏立中到英国、德国进行文化推广交流，分别在英国牛津大学阿什莫林博物馆、王储基金会传统艺术学院、伦敦亚洲之家画廊、大英图书馆和德国基尔市等地设艺术展。

2019年10月29日，“新天地之夜”——第十三届中国国际女装设计大奖赛总决赛暨颁奖晚会在杭州新天地活力PARK星光文化广场举行（区委宣传部　供稿）

【文化创意产业扶持力度加大】 2019年，下城区优化政策环境，加大产业扶持力度。发挥浙江省文化产业发展专项资金作用，制定出台《下城区统筹使用浙江省文化产业发展专项资金的管理办法》，开展2019年度下城区关于省文化产业发展专项资金扶持项目申报、评审，立项扶持项目15个。完成2018年度下城区文创竞争性分配资金扶持项目申报、评审，立项项目27个，并做好区级配套资金扶持和兑现工作。组织申报2019年市文创资金扶持项目和动漫专项资金补助项目，16个项目入选。开展区第六批文创园区、楼宇申报认定工作，运河·北岸文化街区、武林路9号音乐街区两个园区被认定为第六批下城区文化创意产业园区，凯喜雅大厦、中国（杭州）互联网影视产业园两个楼宇被认定为第六批下城区文化创意产业特色楼宇。深化产业分析调研，完善服务体系，走访杭州经纬天地创意产业园、杭州新天地太阳文化演艺有限公司等园区、企业63家次。完成《下城区文化创意产业新业态培育和精准扶持政策探析》《下城区打造特色演艺产业的探索与思考》《2018年度下城区文化创意产业发展研究报告》等调研报告及文化创意产业发展分析报告。完善区、街道、企业文创工作联系人制度，构建网格化服务网络，对重点文创企业、文创项目实行定人定责动态管理与服务。开展招商引资，为企业和文创园区、楼宇牵线搭桥，促成文创企业加快入驻园区、楼宇。

【文化创意产业人才培育】 2019年，下城区优化人才培育机制，开展多渠道、多载体的人才培训、研讨交流活动。举办区文创企业家创新发展研讨会，30多位专家、文创企业家参加，共同探讨新时代下城文创产业创新发展路径。组织、推荐10多名企业家参加杭州市文创领军人才培养班、“创意引擎”研学营、杭州市文创班孵化工程暨青年文创企业家培养班等文创人才培养项目。加强文创人才智库建设，成立文创产业专家咨询委员会，为文创产业发展提供政策建议、业务咨询和学术支撑。实施市全球引才“521”计划，开展市杰出人才、区伯乐企业与杰出人才等人才项目的组织申报。杭州经纬天地创意产业园董事长叶文获“光华龙腾奖·中华人民共和国成立70周年浙江设计70人”奖，浙江小巷三寻文化创意发展有限公司董事长郑芬兰入选“下城工匠”，杭州王星记扇业有限公司入选区“伯乐企业”。浙江允中也文化传媒有限公司与区委宣传部联合出品的歌曲《太阳和祖国》入选杭州市第十四届精神文明建设“五个一”工程。完善新引进文创企业文创人才随访制度，及时更新下城区文创企业家名录库，进一步完善文创人才联系服务机制，全年走访文创人才10多人。（程细雨）

文旅产业

【概况】 2019年，下城区以“文旅融合”元年为契机，聚焦文旅发展目标任务，推进文旅资源产品高质量供给和文旅产品业态创新，提升文化旅游企业发展质量。依托南部武林商圈、中部“武林之星”、北部跨贸小镇和电竞数娱小镇，打造一条贯穿下城区南北部的旅游中轴线。南部以2.5平方千米的武林商圈为核心，加快建设商旅文高度融合的购物旅游聚集区。中部以“武林之星”项目为核心，着力推进以工业遗存为依托，国际城市博览中心为主题，集艺术、影视、游乐、健身、美食、购物、会展、酒店于一体的国际旅游综合体建设。北部以跨贸小镇和电竞数娱小镇为核心，推出“太阳马戏”亚洲唯一驻场秀《X绮幻之境》，打造异域文化、潮流文化和体验文化相结合的特色产业集聚区。举办文旅爵士音乐节等大型演艺活动，支持“太阳马戏”、OT酒吧等品牌演艺企业做优做强，引导杭州创意投资有限公司、杭州怀德文化发展有限公司等企业申报现代服务业旅游专项补助，激发特色旅游行业发展潜力。

【文旅融合金名片打造】 2019年，下城区跨贸小镇国家AAA级旅游景区通过年度全市A级旅游景区复核，“太阳马戏”亚洲唯一驻场秀《X绮幻之境》组织公演，新天地区块蜕变成工业遗存风貌和现代潮文化有机融合的国际街区，成为杭州夜间文旅消费新名片。依托武林文化长廊和下城文化产业发展项目，加快推进丝绸城特色街区、“武林之星”、电竞数娱小镇等储备文旅项目升级换代，整合周边吃、住、游、购、娱五大层面的旅游资源，充分发挥旅游项目集聚效应，通过以点带面，加快下城文化旅游产业向旅游观光、文化体验、休闲购物“三位一体”发展。组织赴深圳、青海等地开展文化走亲暨旅游推介活动，赴福州、重庆、贵阳、南京、汕头等地开展旅游促销，推介下城区都市旅游资源，全年举办旅游促销推介活动38场。推进交流合作共赢发展。举办“全民健身日都市旅游定向赛”，作为文旅融合示范项目进行推广。

【特色旅游产品推广】 2019年，下城区打破“下城无旅游”的思维定式，加强特色旅游产品项目研

2019年4月26日，下城区举办"遇见·下城"旅游推介会暨"美丽街巷"开街仪式
（区文广旅体局　供稿）

究，提出发挥辖区产业优势，突出展现辖区文化特色，建设杭州"都市旅游首选地"的新思路。根据群众旅游习惯和需求，围绕核心景点景区，打造推出"夜游武林""文化风情""时尚潮购""寻味街巷"4条都市旅游专线，将下城文化旅游资源串珠成链。4月26日，下城区举办"遇见·下城"旅游推介会暨"美丽街巷"开街仪式，推介会以"都市乐游、寻味街巷"为主题，通过旅游推介、开街仪式、市集活动等，展现下城区都市旅游新形象，推介活动获副市长陈国妹批示肯定。区文广旅体局发起征集全区范围文旅观光、舌尖美食、摄影胜地等七大类别"网红打卡点暨拍摄取景地"，将其推介至深圳、汕头、福州、重庆、贵州等地，扩大下城旅游影响力。

【"文旅+"产业发展】 2019年，下城区"文旅+"产业不断融合。西泠印社等3个单位获评市级研学旅行基地；杭州都锦生实业有限公司、广兴堂国医馆、杭州王星记扇业有限公司、杭州市刀茅巷小学口琴博物馆4个单位被列为社会资源国际旅游示范访问点；下城区老干部大学被列为社会资源国际旅游推荐访问点。广兴堂国医馆通过省级中医药养生旅游基地验收；王星记扇艺、都锦生织锦技艺等非物质文化遗产进一步融入文旅产业，成为下城区文旅产业融合的新模式。

【文旅产业智慧化升级】 2019年，下城区依托"城市大脑下城文旅大数据"平台建设，开通下城数字旅游专线，方便游客快速查询附近景点、餐厅、购物等配套设施，了解各类游玩信息。浙江大酒店等25个酒店实现30秒入住、10秒退房，"太阳马戏"等旅游景点实现20秒扫码入园的便捷服务。新天地示范区实现"城市大脑"文旅场景全方位呈现。下城区探索旅游大数据分析，实时监测旅游客流、旅游消费、酒店入住、旅游舆情、旅游交通等情况，对游客人次、旅游消费数据、旅游住宿评价等情况进行具体分析，实现文化旅游资源社会共享。通过全方位、数字化旅游服务，为游客的旅游出行智慧护航，打响下城都市旅游智慧化品牌。（马　珊）

16 工　业

综　述

【概况】 2019年，下城区有规模以上工业企业23家，小微企业园4个。全区持续实施数字经济发展行动计划，依托服务发展、服务决策、服务群众“三服务”活动、特色工业产业园区提升工程和传统工业企业转型升级行动，加强与重点工业企业对接，向工业企业派驻政府事务代办员。落实减税降费政策，支持辖区企业健康发展。组织391家企业申报“直购电”，加快清理拖欠民营企业账款，抓紧兑现助推工业经济发展各项专项资金1350万元，返还188家工业企业社保费2489万元。全区工业经济总体平稳，稳中有优。全年工业总产值52.14亿元，比上年下降13.2%。其中，规模以上工业企业（下同）总产值43.37亿元，下降15.8%。工业增加值14.39亿元，下降5.9%。其中规模以上工业增加值9.83亿元，下降8.5%。规模以上工业销售产值44.41亿元，下降15.2%。新产品产值20.11亿元，下降14.5%。新产品产值率46.4%。完成利润3.98亿元，下降18.1%。工业投资1.54亿元，增长17.6%。

【小微企业园建设】 2019年，下城区加快推进小微企业园区建设。编制完成《下城区小微企业园高质量发展五年规划》并通过省级审核。年内，杭州经纬天地创意产业园、下城区电子商务产业园、长城F317创意产业园、创新中国产业园博济分园4个小微企业园全部完成园区信息网上登记并通过省级第一批小微企业园名单审核认定。加大对重点小微园区培养力度，推荐杭州经纬天地创意投资有限公司申报浙江省中小企业公共服务示范平台。年末，全区纳入省经济信息化系统管理的小微企业园厂房建筑面积20.6万平方米，有入驻小微企业700多家。为企业提供信息和“两化”融合服务、创业辅导咨询、技术创新支持、人力资源引进和培训等服务。

【工业节能降耗】 2019年，下城区围绕“节能降耗，绿色发展”主题，持续压降能源消耗，发展循环经济，重点企业万元GDP能耗下降。推进清洁生产和资源综合利用，对重点能源企业实施目标责任评价考核。杭州汽轮机集团有限公司完善基础设施建设，优化能源资源投入，减少污染排放。全年全区单位GDP能耗降低4.01%。全区开展节能政策、节能技术、节能先进设备和节能先进典型宣传，推进企业完成清洁能源替代。

（鲁　剑）

工业企业转型升级

【概况】 2019年，下城区开展工业企业升级行动，建立“小升规”企业培育库，开展符合上规模工业企业摸底，对入库工业企业进行政策扶植。实施“企业上云”专项行动，新增“上云”工业企业1256家。加快工业企业产业数字化改造步伐，推荐杭州汽轮机股份有限公司列入市制造业数字化攻关企业名录，全年完成“机器换人”项目13个和“工厂物联网”项目1个，规模以上工业企业数字化改造

杭州汽轮机股份有限公司厂区　（石桥街道　供稿）

覆盖率85.0%，超额完成市下达的目标任务。加大工业企业挖潜增效力度，全年新增技改项目4个，增加工业投资2300万元。

【杭汽轮公司5G智能制造创新实验室成立】 2019年3月25日，杭州汽轮机集团有限公司（简称杭汽轮公司）依托华为技术有限公司、中国移动通信集团浙江有限公司成立5G离散型智能制造创新实验室。5G技术为企业互联网提供10G以上的峰值速率、毫秒级的传输时延、千亿级的连接能力和纳秒级的高同步精度，开启人机深度交互、万物广泛互联的新时代，为制造业提质增效和实体经济转型升级注入新的活力。5G智能制造创新实验室通过5G网络覆盖和终端产品与杭汽轮公司应用场景、需求的对接，结合第三方软件开发商的资源和能力，以及华为技术有限公司等通信设备制造商的技术支持，为装备制造业高质量发展增加新的推动力。

【杭州人本轴承公司完成技改投资1400万元】 2019年，杭州人本电机轴承有限公司（简称杭州人本轴承公司）投资1480万元，实施大中型高端新能源电机轴承技改项目。项目采用智能搬运、机械手自动上下物料、磨超装一体连线、高于国标的人本内控技术和工艺。根据技改项目需要，该公司购置进口和国产设备124台，设备包括数控轴承内圈沟磨床、全自动双面震动噪音检查机、全自动轴承内圈沟道超精机等技改。项目完成后，杭州人本轴承公司将形成年产100万套中大型高端新能源电机轴承的生产能力，新产品具有精度高、一致性强、性能稳定、噪音小、噪音寿命长等特点，可增加销售收入4200万元，利税800万元。产品广泛应用于电梯行业、高端电机行业、风机、变速箱等领域。

（鲁　剑）

杭州人本轴承有限公司　（石桥街道　供稿）

17 特色产业园（街区）

中国杭州人力资源服务产业园

【概况】2019年，中国杭州人力资源服务产业园（简称产业园）按照“政府引导、社会参与、企业投资、市场运作”的原则，采取政企结合的管理模式，由区人力社保局、属地街道、产业园业主三方共同负责产业园管理运营事务。产业园以立足杭州、服务浙江、融入长三角、辐射全国、链接世界为目标，全力打造人力资源配置高地。年内，产业园集聚斯坦顿大通国际咨询公司、万宝盛华人力资源（中国）有限公司、浙江中智人力资源公司、千汇人力资源有限公司等各类机构142个，业务涵盖人力资源招聘、人才派遣、高级人才寻访、人力资源外包、人力资源培训、人才测评、人力资源管理咨询、人力资源信息软件服务等领域，形成完整的人力资源服务产业链。产业园7个人力资源服务机构入选省重点培育机构名单，2个单位服务项目获杭州市人力资源服务创新项目优秀奖，10个单位代表参加杭州市人力资源服务领军人才研修班。产业园在杭州越都商务大厦设立首个分园区，空间布局实现从“一幢楼”向“一核多点”发展。全年产业园实现产值143亿元，比上年增长5.14%；实现税收2.51亿元，增长18.4%。

【国际人力资源峰会】2019年6月27日，中国杭州国际人力资源峰会在下城区举行，人力社保部人力资源流动管理司副司长孙晓丽，浙江省委组织部副部长、省人力社保厅厅长鲁俊，杭州市委常委、组织部部长毛溪浩等领导出席。峰会邀请来自美国、德国、瑞士等国家20位具有国际影响力的人力资源领域专家参加，参加峰会2100多人。峰会发布全球人力资源服务机构50强榜单，开展12场主题演讲和2场圆桌论坛活动。峰会期间，下城区与全球排名前十位的高端猎头机构斯坦顿大通咨询公司等4个国际机构签署入驻协议或意向书，与尚坤生态创意园、杭州湾信息港2个国家级小微企业园签署《中国杭州人力资源产业园与小微企业园“双园”合作协议》。

【长三角区域产业园合作】2019年10月23日，长三角区域国家级人力资源服务产业园（杭州）座谈会在下城区召开。长三角区域有国家级人力资源服务产业园5个，分别位于杭州、上海、苏州、合肥、宁波5地。来自上海静安区、苏州吴江区、合肥经济开发区、宁波鄞州区人力社保局领导，以及园区管委会负责人参加会议，副区长王振峰出席并致辞。会议围绕长三角区域一体化发展背景下的国家级人力资源服务产业园建设进行深入讨论，共商长三角地区国家级人力资源服务产业园合作事宜，探索区域间人力资源产业园协同发展模式。

【浙台人力资源交流合作】2019年9月17日，下城区举办“同心向未来、协力谋发展”浙台合作周·人力资源交流与产业合作论坛，论坛由浙江省政府、国务院台湾事务办公室主办，省人力社保厅、省台办承办，省人才市场、市人力社保局、区政府等协办。省人力社保厅副厅长金林贵，下城区副区长王振峰等领导出席，浙江、台湾两地知名科研机构和人力资源机构、文创企业负责人200多人参加。省人才市场负责人与台湾人力资源企业代表在论坛开幕式上签署战略合作协议，区人力社保局与台湾有关机构签订文创、大健康类人才引进及产业合作项目协议。台湾劳工联合总工会首席顾问高宝华、台湾企业人力资源发展学会常务理事陈家声等10多位专家学者，与杭州文创企业负责人围绕两岸人力资源交流与产业合作、两岸文创项目合作与互动发展进行深入研讨交流。（谢莹华）

数字经济产业园

【概况】 下城区数字经济产业园成立于2019年8月，总规划面积6平方千米。是杭州市第一个以数字经济命名的产业园区。数字经济产业园以跨贸小镇和电竞数娱小镇两镇合并为契机，按照“以产兴城、以城促产、产城融合”的建设思路，促进两镇资源整合、优势互补，加速拓展园区发展空间。数字经济产业园位于“武林新城”核心区，距武林广场6000米，距杭州火车东站15分钟车程，距萧山机场约30分钟车程。在建的地铁3号线和4号线穿越园区，通达全城。全年园区引进浙江弄潮儿智慧科技有限公司、杭州优加互娱文化有限公司、浙江溪谷科技有限公司等数字经济企业994家，注册资金46.25亿元，实现税收12.71亿元，核心区数字经济产业链企业占园区企业总数的68%。9月30日，“城市大脑”数字驾驶舱在数字经济产业园启动运行。园区获评“杭州市服务贸易示范园区”“杭州市跨境电商电子商务‘三新’引领园区”。

2019年9月17日，下城区举办“同心向未来、协力谋发展”浙台合作周·人力资源交流与产业合作论坛（区人力社保局 供稿）

【园区招商引资】 2019年，数字经济产业园区管委会聚焦数字经济产业，强化招商引资和产业培育，引进项目16个，包括世界500强中国二十二冶集团浙江公司总部等大型项目；集中签约重点项目9个，园区成为全区引进并签约重点项目最多的平台，签约项目入驻率达75.0%。其中签约“大好高”项目2个、“小而美”项目19个。签约项目中，磨铁（杭州）动漫有限公司和“太阳马戏”分别代表下城区“小而美”项目和“大好高”项目参加市级评审。到位外资2762万美元，完成率115.0%。完成跨境电商进口总额4.92亿美元，出口总额9.2亿美元。

【浙江国际进口（武林洋淘）博览会】 2019年9月12—15日，浙江国际进口（武林洋淘）博览会在武林商圈浙江展览馆举行。展会以“在杭州遇见全世界”为主题，尝试“一馆一区，一城一盟”创新性做法，打造地下、地面、展馆相结合的立体博览会模式，联动武林广场南广场区域、杭州大厦中央商城及杭州武林银泰百货商场、杭州国大城市广场、杭州大厦购物城四大综合体，展出面积近5.5万平方米。展会有50多个国家和地区的500家参展商近100万种商品参展，超过35万人次参加博览会，实现成交额1.5亿元，达成意向成交额20亿元。

【优质平台打造】 2019年，数字经济产业园新天地区块提升精细化管理，园区绿化覆盖面积达到规定规划条件。年内有5条道路和2条

杭州新天地全景　　（区数字经济产业园管委会　供稿）

河道通过竣工预验收，其中费家塘路、东文路正式开通使用。产业园与中国移动通信集团杭州分公司签订《5G园区智慧化战略合作协议》，建成并启用杭州首个中国移动5G未来体验馆，助推园区数字经济发展和“5G示范区”建设。6月6日，杭州新天地综合服务中心建成并投入使用，项目位于长浜路与新天地街交叉口，占地面积4.21万平方米，建筑面积约40万平方米。6月28日，“新天地活力PARK”开街，街区集演艺、娱乐、购物、艺术于一体，以文化娱乐艺术与商业融合的新商业模式吸引年轻消费群体。8月3日，“太阳马戏”亚洲唯一驻场秀《X绮幻之境》正式上演，全年累计演出94场，观众约9万人次。

【代拆代建工作】 2019年，区数字经济产业园区管委会全力推进石桥地区国有土地企业搬迁，促进产业园资源整合，拓展产业园发展空间。年内完成13家企业搬迁，中国联合工程公司、杭州轴承集团有限公司、杭州轴承试验研究中心有限公司3家企业制定“新制造业计划”，加快承接原区城投集团实施的9个建设项目。6月30日，武林美术馆项目作为杭州北部重量级文化地标建筑开工建设。12月26日，杭州北景园生态公园（电竞场馆）项目启动建设，该项目为杭州市重点开工项目。12月27日，灯塔单元XC0704-U31-18-1地块消防站项目用35个工作日领取施工许可证。

【园区品牌效应扩大】 2019年6月2日，园区举办“创客天下·杭州市海外高层次人才创新创业大赛来华留学生专场暨浙江省外国留学生创新创业大赛”，大赛吸引80多个国家和地区的163个项目团队参赛。加大品牌电竞赛事引进和项目招引力度，英雄联盟职业联赛、浙江省高校电子竞技联赛等大规模赛事在电竞小镇举行，其中杭州“LGD电子竞技俱乐部”团队获Ti9 DOTA2国际邀请赛季军。园区吸引入驻品牌电竞俱乐部7个。12月1日，数字经济产业园举办“首届区块链服务网络合作伙伴大会暨区块链服务网络助力社会治理和‘城市大脑’下城平台试点启动仪式”，区块链服务网络（BSN）全球运维中心、全球合作伙伴大会永久会址、001号孵化基地、中国移动中国银联联合实验室、中国移动通信联合会互联网分会等7个重点项目落户园区。会上，区政府与区块链服务网络发展联盟签订全面战略合作协议，与中国移动通信集团杭州分公司就加快推进全区数字经济发展达成全面战略合作，并签订5G及杭州“城市大脑”下城平台建设战略合作协议，助力杭州打造“5G第一城”。

（徐娇娇）

中国（杭州）互联网影视产业园

【概况】 中国（杭州）互联网影视产业园由下城区人民政府、浙江清华长三角研究院杭州分院、杭州文化广播电视集团共同发起组建，定位为打造全省首个特色鲜明、功能齐全、体制创新、产业链完整的互联网影视产业基地。园区建筑面积近3万平方米，主楼层高5.7米，户型设置有大、中、小多种适合不同类型、不同规模的影视企业入驻。园区有中国杭州互联网影视产业公共服务平台、全国影视指定拍摄景地规划研发中心、中国杭州互联网影视文化版权交易中心、中国杭州互联网影视人才培训中心，并建立物业管理服务体系、一站式保姆服务体系、投融资服务体系、人力资源服务体系，为入驻企业提供优良的服务保障。至年末，园区入驻企业139家，比上年增加29家，其中入驻文创企业68家。实现税收142.99万元，增加94.68万元。园区获浙江省重点文化产业扶持资金奖励，并被评为下城区“特色文化创意产业楼宇”，园区众创空间获下城区区级众创空间认定。

【楼宇众创空间打造】 2019年，中国（杭州）互联网影视产业园增设超市、餐厅、健身房等配套服务设施，设立500平方米的互影空间（众创空间）、影视路演中心等公共服务平台，为承接小微型文化影视公司及项目公司，提供物理空间、资金配套、产业政策扶持等服务。全年全区新增省级众创空间1家、市级众创空间3家、区级众创空间4家。影视产业园成为杭州楼宇文化企业聚集密度最高的楼宇之一。

【产业园文创活动】 2019年7月28日，中国（杭州）互联网影视产业园与浙江广播电视集团、杭州百变星君影视文化传媒有限公司联合举办中国国际少儿影视艺术节。艺术节以“影视教育立德树人”为核心价值观，以“大影人牵手小影人”的文化传承方式助力中国少儿影视教育，提高少年儿童全面综合艺术素养。7月12—15日，园区与杭州市西湖影像促进会联合举办西湖青年导演纪录片节展开幕式，并启动西湖影像“一种未来”短片训练营招募，来自美国、俄罗斯和上海、福建、南京、杭州等国家和地区的20名高校大学生在招募活动中入选。园区以人才带动项目引进形式，吸引国内外优秀影视创作者及企业落户下城，提升杭州影视文创产业影响力。年内，园区与入驻企业联合举办影视文化项目投融资对接会、杭州未来生活节科幻电影论坛、中国国际少儿影视艺术节海选赛、第二十二届上海国际电影节分论坛金爵电影论坛等文创活动。

【产业园影视作品】 2019年，中国（杭州）互联网影视产业园企业投资制作影视作品8部。杭州三马为闯文化传媒有限公司投资制作的《味里故乡》获浙江省纪录片丹桂奖，浙江羚互动文化发展有限公司拍摄的《邯郸记》在杭州大剧院上映，深蓝影业（杭州）有限公司制作的《古代战争》及杭州可道善成影视传媒有限公司制作的《长安秘闻》在网络视频平台“爱奇艺”上线。 （区科技局）

西湖文化广场

【概况】 西湖文化广场是省内文化场所规模化、文化服务多元化、文化消费品质化的代表性广场之一，拥有省市重点文化场馆、企事业单位50多个。2019年，西湖文化广场完成景观照明、景观绿化、安防系统综合提升和交通治堵项目，营造更加舒适的休闲生活和文化体验环境，呈现“浙江文化中心”和“杭州城市客厅”的独特魅力。通过提升改造广场室内办公场地，打造环球中心楼宇社区党群服务中心、环球中心企业联盟服务中心、西湖文化广场综合指挥中心，全方位、高品质服务场馆企业和市民游客。全年举办各类活动24场，其中大型公益活动14场，接待市民游客1980多万人次。

中国（杭州）互联网影视产业园 （区科技局 供稿）

【综合提升改造项目实施】 2019年，西湖文化广场完成绿化景观、安防系统提升等项目，彰显“武林都市”地标新形象。绿化景观改造以优化广场空间、挖掘文化底蕴为重点，设置富有广场特色的景观标识，根据视线通透、增亮增彩、四季有景的要求进行绿化提质。东侧区域以春景为主题，樱花、垂丝海棠为主要树种；南侧区域以秋景为主题，红枫、鸡爪槭为主要树种。安防系统改造项目由省安委会牵头，明确广场室内、室外安全生产管理责任主体。硬件改造包括安装防撞柱、新增高清人像采集系统、设立监控大屏等，全面提升广场防恐防暴水平。广场率先接入杭州“城市大脑”停车系统，实行无人值守管理模式。（韩　芸）

2019年10月17日，国庆彩车“潮涌之江”号在西湖文化广场展出

（朝晖街道　供稿）

【广场出入口堵点治理】 西湖文化广场作为下城区的交通枢纽和核心区域，由于部分区域未按规划实施到位等历史原因，交通拥堵问题未能彻底解决。2019年，区政府成立由区治堵办牵头，交警下城大队、区城管局、朝晖街道、区市政公司等部门协同的区治堵专班。区治堵专班召开5次专题会议，3次赴现场实地勘察。根据文青弄路幅窄通行能力有限、广场入驻单位车辆多、地铁站进出通行等各种叠加因素，导致广场两处路口拥堵严重的情况，决定通过文青弄及文青弄与中山北路口交通组织优化的方式缓解通行矛盾。4月中旬，整治项目开工，区治堵专班针对时间紧、任务重的情况，采取“进度一日一报、问题当日协调”工作模式，推进项目实施进度。朝晖街道作为建设主体，组织项目公示，做好“四问四权”（问情于民、问需于民、问计于民、问绩于民，切实落实人民群众的知情权、参与权、选择权、监督权）工作，协调解决项目建设过程中的问题。区市政公司作为施工单位，负责绿化迁改、管线铺设和路面硬化。交警下城大队作为责任单位，做好方案实施指导、智能交通设备安装和现场交通管理。整治项目通过在文青弄与中山北路口、朝晖路中山北路口加装信号灯控，消除原两处区域人行、车行无序状况，提高通行效率与安全系数。通过朝晖路中山北路口增设机动车直行道，减轻中山北路通行压力。整治后，根据试运行情况，该区域未形成新的堵点，基本达到预期效果。（下城年鉴编辑部）

【市容景观照明融合提升】 2019年8月23日，西湖文化广场市容景观照明融合提升工程（一期）开工。作为下城区“两广一路”亮灯工程的重要组成部分，该项目投入近2000万元，历时35天，在国庆节前完成楼高170米的浙江环球中心大楼亮灯工程。环球中心大楼亮灯秉承六和塔、保俶塔、雷峰塔“三塔合一”的设计理念，设定平时、周末、节日3种亮灯模式，主楼室内安装灯具1.12万套，室外安装点光源20多万束，所有照明均采用LED灯具，并运用绿色照明技术避免光电资源浪费和光污染，减少灯具对建筑的影响。亮灯工程取得较好效果。

【“潮涌之江，舞动武林”国庆巡游彩车展】 2019年10月17日，“潮涌之江，舞动武林”国庆巡游彩车展在西湖文化广场举行，参加国庆阅兵的浙江彩车“潮涌之江”号在西湖文化广场向市民群众展出。“潮涌之江”号彩车长15.95米，宽6.03米，高9.3米，车头的朵朵浪花，凸显“浙江好儿女，争相立潮

头”的艺术效果。其中，20朵小浪花簇拥着红船，象征着浙江是中国革命红船起航地，彰显浙江在中国革命史中的独特地位。G20标志、六和塔、宁波舟山港、拔地而起的地标等建筑模型，展现浙江从古至今的文化传承与经济社会发展的成就。区委宣传部在现场举办“我和彩车合个影”活动，让参与合影观众感受和分享中华人民共和国成立70周年之际的喜悦和自豪。“潮涌之江”号彩车展出15天，接待市民游客20多万人次，成为全省新的网红“打卡点”。

【杭州市第五届灯光小品秀活动】 2019年9月28日，“礼赞新中国，奋进新时代”杭州市第五届灯光小品秀活动在西湖文化广场举行。副市长缪承潮，市委宣传部副部长、市文明办主任钮俊，市城管局局长李磊，区委书记刘颖等领导出席活动。缪承潮宣布庆祝中华人民共和国成立70周年点亮杭城活动启动，李磊、刘颖分别致辞。出席活动领导和7位各行业市民代表一起按下亮灯键，点亮武林广场及周边建筑景观灯，全城景观灯同时于此时全部点亮。灯光秀有“光莲花语”“幻影魔方”“百花争艳”“盛世之门”“时代光雕”“梦幻光影”“西湖之镜”“蜂巢寻光”等主题灯光作品23件，作品结合灯光和工业设计，实现“声、光、电、影、动”五位一体，具有较强视觉冲击力和艺术感。

【“武林炫风”广场舞大赛总决赛】 2019年10月17日，“武林炫风”大运河文化带群众文化活动广场舞总决赛在西湖文化广场举行。作为全市“接地气、聚人气”的群众品牌赛事，“武林炫风”广场舞大赛有123支群众舞蹈团队报名，2000多名舞蹈爱好者参与，预赛中晋级的12支队伍进入决赛。为鼓励原创舞蹈、展示“一带一路”建设文化成果，决赛特设创作奖和“马可波罗”友人奖。决赛项目有街舞、民族舞、排舞、蒙古舞和拉丁舞等。经过决赛，杭州吴山艺术团、浙江外国语学院大艺团舞蹈队获一等奖，杭州施家花园魅力四射舞蹈队、下城区西湖莉莉舞蹈团、杭州艺鑫少儿舞团、杭州艺博小天使舞蹈团获二等奖，杭州天水帼立艺术团、杭州市第一人民医院天使队、下城区梦之音舞蹈队等6支舞蹈队获三等奖。决赛闭幕式上，浙江省舞蹈家协会顾问施国庆、杭州市文化馆馆长林敏为获奖者颁奖。

【全省首个智能化垃圾分类宣传教育基地开放】 2019年8月15日，朝晖街道联合浙江联运环境工程股份有限公司在西湖文化广场打造的全省首个智能化、普惠化垃圾分类宣传教育基地向市民开放。宣传教育基地分智能设备、视频介绍、互动体验、模拟投放、环保课堂五大功能区域，每星期二至星期天，工作人员在智能可回收箱前为市民提供咨询服务。智能可回收箱每天2次进行可回收垃圾清理。宣传教育基地设有积分兑换一体机，积分兑换系统利用物联网、互联网融合技术，对市民投放的垃圾进行“智慧分类”，并根据重量自动产生相应积分，鼓励市民的积极性，助推生活垃圾减量化、资源化和无害化处置。（韩　芸）

杭州中国丝绸城

【概况】 杭州中国丝绸城位于下城区长庆街道十五家园社区，街

2019年12月6—8日，杭州中国丝绸城管委会组织入驻商户参加在杭州举行的第二十届中国国际丝绸博览会（长庆街道　供稿）

区占地面积2万平方米，有签约商户407家，商铺面积1.1万平方米。2019年，按照区委、区政府对丝绸城能级提升的要求及杭州举办亚运会、争创浙江省级高品质步行街的契机，杭州中国丝绸城加快推进能级提升工作。经过基础调研、方案规划、申报试点等工作，杭州中国丝绸城步行街作为杭州市第二、下城区唯一的步行街入选省级13条高品质步行街建设试点。杭州中国丝绸城管委会组织商户代表前往温州五马街、新昌达利集团、湖州丝绸小镇考察学习，并组织8家商户代表参加第十二届中国国际丝绸博览会。探索“智慧消费”、体验消费新模式，与中国移动通信集团浙江有限公司联手打造国内首个商业变现5G应用“5G+AR”虚拟试衣镜及VR丝绸制作体验项目，助力品质消费升级。全年杭州中国丝绸城实现商品交易额20.67亿元、税收999.18万元。杭州中国丝绸城妇联成立，打通服务妇女侨眷“最后一公里”。成立杭州首个市场侨联，壮大基层侨联组织力量，更好地服务归侨侨眷。

2019年3月，“5G虚拟试衣镜”在杭州中国丝绸城启用

（长庆街道　供稿）

【“5G+AR”虚拟试衣镜启用】 2019年，长庆街道与中国移动通信集团浙江有限公司（简称浙江移动公司）签署全国首个商业变现的5G合同，应用5G技术提升长庆街丝绸城购物体验，推进新零售升级。3月，浙江移动公司携手浙江华为通信技术有限公司和杭州川核科技有限公司在丝绸城部署“5G+AR”试衣镜，探索5G+新商业模式，旨在打造“5G之城”和“电商之都”两张全新名片，推动下一代O2O新零售应用模式转型。“5G+AR”虚拟试衣镜是中国丝绸城智慧5G虚拟增强体验综合项目中的一个应用项目，也是国内首个商业变现的5G应用项目。该项目基于5G大带宽低时延的特性，结合AR视频捕捉技术，对摄入的视频在浙江移动政企云端进行渲染，并通过5G云专线和终端进行快速交互，为消费者打造快速、真实、互动的试衣体验。顾客通过使用“5G+AR”试衣镜试衣服、换颜色、带围巾时，所有更换只需用手势控制或者语音控制，在方便购买的同时带来沉浸式的体验，最大限度地满足顾客定制化的消费需求。

【放心消费环境打造】 2019年，杭州中国丝绸城推进精准技术对接工作，与浙江省纺织测试研究院及“浙江在线”三方建立党建联盟。通过精准技术对接，推进丝绸城高质量发展，打造顾客放心消费环境。4月24日，浙江省纺织测试研究院主要负责人带队到杭州中国丝绸城开展巡检调研，为商户进行标识标注的专业知识普及。通过调研指导，为丝绸城规范产品标识、标注管理奠定良好基础。推进“放心消费示范区”创建。定制“放心消费承诺单位”绿色标识，标识背面印有“杭州中国丝绸城放心消费承诺书”，通过商家承诺、标识上墙，推进放心消费工作落到实处。

【杭州中国丝绸城妇联成立】 2019年，杭州中国丝绸城拥有丝绸企业600多家，其中65%以上企业主为女性。8月28日，丝绸城召开第一次妇女代表大会，选举产生妇联第一届执委会，成立杭州中国丝绸城妇联。丝绸城妇联依托丝绸城游客体验中心打造“丝韵”主题妇女之家，妇女之家设在游客体验中心内，为市场中的女性群体提供学习、休闲、交流的空间。丝绸城妇联立足市场实际，打造以巾帼创业、巾帼公益、巾帼维权、巾帼宣传为主要内容的四大平台，从成长成才、创新创业、权益维护、日常生活四方面服务市场女性。在活动载体上，开展“文明商户”“最美家庭”“武林之夜”“女性沙龙”等丰富多彩的主题活动，凝聚、引领妇女力量。通过“活动+平台”两大载体，实现妇联工作向项目化、实事化、社会化转变。根据妇女的兴趣特长，引导和发掘优秀的女性代表。实施“5+N”（“5”指文体组、手工组、健身组、创业组、公益组5个妇女兴趣组；“N”指主题学习组，每月的不同学习主题经过集思广益后，由妇女代表共同商定）工作模式，妇女兴趣组由市场妇联主席或执委牵头，组织开展日常特色活动，定期收集市场情况和需求。以“民家工作室”为依托，传承、推广丝绸文化。年内，丝绸城妇联推出一批“抓得实、效果好、叫得响”的妇女工作室和妇女工作品牌项目。（沈旭虹）

中国（杭州）汽车文化精品街区

【概况】 中国（杭州）汽车文化精品街区位于下城区东新街道绍兴路，南起德胜路，北至香积寺路，全长960米，占地面积0.46平方千米，有奥迪、宝马、奔驰等12家知名汽车品牌4S店和20多家汽车相关企业，提供购车、上牌、维修、检测、租售等相关服务。该街区于2004年12月29日开街，街区以“经济立街、精品强街、文化兴街、休闲活街”为宗旨，全力构建现代、精致、时尚的汽车文化精品街区，助力下城区北部区域经济发展。街区自2009年起连续10年税收超过1亿元，是下城区首条税收超过1亿元的国字号商业街区，被全国步行街商业委员会评为“中国特色商业街”。2019年，中国（杭州）汽车文化精品街区销售品牌汽车3.4万辆，比上年增长30.7%；实现销售额91.95亿元，增长16.2%；实现税收2.3亿元。

【街区提升改造】 2019年，下城区把中国（杭州）汽车文化精品街区提升改造列入《政府工作报告》确定的重点工作。3月，东新街道牵头成立工作专班，与区城投集团等部门合作，探索在城市中心主干道推进精细化提升改造的办法，推进街区第一期提升改造工作。提升改造主要包括建筑立面改造、市政道路改善、景观绿化提升和汽车氛围营造等方面，具体实施出入口节点整合、机非隔离带设置调整、人行道铺装、汽车街标识元素增设，以提升街区形象。

【首届车享节】 2019年11月10—25日，下城区举办“智汽东来，车享新程”中国（杭州）汽车文化精品街区产业项目入驻集中签约仪式暨首届车享节。开幕式现场，浙江物产元通汽车集团有限公司、国机集团中机联合投资发展有限公司与下城区东新街道、区城投集团签订框架合作协议，杭州君昌汽车销售服务有限公司、浙江元通兰通汽车有限公司、杭州估估网络科技有限公司等10个汽车产业项目集中入驻街区。签约仪式后，首届车享节开幕，街区集聚奥迪、宝马、保时捷、凯迪拉克等知名汽车品牌4S店，通过展示前沿的款式、尖端的科技车型和别样的汽车性能，给消费者带来全新的体验。车享节期间，开展各种促销活动，半个月销售汽车1048辆，实现销售额2.64亿元。车享节活动由区委、区政府主办，东新街道、区商务局、区投资促进局、区城投集团共同承

2019年11月10日，下城区举办中国（杭州）汽车文化精品街区产业项目入驻集中签约仪式暨首届车享节，区委书记刘颖（左三），区委副书记、区长柴世民（右二）等区领导出席车享节启动仪式
（东新街道 供稿）

2019年12月28日，东新街道汽车街商会第二届会员代表大会暨二届一次理事会召开（东新街道　供稿）

办。主办方确定之后每年11月为固定车享节举办时间。

【街区商会换届】 2019年12月28日，东新街道汽车街商会第二届会员大会暨二届一次理事会召开，汽车街各行业企业会员代表40多人参加会议。大会听取上一届汽车街商会关于商会成立的背景、商会会员企业的发展、商会开展的各项活动等情况的介绍，以及汽车街商会换届筹备情况的报告，表决通过新一届商会章程和商会选举办法，选举产生新一届商会领导机构，其中会长1名、副会长5名、秘书长1名，杭州和诚之宝汽车销售服务有限公司总经理王献勇担任新一届商会会长。（赵寄言）

武林路国际商业街区

【概况】 武林路国际商业街区地处中央商务区核心区域，以武林路为轴，南起庆春路，北至体育场路，全长1.68千米，其与支路凤起路、龙游路、横长寿路、狮虎桥路、孩儿巷形成“非”字形街区，营业面积7.5万平方米。街区初期以打造“中国女装之都”为目标。2019年，武林街道以时尚为主题，对街区进行改造提升和业态升级，突出潮流氛围，打造“下城最经典街区”。全年街区实现营业收入9亿元，举办各类促销活动20场，接待游客750万人次。

【街区改造工程完工】 2019年9月，武林路国际商业街区完成一期改造提升。街区改造由中国美术学院风景设计研究院提供设计方案。工程包括原煤气站前小广场、武林路嘉里中心通道、龙游路环城西路路口牌坊等重要引流节点道路改造，武林路海华大酒店等6处重要节点建筑外立面亮灯改造，梅鹤堂等3个点位投影设施设置及街区墙绘增设。9月26日，武林路国际商业街区一期工程开街，街区举行“点亮武林”活动，亮灯线路以龙游路环城西路路口牌坊为起点，经由龙游路往南至武林路9号音乐街区，沿路设置亮灯、表演点、投影光绘等，全面展示武林路国际商业街区新貌，吸引1万余市民游客驻足观看。

【武林夜市业态提升】 2019年，武林路国际商业街区提升改造龙游路武林夜市业态。龙游路设置含有西湖十景的竹帘，重新制作新

2019年9月26日，武林路国际商业街区举办“点亮武林”活动（武林街道　供稿）

款的雨棚，夜市增加“非遗”文化和传统手工艺品。成立“武林夜市非遗文创团队”，邀请武林辖区“非遗”手工艺人开设特色商铺10间。注入旅游与文化元素，在灯箱上显示中、英、日、韩四国语言，提升国际化水平。首次引进阿里拍卖平台，将夜市线下销售的产品在线上进行拍卖，构建线上线下结合的新零售模式，增强客户购物的体验度。成立武林夜市抖音团队，创建抖音号“尚品武林故事”，传播夜市风光、夜市故事。全年在抖音号发布短视频60多个，累计观看短视频900多万人次。

【国际金融集聚区建设】 2019年，武林路国际商业街区以嘉里中心恒生银行杭州分行、三井住友银行杭州分行等7家外资银行为依托，利用资金、人才优势，建立国际金融市场运作平台，为中小企业和民营企业金融交易和赴境外上市提供优质服务。街区成立浙江耀江企业发展服务有限公司，帮助中小企业解决融资难、融资贵的问题。引进全省乡村振兴战略投资平台——浙江省振兴乡村建设投资有限公司，整合落户嘉里中心的德事商务中心等高端商务服务平台，采取市场化运作方式，帮助中小企业解决融资难、融资贵问题。

【美美艺趣空间开放】 2019年9月26日，武林路国际商业街区美美艺趣空间开放。美美艺趣空间由原“武林大妈”微笑亭改造而成，使用面积200多平方米。艺趣空间设立志愿服务区、图书共享区、文创IP区、艺术家城市推介区、美学体验区五大主题空间。志愿服务区免费提供无线网络、照片打印、书刊借阅及问询等服务；图书共享区提供休闲的阅览空间；文创IP区展出并出售中国美术学院独立设计师的作品，以及武林路的衍生文创产品；艺术家城市推介空间循环展示新锐艺术家的最新作品；美学体验区每月由中国美院举办一场版画设计、手工编织、玻璃制作等美学体验活动。美美艺趣空间对外开放后，成为武林路美学生活网红打卡点。年内，美美艺趣空间举办剪纸、版画制作、书法创作等体验活动近100场，吸引市民游客10万人次，被杭州市品牌促进会授予杭州“最具品质体验点”称号。

【武林路街区商业联盟成立】 2019年11月15日，武林商圈首个街区商业联盟——武林路街区商业联盟成立。联盟成员单位包括嘉里置业（杭州）有限公司、杭州都锦生实业有限公司、新白鹿餐饮管理有限公司、浙江丽扬文化产业投资有限公司、杭州尚品商业管理有限公司、杭州望湖宾馆有限责任公司等16家武林路国际商业街区骨干企业，联盟成员涵盖商业、餐饮、文旅等业态。首任轮值盟主为嘉里置业（杭州）有限公司。联盟的成立搭建起政府与街区企业之间联系的桥梁和纽带，并通过开展各项活动，为街区产业提升凝聚力量。（陆力舟）

南宋御街中北创意街区

【概况】 杭州南宋御街中北创意街区（简称中北创意街区）以中山北路为轴，东到中河路、西至延安路、南至庆春路、北到环城北路，全长1.86千米，面积1.2平方千米，分A、B、C三个区域。2019年，中北创意街区管委会加强街区日常巡查，引导街区商户规范化经营，推进创意生活展示体验街区建设。提升街区绿化水平，以景观集聚商

2019年11月15日，武林路街区商业联盟成立 （武林街道 供稿）

务，以商务提升品位，让街区成为有小巷风情、环境优美、商业与文化互动的商务中心。提升经营者自身素质，为消费者提供优质、高效和全方位的服务。举办新兴创客产品和概念展示活动，推进街区企业间文化交流。与中美友谊民间纪念馆联合举办中美交流会，推动中美民间友好交流。全年街区线上线下接待游客310万人次。

2019年5月4日，第十五届中国国际动漫节彩车巡游活动在中北创意街区举行

（天水街道　供稿）

【中国国际动漫节彩车巡游】 2019年5月4日，第十五届中国国际动漫节彩车巡游活动在中北创意街区举行。巡游活动以“你好，新时代，致礼新中国成立70周年”为主题，设序幕“杭州欢迎你”、上篇“再看经典”、中篇“动漫杭州”、下篇“你好新时代”与尾声“赞赞新时代”5个篇章，由4辆主题彩车及来自全省各地、专业艺术学院的21支队伍600多人组成表演团队，巡游团队队伍长500米，巡游以角色扮演的形式立体化展示中外经典动漫形象。巡游队伍经过的中大广场，专门引进喜马拉雅搭建有声动漫专区，展示下城区丰富的动漫文化。巡游活动吸引上万市民驻足观看，新华社、《人民日报》、浙江电视台等50多家媒体进行密集报道。

【商业模式转型】 2019年，中北创意街区管委会坚持“更具操作性、科学合理、细化落地”的原则，调整街区的功能区域，加大推广电子商务与网络消费理念的力度，积极探索“互联网+”的新技术、新业态和新模式。加快电子商务与实体经济的有机融合，推进街区智慧型企业主动转型和老业态巩固与新业态培育的衔接转化，进一步积聚街区人气，形成规模化的辐射效应。

【旅游信息咨询中心转型升级】 2019年，下城区旅游信息咨询中心对街区固有空间和服务分类进行功能性划分，按照功能定位，划分为旅游服务接待区、互动休闲区、旅游商品展示区三大区域，并加强与相关旅游、文创企业合作，将旅游咨询、旅游投诉、旅游中介服务、商务洽谈、特产及文创特色产品展示销售、休闲娱乐、活动体验等活动集于一体，打造轻松、舒适、幽雅的多功能服务平台，致力于将咨询中心建设成为市井文化的展示点和旅游咨询服务的示范点。咨询中心为街区居民提供旅游进社区服务，为有需要的居民提供一步到位的咨询、商务洽谈等便捷服务，通过采取一系列人性化服务举措，街区创意氛围更加浓厚。

（张婷婷）

18 投资促进·区域合作

2020

招商引资

【概况】2019年，下城区依托“1+3+8+X”（“1”指区招商服务中心，“3”指区城投集团、区国投集团、区数字产业园，“8”指全区8个街道，“X”是指区各部门、区直各单位）招商大格局，完善重大项目信息首报机制、全域联动统筹和招商“赛马榜”机制，注重招大引优，推进产业精准招商，全区招商引资工作呈现良好态势。全年实际利用外资6.7亿美元，完成年度目标任务的155.9%，全市13个区县（市）中排名第二位。引进项目1351个，注册资金451.24亿元，其中1亿元以上项目37个。围绕“数字经济”“区块链”等新兴产业，引进京东“互联网+”数字经济项目、香港嘉里集团数创港项目、浙江金蚂股权投资管理有限公司、浙江省担保集团有限公司等优质项目。

【招商引资质量提升】2019年，下城区抓住杭州打造“全国数字经济第一城”契机，注重提升全区数字经济首位度。加强与国家信息中心和中国移动通信集团有限公司、中国银联股份有限公司等区块链相关的通信行业、金融行业、软件行业企业对接合作，引进细分领域龙头和有核心技术或成长型区块链企业，集聚一批区块链人才，推进数字经济产业园区建设。加快国际人才创新创业园、创新中国产业园、中国杭州国际人力资源产业园、互联网影视产业园、杭州新天地、海蓝国际电竞数娱中心等平台的业态更新，增强平台对人才的吸引力。举办和组织参加区块链行业年会、全球高峰论坛、国际人力资源峰会、国际人才项目交流和合作大会、海外高层次人才创新创业大赛等高端活动，加大各平台对人才和项目的集聚。

【产业链招商】2019年，下城区围绕创新金融、互联网新零售、文

2019年8月8日，区委书记刘颖（左四），区委副书记、区长柴世民（左三）出席浙江金蚂股权投资管理有限公司、浙江远景数据经济产业股权投资基金落户下城签约仪式

（区投资促进局　供稿）

创数娱3个产业链，做深产业链招商工作，全区形成169个“在谈盯引”产业链项目。重点跟进区块链服务网络（BSN）创新孵化基地、区块链服务网络（BSN）全球运维中心、华为技术有限公司杭州区块链创新中心等数字经济项目48个，浙江省担保集团有限公司、浙江省农业信贷担保公司、诚通融资租赁有限公司等现代金融项目34个，中国文化传媒集团、浙大网新孵化园等文创数娱项目26个，阿斯利康投资（中国）有限公司、惠中诊断技术有限公司、蓝盾股份公司等医疗健康项目21个，杭州纯免实业免税店、杭州众拓科技有限公司等互联网新零售项目18个，高新科技及智慧物流项目7个。12月1日，区块链服务网络（BSN）首届大会暨全球运维中心永久会址落户下城区，国家信息中心主任刘宇南、杭州市副市长柯吉欣出席落户仪式并致辞，省市有关部门和区属各单位、市级垂直各部门、各街道主要负责人及企业代表600多人参加落户仪式。会上启动区块链服务网络（BSN）助力社会治理和“城市大脑”下城平台试点，与BSN发展联盟和区政府签署全面战略合作协议。

【专题招商】2019年，下城区对标产业短板，常态化推进专题招商。3月29日，区招商团队赴上海举办下城区土地招商发布会，重点推介“武林新城”区域拟出让地块。4月17日，在香港主办“武林新城，杭州之心——杭州市下城区土地招商推介会”，区委副书记、区长柴世民等领导出席。25家房地产开发商参加。会议就下城区投资环境和“武林新城”重点地块进行推介，并围绕下城区区位优势、投资环境及未来发展等内容开展圆桌对话。全年全区举办专题招商推介会4次。

【招商渠道拓展】2019年，下城区聚焦招商实效，多举措拓展招商渠道。开展敲门招商。赴北京、上海、深圳、广州、成都、香港等地开展20多场敲门招商活动，累计洽谈重点“盯引”项目169个，总投资722.76亿元，其中10亿元以上项目16个。推动主题招商。围绕数字经济、区块链等新兴产业，借助APEC工商领导人论坛、首届区块链服务网络大会等重大招商活动，集中推介下城区数字经济产业园等招商平台。10月23日，区投资促进局举办“产融创新、共绘蓝图”产业投融资主题沙龙，围绕“数字经济与传统经济转型升级”“区域创新发展与产业投资”等话题开展交流，共同探讨产业投融资领域的发展趋势与投资策略。

【招商赛马榜机制建立】2019年9月，下城区探索建立招商“赛马榜”机制，旨在推进产业链精准招商，通过引进重大优质产业项目，加快培育经济增长新动能。该机制以“赛马”的形式展示各单位招商引资工作成效，分别设置“新引进企业数量、招大引强项目、利用外资贡献度、重点产业项目、引进数字经济产业企业、新引进企业实现税收、目前在谈重大项目”七大板块，结合每月进展进度，开展“大好高”“小而美”项目评选及相关指标排榜。

【“走出去”招商活动】2019年，下城区开展“走出去”招商活动。4月16—17日，区长柴世民率区项目推介招商团赴香港，走访香港恒隆集团、香港嘉里集团推介下城区区位优势和资源优势。5月21—22日，区委书记刘颖带队赴北京开展系列招商活动，走访数字王国空间（北京）传媒科技有限公司、中国科学院工程热物理研究所、国药集团区域总部、京东集团总部、壳牌（中国）有限公司洽谈投资合作事宜。6月12—14日，刘颖带队赴香港开展系列招商活动，与摩根士丹利亚太区总部、香港嘉里集团、新鸿基集团总部环球贸易中心、太古集团旗下太古广场、恒隆集团洽谈合作打造杭港下城样板有关事宜。6月24日，刘颖带队赴深圳开展敲门招商，实地考察中建钢构有限公司总部、深圳腾讯计算机系统有限公司，商谈在下城合作发展事宜。11月27—28日，柴世民带队到深圳印力集团、华为技术有限公司洽谈有关项目合作事宜。

【利用外资6.7亿美元】2019年，下城区实施“招大引优”工程，启动大招商行动，召开招商引资会议，对接洽谈会议、项目协调会议，强化顶层设计，搭建招商平台，及时进行发布和推介，先后引进浙江金蚂股权投资管理有限公司、杭银理财有限责任公司、浙江省农业信用担保有限公司、浙江修橙正裹速运有限公司、杭州市“城市大脑”停车运营公司、浙江省制造业百亿基金、咸亨国际科技股份有限公司项目等一大批优质项目，并储备省金融资产交易中心、阿斯利康投资（中国）有限公司、浙江祥源文化股份有限公司、中国中铁股份有限公司等一批引擎性项目。全年实际利用外资6.7亿美元，比上年增长23.8%。

【大项目集中签约】 2019年，下城区全力做好大项目推进工作。6月20日，举行二季度大项目集中签约仪式，数字经济为集中签约的最大亮点之一。签约仪式公布重点推进签约项目3个，现场签约项目10个，13个项目总投资132亿元，数字经济项目占项目总数的四分之三。其中香港嘉里集团将投资120亿港币，围绕“武林之星”区块，打造数创港企（港企数字创新先行区）项目。8月8日，浙江金蚂股权投资管理有限公司、浙江远景数字经济产业股权投资基金落户下城签约仪式举行，该项目由浙江金融控股有限公司、浙江蚂蚁小微金融服务集团、杭州数梦工场科技有限公司联合发起，基金初始规模20亿元，基金重点投向数字经济、公共服务、金融科技等创新创业项目。全年下城区集中签约和单独签约项目59个，总投资561.81亿元。 （沈梦萍）

对口扶贫

【概况】 2019年，下城区有对口帮扶及合作关系的地区8个。其中：对口帮扶结对地区为贵州省黔东南州黎平县、湖北省恩施州巴东县；山海协作结对地区为衢州江山市、淳安县；对口合作结对地区为吉林长春市宽城区；扶贫结对地区为衢江区大洲镇石屏村；联乡结村地区为桐庐县百江镇；区县协作地区为临安区。全年在资金支持、产业合作、人才交流、劳务协作等方面开展对口支援，落实财政和社会帮扶资金1.51亿元。

【扶贫工作交流】 2019年4月8—12日，区委书记刘颖率考察团赴巴东县、黎平县对接东西部协作工作，召开东西部扶贫协作高层联席会，两地一致同意在巩固和扩大帮扶协作成果的基础上，进一步创新协作机制，丰富协作内涵，拓宽协作领域，提高协作实效。8月19—22日，区委副书记、区长柴世民赴黎平县对接社会帮扶工作，助力黎平县解决脱贫攻坚路上的“两不愁三保障”问题。5月14—17日、7月21—24日、10月21—22日，黎平县委书记周文锋、巴东县委书记单艳平、巴东县县长郭玲分别率考察团到下城区对接东西部协作事宜，共同回顾总结扶贫工作，谋划下一步脱贫举措。通过互访交流，促进双方议定事项和年度扶贫协作任务的落实。

【对口帮扶工作机制完善】 2019年2月25日，区委常委会召开专题会议，研究讨论对口帮扶工作，明确全区帮扶工作主要任务。3月29日，下城区对口支援工作领导小组办公室印发《2019年度下城区东西部扶贫协作工作计划》。5月9日，下城区对口支援工作领导小组办公室印发《下城区2019年山海协作工程工作计划》《下城区与宽城区2019年对口合作工作要点》。5月10日，下城区召开对口帮扶工作推进会，落实区委常委会专题会议精神，部署全区对口帮扶工作。

【人才支援和劳务协作】 2019年，下城区加强与对口帮扶地区干部交流工作，选派54名优秀党政干部、专业技术人才赴贵州省黔东南州黎平县、湖北省恩施州巴东县挂职，开展扶贫支教、支医活动。接纳70多名黎平县、巴东县帮扶地干部和卫生、教育部门骨干到下城区挂职锻炼。与黎平县、巴东县共同组织党政干部培训，累计培训1668人次。2月14日，组织辖区企业到黎平县、巴东县帮扶地参加劳务招聘会，吸纳贫困人口到下城区就业，下城区提供就业岗位4000多个。与黎平县、巴东县开展就业技能培训和创业致富带头人培训，利用黎平县、巴东县在杭州劳务协作站，加强劳务信息对接互通。

【产业合作和消费扶贫】 2019年，下城区与对口扶贫地区开展产业合作和消费扶贫，帮助黎平县、巴东县名优特农产品进入浙江市场，全年实现销售收入9563.83万元。下城区电商企业云集共享科技有限公司发挥自身优势，联手浙大CARD中国农业品牌研究中心共同发起“百县千品”项目，打造黎平"香禾糯"等名优特产品品牌，帮助拓宽网络销售渠道，年内黎平、巴东两县在云集商城平台实现各类农产品销售收入200多万元。杭州联华超市通过实体连锁店帮助销售巴东县伦晚橙水果，销售收入达45万元，被授予杭州市消费扶贫示范店称号。引导辖区企业加大对帮扶地投资力度，全年浙商企业在黎平、巴东两县新增投资3.77亿元，带动贫困人口脱贫1082人。

2019年，杭州联华超市通过实体连锁店帮助销售巴东县伦晚橙水果，被授予杭州市消费扶贫示范店称号　　（区发改经信局　供稿）

【社会扶贫】 2019年，下城区社会各界积极投身扶贫结对，推进"携手奔小康"工作。扩大学校、医院结对范围，其中与黎平县深度贫困村、学校、医院实现结对全覆盖。动员社会各界开展爱心捐助活动，累计捐资捐物折价2106.93万元。浙江蚂蚁金融服务集团为巴东县提供"加油木兰"女性保险项目，捐助资金839.06万元。区国投公司、区城建投资公司、区市政园林公司3家国有企业为黎平县、巴东县捐资224万元。黎平县浙江商会捐资70万元。浙江野风集团向巴东县捐赠40万元。开展"我为黎平脱贫攻坚出把力"、下城区—巴东县"认亲、结亲、探亲"活动，募集善款300多万元。创新实施"山凤凰"关爱女生计划，首批共有7个村29名女孩获得助学金16.7万元。9月30日，黎平县雷洞乡戏劳村第一位瑶族女大学生吴新美专门给浙江省委书记车俊写去感谢信。

【山海协作升级】 2019年9月17日，区委常委、组织部部长沈华锋带队赴江山市实施省委组织部、省工商联发起的"千企结千村、消灭薄弱村"专项行动，实地走访江山市李坪村、协里村、凤凰村，了解村情民情，与江山市对口部门及帮扶村负责人就如何加强下一步消薄工作进行探讨。有关部门积极联系、主动对接，全区6家企业与6个村确定结对项目，落实帮扶资金30万元。12月10日，江山市委书记童炜鑫带队到下城区对接山海协作工作，并与下城区召开山海协作高层对接会，两地交流各自发展情况，协商下一步山海协作工作。下城区利用帮扶资金支持结对村基础设施建设、发展产业项目推动群众增收。跟进江山市上余镇李坪村2018年帮扶项目，协调解决项目建设中的问题。增加援建项目红糖厂房提升改造工程投资100万元至150万元，该工程按期完工。根据《下城区—江山市山海协作教育合作框架协议》，两地学校广泛开展教育合作，年内下城区与江山市17所学校建立结对关系。区卫生健康局派出19名医务人员赴江山市开展健康扶贫，先后举办各类培训34场，培训当地医务人员2080人次。区疾控中心与江山市疾控中心积极对接，签订《下城区—江山市疾病预防控制山海协作框架协议书》。

【县区帮扶协作】 2019年，下城区统筹推进帮扶工作。与临安区开展多方面协作，落实协作资金3000万元，资金重点用于消除集体经济薄弱村、发展壮大村集体经济。推进与桐庐县百江镇联乡结村工作，协调第29帮扶集团各成员单位拨付帮扶资金231万元，主要用于农村基础设施项目建设。与省级扶贫对象衢江区大洲镇石屏村结对，筹措帮扶资金100万元，帮助石屏村发展民宿、食品深加工等产业。　　（白鼎昌）

19 综合经济管理

国有资产监督管理

【概况】 2019年，下城区深化国有企业改革，完善国有企业经营管理制度和监管体系，实现简政放权与规范约束相结合，进一步提升国有企业实体化、市场化运营水平。全面落实国有企业年度经营责任，严格实施经营目标考核。区财政局直接监管企业3家，分别是下城区国有投资控股集团有限公司、下城区城市建设投资发展集团有限公司、下城区市政园林工程有限公司。全年区管国有企业实现营业收入43.26亿元、利润总额1.47亿元、净利润1.32亿元。至年末，区管国有企业资产总额1043.41亿元，所有者权益170.36亿元。

【企业监管强化】 2019年4月11日，区财政局出台《关于推进下城区清廉国企建设的实施意见》，将清廉国企建设与企业改革发展对接，并融入企业生产经营中。12月27日，区财政局出台《下城区国有企业经营管理办法》，明确企业管理边界，理顺企业决策机制，规范企业决策行为，充分发挥企业董事会的决策职能，提高企业自主决策水平，增强企业市场竞争活力。推进区管国有企业内控制度建设，督促区管企业制定党委会议事规则、董事会议事规则、经营班子议事规则等相关制度。优化全区行政事业单位资产管理业务流程，通过授权模式，提升行政事业单位资产回收处置效率。发挥“资产云”技术优势，确保资产管理“账实一致”。加强国有房产使用监管，完善国有房产管理制度，巩固国有房产统筹成果。

【经营责任管理考核】 2019年，下城区组织区管国有企业编制本企业及所属企业年度经营目标，加强企业在资源配置、经营管理和风险防范等方面的管控。下达区管企业年度经营管理考核目标，与区管企业签订经营目标责任书。委托社会中介机构对区管企业管理制度执行情况、重点工作完成情况开展专项审计，协调各考核部门完成区管企业年度经营管理目标、政府指令性任务目标、党建目标考核，确定企业负责人年度薪酬指标，并兑现薪酬。

【国有企业融资管理】 2019年，下城区按照省国资委、省发改委、省财政厅、中国人民银行杭州中心支行联合印发的《关于加强浙江省国有企业资产负债约束的实施意见》，推动区管国有企业建立资产负债约束机制。建立企业融资管理月报、融资担保备案等重大事项报告制度。编制年度企业融资计划，明确年度资金使用、融资安排及偿债资金来源等内容，确保企业融资规模合理可控。督促企业建立融资管理内控制度，充分发挥企业董事会作用，确保融资决策科学，资金管理规范高效。（裘文彬）

自然资源管理

【概况】 2019年，市规划资源局下城分局加强自然资源利用管理，助推全区经济转型升级和生态文明建设。完成年度耕地质量等级调查评定与监测。建立耕地保护机制，签署耕地保护责任书，实现全年违法占地“零发生”。全年出让经营性地块13宗25.6公顷，收取出让金144亿元。办理征地批前程序项目56个，征地面积81.26公顷，征地批后实施项目43个，征地面积38.47公顷。完成“双清”任务7项。拆迁集体土地非住宅3家，建筑面积8341平方米；国有土地居民216户，建筑面积1.28万平方米；非住宅11家，建筑面积6.79万平方米。完成土地权属调查50件、土地权属界定1件、国有大宗地登记34宗。土地复核验收8件、办理国有不动产登记（单套）1.43万件，发放不动产权证书1万余本，不动产登记证明4000多张。完成建设项目预审62项、集体土地征收批前程序46项、集体土地征收批后实施43项、供地划拨51项；补办划拨土地有偿使用9项，签订土地出让合同15项，处置改制企业土地资产2项，核发出让地块建设用地批准书7项。

【重大项目用地保障】 2019年，市规划资源局下城分局通过争取用地指标、加快建设项目用地报批，推进土地合理利用，保障重点项目建设。与区有关部门建立联动服务机制，解决建设项目用地需求。根据辖区项目数量少、用地面积小的实际情况，会同兄弟城区分局共同完成6个报省自然资源厅计划批次项目组件工作，同步完成2个报自然资源部实施方案批次项目组件工作。全年完成30个存量建设用地项目和16个农转用项目的组件报批。下城区率先完成全年征迁“清零”任务，为市重点建设项目提供用地保障。

【土地节约集约利用】 2019年，市规划资源局下城分局指导用地单位准备相关材料，完善土地报批手续，加快开竣工项目用地报批。根据市对区“空间换地”考核要求，按照全区清理、逐级负责、分类处理原则，全面梳理辖区批而未供土地，进行多维度开发利用。全年消化利用批而未供土地13.67公顷，完成率205%；处置完成供而未用土地33.93公顷，完成率102%；再开发低效用地土地43.93公顷，完成率110%；盘活存量土地49公顷，完成率184%。下城区消化批而未供土地和低效用地再开发工作获市推进土地节约集约利用工作领导小组肯定。市规划资源局下城分局在第二十九个全国土地日宣传期间，围绕“严格保护耕地，节约集约用地”主题，联合沁苑社区，采取多种形式宣传耕地保护、节约集约用地工作。

【经营性用地管理】 2019年，下城区出让土地13宗25.6公顷，总出让金额144亿元。全年市对区年度考核收储目标6宗14公顷，实际完成收储9宗24.33公顷，完成率174%，获全市13个区县（市）做地工作考核第一名。成立以区长为组长的土地整理开发委员会，统筹全区做地、收储、出让工作。每月编制《下城区做地储备出让情况简报》向区四套班子主要领导及各成员单位通报地块出让、土地储备进展情况，并将土地储备情况上报市土地储备中心。通过例会制、通报制、图表制、专员制、攻坚制，实时掌握地块收储出让进度。抓好储备地块场地管理、土地储备项目及土地储备专项债券填报工作，修改完善《下城区经营性用地储备地块场地管理条例》，构建“权责清晰、覆盖全面、监管到位”的地块管理长效机制。全

2019年6月24日，市规划资源局下城分局联合沁苑社区开展第二十九个全国土地日宣传活动

（市规划资源局下城分局　供稿）

年上报土地储备项目10个，申报土地储备专项债券16亿元。现场巡检农用地、耕地101次，重点巡查违法用地易发地块。发出限期整改通知书8份，年内全部完成整改。

【重点项目征地拆迁“双清”】2019年，市规划资源局下城分局成立攻坚团队及综合督查小组，制订“清零”工作作战图和进度表，落实征迁政策处理工作责任主体，定期召开攻坚行动分析会，明确阶段性征迁工作目标。依托督查小组开展专项督查，根据拆迁时间节点，问责倒逼相关责任主体。全年完成杭州地铁机场快线等7个重点项目征地拆迁“双清”任务，按时实现“清零”、清障、交地。推进城中村改造工作，拆迁集体土地非住宅3家，建筑面积8341平方米；拆迁国有土地居民216户，建筑面积1.28万平方米；拆迁非住宅11家，建筑面积6.79万平方米。办理征地批前程序项目56个，征地面积81.26公顷；征地批后实施项目43个，征地面积38.47公顷。

【土地执法监督检查】2019年，市规划资源局下城分局加强自然资源执法监督，落实联合执法机制，加大动态巡查督查和违法用地查处力度，全年开展日常巡查101次。通过巡查督查，预防和处置违法占地行为，确保全区实现“零约谈、零问责”目标。办理信访件163件，其中微信23件，来电72件，来信17件，网上预约处理29件，来访3件，领导信箱19件。配合做好全省“大棚房”问题再排查再清理工作，对疑似“大棚房”问题的6个图斑进行核查并上报。成立违建别墅清理工作小组，制订工作方案，开展违建别墅摸排。

【不动产确权登记】2019年，市规划资源局下城分局围绕第三次全国土地调查中心任务，坚持数据真实性的工作定位，加大户外调查覆盖面，提高图片分析水平，确保调查结果真实、准确、完整、规范。全年完成权属调查50件，国有大宗土地首次登记34宗。开展项目注销工作，通过定期上门服务等形式破解项目历史遗留问题，累计上门50多次，注销证书700多本。结合做地工作，注销集体土地、宅基地300多宗，注销大宗地30宗。依据“最多跑一次”改革方案，更新业务流程，精简报送材料。投入使用高拍仪、人脸识别仪等高科技仪器，避免资料复印件重复提供。办理国有不动产登记（单套）1.43万件，发放不动产权证书1万余本，不动产登记证明4000多张，依申请登记发证率100%，全年登记“零”差错。（徐　峰）

创投基金管理

【概况】2019年，区国投集团围绕“深化全域中央商务区建设，打造世界名城一流核心区”目标，通过产业基金投资和招商引资，吸引和撬动社会资金聚集。全年区国投集团开工建设项目9个，完成前期准备项目6个，年度项目总投资38.98亿元。引进企业108家，总注册资本136.82亿元，实际到位资金13.16亿元，其中利用外资到位资金2150万美元。承接浙江金蚂股权投资管理有限公司、省担保集团有限公司等重点项目。引进企业实现税收13亿元，其中税收500万元以上的重点企业26家。完成42处房产不动产权证办理，总建筑面积8210.8平方米。深化信息平台融合运用，通过线上线下结合的方式，实现经营性房产规范化、专业化、精细化管理，国有房产“淘宝模式”拍租项目获评全国公共资源交易优秀示范项目。

【主板上市公司控股】2019年8月，区国投集团出资15.02亿元，以每股12.95元的价格受让主板上市公司上海润达医疗科技股份有限公司（简称润达医疗公司）的1.16亿股股份（占润达医疗公司总股本的20.02%），并接受该公司部分股权表决权，成为实际控股人。区国投集团完成润达医疗公司实际控制权收购后，获董事会席位4席，包括董事长、副董事长各一席、董事两席。获监事席位两席，监事席位包括监事会主席和监事各一席，另财务总监一名。通过收购润达医疗公司，区国投集团进一步推进医疗健康行业资源整合，发挥上市公司带头效应，吸引产业集聚，引进外部人才、技术、资本，推进下城医疗产业的模式创新、技术创新。

【市场化投资平台创立】2019年，区国投集团探索成立具有较强盈利能力、研发能力、募资能力的私募基金管理人，在数字经济和医疗健康领域成立高度市场化运作的投资平台。在数字经济领域，携手中央企业私募基金管理人保利（横琴）资本管理有限公司，创立杭州利城辰星股权投资有限公司，联合人工智能行业第四范式发起设立私募股权基金——杭州利城启赋股权投资合伙企业（有限合伙），专注大数据及人工智能等数字经济方面的投资，基金规模3.1亿元。在医疗健康领域，联合医疗健康行业资深团队及产业方香港维健医药集团有限公司，合资成立杭州凤皇谷股权投资有限公司，市场化投资医疗健康领域，完成一期私募股权基金杭州凤皇谷勃华股权投资基金合伙企业（有限合伙）的设立及募资，基金规模8142万元。

2019年9月10日，下城区举办第二届“天使梦想基金”创业大赛决赛

（区国投集团　供稿）

【区政府产业基金创投联盟成立】 2019年9月10日，下城区政府产业基金创投联盟成立，区委常委、常务副区长谢渐升出席成立仪式并致辞。下城区政府产业基金创业投资联盟由下城产业投资基金管理公司发起成立，中信创业孵化（深圳）股权投资管理有限公司、浙商创投股份有限公司、深圳市创业投资集团有限公司、深圳达晨创业投资有限公司、杭州凯泰资本管理有限公司等20多家企业作为投资方，参与构建产业、政策、资源、信息和资本互通互融的通道，为更多的创业者和创业企业提供优质服务。12月25日，下城区政府产业基金创投联盟以“数字助力环保，推动产业升级”为主题，举办首届项目与资本对接会，上海铸乾信息科技有限公司、杭州快手哥智能科技有限公司、杭州泓蓝环保科技有限公司等5家环保企业在现场进行项目路演，深圳市创业投资集团有限公司、杭州市金融投资集团有限公司等7家投资机构参与项目评审，推进环保产业项目与资本的深度融合。

【第二届下城区“天使梦想基金”创业大赛】 2019年9月10日，下城区举办第二届“天使梦想基金”创业大赛，邀请23家优质投资方参与角逐，区国投集团从智能制造、物联网、新零售等领域挑选20个项目参加大赛。最终评出优质项目10个，现场10多个投资机构对优胜项目表达投资意向。大赛通过“社会资本领投、政府基金跟投”的全新模式，使优胜项目获得社会投资方和天使基金的共同投资，推动优质创业创新项目加快集聚下城。（石靖凡）

市场监督管理

【概况】 2019年，下城区有注册登记内资企业（含分支机构）38082户，比上年增长7.2%，其中，私营企业（含分支机构）35757户，增长6.1%。有个体户22196户，增长6.0%。区市场监管局实施小微企业三年成长计划，推进“个转企、小升规、规改股、股上市”市场主体升级工作。全年新增小微企业数4785家，新增八大万亿重点产业小微企业1371家，新培育市级以上高新技术企业80家。完成“个转企”183家，申报省科技型中小企业93家，认定第一批省科技型中小企业56家，新增科技型小微企业4409家。深入推进商事登记制度改革，推行开展压缩企业开办时间改革，试点连锁餐饮“评审承诺制”，助力下城营商环境不断优化。推进简化个体工商户登记改革，创新“口述登记”模式，清除电子化办事改革盲点，相关做法被国家市场监管总局录用，《浙江日报》和浙江电视台《新闻联播》栏目分别进行跟踪报道。

【企业开办时间压缩】 2019年，区市场监管局会同区审管办、区税务局、区公安分局、区人力社保局等部门，制订“常态化企业开办专窗”实施方案。4月10日，下城区“常态化企业开办专窗”正式运营。专窗实行“线上一网通办+线下一窗受理”的运营模式，依托“全程电子化登记平台企业开办绿色通道”，将申请人依次向各部门提交材料的传统串联办事流程，改造成为一次提交、同步办理、信息共享、限时办结的“一网通办、并行办理”流程，企业在设立登记网上申报时，可一并申请公章刻制、银行预约开户、发票申领等企业开办事项，实现全部申请材料压缩至6件，办理时限压缩至1个工作日内。专窗设立之后，企业从前往窗口办理营业执照，到完成企业开办的所有事项，全程用时不到两个半小时，标志着下城区常态化压缩企业开办时间改革进入“一日办结”快车道。全年专窗受理企业全流程开办申请2294件。

【连锁餐饮“评审承诺制”试点】 2019年，按照《杭州市直营连锁餐饮企业食品经营“评审承诺制”工作指引（试行）》的要求，下城区率先试点连锁餐饮“评审承诺制”，促进餐饮经营企业向连锁化、规模化、品牌化、产业化方向发展。相比于传统食品经营许可受理审批“网上申报材料并预审—安排现场核查—审批发证”的程序，新政对通过评审符合条件的直营连锁餐饮经营企业总部推行“承诺制”，在其新开办连锁直营门店时只需提交“直营连锁餐饮经营企业承诺书”即可免于现场检查，直接核发食品经营许可证。此举使申请材料从原已低于全省平均申请材料件数的5件压缩到3件，办理时间从原来的5—7个工作日缩短为可当场办结，业务环节从原来的4个压缩到1个，真正实现“减材料、减时间、减环节”的大步提升与跨越。年内，辖区内肯德基、必胜客、瑞幸咖啡3家连锁餐饮企业分别开办42个、4个和77个分支机构，均享受免于现场核查的新政红利。

【消费者权益保护】 2019年，区市场监管局开展“联合整治保健市场乱象百日行动”和“亮剑2019——打击假冒伪劣综合执法行动”，全年查处实物质量不合格、违法经营、不正当竞争等案件490件，罚没款1220.86万元。启动“放心消费在浙江”创建工作，围绕“信用让消费更放心”消费维权年主题，开通消费者诉求快速解决绿色通道。全年区市场监管部门（含消费者协会）受理各类投诉举报、咨询20280件，比上年增长2%，为消费者挽回经济损失516万元。国家及省、市市场监管局均对下城区放心消费工作予以肯定。

【商标与广告监管】 2019年，下城区拥有有效注册商标9440件，商标有效注册总量42308件。申报成功商标品牌示范企业1家。监测网络广告1669条次，查处互联网新媒体违法广告案件86件，罚没款76.18万元。立案查处各类虚假违法广告案件112件，罚没款123.33万元。公示省“重合同、守信用”AAA级企业4家、延续公示10家；公示省AA级企业16家、

2019年4月12日，区市场监管局对辖区餐饮单位后厨开展食品安全检查
（区市场监管局 供稿）

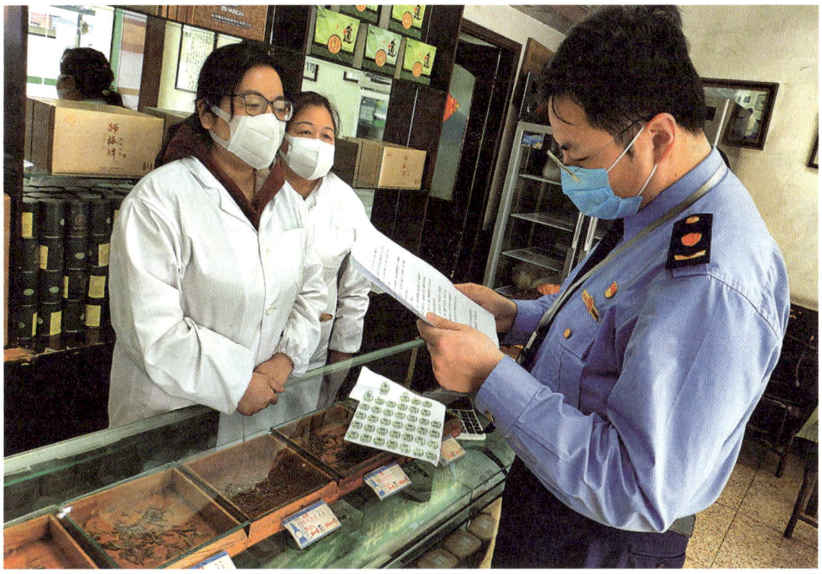

2019年4月27日，区市场监管局开展“西湖龙井”商标和地理标志质量安全保护专项整治
（区市场监管局　供稿）

府质量奖获奖企业杭州市政集团有限公司做经验分享，17家企业参加现场交流。完成2018年区政府质量奖评审，浙江省建设机械集团有限公司、浙江天演维真网络科技股份有限公司、浙江卓锦环保科技股份有限公司3家企业获政府质量奖。开展2019年区政府质量奖申报、评审工作，有11家企业申报区政府质量奖，经资格审查、资料评审、现场评审、投票表决等环节，3家企业初步入围。推荐浙江省建设机械集团有限公司申报杭州市政府质量奖。

延续公示9家；公示省A级企业15家，延续公示1家。办理抵押物登记和合同格式条款网上备案，累计办理动产抵押登记15份，价值5.06亿元；办理格式合同网上备案10次。开展“西湖龙井”商标和地理标志质量安全保护专项整治，重点查验虚标“西湖龙井”茶等级、虚假标注产地、以陈冒新等违法行为，规范市场秩序，维护消费者合法权益。

【市场规范管理】 2019年，下城区有正常营业的各类市场35个，其中农贸市场24个，专业市场11个。有5个市场分别续评三、四星级市场，5个农贸市场创建成为浙江省“放心市场”。区市场监管局牵头组织查处农贸市场活禽交易行为，配合有关部门做好非洲猪瘟和禽流感防控工作。开展动物诊疗机构、畜禽产品质量安全专项整治，案件办理数量和质量居全市主城区前列，相关动物监管执法案件被省动物卫生监督局评为年度全省动物卫生监督典型案例。

【质量强区建设】 2019年，下城区突出质量提升工作，深化质量强区建设。区市场监管局以杭州汽轮机股份有限公司为先进质量管理方法示范单位，并邀请该公司质量部门负责人为辖区企业讲解公司“基于数字技术的‘模块化设计、并行化智造、敏捷化服务’全生命周期的质量管理创新方法”。以商贸服务业为质量提升示范特色产业，组织走访杭州大厦、浙江银泰百货武林店、杭州嘉里中心、杭州联华华商集团有限公司，通过调研，听取意见，由杭州联华华商集团有限公司牵头起草《超市商品进货管理规范》《超市商品销售服务规范》。年内，2个区级地方服务标准完成立项。举办《卓越绩效评价准则》宣传贯彻培训会，全区51家企业76人参加培训。召开经验交流座谈会，邀请杭州市政

【标准化建设】 2019年，下城区批准发布《基层党群服务中心建设规范》《基层党群服务中心管理服务规范》《基层党群服务中心评价规范》《企业服务平台管理与服务规范》4个区级地方服务标准规范。推动浙江省建设机械集团有限公司制定“浙江制造”标准，该公司与虎霸建设机械有限公司联合起草的《塔式起重机》“浙江制造”标准进入征求意见阶段。完成23家规模以上企业采用国际标准情况核实，其中采标18家，采标率78.3%。开展企业标准自我申明监督抽查，全年抽取50多个标准进行检查。加强标准备案管理，全区有31家企业自我声明公开企业产品标准85个，涵盖103种产品。有90家企业上报351项标准，涵盖490种产品。区市场监管局组织14个单位申报标准制修订资助项目35项，其中国家标准7项、行业标准17项、地方标准8项、团体标准3项。

【计量监管】2019年，区市场监管局围绕保障民生要求，以“双随机”检查为契机，开展眼镜制配场所、法定计量使用单位、法定计量检定机构、医疗机构、农贸市场及加油机、水效标识等计量器具包括使用情况的监督检查。先后检查场所机构81个，发现问题79个，发出整改通知书23份。对照强制管理计量器具目录要求，全年强检器具7399个。推进“最多跑一次”改革，配合做好政务网“一网通”录入整合工作。严把审核关，完成网上计量行政审批66件。开展入企帮扶活动，上门服务企业10家，提供计量咨询服务20次。开展“计量日”惠民服务进社区宣传活动，发放资料200多份，接受群众咨询150多人次，推动相关法律知识普及工作。年内与经营主体签订计量责任承诺书71份，计量工作有效投诉明显下降。

【资质合格评定】2019年，区市场监管局开展检验检测机构专项监督检查，检查辖区内建筑工程、交通工程、射频及能源监察检测机构4个。完成2018年度42个检验检测服务机构统计工作，统计申报率100%。完成2019年14个环境检测机构自查，发现并整改问题9个。开展认证认可专项监督检查，检查2个超市和1家生产企业的3C产品获证情况，检查产品28批次。加强自愿性认证监管，完成58个自愿性认证单位的监管信息核查，并上报监管信息。完成咸亨国际（杭州）电器制造有限公司、杭州北辰天地通信设备有限公司2家企业内部开放实验室资质合格评定。

【“质量月”活动】2019年9月，区市场监管局以“共创中国质量，建设质量强国”为主题，以提高辖区企业、群众质量意识和质量水平为目标，通过进校园、进社区、进企业等方式，开展“质量月”系列宣传活动，进一步提升辖区群众产品质量意识。组织浙江华特装饰股份有限公司、浙江卓锦环保科技股份有限公司、杭州咸亨国际计量中心有限公司、浙江省建设机械集团有限公司、浙江英特药业有限责任公司等8家企业到杭州市政集团开展“质量开放日活动”，围绕政府质量奖申报工作进行座谈交流。在北景园中心广场开展以“共建品质之城，同享幸福下城”为主题的宣传咨询服务活动，向群众宣传质量法律法规和质量安全知识，发放各类质量安全知识宣传册、宣传品，解答群众有关标准、计量、质量、认证和特种设备等方面的咨询。先后发放质量安全知识图文资料500多份。举办食品质量安全知识讲座，参加讲座300多人，提升群众质量意识和法治观念。

【特种设备安全监管】2019年，下城区在用特种设备9009台（辆），其中锅炉39台、压力容器336台、电梯6555台、起重机械（含立体车库）1683台、场内专用机动车396辆。下城区落实特种设备安全专委会监管机制，定期召开例会，进行沟通交流。区政府与各街道、部门签订特种设备安全责任书14份，各街道、部门与辖区（行业）单位签订特种设备安全责任书767份。区市场监管局联合石桥街道、武林街道、区住建局开展特种设备相关知识培训，参加培训580多人次，发放特种设备法律法规、安全宣传册2600多份。应省卫生健康委邀请对全省100多

2019年9月，区市场监管局组织开展“质量月”宣传活动

（区市场监管局　供稿）

个医院进行医疗系统特种设备安全管理培训，介绍下城区加强医院特种设备监管做法和经验。邀请省、市有关专家分两批对辖区240多家企业负责人进行培训。建立健全特种设备风险分级管控和隐患排查治理双重预防机制，年内完成分类评价管控202家企业。全年出动监察人员901人次，检查特种设备生产、使用单位407个次、特种设备781台（辆），处理安全隐患单63份。发出特种设备安全监察指令书40份，责令停用或查封设备26台。办理特种设备案件19件，均已结案，处罚金58万元，处理“12345”区长公开电话投诉125起。全区特种设备定期检验率达98.8%，电梯定期检验率99.7%。区市场监管局加强与各市场监管所、各街道相关部门的联动，先后开展联合检查、执法检查29次，提高基层排查隐患督促整改的能力。全年以超期未检为主要内容，向各市场监管所发放交办单76份，严肃查处特种设备超期使用违法行为。

2019年4月17日，区市场监管局对校园周边小超市开展食品安全检查

（区市场监管局　供稿）

【建立电梯综合智慧监管体系】 2019年，区市场监管局继续开展住宅电梯安全责任保险续保和新电梯投保工作。全区180个小区2670台住宅电梯完成投保签约，投保数量连续两年增长，辖区住宅电梯安全责任保险实现全覆盖。推进电梯智慧监管装置安装，在芳洲苑等33个小区新安装电梯智慧监管设备520台。至年末，累计有74个电梯使用单位1221台电梯安装智慧监管装置，覆盖面进一步扩大。智慧监管装置在监测电梯运行质量、劝阻不文明行为和困人应急救援等方面发挥积极作用。其中新天地安装的109台电梯智慧监管装置，通过运行数据接入“城市大脑”平台，开发“智慧电梯·新天地”展示模块，并在原电话救援基础上，利用互联网技术，把接警、派遣、救援、维修以信息化形式进行集成，实现线上线下一体化实时动态监管。

【食品安全监管】 2019年，区市场监管局组织食品监管专项行动12次。出动执法人员近1万人次，对全区3325个餐饮食品经营单位进行监督检查，重点检查小餐饮店环境卫生、三防（防尘、防蝇、防鼠）设备落实及从业人员个人卫生和健康证明等情况，发现问题隐患763个，责令改正359个，当场纠正322个，对其中的46个小餐饮店发出责令整改意见书。组织6批集中培训，培训基层监管人员、餐饮单位及学校食堂负责人、商场及农贸市场负责人300多人。全年组织食品监督抽检3012批次，其中流通环节1665批次、生产环节46批次、餐饮环节1294批次、保健食品7批次。对73批次不合格产品全部按要求进行处置，监督抽检不合格食品处置率100%。立案查处食品违法案件148件，罚没款369.65万元。

【推进品牌建设】 2019年，下城区深化企业品牌创建工作，落实无理由退货承诺企业160家，培育“放心餐饮店”26家、“放心工厂”38家，“放心消费商店和网店”158家、省“放心农贸市场”4个。杭州联华华商集团有限公司建国北路店创建成为“品质食品示范超市”。开展品质食品监督抽检，全年抽样检测品质食品143批次，其中蔬果类40批次，畜禽肉蛋类41批次，水产类15批次，其他类47批次，抽检合格率100%。创建化妆品

"百千万"美丽消费示范商场5个、示范店69个。

【餐饮智慧监管】 2019年，下城区餐饮智慧监管平台进一步升级，新天地商圈中42家大型餐饮企业安装"阳光厨房"，并将"阳光厨房"视频接入杭州市"城市大脑"，新天地商圈成为杭州3个"城市大脑"应用场景之一。全区222家大型餐饮及大、中小学食堂"阳光厨房"视频接入"众食安"餐饮智慧监管平台。133家大型餐饮企业食品安全等级达到良好B级以上；110个学校食堂（含幼儿园）大宗食品统一配送或定点采购率100%，学校（含幼儿园）食堂食品安全等级100%达到良好B级以上。三星级酒店食品安全等级100%达到良好B级以上，四星级（含）以上酒店食品安全等级100%达到优秀A级。

【药品及医疗器械安全监管】 2019年，区市场监管局加强药品不良反应监测及医疗器械不良事件检查，全区检查特殊药品经营企业7家次，检查药品批发企业25家次，检查药品零售企业205家次，检查覆盖率均为100%。"飞行"检查药品零售企业41家，"飞检"率20%；跟踪检查医疗器械生产企业12家次，检查第三类医疗器械经营企业280家次。加强医疗机构药械购进渠道、储存安全监督检查，检查医疗机构180个次，二级以上医疗机构、重点医疗机构的检查覆盖率达100%。会同区卫生健康局，对2家疫苗配送储运单位、12家疫苗接种单位开展现场检查，对20家互联网药品和医疗器械交易服务企业进行在线监测。全年完成药品省级和市级抽样125批次。开展各类药械专项检查，完成植入类医疗器械经营企业"飞行"检查62家。开展中药质量、芬太尼药品、精神药品、敷贴类医疗器械、体外诊断试剂等专项检查。全年下城区上报药品不良反应1413例、医疗器械不良事件181例。下城区获评浙江省药品不良反应监测工作优秀集体和杭州市药械不良反应监测工作先进集体。做好家庭过期药品回收工作，辖区设立过期药品回收点86个，开展集中回收交接工作12次，回收家庭过期药品7万余盒，全部进行集中销毁。

【消费者权益保护宣传】 2019年，区市场监管局在"3·15"消费者权益保护日、科普宣传周、安全用药月、平安宣传月开展药品知识大讲堂和科普宣传活动，直接受益1500多人次；印制各类宣传品1.6万套（册），发放到企业、社区和学校。开展主题为"维护食品药品安全，共建共享平安下城"的"3·15"食品药品安全宣传活动，向市民宣传安全用药知识。区企业志愿者团队向市民免费提供量血压、测血糖、测尿酸、中药打粉等便民服务。区食品安全监督协会组织市民在杭州市民健康生活馆观看保健品防欺诈宣传视频，让市民直观感受保健品欺诈手段的多样性。该视频内容在下城区公共电梯、电子大屏等区域滚动播放。5月，区市场监管局组织参加省药品监管局开展的庆祝中华人民共和国成立70周年征文活动，报送有关消费者权益保护文图作品2件、老照片9张、H5作品1件、微视频1件。 （冯润杰）

知识产权保护

【概况】 2019年3月，下城区根据深化机构改革要求，将原属区科技局的知识产权相关工作职责划转到区市场监管局。区市场监管局以高标准建设知识产权示范园区为抓手，深化实施知识产权战略，进一步完善知识产权政策体系，激发企业及个人等创新主体发明创造热情。开展一系列知识产权创造、保护、运用专题活动，推进知识产权工作提质增效。及时了解企业知识产权发展情况和存在需求，协调第三方服务机构为企业量身定做知识产权发展方案。与杭州经纬天地创意产业园、杭州天昊专利代理事务所在杭州经纬天地创意产业园共同签署《小微企业专利托管委托合同书》，提升创意产业园区知识产权专利、商标运用能力。根据《杭州市知识产权维权援助管理暂行办法》，在杭州创新中国产业园设立下城区知识产权维权援助工作服务站，为入驻园区企业提供一站式知识产权维权援助服务。

【万人有效发明专利拥有量112件】 2019年8月30日，区市场监管局印发《关于申报2019年下城区知识产权有关资助的通知》，明确增加知识产权质押贷款贴息额度，对知识产权贯标、非职务发明

2019年11月21日，区市场监管局与杭州经纬国际创意产业园、杭州天昊专利代理事务所签署《小微企业专利托管委托合同书》　（区市场监管局　供稿）

专利等工作加大补助力度，旨在推进规模以上工业企业发明“专利清零”。围绕创新型企业发展需求，推动企业贯彻《企业知识产权管理规范》，企业专利意识和能力不断提高。全年全区申请专利6722件，获授权3467件，分别比上年增长7.76%和0.23%。其中发明专利申请量和授权量分别为3855件和1113件。累计有效发明专利申请量5891件，万人有效发明专利拥有量突破100件，达112件。

【知识产权“强企工程”实施】 2019年，区市场监管局开展知识产权试点示范企业培育认定、申报工作，引导企业规范有效实施知识产权保护，推进知识产权相关工作。全区拥有省、市、区级专利试点示范企业122家，其中市级专利试点企业17家（示范企业6家），杭州全胜通讯技术有限公司、杭州惠耳听力技术设备有限公司、浙江启程电子科技股份有限公司等15家企业通过国家知识产权贯标认证。中国电建集团华东勘测设计研究院有限公司申请国家示范企业，杭州九洲专利事务所有限公司和杭州浙科专利事务所获杭州市“市长杯”大赛外观设计奖，浙江工业大学获中国专利优秀奖。（冯润杰）

旅游行业管理

【概况】 2019年，下城区有旅行社117家，其中，经营出境旅游业务的旅行社25家，三星级以上旅行社16家。有二星级以上星级宾馆饭店14家，其中，金树叶级绿色旅游饭店3家，银树叶级绿色饭店5家。年初，区文广旅体局承接旅游行业管理职能，以旅游发展质量提升为工作主线，一手抓市场整治，一手抓行业转型发展。全年完成跨贸小镇国家AAA级旅游景区复核、杭州信达国际旅行社有限公司等7家三星级旅行社年度品质旅行社复核、杭州大厦宾馆等3家酒店星级宾馆饭店复评，浙江大酒店被评定为金树叶级绿色饭店。跨贸小镇新天地区块创建A级旅游景点厕所，电竞小镇建成4座旅游景点厕所，提前一年完成旅游景点厕所建设三年行动计划。全年下达旅游全域化基础设施建设、十大特色潜力行业发展等项目补助资金470多万元。

【“城市大脑”文旅平台建设】 2019年，下城区推进“城市大脑”文旅平台建设，依托“城市大脑”推出的“四大”应用场景为市民游客提供高质量、高品质、高效率的旅游新体验，提高到杭旅客的满意度、获得感。假日期间，浙江饭店、望湖宾馆等25家酒店实现“30秒入住、10秒退房”，酒店累计服务住店客人5269人次。“太阳马戏”实现“20秒扫码入园”，武林广场数字旅游专线有序运行，其中旅游专线国庆节期间累计服务乘客194人次。武林商圈通过“城市大脑”文旅系统的数据赋能，对商圈人流进行精准预测，有效实现提前预警、人员配置，全区旅游产业智慧化水平不断提升。

【旅游营销】 2019年4月26日，下城区举办“遇见·下城”旅游推介暨“美丽街巷”开街仪式，推介会以“都市乐游、寻味街巷”为主题，推出“夜游武林”“寻味街巷”等4条都市旅游专线和麒麟街等10条美丽小巷，打响下城都市旅游新品牌。8月3日，区文广旅体局举办“全民健身日都市旅游定向赛”，来自辖区各行各业800多名选手，组成200多支队伍，分成党员先锋、团员青年、行业协会、企事业、市民5个特色方阵，挑战“活力武林”和“乐游下城”两条线路各7个任务点的打卡任务，以体育运动与旅游相结合的方式推广下城区旅游景点。年内，组团前往北京、天津、河北、青海、重庆、贵州贵阳、江苏南京、福建福州等地开展旅游促销推广活动。

【旅游市场安全管理】 2019年3月1日，下城区召开旅游行业安全生产会议，会上区文广旅体局与80多家星级宾馆、旅行社签订安全工作责任书，督促各旅游企业单位落实安全工作主体责任。加强行业安全监管。依托下城旅游质量监测网络、下城旅游行业消防联防队等组织，加强行业安全监管。组织旅游企业开展旅游安全培训11场、旅游安全演练8场，提升旅游行业员工防御意识。组织开展A级景区、星级宾馆、旅行社安全检查，检查旅游企业56家次，整改各类安全隐患78处。联合区跨贸小镇管委会、下城消防救援大队、区市场监管局等部门对跨贸小镇“太阳马戏”、OT酒吧、丽笙酒店等重要旅游场所开展安全生产专项督查，指导跨贸小镇景区制订安全应急预案，降低节庆活动人员集聚区安全风险。

【旅游市场秩序整治】 2019年，区文广旅体局成立旅游景点特别保安队，每天不间断进行巡查，对“野导”活动等违法违规行为保持严查高压态势。全年出动执法人员962人次，教育、驱赶“野导”534人次、“黑车”425辆次，移送公安部门留置审查“野导”5人，其中1人因散发旅游小广告被公安部门行政罚款；处罚违停“黑车”215辆次，罚款3.21万元；环城西路及周边地区“黑车”违停、“野导”上路拉客等违法行为得到有效控制。会同有关部门以联合执法的方式，对旅游购物、旅游客运用车安全、出境游开展专项整治，维护旅游市场正常秩序。年内处理旅游投诉纠纷204起，调解成功184起，调解成功率90.2%。涉及游客368人，挽回经济损失39.56万元。处置110联动涉旅纠纷16起、旅游目的地信访件17件，全区无较大旅游投诉情况发生，无行政复议案件发生。通过投诉线索立案调查1起，发出责令改正通知书3份，约谈企业9家次、个人3人次。（马　亮　马　珊）

物价管理

【概况】 2019年2月，根据政府机构改革要求，原区发改经信局（物价局）的价格监督检查与反垄断相关职责划入区市场监管局。区市场监管局有序做好价格监管工作的衔接，切实履行物价监管职能。开展价格监管业务知识培训，了解价格监管的政策依据、价格咨询投诉举报的办理流程、省市定价目录等情况，加快业务融合，提升执法人员价格监督检查能力。加强物价宣传，通过杭州电视台《红盾在钱塘》栏目和微信公众号，宣传物价违法典型案例并科普价格知识。加强价格监督检查，组织开展元旦、春节、国庆节等重大节日期间市场价格巡查，以及涉企收费、学前教育、医疗服务、中医药价格收费等情况专项检查。做好价格投诉处理，将“12358”价格举报热线系统与“12315”消费者投诉热线系统整合，推进群众反映涉及的停车收费、商品零售、餐饮服务、医疗药品等问题，投诉举报及时受理、及时办结和及时反馈。全年办理各类价格投诉举报560件，按时反馈率和办结率均100%。

【节日价格专项监管】 2019年，区市场监管局组织开展元旦、春节、“五一”国际劳动节、国庆节等节日期间市场价格巡查，围绕节日消费集中的民生价格领域，加强辖区商业繁华地段的商场超市、餐饮行业和农贸市场价格行为的监管。做好节日价格监测预警，确保节日期间民生价格稳定。发挥社会价格监督作用，规范专业市场和背街小巷商店明码标价，提高明码标价的覆盖率。开展价格服务与行政执法，营造良好消费环境。会同有关部门开展专项收费检查，对存在不规范行为问题提出整改意见并督促落实。全年出动执法检查人员1752人次，检查单位（摊点）3581个次，督促56个单位（摊点）立即整改。

【清费减负政策落实】 2019年，区市场监管局贯彻落实国家及省、市取消、免征、降低等收费政策，加强收费减负工作监督管理。4月，发放《杭州市涉企收费负担情况调查表》，对涉及企业收费负担情况进行摸底排查，回收调查表36份。5—8月，走访区人力社保局、区应急管理局、区民政局、区卫生健康局、区住建局、区教育局、区城管局7个行政单位和区教育学会、区物业管理协会2个协会，调查行政审批中介服务、行业协会及收取保证金情况，发现个别行政单位未落实清费减负政策，涉及金额900多万元，以及物业协会设置会费档次过多，收取过高会费7万余元。区市场监管局根据检查结果，督促监督有关单位进行整改。5月，根据《浙江省企业缴费负担监测工作规则（试行）》要求，在辖区内选取1家规模以上企业及4家小微企业作为下城区企业缴费负担监测点，并上报监测企业联络员名单，每个季度上报《浙江省企业缴费负担监测表》，监测周期一年。落实国家降低一般工商业用电价格目标要求，检查转供电企业15家，清理转供电环节不合理加价6万余元。

【开展公平竞争审查】 2019年，下城区根据省、市有关公平竞争审查工作要求，开展公平竞争审查工作。8月20日，下城区召开机构改革后第一次公平竞争审查工作联席会议，副区长唐锋出席联席会议，区政府办、区市场监管局、区发改经信局、区规划和自然资源分局等22个单位参加联席会议。8月26日，下城区公平竞争审查联席会议办公室组织公平竞争审查工作业务培训，部署存量文件清理、增量文件审查和滥用行政权力限制排除竞争自查自纠工作。区公平竞争审查联席会议成员单位对2018年、2019年增量文件进行审查，对2017年以本单位名义印发或代区政府拟定、以区政府名义印发的存量文件进行审查和清理。各成员单位梳理2017—2019年发文2255件，2019年存量文件113件，保留2018年存量文件19件。通过自查，下城区未发现有滥用行政权力排除、限制竞争的情况。9月，下城区纳入公平竞争审查范围的文件目录27件及省第三方评估组抽取的4份文件和相应的公平竞争审查表、政府工作问卷调查表上报省第三方评估组。

【医疗服务价格治理】 2019年，区市场监管局落实省、市医疗服务价格重点整治工作部署，开展医疗服务价格重点治理行动。8月7日，召开专题会议，向天水武林、长庆潮鸣、朝晖、文晖、东新、石桥6个社区卫生服务中心和下城区中西医结合医院宣讲医疗服务价格政策法规，要求上述公立医疗机构按照是否按规定的医疗服务项目和标准收费、使用一次性医用卫生材料是否重复收费和超过加价率、高值植（介）入类医用耗材是否超过规定、明码标价与价格公示执行、其他医疗服务价格和收费情况5个方面内容进行自查自纠。9月，通过“双随机、一公开”程序，形成专项名录库，按照不低于10%的比例抽取检查对象，对抽取到的下城区中西医结合医院现场调取2019年9月的药品库存量表、2018年1月1日至2019年6月30日的收费项目明细统计，通过抽查患者住院病历，查看患者费用清单、住院病案、长期医嘱单、临时医嘱单等，检查是否按规定的医疗服务项目和标准收费、其医用耗材加价率执行情况、高值植（介）入类医用器

2019年8月26日，下城区公平竞争审查联席会议办公室组织公平竞争审查工作业务培训
（区市场监管局　供稿）

材加价情况。检查发现该院存在部分患者费用清单上一般专项护理、静脉置管冲洗两项护理费无医嘱等问题。该院按要求在限期内完成整改。

【市场猪肉价格巡查】 2019年，区市场监管局根据国家稳定生猪生产保障市场供应电视电话会议精神，加强对辖区内农贸市场猪肉价格专项检查，确保辖区猪肉价格稳定。9月9—11日，选取屏风街、新华路、刀茅巷、艮山门、仙林苑、朝晖二区、朝晖六区、中河、万寿亭、朝晖七区、长板巷、三塘、北景园、华丰、东新园15个农贸市场进行巡查。从巡查情况看，猪肉价格总体稳定，比前3个月回落1～2元/千克。其中，瘦精肉和肋条肉50～60元/千克，腿肉和夹心肉44～50元/千克，仔排64～70元/千克。区市场监管局要求市场经营者增强价格自律意识，规范自身价格行为。

【学前教育收费检查】 2019年，区市场监管局加强学前教育收费监管工作，规范学前教育收费行为，对学校、早教机构开展学前教育收费专项检查。先后检查杭州市德胜幼儿园、杭州市下城区杭锅新村幼儿园等6家幼儿园的保育费是否按规定或备案收取及公示、代管费的收支情况是否做到多退少补、伙食费的收支明细是否每月公示等情况。经检查，6家幼儿园均按规定要求收费。检查收到“检查一个点”实现“规范一个面”的良好效果。

2019年9月11日，区市场监管局对九洲大药房（朝晖路店）收费公示执行情况进行检查
（区市场监管局　供稿）

【中医药价格行为监管】 2019年，区市场监管局以迎接下城区全国基层中医药工作先进单位复评为契机，加强中医药价格行为监管工作，为民生改善营造良好环境。9月，对杭州聚齐轩中医诊所、东新街道卫生服务中心、下城区中西医结合医院天驰门诊部等9个中医药医疗机构收费公示执行情况进行检查，促进中医药医疗机构完善收费明细台账和收费公示工作。推进国家各项医药价格政策和改革措施落实落地，切实维护正常的医药价格秩序和群众的切身利益。年内，下城区被国家中医药管理局评为全国基层中医药工作先进单位。（冯润杰）

统　计

【概况】 2019年，区统计局推进统计改革发展，创新统计制度方法，提升统计服务质效。加快统计信息化建设，做好统计调查单位名录库动态维护。完善统计信息网络，利用现代电子和网络技术，提高统计数据处理效率，为各类统计调查工作开展提供便利。组织实施社情民意调查和城镇住户调查，完成全区工业、建筑业、能源、环境、固定资产投资、房地产开发经营、劳动工资、社会科技、服务业、批发和零售业、住宿和餐饮业等统计报表报送和审核，对区域内国民经济、社会发展情况进行统计分析和预测。加强全区统计工作组织、协调和指导，规范统计基础工作，统一组织社区统计人员业务培训。强化数据质量管控，全年举办统计年报定报、重点企业基本情况普查等培训45场，参加培训3250人次。深入开展统计普法宣传教育、统计执法监督、防范和整治统计造假等专项活动，依法查处统计违法行为。开展“不忘初心、牢记使命”主题教育，强化“服务企业、服务群众、服务基层”的工作导向，推动调查研究常态化、制度化，完

成《下城区新制造业发展思考》等调研报告5篇。开展社区统计先进个人评选，评选出社区统计调查工作先进个人8人。开展第四次经济普查，普查数据质量达到预期目标要求。区统计局连续两年被评为杭州市统计系统综合考评先进单位，领导班子和队伍建设、综合测评、统计业务和统计服务四项内容考核成绩列城区组第一名。1月10日，在全国统计会议期间，下城区作为浙江省唯一入选单位、全国12个县（市、区）统计局（队）代表之一，在《中国信息报》上介绍统计工作亮点。

【区统计局获评第四次全国经济普查先进集体】 2019年1月1日，区统计局在上年普查准备基础上，有序开展普查登记、数据汇总、资料开发、工作总结等第四次经济普查各项工作。该普查标准时点为2018年12月31日，普查时期资料为2018年年度资料，普查对象是全区区域内从事第二产业和第三产业的全部法人单位、产业活动单位和个体经营户。下城区组织工作专班，开展经济普查宣传；建立联系街道制度、业务协调推进制度；开展普查业务培训；召开普查部门联络员会议，明确部门职责分工。1月10日，省委常委、常务副省长冯飞到下城区调研，对下城区普查登记组织和培训工作表示肯定。4月10日至6月15日，在全市率先开展普查资料集中会审，并要求8个街道普查表差错修改情况实行“一天一报”，下城区在全市普查资料集中会审中综合成绩排名第一。普查过程中，区统计局加强调查研究，积极开发普查资料，撰写普查课题，报送普查信息，先后被省统计局录用普查信息112篇、普查风采文章12篇，向市统计局提交经济普查课题报告8篇，录用数量全市排名第一。全区经济普查数据质量通过省、市经普办开展的事后质量抽查，达到预期目标要求。浙江经视频道、中国蓝新闻网等省级以上媒体21次报道下城区经济普查工作。12月16日，国务院第四次全国经济普查领导小组办公室发布第四次全国经济普查先进集体、先进个人公示通告（第一批），下城区统计局获评第四次全国经济普查国家级先进集体。浙江省有25个单位获评先进集体。

【经济社会发展预警】 2019年，区统计局发挥全区经济形势分析联席会议优势，注重统计指标数据现状和问题分析，加强国内生产总值、固定资产投资、社会消费品零售总额等指标监测，强化统计分析和数据解读。做好楼宇园区、“16+3”经济指标及22项高质量发展考核指标的分析监测和预警，根据分析监测，提出相应对策和建议，为区委、区政府决策提供参考。以第四次经济普查库为数据基础，联合区税务局、区市场监管局厘清数字经济核心产业单位名录，健全数字经济监测库，加强产业预警监测。全年撰写各类统计分析材料56篇、专报信息13篇，开展统计课题研究11个，上报统计专报和调研课题中，区委、区政府主要领导批示11篇次，《中国信息报》录用6篇次。

【统计服务综合能力提升】 2019年，区统计局以服务企业常态化、服务街道精细化、服务部门特色化和服务决策精准化为导向，不断提升服务质效。深化“走亲连心三服务”活动，常态化开展统计调

2019年1月10日，省委常委、常务副省长冯飞（前右二）调研下城区第四次经济普查登记工作
（区统计局　供稿）

2019年7月17日，下城区召开全区经济形势分析联席会议

（区统计局　供稿）

研，主动联合区发改经信局、区科技局等部门，走访重点企业和投资项目。全年由局领导带队走访企业72家、项目53个，解决问题47个。根据8个街道所属企业经营发展状况及变动情况，及时分析研判各街道主要经济指标完成情况及新的增长点，并有针对性地提出建议8条，解决街道在统计工作和经济普查中遇到的问题15个。加强与区发改经信局、区商务局、区文创办等部门联动，做好各项主要经济社会发展指标的统计监测与分析。主动向区委办、区政府办报送预警监测分析。结合第四次经济普查数据，联合相关部门和街道，通过分析入驻率、产出率、贡献率和注册率，摸清下城园区、楼宇经济和数字经济的发展规模、布局和效益，了解全区产业组织、产业结构、产业技术和产业形态及各生产要素的构成。

【统计法治建设】 2019年，区统计局以"提高统计能力、统计数据质量、政府统计公信力"为目标，构建浙江政务网系统运行机制和统计执法监督检查制约机制，完善政务网处罚系统加载事项，规范处罚系统操作程序，确保统计执法监督检查工作公开、公平、公正。把法治宣传教育与统计业务培训、统计调查服务和统计执法检查有机结合起来，通过开展统计普法宣传教育，营造依法统计良好氛围。强化数据质量管控，加强基层数据核实力度，定期召集街道统计人员进行数据交叉互审，提升报表数据质量。全面落实"双随机"抽查工作，依法开展统计执法检查，全年组织执法检查和数据核查企业46家，给予行政警告、责令更正的处罚9家，罚款金额1.09万元。

【专项统计调查】 2019年，区统计局围绕领导关注、市民关心的热点、难点问题，对接区人大办、区政协办、区委统战部、区委政法委和区治水办等部门，开展各类民情民意调查工作，以靠前服务、主动服务为要求，为全区深化改革出谋划策。全年组织开展"平安三率"和"五水共治"模拟调查、提升老旧小区居民生活品质情况、民营经济高质量发展和营商环境工作等12项民情民意调查，完成调查报告5篇。做好城乡住户一体化调查，召开有关部门参加的专题会议，分解落实"三重"审核（事前预审、事中互审、事后机审）机制工作，加强对住户调查数据评估分析，推进记账户电子记账普及工作，从源头上保障住户调查数据质量。

【统计宣传】 2019年，区统计局按照"快、精、准"的统计服务要求，进一步推广、完善"数据下城"App的运用，及时更新月度数据。编印出版《下城概览》《统计公报》《统计年鉴》，实现调查统计资料区域内共享共用。注重发挥统计局政务微博、微信工作"小编"团队的作用，及时做好政务微信微博的编写、推送工作，定期发布统计数据，通过文字和数据图解展示下城经济发展情况。全年"下城统计"微信公众号新增关注人数9195人，单次信息阅读量突破1万次。上报舆情信息152篇，组织各类约稿43篇、专报信息13篇，被省、市内网录用信息161篇。

（沈　萍）

审　计

【概况】 2019年，区审计局完成

审计及审计调查项目69个，审计总金额247.43亿元，核减财政投资4.18亿元，上缴财政金额1356.86万元。强化审计整改，开展审计项目整改“回头看”工作，全年审计发现问题121条次，提出审计建议94条次。上报的159篇报告信息被各级领导批示、转批82次，被有关部门采纳及新闻单位刊播108次。强化审计监督，完成区政府购买服务资金绩效情况审计、区养老服务体系建设情况审计等专项审计调查项目，落实政府性债务风险评估和预警机制。探索大数据审计，完善数据资源，创建数据分析审计模型，实现精准审计。开展“不忘初心、牢记使命”主题教育，班子成员上专题党课5次，党员干部听讲92人次，形成调研报告5篇；向基层群众、服务对象征集意见建议17条；围绕“九项专项整治”，查摆问题并整改落实10个。

【政府预算执行情况审计】 2019年3—5月，区审计局对区财政局2018年度本级财政预算执行及其他财政收支情况进行就地审计。将财政绩效审计作为核心，全面贯彻《中华人民共和国预算法》要求，紧盯财政资金使用绩效开展审计，推动落实“花钱必问效、无效即问责”，促进提高财政资金使用效益，财政资金由重使用向重绩效转变。推动各部门加快处置闲置资金，有力保障“集中财力办大事”财政政策的贯彻落实。重点关注减税降费政策措施实施和绩效管理、行政事业性收费违规转经营服务性收费、政府融资担保公司运作、缓解企业融资难、支持民营经济高质量发展等情况。9月26日，区审计局向区第十五届人大常委会报告下城区2018年度财政预算执行及其他财政收支审计情况。

【领导干部经济责任审计】 2019年3—12月，区审计局完成武林街道、石桥街道、区发改经信局、区人力社保局、区科技局、区投资促进局、区应急管理局、区市政园林公司8个单位12名领导干部的经济责任审计，促进领导干部依法用权、秉公用权、廉洁用权。主动融入干部大监督格局，结合部门权力清单和工作职责，关注领导干部权力运行情况、内部控制制度建立和完善情况，推进经济责任审计监督重点更加精准。拓宽审计定责范围，责任界定更加科学和细化，按照划定职责范围、厘清责任清单的原则，建立完整的问题责任链；注重风险预警与防范，关注二级单位及下属单位经济事务，规范“三公”经费支出，做到审计不留死角。石桥街道经济责任审计中自然资源资产审计相结合，推动领导干部切实履行自然资源资产管理和生态环境保护责任，促进区域生态环境不断优化。

【投资项目审计监督】 2019年，区审计局对下城区“三村”改造PPP项目进行全过程跟踪审计，及时披露项目投资、设计、工期、质量、安全和管理等方面问题，得到区领导批示肯定。对下城区杭政储出〔2018〕25号项目及周边配套项目、杭政储出〔2018〕30号地块商业兼容商务用房项目、杭政储出〔2018〕17号商业商务用房项目、杭政储出〔2018〕19号地块商业商务用房项目及东新路整治等项目进行概算审计，从概算控制价的合理性、设计方案的科学性、建设标准和整体质量等方面提出审计意见，为合理控制项目投资提供依据。完成旧住宅、截污纳管等竣工财务决算审计项目4个，完成结算审计项目49个。区审计局组织实施的30万元以下工程项目实施和管理情况专项审计调查项目获评市审计局优秀项目。开展的《基于利益相关者视角的政府投资项目绩效审计探索与研究》获评省审计厅2019年度优秀审计论文。推进投资审计转型，按照统筹谋划、稳步推进、平稳过渡的整体安排，清理修订业务工作文件，出台《政府投资建设项目2019—2021年度协审单位考核办法》，加强对协审单位的考核和培训，防范发生各种审计风险。

【大数据审计】 2019年，区审计局加快推进大数据审计软硬件的配备和升级，整合力量组建大数据审计攻关组，完善数据分析先行、与现场核查相结合的审计新模式。对全区一级预算单位的预算编制、国库集中支付、会计核算、政府采购等数据进行采集和转换，建立相应的数据分析模型，形成数据疑点，并进行分散核查和问题线索分析，实现精准审计。将信息化手段引进工程项目审计，立足建设项目全生命周期跟踪审计，运用细化工

2019年5月13日，区审计局召开全区内部审计工作座谈会

（区审计局　供稿）

程数据、云存储工程资料等方法，首次在“三村”连片改造跟踪审计中对安置房、学校等民生项目中使用建筑信息模型（BIM）技术进行工程量核对、施工碰撞点模拟、造价指标工程成本分析等工作，不断拓展审计宽度与广度。

【内部审计】 2019年，区审计局探索国家审计和内部审计协同机制，督促引导各内审委员会进一步健全内部审计制度，规范开展内部审计工作，推进落实内部审计“一把手”分管机制，加强党对内审工作的领导。5月13日，区审计局召开全区内部审计工作座谈会，8个街道、7个主要预算部门和4家企业内部审计人员参加会议，扩大审计监督覆盖面和整体性，提升审计监督整体效能。11月，完成《下城区2019年公务支出公款消费专项审计》报告。全年19个内审机构完成审计项目215项，审计总金额21.04亿元，查出损失浪费1276万元，促进增收节支1408万元，提出建议意见被采纳74条。规范自身财务管理，委托会计师事务所对审计机关自身的财务收支开展内部审计。组织内审业务交流和培训，提升内审人员专业技能，在全市内审协会组织的内部审计论文评比中，下城区内审人员撰写的《关于街道内审协同机制的几点思考》《浅谈如何建立和谐共生的内外部审计协作机制》等论文获杭州市2019年度内部审计“技术方法创新推动内部审计高质量发展”论文三等奖，并在《浙江内部审计》上刊登。

【专项审计调查】 2019年，区审计局对区国投集团、区城投集团的负债使用情况进行审计调查，摸清政府融资资金的具体使用情况，对数据进行核实，对面上情况开展分析研判，并对地方政府融资平台公司债务和政府中长期支出事项实现全面动态监控。根据“中长期支出事项年度支出规模占财政支出规模的比重”进行财政可承受能力评价，对超过财政可承受能力的中长期支出事项提出预警，避免中长期支出事项对财政未来支出带来过大的压力。通过审计督促完善政府性债务风险评估和预警机制，为防范和降低地方政府性债务风险发挥审计的监督促进作用，提升政府债务绩效管理。

【审计问题整改】 2019年3月7日，区委审计委员会第一次会议审议通过并印发《关于开展下城区2015—2018年审计项目整改“回头看”工作的实施方案》，要求各部门各街道对2015年以来审计发现问题的整改情况逐项盘点、逐一排查，制定条目清楚、内容具体的问题清单和整改清单，形成完整详细的整改“施工图”，并将整改结果在门户网站进行公示，确保“整改一个、达标一个、销号一个”。全年被审计单位整改审计问题85个，涉及金额3.02亿元，采纳审计建议50条；促进上缴财政专户1266.07万元，减少财政拨款或补贴1337.07万元。（翁云婷）

20 财政·税务·金融

财　政

【概况】2019年，下城区加强财政收入征管，完善财政收入各项制度，从源头控制和掌握税源情况，促进各单位挖潜增收。全年实现财政总收入175.12亿元，比上年增收11.01亿元，增长6.71%。完成一般公共预算收入96.59亿元，增长8.04%，占财政总收入的55.2%，占地区生产总值的9.2%；其中税收收入86.98亿元，占一般公共预算收入的90.1%。完成一般公共预算支出44.45亿元，增长15.3%。全区财政收支平衡。

【财政收入增加】2019年，区财政局针对大规模减税降费政策实施及税收征管体制调整等带来的影响，积极做好财政收入形势研判、结构分析、规模预测及任务分解工作。优化税源涵养，全年转入企业1390家，首次实现企业迁移税收净流入。加大企业股权转让、资产重组、股息分红等税源信息“找新挖潜”力度，年内完成一次性收入15.95亿元。深化与大企业大集团战略合作，香港嘉里数字创新先行区、浙江省金融控股有限公司、浙江省担保集团、杭银理财有限责任公司、浙江金蚂股权投资管理有限公司等29个1亿元以上项目成功落地，总注册资金218亿元。创新中国产业园和人力资源服务产业园税收分别为2.43亿元和2.51亿元。强化非税收入征管。坚持依法征管和应收尽收，全年征收非税收入10.71亿元，比上年增长77.7%，其中纳入一般公共预算9.60亿元。全区财政收入完成年初区人代会确定的目标。

【财政政策推动经济发展】2019年，区财政局实施积极的财政政策，出台加快数字经济发展政策，健全和完善“1+7”政策体系，推动企业上市和人才扶持专项政策落地。制定促进经合社产业发展和规范管理政策，扶持壮大集体经济。会同区委人才办出台人才生态“黄金30条”。加大各类园区、特色小镇、发展平台政策扶持力度，年内兑现“1+7”经济扶持政策、“一企一策”等资金3.14亿元。优化区域营商环境，全年为企业减负49.59亿元。依托上市企业服务平台和企业服务信息化平台的线上运作，解决企业需求问题320多个。开展财政政策送上门活动，累计服务企业108家。举办重点税源企业财务总监研修班，参与企业220家。加快传统产业与数字经济深度融合，制定创新型产业用地政策实施细则，助力新制造业计划实施。全年新增“上云”企业1265家。投入资金375万元，在全市率先启用“城市大脑”区县平台，并率先完成区、街两级数字驾驶舱建设。

【财政民生保障】2019年，下城区民生事业投入32.98亿元，比上年增长10.9%。民生事业支出占财政总支出的80.7%。统筹安排民生实事专项资金4.62亿元，推动10件民生实事圆满完成。加大城区环境建设力度。安排城建综合管理支出6.18亿元，推进城中村（棚户区）改造，做好机场轨道快线等地铁沿线征迁。启动旧住宅区改造和武林路国际街区建设。实施"美化家园"工程,新增社区"小区管家"服务10个。强化社会保障兜底工作。安排社会保障和就业支出7.96亿元,落实"春风常驻"帮扶政策,加大困难群体生活帮扶和重点人群就业扶持力度。推进社区硬件设施建设和社区治理服务创新,新建(提升)养老服务综合中心和老年食堂(助餐点)各5个。实施精准扶贫工作,向贵州省黔东南州和湖北省恩施州提供援助资金1.52亿元。夯实社会治理基础。安排公共安全支出4.74亿元,用于政法系统办案和执法装备改善。发挥基层治理体系"四个平台"作用。实行住宅电梯安全责任保险全覆盖。提升改造社区微型消防站20个,新增智慧用电安全隐患监管服务系统建设投入。做精社会公共事业。安排教育发展资金8.13亿元,助推6所校园开工建设、5所校园完工启用,并提高教师待遇和学生生均公用经费标准。投入卫生健康发展资金1.40亿元,完善基层卫生服务网络,推进"医养护一体化"签约服务和分级诊疗。开展3岁以下婴幼儿照护服务试点。建立餐饮安全监管平台,加大食品药品监管力度。安排公共文化资金0.80亿元,助推武林美术馆建设,完善"城市书屋"配置。加大非物质文化遗产保护,推进16个社区文化家园建设。

【财政改革深化】 2019年,区财政局强化预算统筹,推进公共预算、政府性基金预算、国有资本经营预算、社会保险基金预算的统筹协调,构建"部门预算、政府投资、土地出让"3个平台统筹调配格局。全年完成土地出让(含挂牌)19宗、46.4公顷,土地出让金超过200亿元。坚持集中财力办大事,收回执行进度偏低或年度预算未完成的项目资金2.11亿元,统筹用于经济社会发展急需支持领域。出台预备费管理办法,修订行政事业单位通用办公设备家具配置标准和福利费新规。成立下城区规范公款存放管理领导小组,实行银行账户和公款竞争性存放信息化管理。完成预算单位政府会计制度改革,提升部门预决算的全面性、规范性和透明度。推进"数字财政"建设。建立上级补助资金线上审批平台,实现部门预算调整"零次跑"。推动非税管理数字化转型,在区行政服务中心和区公安分局出入境办事大厅配备公共支付平台自助系统。完成电子医疗票据管理改革试点任务,推进患者就医结算"零次跑"。上线国库电子化实拨业务系统,推进国库集中支付无纸化。深化财政"最多跑一次"改革,会计代理记账执业资格审批和年度备案等事项完成从承诺件到即办件转变。推进预算执行"最多跑一次"改革扩面,涉改单位上门次数下降90%以上。对24项部门、街道和区管国有企业办理事项实现线上办理。提高财政办事效率,预算单位银行开户审批由原先的3～5个工作日改为即到即办;财政扶持资金项目拨付办理从18个工作日缩短至10个工作日,提速44%。取消公开招标方式及公开招标限额以下采购计划(建议书)审批事项,政府采购审批事项减少95%以上。

【财政管理】 2019年,区财政局强化财政监督检查。完成6个预算单位财政资金使用情况专项检查、10个预算单位财政票据"双随机"检查。完成全区预算单位公款竞争性存放管理检查并做好督促整改。完成107个区属单位(涉及2231人)2018年度津补贴、奖金、福利等发放情况抽(自)查。开展预算绩效评价。完成2019年度"智慧城管信息化建设经费"等7个事关民生的重大预算项目绩效目标申报审核,核减金额近30%。对"社会组织发展专项资金"等5个民生关联度强、公众关注度高的项目开展绩效评价,涉及预算执行总额3613万元。编制2018年度全区招商引资工作绩效评价报告并提交区人大常委会审议,为后续招商引资工作提供参考。全面清理政府采购领域妨碍公平竞争的规定和做法,营造良好的政府采购环境。推进政府采购项目全流程电子化交易,降低企业负担和政府采购成本。开展"政采贷"业务试点,为中小企业开展政府采购项下融资业务提供便利。落实政府采购政策支持脱贫攻坚工作,开设线上农业(扶贫)馆。完善审价管理,规范政府投资建设项目审价运作流程。全年完成各类审价项目139个,送审金额77.62亿元。其中办结114个,核减金额1.69亿元。设立地方政府债务管理办公室,政府债务全部纳入预算管理。推进地方政府全口径债务检测系统常态化风险管控，实现全区近300个行政事业单位、国有企业及下属单位全覆盖。完成全年隐性债务化解任务，全区地方政府债务严格控制在区人大常委会审议批准的政府债务限额以内。（裘文彬）

税　务

【概况】 2019年，下城区有纳税户5.7万户。其中，企业纳税人3.9万户，个体工商户1.8万户。下城区税务局坚持组织收入原则，加强税收征管，实现了税费收入平稳增长、收入质量持续提高。全年共组织税费和基金收入275.79亿元，比上年增长8.1%。完成地方一般公共预算收入96.59亿元，增长8.04%。在2019年度全国纳税人满意度调查中，下城区作为杭州市两个抽样城区之一，为浙江省和杭州市分获所属序列第一名做出贡献，下城区税务局获省税务局通报表扬。区税务局办税服务厅团支部获2018年度“全国五四红旗团支部”称号。

【减税降费】 2019年，区税务局全面贯彻国家一系列减税降费政策，全面释放政策红利。对内建机制、定方案、组团队，对标推进、到点验收；对外构建党政领导、税务主责、部门合作、企业及社会组织多方参与的减税降费社会共治格局，形成全区支持减税降费工作合力。开展减税降费政策宣传，组织宣传培训会35场、“小夏云课堂”15场、纳税人学堂6场；在征纳沟通平台开设减税降费专栏，编

2019年4月20日，在2019年（第十届）杭州青春毅行大会上，下城区税务局减税降费宣传员为前来参加活动的企业员工和市民宣传减税降费政策

（区税务局　供稿）

发政策汇编、操作说明25期；借助税企微信群、税企邮箱、短信平台推送信息7.3万条次，拨打电话1万余户次。全年累计新增减税降费（含留抵退税）49.59亿元。加快出口退税进度，全年办理出口退税20.4亿元。

【税收征管】 2019年，区税务局优化征管流程，着力构建高效统一的征管体系。开展“金三”系统数据清理，全年清理指标82项、数据20226条。深化税源专业化管理，落实省税务局《税收业务操作指引》，规范企业所得税汇算清缴、后续审核和核定征收管理，企业所得税汇算清缴申报率99.2%，后续审核补缴企业所得税1780.74万元，核定征收面13.0%。做好个人所得税综合所得年度汇算准备，持续规范车船税、印花税、环保税等小税种管理，平稳实现房地产交易税费征管属地管理，完成土地增值税项目清算7个。上线全省集中版城乡居民“两费”征缴新系统，完成城乡居民“两费”集中征缴。加强大企业管理，完成17家千户集团风险分析，补缴税款1099.31万元。强化增值税发票风险防控，完成风险应对任务34批，涉及企业115家，经核查，存在问题企业111户，均为走逃企业。

【税收法治】 2019年，区税务局进一步深化法治建设，全局学法用法考试通过率100%。组织一线执法人员参加区法院旁听行政诉讼案件庭审，增强税务干部税收法治意识。开展普法教育，利用税收宣传月、国家宪法日等时机，举办“便民办税春风”税务宣传、走进东新街道三塘社区税法咨询、“法治让杭州更美丽”宣传片展播等活动，推进税法宣传常态化、多样化。深入实施行政执法公示制度、执法全过程记录制度、重大执法决定法制

审核制度，修订重大涉税事项合议办法，明确需合议决定的9种重大涉税事项。完善内控机制，用好内控监督平台和内控辅助平台，提升内控能力。推进破产企业债权申报工作，全年申报破产债权企业19家，涉及本金1223.63万元、滞纳金769.63万元，其年内收回本金146.61万元、滞纳金2.62万元。

【税收服务】 2019年，区税务局深化“放管服”改革、“最多跑一次”改革，落实“便民办税春风”行动，实现办税事项“最多跑一次”100%覆盖。推广电子税务局和征纳沟通平台，建立电子税务局和征纳沟通平台问题快速反应机制，全年网上办税率达85%。简化办税流程，推进“一窗通办”，建立完善便捷的文书流转模式，努力压缩企业开办和注销时间。进驻行政服务中心，与相关部门联合建立社会保险费补缴专窗和房产交易专窗，让纳税人和缴费人“少跑路”。丰富“小夏”服务品牌，相继推出“小夏服务队”“小夏云课堂”“小夏办税通”等便民举措。结合“不忘初心、牢记使命”主题教育开展“大走访”，采取多种形式走访联系企业1.85万户次，企业反映的问题均得到解决。

【税收宣传】 2019年，区税务局结合全国第28个税收宣传月、“不忘初心、牢记使命”主题教育等专项活动、减税降费等税收重点工作，拓展新媒体阵地，统筹利用征纳沟通平台、“纳税人学堂”、省市税务局微信公众号和各级新闻媒体，加强税收宣传，持续提升纳税人税法遵从度和满意度，全年下城区税收工作被各级媒体报道83篇，其中《浙江日报》报道9篇、《杭州日报》报道2篇。 （王雨桐）

金融

【概况】 2019年，下城区有各类金融机构443个。其中：银行机构146个，包括省级总部4家、市级总部14家；保险公司68家，包括省级总部30家、其他38家；证券公司44家，包括省级分公司4家、营业部38家；期货公司11家，信托公司8家，小贷公司5家，融资租赁公司23家，融资担保公司10家，典当行17家，消费金融公司3家，其他金融类机构108个。全年金融实现增加值388.03亿元，占地区生产总值的37.0%，占全市金融业增加值的21.7%，金融服务实体经济的效能进一步提升。1月19日，区政府金融工作办公室挂牌成立，设行政编制4名，事业编制5名，下设1个科室（综合科）和1个事业单位（区金融发展中心），主要职责为贯彻落实各级党委关于金融工作的方针政策和决策部署，统筹协调全区金融发展和金融稳定工作。

【电商平台“云集”在美国纳斯达克上市】 2019年5月3日，浙江集商优选电子商务有限公司旗下平台——“云集”在美国纳斯达克成功上市，成为中国会员电商在美上市第一股，该公司也成为下城区第一家在美上市的企业。IPO发行价11美元，募集资金金额1.2亿美元。上市募集资金主要用于增强和扩展业务，改进物流基础设施以及运营资本、潜在战略投资和收购。“云集”创建于2015年。2016年、2017年、2018年的成交额分别为18亿元、96亿元和227亿元。其中2018年的成交额比2017年增长136.4%。2016—2018年，总订单量分别达到

2019年8月16日，下城区在上海财经大学国际银行金融学院举办企业上市培训班 （区金融办 供稿）

1350万元、7580万元和1.53亿元。

【企业上市(挂牌)工作】 2019年10月,下城区成立“下城区上市服务基地”,与深交所、财通证券、浙商证券、国泰君安证券、杭州市企业上市与并购促进会签订战略合作协议,并组建“下城区资本市场专家咨询委员会”,构筑杭州市内首个专门服务于拟上市企业的平台,为企业对接资本市场提供一站式、全方位、个性化、高效率的全程服务。开展企业上市推进情况摸底,建立近期、中期、长期和科创板(“3+1”)上市动态梯队培育库。举办“迎接科创板的春天”——下城区“走亲连心三服务”走进金融投资企业活动、“2019年度下城区企业上市培训班”、“添翼起飞、助力融资”——下城区优质拟上市企业融资路演和银企对接等活动。申报并落实浙江出版传媒股份有限公司市级“凤凰行动”计划扶持资金30万元。浙江出版传媒股份有限公司、浙江医学科技开发有限公司纳入市级重点拟上市企业名单。至年末,全区累计上市公司10家,“新三板”挂牌企业7家,省股权交易中心挂牌企业44家。

【企业金融服务】 2019年,下城区开展“走亲连心三服务”走进金融投资企业活动,组织辖区内银行机构深入一线,听取小微企业在获得信贷过程中的意见,引导银行机构不断优化金融服务,进一步降低企业获得信贷难度和成本,缓解小微企业融资难、融资贵问题。推广应用“杭州e融”金融综合服务平台,让更多企业获得融资便利,全年注册企业数2188个,成功融资项目118个,累计撮合融资供需金额3.09亿元。浙江金蚂股权投资管理有限公司、浙江远景数字经济产业股权投资基金合伙企业、杭州银行数据中心等落户下城,助推下城区金融科技发展。

2019年10月16日,区金融办与深圳证券交易所、国泰君安证券股份有限公司、杭州市企业上市与并购促进会等单位签署战略合作协议 (区金融办 供稿)

【金融风险防范】 2019年,下城区把防控金融风险放到更加重要位置,完善区域风险监测,推进网贷风险处置,通过制定“一企一方案”,强化分类施策,处置工作取得阶段性成果。持续开展对“两链风险”企业帮扶化解工作,召开银行与企业协调会,为出险企业争取信贷支持,有效帮助民营龙头企业渡过难关。开展涉嫌非法集资风险排查专项整治和防范非法集资宣传月活动,排查企业2000多家。梳理非法集资陈案信息,做好善后维稳工作。通过“天罗地网”金融风险监测系统,加强对“现金贷”“套路贷”等涉黑涉恶线索的排查;对全区68家私募基金公司、5家小贷公司、17家典当行、23家融资租赁公司、10家融资担保公司、2家民间融资机构进行风险评估和年审,维护区域金融稳定。 (董 钰)

21 城区建设

城区规划

【概况】 2019年，市规划资源局下城分局围绕“纵深推进全域中央商务区建设，奋力打造世界名城一流核心城区”目标，落实“多规合一”（同一个国土区域空间内，将国民经济和社会发展规划、城乡规划、土地利用规划、生态环境保护规划等规划结合在一起，实现一个空间区域一本规划），注重城市设计，优化用地布局，规范规划管理，加强规划顶层设计和统筹协调。全年完成8个控制性详细规划局部调整，其中安置房项目和公共建设类项目各4个。全力保障建设项目审批落地，核发建设项目规划许可证346件。加强在建项目规划批后管理，对120多个在建项目开展规划批后监管，在建项目建筑面积788万平方米。实行建设项目快速办结制，为项目建设提供一站式服务，促进控制性详细规划及相关专项规划加快落地。

【城区发展规划统筹】 2019年6月，市规划资源局下城分局编制完成《〈杭州市国土空间总体规划编制〉下城区发展大纲》，国土空间规划编制工作取得阶段性成果。发展大纲与现有城市总体规划和控制性详细规划衔接，根据辖区土地利用现状和规模指标，提出发展策略和空间结构布局意见，对产业布局、基础设施、市政交通、景观风貌、生态修复等具体规划进行设想。配合市规划资源局编制体育设施、养老设施、医疗卫生设施、学前教育布点等专项规划，重新梳理和优化公共服务配套设施布局。完善控制性详细规划，促成杨家村、石桥村、长木村等安置房地块，三塘村留用地块，石桥消防站、华丰公交停车保养基地等配套设施地块的调整，并在年内完成批复。

【建设项目审批】 2019年，市规划资源局下城分局实行容缺受理和打包审批机制，压缩行政审批时

2019年5月27日，市规划资源局下城分局召开杭州市国土空间总体规划编制下城区工作部署会

（市规划资源局下城分局　供稿）

间，提高办结效率。4月1日，市规划资源局下城分局根据“最多跑一次”改革要求，加快推进“标准、政策、流程”三融合工作，试行建设项目选址意见书与用地预审意见书“两书合一”，使原来需要5个工作日完成的两个流程，压缩为一个流程3个工作日。6月1日，推出“书证合办”业务，划拨土地类项目进件材料由15种减到10种；审批时间由10个工作日减到9个，实现建设项目审批流程再次提速。全年协调组织召开分区规划编制工作领导小组会议12次，审查项目50多个。签订出让地块合同15个，合同出让总金额160多亿元。完成划拨供地项目23个。核发建设项目选址论证审查文件16件、选址意见书及规划条件77件、建设用地规划许可证73件、用地规划意见36件、方案审查53件、建设工程规划许可证91件。运用容缺受理、模拟审批等创新举措，加快“三公用地”（公共服务、公用设施、公共空间）审批速度。年内，完成校园审批项目12个，核发安置房项目建设工程规划许可证23个，为完成区十大重点工程和为民办实事项目提供规划保障。审批道路工程项目11个、社会停车库项目7个，为完善城市功能、提升城市承载力奠定硬件基础。完成23宗土地的选址论证审查和规划条件核发。推动北部地区河网水系重构和绿道建设，完成防护绿化、公园绿地等项目审批，以及河道整治、水域治理等工程项目审批。工程建设投资审批窗口获评“下城区最美办事窗口”。

【建设项目规划监督】 2019年，市规划资源局下城分局推进规划编制审批监管等改革，强化建设项目审核和批后监管，全年实施批后监管在建项目120多个，监管项目建筑面积788万平方米。完成建设项目变更、调整等事项受理，向执法部门移交涉嫌国有土地违法建设问题意见书6件。完成规划验线28件，核实竣工项目规划15件，通过建设项目批前公示93件。分别制作校园建设项目进度管理表、“七村”安置房建设项目进度管理表，为“武林新城”民生项目建设提供精准服务。

【规划服务】 2019年，市规划资源局下城分局以“走亲连心三服务”活动为载体，全力保障城中村拆迁安置房加快实施。年内，完成永丰、华丰、石桥、杨家4个城中村13个安置房项目建设工程规划许可证核发，安置房项目建筑面积190万平方米，用地面积45.42公顷。做好长木、草庵、沈家3个城中村拆迁安置房批后修改、规划验线等工作。完成杭州丝宏服装有限公司、杭州钢铁集团有限公司等国有企业拆迁安置房审批。推进校园项目建设，完成12个校园项目建设工程规划许可证核发。与各做地主体单位、建设单位、街道、相关部门联动，走访区城投集团、新天地集团、杭州市碧光房地产开发有限公司、石桥街道华丰社区等单位，开展规划指导，并参与60台既有住宅加装电梯方案审查。（徐　峰）

城市投资建设

【概况】 2019年，区城投集团围绕“三改一拆”工作部署，加快北部“七村”（沈家、长木、草庵、石桥、杨家、永丰、华丰）征迁改造工作，全面推进安置房、学校、蓝领公寓、基础设施等项目建设，完成市对区土地收储出让任务。加快“武林新城”建设，推进中心城区治理现代化及全域中央商务区建设，打造世界名城核心城区。区城投集团作为区政府“1+3+8+X”招商引资平台成员，完成杭银理财项目、咸亨国际赛孚实业有限公司应急体验馆项目、禄禧商业用房项目、杭州·梦享岛城市主题公园项目签约，以及嘉里城市之星外资项目签约，该外资项目投资金额2.97亿美元。为拓宽招商引资渠道，扩大招商范围，区城投集团通过“走出去，引进来”的方式，组织招商团队赴北京、上海、广州、深圳、香港等地开展土地招商推介会，进行一对一“敲门招商”。对接一线城市企业集团总部，考察当地地标、商业、产业项目。加强投融资工作，全年新增对外融资64亿元，其中，银行贷款47亿元，发行非定向融资工具15亿元，发行政府专项债券2亿元。通过收益计划获得合规自有资金89.7亿元。全年新增项目投资131.14亿元，其中沈家、长木、草庵“三村”改造投入31.94亿元，石桥、杨家、永丰、华丰“四村”改造投入79.6亿元，其他投入19.6亿元，保障“七村”连片综合改造工程按预期进行。区城投集团获评“杭州市城中村改造工作优秀单位”“杭州市扩大有效投资推进重点项目建设优秀项目单位”“杭州市‘做地攻坚和双清工作’成绩突出集体”“杭州市绿色建筑与建设科技发展成绩显著单位”，下属子公司杭州通济置业发展有限公司获“杭州市模范集体”称号。

【城中村改造征迁“清零”】 2019年，区城投集团全面加快下城区北部区域征迁工作，完成“三村”范围内318户居民征迁及国有土地上浙江物产元通汽车集团有限公司、杭州市第四建筑工程有限公司、杭州市白蚁防治研究所、杭州市机电设备有限公司等13家企业征迁“清零”；完成“四村”范围内577户居民征迁及国有土地上浙江商业机械厂有限公司、浙江省轻纺供销有限公司、浙江省造纸印刷有限公司、杭州市邮政局等12家企业签约征迁，该区域内建筑面积80万平方米的集体非住宅（含国有土地部分）建筑全部签约“清零”，房屋拆除工作有序推进。

【项目建设推进】 2019年，区城投集团推进66个安置房及配套设施项目建设，项目涉及安置房、学校、公共设施、河道、道路及产业类。建设项目中，安置房项目27个，含续建项目9个、新开工项目18个；学校项目13个，含竣工验收并完成移交1个；公共设施项目8个，含项目前期审批5个、续建项目2个、领取施工许可证项目1个；河道项目竣工验收1个；道路项目10个，含续建项目4个（其中竣工验收并完成移交1个）、新开工项目6个；产业类及其他项目7个，含武林美术馆及商业商务用房项目、人才专项租赁用房项目。

【蓝领公寓建设】 2019年，区城投集团完成石桥南苑2050套蓝领公寓改造任务，并启动招租工作。石桥南苑位于石桥街道石祥路86-2号，总建筑面积3.4万平方米，总投资9390万元。项目由38幢4层集体宿舍、1幢4层创意配套楼及1幢公共食堂组成。建筑整体为新中式江南水乡民宿立面风格，外立面设计与周边“武林新城”环境相融合。结合上年完成的王马里公寓345套、华丰悦居公寓865套，下城区成为杭州市唯一实现3年任务（筹建3200套蓝领公寓）2年完成的城区。年内投入使用的蓝领公寓以满足物业、餐饮、保洁、保安等服务性行业单位工作人员的住房需求。石桥南苑蓝领公寓项目在《都市快报》主办的“温度2019·杭州十大城市案例”评选活动中被评为“为杭州增添温度的城市建设细节案例”。

【土地收储出让】 2019年，区城投集团按照“快收地、收好地、实现效益最大化”的思路，坚持做精储优的方针，完成华丰单元、文晖单元、东新单元有关地块等13宗土地的收储任务，收储总面积37.6万平方米，完成年度计划的2.36倍，提前超额完成市对区考核任务。完成东新单元、三塘单元有关地块等12宗土地出让，出让总面积25.4万平方米，收取出让金144亿元。下城区在城区（开发区）做地主体、经营性用地年度做地考核中居全市第一位。

【城投资产管理】 2019年，区城投集团坚持国有资产保值增值为核心导向，加强国有资产管理。年内，该集团管理安置房小区15个，剩余空置安置房源565套，面积4.86万平方米；管理非住宅房屋107套，面积2.91万平方米。同时管理区财政局无偿划拨国有房产29.82万平方米，区国投集团划拨房产2.54万平方米，旧楼改造后蓝领公寓面积2.25万平方米，其他房产0.95万平方米。管理房产总面积43.33万平方米，全年收益1687.16万元。 （张　蓉）

公共基础设施建设

【概况】 2019年，区住建局以重点项目建设为牵引，坚持建设与管理并重，统筹推进公共基础设施建设。年内，新开工武林美术馆、西湖漾综合整治、北景园老人公寓等项目。开工建设石桥区块“四村”地下空间、沈家36班小学及安置房等项目33个，续建万家星城南48班学校及地下社会停车库、三塘灯塔小学、潮鸣艮山单元地块社会停车库（东园公园车库）、长浜弄（东新路—费家塘路）、长木路（东新路—长浜路）、红西河（香积寺路—绍兴路）、长浜河（东新河—庙桥港）等项目30个，三塘单元地块9班幼儿园（塘河幼儿园）等14个项目完工。移交启用公共停车场项目4个，分别为延中大楼停车库、杭州市长寿桥小学岳帅分校地下停车库、杭州观成实验学校地下停车库、蔚蓝国际停车楼，新增停车泊位691个。城市之星地块和永丰公园地下公共停车库用地完成出让；建成新能源充电桩351个，其中公用充电桩96个。推进“美丽河道”建设，完成庙桥港、东新河（杭氧街—长岳街）2条河道整治，启动东新河、沈家河、红西河、红西支河4条河道整治。会同属地街道和相关部门，制订建国北路居民房屋因地铁施工路面塌陷造成严重损坏的处置方案，在一星期时间内完成31幢135户居民搬迁签约。全年各级主流媒体刊登大城北发展和“武林新城”建设新闻稿170多篇，其中中央媒体和省级媒体刊登20多篇。

【区域路网建设】 2019年，区住建局结合城中村改造，加快区域路网建设，优化交通配套设施，完善道路交通功能。启动沈家北一路、永福桥路、五号支路、东园南路、长木路、长浜弄6个主次干道续建项目，开工建设费家塘路、东新路、刀茅巷（东园街—凤起路）3条主次干道，建成众贤路（香积寺路—蟹罩坟路）、竹桂巷（众贤路—东新路）、东新单元二号3条主次干道支小路。重点实施东新路整治提升，东新路整治包括道路、景观绿化、配套管线和过街设施等建设工程。东新路南起环城北路，北至同协路，全长10.4千米，道路横贯大城北上城、下城、江干3个城区，在区域路网建设中具有纽带作用和示范效应。

【交通治堵工程实施】 2019年，由区治堵办牵头，启动实施公交站点优化等交通治堵工程。年内，华中路（华丰路—兴业街段）3对双向公交车站建成并投入使用。结合东新路、建国北路等道路整治，落实地铁5号线地铁站点周边交通配套设施建设方案。完成西湖文化广场和石石立交南口堵点治理。建成杭州观成实验学校地下停车库。完善各学校错时上学放学制度，缓解上学放学时段校门口车辆拥堵情况。联合交警下城大队加强对重点区域交通长效管理，最大限度减少机动车违停违章。科学设置各道路内停车泊位。通过划分责任区、指定责任单位和专人，提升“两广一路”（武林广场和西湖文化广场及延安路）、“新天地”和地铁口等重点区域共享单车停放管理水平。协调共享单车企业哈行网络科技有限公司与石桥街道泰地北上新城物业管理处签订共享单车进楼宇协议，推进楼宇“共停”平台建设。

【海绵城市建设】 2019年，区住建局根据市建委高质量推进海绵城市建设的专项工作要求，结合“走亲连心三服务”活动，与有关部门联动，开展三塘单元地块54班九年一贯制学校、东新单元地块36班小学等7个海绵型项目“回头看”检查，根据海绵城市建设区域化自评报告提出的问题及要求进行查漏补缺，提升完善海绵型项目。开工东新路提升改造、甘长苑保障房、北景园生态公园、武林美术馆4个含海绵城市建设内容的市级重点项目，建成三塘54班九年一贯制学校、庙桥港、沈家幼儿园、塘河幼儿园4个海绵型项目。全年审批海绵型项目66个，海绵型项目质量均为A级。

【地铁建设征迁】 2019年，区住建局根据杭州地铁建设征迁任务，制定地铁2号线和5号线建设征迁任务时间表，并做好市地铁集团与涉地业主单位沟通协调，加快推进地铁项目建设征迁进度。全年全区完成土地征收11.4万平方米，土地借用11.6万平方米。完成机场轨道快线（朝晖段）216户住户征迁、52个单位征迁，征收房屋建筑面积1.28万平方米，建筑面积3500平方米，提前1个月完成征迁任务，西湖文化广场站成为机场轨道快线首个完成搬迁房屋拆除的站点。

【地下空间开发】 2019年，区住建局加大对城市地下空间开发利用力度，全年完成地下空间建设面积15.5万平方米。推进重点项目建设前期工作，加快推进嘉里城市之星项目设计和各方前期手续办理。5月17日，香港嘉里集团竞得城市之星地块，成交总价68.14亿元，项目建筑面积23万平方米。9月18日，百井坊地块杭州恒隆广场及安置房项目开工，杭州恒隆广场项目建筑面积39万平方米，其中地下建筑面积19.56万平方米，总投资约190亿元。“杭州中心”项目完成B2区基础底板浇筑，该项

2019年11月，下城区地铁征迁任务提前收官　（区住建局　供稿）

目地下6层，面积10.5万平方米，为杭州最深的建筑地下室。浙江农都农产品流通产业园项目土建施工完成结顶，外立面装饰、绿化工程施工进一步推进，该项目地下面积14.3万平方米。（刘景昕）

房地产开发

【概况】2019年，区住建局坚持房地产开发"全面规划、合理布局、综合开发、配套建设"原则，结合下城区可开发利用土地，进行有序、可持续开发。全年完成房屋施工面积623.04万平方米，比上年增长137.6%。新开工房地产项目62个，竣工面积39.55万平方米，增长2.35倍。做好房地产开发手册项目填报系统上传文件的初步审核，与杭州赞成美树置业有限公司、杭州新天地集团有限公司、杭州绿城致昇置业有限公司、杭州堡华房地产开发有限公司等10多家房地产公司进行对接，帮助房地产企业解决各种实际困难。开展租赁市场专项检查，建立三级信访反馈机制。会同区统计局、区发改经信局做好房地产项目投资情况统计并上报，对未开工项目进行督促检查。全年未收到相关企业单位办理房地产开发项目转让备案申请，全区新开工房地产项目均录入市建委房地产开发手册项目库。

【房地产开发项目形象进度核准】2019年，区住建局按照"最多跑一次"改革要求，将房地产开发项目形象进度核准申请线下办理转为线上及"一窗受理"，实现项目进度核准申请"零跑次"。全年受理房地产开发项目工程形象进度核准申请3件，杭州赞成美树置业有限公司开发的有关地块商业兼容商务用房1号楼、杭州新天地集团有限公司开发的有关地块商业兼容商务用房1～3号楼、浙江省农都农产品有限公司开发的有关地块商业商务用房兼社会停车场1～3号楼及商业裙房全部在法定期限内完成核准申请。

【房地产住房租赁市场管理】2019年7月23日，区住建局召开加强长租公寓管理工作会议，根据市政府统一部署，对辖区274套长租公寓管理工作提出要求。年内，全区检查租赁住房客体213家，其中：注册在下城区的143家，占总数的67.1%；注册在其他辖区的70家，占总数的32.9%。区住建局根据住房和城乡建设部等六部委《关于印发在"不忘初心、牢记使命"主题教育中专项整治住房租赁中介机构乱象实施方案的通知》及杭州市住保房管局《关于进一步做好住房租赁市场专项整治工作的通知》精神，对住房租赁市场整治项目投诉举报情况进行梳理，建立以社区和街道为基础、多部门联办的三级信访反馈机制，提升住房租赁市场整体管理水平。

（刘景昕）

房产管理

【概况】2019年，区住建局加大房产管理力度，全年完成旧住宅区改造16.54万平方米，完成危旧房应急维修2661户、直管公房维修176处、突发性抢修12处、多元化房产维修184处。开展危旧房权证办理。受理直管公房审批业务78件，其中接管直管公房审批业务8件、接管新领直管公房审批业务9件、租赁证更名39件、租赁证补领5件、有偿转让6件、租赁证注销2件、恢复租赁关系3件、办理数据更正6件；获取收益金347.49万元。申请直管公房不动产首次登记39套，变更登记5套，更正登记1套。完成宗地测绘2宗、非成套公房测绘53户。开发使用网上平台，提升房屋租赁备案办理效率。

【旧住宅区改造】 2019年，区住建局与市住保房管局、区财政局、区发改经信局沟通，依据区政府投资计划，以区“三改一拆”办公室名义提前实施旧住宅区改造前期立项工作。全年8个街道开展旧住宅区改造，完成改造面积16.54万平方米，其中上年“三改一拆”结转及新建项目完工9.78万平方米、当年旧住宅区改造项目完工6.76万平方米，共涉及房屋50幢，完成率110%。

【直管公房产权管理】 2019年，区住建局根据市直管公房管理办法，将130套空置房纳入专项管理清单。纳入清单的空置房中，住宅、住宅改非住宅13套，腾退25套。推进非住宅招租模式转变和租金市场化改革，通过公开招租平台，提高年租金19.98万元。开展公房清查，强化资产管理，收回直管公房48套，其中国有控股管理42套。排查非划转清单房源，厘清权属43套，补报62套。加强空置房、征收房常态化管理及公房拆迁地块核查。树园小区31幢应急搬迁项目涉及的11套直管公房，完成房改5套、签订公房产权调换协议1套。推进建国北路428号、430号（原414号）两处非住宅选址评估工作。排摸梳理长寿路消防改造工程涉及的111套拟搬迁的直管公房（含拟移交接管的长寿路16号），提前与市住房保障服务中心对接，做好公房出售价格备案等工作。

【房屋租赁管理】 2019年，区住建局深化“最多跑一次”改革，推出浙江省政务服务网、“掌上办”App、杭州市房屋租赁监管服务平台，实行租赁备案网上办，申请人通过市住保房管局官网自行领取电子证照，实现证照办理“零跑次”。全年办理租赁备案5831件，比上年增长79.1%，其中：住宅租赁备案5055件，增长165.2%；非住宅租赁备案776件，下降42.6%。累计租赁面积123.84万平方米，其中：住宅租赁面积30.83万平方米，非住宅租赁面积93.01万平方米。年内，下城区租赁备案网上办业务下放至长庆街道进行试点。

下城区危旧房测绘现场　　（区住建局　供稿）

【危旧房权证办理】 2019年，区住建局加强危旧房动态监管，保障房屋使用安全。依据《杭州市主城区危旧房项目权证办理方案》等文件要求，摸排辖区需办理危旧房产权项目32处，涉及户数1149户，总建筑面积5.18万平方米。根据市区两级危旧房权证办理工作专班要求及危旧房住户意愿，对32处危旧房实施消防提升改造。年内完成危旧房测绘项目29个，涉及权证住户1018户。推进宗地测绘工作，完成联审项目9个。

（刘景昕）

城区绿化

【概况】 2019年，区住建局承接4项区城管局负责的绿化行政审批事项，以及市对区“最佳、最差”公园评比和公共绿地管养职能划转，完成绿化工作机构改革。全年新增绿化面积4.23万平方米，完成朝晖路、体育场路“美丽道路”整治、三塘中心公园美化彩化、上塘（中河）高架（下城段）垂直绿化挂箱加固，配合实施武林广场绿化提升工程，助力打造城市核心绿化景观。开展庆祝中华人民共和国成立70周年各类花事花展活动，位于环城北路建国北路口的“运河流霞”自然花境和草荡生态公园的“景上添花”自然花境在全市综合考核中分别获一等奖和二等奖。国庆节期间，杭州城北体育公园举办惠民花展活动，制作并展示

"龙腾盛世"和"祥瑞"2处立体花坛，向市民游客展示下城区的绿化成果。

【杭州城北体育公园覆绿】 2019年，区住建局加强园林建设工程扬尘控制，在杭州城北体育公园南区块实施临时覆绿，将5万平方米临时闲置地块打造成由各色植被和花海覆盖的综合自然景观，其中植被品种有柳叶马鞭草，占地面积2000平方米。栽种树种和花木有香樟、枫香、雪松、银杏、桂花、鸡爪槭等，该覆绿地块成为体育公园特色打卡的新景点和市民休闲赏游的新去处，并成为杭州市城区绿化暨绿道建设工作会议公布的考察示范点。

【杭州北景园生态公园建设】 2019年12月24日，杭州北景园生态公园建设启动，项目先行实施公园绿地建设，占地面积1.07万平方米。公园位于灯塔单元内，用地面积36万平方米，总建筑面积12.3万平方米。项目以生态休闲为特色，塑造集休闲游憩、运动健身、文化体验、智能互动等功能于一体的城市休闲游憩型绿地。该项目成为展现城市特色、承办重要赛事、传递地域文化、塑造城市形象的窗口，成为以河湖文化为依托，全民健身为目标，涵盖室内体育竞技、演唱会、博览会等功能的综合性城市生态公园，提升数字经济产业园平台的承载力。

【绿化养护管理】 2019年，下城区坚持制度化、市场化管理养护绿化，依托市绿化管理站信息化管理平台和区绿化办督查抄告系统，加强对绿化养护企业的督查。全年受理市级绿化问题抄告633条、第三方抄告2888条、数字城管热线抄告5599条，回复率和整改率均100%，整改及时率98.8%。加强台风、暴雨天气期间的绿化养护，养护断枝植物183株，扶正倒伏树木39株，处理断枝12.83吨。加强辖区绿地疫情巡查，完成树木保洁、补植补造、树干涂白和天牛、悬铃木方翅网蝽、白蚁等病虫防治。修剪无物管小区高危大树3389株。向街道、社区绿化工作人员普及植物病虫害防治知识，提高绿化管养水平。

下城区打造的春节环境小品《阖家幸福》 （区住建局　供稿）

【全民植树护绿】 2019年3月12日，区四套班子领导和机关干部来到植树点参加义务植树，种下垂丝海棠、西府海棠、娜塔栎、白玉兰，桂花等苗木250多株。区住建局配合区委统战部开展下城区统一战线植树活动。组织市民开展杭州城北体育公园西北大草坪认建活动，居民认种树木100多株。常态化开展杭州城北体育公园南区块樱花林、狮虎桥路40号北侧绿地、环北新村1～4幢绿地等绿地认养。植树节期间，全区参加义务植树14.67万人次，直接种植与间接种植树木44万株，义务植树尽责率96.5%。辖区建立义务植树卡3414本，建卡率100%。区住建局在学校、社区、公园等处开展"书香换花香"系列活动，增强群众爱绿护绿意识。组织周边市民到城东公园进行夏日捕蝉，通过寓教于乐的方式，普及园林绿化病虫害防治知识。会同市园文局开展"走亲连心三服务"活动，共同认领皇亲苑社区200平方米黄土裸露地块的苗木补植。各街道开展以"爱绿、植绿、护绿"为主题的植树活动。

（刘景昕）

代建项目建设

【概况】 2019年，区建管中心推进校园建设管理工作，全年落实续建校园项目1个，新建校园项目3

个。杭州市三塘单元地块54班九年一贯制学校及地下社会停车库工程建成并投入使用。启动东新单元地块24班草庵小学及社会停车库项目、东新单元地块12班草庵幼儿园项目建设。完成三塘单元地块42班小学及社会停车库项目前期规划及长木42班城北公园小学项目设计招标。

下城区文晖地区草庵小学在建工地　　（区建管中心　供稿）

【杭州观成实验学校项目建成投用】 2019年6月27日，杭州观成实验学校完成主体验收，该项目是辖区内EPC代建模式的首次尝试，总承包单位为中国联合工程公司。8月，该项目正式移交区教育局。杭州观成实验学校位于三塘单元，占地面积6.85万平方米，总建筑面积11.53万平方米，其中，地上建筑面积8.91万平方米，地下建筑面积2.5万平方米，架空层面积1195平方米，总投资13.3亿元。该项目获市建设工程质量安全管理协会授予的杭州市建设工程“西湖杯”奖，同时获杭州市新型建筑工业化示范项目称号。

【24班草庵小学项目开工】 2019年10月，24班草庵小学项目开工建设，项目建设单位为杭州泰城建设有限公司。学校位于东新单元，北至香积寺路，南至长浜弄，西至长浜路，东至长浜河，总占地面积2.25万平方米，建筑面积4.01万平方米，其中，地上建筑面积2.23万平方米，地下建筑面积1.76万平方米，项目总投资近5亿元。区建管中心开展项目建设前期各项工作，提前3个月完成招标及施工许可证领取。

【12班草庵幼儿园项目建设启动】 2019年10月，12班草庵幼儿园项目建设启动，项目建设单位为杭州泰城建设有限公司。学校位于东新单元，东至长浜河，西、南至24班草庵小学，北至香积寺路，占地面积6017平方米，建筑面积9564.12平方米，其中地上建筑面积5675.85平方米，地下建筑面积3888.27平方米，项目总投资4518.4万元。

【长木42班小学项目设计招标完成】 2019年12月，长木42班小学完成项目设计招标，中标单位为浙江金瑞建筑设计有限公司。学校位于三塘单元内，南起杨六堡路，北至兴新北路，东沿珠埠漾西路，西临大业巷，占地面积2.85万平方米，建筑面积4.35万平方米，其中地上建筑面积2.85万平方米、地下建筑面积1.5万平方米，总投资5.3亿元。

（翁馨璐）

22 城区管理

市容管理

【概况】 2019年，区城管局对标生活垃圾分类“杭州模式”，全力打好生活垃圾分类攻坚战。坚持全域、全面、全员推进生活垃圾分类收集处置工作，实施垃圾分类小区304个，参与垃圾分类家庭19.3万户、公共机构272个。推进区域治水工作，创建“污水零直排”街道3个、市级“美丽河道”3条。实施老旧小区二次供水改造，完成老旧小区改造15个，三塘人家、水星阁、平凡里3个小区获评市十佳二次供水改造示范小区。推进“公厕革命”，完成公厕提升改造18座，其中武林路防疫站公厕打造成为全国首个引入5G通信的全程无触碰智慧公厕。实施“美丽小巷”改善工程，对戒坛寺巷—万寿亭街、竹竿巷（含永丰巷）、直燕子弄（含横燕子弄）、游泳巷（回龙庙前）、双河弄、河埒上（同心弄连绍兴支路）6条小巷进行道路整治和电力线路“上改下”。开展专项治理，立案查处违规养犬、渣土乱倒、摊点乱摆等问题。推进停车收费智慧化，依托“城市大脑”，将辖区停车场库资源接入统一信息平台，试点“先离场后付费”模式，先后接入信息平台停车场库260个、停车泊位3.04万个。

改造后的打铁关小巷　　（区城管局　供稿）

【市容卫生整治】 2019年，下城区以迎接中央环保督察为契机，全面推进餐饮业污染投诉问题专项整治。健全联席会议、联合执法等相关制度，完成中山花园、亿城嘉园等重点餐饮污染投诉点位的整治。中央及省级44件环保督察餐饮问题信访件全部销号，市、区级700件督办件完成整改。1月10日，下城区“云上城管”数字化城市管理服务平台在全市率先启用，平台整合智慧停车、保洁保序等12项城市管理内容，新增“美丽河道”创建、AI治理、道路监测、垃圾分类等功能模块。其中，道路健康平整度检测系统通过应用区块链，可实现路面超高频精度健康实时监测。实施河道整治、雨污分流、“清肠行动”等治水工程，全年完成雨污分流项目57个、雨污分流整治小区97个，对800幢房屋进行“清肠”行动，天水、长庆、潮鸣街道创建成为市级“污水零直排”街道。拆除违法建筑472处、8.17万平方米。天水、武林、长庆、潮鸣、文晖、东新6个街道创建成为“无违建街道”，朝晖、石桥街道创建成为市级“基本无违建街道”。下城区被评为省级“基本无违建区”。

【河道治理】 2019年，区城管局对辖区河道全面落实“巡步制、量化制、考核制”，巡查做到任务到人、责任到人。加强精细化管理，督促、协同养护单位对辖区河道进行全覆盖巡查，确保河道清洁有序。全年打捞河道水面垃圾、水草1620吨，完成配水1.48亿立方米。受理群众信访等投诉件33件。加强河道生态治理，完成六塘汶漾、南应加河等7条河道清淤，清理淤泥3.4万立方米。通过高标准规划、高品质打造、高效率落实三大举措，全面推进“美丽河道”创建，年内南应加河、下城段古新河、中河创建成为市级“美丽河道”。 （陈小玲）

2019年，下城区推进“美丽河道”创建工作。图为北大河畔新建的运动长廊

（区城管局　供稿）

【城区道路保洁】 2019年，下城区道路保洁面积408.76万平方米，其中一、二类街巷保洁面积174.34万平方米，市场化保洁率85%。区城管局实施综合养护一体化工程，主干道和次干道机械化清扫率分别达100%和85%。一、二类道路和一类街巷每日普扫3次，三类道路和二、三类街巷每日普扫2次；一、二类道路每周清洗2次，其余道路、街巷1次。试点更高标准的道路保洁作业新模式，实现道路垃圾分类接驳、运输、处置一体化。加强道路保洁检查考核，全年检查道路3573次，发现问题1171个；检查街巷7310次，发现问题2191个。清理道路两旁“牛皮癣”202.35万处。 （邱　蓉）

【生活垃圾分类】 2019年，下城区根据全市生活垃圾分类总体要求，以“志愿、自管、智能”为特色，构建“责任体系+多元网格+运行标准+考核制度”的“四位一体”推进体系，开辟垃圾分类收集处置“下城路径”。实现生活垃圾定时定点投放全覆盖，全年处置生活垃圾23.75万吨，比上年下降3.97%；资源化处置易腐垃圾1.8万吨，回收可回收物12万吨。现代家园、万家星城二期等5个居民小区通过省级生活垃圾分类示范小区验收，灯芯巷、御跸苑、新都会等48个小区获市级示范小区称号，天水街道获评年度全省生活垃圾分类示范片区。开展专项整治，区有关部门会同文晖街道城管执法中队及朝晖环卫所等单位，重点检查海底捞火锅（绍兴路店）垃圾分类设施配置及餐厨垃圾收集、收运情况，针对垃圾收集容器配置不规范，各种垃圾混装等问题，开具《接受调查处理通知书》《限期整改告知书》，并跟踪督促该店限期完成整改，新华社以《“可能面临垃圾被拒运”的海底捞整改情况如何？》为题报道专项整治情况。在杭州市第三届垃圾分类论坛上，天水街道通过撤桶并点、集中攻坚、定时投放等举措，推动垃圾分类提档升级的做法获评一等奖。 （吴纯纯）

【关爱环卫工人】 2019年，下城区建有“城管之家”2.0版本——“城管驿站”15个，其中3个被市级部门确定为精品驿站。区城管局为全区1062名环卫工人办理新华人寿人身意外伤害保险，为1222名环卫工人办理“八大主播爱心险”，为1353名环卫工人办理市级意外

伤害险。举办应急救护、健康养身、消防安全、防灾减灾、垃圾分类等知识讲座120多场，3500多人次参加。“三八”国际妇女节期间，组织环卫女职工开展才艺大比拼活动。开展环卫职工帮扶慰问工作，慰问环卫困难职工和退休职工，发放慰问金及礼品。8月，区侨联、区新联会、区知联会开展“关爱环卫工人盛夏送清凉”活动，区侨联、区新联会、区知联会负责人到石桥环卫所和中北环卫所向环卫工人送上清凉礼包。清凉礼包由区新联会副会长单位杭州浮云科技网络有限公司、区知联会常务副会长单位浙江小巷三寻文化创意发展有限公司提供。春节前，区领导和区城管局负责人与200多名留在杭州过年的环卫工人一起吃年夜饭。举办“小候鸟”夏令营，丰富环卫工人子女假期生活。10月25日，举办下城区庆祝浙江省第23个环卫工人节活动，对评选出的20名区级“优秀城市美容师”和10个区级环卫工作先进集体进行表彰。“杭州市十佳城市美容师”“杭州市优秀城市美容师”“杭州市优秀环卫工作者”称号获得者和杭州市市容环卫工作先进集体同时受到表彰。 （邱 蓉）

【城区夜景亮化】 2019年，区亮灯管理中心加强对下城区景观亮灯和户外广告灯光管理。全年出动巡查人员2810人次，检查发现亮灯问题1319处，其中景观照明问题678处、户外广告灯光问题641处。养护单位更换点光源471只、灯具670套、镇流器106个、触发器169个，确保亮灯完好率100%。结合主城区“两广一路”（“两广”指武林广场、西湖文化广场，“一路”指延安路）和高架沿线景观提升工作，实施以延安路为中轴线，连接武林广场、西湖文化广场的景观精细化管理，完成58幢建筑物景观亮灯提升。建立一键远程控制平台，对延安路范围内的楼宇灯光进行遥控、遥测和遥调。落实78个重点单位亮灯长效管理责任。区亮灯管理中心完成春节、省市区“两会”、国庆节、中华人民共和国成立70周年庆典、“灯光小品秀”等重要节点和重大活动期间亮灯保障。 （郭建民）

下城区西湖文化广场夜景 （区城管局 供稿）

【渣土运输管控】 2019年，区渣土管理办公室制订渣土处置应急预案，完善渣土运输联合管控协调机制。与谢村码头、路河码头签订“下城区重点工程渣土运输框架战略合作协议”，设立工程渣土临时堆放场5个。加强建筑垃圾准运资质管理，年内受理审报工程渣土准运证46张、建筑工程渣土处置证1661张，协助恒隆广场办理泥浆管道输送外运审批手续。按照环保要求关闭临时资源化利用点4个，全年建筑垃圾再生利用32.10万吨。开展渣土运输执法检查516次，出动各类执法人员2296人次，立案查处偷倒乱倒渣土运输企业和建设单位148个，罚款22.09万元。开展渣土领域扫黑除恶专项斗争宣传，出动执法人员300多人次，发放宣传资料220多份。 （毛建明）

【停车管理】 2019年，区停车中心管理停车泊位8691个，其中收费停车泊位5263个、免费停车泊位3428个；收费点194个。全年受理停车包月证8711张，收取停车费4669.4万元，其中包月费1064.9万元、补缴费263.4万元、道路停车费3341.1万元。推进“城市大脑”停车系统建设，年内接入“城市大脑”的停车场库、停车点位304个，泊位数4.93万个；“先离场后付费”系统接入停车场库260个，泊位数3.04万个。7月，按照《杭州市"僵尸车"治理实施意见》及处置流程工作要求，启动为期3个月的"僵尸车"专项整治"烈焰"行动。其间，拖离"僵尸车"30辆，车主自行驶离45辆，协助有关部门和各街道处理324辆。8月，三塘社会公共立体停车库建成并交付使用。年内，下城区道路停车收费服务中心改制为杭州下城停车收费服务有限公司，企业性质由全民所有制改制为国有控股的混合所有制。（王晨艳）

市政管理

【概况】2019年，区市政公司实施市政和河道工程精细化、标准化、品质化提升行动，旨在打造洁净、靓丽、畅通、文明的城区环境。全年完成施工项目产值2.4亿元。在潮鸣街道所巷、东园小区和长庆街道王马社区等老旧小区，探索实行"小区管家"服务模式，通过统筹各类服务资源、统一小区服务标准，为小区提供保洁、保绿、保序等综合性服务，推动老旧小区居民生活品质从"住有所居"向"住有宜居"转变。推进垃圾分类工作，区市政公司自主研发的"智能垃圾投放房"获国家实用新型专利及外观发明专利，并承接天水、文晖、东新3个街道智能垃圾房新建工作。推进雨水、污水管道"清肠"行动，水路小区、艮山福居小区等小区800幢房屋完成"清肠"，累计清疏管网12.8万米，清除淤泥818立方米。区市政公司获中国市政工程协会市政设施管理专业委员会颁发的城镇市政养护示范设施"扁鹊杯"奖，被评为杭州市"污水零直排区"建设工作先进集体、杭州市市政行业"高质量发展"优胜单位、杭州市第二届优秀治水匠人。

【市政和河道工程建设】2019年，区市政公司以群众需求为导向，创新工作方法，优化施工方案，提升工程质量，重点实施辖区雨污分流、西湖文化广场堵点治理、既有住宅加装电梯前期管线迁移及路面修复、"美丽河道"建设等项目，在全面调查摸底基础上，按照轻重缓急，对玄坛公寓小区、大营盘小区、都市枫林小区等57处雨污水管网进行改造更换，惠及民众5万余户。全年完成环城北路沿线等12个低洼积水治理项目及长宁街7号、京都苑24幢3单元等60个既有住宅加装电梯项目前期管线迁移和路面修复项目。西湖文化广场堵点治理、朝晖支路整治、杭州温德姆至尊豪庭大酒店道口改造、凤起苑道路改造等项目如期完成。施工中科学合理制订方案，降低施工对道路交通和居民生活的影响。按照标准实施中河、北大河、庙桥港3条"美丽河道"建设，中河、古新河、南应加河被评为市级"美丽河湖"。

【市政设施和河道维护管理】2019年，区市政公司创新思路，做好辖区内道路、桥梁、雨污水管网等市政设施及河道日常维护管理，确保各类市政设施安全运行和河道整洁美观。全年完成155条市管道路及504条区管道路养护作业，修复车行道4.8万平方米、人行道3.7万平方米，修复桥梁设施293处，疏通雨水管网104万米、污水管网24.9万米。完成49条主次干道、155万平方米的道路保洁和环卫设施维护。加强中河、东河、古新河、贴沙河、南应家河日常养护，出动保洁人员4745人次、巡查人员1095人次，打捞河道、河岸垃圾90多吨。完成25个绿化工程，对杭波街等11条北部道路进行绿化提升、行道树养护，绿化面积1.88万平方米。

【老旧小区提升改造】2019年，区市政公司根据辖区老旧小区现状，从管线入地、立面整治、屋顶补漏、楼道修补、电梯加装、车棚改造、绿化彩化、环境美化、停车扩容、雨污分流10个方面实施老旧小区标准化改造，该改造模式在潮鸣街道一期25幢楼房提升改造中应用，重点解决基础设施不配套、房屋外立面破损、楼道脏乱、照明缺失等老旧小区共性问题。通过老旧小区改造，显著提升居民居住环境。全年改造提升老旧小区8万余平方米，惠及居民1457户，潮鸣街道回龙庙前四弄小区被省住房和城乡建设厅评为老旧住宅区改造样板工程。

【老旧小区物业管理】2019年，区市政公司根据试点经验，加强老旧小区物业标准化管理工作。按照"党建引领、多元参与、协商治理、智慧服务"社区治理目标，探索建立"一领四保五联"的红色物管联盟工作机制。该工作机制以基层

2019年8月15日，杭州市首个样板工程——回龙庙前四弄改造提升项目完工
（区市政公司　供稿）

党建为核心力量，通过搭建基础红色平台、激活基层红色细胞、凝聚区域红色合力，引领小区治理；通过强化“保洁、保序、保安、保绿”的“四保”工作，提升小区居民居住品质；通过实施“党群联心、文明联创、网格联动、数据联通、问题联治”的“五联机制”，推进“美丽小区”建设。

【市政应急抢险】 2019年，区市政公司完成突发天气防汛、防台、防冻、防雪、抗旱、保绿等应急抢险任务，以及管辖范围内市政道路、桥梁、排水管道应急抢险等应急工作。全年完成各类响应32次，出动人员2310人次，处置各类问题59个。8月12日，选派8名业务骨干代表下城区参与支援临海抗击“利奇马”台风行动，完成临海国贸大酒店、朗城公馆、星河湾小区3处受灾点应急救灾任务。区市政公司在“8·28”建国北路路面塌陷事件中，发现并通报险情及时配合区有关部门昼夜参与抢险工作，为后续事故处置及人员疏散争取黄金时间。区市政公司组织人员参与全市城管系统抗雪防冻应急演练获二等奖。（陈韵奕）

交通管理

【概况】 2019年，交警下城大队围绕“事故下降、畅通提升”的目标，加强道路交通安全管理，构建“政府主抓，部门联动”的交通管理格局。全年全区发生道路交通死亡事故11起，造成11人死亡，事故起数和死亡人数均比上年下降42.1%。加强高峰时段、易堵路段排堵保畅工作，实现重点区域道路交通管理“最有秩序、最快通行”。出动警力5.7万人次，完成各类交通线路警卫安保1100多批次。全区道路交通安全综合治理工作全市排名第二位。交警下城大队获市交警支队年度集体嘉奖，获评市交通组织管理先进单位；下城武林中队管辖的环城西路体育场路口、上塘路文晖路口获“最美路口”称号。

【交通保障】 2019年，交警下城大队开展交通组织提升工作，制订交通组织优化方案15个，采取有效措施140个。在现有路网基础上，研究完善单行线通行方案。开展西湖文化广场周边交通拥堵治理，在中山北路文青巷口加装信号灯，增设斑马线，增加中山北路朝晖路口西向东直行通行线路（广场驶

2019年12月5日，区市政公司代表下城区参加杭州市城管系统抗雪防冻应急演练
（区市政公司　供稿）

出车辆可直行至朝晖路），对2个路口信号灯配时进行优化。针对学校、医院周边道路和重要节点车辆通行情况，以“交通小脑”建设为抓手，推进交通科技项目研发，与浙江大华技术股份有限公司和杭州海康威视数字技术股份有限公司共同开发右转弯礼让抓拍和非机动车人脸识别抓拍等“智慧新交管”项目。

2019年4月26日，交警下城大队在武林广场举办“共筑安全站、争当同心员”下城区道路交通安全综合治理“两站两员”工作启动仪式。图为副省长、省公安厅厅长王双全（前左三）参观少年儿童以“文明出行你我同行，安全交通人人践行”为主题的现场绘画创作活动　（交警下城大队　供稿）

【交通违法治理】 2019年，交警下城大队结合“三严”整治、雷霆行动等系列行动，会同区公安分局、区城管局、区运管所、有关街道开展交通违法联合整治60次，现场查处各类违法23.68万起，其中电动自行车违法16.62万起、工程运输车违法1.14万起、开车打电话违法6.03万起、违法鸣号4980起。查处改装车违法744起、无证驾驶二轮摩托车1429起、机动车涉牌类违法64起。开展“零点”行动，加大后半夜涉酒违法查处力度。组织早高峰路口值守警力，对排队等候信号灯的车辆进行检查，查处涉酒违法行为1043起。

【交通事故防控】 2019年，交警下城大队检查辖区“两客一危”（指从事旅游的包车、三类以上班线客车和运输危险化学品、烟花爆竹、民用爆炸物品的道路专用车辆）企业365家次，发放整改通知书16份。检查辖区货运企业330家次，约谈涉嫌违法企业负责人1713人次。检查工程运输企业195家次，查处工程运输车违法9147起。监督工程运输车安装4G监控视频等安全设备45台，完成率95.7%。摸排工程运输重要道路10条、重要路口36个，落实交通安全劝导员4500多人次。规范电动自行车车驾驶人信息备案登记工作，会同“点我达”外卖平台安全员，在东新路石祥路口、上塘路文晖路口、庆春路中河路口开展外卖骑手骑行佩戴头盔等文明出行情况检查。联合区教育局通过学校“校迅通”、家长微信群，提醒学生家长在骑电动自行车接送孩子上下学途中佩戴安全头盔。针对事故高发路段，排查整改安全隐患189个。对辖区绿化带绿植遮挡行车和路人等问题进行二次治理。开展“Z”形路口改造，全年完成“Z”形路口改造13处。

【交通日常管理】 2019年，交警下城大队构建“有关部门各司其职、齐抓共管、标本兼治”的交通管理工作格局。建立中队干部轮值坐班制度，规范窗口交通管理服务、违法案件处理业务流程，组织窗口服务工作人员业务培训，加强窗口人员配置，完善业务能力考核制度。实施城区道路交通文明畅通提升行动，重点整治堵点乱点。加大对非法中介机构打击治理力度，全年处置“买分卖分非法中介”案件9起，治安拘留14人，立案查处使用伪造客运出租汽车驾驶员证1人。围绕“三服务”工作，走访单位400多个次，听取并吸收意见建议41条，完成问题整改150多个。

【“两站两员”工作】 2019年，交警下城大队开展交通治理“两站两员”工作。在每个社区成立1个社区交通安全管理工作站，组建交通安全宣传队、交通文明劝导队2支队伍，成立交通安全宣传站、交通安全劝导岗2个宣传阵地，进行文明出行劝导，并建立共享头盔领归处、交通安全宣传点，推进全区75

个社区开展交通安全“守护行动”。全年开展交通安全宣传“七进”活动800多次，包括举办头盔发放仪式、“‘戴’出安全、共筑平安站”教育等活动，发放宣传折页23万份，通过“下城发布”发布警示教育18期，在全区280处户外宣传屏播放安全视频300多个小时。发放《致全市老年朋友的一封信》3.9万封，对辖区60岁以上人员开展文明交通宣传，惠及2.5万人次。

【文明提升行动】 2019年，交警下城大队倡导“礼让斑马线、安全过马路”专项活动，结合文明城市创建工作，组织专业宣传队，对辖区外来人口相对集中的单位、驾驶电动自行车出行较多的社区、快递公司和外卖站点进行有针对性的交通安全提示。开展交通违法、交通事故“大曝光”行动。重点进行交通文明劝导、佩戴头盔宣传及老年人交通安全宣传，全年组织文明劝导志愿者1.4万人次，提供各种服务2.8万小时。借助社会力量，动员沿街店家滚动播放公益宣传广告，在74个路口开展空挡时段、复杂路口（段）的“守护行动”。对早晚高峰交通安全重要点位进行实地督查，并印发督查通报6期。

（周钰博）

综合执法

【概况】 2019年，区城管局推进基层综合行政执法改革，成立街道综合执法队8个。街道综合执法机构打通全区各街道平台、数据和制度壁垒，推动基层治理模式从“街道吹哨、部门报到”向“群众需要、街道报到”转变。坚持依法行政，全年查处行政处罚案件6.19万件，其中一般程序案件2829件、简易程序案件5.91万件，罚款1178.08万元。深化“最多跑一次”改革，将44个主项、62个子项、22个小项办事事项纳入“最多跑一次”事项清单，并通过区行政服务中心办事大厅统一办理；将17项投资建设项目的权力事项列入投资项目在线审批监管平台3.0系统办理。全年办理市容环卫、市政、河道、绿化各项行政许可或备案2084件。数字城管上报交办问题16.52万件，其中城区处置案卷13.19万件，城区问题解决率100%，问题及时解决率98.8%。完成区“两会”期间建议提案37件，按时办复率、面商率、满意率均为100%。

【户外广告管理】 2019年，区城管局加强户外广告规范管理，完善长效管理机制，户外广告日常管理不断规范。开展日常巡查、回头检查和严格执法，做好户外广告、店招店牌、电子显示屏的管控。全年拆除大型违法广告102块、悬挂广告3762块、各类横幅2192块，查处各类广告违法行为35起，罚款2.25万元。摸排大型LED电子屏32块，完成22块电子屏的“三联”（联网、联播、联控）工作。编制10条道路户外广告设置详细规划，涉及户外广告342块。统一审批店牌、店招和户外广告，进一步强化户外广告、店牌和店招监管。

（陈春哲）

【城管信访受理1.07万件】 2019年，区城管局坚持以群众诉求为导向，开展城管系统“两访一开放”（接访、走访、城管开放日）下基层活动。全年区城管局指挥中心受理市民群众来电、来信、来访1.07万件，比上年下降5.4%。其中省统一平台（含市城管局转发的电话、来信、来访、网信）交办9800件，城管信访投诉业务系统（含110转办、公共服务平台）818件，其他包括自接件和区信访局转办件104件。受理信访件中，涉及环境保护4122件，增长20.6%；市容环卫2194件，下降5.1%；市政公用851件，下降3.1%；工商管理821件，下降37.8%；公安交通936件，下降14.4%；城市规划632件，增长5.2%；城市绿化252件，下降24.1%；河道管理64件，下降21.0%；停车收费625件，下降2.3%；其他各类信访件225件。下城区在全市城管信访工作考核中得分99.14分，排名主城区第二位。

（沈　洁）

【城管“最多跑一次”改革】 2019年，根据区机构改革“三定”方案，区城管局机构职能进行调整，划入原区经旅局负责的水利审批事项，划出与区住建局共同负责的绿化审批事项。按照浙江省“八统一”［主项名称、子项名称、经办依据、原经办所需材料、梳理后经办所需材料、办理时限、是否实现“跑零次”、省厅对口指导处室（单位）］工作要求，重新梳理群众和企业到区城管局办事事项目录，除涉及犬类管理的3个特殊事项外，各类办事事项全部进驻区行政服务中心办事大厅城管窗口集中办理。按照“100%应用平台、100%网上申报、100%系统打通、100%网上审批”的要求，把区城管局市政、排水、环卫、水利17项投资建设项目的权力事项列入投资项目在线审批监管平台3.0系统办理。推进行政服务窗口规范建设，组织新进窗口工作人员业务培训，帮助工作人员尽快熟悉“一窗受理”办事事项业务流程。开展“红旗窗口”创建活动，城管服务窗口4个季度均被评为“红旗窗口”。区城管局审批窗口被区总工会授予年度“工人先锋号”称号。全年受理市容环卫、市政、河道、水利类各项行政许可件或备案2084件，其中，利用广场等公共场所举办文化、商业等活动许可331件，设置其他户外广告设施和招牌、指示牌备案446件，临时堆放物料、搭建非永久性建筑物、构筑物或其他设施审批49件，养犬许可245件；城市建筑垃圾处置核准83件，工程渣土准运证核准7件，市政类事项887件（污水排入排水管网许可533件，污水排入排水管网许可证变更3件，临时占用城市道路审批36件，挖掘城市道路审批36件，排水接管技术审查279件），河道、水利类事项36件［临时占用、挖掘河道设施许可18件，水土保持方案（报告书）16件，取水许可和水土保持方案（登记表）各1件］。（吴娟娟）

【城管执法规范】 2019年，区城管局查处市容环卫、市政、绿化、规划、环保、工商、公安、交通等相对集中城市管理行政执法类的行政处罚案件6.19万件，其中一般程序案件2829件、简易程序案件5.91万件，罚款金额1178.08万元。加强执法主体资格管理，严格把好执法资格准入关，确保执法人员持证上岗、亮证执法，区城管局取得行政执法资格证192人。根据《杭州市综合行政执法机关执法质量考核评议实施办法》等制度，加强各类合同规范化管理，完善合法性审查、内部登记等机制，全年审核合同184件。依托浙江政务服务网公开行政处罚结果信息。注重规范执法、说理性处罚，全年发生复议案件1件、诉讼案件3件，复议、诉讼案件明显下降，无撤销和败诉案件。落实行政机关负责人出庭应诉制度，部门负责人出庭应诉率100%。（孙可人）

【街道综合执法】 2019年，区城管局以实现基层“一支队伍管执法”为目标，推进基层综合行政执法改革。5月28日，长庆街道试点成立全省首个街道综合执法机构——长庆街道综合执法队。按照“依法下放、宜放尽放”的原则，将点多面广、基层管理迫切需要、居民群众最需要的执法事项划转至街道执法机构统一行使。长庆街道综合执法队以街道名义开展执法工作，首批承接区城管局、区市场监管局、区人力社保局、区卫生健康局、区文广旅体局、区住建局、市规划资源局下城分局、市生态环境局下城分局8个部门的职能划转，涉及权力事项领域14个、具体事项288项。9月29日，下城区全面推动天水、武林、潮鸣、朝晖、文晖、东新、石桥7个街道综合执法队改革工作。街道综合执法工作获全市城管创新实践活动项目一等奖。（下城年鉴编辑部）

2019年5月28日，全省首个街道综合执法机构——长庆街道综合执法队挂牌成立。图为执法队挂牌成立现场（区城管局　供稿）

23 环境保护

2020

环境综合整治

【概况】 2019年，下城区开展“除尘净土”扬尘防控行动，推进“五水共治”（河长制）各项工作，辖区水环境质量、大气环境质量进一步提升。全区市控以上功能区断面水质状况达标率100%。饮用水备用水源水质达到标准要求。按照环境空气质量标准（GB3095-2012）评价，下城区2019年环境空气优良天数287天，优良率78.6%。环境空气中的PM2.5的达标天数344天，达标率95.0%。下城区获评年度“美丽浙江”建设工作成绩突出集体。

【大气污染防治】 2019年，下城区推进大气污染治理项目实施。加快杭州华驰汽修市场和杭州中亚汽修市场整体搬迁，关停小汽修店铺210多个，关停或搬迁金星铜集团有限公司、杭州汽轮机股份有限公司涂装车间等单位10多个，通过结构减排减少挥发性有机物（VOCs）排放23.6吨，提前完成“十三五”期间挥发性有机物（VOCs）减排目标。督促全区40多家涉油漆汽车修理企业全部安装活性炭吸附装置，使用水性漆等低VOCs含量及高固份涂料，用以替代传统油漆。开展“除尘净土”专项行动，处置整治发现的问题159个，辖区老旧小区改造现场、建筑工地、拆迁场地、裸土场堆等重点区域的扬尘污染情况得到好转。潮鸣小区旧房改造扬尘防治做法在全市现场会上交流。联合开展油品生产、销售、储存和使用等环节的专项执法检查，重点检查辖区油品经营使用单位，对全区12个加油站、74台加油机、314把加油枪的计量器具进行强制检定，对6个批次成品油进行抽样检测。全区加油站油气回收系统运行正常，随机抽检其中6个加油站油气回收情况，检测结果均达标。杭州东联广告印刷有限公司“亚高效过滤器+活性炭吸附+热风脱附+催化燃烧+风机烟囱”废气处理系统完成提升改造，改造后有机废气净化率达95%。全年全区PM2.5均值

下城区环卫工人在清理中河水面垃圾　　（市生态环境局下城分局　供稿）

为44.1微克/立方米，比上年下降4.1%，下降率在市大气环境年度考核中排名第一位。

【水环境治理】 2019年，下城区投入财政资金8.99亿元，推进“五水共治”各项工作。全年市控以上功能区断面水质达标率100%，交接断面水质状况及评价结果均为优秀。下城区以“污水零直排区”建设为契机，实施高质量雨污分流项目57个，督促辖区理发行业安装毛发收集器、餐饮企业设立隔油池。办理排水许可证470件。推进天水、长庆、潮鸣3个街道“污水零直排区”雨污分流试点、21个省定“污水零直排区”试点小区建设，完成97个小区整治任务。建成众贤路、竹桂巷、永丰路等7条道路污水管网1.8千米、雨水管网1.78千米。完成24千米雨污分流管道提升改造和1227.52千米区管管网清疏。根据“美丽河道”创建标准，中河、庙桥港、北大河、上塘河（下城段）分别设置在线水质监测点、水下微景观观测点，沿河铺设彩色慢跑道，修缮绿化景观。年内，上塘河、中河、南应加河、古新河创建成为市级“美丽河道”。六塘汶漾、石桥河等7条河道清除淤泥3.4万立方米，六塘汶漾、德胜河、备塘河等16条河道落实管养责任，德胜河、东新河等14条河道提升沿河滨水环境。结合城中村改造完成庙桥港、东新河河道综合整治。

【土壤与固体废物治理】 2019年，下城区开展土壤污染状况详查，建立污染地块开发利用部门联动监管机制，推动新世纪钢材市场、西湖漾污染地块土壤修复。年内，新世纪钢材市场地块整体修复进度达85%，西湖漾地块最终场地治理环评报告编制完成。开展杭州胜利印染有限公司退役场地土壤质量调查，在确定不属于污染地块后将其移出疑似污染地块序列。开展重点企业用地土壤调查，杭州长青热镀锌有限公司列入采样名单。全面推进垃圾分类工作，全年全区清运生活垃圾22.08万吨，日均660吨；处置特殊垃圾1.81万吨，资源化处置易腐垃圾1.62万吨，促进生活垃圾源头减量。完成57座智能垃圾房提升改造。以居民自治为特色创建30个市级垃圾分类示范小区。开展固体废物排查，严格危险废物和化学品环境管理，审核危险废物产生企业280多家次。全区土壤环境质量总体稳定。

（曹雪峰）

环境管理执法

【概况】 2019年，市生态环境局下城分局以习近平生态文明思想为指引，全面落实五大发展理念，坚持绿色发展模式和环境问题导向，将大气污染防治、饮用水源地环境保护、危险废物治理、土壤污染防治列为工作重点。完善建设项目环评制度，加强环境监督管理，充分运用行政处罚、限期治理等手段，对各类环境违法行为“零容忍”。全年出动执法人员1464人次，检查企业683家次，立案19件，做出行政处罚决定18件，罚款39.45万元。完成49家企业“双随机”抽查、3个医疗机构及1个饮用水水源地跨部门联合抽查，抽查情况录入移动执法平台。重视群众环境诉求，处理各类环境信访551件，其中区“12345”热线19件，省市环保热线313件，政务平台192件。信访回复率100%，满意率99.8%。市生态环境局下城分局获评2018年度美丽浙江建设工作成绩突出集体。

【建设项目环境管理】 2019年，市生态环境局下城分局深化“最多跑一次”改革，让“群众跑腿”变为“信息跑路”。通过“一键办理”“一网公示”“信息共享”“移动办事”等方式降低群众跑腿率。压缩审批时限，确保项目落地“先行一步”。推进环保项目“豁免审批”“规划环评+环境标准”落地，优化审批流程。全年审批建设项目环评文件12件，登记表备案281件。全区新开工工地18个，审批夜间施工单位1267个次。建设项目环评执行率100%。市生态环境局下城分局会同区发改经信局、市规划资源局下城分局和相关街道，参加区政府组织的《杭州市长江经济带战略环境评价“三线一单”编制成果初稿（下城篇）》研讨，并邀请浙江省环境科学院（初稿编制单位）、杭州市勘测设计研究院、杭州市环境监测中心站等单位对初稿进行技术复核，并上报修改意见。

【环保督查】 2019年，市生态环境局下城分局通过日常检查、信访问题排查与冬季大气专项执法、污染河体督查迎检等执法行动，推进

2019年9月4日，市生态环境局下城分局会同区城管局对贴沙河饮用水水源保护地开展跨部门“双随机”联合抽查　（市生态环境局下城分局　供稿）

中央环保督查反馈问题整改和省、市环保督查发现问题整改。加大联合执法频次和与相关部门的沟通力度。会同区公安分局食品药品和环境犯罪侦查大队、市机动车管理服务局下城管理处和区城管局对辖区汽修企业、水源地开展联合执法。加强与区住建局、市规划资源局下城分局、区发改经信局、区商务局等部门的沟通联系和信息共享，形成环境监管合力。牵头督促各部门、各街道开展“回头看”排查和信访件销号工作，巩固环保督查整改成果。全年开展现场核查3次，完成第一轮中央环保督察67件信访件整改销号和省督察组转办的15批次34件信访件办理，其中关于垃圾堆放、餐饮店油烟污染和违章建筑等重点督察信访件全部完成整改。

【第二次污染源普查完成】 2019年，市生态环境局下城分局根据省、市第二次污染源普查工作要求，完成73家工业企业、12家加油站、1家油品运输企业排污系数核算及全区经济数据普查核实、电力部门企业数据比对，对清查名单中数据缺漏企业进行走访摸查，确保应查尽查、不重不漏，基本完成普查档案整理收集工作。全年下城区收集工业源数据73个、生活源锅炉数据14个、移动源数据13个。移动源数据中，加油站数据12个、油品运输企业数据1家。

（曹雪峰）

环境宣传教育

【概况】 2019年，市生态环境局下城分局以建设生态文明城市为目标，开展各类环保宣传活动。全年编制《下城环保快讯》42期、《下城区生态河道水质监测简报》12期。在市生态环境局外网网页分局栏目下实时更新生态信息、施工公告，实时公布工作动态，方便市民监督环保工作。通过下城环保官方微博、微信平台，发布空气质量、工作动态和绿色生活小贴士等信息586条。加强网评员队伍建设，完成网评任务6次。加强线上互动和线下沟通，提升环保新媒体运用专业水平。会同区教育局、区民政局、区卫生健康局和各街道，持续推进多绿创建工作。联合石桥街道北景园社区开展环保文艺演出，提高公众环境保护意识。邀请“两代表一委员”实地考察辖区企业污染治理情况。杭州朝晖新村五区幼儿园和杭州市凤栖幼儿园获评杭州市第十一批市级绿色学校（幼儿园）。

【世界环境日宣传活动】 2019年6月2—5日，下城区举办世界环境日全球主场活动和中国环境与发展国际合作委员会年会。市生态环境局下城分局为世界环境日宣传活动提供保障服务。6月1日，杭州城北体育公园开展以“蓝天碧水——美丽下城全民在行动”为主题的宣传活动，活动由市生态环境局下城分局、区“五水共治”暨“河长制”管理工作领导小组办公室、团区委、区妇联主办，东新街道办事处承办，区教育局协办。活动现场发放宣传资料1500多份、环保宣传扇510多把、环保袋2100多只，引导居民提高环境保护意识，自觉参与生态环境保护活动。　（曹雪峰）

科技创新

【概况】 2019年，下城区加大人力、财力投入，营造创新创业氛围，科技创新取得新的成效。深入实施国家高新技术企业三年翻番计划、省科技型中小企业培育计划等。以云集共享科技有限公司、浙江点我达网络科技有限公司、时空电动汽车股份有限公司等“独角兽”企业引领全区高新技术企业发展。5月，云集共享科技有限公司旗下电商品牌“云集”在美国纳斯达克挂牌上市。全年全区新认定国家高新技术企业60家，比上年增长140%；新增省科技型中小企业93家，增长16.2%。全年区科技研发经费支出1.7亿元，增长11.1%，高于一般公共预算支出4.4个百分点。高新技术产业增加值占规模以上工业增加值的84.9%，占比全市排名第三；新产品产值率46%，比上年提高0.5个百分点。高新技术产业投资增长52.5%，增速居全市第一位。推进产学研合作、企业研发机构建设，全区新培育省级重点实验室1个、省市级研发中心12个、省级企业研究院3个。杭州汽轮动力集团有限公司5G智能制造创新实验室成为全国首批5G工业互联网项目。

【技术创新平台建设】 2019年，下城区鼓励各类主体发挥自身优势建设众创空间、孵化器。全年新培育市级众创空间3家，省级、市级孵化器各1家。全区有区级以上众创空间20家，其中市级以上众创空间10家。有孵化器5家，其中国家级孵化器2家、省级孵化器1家、市级孵化器2家，总孵化面积8万余平方米，拥有在孵企业278家，总注册资本8.5亿元。备案孵化面积2.71万平方米。加快“创新中国产业园”平台打造，推进武林数字经济产业园、武林新城数字经济产业园建设，园区成为科技型企业成长的重要基地。深化“亩均论英雄”改革，全面启动园区亩均效益评价，推动资源加快向优质企业、优势区域集中。全年园区入

2019年9月16日，下城区举办“礼赞共和国，智慧新生活”全国科普日暨下城区科普宣传周活动
（区科技局　供稿）

驻各类企业1200多家，实现税收额2.44亿元。

【“双创”重点活动】 2019年，下城区作为杭州唯一协办科技部主办的“科技创新创业高峰论坛”的城区，以“全国双创活动周”为契机，举办中国“数智武林”院士论坛、首届科技创新与影响力投资高峰论坛、南非院士人才创新创业项目引荐会、创客天下来华外国留学生创新创业大赛等双创重点活动12场，邀请中国工程院院士、中国人工智能产业发展联盟理事长潘云鹤等国内外院士专家和风险投资机构、主流媒体代表参加活动，为下城区高新技术产业发展和实施创新驱动战略提供服务。

【下城区入选“中国创新百强区”榜单】 2019年3月15日，科技日报社中国科技网、全国科技振兴城市经济研究会联合在北京发布《中国区县专利与创新指数》。下城区位列专利和创新指数榜单43位，在浙江省排名第11位。《中国区县专利与创新指数》以全国27个省所辖的2769个区、县（除直辖市、港澳台外）作为创新主体，统计范围为2009年至2018年期间的公开专利总量（包括发明、实用新型及外观设计）。该专利和创新指数评定是对科技部“全面提升国家创新体系整体效能”“建设创新型县（市），构建县域创新驱动发展新格局”具体要求的推动落实，并为区县级地方政府及管理部门精准定位、优化决策提供借鉴。 （全信军）

科技成果转化

【概况】 2019年，下城区落实科技扶持政策，扩大创新券使用范围，鼓励科技企业加大研发力度，加速推动全区发明专利成果转化，增强企业核心竞争力。引导企业聚焦数字经济、生物医药等核心领域，申报省市重大科技计划项目。推动科技成果转为市场竞争力，发挥市场化主导作用，全年发明专利实现产业化61件，实现技术交易额72.4亿元，占全区GDP总量的6.9%，创历史新高。工业新产品产值率46.4%，比上年提高3.1个百分点。推动科技资源开放共享，将长江三角洲城市群内的高等院校、科研院所和科技创新服务平台中为区域科技型中小企业和创业者提供技术开发、技术服务、技术咨询等形式的科技服务纳入补助范围，加快高等院校、科研机构科技成果的转化。全年创新券使用额417.28万元，增长41.6%。推动重大科技项目攻关，全年全区企业获省科技进步奖12项，其中省科技进步奖一等奖1项、二等奖3项、三等奖8项；获省科技发明一等奖1项。高新技术产业增加值占规模以上工业增加值的84.8%，占比全市排名第三位。

【科技人才工作】 2019年，下城区完善人才政策，实施“人才黄金30条”举措。围绕互联网、大数据、人工智能、生命健康等新兴技术领域打造人才队伍，发挥科技型企业、科研院所用才聚才的主体作用，进一步加快集聚科技人才，壮大人才队伍，全区新增中国工程院院士、中国科学院院士各1名。打造以国际化创业为特色的跨贸小镇国际学生众创空间、西想村国际众创空间，促进国际化人才集聚。举办南非人才创新创业项目引荐会、中国“数智武林”院士论坛活动、创客天下来华外国留学生创

2019年5月19日，浙江省暨杭州市科技（科普）活动周开幕式在西湖文化广场举行。图为活动现场举行的专题科普体验活动 （区科技局 供稿）

新创业大赛、第十六届浙商（投融资）大会暨“5G+峰会”等创新创业活动，邀请包括南非科学院院士在内的国内外院士专家、国内知名风险投资机构、主流媒体等汇聚下城，营造良好人才交流发展氛围。

2019年下城区产业化授权发明专利清单

表8

序号	专利名称	产业化单位
1	一种基于大数据平台的用户行为分析系统	汉鼎宇佑互联网股份有限公司
2	一种整合实时和非实时模式的大数据分析系统	汉鼎宇佑互联网股份有限公司
3	纸和纸板的耐破度测定仪	杭州品享科技有限公司
4	一种定位释放摆臂的强度测定仪的测量方法	杭州品享科技有限公司
5	包装箱材料板折叠压力测量装置	杭州品享科技有限公司
6	一组用于肺癌分子分型的基因及其应用	杭州源清生物科技有限公司
7	一组用于肿瘤分子分型的基因及其应用	杭州源清生物科技有限公司
8	变电站二次系统的源端数据库建立方法及虚实对应方法	浙江华云电力工程设计咨询有限公司
9	一种检测人BRAF基因突变的探针法及检测试剂盒	杭州泛生子医学检验所有限公司
10	一种针对城市照明设施的图像检测分析方法及装置	杭州道联电子技术有限公司
11	一种布料装置及滑模体的布料平台	中国水利水电第十二工程局有限公司
12	一种利用袋体制作水泥净浆试件的方法	中国水利水电第十二工程局有限公司
13	一种预留孔洞封堵的方法	中国水利水电第十二工程局有限公司
14	一种组合式滚轮模具及止水铜带成型机	中国水利水电第十二工程局有限公司
15	一种斜井混凝土衬砌施工运输小车安全牵引系统	中国水利水电第十二工程局有限公司
16	一种大型工件平面圆弧槽加工装置及利用该装置铣圆弧槽的方法	中国水利水电第十二工程局有限公司
17	一种转铰水封座镗孔装置及利用该装置镗孔的方法	中国水利水电第十二工程局有限公司
18	一种大坝的填筑施工方法	中国水利水电第十二工程局有限公司
19	一种预制网格梁的吊装工具及吊装方法	中国水利水电第十二工程局有限公司
20	一种排水式菱形网格的生态护坡及施工方法	中国水利水电第十二工程局有限公司
21	一种多功能套管配件及用其进行锚杆施工的方法	浙江华东建设工程有限公司
22	静力触探探杆端注浆装置	浙江华东建设工程有限公司
23	用于封堵高压地下水的混合灌浆装置及其混合法灌浆工艺	浙江华东建设工程有限公司
24	一种分数阶次不同的含y2的Liu混沌切换系统方法及电路	浙江省通信产业服务有限公司
25	基于模拟退火算法的无线通信频率规划方法	浙江省通信产业服务有限公司
26	一种基于模糊分析的复杂无线通信网络运行质量评估方法	浙江省通信产业服务有限公司
27	一种在手持电子设备上快捷查看批量图片的系统和方法	浙江省通信产业服务有限公司
28	用于冷轧堆染色的快速打样方法	浙江凯喜雅国际股份有限公司

续表8

序号	专利名称	产业化单位
29	牛乳蛋白粘胶丝及其制备方法	浙江凯喜雅国际股份有限公司
30	一种蚕丝提取物防晒护肤乳及其制备方法	浙江凯喜雅国际股份有限公司
31	多参数综合的COD水质监测系统及其监测方法	浙江工大盈码科技发展有限公司
32	一种实时隐藏拍摄防伪水印的视频监控装置	浙江工大盈码科技发展有限公司
33	可内控多模式监控报警系统	浙江工大盈码科技发展有限公司
34	一种车载信息互动接口方法	杭州路享科技有限公司
35	螺纹副自动装配机的导引机构	杭州盘古自动化系统有限公司
36	基于声波的电机检测装置及测试方法	杭州盘古自动化系统有限公司
37	基于热电系统负荷在线预测的调度方法与系统	杭州盘古自动化系统有限公司
38	一种超薄聚氨酯热熔胶树脂淋膜加工工艺	杭州绿兴环保材料有限公司
39	一种排队处理系统	杭州易雅通科技有限公司
40	一种自助设备统一管理系统	杭州易雅通科技有限公司
41	一种支持金融IC卡的支付手机	杭州易雅通科技有限公司
42	一种高浓度畜禽废水达标排放的处理系统及处理方法	杭州清城能源环保工程有限公司
43	一种畜禽废水达标排放的处理系统及处理方法	杭州清城能源环保工程有限公司
44	一种造纸污泥产沼气及综合利用方法	杭州清城能源环保工程有限公司
45	一种禽畜废水达标排放的处理方法	杭州清城能源环保工程有限公司
46	发酵罐增温保温系统	杭州清城能源环保工程有限公司
47	用于厌氧生物反应拼装罐的搪瓷钢板及其制造方法	杭州清城能源环保工程有限公司
48	一种超薄密封轴承	杭州人本中型轴承有限公司
49	一种轴承外圈磨加工工艺	杭州人本中型轴承有限公司
50	一种双动力驱动叠加输出动力装置	杭州福鼎节能科技服务有限公司
51	一种水煤浆低浓度富氧流化悬浮燃烧方法及其锅炉装置	杭州福鼎节能科技服务有限公司
52	可拆卸自动倾翻式物料提升机	浙江省建设机械集团有限公司
53	一种臂架起重机基础	浙江省建设机械集团有限公司
54	电池仓升降装置	杭州新时空电动汽车有限公司
55	一种基于换电模式的电动汽车电池舱门控制装置	杭州新时空电动汽车有限公司
56	一种污泥深度脱水生物调理剂的制备方法及市政污泥深度脱水方法	浙江卓锦环保科技股份有限公司
57	一种河道智能配水方法及河道智能配水系统	浙江卓锦环保科技股份有限公司
58	一种污泥微粉诱导好氧污泥颗粒化方法；一种陶瓷加工废水处理工艺及系统；一种水晶微粉促进好氧污泥颗粒化的方法	浙江卓锦环保科技股份有限公司
59	污染场地无组织排放挥发/半挥发气体的收集与处置装置	浙江卓锦环保科技股份有限公司

（葛俊峰）

2019年7月5日，下城区举办"人才引领，科技赋能，数智未来"中国"数智武林"院士论坛

（区科技局 供稿）

科技服务与交流

【概况】 2019年，区科技局推进科技服务与交流，构建全方位全覆盖服务体系，通过走访园区、重点龙头企业，召开座谈会和培训会，摸清企业问题和需求，开展"入企辅导""门诊辅导"，帮助企业解决困难和问题。加强科技创新扶持政策供给，加大惠企政策宣传力度，优化政策申报流程，发挥产业扶持基金、创新创业基金和产业投资基金的作用，加强科技型企业的投资引导和招商稳商工作，促进金融和科技深度融合。推动众创空间、孵化器设立创投基金。推动有条件的科技企业加快上市步伐。全区拥有上市储备企业10多家。补齐创业扶持短板，加强创新资源投入，发挥高等院校、科研院所作用，解决企业技术题，支持各类服务机构开展创新创业服务，为科技企业成长提供养分。举办中国"数智武林"院士论坛，邀请知名院士、专家、企业家开展主题演讲、技术交流。全年新增省级院士工作站1个、申报市级院士工作站1个。

【中国"数智武林"院士论坛】 2019年7月5日，中国"数智武林"院士论坛在武林广场浙江展览馆举行。论坛以"人才引领、科技赋能、数智未来"为主题，邀请中国工程院院士、中国人工智能产业发展联盟理事长潘云鹤和中国工程院院士、浙江大学特聘教授谭建荣就人工智能、5G赋能、智能制造、产业发展等话题开展主题演讲。区直属各单位、市级垂直各部门主要负责人，各街道党政主要负责人及企业代表、媒体嘉宾等近400人参加活动。论坛上"创新中国·数字产业园""武林数字众创空间"建设启动。两大平台的设立是下城区深化数字经济"一号工程"的重要举措。

【下城区"科普e站"建设】 2019年，下城区为推动科普资源共建共享和新媒体与传统媒体的有机融合，加大楼宇、农贸市场、商场等公共场所科普宣传推送频率，提高科普传播覆盖面，推进"科普e站"的建设。利用社区、楼宇、学校、企事业单位等现有大屏、多功能一体机等终端推进"科普e站"进社区、科普教育基地、科普农贸市场等场所，通过播放"科普中国"App上的优质科普资源，普及科学知识，传播科学思想，倡导科学方法，提高全民科学素质。全年全区建有"科普e站"22座。

（葛俊峰）

25 教育

综述

【概况】2019年，下城区有中小学31所、特殊教育学校1所、幼儿园37所、教育系统直属单位6个。全年区财政投入教育经费16.31亿元。3～6周岁幼儿毛入园率127.4%，6～15周岁学龄儿童入学率100%。下城区推进中国教育科学院下城教育综合改革实验区建设及区域德育研究工作。实施公民办协同“双擎”工程，实行公办民办小学同步招生，建立热点公办小学户籍生入学信息发布和预警机制。以新校园启用为契机，推进名校集团化办学。以杭州观成实验学校创新办学为基础，探索民办学校转型“下城方案”。统筹协调各类教育资源优质均衡发展。杭州观成中学、杭州长江实验小学体育公园校区合并成立杭州观成实验学校，创办杭州观成幼托园。杭州市长寿桥小学增设岳帅校区，杭州市安吉路幼儿园增设锦绣园区，杭州市西园实验幼儿园增设白石园区，通过名校引领、品牌植入、协同办学、跨域联建等途径，实现新建校园高起点办学、品牌化运营。全区秋季13所幼儿园招收托班24个，托幼一体化品牌获得重塑。完成年度中考，全区中考总平均分高于市平均分6.8分，比上年提高2.5分。组织开展“下城区全民终身学习活动周”活动，联合8个街道75个社区开展“公益课程进社区”、下城区市民学习带头人培训等活动。推进少先队改革，成立下城区红领巾学院，举办火炬奖章考评、“武林小名嘴”选拔赛、“雏鹰争章”等活动，校外教育发展态势良好。

下城区聚焦人才兴教工作，出台《推进新时代教师队伍建设行动计划（2019—2022）》，全年引进学科领军人才6人、优秀管理人才2人，推荐评选省市级荣誉24人，8名教师课程获评浙江省“一师一优课，一课一名师”活动省级优课。首次推出“下城区新时代教育终身成就奖”。推进“区管校聘”工作，完成教师交流83人。依托“名师智慧空间站”，加强“新锐教师”培养，组织86名学校校长、教师赴海外研修。全年启用校园5所、开工6所、续建13所。深化“互联网+义务教育”，为帮扶地区开办“同步课堂”。“最多跑一次”改革向教育公共服务领域延伸。联合9个部门开展“护校安园”专项行动，学校微型消防站实现全覆盖。推进校外培训机构长效治理，进一步扩大学后托管覆盖面。下城区青年教师师德锤炼和社会实践优质平台“双新小候鸟驿站”被全国总工会评为“全国爱心暑托班”，下城师德培训工作获评市教师培训工作创新优秀项目，杭州青蓝小学1名教师获“第六届感动杭城十佳教师”。全区15所学校分别被评为省、市教师发展学校，8个教研组分别被评为省、市“先进教研组”。

【全区教育大会】2019年5月6日，下城区召开全区教育大会，深入学习领会习近平总书记关于教育的重要论述和全国、省市教育大会精神，部署加快建设下城全域优质“美好教育”各项工作。区委书记刘颖出席并讲话，肯定下城区教育工作取得的成绩，强调要围绕总体目标，以更强责任、更大力度、更实举措，在全市率先实现教育现代化。区委副书记、区长柴世民主持会议。区领导为下城区新时代教育终身成就奖等荣誉获得者颁奖。会上，区政府和杭州师范大学签订《深化全域优质教育的战略合作框架协议》。会后，下城区出台《关于建设“美好教育”加快实现教育现代化的实施意见》，以及加强教师队伍建设、中小学德育工作，推进教育信息化、教育国际化等方面的文件。

【教育均衡发展督导】2019年，区教育局协同有关部门做好省政府教育督导委员会对区政府履行教育职责情况实地督导工作，推进区域教育资源均衡发展。制订优质学校复评方案，完成首批8所优质学校复评和第二批8所优质学校督评认定，开展第三批12所优质学校评估和第二批8所优质幼儿园督评，完成8所民办幼儿园和1所部门办幼儿园综合督导。全区幼儿园督导工作实现全覆盖。落实专项督导和随访督导工作，全年开展责任区随访督学361人次，组织听课评课223节，参加学校督导活动121人次。

【依法治校工作】2019年，下城区加强政府信息公开工作，依法依规主动公开教育政务信息。以课堂、宣传栏、微信公众号等平台为载体，推进教育宣传普法常态化。开展普法使者进校园、“模拟法庭”等活动，落实“一校一法制副校长”和“一校一法律顾问”配备工作。深化民办培训机构长效治理，全年民办培训机构实现转型16个，依法关停2个。区教育局与62个民办机构签订规范办学承诺书。推行“双随机”抽查监管机制，抽查教育机构24个，巡查教育机构66个。办理有关教育工作提案、议案28件，满意率100%。

【“自主公开发包项目交易管理平台”设立】2019年3月6日，区教育局出台《杭州市下城区学校基建（维修）管理办法（2019年修订）》和《下城区教育局所属学校工程建设项目自主发包管理暂行办法（试行）》，规范学校基建项目及校舍维修管理。出台学校基建（维修）管理办法和学校工程建设项目自主发包管理暂行办法，推行“自主公开发包”模式，对50万元（含）以上400万元（不含）以下的校园建设项目，由招标代理机构通过省政府采购网，使用市公共资源交易中心使用的评标软件进行公开招标采购。为规范自主公开发包工作，下城区设立“自主公开发包项目交易管理平台”，拟订具体实施方案，细化开评标操作流程，并采取“业主自建平台、在线交易、在线监管”管理模式，实现招投评标工作电子化与信息化。区教育局通过管理平台完成暑期基建维修项目招标工作。

【智慧校园建设】2019年，下城区出台《推进新智能教育信息化行动计划（2019—2022）》，举办下城智慧教育云课堂论坛、基于移动终端的精准教学课堂展示活动等。推进“互联网+义务教育”工作，与兰溪市、建德市和临安区的结对学校签订合作协议，推动“互联网+同步课堂”常态化开设。4月24日，区教育局开办第一堂“互联网+同步课堂”，全年结对学校开办“互联网+同步课堂”85节、“互联网+名师网络课堂”12次，开展“互联网+网络研修”活动50次。杭州市景成实验学校与建德市的学生同步共享外教授课资源，杭州市胜蓝实验小学与结对学校共享美术、音乐等专业授课资源。启动区中考标准化考场升级改造，年内完成6个校区考场监控摄像头更换。配合区市场监管局实施“食安慧眼”项目，实现食堂管理信息化、可视化、数据化、智慧化。落实省级财政资金1000万元，支持全区教育信息化建设。

【教育交流合作】2019年，区教育局实施《推进新视野教育国际化行动计划（2019—2022）》。从基础教育等层面与西澳大利亚大学教育学院、墨尔本大学孔子学院、芬兰波尔沃教育局、杭州师范大学等开展合作。深化中小学友好姊妹学校结对合作，组织500名师生出国（境）访学交流。举办模拟联合国杭州国际青少年峰会、武林汇教论坛等活动。引进国际化教师研修项目“剑桥在职英语教师证书课程（ICELT）”。选派86名校（园）长、骨干教师赴澳大利亚、芬兰、希腊等国家研修。持续开展教育对口支援与合作，全年援派干部、教师及专家团组63人赴贵州黎平县、湖北巴东县和青海德令哈市等地挂职、支教和送教。

【第十九届下城区"教育超市·教育公园"咨询服务活动】 2019年4月20日，下城区在西湖文化广场举办主题为"携手1+6呵护童心守平安"的第十九届下城区"教育超市·教育公园"咨询服务活动。活动现场成立"护校安园联盟"，该联盟由区教育局、区公安分局、交警下城大队、区文广旅体局、区市场监管局、区应急管理局和各街道联合组成。聘请多个部门人员组建护校安园教育宣讲团和护校安园志愿队，开展送教进校园活动。杭州市景成实验学校与建德市新安江第一初级中学、杭州市胜蓝实验小学与临安区河桥小学石瑞校区、杭州市青蓝青华实验小学与兰溪市实验小学、杭州市天水小学与兰溪市兰江小学在现场合作签约，并共上"安全第一课"。现场设置食品安全、交通安全、消防安全、文化健康、治安管理、法治教育6个专题体验区和赛孚城·综合安全体验区，开展"6+1"安全体验。设立招生政策、人事招聘、心理健康和家庭教育咨询等服务点为家长解答招生、招聘政策和家庭教育问题，带领家长体验下城"护校安园"活动。

【第35个教师节庆祝活动】 2019年9月6日，下城区在省人民大会堂举办"奋斗吧，新时代"下城教育喜迎中华人民共和国70华诞暨庆祝第35个教师节主题活动。活动由"新时代·好老师""新时代·好少年""新时代·新集体""新时代·新征程"4个篇章构成，以演出为主要形式，辅以展台展示、"云摄影"、5G连线、网上直播等方式，集中展示下城新集体主义教育、"小候鸟驿站"、支教帮扶、海外研修、模联活动、校园文化特色等成果。活动现场设立"金桂"纪念章颁发、教育故事讲授、育人方法梳理等环节，展示下城区教师育德育人的精神面貌。1000多人参加庆祝活动。　（陈秀芳）

2019年4月20日，下城区"教育超市·教育公园"咨询服务活动在西湖文化广场举行　（区教育局　供稿）

学前教育

【概况】 2019年，下城区有各级各类幼儿园37所，其中区教育局所属23所，区直属部门办所属3所，民办幼儿园11所。全区在园婴幼儿14427人，其中公办幼儿园入园婴幼儿12213人，占入园婴幼儿总数的84.7%。学前三年幼儿毛入园率127.4%，优质教育覆盖率90.4%。建立"筹划—挖潜—调配"工作机制，启用"新生信息采集系统"，简化新生招生程序。做好1所幼儿园省特级复评、3所幼儿园省等级新评、4所新幼儿园省等级预评工作，学前优质资源覆盖率提升至90.4%。实行新幼儿园名园领办的集团化办学模式，接管杭州杭氧幼儿园，组建绿洲学前教育集团，完成杭州市灯塔实验幼儿园异地安置。联合区文广旅体局开展幼儿园特色体育项目创建，开发和推广幼儿足球等游戏项目，杭州市三塘实验幼托园获评"全国足球特色幼儿园"。完善幼儿园卫生保健及保育员继续教育学分制，提升保育员队伍素质。会同区卫生健康局深化"医教携手·护苗行动"，开展保健教师、保教人员与医生线上"互联网+"教育培训，全区各级各类幼儿园护苗卫生站全覆盖。配合开展省3岁以下婴幼儿照护服务试点区工作，杭州观成幼托园挂牌成立"下城区3岁以下婴幼儿照护服务师训基地"，通过挖掘公办资源、部门单位自建、民办托班扩容等途径，重塑托幼一体化品牌。全区13所幼儿园秋季招收托班24个、幼儿488人。其中，区教育局所属公办幼儿园招收10个班、200人，区直属部门所属幼儿园招收9个班、209人，民办幼儿园招收5个班、79人，民办幼儿园比上年增加10个班级、201人。全区托幼一体化设置率34%，学前第4年入托率提高3个百分点。

【学前教育集团调整】 2019年10月11日，区教育局印发《关于部分学前教育集团调整的通知》，对部分集团进行优化调整。杭州市安吉路幼儿园增设锦绣园区；原桦枫居园区剥离成立杭州市桦枫居幼儿园，隶属安吉路学前教育集团。原杭州市灯塔实验幼托园更名为杭州市西园实验幼儿园，下设灯塔园区和白石园区，隶属三塘学前教育集团；完成杭州杭氧幼儿园接管工作，将其纳入杭州市三塘实验幼托园集团统一管理。组建绿洲学前教育集团，集团除管辖杭州市绿洲花园幼儿园绿洲园区、文晖园区外，将民办下城区重机幼儿园纳入统一管理。通过整合教育资源，推动安吉路、三塘、绿洲等名园集团化发展。

【幼儿园体育特色项目评选】 2019年11月，区教育局联合区文广旅体局以“体育特色，全面普及；多元发展，立足长远；尊重规律，兴趣为主”为导向，开展区幼儿园体育特色项目评选活动，通过推荐、审核，评出9所幼儿园为体育特色项目单位。其中，杭州市东新实验幼托园和杭州市东园婴幼园为足球特色项目单位，杭州市三塘实验幼托园和杭州市安华幼儿园为围棋特色项目单位，杭州市桦枫居幼儿园和杭州市绿洲花园幼儿园为啦啦操特色项目单位，杭州市仙林实验幼儿园为模型特色项目单位，杭州市景成实验幼儿园为轮滑特色项目单位，杭州市朝晖幼儿园的为篮球特色项目单位。

【学前教育质量提升】 2019年，区教育局扶持优秀民办幼儿园申报省优质等级幼儿园，推动区域学前教育增优提质。4月，杭州市朝晖幼儿园（朝一园区）通过市特级园复评。10—11月，杭州市安吉路幼儿园（慧兰园区）获省一级幼儿园认定，杭州市绿洲花园幼儿园（文晖园区）、杭州下城区重机幼儿园（民办）获省二级幼儿园认定。组织各幼儿园参加杭州市阳光宝宝展示活动，均获优异成绩。杭州市安吉路幼儿园在杭州市“我行·我棒”阳光宝宝展示活动中，获“我行·我棒”阳光宝宝、“生活小当家”和“生活小能手”金奖；杭州市三塘实验幼托园3名幼儿在杭州市幼儿“七彩童年阳光宝宝”围棋展示活动项目中获一等奖，杭州市景成实验幼儿园歌唱作品《龟兔赛跑》在“萌伢儿唱童音”展示活动中获一等奖，杭州市万家星城幼儿园舞蹈作品《我的小丑娃娃》在“酷伢儿跳童舞”展示活动中获一等奖。区教育局获“我行·我棒”阳光宝宝展示活动优秀组织奖和“七彩童年阳光宝宝”展示活动优秀组织奖。完成国家及省、市三级足球特色幼儿园申报工作，其中杭州市三塘实验幼托园获“全国足球特色幼儿园”称号，杭州市凤栖幼儿园、杭州市朝晖五区幼儿园、杭州市东园婴幼园、杭州市东新实验幼托园获“市级足球特色幼儿园”称号。市政府机关幼儿园获评年度校园足球优秀特色学校。（陈秀芳）

中小学教育

【概况】 2019年，下城区有九年一贯制学校4所，小学17所（含民办小学1所），初级中学9所（含民办初中2所），特殊教育学校1所，普通高级中学1所。中小学在校学生3.94万人，九年义务教育完成率100%。创新中小学质量评价工作，推出“新白鹿火炬”金奖。完成认定和评审特色项目学校5所和特色培育项目70个，提振公办学校办学质量。出台《全面加强儿童青少年近视综合防控工作实施方案》，联合有关部门做好儿童青少年近视防控工作。完成全区4～9年级学生心理危机筛查，形成心理危机干预方案。杭州市景成实验学校、杭州春蕾中学、杭州市长寿桥小学等6所学校成为省中小学心理健康教育示范点。完善“学后托管”工作，提升托管服务质量。区中小学生艺术节组织专场比赛9场，参与师生2120人次。区教育局获省艺术节、市中小学生科技节优秀组织奖，并获市棋类锦标赛围棋初中组团体第一名。下城区被列为全国“家校（园）共育”数字化项目试验区。

【新时代德育新样板打造】 2019年，区教育局实施《推进新时期中小学德育工作行动计划（2019—2022）》。召开新时期集体主义教育传承与发展发布会，举办新时代德育创新与实践论坛，实施“四大项目”（新集体教育共同体建设项目、新集体教育工作者育人能力提升项目、推进新集体教育实践课程拓展项目、推进新集体教育长效机制创优项目）、“八大行动”（新集体教育学校联盟建设计划、新集体教育协同育人平台搭建计划、劳动实践活动课程开发计划、“一天集体研学旅行”课程开发计划、名师培养培训计划、教育行动研究推进计划、新集体教育名片认定计划、新集体教育样板打造计划）打造“新集体教育”样板，中央电视台《焦点访谈》《全国教育新闻联播》等栏目相继报道下城区“新集体教育”工作。年内，全区获评“新集体主义教育”项目学校32所，认定区域“新集体主义教育”课题33个、“新集体主义教育名片”31张。利用信息技术打造“家庭教育智库”，建设区域内多层次的合作共同体和教育信息资源共享平台。推进“班主任序列化”，全年对新任、新秀、骨干、领衔4个层次410名班主任进行系统化、专业化指导。组织开展以主题教育课为载体的中小幼德育课展示与评比活动，联合班主任杂志社、省教育学会德育分会举办“融入长三角，推进一体化——杭嘉甬三地主题教育课观摩活动”，其中2节课分别被推送到“学习强国”平台和全国班会课比赛。副市长陈国妹对下城区集体主义教育传承与发展，打造新时代德育新样板工作给予批示肯定。

【儿童青少年近视综合防控】 2019年9月16日，区教育局印发《关于加强儿童青少年近视综合防控工作的意见》，将学生近视防控工作纳入学校管理、教师管理和班级管理，将近视综合防控工作、总体近视率和阶段性视力下降幅度及体质健康状况纳入对学校、幼儿园教育督导和考核指标体系，确保全区儿童青少年近视率每年下降1%。各学校建立课业负担督查常态化机制，减少学生学习用眼时长。实施阳光体育健康行动，增加学生户外活动时间。至年末，下城区中小学学生整体近视率下降1.5%。

【参加模拟联合国纽约峰会】 2019年2月16日，下城区选拔的25名中小学生作为少年大使，赴美国参加模拟联合国纽约峰会。全球有30个国家和地区的1500名少年大使参加。联合国各委员会按照会议流程，对讨论磋商的国际问题解决议案进行最终表决。下城区小大使们在磋商、讨论、结盟等环节的优秀表现，向全世界展示中国青少年的风采。

【杭州国际青少年峰会】 2019年11月16—19日，下城区举办以“聚力，发展”为主题的蒙特梭利模拟联合国杭州国际青少年峰会。峰会由联合国青少年示范项目顾问机构MMUN世界组委会、下城区政府、浙江出版传媒股份有限公司共同主办，来自美国、加拿大、意大利等国家的400多名中小学生、教师、家长参加。峰会围绕联合国2030年可持续发展目标，设计7个全英文委员会及14个核心议题。小大使们化身80多个国家的外交官，分别就世界和平、核武安

2019年11月16日，下城区举办蒙特梭利模拟联合国杭州国际青少年峰会

（区教育局　供稿）

全、放射性污染、气候变化、公平贸易、食品安全等议题进行磋商。11月17日，杭州观成实验学校举办MMUN模联家长论坛暨下城区家庭教育年会。家长论坛以“遇见·预见”为主题，聚焦“培育有中国文化之根的世界公民”话题，探讨在家庭教育中预测、规划和实施具有国际竞争力的人才培养方案。活动现场为区教育系统第二届“最美家庭”获得者颁奖，为首届“下城区十大家庭教育智慧导师”发放聘书。（陈秀芳）

特殊教育

【概况】 2019年，区教育局承办省、市特殊教育教师培训工作，开展特殊教育课堂教学研讨，提升特殊教育教师整体水平。下城区唯一的特殊教育学校杭州市健康实验学校开设学前班。全年实验学校招收新生90人，含学前班学生4人、送教上门学生13人。学校有教师30人，其中本科及以上学历28人（硕士研究生6人）。实验学校获浙江省首批特殊教育标准化学校、浙江省个别化信息管理项目实验学校等称号，并成为杭州市医教结合实验学校。年内，实验学校通过杭州市残疾儿童定点康复机构复评。实验学校与浙江师范大学和杭州师范大学共建的浙江省教师发展学校被评为“良好”等级。实验学校在年度省特殊教育论文评比中，3篇论文分别获一、二、三等奖。在杭州市首届残疾人旱地冰壶比赛中，5名运动员获启智组第1名。在全国第十届残疾人运动会暨第七届特殊奥林匹克运动会上，2名运动员与省内其他学校的2名运动员联合组成省滚球队，获金牌、银牌各2枚。杭州市天水幼儿园建成市第四批示范资源教室，杭州市朝晖幼儿园和杭州市大成幼儿园建成市第12批合格资源教室。全区通过审核认定，有315名学生随班就读，涉及32所中小学和幼儿园。

【承接省、市特殊教育教师培训活动】 2019年，杭州市健康实验学校分别承办杭州市特殊教育教研员第一次研修、浙江省培智学校新课程标准与教学专题培训、杭州市新锐教师培养工程特殊教育教师课堂教学研讨、福州市特教学校（特教班）管理者专项培训、浙江省特殊教育新课标研训等活动。全年实验学校开设唱游律动、生活适应、运动与保健、英语、生活数学、康复训练、绘画与手工、卫星班融合游戏8个科目10节课，接待前来观摩学习的省内外教师300多人次。实验学校开展课堂教学研究，探索在集体教学中提升特殊学生社交技能的有效路径，研讨在新课程标准下提高生活化教学的实效性，教学研究工作取得阶段性成果。

【《进一步加强随班就读工作的实施意见》印发】 2019年12月16日，区教育局印发《进一步加强随班就读工作的实施意见》（简称《实施意见》）。《实施意见》从提高认识、健全组织机构、规范管理、提供优质教育、统筹规划5个方面提出加强下城区随班就读工作举措，要求完善以健康学校为依托的区特殊教育管理体系，建立由教育行政、高校、医疗、教研、心理、残联、特教学校等机构专业人员组成的特殊教育专家委员会，协调和指导开展特殊学生筛查、认定、教育康复、教学研究等方面工作，使轻度残疾儿童少年在适宜的教育环境中学到科学文化知识和基本劳动技能，形成适应生活、适应社会的基本能力。（陈秀芳）

社区教育

【概况】 2019年，下城区提升社区教育科研水平，整合各方面办学资源，健全区、街道、社区三级社区教育办学网络，办好居民家门口的社区教育，促进居民整体素质提高。年内，下城区成功申报浙江省成人教育品牌项目2个。1个科研项目获杭州市第六届职业教育教学成果一等奖。“1050工程”（指10个“民家工作室”和50个精品学习型社团）获改革开放40周年“浙江省社区教育优秀工作品牌”，区社区学院获评改革开放40周年“浙江省社区教育优秀办学单位”及市社区教育进文化礼堂工作优秀组织单位。推进“30分钟市民学习圈”建设，长庆街道、东新街道被认定为“杭州市示范街道（乡镇）30分钟市民学习圈”。发挥“1050”工程品牌效应，确定下城区社区教育“民家工作室”7个，评选区精品学习型社团50个，天水街道“乐龄艺社”、长庆街道“乐明潮瑜伽队”、朝晖街道“新月读书会”、文晖街道“爱心理发屋”、东新街道“芳华模特队”5个社团获“杭州市示范性学习共同体”称号。推送百堂“社区好课”进社区，并以“民家直通车”的形式，推进“民家工作室”和精品学习型社团进驻校园、社区、企事业单位。拓展“流动老年学堂”学习平台。打造“30分钟市民学习圈”，完成市级示范性“市民学习圈”推评工作。举办“百课惠民”、全民终身学习周等活动，营造全民学习、终身学习社会氛围。全区常年参加“百课惠民”听课活动居民超过5000人；参加“享学下城”平台学习3350人次；“享学堂”开展各类成人培训95期，参加培训4580人次。全年社区教育机构累计培训50多万人次。天水街道“乐龄艺社”、长庆街道“乐明潮瑜伽队”、朝晖街道“新月读书会”、文晖街道“爱心理发屋”、东新街道“芳华模特队”5个社团获“2019年杭州市社区示范性学习型社团（学习共同体）”称号。

资料：2019年下城区居家工作室和精品学习型社团名单

居家工作室

中美友好民间交流纪念馆
杭州评话传习馆
历史文化传承工作室
双新小候鸟驿站
新月读书会
健身运动工作室
片庐古陶瓷欣赏工作室

精品学习型社团

天水街道	胭脂太极拳队
	快乐乐坊葫芦丝队
	可乐球队
	社区评书小馆
	银尚舞团
武林街道	通络操队
	银之韵太极队
	龙飞凤舞队
	炫年华舞队
	文竹健身队
	紫藤文学社
长庆街道	王马摄影队
	柳营民族舞队
	十五家园快乐葫芦丝队
	吴牙和乐楼学习型社团
	新华坊社区家长学校
	浙大御跸三和交流工作室
潮鸣街道	知足腰鼓队
	东园社区水墨丹青书画社
	老年书画班
	金艺艺术团
	小天竺阅读团
	刀茅巷小学“三里源”环保社团
朝晖街道	稻香园社区合唱队
	新缘舞蹈队
	虹园社区书法队
	杭州莺歌舞蹈队
	大家园社区合唱队
	“金朝晖”江南丝竹乐社
	最美阿姨公益织补帮帮团
	七彩舞蹈队
文晖街道	睦邻葫芦丝队
	爱心理发屋
	珍珍舞蹈队
	瓶儿乐队
	和平苑太极拳队
	幸福邻里汇
	DIY手工制作“口金包”
	金秋越剧团
	“漾知音”葫芦丝队
东新街道	欣欣舞蹈队
	常青藤志愿者服务社
	芳华模特队
	西文新希望助残服务社
	童伴社区亲子中心
石桥街道	文明劝导队
	天堂园社区旗袍队
	歌舞飞扬舞蹈队
	学而书法工作室
	华中缘之梦旗袍队

【社区学院“武林银杏”老年学堂获评全国“终身学习品牌项目”】2019年10月9日，中国成人教育协会印发《关于推荐、认定和展示2019年“百姓学习之星”“终身学习品牌项目”的通知》，组织全国各省、自治区、直辖市开展“百姓学习之星”和“终身学习品牌项目”认定活动。经各地教育部门、成人教育协会等单位推荐，全民终身学习专家小组认定，下城区社区学院“武林银杏”老年学堂等214个单位为2019年“终身学习品牌项目”。全省获评项目9个（包括宁波市），其中杭州2个。下城区着力打造“武林银杏”老年学堂。学堂一方面依托社区名师不断丰富课程，另一方面通过“请进来、

走出去”深化课程体验，并通过开设流动学堂，把服务面辐射至全区。同时结合时事，推动老有所为计划，让老年人参加垃圾分类、亚运宣传等活动。“武林银杏”老年学堂创办以来，累计服务2.6万人次，并成为浙江省“终身学习品牌项目”。

2019年11月8日，下城区在嘉里中心广场举行“全民终身学习活动周”开幕式

（区教育局　供稿）

【全民终身学习大环境营建】 2019年6月5日，下城区在区行政中心召开社区教育工作大会，回顾总结区社区教育工作，有关社区介绍开展社区教育经验和做法。举行社区教育基地（分中心）授牌、授旗和惠民行动捐赠仪式。10—11月，区教育局组织开展“下城区全民终身学习活动周”活动，各街道、社区及校园结合社区居民需求举办123场学习活动，推进全民终身学习和建设学习型城市进程。区教育局会同区总工会、区团委、区妇联分别成立区职工学习活动分中心、区社区教育志愿服务大队、下城女性学堂基地。

2019年杭州市下城区全民终身学习活动周主要活动

表9

活动时间	活动内容	活动地点
11月8日	下城区全民终身学习活动周启动仪式	嘉里中心广场
10月23日	红歌合唱培训	东园社区
10月25日	“不忘初心、牢记使命”主题教育活动	知足弄社区
10月26日	剪纸活动	打铁关花儿说公益教室
10月30日	书法比赛	石桥社区经合社
11月5日	瑜伽普拉提培训	绍兴路305号
11月7日	手工艺教学、制作	灯芯巷14-16号
11月8日	公益国学诵读	绍兴路305号

【“产教融合”成人教育科研活动】 2019年，下城区开展“产教融合”成人教育科研活动。下城区社区学院会同浙江小巷三寻文化创意发展有限公司，以校企合作的形式，聚焦传承非物质文化遗产项目土布纺织技艺，打造“手工的村落”，助推乡村振兴。全年打造项目示范村落9个，示范村落覆盖浙江、云南、西藏、贵州4省（自治区）。该项目被评为“浙江省成人教育品牌项目”，其科研成果“手工的村落：助推乡村振兴的成人教育新探索”获杭州市第六届职业教育教学成果一等奖。

（陈秀芳）

校外教育

【概况】 2019年，区教育局推进少先队改革，成立区红领巾学院，下设23个学校分院、9个教育实践基地，邀请7位专家作为红领巾学院首批讲师团。举办火炬奖章考评、“武林小名嘴”比赛、“雏鹰争章”及运动会、科技节、艺术节等活动。探索建立研学旅行长效机制，浙江省博物馆、浙江自然博物馆被认定为首批省中小学生研学实践教育基地。启动“电脑派位”，开设培训项目56个，培训学员2万余人次，周末设置优秀素质教育体验点，参加体验5万余人次。校外教育突出公益属性，区少工委被授予“浙江红领巾公益基金贡献奖”。辖区学生在艺术、体育、自然科学等活动中取得优异成绩。区青少年活动中心在第十届“小荷风采”全国少儿舞蹈展演活动中被授予“小荷之家”荣誉称号，同时在2019“天眼杯”中国（杭州）国际少儿漫画大赛中获组织奖；杭州观成中学学生在2019年全国中学生赛艇锦标赛暨U系列赛事总决赛中获奖项5个；杭州青蓝小学学生在2019环球自然日青少年自然科学知识挑战赛全球总决赛中获一等奖；杭州市长寿桥小学学生在第23届中国少儿戏曲小梅花比赛中的京剧节目《赤桑镇》获评小梅花荟萃最佳集体节目。

【13名选手参加第二届“武林小名嘴”比赛】 2019年4月，市少工委、区教育局联合杭州电视台综合频道，以“新时代，新少年，行走家乡绘梦想”为主题，开展第二届“武林小名嘴”比赛。比赛活动启动后，杭州市9个城区、100多名小选手参加海选，其中下城区13名。经过初赛、复赛两轮比拼，最终选出20名小选手参加全市决赛。决赛通过战队节目表演、个人现场演讲两轮角逐，评选出“十大杭州武林小名嘴”和“杭州武林小名嘴”提名奖获得者，下城区2名选手获评“杭州武林小名嘴”10强，2名选手获“杭州武林小名嘴”提名奖。

【中小学生艺术科技活动成果丰硕】 2019年11月，下城区组织辖区学生参加省中小学生艺术节，经视频录像评选和现场展现，艺术节活动评出艺术表演类获奖项目587个和美术作品类获奖作品1149件。区教育局获优秀组织奖。下城区获音乐类一等奖4个和二等奖1个，1名学生获绘画类一等奖，4名学生分别获绘画、平面设计、摄影二等奖。区教育局组织参加市中小学生科技节，获优秀组织奖，获奖总分全市第二。组织242人次参与8项科普主题活动和24项专项科技活动，获一等奖33个、二等奖58个，23名科技辅导员获“优秀指导教师奖”。下城区学生综合素质全面发展。

【下城区红领巾学院成立】 2019年12月20日，下城区红领巾学院、学校红领巾学堂成立仪式暨下城区红领巾学院第一课《最美浙江人》在浙江展览馆举行。区红领巾学院由团区委书记任组长。学院下设杭州市安吉路实验学校紫藤红领巾学堂、杭州长江实验小学励学堂、杭州市景成实验学校U学堂等23个红领巾学堂，聘请浙江展览馆等9个基地为红领巾学院教育实践基地，聘请资深教育专家、学者担任红领巾学院首批专家讲师。红领巾学院成立仪式结束后，学员第一课开课，各学校少先队大队委员在讲解员带领下，认真参观浙江展览馆“最美浙江人”展厅。（陈秀芳）

26 文化·体育

综 述

【概况】 2019年，区文广旅体局以“高质量发展，高品质生活”为主线，以文旅融合为重点，推进文化兴盛行动，丰富全区品牌文化内涵。投资7.6亿元，加快“武林文化长廊”建设。围绕庆祝中华人民共和国成立70周年主题，开展“武林炫风”“武林K歌”“武林新韵”等群众性文化品牌活动。推进“文旅+”产业融合发展，跨贸小镇国家AAA级旅游景区通过复核，“太阳马戏”公演，新天地区块成为工业遗存风貌和现代潮文化有机融合的国际街区。绘制新版下城文旅地图，开展文化走亲及旅游推介活动。实施省“四提升四覆盖”工程，全区公共体育设施总面积及人均面积均比上年增加1倍。下城区获评全省首批公共文化服务达标县（市、区），基层公共文化服务绩效排名全省89个县（市、区）第七位。推进群众体育、竞技体育、体育产业发展，投入专项资金确保体育优势传统项目的发展和学校体育更高水平的发展。

资料：“四提升四覆盖”工程

“四提升四覆盖”指提升群众身边体育场地建设水平，实现“15分钟健身圈”便民体育设施全覆盖；提升群众身边体育组织水平，实现街道“1+5”体育社会组织网络全覆盖；提升群众身边健身活动水平，实现常态化健身活动全覆盖；提升群众身边健身指导水平，实现行政村（社区）各健身项目社会体育指导员及街道体质测试网点全覆盖。

【文化兴盛行动】 2019年，下城区推进文化兴盛行动，实施第四批国家公共文化服务体系示范项目等文化惠民工程，实现8个街道、75个社区智慧文化网络全覆盖，建成可看可学的公共文化服务体系建设样本社区20个、社区文化家园16个。全省首个实体有声书房投入使用。围绕庆祝中华人民共和国成立70周年主题，开展“永守初心·歌唱祖国”歌咏比赛、“潮涌之江”彩车展等活动。推进大运河文化带建设，将武林广场、西湖文化广场、杭州城北体育公园、杭州新天地等文化地标串珠成链，打造贯穿全区的“武林文化长廊”。举办首届“爵士文旅音乐节”，吸引全球10支乐队53位音乐家参加演出。全区8个街道设立图书分馆和文化分馆，公共文化服务效能进一步提高。

【文化惠民工程】 2019年，区文广旅体局完善文化惠民个性化服务机制，组建“8+8”（区文化馆挑选8名专业人员结对8个街道文化站担任辅导员）文化青年导师团，在各街道、社区定人定时定点开展针对性艺术辅导、团队培育等工作。全年组织群众文艺团队1462个，培育星级团队100个，开展送工友、送基层等“五送”文艺演出110多场，惠及群众10多万人次。举办“文艺微课堂”“武林艺萃”“乐活下图”等公共文化特色讲座524场、1050课时，参加听讲3万余人次。举办首届群众原创文艺精品展演，推出各类原创作品15个。

全区公共图书馆外借图书41万余册，全年图书馆总流通101万人次，电子阅览室电子书籍流通1.3万人次。

【非物质文化遗产传承】 2019年，下城区完善非物质文化遗产传承体系，新增市级“非遗”教学传承基地2个、区级“非遗”项目9个、“非遗”传承人24人。开展“非遗”进社区、进校园、进集市活动，区青少年宫举办土布纺织技艺体验活动，杭州市朝晖中学举办“女红的复兴”“非遗”进校园活动。张同泰国医馆、陆游纪念馆分别举办浙江·中国非物质文化遗产博览会——“传统工艺走进社区”系列活动和2场“非遗集市”，参加活动7100多人次，实现销售额23万余元。全年全区举办“非遗”展览、展示、互动、体验和培训活动210多场，受众2.01万人次。

【全民健身工程】 2019年，下城区组织首届“武林杯”足球、乒乓球、羽毛球、击剑等体育赛事，其中足球比赛设社会组、机关组、企业组3个组别，全区147个单位近1万人参加。开展城市定向挑战赛、全民健身日展示交流大会等群众性体育活动。加强体育基础设施建设，杭州城北全民健身中心主体工程完工，杭州城北体育公园游泳馆完成刷脸进场、手环开柜等智慧化升级改造。全区50个中小学校体育场地全部向社会开放，社区健身苑点实行24小时开放。全区公共体育设施总面积及人均面积分别为82.92万平方米和1.58平方米。

2019年12月31日晚，下城区举办“武林跨年”活动 （区文广旅体局 供稿）

【文旅市场监管】 2019年，下城区持续开展扫黄打非、扫黑除恶、护校安园、非法卫星电视接收设施整治、网络赌博查处、文明城市测评等专项行动，加大重要时间节点和人员密集场所加大执法力度。全年开展“双随机”执法24次，部门联合执法32次，处理旅游投诉纠纷180起，驱赶“野导”534人次，处理“黑车”425辆次，拆除非法卫星电视接收设施742处，立案调查违法违规案件9件，其中重大案件1件。推进文旅市场信用体系建设，建立“1+X”常态化管理机制，完善联席会议、抄告督办、联合执法、信息通报等制度。深化文旅市场“最多跑一次”改革，网上办、掌上办、即办件、承诺时限压缩比等6项考核指标完成率100%。 （葛松松）

公共文化

【概况】 2019年，下城区有群众文化机构85个，其中区级文化馆1个、区非物质文化遗产保护中心1个（与区文化馆合署办公）、区级图书馆1个、街道图书馆分馆8个、街道综合文化站8个、社区文化活动室74个，各类文化团队1462支。全年举办各类群众文化活动1.03万场次，参与群众36.6万人次，其中送戏下基层385场，举办培训讲座410场、展览45场、图书阅读210场、“文化走亲”活动45场、其他群众文化活动9210场。推出“基层公共文化菜单式服务”项目，面向社区、工地、校园等场所，开展不同内容和形式的文化服务，内容涵盖文艺欣赏、知识普及、艺术培训、书法绘画、文化赛事等；活动场地包括剧院、社区小舞台、文化广场、户外公园等。

【文化活动】 2019年，区文广旅体局围绕打造“武林文化”品牌金名片，组织“武林炫风”“武林K歌”“武林新韵”“武林跨年”等“武林”系列文化活动。围绕中华人民共和国成立70周年主题，举办“壮丽七十年，奋斗新时代”——下城区群众文艺大会演暨第三十二届社区文化月、“永守初心·歌唱祖国”歌咏比赛、“潮涌之江”彩车展等庆祝活动。开展“多彩中国·美丽下城”下城区少儿书画大赛、下城区首届歌词大赛、全民读书年活动、“书香下城·金猪迎新”新春活动等。组织文化团队开展送演出到基层、到身边活动，惠及群众10多万人次。通过走访了解、召开座谈会、发放调查表、开设服务专线、设置意见箱、开通信息化互动平台等渠道，征集群众多样化的文化需求，实施订单式的文化供给。区有关部门为街道、社区文艺爱好者举办舞蹈、声乐等艺术培训，授课1000多小时，参训近3万人次。

【公共文化服务体系建设】 2019年，下城区基层公共文化服务绩效排名全省第七位，通过《浙江省基本公共文化服务标准（2015—2020）》和“五个百分百”标准化建设考核，成为全省首批基本公共文化服务标准化达标县（市、区）。实施第四批国家公共文化服务体系示范项目，建成公共文化服务体系样本社区20个、社区文化家园16个。文晖街道流水苑小区37幢一楼改建成为全省首个实体有声书房，面积近200平方米，藏书5300多册，采用智能门禁系统，书房实现身份证、实名卡、读者证刷卡入场。区文广旅体局为居民提供杭州图书馆“悦借”服务，通过网络客户端实现借阅书籍快递到家服务，并配备图书自助借还设备，实现市、区、街道、社区四级图书馆通借共享。

【文化阵地建设】 2019年，区文广旅体局推进大运河文化带建设，串联武林广场、西湖文化广场、杭州城北体育公园、杭州新天地、武林美术馆等文化地标，打造“武林文化长廊”。完善图书馆、文化馆总分馆管理机制，组建“8+8”文化青年导师团，在各街道、社区定人定时定点开展针对性艺术辅导、团队培育等工作。“公益大讲堂”培养社区文艺骨干，提升社区整体文化艺术水平。优化文化设施布局，完善区、街道、社区三级文化网络设施建设，全年全区新增文化设施面积2300万平方米，百姓身边的文化圈基本形成。

【“下城区城市书柜”上线】 2019年1月4日，下城区图书馆设置的“下城区城市书柜”在浙江望湖宾馆上线。“城市书柜”是类似于自动贩售机式的移动图书馆，读者借阅图书需支付宝“芝麻信用”值大于600分，便可实现免押金、免办卡图书借阅，通过手机扫二维码，8秒钟便可借到图书。下城区图书馆为“城市书柜”调拨500多种图书，涵盖人生哲学、政治历史、文学民俗、旅游地理等图书种类，并定期更新图书。（陶　键）

2019年1月4日，下城区图书馆设置的“下城区城市书柜”在望湖宾馆上线
（区文广旅体局　供稿）

文化艺术创作

【概况】 2019年，下城区围绕文化艺术创作“贴近人民、贴近生活、贴近时代”的宗旨，推进文艺精品创作、原创作品打造等工作。组织文化馆负责人和创作人员参加群星奖新作品培训班、省第十七届音乐新作演唱（演奏）大赛题材讨论会、“杭嘉湖”音乐词曲加工会等活动。为“8+8”文化青年导师团成员举办“文艺微课堂”，开设“群众文艺创作及作品鉴赏”“群众舞蹈创编理论与实践”等文艺创作专题讲座12期，参加听讲300

多人次。举办首届群众原创文艺精品展演，为群众原创作品搭建展示平台。区文化馆推荐土布纺织技艺、木版水印技艺等非物质文化遗产项目参加浙江省文博会，获评"浙江省优秀旅游商品"。推荐王星记扇、土布纺织技艺等非物质文化遗产项目参加浙江省优秀旅游"非遗"商品大赛，获大赛组委会好评。全年下城区文化艺术作品获市级以上奖项50多项。《青春下城》《误会的承诺》等文学类作品分别获省级金奖和银奖。

【文艺创作活动】 2019年，下城区组织创作一批反映时代主题的文艺作品。区公安分局创作的音乐情景剧《网红来了》获全国公安系统展演金奖。区文化馆参加全省茶歌大赛获非独唱类组合（非职业组）金奖；参加"百城联动，歌唱祖国"浙江省庆祝中华人民共和国成立70周年群众声乐大赛获银奖，并应邀参加"好听衢州"礼乐·草原音乐会——省群众声乐大赛优秀歌手展演专场；参加"诗画浙江"全省旅游歌曲创作演唱大赛获银奖，并入围全省音乐新作比赛决赛。区文化馆创作的1幅摄影作品、3幅美术作品入选浙江省第六届群星视觉艺术综合大展。歌词作品《乡路弯弯》《中华足球小将》《钱学森之歌》在浙江省"歌颂新时代"歌词大赛中分别获金奖和铜奖。原创歌曲《花桥》收入浙江文艺音响出版社出版的《逐梦新时代，杭嘉湖优秀原创歌曲专辑》，并在"童心向党"——杭州市第十四届"天堂儿歌"演唱和创作大赛中获"创作作品曲库入围奖"。区文化馆参加杭州市第二十五届"三江"歌手大赛选送歌手分别获金奖和银奖，并获优秀组织奖。举办"百城联动，歌唱祖国"第二届"追梦之声"浙江省青少年声乐大赛下城区初赛，选出8名选手和1支组合选手代表下城区参加杭州市复赛。区文化馆原创理论调研文章《新时期基层文化队伍建设及服务效能提升——以杭州市下城区"8+8"文化青年导师团为例》入围中国文化馆年会征文"优秀论文"，并获省新时代基层公共服务创新理论研讨会论文二等奖。

【文艺创作成果】 2019年5月10日，下城区文化馆举办"放歌新时代"歌曲创作活动暨下城区"武林音韵"创作笔会，邀请省市词曲作家创作原创歌曲《无悔的选择》《青春下城》等作品，原创歌曲《青春下城》在"诗画浙江"全省旅游歌曲创作演唱大赛中获银奖。原创歌曲《小巷里的他》被《杭州新闻联播》栏目、《杭州日报》《每日商报》《钱江晚报》《都市快报》等主流媒体宣传报道，并被新浪浙江门户网站、搜狐网等线上媒体转载。原创歌词《爱在诗画浙江》获省"歌颂新时代"歌词大赛银奖。

（李　黎）

文化市场管理

【概况】 2019年，区文化市场管理工作坚持"一手抓管理，一手抓服务"的方针，完善文化市场管理机制，查处各类违法违规行为，促进全区文化市场健康有序发展。下城区行政区域内经依法许可或备案的文化市场经营场所和单位432个，其中，互联网上网服务营业场所51个，游艺娱乐经营场所13个，歌舞娱乐演出场所43个，体育场所31个，广播电视节目制作单位105个，艺术品经营单位22个，文艺表演团体11个，演出经纪机构55个，演出场所7个，互联网文化经营单位81个，互联网视听经营单位2个，设置境外卫星电视广播的单位11个。全年受理行政许可及备案226件，协助市文广旅体局完成旅行社设立审批初审21件，退还质量保证金11件。审批广播电视节目制作经营单位设立及变更31件，注销3件。歌舞娱乐场所设立审批及变更备案11件。互联网上网服务营业场所设立审批及变更备案3件，注销3件。营业性演出备案167件。经营高危险性体育项目（游泳）许可10件，注销4件。文艺表演团体设立审批2件。接收卫星传送的境外电视节目延续许可2件。涉外营业性演出活动备案101件。演出场所经营单位设立审批和变更备案2件，分支机构设立审批及变更备案6件，注销5件。游艺娱乐场所注销3件，艺术品营业单位备案注销1件，广播电视节目制作经营单位注销1件。

【文化市场执法管理】 2019年，区文广旅体局围绕"平安护航中华人民共和国成立70周年大会战"主线，开展"净网2019""清

2019年4月20日，区文广旅体局开展“扫黄打非”保护青少年健康成长“护苗”专项行动
（区文广旅体局 供稿）

源2019”“秋 风2019”“护 苗2019”“固边2019”5个专项行动，净化网上网下文化空间，维护意识形态安全和文化安全。全年全区出动执法人员1350人次，检查文化市场经营单位2540个次，查处违规单位11个次；受理举报（督查）17件，举报案件全部属实；立案调查并办结案件11件，办结案件结果全部公开；责令停业整顿经营单位1个，没收违法物品107件，罚款5万元。区文广旅体局借鉴长庆街道综合行政执法改革创新实践，通过整合文化、旅游两支执法力量，构建“部门、街道、社区”文广旅体市场一体化治理体系，落实文广旅体执法监管主体责任，推进执法队员一对一联系街道普法宣传、投诉调解、场所管理等工作，文旅执法队员、街道干部、社区工作人员联合开展常态化大巡防、大防控、大整治。该机制有效破解文旅执法队员数量不足、街道执法不专业的难题。针对短视频涉黄涉赌、网络售卖非法出版物等突出问题，采取多渠道管控，查处网络公司擅自从事互联网视听节目、培训机构散发非法出版物等网络违法案件。

【文化市场安全管理】 2019年，区文广旅体局加强文旅市场安全生产、文明指数测评等管理工作。联合区市场监管局、下城消防救援大队，对重点地区、重点文化经营单位进行集中大检查，出动执法检查人员1350人次，检查场所2540个次，发现安全隐患和问题10个，督促相关单位限期完成整改。结合文化市场法制宣传日、宪法宣传日、平安宣传月等活动，开展形式多样的安全生产宣传，发放宣传资料500份。成立文化市场控烟工作领导小组，启动娱乐场所控制吸烟工作三年行动计划，实现控烟条例宣传、禁烟标识张贴、娱乐场所控烟工作培训全覆盖。6月28日，区文广旅体局召开游泳场所安全管理会议，与各游泳场所负责人签订《游泳场所安全管理责任书》，落实安全管理监管责任。

【深化文化市场“最多跑一次”改革】 2019年，区文广旅体局在机构改革后，对接省、市有关部门，按照事项颗粒化要求，梳理浙江政务服务网群众办事事项91个，优化完善权力事项库。深化“互联网+政务服务”，下城区掌上办、即办件、时限压缩比等7项考核指标主城区排名第一。梳理应用系统录入的证照材料，推行“电子证照”替代工作。定期开展“领导坐班”活动，全年区文广旅体局领导坐班38人次，针对现场接待询问发现审批过程中的问题，实施“最多跑一次”改革攻坚工程。以下城区重点扶持的中国互联网影视产业园建设为抓手，探索“受理窗口前移、让企业零跑腿”工作模式，缩短企业办理广播电视节目制作经营许可证业务流程。结合“走亲连心三服务”活动，推行指导服务、窗口服务送上门工作，为申请设立广播电视节目制作许可证的企业开展企业“零跑腿”服务，在现场核查资料后，当场核发许可证。坚持专人负责、跟踪服务，做好重点项目“太阳马戏”剧场演出经营单位备案工作。开设“审批专题课”等业务技能培训，培训以法律法规、审批实操、难点答疑等为基本内容，通过“一月一专题”学习研讨，提高窗口一线人员审批服务能力和办事效率。落实“首问负责制”和“一次性告知制度”，完善“容缺受理”机制，提高“最多跑一次”服务水平。

（沈　佳　胡晓君）

历史文物保护

【概况】 2019年，下城区范围内有不可移动文物33处，包括各级文物保护单位20处和文物保护点7处，未定级不可移动文物6处。文物保护单位中，全国重点文物保护单位5处，分别为马寅初旧居、龙兴寺经幢、欢喜永宁桥、京杭大运河（下城段）、仁爱医院旧址。省级文物保护单位5处，分别为浙江省第一师范旧址、浙江省高等法院及杭县地方法院旧址、天主教堂、司徒雷登故居、毛泽东思想胜利万岁展览馆旧址。市级文物保护单位10处，分别为岳官巷吴宅、明宅、白衣寺、浙江省人民体育馆旧址、古通济桥、张同泰药店、沙孟海旧居、孩儿巷98号民居、艮山门侵华日军碉堡旧址、梁宅。文物保护点分别为梅王阁、钱王井、坝子桥、广安新桥、杭州东园婴幼园教学楼、杭州纺织机械有限公司厂房和会场、乐善堂井。尚未定级的不可移动文物分别为杭州重型机械厂建（构）筑物、永宁变电所宿舍、杭州轴承厂厂房、天水堂、耶稣堂弄5号民居、王公坟神道柱。全年投入文物保护专项资金79.42万元。区住建局开展文物保护单位消防管理智慧化建设工作，完成7处文物保护单位智慧用电设施安装，分别为梁宅、孩儿巷98号、仁爱医院旧址、马寅初旧居、杭州纺织机械有限公司厂房、张同泰药店、天主教堂。完成2处历史文物保护单位智慧用电设施安装，分别为灯芯巷25号别墅建筑、灯芯巷24号别墅建筑群。区住建局选送的“浙江省第一师范旧址”（一师风潮）在全国第十一届“薪火相传——红色基因传承者”暨杭州市“红色记忆”宣讲会上获评“我最喜爱的红色线路（参观点）”，《新文化运动中心》微视频获“红色记忆”微视频征集活动三等奖。区住建局根据市园文局“1339”（梳理1批杭州革命文物、修缮30处杭州革命旧址、活化利用30处杭州革命文物、做好9件事）活动部署，组织革命文物征集、展览、利用等工作，扩大革命文物影响力，增强文物保护成果的社会参与度。

【历史保护建筑普查】 2019年6月，区住建局开展历史建筑普查，先后普查历史建筑87处。普查内容包括记录建筑名称、所属街道和社区、建造年代、建筑结构、现状用途、产权情况和建筑风格等基本信息。普查中对每幢历史建筑拍摄相关照片，普查后连同电子资料、纸质文本一并提交存档，为后续筛选升级历史保护建筑积累基础资料。完成普查的主要历史建筑为安吉路18号4幢、环城西路50号、教场路12号、崇恩坊2号、长寿路16号、久安里1号和2号、横长寿路18—29号、福寿里10号、麒麟街31号1幢等。全年全区梳理登记在册的历史保护建筑96处（含10处新发现的历史建筑），整理重复登记及拆除的建筑29处，绘制建筑普查图则67处。

【历史建筑活化利用】 2019年，区住建局按照“修旧如故，应保尽保”原则，指导修缮历史建筑活化利用试点项目——原杭州制氧机厂建（构）筑物群保护修缮工程。该建（构）筑物群位于东新路388号，建于20世纪50年代，建筑面积4.3万平方米，由7幢大厂房和车间组成。结构形式以多跨排架结构、预制板屋面、混凝土屋架（包括钢屋架、木屋架）组成，外墙为红砖墙体。根据国际设计师赫尔佐格·德默隆及其团队对该地块的规划设计，下城区将原杭州制氧机厂建（构）筑物群保护修缮纳入“城市之星”建设项目，拟打造以兼容性博物馆集群为核心的国际城市博览中心和国际旅游综合体，最大限度地保留现有工业遗存及风貌。1月28日，区住建局会同市历史建筑保护中心召开专家论证会，对建（构）筑物群屋盖系统和建筑外立面修缮加固方案进行论证。6月，建（构）筑物群保护修缮工程完成施工设计图审查并进场施工。

【历史建筑保护修缮】 2019年8月23日，区住建局会同市历史建筑保护中心组织召开“梅鹤堂”“达三里”两处历史建筑修缮设计方案评审会，会后组织实施环西新村1幢、梅鹤堂建筑群和达三里建筑群3处历史建筑修缮保护。进一步开展历史建筑勘察，对历史建筑沉降、倾斜和开裂程度进行全面评估。根据“修旧如故”原则，修缮注重保护历史建筑外立面、结构体系等特色风貌保护和建筑内部结构安全。按照历史建筑保护有关规定，实施“智慧消防”工程。加强历史建筑活化利用，通过空间利用，体现历史建筑的历史文化价值。（刘景昕）

文化遗产保护

【概况】 2019年，下城区有区级以上非物质文化遗产代表性项目48个，其中国家级3个、省级6个、市级11个、区级28个。非物质文化遗产生产性保护示范基地8个，其中国家级1个、省级3个、市级4个。列入传统工艺振兴目录7个，其中国家级3个、省级4个。国家级非物质文化遗产保护研究基地1个。市级非物质文化遗产宣传展示基地3个。市级非物质文化遗产传承教学基地1个。杭州市传统节日保护地1个。杭州市第二批非物质文化遗产濒危项目1个。第一批区非物质文化遗产传承保护基地6个。区非物质文化遗产成果项目体验点6个。市第一批专家领衔“非遗”项目保护工程暨“杭州市第一批非遗师徒传承工程”1个。区属非物质文化遗产类博物馆、体验点9个。区级以上代表性项目代表性传承人51人，其中国家级2人、省级9人、市级16人、区级24人；2位代表性传承人获中华非物质文化遗产传承人薪传奖；1位代表性传承人获“中国当代杰出非物质文化遗产传承人年度人物”称号，9位代表性传承人获“省优秀民间文艺人才”称号，3位代表性传承人获“浙江工匠”称号，3位代表性传承人获“杭州工匠”称号，3位代表性传承人获“下城工匠”称号。全年开展非物质文化遗产展览、培训、互动、体验等活动200多场，受众2万余人次。

【区“非遗”成果申报】 2019年，下城区制扇技艺（王星记扇）代表性传承人孙亚青、木版水印技艺代表性传承人魏立中获文化和旅游部评定的第五批国家级非物质文化遗产代表性项目代表性传承人。下城区推荐申报的杭州织锦技艺、木版水印技艺、王星记扇制作技艺列入文化和旅游部、工业和信息化部评定的第一批国家传统工艺振兴目录。推荐申报的张同泰道地药材文化代表性传承人高国强、土布纺织技艺代表性传承人郑芬兰获省文化和旅游厅评定的第五批浙江省非物质文化遗产代表性项目代表性传承人。下城区推进非物质文化遗产名录建设，加强非物质文化遗产传承保护，新增区级第四批非物质文化遗产项目9个、第一批区级非物质文化遗产传承人24人、第一批区级非物质文化遗产传承保护基地6个、杭州市非物质文化遗产传承教育基地2个。组织开展区级第五批“非遗”项目和第二批“非遗”传承人申报工作。完成国家级“非遗”项目保护单位检查、调整工作和国家级“非遗”传承人评审工作。完成3个国家级“非遗”优秀案例、1个省级“非遗”创新优秀案例、3个全国“非遗”进校园优秀案例、1个“共和国崛起的70个杭州记忆”项目的专项经费申报。

【区“非遗”场馆建设】 2019年，下城区非物质文化遗产场馆免费向群众开放，并且不定期举办系列“非遗”传承体验活动。举办“武林艺萃”——下城区“非遗”大讲堂品牌系列活动，内容包括少儿越

2019年11月8日，下城区“武林艺萃”——“非遗”戏曲培训班开班。图为培训班学员合影
（区文广旅体局　供稿）

剧和京剧公益集训、硬笔书法公益培训、"非遗"传习课堂夏令营、"幽兰讲坛"讲座、戏曲曲艺大讲坛、"非遗"少儿手工课堂等，受众2000多人。6月7日，区文广旅体局举办主题为"国医家传·生生不息"的"中国文化和自然遗产日"特色活动，在张同泰名医馆举办传统医药"非遗"技艺体验活动，新华社、央广网、《中国文化报》等媒体相继进行报道。承办第十一届"浙江·中国非物质文化遗产博览会（杭州工艺周）——传统工艺走进社区"系列活动。结合庆祝中华人民共和国成立70周年，举办"红色中国"主题剪纸展。利用各种平台开展"非遗进校园"活动及成果展示。举办主题为"播下一粒种"的"非遗进学校"活动，区青少年活动中心、杭州市德胜东村幼儿园开展土布纺织技艺展示及青少儿"非遗"传承体验活动。探索非物质文化遗产和旅游相融合的途径，推出"美丽街巷非遗"旅游专线，凸现下城区旅游品牌"非遗"元素。举办"遇见·下城"旅游发布会暨"美丽街巷"开街仪式，现场开展"非遗"项目展示体验。

【"非遗"项目交流推广】 2019年，下城区开发"非遗"文创产品，探索"非遗+互联网"销售模式。借助非物质文化遗产保护单位开展"非遗"扶贫工作，"非遗"保护单位浙江小巷三寻文化创意发展有限公司赴西藏、云南和贵州黎平县开展"非遗"扶贫活动。推荐土布纺织技艺、木版水印技艺项目参加中国"非遗"博览会、文博会和省优秀旅游"非遗"商品大赛，坚持"非遗"项目展示常态化、精品化。3月26日，副市长陈红英走访调研辖区国家级"非遗"项目保护单位——杭州王星记扇有限公司，对区"文旅融合""非遗"保护工作予以肯定。

【"非遗"项目管理】 2019年9月4日，下城区出台"非遗"资金管理办法，修改完善各项区级"非遗"保障制度。加大"非遗"保护资金投入，加强资金规范化管理。建立区级"非遗"数据库信息化平台，区政府划拨资金10万元，用于加强"非遗"信息化平台建设。完善"下城非遗"官方微信公众号运营办法，加大"非遗"数字化宣传力度，提高社会影响力，通过微信公众号发布相关文章50多篇，阅读量超过3万次。完成国家级"非遗"丛书"杭州木版水印"出版。撰写《"文旅融合"背景下"非遗"传承》调研论文。完成《杭州旅游指南——非遗手册》编辑工作。开展第十二个"服务传承人月"活动，安排辖区"非遗"传承人进行健康体检。 （李　黎）

群众体育

【概况】 2019年，下城区以全民健身工程为牵引，加强体育场地建设、体育活动组织、体育社会组织培育、群众体育健身指导等工作。配合学校做好体育场地设施开放工作，全区符合开放条件的50所学校（校区）体育场地有序正常开放。组织开展庆祝中华人民共和国成立70周年和"迎亚运"相关赛事及活动；举办第十一届"全民健身日"和第三十三届杭州马拉松。完成第五次国民体质监测工作，参加监测2032人。区体育场、区体育馆正常开放，全年接待体育爱好者20多万人次。举办各类赛事61场，参赛者2万人次。

2019年8月3日，下城区举办庆祝中华人民共和国成立70周年"迎亚运·奔跑吧——杭州·城市定向挑战赛" （区文广旅体局 供稿）

【全民健身日活动】 2019年7月16日，区文广旅体局在区体育馆组织开展以“健康中国，一起舞吧”为主题的广播体操（工间操）公益行活动，全区32个单位及8个街道代表参与广播操及排舞练习。8月3日，区文广旅体局围绕中华人民共和国成立70周年、迎亚运和全民健身日三大主题，在区体育中心组织开展“迎亚运·奔跑吧——杭州·城市定向挑战赛（下城赛区）”等活动，赛区活动联动下城、江干、西湖、滨江、余杭5个城区，突出“体育+旅游”“党建+体育”主题，来自社会各行各业800多名选手参加党员先锋、团员青年、行业协会成员、企事业职员、市民5个特色方阵，挑战“活力武林”和“乐游下城”2条线路各7个任务点的打卡任务。8月8日，区文广旅体局组织工间操展演队参加“庆祝中华人民共和国成立70周年·健康中国、你我同行·迎亚运”杭州市全民健身日展示交流大会。下城区潮鸣街道社工代表队参加第九套广播体操（工间操）曲目《我和我的祖国》两轮表演，获市体育局颁发的“最佳精神风貌奖”。

【国民体质监测】 2019年，下城区为推进全民健身与全民健康融合，掌握国民体质现状和变化规律，启动全国第五次国民体质监测工作。下城区作为杭州5个国民体质监测点之一，专门召开会议进行部署。区文广旅体局安排监测项目和监测场地，做好监测保障工作。该监测对象有国家级和市级两种，以抽样调查的形式进行。下城区确定国家级监测对象432人，市级（包括区级）监测对象1600人，其中区级监测对象中幼儿占20%，年龄为3～6周岁。全区2家幼儿园320名幼儿参加区级监测，杭州市景成实验幼儿园为参加区级监测单位，总体监测合格率93%以上。

【杭州马拉松服务保障】 2019年10月31日至11月2日，下城区作为第三十三届杭州马拉松保障城区之一，为马拉松做好各方面前期准备工作。在杭州和平会展中心举办杭州马拉松博览会，国内外3.5万名参赛选手参观博览会，并开展现场互动表演。11月3日，马拉松开跑当天，在庆春路武林路口，下城区女子乐坊用二胡、琵琶、中软、古筝、笛子等传统乐器演奏《奇迹》《辉煌》两首乐曲。“武林大妈”志愿组织为杭州马拉松参赛者呐喊加油。区文广旅体局协调省、市体育部门、区卫生健康局和相关街道，为马拉松提供全程服务保障。

【三级体育指导员培训】 2019年11月12—13日，下城区在杭州新香园大酒店组织三级社会体育指导员培训，参加培训93人。培训委托国家级体育教练、浙江大学教授、省爱国卫生中心主任医师等专家学者进行授课。其间，安排学员到阿里体育中心和市民健康生活馆参观。培训内容为“科学减脂的常见误区”“运动损伤的预防与处理”“老年人体育与慢性病防治”“健康心理健康生活”等，经培训复核，71名学员获三级社会体育指导员证书。社会体育指导员作为群众性体育活动中从事技能传授、锻炼指导和组织管理的工作人员，下城区每年委托专业体育培训机构为其开展培训。至年末，全区有国家级社会体育指导员9人、省级社会体育指导员159人、市级社会体育指导员169人、区级社会体育指导员927人。 （陆　婷）

竞技体育

【概况】 2019年，下城区打造各类体育品牌赛事，申办和承办浙江省青少年足球冠军赛、浙江省青少年阳光体育赛、首届市直机关足球赛等赛事活动61场，参加比赛20多万人次。主办首届“武林杯”足球、羽毛球、乒乓球、击剑等体育赛事50场，全区147个单位近1万人次参加。组织参加省、市各类体育竞技赛事，获金牌11枚、银牌8枚、铜牌7枚。下城区作为第18届亚运会突出贡献县（市、区）获省体育局通报表扬。

【区“武林杯”系列赛事】 2019年3月30—31日，由区教育局、区文广旅体局主办，区青少年活动中心、杭州孙武剑道体育投资管理有限公司承办，杭州市朝晖实验小学协办的首届“武林杯”中小幼学生击剑比赛（第一站）在杭州孙武国际击剑中心举行。击剑比赛分男女花剑赛、重剑赛和佩剑个人赛，采用中国击剑协会审定的最新《击剑竞赛规则》，全区25所学校

2019年3月30—31日，下城区首届“武林杯”中小幼学生击剑比赛在杭州孙武国际击剑中心举行　　（区文广旅体局　供稿）

161名中小幼学生参加比赛。6月22日，下城区首届“武林杯”系列体育赛事在下城区体育中心开幕。赛事设羽毛球、乒乓球、足球、击剑、啦啦操等体育项目。区文广旅体局成立专业赛事组，按照公平、公正、公开的原则，组织参赛报名，制定比赛规程，进行分队抽签。其中足球比赛有机关组、企业组、社会组29支足球队参加。

【区中小幼学生棋类比赛】 2019年3月23—24日，下城区“天水杯”中小幼学生“三棋”比赛在杭州市天水小学举行。杭州市棋类协会副秘书长刘骁和象棋教练马天越到场为小棋手加油。比赛由区教育局、区文广旅体局主办，区青少年活动中心承办，杭州市天水小学、区智力运动推广中心协办，全区近500名学生报名参赛。比赛设国际象棋、中国象棋和围棋3个项目，采用积分制，按年级段分组比赛。其中，杭州市景成实验学校、杭州市春蕾中学、杭州市朝晖中学、杭州市长青小学、杭州市东园小学和杭州市三塘实验幼托园分别获围棋初中组团体、象棋初中组团体、国际象棋初中组团体、围棋小学组团体、象棋小学组团体和国际象棋小学组团体第一名。下城区有10名中小幼学生达到围棋业余5段水平。

【承办浙江省青少年足球冠军赛】 2019年4月18日，浙江省青少年足球冠军赛男子丙组赛在区体育中心举行。比赛由省体育局主办，区体育中心承办，采用8人制足球赛制，来自全省的180名球员参赛，参赛选手年龄在10～11岁之间。经过3天比赛，宁波市代表队、义乌市代表队、金华市代表队分别获冠军、亚军和季军。

【省市体育赛事取得好成绩】 2019年，下城区选送运动员参加第二届全国青年运动会，其中15岁游泳运动员费立纬获男子50米自由泳、男子400米自由泳、男子800米自由泳、男子1500米自由泳、男子4×100米自由泳接力、男子4×200米自由泳接力、男子4×100米混合泳接力、男女4×100米自由泳接力8个项目的金牌。下城区选派的运动员在杭州市中小学生击剑项目比赛中，获3枚金牌、8枚银牌、7枚铜牌的优异成绩，全市获得奖牌数排名第二位。参加杭州市第十三届健身气功比赛获3个项目冠军，并获团体总分第一名。参加杭州市老年人气排球比赛，男队排名第四、女队排名第五。　　（陆　婷）

27 卫生和健康

综　述

【卫生健康事业发展】 2019年，下城区有常住人口52.6万人，户籍人口423678人，育龄妇女92285人。全年出生婴儿2888人，无孕产妇死亡，婴儿死亡率2.3‰，5岁以下儿童死亡率3.0‰，国家免费孕前优生健康检查率97.3%，全区户籍人口出生性别比为106.5。辖区内有各级各类卫生医疗机构334个；卫生医疗床位13281张，平均每千人31.34张；平均每千人有执业医师13.67人、平均每千人有注册护士17.61人。全年实际占用床位7494床次，出院患者4.64万人次。社区卫生服务机构诊疗总数41.62万人次，比上年减少6.22万人次。

【卫生健康机构改革】 2019年1月19日，下城区卫生健康局挂牌成立。区卫生健康局贯彻落实国家卫生健康工作方针，统筹全区卫生健康服务事业，推进医药卫生体制改革，承接职能划转，做好疾病预防控制和卫生应急工作，协调应对人口老龄化，落实基层卫生健康工作和国家基本药物政策，推进中医药事业发展。强化公共卫生监督管理、医疗机构行业监督管理、计划生育管理。紧扣“更高水平建设健康下城”的目标任务，实施政府主导的多层次医疗联合体，推进家庭医生签约服务，组建服务团队84个，常住人口签约率31.0%，重点人群签约率81%。

【卫生行业廉政建设】 2019年1月9日，区卫生健康局召开“清廉医院”建设推进会，区委常委、纪委书记、监委主任沈国祥到会并讲话。结合“不忘初心、牢记使命”主题教育，组织70多名干部到廉政教育基地接受廉政警示教育。5—6月，区卫生健康局党委把做好巡察整改工作作为全面深化清廉卫生健康工作的切入点，年内完成整改问题42个，修改完善规章、制度、流程8项，清理不合理收费项目6项，清退违规资金50.91万元，1人被开除党籍和公职，2人受到党内警告处分。9月，开展新一轮反商业贿赂专项整治行动，根据整治发现的问题，约谈提醒机关科

2019年7月11日，杭州市下城区与恩施州巴东县健康协作基地成立

（区卫生健康局　供稿）

室和单位主要负责人18人，谈话提醒当事人1500人次，收缴违规所得19.2万元。

【医疗结对帮扶】 2019年，区卫生健康局按照区委、区政府统一部署和市卫生健康委有关要求，推进与贵州省黔东南州黎平县、湖北省恩施州巴东县、浙江省衢州江山市的医疗卫生服务协作工作。4月8—12日，区委书记刘颖带队赴巴东县、黎平县开展东西部扶贫协作工作，两地卫生健康部门签订对口帮扶协议。7月11日，区委组织部组织人员赴巴东县、黎平县开展工作交流，并参加巴东县信陵镇卫生院“东西部健康协作基地”揭牌仪式。全年派出42名医务人员赴巴东县、黎平县开展医疗救助，其中，3名高年资医生驻点帮扶一年半。帮扶人员接受门诊、急诊、会诊6166人次，完成手术204例，组织培训57次，推广新适宜技术（指易于在基层医疗机构推广应用的技术）32项，建立卫生健康工作制度规范21个，提升受援地区医疗服务水平。开展健康扶贫义诊31次，免费诊治贫困地区患者1401人次。下城区有关部门及社区卫生服务中心接收巴东县、黎平县33名业务骨干挂职锻炼。

（邵琴燕）

疾病预防与卫生应急

【概况】 2019年，区卫生健康局加强卫生应急准备工作，完善传染病应急处置体系，提升疾病监测和预防能力。全年规范处置突发公共卫生事件8起，其中，学校诺如病毒暴发疫情4起，登革热社区暴发疫情2起，学校腺病毒和水痘暴发疫情各1起，报告率、及时报告率、病因查明率均为100%。发现聚集性疫情24起，其中，流感疫情14起，水痘疫情8起，结核病疫情2起，均按要求规范处置。全区各级医疗机构报告法定传染病39834例，系统报告质量综合率100%。全年无甲类传染病疫情，乙类、丙类传染病17种12623例，报告发病率2399.8/10万人，比上年上升145.7%。传染病无死亡报告。区卫生健康局举办登革热蚊媒监测应急技能比武，会同江山市开展登革热卫生应急演练，联合区教育局在杭州市现代实验小学开展学校常见传染病突发公共卫生事件应急演练。

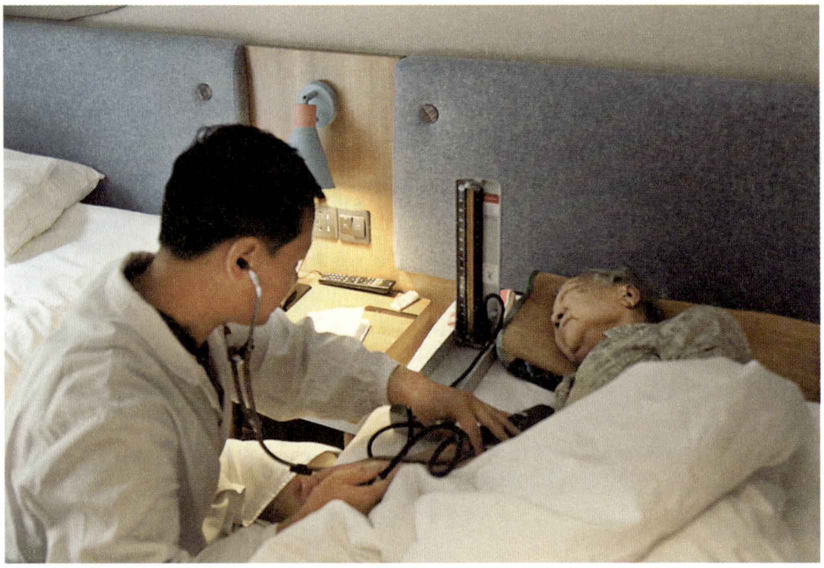

2019年8月28日，区卫生健康局组织长庆潮鸣街道社区卫生服务中心医生对建国北路路面塌陷事件安置点居民进行健康检查　（区卫生健康局　供稿）

【传染病监测】 2019年，区卫生健康局开展霍乱弧菌监测，检测肠道门诊腹泻初诊者10158人，检出毒力阴性的O139群菌株1例、毒力阴性的小川型菌株2例；开展运河水质等外环境监测399件，均为阴性。开展大肠杆菌O157:H7病例监测694例，检出非辖区阳性病例1例；开展手足口病病原学监测60例、菌痢儿童病例监测样本451例。全年采集105件食品进行霍乱、大肠杆菌O157:H7、菌痢、伤寒病原学监测，结果均为阴性。开展血吸虫病监测，查螺1.1万平方米，未发现钉螺；开展流动人群血吸虫病抗体监测422人，均为阴性。开展疟疾“三热”病人监测627例，未检出疟原虫。

【免疫规划督查】 2019年，区卫生健康局开展免疫规划专项督查。督查疫苗进出登记、冷链运输管理、接种流程等环节，规范预防接种工作。全年接种免疫规划疫苗5.74万剂次，非免疫规划疫苗25.06万剂次，免疫规划疫苗接种率95%以上。接收疑似预防接种异常反应报告134例，平均AEFI发生率43.51/10万人。经专家诊断为异常反应13例、偶合症5例、心因性反应1例，48小时内调查率100%，个案完整率100%。接收麻疹风疹疑似病例报告23例，设处理疫点25个，应急接种密切接触者279人。收到医疗单位AFP监测报表48份。9月10日，市卫生健康委和市市场监管局对下城区疫苗接种门诊进行抽查，肯定辖区疫苗安全管理工作。12月1日和21日，区卫生健康局分两批组织社区卫生服务中心、设立产房的医院和犬伤门诊的医院相关医护人员进行《中华人民共和国疫苗管理法》培训。12月21日，文晖街道社区卫生服务中心启用“浙江省疫苗和预防接种综合管理信息系统”，实现疫苗自出库到接种全流程可追溯。实施“四联疫苗安全性及异常反应分子流行病学研究”项目，累计观察四联疫苗661剂次。完成春节返乡儿童和外来务工人员子女“九苗”补种，补种常住儿童3099剂次、流动儿童2527剂次。

【登革热疫情防控】 2019年，区卫生健康局加强以登革热为重点的传染病防控工作。配合街道开展社区“楼道大清理、环境大整理、区域大改善”活动，做好“控制传染源（管病人）”和“切断传播途径（灭蚊子）”两项关键工作。规范开展蚊媒密度监测和病例监测，指导开展蚊媒消杀和滋生地清理。各街道和有关部门发动工作人员督查重点单位10230个次，发现并抄告问题2015个。区爱卫办督查组对辖区8个街道75个社区开展环境卫生整治和蚊媒滋生地专项督查，发现问题5820个，现场即查即改4145个。普及卫生健康知识，发放宣传折页5.7万张、宣传手册3600本，张贴宣传海报2300多张，举办登革热知识讲座45场。全区未发生登革热重症及思昂病例。

【结核病防治】 2019年，区卫生健康局开展常规HIV/TB联合筛查，为395名艾滋病病毒感染者和病人提供结核病免费筛查。持续开展结核病病人密切接触者免费筛查，发放免费筛查卡336张，接受筛查134人，未发现可疑患者。全年肺结核规范管理率95.2%，规范服药率92.8%，结核病规范管理率及规范服药率均合格。实施“中盖结核病三期项目”，全年登记活动性肺结核148例、结核性胸膜炎15例、肺外结核38例，活动性肺结核病例健康管理率100%。非定点医院报告疑似结核病人204人，其中25人主动转诊，社区医生追踪到位174人，追踪到位率97.6%，总转诊到位率100%。累计管理耐药结核病人29例，社区医务人员督导治疗、随访管理率100%。结核病防治动画短视频《别把咳嗽不当回事儿》获浙江省“泰茂杯”优秀结核病防治科普作品一等奖。

【艾滋病防治】 2019年，区卫生健康局围绕《中国遏制与防治艾滋病“十三五”行动计划》，坚持“政府主导、部门合作、全社会共同参与”的工作机制，按照“早期检测，早期治疗”的工作要求，依托VCT信息化门诊，开展重点人群艾滋病干预防治工作。全年检测孕产妇3937人，发现HIV阳性1例；检测重点人群13769人，检出阳性116例；社区组织快速检测21397人，发现HIV阳性78例，占全区阳性总数的37.3%。开展早期治疗工作，新纳入治疗42例，治疗率100%，30天内（从确诊到服药的时间间隔）治疗率97.6%。在管艾滋病病毒感染者和病人408人，HIV/AIDS随访率97.5%、CD4检测率95.7%，抗病毒治疗覆盖率93.9%，病毒载量检测率98.9%。全年累计发现艾滋病阳性209例，首次随访和流行病学调查率99.5%，调查上报及时率和完整率均100%。向艾滋病患者发放救助金2.7万元。

【慢性病防治】 2019年，区卫生健康局推进家庭医生签约服务和基本公共卫生服务工作，为有需求的签约居民提供优质、高效、便捷的健康管理服务。全年开出慢性病连续处方17.7万张，为慢性病患者免费送药1.8万人次，超过16万名居民自愿选择在基层医疗服务机构签约就诊。全年高血压患者登记人数46002人，管理人数45988人，规范管理人数32884人，规范管理率71.5%；控制人数31938人，控制率69.4%；高血压高危人群发现率2.2%，健康管理率2.1%。糖尿病患者登记人数13648人，管理人数13644人，规范管理人数9584人，规范管理率70.2%；控制人数8592人，控制率62.9%；糖尿病高危人群发现率2.1%，健康管理率2.2%。

【健康危害因素监测】 2019年，区卫生健康局建立常规监测与应急（质控）监测相结合的工作模式，完成食品污染物风险、病媒监测及食源性疾病事件处置、碘缺乏病防治、职业病报告管理审核等工作。制订《下城区蚊媒常规监测方案》，组织全区性蚊媒监测比武。根据全市食品安全风险监测方案，监测采集食品污染及食品中有害因素样本316件1017项次，检测合格率91.8%。指导医疗机构开展食源性疾病病例监测459例，食源性疾病病原学监测196例，沙门氏菌阳性15例；疑似食源性异常病例监测未发现阳性病例；调查食源性疾病事件12起。监测3个医疗机构消毒样品66件，合格率96.9%；监测10个托幼机构样品150件，合格率98.0%；监测养老机构和公共浴室各1个，合格率86.4%。监测公共场所室内空气、集中空调通风系统、公共用品用具样品107件161项次，合格率94.4%。监测生活饮用水管网末梢水样品120件2680项次，合格率100%，未发生生活饮用水污染事件。完成6个单位88人次放射工作人员个人剂量监测，送检率100%，未发现个人剂量超标情况。根据碘缺乏病防治监测方案，以文晖、朝晖、天水、石桥和东新5个街道为监测点，对220名8～10周岁学生和105名孕妇进行监测。学生家庭合格碘盐食用率91.8%，孕妇家庭合格碘盐食用率94.3%。职业病与职业卫生信息监测系统监测报卡319张。加强对有毒有害作业工人健康监护，监测用人单位72个，其中：岗前体检人数2662人次，发现禁忌证98例；在岗体检人数4222人次，发现疑似职业病1例，禁忌证2例；离岗体检人数274人次，未发现疑似职业病病例。

（邵琴燕）

公共卫生安全与监督

【概况】 2019年，区卫生健康局加强卫生健康执法监管工作，优化分类监管模式，合理配置监管资源，提高监管执法效率，保障人民群众健康权益。坚持"双随机、一公开"执法监管，开展各类重点专项检查及日常监督检查，强化事中事后监管。实施差异化监管，提升监管工作有效性和及时性。全年开展公共场所经营单位、医疗机构、大中小学校（含幼托机构）、病媒生物预防控制服务单位、健康体检机构、二级以上病原微生物安全实验室、消毒产品经营单位、放射卫生技术服务机构的公共卫生监督检查2485个次，实施行政处罚427件（结案件），罚款及没收违法所得125.9万元，受理并处理群众投诉举报180起。区卫生监督所在市卫生健康委、市总工会联合举办的全市卫生监督技能比武中，获团体第一名，成为首批11个省级规范化卫生监督执法机构之一。

【医疗机构监管】 2019年，区卫生监督所开展生殖健康服务、母婴保健技术服务、中医养生保健服务、儿童青少年近视矫正治疗等方面的专项整治，维护医疗服务市场秩序。细化依法执业检查项目，对全区41个一级以上医疗机构进行全覆盖检查，重点检查诊疗科目设置及人员配备、诊疗技术临床应用、病历书写、处方管理等，查处违规卫生计生人员9人，违法行为24件。查处案件中，警告11件，罚

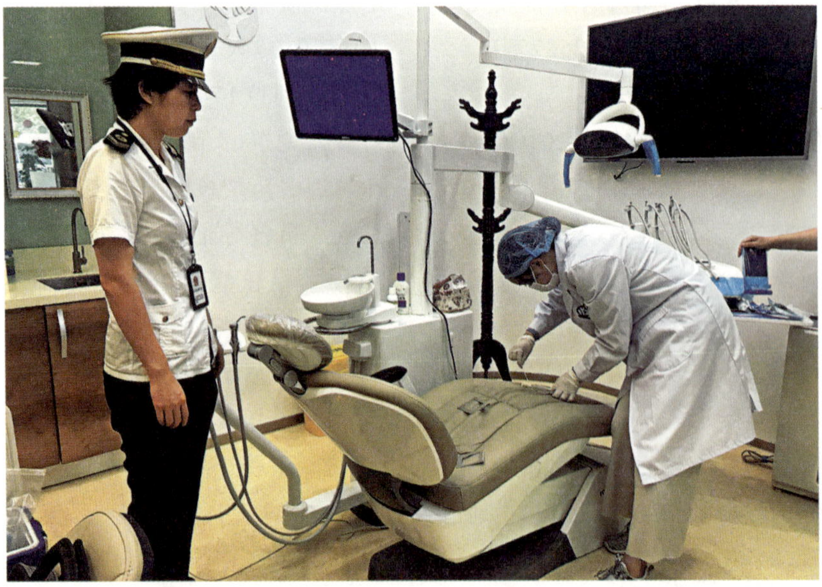

2019年6月5日，下城区卫生监督所执法人员对杭州雅正口腔门诊部开展传染病防治督查

（区卫生健康局 供稿）

款22件，罚款金额26.5万元。

【公共场所监管】2019年，区卫生健康局以公共场所为监督重点，对辖区游泳场所进行全覆盖检查，利用在线监控、在线监测等信息化手段，推进监督执法工作。8月，在超强台风“利奇马”过境后，区卫生健康局对露天场馆开展全覆盖专项检查，并检查住宿场所室内通风、客房总体环境和公共用品消毒情况，对8个病媒微生物防控工作不合格的场馆进行处罚，罚款9000元。采用“双随机”办法，排查美容美发场所存在的非法医疗美容行为，先后查处违法行为235起，罚款26.57万元。根据新出台的《杭州市公共场所控制吸烟条例》，加强公共场所控烟工作，处罚控烟工作不力的机构12个（含医疗机构），罚款19850元。

【非法行医打击】2019年，区卫生健康局处理涉及非法行医投诉36件，取缔非法行医窝点14个，处罚非法行医机构14个，罚款及没收违法所得19.05万元，没收医疗器械31件、药品4箱，价值39.8万元，1名涉及销售使用假药、劣药行医人员被移送公安机关处理。全年通过日常巡查和举报信息及大众点评等平台发现涉嫌非法行医线索20多条，均进行追踪调查。开展消费预警，将宣传普法工作引入大学校园，举办普法讲座，发放宣传折页。下城区打击非法行医工作被新华社报道，央视网、人民网等省内外200多家媒体转载文章《“美容整容贷”是个坑！》。（邵琴燕）

妇幼保健服务

【概况】2019年，下城区围绕保障母婴生命和健康的目标，强化妇幼保健规范服务，妥善做好母婴安全管理工作，全区孕产妇、儿童均实行常住地建册管理。开展妊娠风险防范、危急重症救治、质量安全提升、专科能力建设和便民惠民五大行动，加快危重孕产妇和新生儿会诊、转诊、技术指导等救治网络建设。全年全区常住人口新生儿活产数4595人，孕产妇早孕建册率98.4%，系统管理率98.0%，上门产后访视率91.7%，孕产妇签约服务率87.0%。辖区内0～6岁儿童30083人，健康管理率98.6%，0～3岁儿童签约率85.5%。检测孕产妇艾滋病、梅毒和乙肝4925人，检测率100%，未发现HIV抗体阳性孕产妇。对梅毒感染及乙肝携带孕产妇、新生儿均采取相应管理措施。

【3岁以下婴幼儿照护服务试点】2019年，下城区作为全国唯一的3岁以下婴幼儿照护服务示范创建区，受邀在全国托育服务现场推进会上介绍婴幼儿照护服务“552”工作模式。下城区制定出台5个政策文件，开展5种形式婴幼儿照护服务，搭建线上线下2个平台。挂牌成立浙江省第一个3岁以下婴幼儿照护服务发展中心，设立第一个师训基地和家长培训基地，颁发第一张托育机构民办非企业单位登记证，颁布第一套规范性文件，设立第一批14个照护示范点，推出第一个线上照护服务信息平台。全年新增婴幼儿托位500多个，婴幼儿健康管理率、家长科学育儿知识普及率显著上升。省委常委、市委书记周江勇，副省长成岳冲，副市长陈卫强，区委书记刘颖先后对婴幼儿照护服务工作做出批示。中国计划生育协会常务副会长王培安、省政府副秘书长蔡晓春、省卫生健康委主任张平、市政府副秘书长毛根洪、市卫生健康委副主任孙雍容分别到下城区调研。该项工作获评杭州市改革创新优秀实践案例，《中国人口报》《浙江日报》等主流媒体予以专题报道。

【出生人口素质提升】2019年，区卫生健康局加强妇幼保健工作规范化建设，对出生人口素质进行前置管理，杭州电子版《母子健康手册》覆盖全区所有基层医疗机构。6个社区服务中心设置“五星级妇幼保健门诊”。东新街道实施浙江省健康家庭建设工作，全区新增健康家庭100户，创建省、市健康单位6个，新申报健康单位30个。针对适龄夫妇开展优生优育宣传培训48次，参加活动2100多人次。会同区教育局开展“护苗行动”，针对不同年龄段儿童进行健康教育，举办托幼机构卫生管理工作与儿童保健知识讲座231场，医务人员进入幼儿园进行健康宣传等服务382次，惠及师生家长4200多人次。

【儿童发育监测与筛查】2019年，区卫生健康局加大新生儿出生缺陷防治力度，实施“重点人群、重

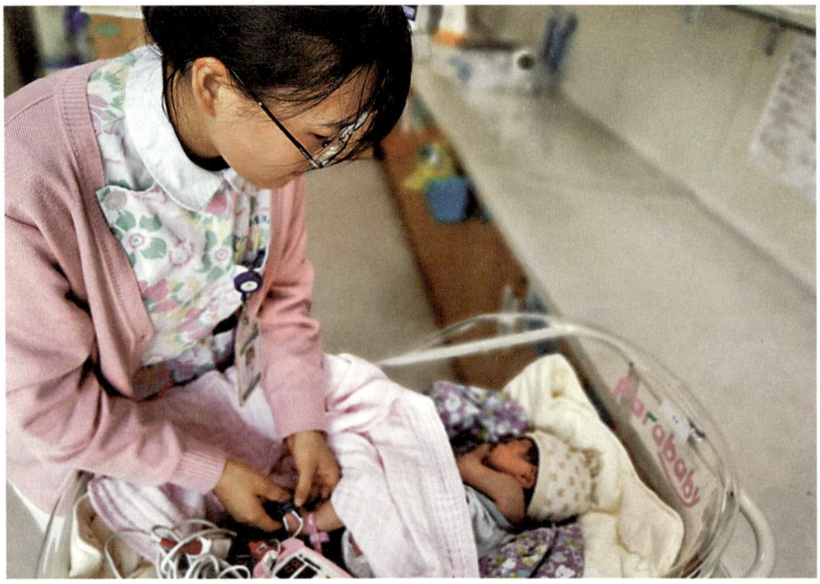

树兰（杭州）医院医护人员对新生儿进行先天性心脏病筛查

（区卫生健康局　供稿）

点宣传”策略，加快一站式婚育综合服务平台建设，开展孕产妇孕前免费优生检查，全年受检孕妇产前免费筛查8658人次，覆盖率91.7%。提升新生儿疾病筛查、听力筛查覆盖率，新增先天性心脏病筛查项目，通过健康教育、舆论引导、咨询指导、技术干预等手段，减少先天性心脏病患儿出生，降低新生患儿出生缺陷率。指导4个辖区助产机构对出生后6～72小时内的新生儿进行先天性心脏病双指标法筛查，各社区卫生服务中心对心脏病患儿开展家庭医生签约服务，并对高危儿童家庭进行医学指导和随访。全年目标筛查覆盖率90%以上，纳入当地管理的心脏病筛查阳性新生儿随访率100%。完成婴幼儿标准化发育筛查（DDST）9475人，其中早期干预306人。

【青春健康教育】 2019年，区卫生健康局联合区教育局开展“人口文化进校园”活动，在浙江工业大学和杭州开元商贸职业学校等大中学校推进青春健康教育工作。举办区级青春健康教育师资培训3次，获得区级师资资格33人。辖区中小学校开展青春健康培训16次，培训青少年和家长3046人次；杭州市朝晖中学青春健康俱乐部开展健康教育活动32场，参加中小学生758人次。该俱乐部被中国计划生育协会评为“青春健康教育示范基地”。

【生育关怀政策落实】 2019年，区卫生健康局以构建适应全面“两孩政策”的服务管理体系为重点，推进妇幼保健管理及计划生育服务转型升级，为辖区居民提供全方位全周期健康管理服务。落实各项生育关怀政策，完善计划生育特殊家庭扶助制度，加强对失独老人的医疗护理，新增符合计划生育特别扶助条件的对象95人，累计1212人，发放各类补助1237.57万元。投入34.42万元，为失独家庭购买年度计划生育保险，提高失独家庭抵御疾病和意外风险的能力。完善避孕药品药具发放点及自动发放机动态调整机制，全区设立药具发放点82个、自动发放机27台，全年发放避孕药具1.26万盒。

（邵琴燕）

爱国卫生与健康城区建设

【概况】 2019年，区爱卫办开展爱国卫生活动145次，印发宣传资料1.18万份，组织清除垃圾1122.1吨，消灭病媒滋生地1575处。其中以“共推‘厕所革命’、共促卫生健康”为主题的第31个爱国卫生月活动，张贴灭鼠通知4160份，投放鼠药5666千克，使用粘鼠板1369块，清除鼠迹824处。创新开展防蚊灭蚊检查考核工作，制定《防蚊灭蚊评分标准》，通过社区自查、区爱卫办现场随机抽查，检查街道组织保障及经费保障、环境卫生及消灭病媒滋生地情况，以街道为单位进行排名通报。做好区级卫生先进单位（社区）卫生工作复查确认，各街道爱卫办对辖区2015年前创建的243个区级爱国卫生单位（社区）进行复查，其中继续认定为区级卫生先进单位（社区）169个。推进健康促进单位建设，杭州市儿童医院、树兰（杭州）医院新申报市级健康促进医院，浙江奥通汽车有限公司、杭州中力机械设备有限公司、杭州中大银泰城购物中心有限公司新申报市级健康单位。全区拥有健康促进学校25所，其中，金牌学校

3所、银牌学校1所、铜牌学校21所。杭州市红十字会医院通过省级健康促进医院评审，杭州市德天实验小学通过省级健康促进学校金奖学校验收，杭州市朝晖中学、国家电网浙江省电力公司电力科学研究院通过杭州市健康单位验收。国家卫生健康委考察组到下城区考察企业智慧食堂建设工作，对辖区企业智慧食堂建设工作给予肯定。全面推进健康综合体建设，在杭州中大银泰城推广智能语音助手服务，开展全方位无死角禁烟提醒，配套修建健康游步道，设置健康自助吧，打造智能母婴室，投放AED自动体外除颤器，为职工设立免费早餐日，完善员工休息运动区功能。全年健康自助吧服务职工1万余人次，智能母婴室服务女职工2万余人次。中大银泰城实施健康自助吧项目在全国健康生活方式大会上做介绍。区卫生健康局以东新街道为试点，推进浙江省健康家庭建设，全区培育省级健康家庭40户，新增省级健康家庭100户。组织开展健康知识培训、茶道健康养生展示、健康营养午餐配制比赛等健康促进活动。推荐优秀健康家庭参加杭州市健康家庭评比。

【全国健康促进区创建】 2019年，下城区以全国第三名的成绩成功创建第三批全国健康促进区。下城区树立“大健康、大卫生、大服务、大共享”理念，以健康问题为导向，将健康融入公共服务政策体系，加强优质公共服务供给，推进健康促进亮点工程建设，提升居民健康获得感。区卫生健康局联合有关部门，开展机关、学校、企业、医院和社区调查，明确优先干预问题，实施健康干预行动。全年组织健康促进区创建活动巡讲720多场，受众2.5万人次。建立下城区健康科普教育基地、“两网两微”健康教育宣传阵地，定期向居民推送健康知识，引导居民主动关注健康。年末，全区居民健康素养水平提升至36.3%，提前完成“健康浙江行动”提出的预期目标。建立纵向到底、横向到边的健康教育网络，组建以150多名医务人员为核心的健康教育内网，以及覆盖全街道（社区）、医院、学校、企业、机关的健康教育外网，将健康教育融入日常工作和生活。

【健康生活方式普及】 2019年，区卫生健康局为居民普及健康素养基本知识和技能，组织大型宣传活动10次，各类宣传日活动116次，受益群众1.1万人次。发动居民参加第七届杭州市市民健康知识大赛，参赛3.7万人，参赛人数居全市主城区第二，占户籍人口比例居全市主城区第一。开展“百名专家百场健康巡讲”活动，由区首席健康讲师在全区开展“菜单式”巡讲，全年巡讲392场次，受众1.5万人次。利用微信平台每天更新最新健康信息及健康知识，根据季节特点发布防病信息，微信公众号累计发布健康促进信息1250多条。通过传统途径发放健康教育宣传资料14种15.5万份，其中自行编印资料9种12.1万份，对20个社区健康教育宣传栏内容进行不断更新。杭州市下城区市民健康生活馆通过互动支持性工具，结合多元化、高科技的健康主题元素，传播健康理念，传授健康养生知识，提升市民健康素养。全年市民健康生活馆接待居民1.3万人次、团队87批次，组织健康知识宣传170多场。12月20日，国家卫生健康委规划司负责人参观考察市民健

2019年8月28日，区卫生健康局代表杭州市在第八届中国健康生活方式大会暨首届减盐大会上介绍下城区健康综合体建设情况　（区卫生健康局　供稿）

康生活馆，对辖区健康生活普及工作表示肯定。成立控烟领导小组，建立联络员会议制度，制订控烟管理细则，开展无烟日宣传和控烟宣讲120多次，印制发放禁烟标识4万余份。（邵琴燕）

社区卫生

【概况】2019年，下城区社区卫生工作围绕“保基本、强基层、建机制”的要求，借助信息技术，做细做实家庭医生签约服务。以规范创新为导向，强化部门协同，加强重点人群服务，促进基本公共卫生服务提质增效。以“优质服务基层行”为主题，实施社区卫生服务机构提升改造项目，整合区域医疗联合体优势资源，提升基层医疗卫生服务水平。石桥街道社区卫生服务中心完成提升改造并投入使用，永丰、石桥两个社区卫生服务站完成迁建，十五家园、灯芯巷、塘北3个社区卫生服务站提升改造工程基本完成。“互联网+家庭医生签约服务”项目被评为国家基层卫生综合改革典型案例。长庆潮鸣街道社区卫生服务中心医师蒋天武获第二届“吴阶平全科医生奖”，文晖街道社区卫生服务中心医生崔蝶获“全科医学病例诊疗思维培训项目”全国总决赛二等奖，长庆潮鸣街道社区卫生服务中心秦刚家庭医生团队获评浙江省“优秀家庭医生团队”，朝晖街道社区卫生服务中心医生陈艳明获评浙江省“优秀家庭医生”。

【“优质服务基层行”活动】2019年，区卫生健康局根据《国家卫生健康委员会、国家中医药局关于开展“优质服务基层行”活动的通知》精神，以满足居民基本医疗卫生服务需求为目标，建立优质高效的医疗卫生服务体系，开展“优质服务基层行”活动。由社区卫生服务中心、区中医院、区疾病预防控制中心、区卫生监督所等相关单位专家组成的区级专家库，指导社区卫生服务中心开展“优质服务基层行”活动。组织社区卫生服务中心负责人参加杭州市“优质服务基层行”活动有关标准问题的业务培训，并完成自评申报工作。邀请两位国家级专家做“优质服务基层行”活动专题指标解读。朝晖、东新、石桥3个街道社区卫生服务中心接受市级复核评估，达到“优质服务基层行”活动的基本标准。组织专家开展重点指标区级评审，梳理反馈20大类205条反馈意见，并如期完成整改。天水武林街道社区卫生服务中心、长庆潮鸣街道社区卫生服务中心、文晖街道社区卫生服务中心获国家卫生健康委通报表扬。全区创建活动实现全覆盖，达到推荐标准的社区卫生服务中心数量居全省设区市城区首位。

【基本公共卫生服务项目管理】2019年，区卫生健康局加强基本公共卫生服务项目日常管理和制度建设，依法依规进行服务内容和经费标准调整。全年实施基本公共卫生服务项目213.7万个，支出项目经费4147.63万元，人均78元。其中，免费孕前优生优育检查和地方病、职业病、重大疾病监测及健康危险因素监测等项目资金488.5万元，人均9.2元。年内新划入的基本公共卫生服务项目，按原管理责任主体、实施主体、资金用途和服务模式进行资金管理。启用基层医疗机构财政补偿机制改革绩效评价系统，利用推送微信公众号、张贴宣传海报、发放宣传折页、提供义诊咨询等手段开展项目宣传，全年举办义诊活动165场，印发基本公共卫生项目宣传折页4万份，张贴宣传海报70套。辖区6个社区卫生服务中心276名医务人员参加全省基本公共卫生服务知识竞赛。开展高血压、糖尿病等慢性病基层防治知识培训。加强居民电子健康档案管理，老年人健康管理率67.5%，体检表完整率65.3%。对家庭医生签约服务与基本公共卫生服务项目重点指标进行双重考核，细化各成员单位及承担机构的评价方式、评价内容、评价标准和评价结果应用。

【分级诊疗体系建设】2019年，区卫生健康局加强家庭医生签约服务和区域医疗联合体建设，进一步完善分级诊疗体系。选派社区高级职称全科医生每星期固定在省人民医院驻点坐诊；根据辖区常见病、慢性病患者的需求，完善慢性病药品统一配备，用好市级医学影像资料库、心电图远程会诊系统、消毒供应中心、慢性病联合诊疗中心等资源。每个社区卫生服务中心开设6～9个不同慢性病联合门诊，一对一培养慢性病全

（专）科医生，全年举办培训活动768场，组织心电图影像疑难病例会诊5346例，利用PACS（影像归档和通信系统）调阅病例资料519例，转诊15.66万人次。医疗机构培养慢性病全（专）科医生39人、慢性病专科护士12人，安排进修医生29人，参加省市组织的学术活动191场。19位社区卫生服务中心医生参与市级医院查房。开展医院社区“大手拉小手”健康教育活动，举办慢性病相关防治知识专题讲座10次。

【“智慧医疗”建设】2019年，区卫生健康局推进区域卫生信息化系统建设，结合完善健康医疗数据统一归口和共享机制，创新“互联网+”健康管理服务方式，打造互联互通、资源共享的区域人口健康信息平台。推广应用健康监测系统，全年完成干部体检评估报告8000多份。实行“先看病后付费”模式，树兰（杭州）医院打造下城区首个“舒心就医”医疗机构。加强与杭州市“城市大脑”诊疗数据对接工作。开发“3岁以下婴幼儿照护服务”信息系统，年内该系统完成整体架构设计和数据整合对接，形成可监控的婴幼儿照护线上平台。开通和完善异地医保结算、自助机电子票据打印、慢性病长处方配药监控等功能，全年全区通过智慧医疗系统网上预约挂号9.8万人次、自助机挂号31.45万人次，诊间结算76.56万笔。

【家庭医生签约服务】2019年，区卫生健康局推进家庭医生签约服务扩面工作，举办签约服务宣传咨询活动9场，组织签约医生团队向签约居民述职74场；针对不同人群需求组建各类微信群109个，定期推送健康指导、医疗咨询短信53.1万条。全年家庭医生签约16.46万人，常住人口签约率31.0%。深化签约后健康管理、社区医疗、双向转诊、上门随访等服务，继续为慢性病患者提供连续处方服务和药品配送到家服务。全年建立家庭病床457张，开具慢性病连续处方18.7万张，配送到家2.1万人次，惠及3.7万名患者和家属，电话回访12.4万人次，社区就诊率60.7%，杭州市第三方抽查考核有效签约服务率90.8%，比上年上升7.5个百分点，满意率98.5%。完善老年人、困难人群、离休干部、残疾人和中小学生的签约健康管理，全年离休干部签约271人，残疾人签约5323人，为离休干部提供上门问诊、电话答疑及其他随访服务1300多次。

【精神（心理）卫生服务】2019年，区卫生健康局完善三级社会心理服务平台建设，提高心理卫生服务能力。针对不同人群开展分类培训、分类宣传，分发有关宣传资料1万余份，开展精神（心理）卫生咨询服务活动169场。全区新纳入社区管理的精神（心理）卫生患者246人，登记在册严重精神障碍患者2411人，检出率4.29‰。随访严重精神障碍患者2万人次，严重精神障碍患者管理率99.8%；规范管理2404人，规范管理率99.7%；服药率99.3%，规范服药率99.1%。为严重精神障碍患者提供免费体检服务386人，邀请杭州市第七人民医院精神科专家现场诊断复核精神障碍患者145人。为辖区有肇事肇祸倾向或弱监护、无监护的严重精神障碍患者提供免费长效针剂使用服务。

【养老服务】2019年，下城区有户籍老年人11.49万人，占户籍人口的

下城区文晖街道社区卫生服务中心全科医生为糖尿病患者讲解注射胰岛素方法

（区卫生健康局　供稿）

27.1%。其中：65岁以上老年人8.3万人，占户籍人口的19.6%；80岁以上老年人2.36万人，占老年人口的20.5%；失能、半失能老年人7701人，占老年人口的6.7%。辖区内有157个各类医疗机构为老年人开设专窗或就医绿色通道。全区有养老机构10个（含医养结合机构7个），开设有养老护理床位的医疗机构6个，有养老床位4538张，其中护理型床位占80%以上；3个未设置医疗机构的养老机构均与邻近的医疗卫生机构建立协作机制。3个社区卫生服务中心设置住院病区，主要收治需要康复护理的老年人。6个社区卫生服务中心与所在街道签订服务协议，对辖区内养老日间照料中心分类按需提供巡诊服务，惠及老年人2.3万人次。实施老年人健康管理和高血压、糖尿病管理等基本公共卫生服务项目，全年服务老年人约19万人次，老年人健康管理率67%以上。

【残疾人精准康复服务】 2019年，区卫生健康局以"康复在社区，服务进家庭"为目标，整合部门资源，融合家庭医生签约服务与残疾人社区精准康复服务，引入专业卫生服务团队和社会组织共同参与帮扶救助，打造"家庭一站式"残疾人社区精准康复服务模式，解决残疾人就医、康复、居家护理难题。根据重度肢体残疾人康复服务需求，组建41支由社区助残员、全科医生、中医康复医生、护士组成的医疗康复护理队伍，为辖区重度残疾人提供家庭医生签约、康复需求调查、精准康复评估等服务，全年签约残疾人5323人，比上年增加1610人，梳理精准康复档案496份。为长期卧床不起、行动不便的重度肢体残疾人，提供上门送医送药、心理疏导、日常生活适应性训练指导、防褥疮及翻身护理训练指导等服务。为有康复需求指征的重度肢体残疾人建立家庭病床，上门提供专业康复仪器治疗和中医康复服务。为行动不方便的残疾人提供上门健康体检服务，提高残疾人体检率。全年家庭医疗保健服务残疾人2093人次、家庭康复服务残疾人1627人次，完成残疾人健康体检626人。"家庭一站式"残疾人社区精准康复服务工作获副市长陈卫强批示肯定，被中国残疾人联合会评为年度典型案例。

【基本医疗惠民服务】 2019年，区卫生健康局贯彻落实下城区关于深化"春风常驻"提升困难群体生活品质的规定，加强困难人群医疗救助服务工作。联合区民政局将困难家庭纳入家庭医生签约"十免十减半"政策享受对象，签约家庭医生的市级最低生活保障家庭、最低生活保障边缘家庭（包含市级困难家庭、区级困难家庭）人员就诊时，享受一般诊疗费、门诊注射费、"三大常规"检查费、煎药服务费等10项费用免除和X线透视检查费、心电图检查费、B超检查费、住院床位费、护理费等10项费用减半的优惠政策，同时享受国家基本药物"零自负"的优惠政策。会同区民政局开展困难家庭签约服务宣传全覆盖工作，全区低保对象2348人，市民卡插卡签约困难人群1042人，低保对象中107人享受"十免十减半"政策，全年减免金额1.5万元，部分药物"零自负"减免7.6万元。

资料："十免十减半"政策

"十免"指免除一般诊疗费、门诊注射费、住院诊疗费、住院注射费、签约服务费、血常规检查费、尿常规检查费、大便常规检查费、血糖检查费、煎药费；"十减半"指减半急诊观察床位费、住院陪客费、X线透视费、心电图检查费、B超检查费、住院床位费、住院护理费、住院手术费、家庭病床费、出诊费收费。享受医保待遇的患者，医保结算后个人自负部分享受该优惠政策。（邵琴燕）

28 人力资源和社会保障

2020

综　述

【概况】 2019年，下城区实施就业援助精准服务计划，面向不同群体分类施策、精准帮扶。全区城镇新增就业3.07万人，实现失业人员再就业2929人，安置就业困难人员2829人；发放促进就业专项资金8974.5万元。落实困难企业社保费返还政策，累计拨付资金2964.58万元。深入开展对口帮扶劳务协作，召开劳务协作联席会议7次，举办扶贫专场招聘会2场，6个单位挂牌成为杭州市劳务输出基地，其中杭州市下城保安服务公司入选第二批全国就业扶贫基地。提升人才引育能力，加大中国杭州人力资源服务产业园“腾笼换鸟”和精准招商力度。开展部分事业单位工作人员公开招聘工作，分两批招聘119人，涉及110个工作岗位。加强医保定点机构监管，全年完成41个医保“两定”（医保定点医疗机构和医保定点药店）机构申请受理及实地考察。做好企业退休人员社会化管理服务，启动新一轮街道企业退休人员专项资金审计。举办“不忘初心跟党走·最美不过夕阳红”企业退休人员文艺会演。强化“无欠薪”六项制度落实，完善“无欠薪”各类长效机制，年内出动检查人员312人次，开展全面检查8次。推进街道劳动纠纷多元化解中心建设和兼职仲裁员队伍建设，全区劳动争议仲裁案件结案率95.4%，调解率73.9%。推进特殊工时制清单式审批，完成上年度企业薪酬调查。深化“最多跑一次”改革，全区人力社保系统149个事项全部实现“网上办”“掌上办”“跑零次”。配合做好全区机构改革工作，向有关部门移交公务员管理、外国专家管理等工作，协助涉改单位完成养老保险业务衔接。区社会劳动保险委员会办公室滕伊凡被评为省人力社保系统窗口单位业务技能练兵比武竞赛优秀选手，区仲裁院杨燕琪获省劳动人事争议仲裁员业务技能竞赛二等奖。

2019年10月23日，下城区举办长三角区域国家级人力资源服务产业园（杭州）座谈会

（区人力社保局　供稿）

【社会保障水平提升】 2019年，下城区社会保险参保人数稳中有升，全区职工基本养老保险参保人数30.88万人。加大社保基金、医保基金监管力度，完善违规领取养老金追回机制，全年追回违规发放养老金86.58万元。加强医保定点机构监管，完成41个医保“两定”机构申请受理及实地考察。做好企业退休人员社会化管理服务，推进活动费使用（文娱健身活动费每人每年80元、自管小组活动费每人每年50元）改革试点。启动新一轮街道企业退休人员专项资金审计，提高企业退休人员专项资金管理使用规范化程度。

【劳动关系和谐稳定】 2019年，区人力社保局强化“无欠薪”六项制度落实，完善“无欠薪”各类长效机制，保障劳动者合法权益，维护劳动关系和谐稳定。全年下城区劳动保障监察大队处置各类劳动纠纷、投诉举报、警情联动案件3280件，完成企业书面审查8181家，下城区创建成为浙江省2018—2019年度“无欠薪区”，区人力社保局被市政府办公厅授予2018年度“杭州无欠薪”行动成绩突出单位称号。全年区劳动人事争议仲裁院受理案件1866件，结案1845件，其中，以调解及撤诉方式结案1359件，结案率98.9%，调解率73.7%。

【社保服务“最多跑一次”】 2019年，区人力社保局深化“最多跑一次”改革，全区人力社保领域系统149个事项100%实现“网上办”“掌上办”“零跑次”，147个事项实现“即到即办”，61个事项凭身份证“一证通办”。推进“社银合作”工作，29项社保业务可在辖区3个杭州联合银行网点受理。依托“可信身份认证”技术，人才服务事项率先推出“刷脸办”。推进基层社会治理体系和治理能力现代化试点，30项行政处罚事项下放至街道办理。

【人才引育工作】 2019年，中国杭州人力资源服务产业园引进人力资源机构24个，其中包括国际高端猎头公司斯坦顿大通国际咨询公司和HI全球高管咨询顾问公司。产业园累计集聚各类机构142个。出台下城区高层次人才分类认定办法及补充目录，新认定杭州市高层次人才213人，审核发放高层次应届毕业生生活补贴8370万元。举办“智汇武林·筑梦启杭”中国杭州国际人力资源峰会、“同心向未来，协力谋发展”浙台合作周·人力资源交流与产业合作论坛、长三角区域国家级人力资源服务产业园（杭州）座谈会等活动。中国杭州人力资源服务产业园获评“中国人力资源服务产业园最佳公共服务园区”。首次在杭州国际人才交流与项目合作大会主会场举办大学生创新创业“加油站”活动，采用“政府服务+市场服务”相结合模式，为2.1万名创新创业大学生提供专业人力资源服务。

【下城区十佳“杰出人才”十佳“伯乐企业”评选】 2019年10月，下城区开展十佳“杰出人才”和十佳“伯乐企业”评选活动，旨在深入实施“人才强区”战略，营造更浓厚的爱才敬才、求才育才氛围。通过单位及主管部门推荐、区委人才办审核，下城区评出陈军等10名“杰出人才”、浙江中智经济技术服务有限公司等10家“伯乐企业”，并在全区人才工作大会上进行命名和表彰。年内，下城区对十佳“杰出人才”爱岗敬业事迹及十佳“伯乐企业”聚才用才做法进行集中展示宣传。十佳“杰出人才”为陈军、方飞来、罗国良、张悦、周

2019年10月28日，下城区召开全区人才工作大会　（区人力社保局　供稿）

维平、王小军、赵建荣、陈晓东、郑杰、朱致挺；十佳“伯乐企业”为浙江中智经济技术服务有限公司、杭州千汇人力资源开发有限公司、杭州爱才人力资源有限公司、浙江省商务人力资源交流服务中心有限公司、杭州江南人才服务有限公司、杭州钱江人才开发有限公司、杭州易才人力资源管理有限公司、杭州汇智东方人力资源有限公司、杭州优才企业管理咨询有限公司、浙江嫛护人力资源有限公司。

（陈　曦）

2019年7月24日，杭州人力资源产业园企业员工参加国际礼仪培训讲座

（区人力社保局　供稿）

人才开发

【概况】 2019年，下城区先后出台《下城区人才分类认定办法》、《关于聚焦下城高质量发展打造人才生态一流城区的实施意见》（“人才生态黄金30条”）。启动新一轮“513武林英才”培养引进计划，确定海外高层次人才资助项目6个，并促成项目落地。做好区“258”人才选拔培养、博士后科研工作站建设、职称认定及专业技术人员管理工作。做好市“521”引才计划申报，全年申报市“521”引才计划3人，其中1人入选市“521”引才计划创新人才。核拨“513武林英才”安家补助费17.5万元。依托“创客天下”海外高层次人才创新创业大赛及杭州国际人才交流与项目合作大会等重点引才平台，对接洽谈50多个海外项目，50%以上项目初步达成入驻意向。

【人才政策完善】 2019年，区人力社保局做好市高层次人才分类认定工作，新引进E类以上人才209人，其中B类人才（国家领军人才）4人。开展下城区领军人才（XL类）、高级人才（XG类）分类认定。区领军人才包括区“513武林英才”、区“518武林英杰”支持类人才及培养期内区“258”第一层次人才、规模以上国家级高新技术企业主要负责人等15类人才；区高级人才包括区级优秀技能大师工作室领衔人，培养期内区“258”第二、三层次人才，“下城工匠”等17类人才。出台区“518武林英杰”、区海外人才联络站和人才使者管理办法、区高层次人才疗休养办法、海外高层次人才创新创业大赛项目落地资助办法、高层次人才引进补助办法等“人才生态黄金30条”配套细则，为各类人才到下城创新创业提供政策保障。

【人才培养】 2019年，下城区开展区“258”人才选拔培养工作。组织区“258”人才到临安进行知识更新培训。全年下城区培养的人才获市级以上奖励150多项，获发明专利80多项，承担市级以上课题70多项，发表论文200多篇，直接成果转化为新增产值超过10亿元，累计实现利润2亿余元。做好博士后培养工作，全区有博士后科研工作站6个，其中，国家级和省级各3个，新招收进站博士后18人，有5名博士后完成科研课题出站。

【专业技术人员管理】 2019年，下城区初（认）定初级职称6批659人，初定中级职称8批61人。审核上报评审中级职称577人、高级及以上职称206人。审核实行居住证积分管理的专业技术人员职称70人。区属759家企事业单位通过“杭州市专业技术人员学习新干线”学习平台开通手续，注册专业技术人员1.24万人，审核学分申报和学历教育抵学分1510项。

（谢莹华）

人事管理

【概况】 2019年，下城区61个事业单位面向全市公开招聘工作人员，报名1.3万人，参加考试9484人，录用394人。其中，教育系统录用214人，卫生系统录用50人，录用高层次人才11人，其他事业单位录用119人。12名随军家属纳入编制安置，17名区党政储备人才、5名优秀社区党组织书记纳入事业编制管理。表彰通报区十佳“杰出人才”和“伯乐企业”、2018年度完成区和谐社区建设示范社区命名和社区和谐指数评估的社区。将“党建引领小区治理工作”等16个项目列入年度行政奖励计划。办理事业单位人事商调208人次。区人力社保局梳理整合七类24项网上办事内容，实现“最多跑一次”。加强国家工作人员因私出国（境）管理，全年事业单位工作人员因私出国（境）备案157人。

【机关事业单位工资福利管理】 2019年，区人力社保局根据上年度机关事业单位工作人员年度考核结果，开展机关事业单位工作人员工资晋升工作，全区有4812名事业单位工作人员正常晋升薪级工资。落实394名新入编事业单位工作人员连续工龄认定和工资套算复核备案工作。完成28名军转干部工资套改，其中团职干部4人、营以下干部23人、退役士兵1名。制订上年度年终一次性奖金、个人考核奖、平安创建奖等奖金发放方案，并落实发放工作。完成机关事业单位工作人员住房公积金存缴基数调整。

【退休干部服务管理】 2019年，下城区有关部门按照新标准为全区机关事业单位离退休人员发放退休活动费，涉及全区机关事业单位离退休人员5270人。组织区管中层干部、改制事业单位退休干部及全区行政退休干部参加“喜看杭州新面貌”活动，参加参观活动1432人次。按期组织11名团职军转退休干部年度健康体检。

（陈　曦）

人才服务

【概况】 2019年，区人力社保局构建全方位多层次人才服务体系，深化大学生创业就业服务，落实应届全日制本科以上学历毕业生生活补贴等各项政策，营造良好创新创业环境。做好流动人员人事档案管理、大学毕业生就业手续办理、人才公寓日常管理等工作。全年全区管理在册人事档案1.16万份，提供查借（阅）档案、协助办理集体户口挂靠等服务4000多人次。接收流动人员人事档案3000份，办理人事档案转出560多份、毕业生就业手续1204份。扶持大学生就业创业，举办大学生创新创业“加油站”活动，推出“政府服务+市场服务”相结合模式。落实杭州人才新政，审核拨付应届全日制本科以上学历毕业生生活补贴8372万元，惠及毕业生6283人；审核拨付17个大学生创业项目无偿资助区级配套资金35.5万元、15家大学生创业企业租房补贴40.3万元；审核发放1名杭州市钱江特聘专家津贴、14名博士后一次性科研补助共75万元。

【人才公寓管理】 2019年，区人力社保局加强人才公寓管理，全年为区属1913个单位人才办理租赁、续租及退租申请，签订合同3488份。对入住人才公寓人员及

2019年11月9日，下城区举办大学生创新创业“加油站”活动

（区人力社保局　供稿）

相关企业进行期中审查，严防出现转让、转租、入住人员与登记不符等情况。年内，入户核查884户，查处企业注册地址发生变化10户、转租转让等违规行为为4起。对注册地址发生变化的企业和有违规转租行为的当事人，强制清退其入住的公寓。

【大学生创新创业“加油站”活动】 2019年11月9日，下城区举办大学生创新创业“加油站”活动。该活动是杭州国际人才交流与项目合作大会主会场活动之一，由市委组织部（人才办）、市人力社保局、下城区委、区政府主办，以“汇聚人才优势·共圆青春梦想”为主题，为参加长三角高层次人才招聘会应聘者提供配套服务，参加活动2.1万人。活动设置政策咨询、面试辅导、职业测评、职业规划、视频播放5个区域，采用“政府服务+市场服务”相结合模式。活动主办方邀请市人力社保局、市住保房管局、市公安局、市科技局、市市场监管局、杭州银行6个单位在政策咨询区为大学生提供创业就业、住房保障、个人落户、企业注册、金融服务等政策咨询服务。主办方从报名单位中选取12个人力资源公司，在面试辅导、职业测评和职业规划区为求职者提供专业的人力资源服务。（谢莹华）

就业创业

【概况】 2019年，下城区实施积极就业政策，全区就业形势总体稳定。全年新增就业3.07万人，失业人员实现再就业2929人，其中就业困难人员再就业2829人。审核发放失业保险1.7万人次、2757.5万元；新认定就业困难人员836人，审核发放低保家庭和低保边缘家庭失业人员一次性临时生活补贴177人次、110.5万元；审核发放市、区促进就业资金8974.6万元，惠及就业对象2.2万人次；审核发放稳定就业和稳定岗位补贴2226.28万元，涉及企业555家，惠及职工7.6万人次；审核发放技能提升补贴771.85万元，惠及职工4176人次。发放创业担保贷款64笔，金额3120万元；贴息贷款39笔，金额95.07万元；发放创业园员工租房补贴20.06万元。下城区提升失业人员及创业人员就业创业能力，开展失业人员职业技能培训、创业人员创业培训和高技能人才培养，参加培训培养1136人。全年发布5634个单位就业岗位信息，涉及岗位2.23万个，参加求职登记5955人。举办各类招聘会73场，进场招聘单位912个，提供就业岗位3583个，参加招聘1.7万人次，达成就业意向2202人。推进“最多跑一次”改革，实现企业员工招聘、失业人员社保转移、职工失业受理线上线下联办服务，“一证通办”率、即办率、网办率均达100%。一体化平台34项就业业务审核受理时限从5～30个工作日全部实现当日办结。

2019年8月29日，下城区为对口帮扶巴东县举办育婴员培训班

（区人力社保局　供稿）

【“智汇下城·技兴武林”系列活动】 2019年3—12月，下城区开展“智汇下城·技兴武林”系列活动，落实国家职业技能提升行动计划，推进辖区职工技能人才队伍建设。系列活动包括认定下城区技能大师工作室，开展技能“大比武”活动，实施“百千万”高技能人才培养工程等。全年新认定区级技能大师工作室4个，累计12个，工作室发挥技能工匠带头示范作用。技能“大比武”活动期间，开展西式烹调师职业技能

竞赛，报名参赛477人，取得高级职业资格证书463人。与兄弟城区联合举办智能楼宇管理师、制冷设备维修工、中式烹调师、茶艺师、育婴师、汽车维修工等工种的市级职业技能大赛7场，全面提升技能人才职业素质。下城区以实施"百千万"高技能领军人才培养工程为契机，选拔区级优秀高技能人才20人，为市级高技能人才选拔提供储备。

【东西部劳务协作】2019年，下城区深入推进东西部扶贫协作和对口支援工作，组织辖区企业赴贵州黎平县、湖北巴东县开展两地劳务协作，与两地人力社保部门召开联席会议6次，认定劳务输出基地6个，采取购买服务的方式推进两地劳务输入，协助两地创业人员在下城区注册劳务服务企业，形成"劳务公司+村集体+贫困户"三方联动就业扶贫新模式。组织28名巴东县建档立卡人员开展母婴护理职业技能培训，帮助部分巴东县建档立卡人员在杭州实现就业。全年帮助两地完成职业技能培训考核651人，建档立卡人员实现就业60人。根据安徽黄山市融杭发展要求，下城区与黄山市人力社保部门签订合作共建协议，组织辖区7家家政服务企业到黄山市歙县开展现场招聘，协助安排黄山市"SYB创业培训班"32名创业学员到杭州培训学习。

【就业社区建设】2019年，区人力社保局结合就业援助服务专项活动，举办"春风行动专场招聘会"、"红五月·大型公益就业援助招聘会"、就业援助"私人定制服务月"、重点对象公益周、未就业大学生走进校园招聘会、就业困难人员走进产业园入职体验等活动，完成省市区三级高质量就业社区创建工作。其中，王马社区、竹竿巷社区、体东社区、华联社区4个社区获评省级高质量就业社区，延安新村社区、竹竿巷社区、王马社区等8个社区获评市级高质量就业社区，延安新村社区、灯芯巷社区、仓桥社区等25个社区获评区级高质量就业社区。年内，区人力社保局完成全区劳动年龄段人口人力资源调查，调查对象32万人。

（陈　曦）

社会保险

【概况】2019年，下城区加强社会保险工作，不断扩大五项社会保险覆盖面，实现各类人员社会保险应保尽保。全区养老保险参保30.88万人，比上年增加1.65万人，增长5.6%；工伤保险参保31.84万人，增加1.83万人，增长6.1%。推进机关事业单位养老保险制度改革，涉及机关事业单位274个，在职人员7141人，退休人员5344人。开展统一医疗保险代申报工作，完成全区6900多名在职人员代报数据申报和28笔军人转移接续业务受理。

【医保改革深化】2019年，下城区围绕全民参保扩面，深化医保改革。依托街道劳动保障体系，开展全民参保调查登记，全区户籍人口参保率99.2%，完成年度考核目标。全年医保窗口办理证历本换发3916件，城乡居民参保续保3056件，医疗费用报销1.05万件，出具参保凭证联系函5113件，审核医保关系转出4089件、转入1696件，各类医疗管理备案1481件，审核发放医疗困难救助金47人次18.73万元。7月1日起，下城区设立生育保险险种，累计审核办理生育待遇结算4545人次。9月1日起，居民医保缴纳工作移交到税务系统，区级医保经办机构不再征收医疗保险费。

【社保民生服务】2019年，区人力社保局发挥社保政策在精准扶贫中的作用，带动辖区8个街道75个社区做好困难家庭等持证人员的证件登记，全年为1107人办理持证人员信息登记，帮助58名家庭贫困人员享受城乡居民养老保险待遇，并补全3561人的社保历史记录，挽回982人因个人原因造成的基金损失。完成9124人养老保险异地转移接续，核对解决739个单位社保数据问题，避免产生缴纳滞纳金问题。发放3390位到龄退休人员的养老金。

【社保基金管理】2019年，下城区严格执行社保基金大额审批制度，最大限度降低基金运行风险。配备专职内控岗位人员，定期开展内控检查，及时纠正存在问题。合理配置岗位人员，化解一人多岗、混岗等情况。加强特定人员资格审核、社会保险关系转移、待遇发放、费率核定等高风险环节的风险防控。颗粒化梳理各类社保办事事项和经办流程，细化受理、流转、经办、审核、反馈等环节。全年核定新增退休人员待遇3390人；补充档案记录758人；清退重复缴费和迟办缴费1075人；接续转出养老基金转移5659人、转入3465人；核定发放工伤保险待遇789人。

【企业职工退休“一件事”联办】2019年9月，下城区实行企业职工退休“一件事”联办办法，对退休职工纸质档案进行电子化处理。全年实现纸质档案电子化挂接10.79万份。简化办事流程，将涉及退管、社保、医保、公积金等部门24个子项工作，集成在一个窗口、一张表格、一个系统办理，实现各部门数据互通共享。梳理整合人力社保、住房公积金管理和医保等部门相关联的12个办事事项，实现企业职工退休“一件事”联办，构建“一次申请、一窗收件、一站服务、一体反馈”的全流程“最多跑一次”联办服务模式。年内，需要分别提交的40份材料通过数据共享压缩至16份，将《基本养老保险待遇资格确认表》《新增退休人员申请表》《退休高级职称人员增加养老金资格确认表》等10份表格整合为《企业职工退休“一件事”联办申请表》和《参保人员基本养老保险视同缴费年限核定表》，并在30个工作日内完成办结。

【企业退休人员社会化管理】2019年，下城区企业退休人员服务中心

2019年9月18日，区劳动保障监察大队工作人员检查“鲜生友请”生活超市门店员工工资支付情况
（区人力社保局　供稿）

实行社会化管理服务的企业退休人员10.43万人，其中区本级企业退休10.02万人、外地回杭纳入社会化管理的退休人员979人、省部属企业退休1467人、铁路系统退休1611人。推进标准化、规范化、精细化服务，让退休人员“老有所养、老有所乐、老有所为”。全年发放节日慰问费2.88亿元，惠及企业退休人员31.87万人次；发放困难帮扶及补助597.2万元，受惠7831人次；探望大病住院退休人员2.13万人次，发放慰问金211.21万元；协助办理去世退休人员后事2383人，发放有关费用44.62万元。组织参加文娱健身活动9.29万人次，支出活动经费1165.86万元。

（陈　曦）

和谐劳动关系构建

【概况】2019年，下城区以“根治欠薪”为工作主线，以工程建设项目和劳动密集型企业为重点监察对象，组织开展劳动关系和谐企业园区创建活动。全年涌现劳动关系和谐企业、园区2家。区劳动人事争议仲裁院学习推广“枫桥经验”，推进劳动纠纷就近就地化解，维护下城区和谐劳动关系稳定。区劳动保障监察大队加强对“无欠薪”六项制度贯彻落实情况检查，建立多元欠薪重大事件应急处置机制。年内，下城区通过浙江省2018—2019年度“无欠薪”县（市、区）建设考核。

【劳动保障监察】2019年，区劳动保障监察大队以保障劳动者合法权益为工作重心，24小时畅通劳动者投诉举报渠道，建立案件分类处置机制，提高案件处置效率。全年立案处置劳动监察案件111件，行政处罚处理案件7件，基层协调劳动纠纷769件；受理“12345”信访件1148件，处理“110”联动警情1252件。通过日常巡查、专项检查、书面审查等方式，对企业

2019年3月15日，区人力社保局在流水东苑社区开展"走亲连心三服务"活动

（区人力社保局　供稿）

用工管理情况进行动态监管，预防和减少劳动保障违法案件发生。全年书面审查用人单位8181个，日常巡查单位494个，开展"根治欠薪"等专项检查5次，检查用人单位292个。

【劳动保障"双随机"抽查】 2019年，区人力社保局落实执法"双随机"抽查制度，强化重大违法行为公布、严重失信联动惩戒等工作，促进劳动关系和谐。全年参与行政复议案件6件、行政诉讼案件一审6件，二审2件，无撤销案件；完成特殊工时审批264件，其中综合计算工时工作制审批189件，不定时工作制审批75件。完成外商投资企业特殊工时审批4件，劳务派遣经营许可46件，延续许可23件，变更许可29件，注销许可1件。未成年人用工备案8件。工伤认定961件。长庆街道开展省综合执法改革试点，有序下放劳动保障行政执法权，基层劳动保障监察执法力度加大。

【仲裁工作机制创新】 2019年，区劳动人事争议仲裁委（简称区仲裁委）坚持"调解优先、快立快审、依法依规、公正有效"的方针，创新仲裁工作机制，提升仲裁办案效能。全年受理案件1866件，结案1845件，结案率95%，平均结案时间25天。其中以调解及撤诉方式结案1359件，调解率73.7%。区仲裁委创建具有下城特色的案前调解机制，利用现有人员，选定重点案件，实现先调解、后立案，全年通过案前调解机制调解案件565件。全区8个街道均建立以调解、监察、仲裁"三位一体"为基础、多方力量参与的"1+X"劳动纠纷多元化解模式，年内通过该模式调解案件899件，实现劳动纠纷"一窗受理、联动处置、一站式化解"，全区初步形成"大调解"体系，将矛盾纠纷化解在基层。

（陈　曦）

29 社会生活

社会事务管理

【概况】 2019年，区民政局以保障改善民生、加强社会治理、优化公共服务为工作着力点，推进民政事业可持续发展。编实困难群众生活保障网。全区8个街道救助服务中心实行社会救助“一站式”办理，全年为各类低保人员发放低保金1986.35万元。全区社区治理和服务创新体制、机制进一步完善。年末，辖区有依法登记的社会组织489个，其中，社会团体120个，民办非企业单位365个，非公募基金会4个。

【婚姻和收养登记】 2019年，下城区开展免费颁证服务，实行结婚、离婚登记免收工本费。开通婚姻登记全市通办和周末婚姻登记通道，全年依法办理内地居民结婚登记3765对，办理内地居民离婚登记1362对，补办婚姻登记证件669对，婚姻登记合格率100%。开通“婚育一件事”便民服务。为符合条件的家庭办理收养登记，首次解除收养关系1例。

下城区民政局婚姻登记处大厅　　（区民政局　供稿）

【殡葬服务管理】 2019年，下城区加强殡葬服务管理，开展骨灰堂安全专项检查和违法违规私建“住宅式”墓地等突出问题专项摸排工作，规范骨灰堂管理。做好惠民殡葬服务工作，发放殡葬改革宣传手册4000份，配合25名逝者家属参加骨灰撒江活动，协调46名居民参加杭州市不留骨灰的生态安葬活动，发放基本服务费用81.85万元。全年全区群众清明祭扫活动文明有序。

【区划地名服务模式创新】 2019年，区民政局创新区划地名“线上咨询、线下受理”服务模式，实现区划地名办理“零跑次”，全年办结区划地名事项1434件，一次办结率达100%。制订《下城区进一步清理不规范地名工作实施方案》，联合14个部门进行梳理整治地名99处。全年完成178处历史遗存房屋门牌审定，命名申报地名7处；核发门牌证、地名证明1434

件；制作设置各种门（幢）牌标志1875块。（李道法）

社区建设

【概况】 2019年末，下城区有社区75个、社区工作者909人，社工平均年龄39岁。社工中，党员573人，占社工总数的63.0%；男性275人，占30.3%；大专及以上学历人数878人，占96.6%；取得助理社会工作师及以上职称的605人，占66.6%，其中具有社会工作师资格的346人。继续深化创建街道管理和服务创新实验区，提升基层治理水平。

【全国街道服务管理创新实验区创建】 2019年1月8日，下城区召开创建全国街道服务管理创新实验区动员暨和谐社区建设表彰大会，推进各街道以服务管理创新实验区建设为抓手，提升基层治理水平。下城区从突破信息壁垒搭平台、再造工作流程建标准、拓宽智慧应用强服务入手，全面开展实验区建设各项工作。系统梳理区、街道、社区三级行政审批和公共服务职能，梳理街道可受理行政审批和公共服务事项132项，其中由街道直接办结的39项。规范街道、社区两级便民服务中心建设，全面推行一窗综合受理，实现街道“即办即结”审批事项最大化和社区“即来即收”收件事项最大化。推进基层治理“四平台”、“城市大脑”、“云上”城管、智慧社区等系统功能融合，在天水、长庆等街道试点规范事项办理的线上流程。梳理民政、城管、审管、税务、环保、残联等多条线数据，启动街道政务信息云大脑数据库建设。潮鸣街道先行试点，深化“数字潮鸣”平台功能研发，通过数据资源整合，提升服务管理效能。东新街道开展民生保障服务系统设计。深化“1Call移动办”极简政务服务模式，引入智能政务服务工作台，打造24小时不打烊的“机器前台”。长庆、潮鸣街道增设24小时智能工作台、24小时自助服务终端，开通网上便民服务平台，开发微信公众号，发挥数据协同效应。

2019年10月20日，民政部部长黄树贤（左四）一行实地考察潮鸣街道社会治理综合服务中心（区民政局 供稿）

【社区治理和服务创新】 2019年，下城区创新社区评价体系，全面推进社区创新活力指数评估工作。通过第三方测评和集中评审相结合的方式，评选出首批10个创新活力示范社区。出台关于进一步完善居民自治工作机制的实施办法，推进居民自治工作。深化“四会”制度，完善社区协商机制，规范居民自治服务项目申报流程，对社区“五议两公开”（“五议”指党组织提议、“两委”班子商议、社区居务监督委员会合议、党员大会审议、居民代表决议；“两公开”指决议公开、实施公开）民主决策流程进行规范。文晖街道社区一家居民自治项目入选市级微自治试点。王马社区工作法在全省推广，并在全国第二届社区论坛上做发言交流。鼓励社区工作创新，征集下城区社区治理典型案例和居民自治工作法，总结辖区提升社区治理水平的经验做法。下城区作为全省城乡社区治理“码上办”试点单位，着力推进“码上服务”“码上协商”“码上监督”工作。

【社工队伍建设】 2019年，下城区出台《关于进一步加强专职社区工作者队伍建设的实施意见》，提出进一步规范社区工作者选任聘用、教育培训、日常管理和关心关爱4个方面10项具体举措。7月

2日，区民政局、区财政局、区人力社保局制订《下城区关于落实专职社区工作者工资福利待遇实施细则（试行）》，落实专职社区工作者薪酬套改工作。组织社区副职干部和后备干部培训，聘请从事社会工作专业教育与实务研究的专家，为全区参加全国社会工作职业水平考试的社工进行考前培训，全区305人报考，83人取得全国社会工作职业资格。面向社会招聘社区工作者82人，组织参加市级社会工作督导人才选拔，3名社会工作者入选社会工作督导助理培养名单。（李道法）

社会组织

【概况】 2019年，下城区登记在册的社会组织489个，其中，社会团体120个，民办非企业单位365个，非公募基金会4个。全区慈善组织5个，其中具有公开募捐资格的慈善组织1个。

区民政局加强社会组织监管，出台关于完善政府购买社会组织服务绩效管理办法，重点培育和优先发展社区服务、帮扶帮教、纠纷调解等社会组织，全区涌现一批有特色的枢纽型、示范型社会组织。推进社会组织行政许可事项审批规范化、便捷化，简化验资手续。全年完成社会组织行政许可事项审批100件，其中，申请成立登记民办非企业单位10件、社会团体2件，变更登记民办非企业单位44件、社会团体11件，注销登记民办非企业单位19件、社会团体14件。完成社会组织年检350个。成立下城区云集公益基金会，助力贫困地区农产品销售和贫困家庭子女就业就学。引导社会组织参与“平安下城”建设、基层社会治理和公共服务，逐步推进政府职能转移。

2019年10月25日，下城区“不忘初心、牢记使命”第三届社会组织公益嘉年华暨第十届社区工作者节活动在杭州城北体育公园举行（区民政局 供稿）

【社会组织评估】 2019年，下城区按照法定程序对社会组织进行等级评估，有23个社会组织参加。经资质审定、业绩评估，下城区慈善总会获AAAAA级，5个社会组织获AAAA级，7个社会组织获AAA级。全区涌现90个有特色的枢纽型、示范型社会组织，带动和引领相关领域的社会组织参与社会服务，其中区、街道级9个，社区级81个。开展公益创投、政府购买服务等活动，全区获得财政支持的公益创投项目11个，获财政补助资金50万元，按照文件规定分3次财政配套补助资金拨付到位，做到专款专用。全年政府用于购买社会组织服务专项资金815万元。

【社会组织监管】 2019年，区民政局加强全区社会组织监管，采取书面检查、现场检查等方式开展“双随机”抽查，针对社会组织存在的问题进行行政约谈，促进社会组织规范运作和健康发展。全年应参加年检社会组织489个，实际参检350个，参检率71.6%，年检抽查信息及时向社会公布。对不参加年检、长期不公开活动、不接受监督管理的“休眠型”社会组织，视情况行政约谈负责人。组织走访行业协会、商会业务主管单位，理顺体制改革后协会、商会与主管部门的关系。开展打击整治非法社会组织专项行动，依法取缔非法社会组织11个，报送守信激励、失信惩戒案例各1例。

【第三届社会组织公益嘉年华暨第十届社区工作者节】 2019年10月25日，由区民政局、区社会组织党群服务中心、区社会组织党校主办，区常青藤社会工作服务中心、天水街道社会组织服务中心承办的“不忘初心、牢记使命”第三届社会组织公益嘉年华暨第十届社区工作者节活动在杭州城北体育公园举行。嘉年华以“不忘初心、牢记使命”为主题，旨在为全区公益组织搭建服务交流和展示平台，激发社会对社会公益服务领域的关注与投入。开幕式现场设置宣传展示区和公益服务区两大主题活动区域，吸引大批社区居民群众前来体验。浙江工商大学、杭州师范大学、浙江树人大学3所高校和20多个品牌社会组织分别设立展位，服务内容涉及健康义诊、为老服务、垃圾分类知识宣传等。活动现场为区社会组织人才实训基地成立揭牌，为3所高校社会工作系的4名教授颁授实训特聘顾问聘书。来自高校的专家在现场分享社会工作理念和相关案例。

【9个案例入选市社会组织参与社会治理优秀案例】 2019年，由下城区提交的《会所模式“助精障康复人士回归社区——精神康复服务的探索”》《“吧”——小候鸟暑期社会工作服务案例》《预治结合、群防群治新枫桥——新型基层调解员依法调解促和谐社会工作项目案例》等9个案例经过层层筛选和专家评定，最终入选杭州市社会组织参与社会治理优秀案例评选。根据《关于征集杭州市社会组织参与社会治理优秀案例的通知》及相关要求，杭州市社会组织服务中心组织实施案例征集和评审工作。评选分两个阶段进行，共征集案例763个。其中第一阶段征集收到案例310个，经评审专家组评定，初审入选55个案例；第二阶段征集收到申请案例453个，经评审专家组评定，初审入选74个；通过开展案例修改培训会，结合收集的案例修改稿，经评审专家组最终评定，有50个案例和9个区县（市）级民政部门特色亮点案例成功入选。下城区在培育社会组织过程中注重理论与实践相结合，鼓励社会组织多思考、多总结，多个社会组织的案例入选杭州市社会组织相关案例。（李道法）

社会救助

【概况】 2019年，下城区深化“春风常驻”困难群体帮扶机制，以“出现一个发现一个、发现一个帮扶一个、帮扶一个解决一个、解决一个稳定一个”为目标，整合资源，统筹社会救助工作。区四级救助圈低收入家庭2235户3317人，其中，第一级救助圈低保家庭1728户2309人，第二级低保边缘家庭334户569人，第三级街道级困难家庭46户195人，第四级社区级困难家庭127户244人。特困家庭18户18人。全年发放低保、残保金2460万元，发放特困人员保障金45.71万元、低保边缘家庭定期补助金54.31万元。完成252人的低保家庭参保审批，发放参保补助金90.44万元。为四级救助圈低收入群体发放春节慰问金599.83万元，为2090户低保和低保边缘家庭发放高温慰问金134.23万元。审核发放市级临时救助712户501.6万元，区级临时救助127人次52.1万元，困难家庭老人住院护理补贴230人次131.8万元。审核发放反哺救助13人10.05万元。发放孤儿及困境儿童生活费补贴3896人次170.6万元，发放困难家庭子女就学援助247人20.68万元。

【第三方家境调查】 2019年，下城区按照省市有关部门要求，完善居民家庭经济状况核对信息平台，协调银行、证券、保险等机构对核

2019年1月4日，下城区“春风行动”动员大会在区行政中心举行

（区民政局 供稿）

查工作提供必要的协助，准确反映当月推送的困难人员有关信息。街道、社区通过政务办理大厅、服务平台，设立统一综合性申请窗口，配备工作人员负责受理和转办社会救助申请，实现救助申请人与相关救助部门高效对接，确保困难群众“求助有门”。引入第三方社会组织参与困难家庭家境调查，与救助平台审核审批同时进行，并将入户调查报告作为审批材料之一，完善困难群体主动发现机制。完成新申请、续办及第一级救助圈家庭不低于30%比例的家境调查。全年完成近1100户家庭的家境调查，提升潜在困难群众的发现概率和审批准确率。

【低保核查】 2019年4月，下城区结合根据低保专项治理工作要求，对全区所有低保对象数据进行比对，在8500多条比对数据中，发现162条数据异常。有关部门将集中核查的结果交由各街道筛查，在属地街道、社区自行梳理核查后，除部分特殊情况做出情况说明补充外，对刻意隐瞒或条件不符合的低保对象进行退出处理。全年通过梳理、核查，共注销低保家庭31户。

【低保工作“四坚持”】 2019年，区民政局在审定低保家庭工作中，坚持定期入户、有查必评、逢进必查和低保档案归类整理制度。定期登门入户调查实地了解，掌握低保对象最近的家庭和生活状况。凡是新增对象均由民政部门工作人员进行详细调查核实，对确实符合政策条件的才准予纳入，登门入户率达100%。凡是群众有疑问，情况复杂的对象，须进行民主评议，无评议记录的不予审批。全区低保档案按分类归档，将低保对象的基本情况和动态管理输入平台。内容包括姓名、家庭人口、类别、身份证号码、变动时间等，使查阅更加方便快捷。对低保对象的原始档案资料进行整理和完善，并将入户调查表、低保申请表、低保审批表等分类归档，实行专人专柜管理。全年新增低保家庭260户391人，退出低保家庭331户456人。

【低保和低保边缘家庭渐退机制试点】 2019年，下城区根据《杭州市社会救助家庭经济状况认定办法（试行）》，制定低保、低保边缘家庭渐退机制实施的相关要求及具体办法，对部分已经退出低保，但仍存在困难的家庭，按照其综合支出，做到合理渐退，按政策纳入低保边缘家庭，不搞一刀切。对不符合标准需要退出的低保家庭，制订渐退方案。在社区、街道入户上门核查的基础上，实施分类管理，根据实际情况和核对结果，由社区、街道提出注销、保留、渐退方案，民政部门统一做好渐退备案。根据低保家庭生活具体情况，给予6个月到1年的渐退期。全年渐退低保、低保边缘家庭32户。开展“先行救助”试点，对于急难型临时救助家庭，由街道直接予以救助，简化申请人家庭经济状况核对、民主评议和公示等环节，在困难家庭急难情况缓解后再补办相关申请审批程序。全年“先行救助”困难家庭46户，救助金额20.14万元。试行大额医药费支出预警办法，对医药费支出超过10万元的家庭，经过经济状况核查，给予低保救助，先后救助家庭3户4人。

（李道法）

老龄工作

【概况】 2019年，下城区户籍人口中60周岁以上老年人11.49万人，占总人口的27.1%；65周岁以上老年人8.27万人，占19.8%。全区人口老龄化发展加速，老年人口比上年增加3629人，增长3.3%，其中80周岁以上老年人增长4.4%。老年人按年龄分组：60周岁至69周岁5.97万人，占老年人的51.9%；70周岁至79周岁3.17万人，占27.6%；80周岁以上2.36万人，占20.5%。根据年报统计数据显示，全区老龄化程度由高到低排列前三位的是朝晖街道、长庆街道和潮鸣街道，老年人口比例分别 为34.5%、34.2%和34.0%。 全区百岁（周岁）老人42人，其中武林街道百岁老人数最多，为10人；其次是潮鸣街道。最年长的是武林街道姚女士105周岁（1914年出生）。全区纯老年人家庭的老年人3.14万人，占老年人的27.3%。纯老年人家庭老年人数居前三位的是天水街道、朝晖街道和长庆街道。全区失能老年人和半失能老年人0.77万人，占老年人口的6.7%，其中失能老年人0.27万人，半失能老年人0.5万人。失能、半失能老年人数居前三位的是潮鸣街道、朝晖街道和东新街道。全区有各级老龄工作机构（包括老龄办、老龄协会）9个。老龄工作机构实施民安民乐工程，开展敬老月活动，提升老年人保障水平，丰富老年人文体生活。

【居家养老服务】2019年，下城区利用居家养老综合服务信息平台，运用多种手段，整合政府、社区、机构等社会服务资源，评估老年人健康状况，服务户籍老年人。加强老年人生活保障，除基本养老金外，全区80周岁以上高龄老人均享受政府高龄津贴补助，80～89周岁老年人每人每月50元，90～99岁周老年人每人每月100元，100周岁以上老年人每人每月300元，全区享受高龄津贴的户籍老年人2.36万人。继续实施老年人意外伤害保险工程，投保老年人2.91万人，投保金额87.3万元，参保率25.3%。2018年理赔金额36.18万元，赔付率72.1%。加快推进社会养老服务体系建设。新增养老机构10个，其中公办养老机构1个，公建民营养老机构3个，民办养老机构6个。全区有养老机构床位2726张。建成并正常运行的居家养老服务（照料）中心68个。有老年食堂（包括助餐点和社会餐饮企业）30个，为独居、空巢老人和中午无人照顾老人提供美味可口的午餐。

【医养融合发展】2019年，下城区推进医疗和养老资源融合，为老年人提供预防保健、治疗期住院、康复期护理、稳定期生活照料一体化健康服务。全区建有护理院5个。6个医养结合机构有床位4275张。4个养老机构、68个居家养老服务（照料）中心与附近医疗机构签订医疗服务协议，为入住老人制订健康管理服务计划并提供医疗服务和健康管理服务。全区有65周岁及以上老年人4.65万人接受健康管理，健康管理率达67.4%。开展老人家庭无障碍设施改造和适老化改造，改造内容包括通行、助浴、如厕等。

2019年6月10—16日，区老龄办围绕“懂健康知识，做健康老人”主题，开展“老年健康宣传周”活动。图为活动周期间，志愿者为参加活动的老人释疑解惑

（区卫生健康局　供稿）

【孝老爱亲活动】2019年，下城区开展敬老爱老助老“最美”系列评选和宣传活动，8个街道利用宣传栏、微信公众号等载体推选市级“最美敬老爱老示范社区（村）”“最美敬老幸福家庭”“最美敬老签约医生”“最美敬老爱老助老模范人物”等先进典型，并在“敬老月”活动期间给予表彰。6月10—16日，区老龄办围绕“懂健康知识，做健康老人”主题，开展“老年健康宣传周”活动，其间举办健康讲座、义诊等卫生服务活动15次。全年开展入户慰问和救助困难老人638人，发放慰问金、救助金667.09万元，其中纳入“低保”的老人518人，发放供养经费647.09万元。慰问百岁老人88人（含虚岁），发放慰问金8.8万元。全年政府发放各类保障经费1580万元。

【老年文体活动】2019年，下城区有区级老年电视大学分校1所，老年电视大学教学点74个，春秋两季参加老年电大学习的老年学员2.7万人次；有老年大学、老干部大学、社区银龄学院各1所，在校学员3000多人，老年教育覆盖率超过20%。有老年文化体育团体616个，全年开展棋类、扑克、球类等比赛和体育健身、旅游、演唱、猜灯谜等文体娱乐活动，参与人数2.99万人次。（邵琴燕）

退役军人事务

【概况】 2019年，下城区按照“三级五有”（“三级”指区、街道、社区，“五有”指有机构、有编制、有人员、有经费、有保障）的工作目标，推进退役军人服务保障体系建设。开展第二轮退役军人和其他优抚对象信息采集工作，围绕提高采集率和审核通过率，采取区、街道、社区三级联动，加强问题数据核查。全区通过退役军人信息采集系统采集享受定期补助的重点优抚对象、无军籍退休职工、现役军人家属、企业复退军人的信息。推进悬挂光荣牌工作，为烈属、军属和退役军人等家庭悬挂光荣牌，光荣牌做到愿挂尽挂。贯彻落实各项优抚安置政策，及时发放优待抚恤和退役军人安置金，维护退役军人和优抚对象正当权益。常态化开展“三服务”活动，深入街道社区、大学生士兵创业企业和重点优抚对象家中，协调解决军人子女入学等问题。

【服务保障体系建设】 2019年，区退役军人事务局推进服务保障体系建设，实现政府机构、事业单位、社会力量一起联动。在全市率先成立区委退役军人事务工作领导小组，由区委书记任组长，带动形成全区三级书记亲自抓退役军人事务工作的格局。年内，克服场地、资源紧张等困难，建成区退役军人服务中心和8个街道、75个社区退役军人服务站。区退役军人服务中心等机构场地总面积600多平方米，该中心设置接待窗口、荣誉风采展示、休闲阅览、法律服务和心理咨询5个功能区块，打造特色鲜明的“老兵之家”。按照标准化、规范化建设要求，在街道公共服务中心统一设立服务窗口，做到服务人员、工作职责、工作制度公开上墙，营造尊崇、关爱退役军人的浓厚氛围。加强服务中心运行管理，优化退役军人就业创业、走访慰问、帮扶解困等工作流程。建立健全街道、社区两级退役军人服务站“一表一档一册一会”工作制度，积极创建新时代“枫桥式”退役军人服务站。

【优抚对象慰问】 2019年，区退役军人事务局组织开展春节上门走访慰问工作。为全区优抚对象和企业退休的复员退伍军人发放慰问金。八一建军节前后，走访慰问烈属、因公牺牲军人家属、病故军人家属、现役军人家属、残疾军人、老复员军人、“两参”（参战、参试）人员、带病回乡退伍军人等优抚对象发放慰问金。开展烈士纪念日慰问烈属活动，走访慰问烈属并发放慰问金。

【优抚对象抚恤优待】 2019年，区退役军人事务局及时调整抚恤补助标准，为在乡老复员军人、“两参”人员等定期补助对象发放抚恤补助金、失业残疾军人护理费等，为在职残疾军人发放抚恤金。加强无军籍职工和部队移交的军队离退休干部服务管理，为军队离退休干部和无军籍职工发放工资和退休活动费。组织重点优抚对象参加体检和疗养。做好义务兵家庭优待工作，为2017年、2018年入伍的义务兵家庭发放优待金。做好“三属”优待证办理工作，年内新办“三属”优待证。

【优抚对象权益维护保障】 2019年，区退役军人事务局完善全区涉军对象基础信息数据库，建立“两参”人员“一人一档”。完善“两参”人员信息，做好企业退休军转

下城区退役军人服务中心　　（区退役军人事务局　供稿）

干部补贴申报，更新企业退休军转干部信息数据。做好伤残军人、带病回乡退伍军人待遇评定工作。在全国“两会”、中越边境自卫还击作战纪念、清明节、中华人民共和国成立70周年等重要时间节点，开展涉军信息会商、分析研判、领导带班值守等制度，及时跟进处置各类问题，全区涉军工作平稳有序。

【退役军人就业安置】 2019年，区退役军人事务局推行退役军人“阳光安置”和“精准安置”工作。围绕军转干部安置质量不低于往年的目标，加强与区委编办和各用人单位的沟通协调，增强工作透明度，全年顺利完成团职、营以下军转干部和转业士官安置，公务员和参公事业单位安置比例达87.1%。实现安置工作“一站式服务”，完成年度退役士兵接收安置任务，发放退役士兵自主就业补助和立功受奖奖励。区、街道两级组织退役士兵参加职业技能培训并提供用工单位招聘信息，达成就业意向；组织退役士兵参加社工招考，合格者被录用。与有关银行签订共建合作协议，为退役军人自主创业提供金融优惠服务。

【退役士兵社保接续】 2019年，区退役军人事务局成立全区解决部分退役士兵社会保险接续工作领导小组和工作专班，加强与区人力社保局、区民政局、区公安分局等部门的协调联动，全面摸排辖区符合政策条件的退役士兵人数，并组织进行基础数据的信息比对。制订社会风险防控预案，做好退役士兵人文关怀等工作，全区完成受理审核部分退役士兵社保接续申请，妥善解决部分退役士兵养老、医疗保障等问题。 （朱少华）

2019年10月10日，下城区举行退役士兵返乡欢迎仪式暨专场招聘会
（区退役军人事务局　供稿）

民　族

【概况】 2019年，下城区民族工作以深化“石榴籽”工程为主线，不断拓展城市社区民族工作新的路径和载体。发挥民族团结进步工作模范集体和示范社区标杆作用，推进民族团结进步创建活动进机关、进企业、进社区、进街道、进学校、进宗教活动场所“六进”工作。与景宁畲族自治县东坑镇桃源村开展“双百村结对”帮扶，落实帮扶资金20万元。联合杭州同心少数民族服务中心，帮助民族村农副产品销售进社区、进超市、进电商。全年下城区接待中央统战部、云南省民宗委、台湾阿里山少数民族参访团等城市民族工作考察团组10多批200多人。杭州同心少数民族服务中心副理事长冯唐律获庆祝中华人民共和国成立70周年纪念章。

【农副产品“互联网+民族”销售模式推出】 2019年4月28日，区委统战部会同杭州同心少数民族服务中心，赴安吉县中张村（畲族村）举行以“乡村振兴·助阵安吉”为主题的安吉春笋·谷绿农副产品天天下乡直播启动仪式。杭州同心少数民族服务中心、报福镇政府、浙江谷绿农业科技有限公司三方在启动仪式上签订《安吉县报福镇电商乡村振兴战略框架协议》。区委统战部有关领导出席活动并致辞。活动当天吸引89.78万人次在淘宝、抖音等自媒体和电商直播平台观看，签下订单4896单，实现成交额35万元。中张村农副产品“互联网+民族”销售模式成为拓宽民族村农副产品销售渠道的新开端。

【中央统战部调研下城区民族工作】 2019年7月16日，中央统战部二局副巡视员倪智泉一行到东新街道新颜苑社区调研城市民族工作，并召开座谈会。省、市委统战部及市民宗局有关负责人，区委常委、统战部部长黄飞等陪同调研。调研组参观社区少数民族之家、少数民族风情展示厅，了解杭州同心少数民族服务中心运作情况，观看新颜苑社区以“中华民族一家亲·同心共筑中国梦”为主题的创新民族工作纪实片。倪智泉对下城区城市民族工作给予肯定，并勉励社区实施好“少数民族群众融入城市综合计划”，促进民族工作与经济社会各项工作协调发展。

2019年9月17日，杭州市明珠实验学校被省民宗委命名为第二批“浙江省民族团结进步创建重点培育单位”。图为学校学生在运动会上表演民族舞

（区委统战部　供稿）

【云南省民宗委到下城区考察民族工作】 2019年6月18日，云南省民宗委党组成员董允一行考察东新街道新颜苑社区同心少数民族服务中心城市民族工作。省、市民宗委有关方面负责人，区委常委、统战部部长黄飞等陪同考察。考察组参观下城区社区少数民族宣传栏、民族文化墙、同心民族文化馆等场馆，观看新颜苑社区及服务中心城市民族工作宣传片，听取该社区秉承“中华民族一家亲·同心共筑中国梦”理念，坚持创新城市民族工作，服务到杭少数民族群众的情况介绍，对新颜苑社区城市少数民族工作给予肯定。

【“双百村结对”行动】 2019年7月26日，区委统战部组织下城区民营企业家赴丽水市景宁县开展乡村振兴“双百村结对”行动，在该县东坑镇桃源村召开帮扶座谈会。景宁县委常委、统战部部长蓝跃军，浙江师范大学畲族文化研究所教授王宵等领导、学者参加。区委统战部有关领导走访桃源村畲寨古村落，了解民族村文化保护工作和水果种植专业合作社运营情况，与当地有关部门就民族村文化弘扬、样板民宿建设、畲寨手工艺发展和农副产品销售等工作进行交流，并达成农产品销售合作意向，与桃源村签订《下城区助力景宁民族乡村振兴农副产品推销意向协议》。

【杭州市明珠实验学校获“省级民族团结进步创建重点培育单位”称号】 2019年9月17日，杭州市明珠实验学校被省民宗委命名为第二批“浙江省民族团结进步创建重点培育单位”。杭州市明珠实验学校为下城区所属九年一贯制进城务工人员子女公办特色学校，在校学生3200多人，其中少数民族学生60人。学校秉持“有教无类、敢为人先、容短促长、以长融短”的教育理念，采用“滴灌式”等民族团结进步教育方法，推进民族团结进步教育广泛地交融交流。

（戴俊伟）

宗　教

【概况】 2019年，下城区围绕“宗教工作督查落实整改年”“基层基础提升年”主题，团结凝聚全区信教群众力量，为纵深推进全域中央商务区建设做出应有贡献。加强国务院新修订的《宗教事务条例》宣传贯彻工作，提高宗教工作法治化水平。开展“平安宗教活动场所”“和谐寺观教堂”创建活动，实现宗教场所“三人驻堂小组”和“五进”工作全覆盖。实施“十百千万普法工程”，组织“送法进宗教场所”活动，全年向宗教活动场所赠送法律书籍600多册。基督教东新聚会点获“浙江省宗教法治宣传教育基地”称号。全区保持宗教和顺、社会稳定良好局面。

【中央统战部调研下城区宗教工作】 2019年11月3日，中央统战部十一局副局长戴晨京一行到下城区调研天主教工作。省民宗委副主任莫幸福，市民宗局副局长钟芳源，区委常委、统战部部长黄飞等陪同调研。调研组走访天主教杭州天主堂，了解杭州天主教爱国会和天主教杭州天主堂日常运行及财务管理等情况。戴晨京对下城区宗教事务规范化管理工作给予肯定。

【市民宗局调研下城区宗教工作】 2019年2月26日，市民宗局局长邵根松、副局长唐明壮一行到下城区调研，区委统战部有关领导和区有关单位负责人参加。邵根松对下城区宗教政策法规宣传、依法管理宗教事务、引导宗教与社会主义社会相适应、妥善处置涉宗矛盾纠纷工作给予肯定，要求下城区充分发挥区宗教工作领导小组作用，进一步抓好宗教工作属地管理，及时会商研判宗教工作中遇到的新情况、新问题，压实宗教工作三级网络两级责任制。

【宗教界庆祝中华人民共和国成立70周年活动】 2019年9月29日，下城区在杭州天主堂举行庆祝中华人民共和国成立70周年活动，活动由省天主教"两会"、天主教杭州教区、市天主教爱国会、天主教杭州天主堂联合举办。省民宗委副主任钟新章等有关方面负责人与天主教教职人员及信教群众200多人参加。欢庆活动举行升国旗仪式和宗教工作图片展览。其中图片展览展出天主教界近70年来坚持宗教中国化方向、弘扬爱国主义优良传统、推动宗教健康发展的情况。

【基督教东新聚会点被命名为"省级宗教法治宣传教育基地"】 2019年12月2日，基督教东新聚会点被省民宗委、省普法办联合命名为"省级宗教法治宣传教育基地"。区委统战部（区民宗局）实施"十百千万"普法工程，引导教职人员和信教群众树立国家意识、宪法意识、公民意识和法治意识，切实保障民众宗教信仰自由权利，促进宗教关系和谐，维护辖区宗教领域正常秩序。基督教东新聚会点突出宪法学习宣传、中共十九大精神贯彻、宗教事务法律法规培训、社会主义核心价值观培育，打造法治宣教室，设置法治图书角，开辟法治宣传长廊，组织宗教教职人员培训，开办法治广播频道，成为宗教法治宣传重要阵地。 （戴俊伟）

2019年9月29日，下城区宗教界在杭州天主堂举行庆祝中华人民共和国成立70周年活动
（区委统战部 供稿）

住房保障

【概况】 2019年，区住建局加快推进安置房项目建设，做好多渠道住房保障工作。全年棚户区改造和保障性安居工程计划开工建设安置房780套，建筑面积21.12万平方米，实际开工784套，完成年度保障房建设目标任务。按照"块抓条保、分级负责"原则，形成"区政府—区住建局—街道"三级实施体系，推进老旧小区升级改造，年内完成市级危旧房改造试点项目5个。根据《杭州市高层次人才住房保障实施意见》，受理高层次人才购房补贴6人，发放购房补贴175.8万元；受理租赁补贴21人，发放租赁补贴48.8万元。围绕3年开工建设5万套人才专项租赁住房的要求，落实租赁房专项用地2宗，其中三塘单元地块租赁房项目开工。受理廉租住房申请2048件，发放货币补

贴1609.9万元。审核办理机关事业单位职工住房补贴510件。完成1700套蓝领公寓筹建，提前完成筹建套蓝领公寓任务。开展重复享受集体所有土地征迁安置和“五类福利分房”（享受公房分配、房改房、经济适用房、廉租房、货币分房等待遇）问题专项整治，完成住房补贴退款审批事项220件，退还住房补贴1512.09万元。

【投入老旧小区改造资金17.86亿元】 2019年，下城区有住宅小区292个，房屋3481幢，建筑面积1463万平方米。其中，2000年（含）以前建成的老旧小区181个，房屋2405幢、11.7万套，建筑面积651万平方米，占全区住宅小区总建筑面积的44.5%。区住建局编制全区老旧小区改造计划，重点改造2000年（含）以前建成、近5年未实施综合改造并且未纳入之后5年规划征迁改造范围的住宅小区及部分2000年（不含）以后建成，但小区基础设施和功能不足、物业管理不完善、居民改造意愿强烈的保障性安居工程小区。制订《下城区老旧小区综合改造提升工作实施方案》，计划改造老旧小区93个，房屋1481幢、6.96万套，建筑面积448万平方米，投入改造资金17.86亿元。至年末，全区完成市级老旧小区改造试点项目5个，房屋57幢、3216套，建筑面积13.9万平方米；完成中央补助老旧小区改造项目5个，房屋75幢、3400套，建筑面积18.4万平方米。

【公共租赁住房保障受理】 2019年，区住建局推进公共租赁住房保障工作，减轻中等偏下收入住房困难家庭、新就业大学毕业生和创业人员的租赁住房压力。全年受理市本级公租房货币补贴申请3117件，其中，低收入困难家庭1592件、新就业大学毕业生722件、创业人员604件、申请终止199件，发放货币补贴1083.46万元。公租房资格续审1593件，续审终止74件；廉租房转公租房申请26件，申请终止3件；公租房资格注销1045件；实物配租转货币补贴申请362件；实物“转货币+补贴”申请64件。

【蓝领公寓建设管理】 2019年，下城区蓝领公寓筹建工作入选区十件民生实事项目清单。年内交付的3个蓝领公寓项目各有设计特色和文化内涵，其中，王马里蓝领公寓1.0版本为全市首个正式交付使用的蓝领公寓；华丰·悦居蓝领公寓2.0版本采用新中式徽派民宿设计，融入“天干地支”和“十二生肖”等中国传统文化精华；石桥南苑蓝领公寓3.0版本设计运用“水墨江南”意境，由石桥南苑改建，总房间2050间。下城区超额完成市住保房管局下达的年度目标任务。至年末，王马里蓝领公寓提供房源345套，出租338套；华丰·悦居蓝领公寓提供房源865套，全部完成出租。11月20日，住房和城乡建设部住房保障司副司长刘霞一行调研下城区，对蓝领公寓筹建工作充分肯定。

【区级公租房管理】 2019年，下城区有区级公租房项目4个，分别为1个浙报人才公寓、2个下城区外来务工人员公寓和1个下城区大学生人才公寓，公租房住户2989户，建筑面积17.65万平方米。下城区大学生人才公寓由区政府投资新建，其余3个项目由社会力量及相关企业投资新建，公租房保障人数约9000人。年内，下城区三塘单元地块、三里亭单元地块、东新单元地块、华丰单元地块、文晖单元地块、东新单元地块、文晖单元地块落实公租房配建项目，配建总建筑面积3.8万平方米。

（刘景昕）

30 街道

天水街道

【概况】 天水街道区域面积1.37平方千米，辖灯芯巷、胭脂新村、延安新村、环北新村、仓桥、戒坛寺巷、皇亲苑7个社区。2019年，街道总户数1.26万户，常住人口4.13万人，流动人口1万余人。辖区内有武林广场等城市地标及杭州华东医药股份有限公司、杭州大厦有限公司、银泰商业集团、物产中大元通集团股份有限公司等重点企业。街道以建设“国际一流繁华商圈”为目标，全力打造延安路国际化商业大街。全年举办大型活动30多场，武林商圈人流量比上年提升20%。实现经济发展提质增效、重点项目有序推进、新零售新消费转型升级。创新探索“三个+”（党建+为老、文化+乐享、服务+助老）为老服务工作模式，做优做精做实为老服务工作。天水街道获评“杭州市最美敬老爱老示范街道”、杭州市基层统战工作示范点。“公羊会”社会组织创始人何军获评第五届“全国非公有制经济人士优秀中国特色社会主义事业建设者”。“葵颂”大型雕塑影像展演、“女儿家为老服务”工作和国大城市广场大屏传递教师节祝福活动登上中央电视台《新闻联播》栏目，中国新闻社、新华网、人民网等30多家国家级媒体跟踪报道天水街道亮点和特色工作。

【经济发展】 2019年，天水街道有年税收100万元以上重点企业215家，其中1000万元以上企业52家、300万元～1000万元企业60家。全年实现税收33.43亿元，比上年增长23.4%；实现地方财政收入17.89亿元，增长27.6%；完成限额以上社会消费品零售总额114.35亿元，增长2.7%；完成固定资产投资23.38亿元，增长4.7%。街道外贸出口总额38.2亿元，完成年度目标的105.5%。各项指标均居下城区前列。引进企业165家，注册资本17.07亿元，到位资金1.05亿元，其中注册资本1000万元以上企业45家，金融、商贸、信息、文创、健康五大产业企业35家。实际利用外资3.96亿美元，引进市级产业链项目6个，完成率100%。有税收1亿元以上楼宇11幢。完成服务外包额7000多万美元。

【环境综合整治】 2019年，天水街道开展垃圾分类“1+1”行动，创新“加减乘除”工作机制，形成撤桶并点、集中攻坚、定时投放“三部曲”，生活垃圾分类正确率达80%以上，成功创建省级生活垃圾分类投放示范片区。推进老旧小区电梯加装工作，天巢花苑成为全市首个连片加装电梯的商品房小区。围绕“污水零直排”街道创建目标，完成189幢居民楼雨污分流和136幢居民楼“清肠行动”。整治百井坊小餐饮油烟扰民等中央环保督察“回头看”问题取得阶段性成效。完成直戒坛寺巷“美丽小巷”提升改造、胭脂新村楼幢之间道路“微整形”、环北新村1幢和2幢住宅立面改造。协调解决天水武林街道卫生服务中心污水管网堵塞、小北门1幢和2幢雨污管网老化等群众关切问题，让辖区环境更加洁净、美丽、宜居。

2019年12月，灯芯巷社区获评杭州市“五星级社区文化家园”。图为社区内手绘百米墙景图（天水街道　供稿）

【社会事业建设】 2019年，天水街道围绕全国街道服务管理创新实验区建设，进一步夯实实有房屋、实有居民、实有企业“三实”数据，完善事件流转处置流程。深化“女儿家”养老服务品牌内涵，完成老年食堂更新改造，新增智能叫号点餐系统，创新实施PAD点餐模式，全年用餐和配送餐人数达5万余人次。居家养老服务中心“幸福大课堂”、助洁、助餐等“九助”为老服务项目服务老年人1万余人次。天水街道完成12户无障碍家庭提升改造，成为全区首个完成无障碍家庭提升改造的街道，残疾人、老年人及其家庭最基本、最迫切、最实际的需求得到解决，21个三级民生实事项目有序推进，居民生活更加便捷、舒适。综合服务中心运营区招募助老志愿者85名，积累“时间币”2312个小时。建立标准化退役军人服务站，完成2个社区服务大厅改造。举办钱塘灯会、邻居节等特色活动。

【社区文化家园创建】 2019年，天水街道推进灯芯巷、戒坛寺巷社区文化家园建设，两个社区文化家园分别获杭州市五星级、三星级社区文化家园称号。提升文化阵地实用性，更新“鲍大妈聊天室”、乐龄手工艺社、一道公益超市、老党员驿站等空间，增设灯芯巷门庭石碑、爱心小菜场、廉政文化长廊，增添社区内各类文化家园LOGO标识。与社区乡贤共同挖掘人文底蕴，编撰《龙兴佳话》文集，助力文化传承，获省委常委、市委书记周江勇批示肯定。连续15年举办“钱塘灯会”，传承民俗文化。邀请专业设计团队手绘百米墙景图，制作唐朝不同朝代10盏宫灯再现历史盛况，成为天水街道特色景观。开办笔墨缘书画社等文艺社团10多个，为居民提供文化服务。依托党建联盟平台开展“服务进社区”、爱心菜平价销售、“黔货出山”等活动，提升社区居民融入感。

【基层治理】 2019年，天水街道构建“城市之心360”立体防控体系，打造全省最安全广场，保障中华人民共和国成立70周年升国旗仪式等大型活动举行。率先推行信访代办制，成功化解20年信访积案及国家级信访督办件，实现街道国家级信访督办件100%化解。在全区率先完成交通安全“两站两员”（交通安全管理站、交通安全宣传站，管理员、宣传员）建设。成立杭州市首个老年人法律服务组织暨“女儿家”老年人公共法律服务中心，建立全区首批社区“微法庭”2个。优化提升基层治理“四平台”建设，开发重点防控和安防小区等线上应用场景。联合“武林大妈”与“公羊会”两大志愿服务力量，完成7个社区“武林大妈”工作站建设。加强微型消防站建设，老旧小区所有楼道完成灭火器配置与更新，推进并完成43套智慧用电系统安装工作，全方位提升辖区居民安全感、稳定感、幸福感。平安居小区党建引领小区治理作为基层治理案例，被《浙江日报》头版报道。

【基层党建】 2019年，天水街道开展主题教育，通过走访和座谈收集意见建议273条。办好民生实事，完成灯芯巷爱心菜场建设、平安居小区二次供水等关键小事。

建强商圈党建联盟，推荐驻地省商务厅主要负责人担任党建联盟盟主，举办党建联盟年会暨"七一"开放式互动党课等活动，发动3万余名党员参与天水公益事业，推进商圈亮灯提升、垃圾分类、恒隆广场建设、扶贫攻坚等共建项目。联盟成员单位筹集善款31万元，用于贵州省黎平县扶持项目。10个党群服务中心投入使用，街道级党群服务中心作为全区代表参与全市连线。灯芯巷社区打造全省首个党建引领的"银尚之家"阵地，该阵地设置"老党员驿站"等功能区块，总结提炼出"12410"为老服务工作法。"鲍大妈聊天室"被省委组织部、省委老干部局评为"浙江省离退休干部先进集体"。加大人才培育力度，为辖区发展建设提供人才保证。辖区中国水稻研究所所长胡培松、副所长钱前分别当选中国工程院院士和中国科学院院士。

2019年10月1日，浙江省庆祝中华人民共和国成立70周年升旗仪式在武林广场举行 （天水街道　供稿）

【恒隆广场项目启动】 2019年9月17日，恒隆广场项目在百井坊启动，项目总用地面积4.48万平方米，总建筑面积39万平方米，总投资190亿元。恒隆广场项目将打造集景观、历史和人文于一体的高端国际商务中心，配套顶级稀缺超甲级写字楼，力争引进世界500强企业5家以上，成为杭州地标性的金名片，显著提升下城区商务能级。其中，商业特色街区对标东京银座、巴黎香榭丽舍大街、新加坡乌节路等国际知名街区，届时云集来自世界各地的顶尖时尚品牌。

2019年9月17日，"恒隆广场·杭州"项目开工 （天水街道　供稿）

【全省最安全广场打造】 2019年，武林商圈创新构建以智慧防控系统、应急处置机制、群防群治队伍为三大支柱的"城市之心360"立体防控体系，把武林广场打造成为全省最安全广场。"城市之心360"立体防控体系基于"城市大脑"、数字驾驶舱、"四平台"等数据集成库，借助497个高清天眼实时获取动态信息，实现信息平台与指挥调度、应急调处一体化运作。完善应急处置机制，按照时间、活动、项目等类型设置黄、橙、红3个风险预警等级。广场通过点位和制高点实现分类防范。制订《武林广场处置突发事件应急预案》，科学防范和及时处置突发事件。通过专业保障与基层志愿者相结合等途径，发挥广场周

2019年12月31日晚，"武林跨年"活动在武林广场举行　（天水街道　供稿）

边群防群治队伍力量。10月1日，武林广场顺利举行浙江省庆祝中华人民共和国成立70周年升旗仪式。12月31日，10万名观众在武林广场"武林跨年"活动结束后15分钟内安全疏散。全年武林广场举办重要活动307场，未发生公共安全事故。

【"武林跨年"活动】 2019年12月31日晚，由区政府主办，区委宣传部、银泰商业集团承办，区文联、区文广旅体局、天水街道协办的2019—2020"武林跨年"活动在武林广场举行。跨年活动将大型歌舞与青春热舞交错、传统戏曲与流行歌曲结合，打造一场具有"武林文化"韵味的视听盛宴。活动持续近一个半小时，吸引约10万名游客驻足观看。零点的"万人倒计时"和齐喊"新年快乐"等互动环节将活动推向高潮，中央电视台、《人民日报》、中新网等30多家媒体对"武林跨年"活动进行专题报道。

【延安路景观亮灯提升】 2019年，天水街道结合延安路国际化商业大街打造，实施武林商圈"1+10+13+2"（指武林广场+广场周边10幢楼宇+延安路13幢楼宇+中河高架沿线2幢楼宇）景观亮灯提升改造工程。街道成立亮灯工程专班，由街道领导牵头，走访各点位责任单位听取意见。召集多方团队研究设计，制订亮灯方案27个。按照设计招标、现场探勘等8个环节倒排时间节点，分阶段推进亮灯工程实施。亮灯工程采用智慧化一键控制程序，并运用多色彩动态展示和LED自然光照明技术，打造具有更高辨识度的城市夜景效果。9月28日晚，武林广场举办点亮杭城仪式，以西湖文化广场、武林广场为核心，环城北路、体育场路、延安路为主轴，凤起路、庆春路、武林路、中山北路为副线的整个"杭州会客厅"全部点亮，成为杭州城市夜景的一道靓丽风景线，吸引近1万名市民游客驻足观看。

【垃圾分类提档升级】 2019年，天水街道针对老旧小区无物业、商户聚集难管理、人流量大垃圾多的实际情况，全域、全员、全力推进垃圾分类工作，打造全省首批全域推进垃圾分类示范街道。3月20日，灯芯巷社区试行撤桶并点。至8月，全街道垃圾投放点由407个撤并为62个，总体撤并率达85%。8月26日至9月8日，

2019年9月28日晚，"点亮杭城"仪式在武林广场举行　（天水街道　供稿）

2019年9月7日，天水街道机关干部到灯芯巷社区开展垃圾分类志愿宣传

（天水街道　供稿）

实施垃圾分类集中攻坚行动。由街道领导班子分片包干，组织机关干部、执法人员、社区工作者全员上阵，在早晚居民投放垃圾的高峰时段，开展“五个一”集中攻坚行动，形成“社区主场、书记主战、党员主动、志愿先行”的垃圾分类自治模式。10月，7个社区全面实施垃圾定时投放，并试行易腐垃圾破袋，推动垃圾精准投放。通过撤桶并点、集中攻坚、定时投放“三部曲”，促进垃圾分类知晓率、参与率、正确率“三率”大幅提升，居民获得感不断增强。11月26日，天水街道在杭州市第三届垃圾分类论坛上做交流发言。

【天巢花苑小区连片加梯】 2019年12月30日，天水街道天巢花苑小区加装的8台电梯全部落地。在历时半年的加梯过程中，天巢花苑小区运用党建引领小区治理的工作机制，充分发挥业委会党支部成员、楼道党员和居民骨干的力量，完成全市首个连片加梯商品房小区的任务。业委会党支部组织走访杭州城区各加梯工程实施单位，了解实施加梯的政策、项目立项程序和施工周期等情况。党支部成员带头签订加梯意向书，缴纳工程款。业委会党支部从各单元中挑选20名党员和10名骨干组成协调小组，挨家挨户做好发动工作，最终在全体居民中形成连片加梯的共识。天巢花苑小区连片加梯成为全市既有住宅加装电梯工作的样板。

【全省首个社区“银尚之家”打造】 天水街道灯芯巷社区有60岁以上老人1107人，占常住人口的24%，其中离退休老干部229人。2019年，灯芯巷社区党委将老干部工作纳入党建工作重要内容，通过探索形成“12410”老干部工作法，即创建社区党委领导下的“银闪灯芯”1个品牌，搭建社区服务老干部、老干部奉献社会2个平台，构建先锋引领、健康乐活、志愿服务、智慧养老4个体系，有老党员驿站、机关事业单位离退休党员临时党支部、红色讲师团、“银尚达人”团队、社区老年大学、助老志愿服务队、惠民志愿服务队、援助

2019年12月30日，天水街道天巢花苑小区加装的8台电梯投入运行

（天水街道　供稿）

2019年6月28日，中央组织部老干部局局长许宏彬（前排左三）到天水街道灯芯巷社区考察“银尚乐活”品牌创建工作（天水街道 供稿）

通信呼叫紧急服务、女儿家“190”贴心服务、“医养护一体化”关爱服务10个载体，精心打造老干部“养、学、乐、为”互为一体的健康快乐、和谐温馨的“银尚之家”。

【武林商圈党建联盟打造】 2019年，天水街道建强建实武林商圈党建联盟，先后与省商务厅等137个单位开展“契约化”共建，覆盖1053个党支部、10620名党员，服务商圈消费者3万余人次，为街道建设发展提供坚强组织保证。推选省商务厅党组书记、厅长盛秋平为联盟轮值主席，发布联盟章程，举办联盟第一届运动会和其他活动58场，参加人员超过4000人次。用项目共建的方式吸引联盟成员参与，引导17个单位承接商圈景观提升、恒隆广场建设、垃圾分类和扶贫攻坚等重点项目，为贵州省黎平县等贫困地区捐款31万元。开发党建联盟微信平台，把联盟单位的资源、活动、服务、产品放到线上，通过积分和评价体系的运转，提升成员单位参与商圈建设的积极性。

【“女儿家”老年食堂提升改造】 女儿家老年食堂创办于2007年，面积100多平方米，旨在解决辖区老人的“吃饭难”问题。2019年9月，天水街道对“女儿家”老年食堂的软硬件进行改造，重新布局收银区、打饭区等窗口，对地面瓷砖和台阶分别进行防滑处理和适老化改造，使整体空间宽敞、明亮、温馨。新增智能叫号点餐系统，创新实施PAD自助点餐模式，老人可以先点好餐等叫号后再取餐。推行老人就餐会员卡登记办法，针对不同年龄段的老人推出不同的折扣，80周岁以上打八五折，70～79周岁以上老人打九折，60～69周岁以上老人打九五折。对需要配送上门的老人，通过电话或微信订餐并送餐上门。优化志愿者服务，通过招募志愿者服务老人，维护秩序，指导垃圾分类。志愿者通过服务换积分的形式，累计“时间币”，体现志愿者的劳动价值。通过提升改造，让老人在享受有序、热情服务的同时，感受到“女儿家”服务品牌的魅力。

【“武林大妈”工作站建设推进会】 2019年12月20日，天水街道召开

2019年6月30日，武林商圈党建联盟召开第一届年会（天水街道 供稿）

2019年9月16日，提升改造后的“女儿家”老年食堂重新开业

（天水街道　供稿）

“武林大妈”工作站建设推进会。会上，“公羊会”经授牌成为天水街道“武林大妈”工作站的培训基地，7位“武林大妈”代表被聘请为“武林大妈”工作站站长。“武林大妈”是杭州基层社会治理工作的金名片，“公羊会”是公益社会组织的金名片，两支队伍的融合有力提升街道基层社会治理水平。会后，“公羊会”教官围绕应急救援主题，开设培训课堂，通过现场示范、互问互答和操作演练的形式，教授心肺复苏、人工呼吸等急救技能。

【“鲍大妈聊天室”获评省离退休干部先进集体】 2019年12月，省委组织部、省委老干部局授予天水街道“鲍大妈聊天室”等50个集体“浙江省离退休干部先进集体”称号。“鲍大妈聊天室”是灯芯巷社区“银尚之家”志愿服务体系的“领头雁”和金名片，于2005年6月7日成立，创始人为鲍倩，有2个分部、27名成员。聊天室长年提供聊天服务、心理疏导、矛盾调解3项服务及未成年人教育、养生保健、婚姻家庭生活指导等5项咨询服务，累计为4.7万人（户）次提供各类服务。聊天室旨在为居民排忧解难、宽慰疏导，不断拉近与居民之间的距离，为创建和谐社区贡献力量。聊天室曾获“全国优秀志愿服务项目”“浙江省优秀社区服务项目”“浙江省优秀宣讲团”等称号。创始人鲍倩获全国优秀志愿者、全国好邻居标兵等称号。

【无障碍设施改造完成】 2019年9月，天水街道完成12户困难残疾人家庭无障碍提升改造，成为全区首个完成无障碍提升改造的街道。年初，天水街道召开专题会议，研究梳理困难残疾家庭人员名单，并组织社区工作人员上门实地查看，听取多方面意见。针对改造对象的残疾类别、身体状况及住宅实际，确定实施设施改造4户、配发辅具8户。街道会同区残疾人联合会入户评估实施方案，着眼于方案的安全性、方便性、适用性。街道和社区安排好施工期间每户家庭的生活。施工过程中，街道工作人员每天到现场，协调解决有关问题。针对有些家庭子女残疾、父母年纪大等情况，推出家具家电配送服务，最大限度地满足残疾人家庭的实际需求。（张婷婷）

武林街道

【概况】 武林街道地处杭州商贸服务业高度发达、金融业高度集聚的市中心，是下城区连接世界文化遗产西湖与武林商圈的重要纽带。区域面积1.18平方千米，辖仙林、竹竿巷、长寿、安吉、中北、凤麟、环西7个社区和广利、武林、环西、中北4个楼宇社区。2019年，街道常住人口1.3万户、4.3万人，流动人口0.9万人。辖区有万向信托股份有限公司、嘉里置业（杭州）有限公司、浙江省旅游集团有限责任公司、物产中大集团股份有限公司、浙江省建筑设计研究院、杭州都锦生实业有限公司等重点企业，有安吉路、教场路、武林路等民国时期建筑群，有马寅初旧居、陆游纪念馆、沙孟海故居、张同泰药店、十竹斋等名人名家旧居、历史古迹和国家级非物质文化遗产保护研究基地。街道推进武林路国际商业街区建设，全面打造国际金融集聚区、国际音乐街区、新零售商业集聚区。举办“新经济、新金融，党建引领促进区域企业高质量发展”论坛，推动党建工作与经济工作融合发展。辖区成立“武林路街区商业联盟”。街道获第四次全国经济普查先进集体、“杭州市志愿服务先进街道”等9项市级以上荣誉。

【经济发展】 2019年，武林街道有税收“亿元楼宇”10幢，全年实现税收13.46亿元、地方财政收入7.48亿元。数字经济核心产业增加值7200万元，比上年增长88.1%。服务贸易出口额8088万美元，为年度计划的101.1%；限额以上社会消费品零售总额18.14亿元，增长3.4%；固定资产投资5000万元。完成产业链招商项目5个、五大产业招商项目53个，集中签约项目6个。武林国际金融集聚区平台引进企业234家，注册资本22.64亿元。其中引进浙江省振兴乡村建设投资发展有限公司、浙江金蚂股权投资管理有限公司等重点企业项目，浙江物产国际贸易有限公司注册地重新落户下城。成立杭州耀江企业服务有限公司，为辖区中小企业提供融资服务。

【环境综合整治】 2019年，武林街道推进“美丽街巷”建设，配合市政部门完成永丰巷和竹竿巷（山子巷以东）道路及沿线小区主要出入口整治和各类市政基础设施改造提升。对部分雨污管网进行重新布设。完成永丰巷民俗公园修建、竹竿巷白泽公园绿化景观提升。关停环城西路、孩儿巷12家无证照餐饮店，实现无证无照小

2019年11月，古新河获评市级“美丽河道”。图为古新河河道

（武林街道　供稿）

餐饮“清零”。加强登革热防控，以网格为单位开展“扫楼”行动。升级改造垃圾房硬件设施，探索建立垃圾袋溯源机制，推动生活垃圾定时定点分类投放。11月，古新河（桃花河）被市建委评为市级“美丽河道”。

【社会事业建设】 2019年，武林街道完成50幢房屋“清肠”、仙林社区居家养家服务中心建设等26项民生实事。麒麟街小区试点老旧小区提升改造，推进永丰巷、竹竿巷“美丽街巷”打造。中北社区引进“小区管家”服务项目，为小区提供保洁、保绿、保序等综合性服务。环西社区混堂桥小区安装电动自行车智能充电桩3个。长寿社区思敬里小区探索建立“金管家”智慧小区，9户残疾人家庭实施无障碍设施改造。升级完善长寿桥区域消防设施。配合市地铁集团完成环城西路4幢危房解危处置和保护性施工。完成孩儿巷3幢旧住宅改造，旧住宅改造项目设计方案获全区大比武活动二等奖。

【社区文化建设】 2019年，武林街道发挥下城文化长廊的起点优势，打造“武林古韵”“武林非遗”文化品牌。承办第十一届浙江·中国非物质文化遗产博览会“传统工艺进社区”主题活动，之江国际青年艺术周校园歌手在武林路国际音乐街区举行专场演出，观看演出60多万人次；承办“遇见·下城”旅游推介暨“美丽街巷”开街仪式、下城区文化遗产宣传展示系列活动启动仪式暨首场展示活动；与省旅游集团旗下悦游网联合举办“悦游·武林，听武林说武林故事”主题活动，推出系列惠民旅游措施；邀请美国钢琴家加里·格拉夫曼等10多位国际音乐大师考察武林路国际音乐街区。推进社区文化家园建设，环西社区文化家园开辟百米文化长廊，增设文化橱

2019年5月30日，之江国际青年艺术周组委会、区委宣传部联合举办之江国际青年艺术周校园歌手走进武林路国际音乐街区专场演出　（武林街道　供稿）

窗和社会主义核心价值观主题墙。打造生态文化园，展示生态文化建设成果。利用万象公园区域优势，扩大“武林廉韵”等文化品牌影响。中北社区建成具有地方特色的一馆（陆游纪念馆）、一墙（法轮寺弄廉政文化墙）、一楼（社区办公大楼）、二亭（孝女亭、同善亭）、二场地（孝廉文化广场、孝廉文化园地）的中北社区“孝廉”文化家园。环西、中北社区文化家园被评为杭州市三星级社区文化家园。开展廉政文化“四进”活动，组织“清廉武林、青年先行”主题畅谈分享会。举办中秋诗词朗诵会，建立武林新乡贤联谊会，打造全区首个乡贤馆，并推出《武林乡贤十二时辰》宣传片。

【维护社会稳定】 2019年，武林街道学习运用“枫桥经验”，建立健全矛盾纠纷调解机制和“四员联调”工作机制，夯实社会稳定基础。全年调处各类矛盾纠纷36件，调解成功率100%，无民转刑案件发生。处理“12345”热线信访交办件470件、来信来访13件、网上投诉30件。进一步健全“武林大妈”平安信息网络，实现全街道31个网格“武林大妈”全覆盖，每个网格配备2名“武林大妈”志愿者，参与社区管理、平安巡防，当好信息员、调解员。组织志愿者协助维护地铁凤起路站和武林门站站内乘车秩序。全国“两会”及庆祝中华人民共和国成立70周年活动期间，“武林大妈”志愿者参与平安巡逻1.38万人次。开设“武林大妈”5G平安课堂，与杭州“公羊会”、中国移动通信集团杭州分公司建立维稳工作合作机制。

【基层党建】 2019年，武林街道开设“武林论道”讲堂，组织“党建双强”擂台赛、“微党课”比赛、党建知识竞赛，引导党员干部在“热起来、干起来、比起来”的竞争氛围中创造一流业绩。修订完善《加强领导班子自身建设的措施》《机关党建工作实施细则》。在杭州嘉里中心探索成立首个外资银行联合党支部，填补全市外资银行党组织的空白。与80多个单位签订党建共建协议，与浙江文化馆签订文化惠民暖心行动共建项目，联合万向信托有限公司开展“最美武林人”系列评选活动。推进街

2019年3月29日，武林街道在“武林论道”讲堂举办法律知识专题讲座
（武林街道　供稿）

道党群服务中心建设，完成7个社区党群服务中心和广利楼宇社区党建阵地提升改造，将都锦生织锦博物馆、马寅初纪念馆等场馆打造成为红色教育基地并进行授牌。组织开展“红色武林先锋行”活动，承办“唱支赞歌给党听”武林K歌红歌会。全面深化网格党建和业委会党建，细化60项具体工作，在仙林社区浙报公寓、环西社区景湖苑小区打造党建引领小区治理示范小区。

【武林平安共同体建设】2019年，武林街道深化以杭州嘉里中心为核心的平安共同体建设，完善主体责任架构、网格化布局、社会联动响应、应急处突机制“四位一体”的安全防范体系，对反恐怖防范责任主体制度、反恐怖防范实施机制、反恐怖防范处置预案、反恐怖防范工作制度进行细化，进一步明确各部门职责。市市场监管局以杭州嘉里中心城市商业综合体安全防范标准化体系为样板，出台杭州市地方标准《反恐怖防范系统管理规范之商业综合体》。加强护校安园工作，在辖区10所中小学及幼儿园上学、放学高峰时段派出10名特保人员进行执勤；完成环西社区、仙林社区微型消防站提升改造和孩儿巷小区、思敬里小区安防智慧小区建设。严格落实安全生产责任制，开展消防安全、特种设备使用安全专项检查，对小区楼道随意拉线充电等行为进行整治。全年出动2956人次，检查企业951家次，组织辖区单位消防演练24次。在辖区重点单位完成140套智慧用电装置安装。加大对电动自行车出行佩戴头盔的宣传力度，向辖区居民发放头盔1300顶。

【民生保障】2019年，武林街道为困难家庭发放一次性救助金60.25万元、临时性救助金47.12万元，为低保家庭发放参保补贴12.41万元。“春风行动”募集善款24.5万元。规范街道“睦邻慈善爱心家园”管理，健全慰问物品采购、发放等制度，为困难家庭发放慰问品8000多份，接待困难群众来访817人次，对收入、人口有变化的困难家庭及时进行调整，真正做到动态管理。全年新增就业1412人，失业人员实现再就业903人。劳动纠纷化解中心处置劳动纠纷273件。劳动仲裁派出庭处理劳动纠纷55件，涉及劳动者117人，涉案金额340.21万元。妥善处理杭州丽珀粤尚餐饮管理有限公司群体欠薪案件，涉及劳动者35人、金额43.79万元。

【延安路武林段景观提升工程完成】2019年，武林街道推进延安路国际化商业大街武林段景观提升工程，工程涉及浙江省供销合作社茶叶大楼、浙江饭店、浙江移动通信集团武林分公司、中国银行庆春支行等15个单位的17个点位。街道专班人员每日跟进，会同区城管局对沿线单位进行走访、沟通、对接，克服项目工期紧、沟通协调任务重等困难，高标准设计、高效率对接、高质量施工，历时200天，按期完成延安路武林段景观提升工程。9月28日晚，提升改造后的延安路全线亮灯，延安路成为一条可游、可观、可玩、可读的夜景游线，吸引1万余市民游客前来体验。

【居家养老服务水平提升】2019年，武林街道完善养老配套设施，对位于清远里1号、占地面积400多平方米的原街道敬老院进行装修改造，打造成武林辖区示范型居家养老服务中心。提升改造中北社区里弄服务中心，街道实现养老服务中心全覆盖，6个社区级养老服务中心为老服务水平不断提升。

2019年9月28日晚，景观提升改造后的延安路全线亮灯
（武林街道　供稿）

新增仙林社区老年人助餐点，辖区老年人助餐点覆盖率超过85%。成立武林街道为老服务联盟，联合单一为老服务社会组织和爱心企业，分别提供各自的优势项目，开展更多更好更优质的综合为老服务。有10个社会组织、11家企业（商户）、1个基层卫生机构加入为老服务联盟。建立居家养老服务员日常走访制度，为社区老人提供陪聊、买菜、配药、量血压、测血糖等服务。开展居家养老服务员专业培训、优秀居家养老服务员评比等活动。每月召开居家养老服务员例会，听取居家养老服务员工作汇报，在交流中取长补短，共同提高。7月，武林街道召开表彰大会，对评选出的梅飞萍、杨华平2名优秀居家养老服务员进行表彰。

【就业创业服务】 2019年，武林街道根据《杭州市关于做好当前和今后一个时期促进就业工作的实施意见》，深入企业、店家，充分挖掘辖区企业用工潜力，全力做好就业创业服务工作。组织各社区通过微信群、宣传栏和电子屏，宣传就业创业政策，发放各类资料300多份，为企业和求职者牵线搭桥。联合辖区有关单位举办两场春季小型招聘会，帮助高校毕业生、就业困难人员、失业人员实现就业和再就业。

【“蓝丝带”残疾人关爱计划实施】 2019年，武林街道有残疾人1076人，其中，视力残疾122人、听力残疾199人、多重残疾36人、精神残疾148人、言语残疾11人、肢体残疾441人、智力残疾119人。2019年5月，街道联合浙江树人大学，实施“蓝丝带”残疾人关爱计划2.0版，组织辖区残疾人连续开展6场以“促残疾人士创造力发展，激工疗成员发散性思维”为主题的系列活动。通过创造力演讲视频学习、创造力游戏、丝网花制作、水果拼盘制作等方式，开拓残疾人的创新能力，让残疾人更好地融入社会，实现自我价值。为困难残疾人家庭实施无障碍改造，结合实施关爱计划，为有康复需求的重度肢体残疾人提供康复服务。

【“同善园”开园】 2019年11月21日，以夏同善少年生涯为主线、弘扬武林街道廉政文化的“同善园”在中北社区开园。武林街道为纪念夏同善，挖掘武林街道廉政文化的历史底蕴，助推党风政风民风社风建设，在中北社区开辟场地，修缮“同善园”。“同善园”位于中山北路与凤起路交叉口的国都公寓小区内，小区内木亭经过修缮后挂上“同善亭”牌匾，亭子两边悬挂夏同善书写的楹联。开园仪式上，中北社区与西湖区转塘街道大清社区签订“同善廉政文化”共建协议书，构建清廉友善的纽带。转塘街道夏同善纪念馆还向中北社区“同善园”赠送夏同善作品。“同善园”成为下城区廉洁文化的打卡点。

资料：夏同善

夏同善（1831—1880），字舜乐，号子松，原仁和（杭州）人，出生在现武林街道中北社区，以审理“杨（杨乃武）葛（小白菜）冤案”闻名。清同治十二年（1873年），浙江发生“杨葛冤案”，省、府、县三级七审，屈判成冤案。同治十三年（1874年），杨乃武的姐姐赴京告状，通过浙江籍京官帮助申冤。夏同善与张家襄、朱智、林洪、汪鸣銮等28名官员联函奏请刑部要求复审，获慈禧恩准。光绪二年（1876年），“杨葛冤案”真相大白，参与该案的数十名贪官受到不同程度处罚。夏同善事迹被后人编成评弹作品，广为传播。

【美美艺趣空间获“最具品质体验点”称号】 2019年10月，“民意直通·市民体验”活动暨杭州市民体验日启动。启动仪式上公布杭州市年度“最具品质体验点”。经过社会推荐、市民投票、专家评审等环节，杭州市城市品牌促进会从近2000个候选点中选出武林路美美艺趣空间等50个体验点，授予其杭州2019年度“最具品质体验点”称号。武林路美美艺趣空间是武林路国际商业街区建设指挥部与中国美术学院合作打造的项目，自9月开放以来，举办体验活动近100场，活动包括篆刻、剪纸、纸艺皮影等“非遗”文化体验和版画、书法、蓝晒等艺术体验。（陆力舟）

长庆街道

【概况】 长庆街道面积1.39平方千米，辖王马、吴牙、柳营、新华坊、十五家园、浙大御跸6个社区。

2019年，街道常住人口2.0万户、4.2万人，流动人口1.4万人。街道推进“活力长庆、实力长庆、宜居长庆、和谐长庆”建设，率先试点基层社会治理体系和治理能力现代化改革，建成街道社会治理综合服务中心，成立全省首个街道级综合执法队。整合各类信息平台，打造“长庆微脑·数字驾驶舱”，构建以党建为引领，整合执法、审批、综治三大功能，以“长庆微脑”为现代化治理支撑的“1+3+1”中心城区基层社会治理运行机制，基层治理实现放权、赋能、提质、增效。长庆派出所获评全国首批、全市唯一“枫桥式公安派出所”，《人民日报》专题报道长庆派出所创新发展“枫桥经验”做法。杭州中国丝绸城入选浙江省高品质步行街试点单位。王马社区获评全省城乡社区治理和服务成绩突出集体，王马社区人大代表联络站获评杭州市首批“最美人大代表联络站”。

【经济发展】 2019年，长庆街道实现税收21.02亿元，比上年增加3.98亿元，增长23.3%。实现地方财政收入10.47亿元，社会消费品零售总额31.42亿元，服务贸易额1.83亿美元。完成固定资产投资6303万元，增长21.2%。有年纳税100万元以上重点企业141家，其中1000万元以上企业26家、300万元～1000万元企业43家。全年引进企业230家，注册资本303.7亿元，引进企业总量位居全区第一。其中，注册资本100万元～500万元企业101家，500万元～1000万元80家，1000万元以上35家。新引进金融、商贸、信息、文创、健康五大产业企业70家，完成年度计划的2倍。金融板块基金管理规模突破800亿元。浙江省担保集团有限公司、浙江制造业转型升级投资有限公司、浙江省农业担保有限公司等单位6个投资项目集中签约。

2019年8月21日，浙大御跸社区老年食堂完成提升改造 （长庆街道 供稿）

【环境综合整治】 2019年，长庆街道深入推进“小区管家”试点，王马社区、浙大御跸社区实施“小区管家”项目。完成老旧小区加装电梯8台。直燕子弄（横燕子弄）建成“美丽小巷”。对东清、长宁街、十五家园3个小公园及十五家园公厕、西健康路公厕、中河立交桥公厕进行改造提升，完成长宁街8幢、10幢、11幢、13幢等居民楼道砖修复。提升绿化品质，完成1万平方米绿化补栽和修剪。完成御跸苑140幢老旧小楼房管网“清肠”。开展餐饮业污染投诉问题专项整治，51家小餐饮店完成整治。按照“五个一”（具备一个走字屏、一个洗手台、一块宣传牌、一个自动感应门、一套除臭设备）标准，为新华坊、贡院小区、青云街和木庵、御跸苑小区配备智能垃圾房，街道获评下城区垃圾分类工作先进集体。巩固“无违建街道”创建成果，全年拆除存量违建1500平方米，拆除增量违建11处200平方米。建成“污水零直排小区”21个，配合市水务集团和区城管局对青春坊、水星阁两个小区实施二次供水设施改造。

【社会事业建设】 2019年，长庆街道完善“1Call”移动办事系统和“一窗受理”综合服务模式，进一步简化居民办事流程。全年“一窗受理”承接事项132项，其中市、区下放事项39项。新增就业1865人，实现失业人员再就业857人，登记失业率控制在4%以内，为163人次发放失业救助金242.48万元，为770多人次申请就业专项补贴346万元。王马社区创建成为省级“高质量就业社区”。完成年度用人单位书面审查1137个，规范企业用工管理40多家，处理"12345"信访件和"110联动"交办件117件，协调处理劳动纠纷50多件，督促用人单位支付拖欠工资70多万元。全年发放慰问金、救助金4410.73万元。为12户重度残疾人、老年人家庭实施无障碍设施改造。完成柳营社区便民服务中心、浙大御跸社区老年食堂提升改造，开办全市首个"1+6"杭州市老干部大学长庆分校，实现社区老年食堂、老年大学全覆盖。率先在全区完成街道、社区两级退役军人服务站建设，服务站开展帮扶、慰问活动，发放慰问金20.48万元。开办社工知行讲堂，成立导师营，选聘6位社区书记担任社工导师，选派18名社工分别赴湖北省恩施州、上城区小营巷社区、西湖区翠苑一区挂职锻炼。

【社区文化建设】 2019年，长庆街道开展各种主题文化活动，丰富和充实社区品牌文化内涵。举办主题讲堂活动55场。建成柳营社区便民服务中心和城市书房。开展红色之旅、红色观影、老兵说故事等"八个一"系列活动，推选"十佳最美退役军人"，邀请老战士为居民讲述军旅故事、为党员上党课。街道民间花灯手艺人张军接受浙江电视台教育科技频道《宝藏》栏目专访。长青合唱团参加第十届全国中老年合唱艺术节，获群星金奖和明星金奖。长庆街道获评杭州市"30分钟市民学习圈"示范街道。王马瓯雅艺术团、浙大御跸百老惠艺术合唱团等4支团队获评区五星级团队，吴牙乐明潮瑜伽队、柳营舞蹈队等9支团队获评区四星级团队，新华坊民乐队、十五家园快乐丝韵葫芦丝队等5支团队获评区三星级团队。吴牙乐明潮瑜伽队获"杭州示范性学习共同体"称号，丁云川·王马红色讲师工作室被评为下城区社区教育"民家工作室"。

【维护社会稳定】 2019年，长庆街道加强部门联动，推进社会治安综合治理。对环北市场周边秩序乱象开展执法"扫叶行动"，对占道打包、非法营运、违法改装三轮车等问题进行专项整治，出动执法人员392人次，查处非法改装电动三轮车172辆，整治非法打包点27处，收缴违法改装电瓶86只。深化"雪亮工程"建设，根据布点需要调整移机监控。压实消防安全责任，为辖区176套出租房和500名独居、孤寡、特困老人安装独立式烟感报警器。提升改造社区微型消防站3个，安装电动车智能充电系统4处，升级改造电动车集中充电点位66处。落实当地流动吸毒人员"双列管"和外地吸毒人员劝返、协管工作，注销毒瘾未戒和"毒驾"人员驾驶证26本，注销率100%。开展为期一个月的"平安回家路，无毒最幸福"主题禁毒宣传教育。辖区各小学开展"做自己的首席安全官——平安校园行"主题禁毒宣传活动。街道平安建设工作考核成绩位列全区第一。

【基层党建】 2019年，长庆街道全面贯彻从严治党要求，以学做结合为目标，组织开展习近平新时代中国特色社会主义思想主题宣传活动、"不忘初心、牢记使命"主题教育活动，街道理论中心学习组组织专题学习60次。举办"加强党的政治建设主题党课暨'我的挂职体会'分享交流会"、"我与学习强国"等知行讲堂主题活动6次。组织干部到深圳、上海和杭州"五四宪法"历史资料陈列馆等地参观见学20多次。选派24名街道、社区干部到市、区部门和重点岗位挂职锻炼。推进"党群联盟+伙伴联盟"建设，在辖区单位中建立党群联盟，提高党组织服务群众的能力和水平。落实基层党建工作责任制，抓好重点领域发展党员工作，全年发展党员11名。打造汇金国际楼宇社区党群服务中心，面积300多平方米，中心集党群活动、产业互联、企业服务、人才驿站、同心联谊、共享办公六大功能于一体。打造柳营社区党群服务中心，面积700多平方米。长庆街道党群综合体服务群初步形成。完善党建共建机制，实施"红色纽带工程"，吸纳共建单位63个。重点打造杭州中国丝绸城党建特色街区"云上丝绸城"，围绕"国风丝韵·数字街区"目标，展示红色文化、红色服务和红色品牌，推进特色街区和社会组织"两个覆盖"专项工作。

【基层社会治理"1+3+1"新模式打造】 2019年，长庆街道在全省率先试点基层社会治理体系和治理能力现代化改革工作。改革试点以党建引领基层治理、审批服务整合、综合执法改革、信息化平台建设为主要任务，构建以党建引领，整合执法、审批、综治三大功能，以“长庆微脑”为现代化治理支撑的“1+3+1”中心城区基层社会治理运行机制，基层治理实现赋能、助力、减负、增效。运行机制以“社区党委、网格党总支、楼道党支部”三级治理体系为支撑，推进党建共建“红色纽带”工程。整合审批服务事项，推进审批事项下放，实现为民服务“就近办”；推进执法改革，成立全省首个街道综合执法队，承接区城管局等5个部门288项执法事项，破解“执法权缺失、执法领域交叉”等治理难题，实现一支队伍管执法；成立街道社会治理综合服务中心，将矛盾纠纷多元化解中心、诉讼服务中心、法律服务中心进行有效整合，实现接访、矛盾纠纷化解“最多跑一地”。将智慧化应用作为提高社会治理能力现代化的重要抓手，依托“城市大脑”下城平台，建立“长庆微脑·数字驾驶舱”，将信访、审批、执法等部门系统后台数据接入“长庆微脑”，实现数据互通、“智慧分析”、科学决策。改革试点工作获省委书记车俊，省委常委、市委书记周江勇等领导充分肯定。新华社《国内动态清样》《新华每日电讯》等媒体和《浙江日报》等省、市媒体刊登70多篇长庆街道社会治理改革报道。

【婴幼儿照护服务】　2019年，长庆街道作为中国计划生育协会婴幼儿照护服务示范创建区示范点，全力打造全省首个社区服务模式的普惠型婴幼儿托育园，推进3岁以下婴幼儿照护服务试点工作。街道腾出十五家园10幢楼房作为照护服务机构工作场所，面积448平方米。通过专家评审择优选出具有专业资质的幼托机构——杭州市下城区智乐宝贝托育园承接场所运营工作。长庆街道按照属地管理原则，以“高标准、高质量、可持续”发展为目标，全力支持社会力量开展普惠性婴幼儿照护服务，全面提升辖区婴幼儿照护服务水平。托育园从开展3岁以下婴幼儿照护服务家长教育培训入手，开设家长科学养育婴幼儿课程，提高家长科学养育能力。

2019年7月26日，杭州老干部大学长庆街道分校揭牌　（长庆街道　供稿）

【全市首个街道级老年大学分校成立】　2019年7月26日，杭州老干部大学长庆街道分校揭牌仪式在长庆街道举行。长庆街道分校由街道与杭州老干部大学合作开办，是全市首个杭州老干部大学街道级分校。分校以“师资保障、科学管理、收费合理、氛围优良”为目标，引入杭州老干部大学优质师资力量，采用公益办学模式，首创“导师+助教+志愿者”的精品小班化教学模式和班级自治的体系化管理方式，开设书法、绘画、声乐等10多个特色班，招收学员153人，为辖区老人提供社会生活拓展、延续及文化素养再提升的平台，实现“家门口的大学，让邻里变同学，让同学变老友”，打造老有所学的课堂、老有所乐的舞台、老有所为的阵地。

【“王马·初心小巷”建设】　2019年，长庆街道实施“王马·初心小巷”改造项目。“王马·初心小巷”涵盖长庆潮鸣卫生服务中心、王马社区、长庆派出所、杭州青蓝小学4个全国先进单位。改造范围由直燕子弄东起东清巷，西至新华路，全长240米；横燕子弄南起王马巷，北至直燕子弄，全长140米；改造总面积2190平方米，涉及居民1740户。街道以“三巷、一中心、‘1+4’公园”为改造主线，对红色

2019年12月16日，长庆街道“王马·初心小巷”开街　（长庆街道　供稿）

文化、居住环境、基础设施进行全面提升。改造项目包括整修小巷两侧建筑外立面、更换59个单元门顶部彩钢瓦和部分楼幢雨棚、晾衣架等。对改造范围内的表层路面重新铺设沥青，新增公共卫生间母婴室，增加公园和王马生活馆公共坐凳；在路口节点增设地灯和射灯。以四季有花为主基调，补种早樱、垂丝海棠、春鹃、紫薇、桂花、香泡、红梅等植物，提升绿化品质。12月16日，长庆街道举行“王马·初心小巷”开街仪式，改造后的小巷展现长庆辖区古街巷悠久的市井历史文化底蕴。

【登革热防控】 2019年，长庆街道推进登革热防控工作。街道6个社区“小区管家”和物业公司保洁员，定期清理小区周边绿地垃圾及地下停车场库、楼道、屋顶堆积物，确保无卫生死角。根据越冬灭蚊的统一安排，组织有害生物消杀公司对社区绿化带、楼道、地下室连续喷杀，清除“四害”滋生场所。9月，每日安排50名保安，协同消杀公司对6个社区开展早晚消杀，清理花坛积水、楼道堆积物；每日对接卫生防疫站布雷登指数测验，做好防控工作日志。动员社区居民开展“翻盘倒罐清积水、打扫卫生防伊蚊”行动。其间，街道召开登革热联动防控会议21次，出动巡查2800人次，喷洒灭蚊药剂310千克，清运垃圾3200多吨，消杀面积103万平方米，确保蚊虫叮咬指数控制在安全范围内。

【开展“春风行动”】 2019年，长庆街道开展第十九次“春风行动”，辖区各单位及爱心人士主动为困难群众捐款。26家爱心企业（组织）、103名爱心人士捐款40.61万元；环北小商品市场向巴东县溪丘湾乡捐赠冬衣1.8万件，价值90多万元；浙江浙商实业股份有限公司、浙江裕阳知识产权代理有限公司等9家企业定向捐款20万元，用于贵州黎平县、湖北巴东县脱贫工作，辖区企业累计募捐150多万元（含实物）。春风行动募集的善款用于困难家庭生活救助、春风助学、春风助医、临时性救助等，帮扶救助对象为低保家庭、残疾人家庭、低保边缘家庭、街道级困难家庭、社区级困难家庭和外来务工人员等，帮扶对象覆盖各困难群体。

【全省首个街道综合执法队成立】 2019年5月28日，全省首个街道综合执法机构——长庆街道综合执法队在柳营巷22号揭牌成立。作为全省综合行政执法改革试点单位，长庆街道率先对执法事项、执法权力、执法机制等进行梳理。整合辖区站（所）、中队执法力量和资源下沉街道，以街道城管中队为主体，由市场监管、环境保护、规划与自然资源、卫生健康、人力社保等部门选派相应人员，在街道设立综合执法队，实行属地管理，代表街道办事处统一行使街道范围内综合执法权力。按照“依法下放、宜放尽放”原则，将点多面广、基层管理迫切需要、居民群众最需要的执法事项划转至街道执法机构统一行使。该综合执法队首批承接区城管局、区市场监管局、区人力社保局、区卫生健康局、区文广旅体局、区住建局、市规划资源局下城分局、市生态环境局下城分局8个部门14个领域的权力事项320项，以街道名义开展执法工作。建立健全街道与区相关职能部门执法案件移送及协作机制，实现跨部门、跨层级、跨地区联动响应和案件移送。建立覆盖全体综合执法人员的职业培训制度，范围从原执法持证上岗人员扩展到街道综合行政执法队全体人员。

大队按照“缺什么、补什么”原则，开展业务培训，提高工作人员为民办事能力。

【王马社区人大代表联络站获评市“最美人大代表联络站”】 2019年11月，长庆街道王马社区人大代表联络站被评为全市首批“最美人大代表联络站”。王马社区人大代表联络站是下城区首个人大代表社区联系接待站，于2003年8月挂牌成立。联络站坚持站点设置在一线、代表履职在一线、解决问题在一线的要求，围绕党委、政府中心工作，开展各项活动。联络站根据“整合资源、方便就近、分片布局”的设置思路，将柳营、新华坊等社区代表联络点纳入王马社区联络站范围，扩大服务半径，加强工作协同，拉近与选民距离，畅通反映诉求渠道，形成“区—街道—社区”三级代表工作机制及“条块结合、以块为主”的代表联络格局，推动街道重大项目、重点工程建设加快和各项为民办实事工作落实到实处。

【王马社区党委书记入选首批省级兴村(治社)名师名单】 2019年3月27日，省委组织部公布首批50名省级兴村(治社)名师名单，长庆街道王马社区党委书记俞红入选该名单。省委组织部深入贯彻全国全省组织工作会议和组织部长会议精神，认真落实基层党建“五个提升”的要求，进一步推动村(社区)干部队伍整体优化提升工作，在各地推选的基础上，认定首批省级兴村(治社)名师。俞红自2013年1月起担任王马社区党委书记，曾获浙江省新时代“千名好支书”、杭州市“最美社工”等称号，并当选中国妇女第十二次全国代表大会代表。王马社区是全国第一个楼道党支部的诞生地，俞红依托楼道党支部、“66810”为民服务工作法等载体，带领社区党员干部和群众坚持党建引领，积极创新工作方法，探索网格区域化党建工作，进一步提升基层党组织的凝聚力和战斗力。围绕妇联工作重点和主线，坚持以党建带妇建，打造王马的“妇”字号工作品牌，并致力于该工作品牌走出下城，走向全国。（沈旭虹）

潮鸣街道

【概况】 潮鸣街道位于贴沙河、东河、大运河三水相绕的下城区东南部，环境宜人。区域面积1.98平方千米。辖刀茅巷、东园、艮园、体东、东河、艮山门、所巷、知足弄、小天竺9个社区和凤起、庆春、环北3个楼宇社区。2019年，街道常住人口2.66万户、7.2万人，流动人口0.7万人。潮鸣街道以项目带动“精致潮鸣”建设。落实重点企业街道领导联系制度，协调解决企业发展中的困难问题240多个。推进全国街道服务管理创新试验区试点工作，打造潮鸣街道数字驾驶舱，提升服务便捷度、管理精准度和群众满意度。成立“芳芳邻里坊”“维生民情站”品牌居委会本土委员工作室，深化“潮邻议事厅”作用，完成民生实事项目39个。坚持“四问四权”(“办不办”问情于民、“办什么”问需于民、“怎么办”问计于民、“办得好不好”问绩于民；落实杭州人的知情权、选择权、参与权、监督权)，深化居民议事制度，《人民日报》客户端和省、市主流媒体专题报道该做法。街道获评省级文化强镇(街道)、全省“五水共治”工作考核优秀街道、杭州“最美办事窗口”、“8·28应急处置工作先进集体”、“美丽下城”建设“强基固本”先进集体等称号。

【经济发展】 2019年，潮鸣街道财政收入14.39亿元，比上年增长17.3%。其中一般公共预算收入7.96亿元，增长18.3%。辖区有税收1000万元以上企业25家，其中16家税收增速超过30%。浙江物产金属集团有限公司实现跨越式发展，营业收入首次突破1000亿元，达1010亿元。限额以上商贸销售额1168.52亿元，社会消费品零售总额12.14亿元，分别增长24.2%和5.3%。固定资产投资4.52亿元。引进企业140家，其中注册资本1000万元以上企业47家，浙江交投普洛斯物流发展有限公司、杭州百江能源有限公司、杭州伞伞化工科技有限公司等重点企业落户潮鸣。引进企业新增税收4000多万元，其中，浙金钢材有限公司税收1000万元，杭州百江能源有限公司税收900万元。外贸出口23.34亿元，增长10.9%。经济产能提升，辖区内有税收超1亿元楼宇8幢。维健健康产业园成为集研发、供应链、健康管理于一体的产业园区，北京罗麦科技有限公司、浙江黄锋医院管理有限公司经营实体回归潮鸣。浙江花集网科技股份有限公司、杭州特扬网络科技有限公司等8家企业获评国家高新技术企业，浙江法智科技有限公司等3家企业获评省科技型中小企业。

【环境综合整治】 2019年，潮鸣街道试点开展老旧小区综合改造提升，构建“共享圈、生活圈、文化圈”三圈融合美好家园，试点小区成为市“康养文化型”老旧小区样板，得到住房和城乡建设部副部长黄艳等领导肯定。街道老旧小区改造设计方案获全区设计大比武一等奖。持续开展“靶向一号”“靶向二号”专项行动，拆除违法建筑1700平方米。对莫衙营、建国北路、大树路等重点区域开展专项整治，破解辖区违法经营、出店经营及“三合一”场所等环境老大难问题。完成3个小区二次供水设施改造，其中凤鸣苑小区仅用37天完成改造，创下全市最快的施工速度。环东公寓被评为“省级节水型小区”。推进垃圾分类定时定点投放，垃圾分类准确率明显提高。8月16日，潮鸣街道综合执法中队对小天竺社区某小区物业公司开出下城区首张垃圾分类罚单，成为新修订的《杭州市生活垃圾管理条例》施行后立案查处的首个案例。街道获评下城区生活垃圾分类、生态环境治理、街面洁化等工作先进集体。数字城管进一步扩面，全年采集交办问题11352件，综合解决率99.1%，位列全区第一。

【社会事业建设】 2019年，潮鸣街道对标省级示范养老服务中心，整合六大功能，打造潮邻益家居家养老服务中心，满足老年人康复护理、托养照护、器具租赁等个性化需求。在全区率先开展“互联网+养老”改革试点，建立统一信息化管理平台，实现全过程管理、全在线支付，为老年人提供精细化服务。建立街道和9个社区退役军人服务站，完成退役军人信息采集、社保接续等工作。开展首届“最美退役军人”评选，营造全社会拥军优抚氛围。对重点治安部位监控进行提升改造，整合公共服务和社会服务资源，实现区级职能部门与街道数据资源按需实时共享。推进智慧安防小区建设，7个小区增加道闸，安装智能门禁、智慧用电系统、智慧充电桩。全年出动消防和安全生产检查人员2240人次，检查单位场所1940个次，发现安全隐患328处并全部整改到位。破解高层消防难题，中江花园、中大凤栖花园完成市级隐患单位摘牌。加强应急能力建设，3个社区重点微型消防站提档升级。推进既有住宅加装电梯工作，锦园13幢38号、东园22幢3个单元加梯案例为下城区加装电梯提供“潮鸣经验”，全年既有住宅加装电梯完工11处，进度、数量均列全区第一，获评下城区既有住宅加装电梯工作先进集体。

【社区文化建设】 2019年，潮鸣街道深入挖掘潮鸣800年文化底蕴，打造特色文化印记，建好“武林诗韵”平台，展现潮鸣特别风采。以“潮鸣廻声，睦邻归德”为主题，在回龙庙和游泳巷建造主入口雕塑、名人堂浮雕、归德小院及慢跑绿道、居民花园示范点、潮鸣寺印迹公园、适老休闲公园，提升街道文化内涵。每星期六在古城门纪念馆广场举办“潮鸣廻声，相约古城门”文艺演出，丰富群众生活。开展以“扬浩然正气，迎福满

2019年7月19日，潮鸣街道召开“潮鸣红云·百企携手”项目发布会暨“潮·智汇”经济论坛

（潮鸣街道 供稿）

乾坤”为主题的廉政书画活动，弘扬廉政文化。打造全市首个公益性街道级百姓录音棚，录音棚成为辖区群众最喜爱的“潮鸣好声音”。发挥工青妇和科协作用，组织青春视频拍摄、各类志愿服务、青少年校外教育等活动。“武林诗韵·同心门”统战文化阵地获评下城区基层统战工作单项特殊典型范例。东河、小天竺两个社区文化家园建成，街道创建成为省级文化强镇（街道）。

【维护社会稳定】 2019年，潮鸣街道深入推进平安街道创建工作，开展“护校安园”、“扫黄打非”、交通综合整治等专项活动，筑牢和谐稳定“防火墙”。实行社区治理网格化，推动社会治安与社区网格化管理相融合，凝聚群防群治力量。完善社区平安巡防制度，加强矛盾纠纷隐患排查。强化安全生产工作，开展安全常识教育、消防安全演习和大检查活动29次，参加教育培训1万余人次。建立重大疑难集体劳动纠纷联动处理机制，开展“无欠薪”专项治理，全年调处矛盾纠纷105起，调处成功65起。依法依规维护劳动者合法权益，为100多名员工讨回欠薪400多万元。

【基层党建】 2019年，潮鸣街道出台工程项目招标管理办法等制度20多个，开展主题教育、党章党规学习、典型案例观看、警示基地参观等活动，筑牢党员干部拒腐防变防线。召开“潮鸣红云·百企携手”项目推介会，100多个党建联盟单位认领“潮·先锋”等十大共建项目。建立红会医院院史馆等开放式主题党日活动点。开展“潮我看齐”最强党务争创、“一网格一项目、一支部一特色”争创等活动，召开“树红旗，擂战鼓，振精神”克难攻坚大比武交流会，组织选树“党建双强”等身边典型。街道成立党建引领小区治理领导小组，向小区派驻治理专员56名，有效解决老旧小区改造试点、环东公寓高层二次供水等民生实事。加强干部队伍建设，选派年轻干部到重难点项目一线挂职，实施“雏雁成长”素质提升工程和“潮社工能量包”项目，提升社区工作者能力素质。

【人才服务机制建设】 2019年，潮鸣街道建立联系服务人才机制，出台引才激励办法，解决高层次人才引进难问题。全年街道申报市“521”人才、区“513”人才各1名，推荐市高层次D类人才2名、区“十佳人才”1名。街道优化就业创业环境，开展人才走访调研和大学生及各类人才创新创业活动，多渠道宣传潮鸣人才环境，潮鸣街道成为全区“大创类”（大学生创业）工作优秀街道。潮鸣街道公共职业介绍所获“杭州市模范集体”称号、潮鸣WSC公益职介项目被评为“杭州市十大公益援助示范项目”。

【街道办事窗口获评杭州“最美办事窗口”】 2019年，潮鸣街道深化“最多跑一次”改革，全面梳理街道行政审批和公共服务事项清单132项，通过减环节、减材料，公共服务事项“跑一次”“零跑次”“一证办”比例分别达100%、5%和20%。在全市率先探索制订基层窗口人员“作业指导书”，把计划生育、人力社保、民政服务等12个服务窗口整合成3个标准化综合窗口，实现“一窗受理，受办分离”，并安装24小时自助办理机，为居民提供36项自助办事服务。街道办事窗口获评杭州市“最美办事窗口”。

【全省首个街道数字驾驶舱建成】 2019年，潮鸣街道推进全国街道服务管理创新试验区试点建设，依托“城市大脑”，整合资源数据，通过“云字典、云办理、云网格、云管家、云服务”五大模块的运用，打造潮鸣街道数字驾驶舱，有效提升服务便捷度、管理精准度和群众满意度，为全国城市基层治理体系和治理能力现代化探索出新模式。“云字典”主要包含公共服务、基础设施、视频监控、社会资源、区域管理，实现资源统合；“云办理”通过人脸识别基本了解办事需求，实现精准化服务；“云网格”包含社区网格划分、社区工作者力量配备、重点人群网格定位及走访事件统计分析，通过“云网格”管理实现联动化处置；“云管家”把日常管理的烦琐小事，搬到“云”上，实现“设备换人”，通过系统派单，第一时间落实网格力量进行处置，推进社工减负增效；“云服务”针对老龄人、残疾人等弱势群体提供服务搜索、服务提醒和服务跟踪等民生智能化服务。

【老旧小区提升改造】 2019年，潮鸣街道启动老旧小区提升改造试点，探索打造民生保障、绿色生态、智慧智能、共治共享社区样本。7月，小天竺和知足弄社区提升改造先行试点。改造项目包括管线入地、立面整治、屋顶补漏、楼道修补、电梯加装、车棚改造、绿化彩化、环境美化、停车扩容、雨污分流等。结合提升改造对“小区管家”服务进行再升级，通过小区“AI云管家”、人脸识别系统，全面掌握社区网格、出租户、独居老人信息，实现对人员、车辆智能管理和对火险隐患、电梯运行、道路积水等情况有效监测。通过增加机动车停车位，解决小区停车难问题。通过设置健身游步道、多功能草坪区，增加休息座椅，为居民提供休憩空间和儿童活动区域。12月，小天竺、知足弄社区老旧住宅小区一期提升改造工程完工，25幢居民楼面貌大为改观，2条“美丽小巷”、4个“口袋公园”、5个生活场景成为全省老旧住宅小区改造样板工程的重要标志，2个小区获评下城区老旧小区改造先进集体。

【参与突发事件处置】 2019年8月28日，杭州地铁5号线建国北路施工现场路面突发塌陷险情，潮鸣街道第一时间组织机关干部、社区工作人员赶赴现场，组织开展人员紧急疏散安置，全力保障792户住户2500多名居民生命财产安全。统筹调度各方面力量，将需临时安置的住户集中安置在周边9个宾馆。成立居民接待点，听取居民现实需求。街道应急指挥部24小时值守，随时处置突发问题。成立5个搬迁小组，有序组织树园31幢住户搬迁。搬迁小组以“集中签约之日，就是搬迁签约清零之时”为目标，通过6天紧张工作，实现135户住户搬迁“清零”。9月30日，下城区召开“8·28”应急处置工作表彰大会，总结回顾突发事件应急处置工作，表彰先进集体和先进个人。潮鸣街道获评“8·28”应急处置工作先进集体。

2019年9月30日，下城区召开“8·28”建国北路路面塌陷应急处置工作表彰大会。潮鸣街道被表彰为“8·28”应急处置工作先进集体 （潮鸣街道 供稿）

【“厉害了，我的国——中国制造”青少年研学活动】 2019年7月12日，潮鸣街道团工委、妇联、社会组织党群服务中心联合举办“厉害了，我的国——中国制造”青少年研学活动，30名家长和孩子走进下沙九阳创意工业园感受中国制造的魅力。工业园九阳企业文化区展出1994年发明的世界上第一台豆浆机和满足所有烹饪要求的全套系列厨房机器；“食尚+产品”展厅展出炊具、电磁炉、原汁机、电磁灶、油烟机等机器，包括打破吉尼斯世界纪录的面条机。活动现场组织亲子互动环节，孩子和家长一起制作杯子蛋糕、彩色面条和彩色果汁。研学活动让青少年与九阳食器、食材亲密接触，感受中国制造的强大和物质世界的神奇，体会劳动的真正意义。

【“潮鸣廻声，相约古城门”主题演出活动】 2019年5月11日，潮鸣街道在庆春门小广场举办以“潮鸣廻声，相约古城门”为主题的广场文艺演出活动。活动围绕歌颂祖国、抒发家园情怀等主题，融合舞蹈、合唱等文艺形式，表达人民对美好生活的向往。现场表演《我的祖国》《杭州之歌》《听妈妈讲过去的事情》等节目，展现对党和国家的热爱和感恩。独唱《最美的歌送妈妈》和舞蹈《梦中的妈妈》等节目深得观众喜爱。

（徐蕴翰）

朝晖街道

【概况】 朝晖街道区域面积3.03平方千米，辖大家苑、大木桥、稻香园、河东、虹园、华联、老房地、黎园、施家花园、塘南、应家桥和玉公桥12个社区和潮王、河东、河西3个经济合作社。2019年，街道户籍人口6.69万人。街道全域推进"大美朝晖，宜居街道"建设，打造街道居家养老服务中心，该中心成为下城区养老服务综合体中第一个正式运行的养老机构。实施西湖文化广场景观照明、景观绿化、安防系统、交通治堵等项目，彰显"武林都市"地标新形象。完成2个社区文化家园、2个基层统战新阵地建设。聚焦数字经济发展，通过西湖文化产业平台引进内资企业。加大安商稳商力度，全年走访重点企业330家，解决企业困难105个。下拨及代发企业扶持资金4000多万元，重点扶持"全省交通集团智慧高速云工程与云服务省级重点企业研究院"项目。朝晖街道辖区企业获浙江省科技进步奖一等奖1个、二等奖3个、三等奖6个，拥有软件著作权5项、发明专利1件、实用新型专利2件。

【经济发展】 2019年，朝晖街道实现财政收入23.7亿元，其中地方财政收入15.39亿元。街道以数字经济为引领，实现数字经济核心产业增加值6.86亿元，比上年增长17.5%。外贸出口额44.62亿元，居下城区8个街道第一位。服装外贸出口额2.2亿美元。限额以上社会消费品零售总额21.18亿元。完成固定资产投资1.55亿元。街道有重点企业158家，其中，年纳税1000万元以上企业27家、300万元～1000万元企业53家。全年引进企业164家，注册资本14亿元，其中，注册资本100万元～500万元99家，500万元～1000万元41家，1000万元以上14家。建立数字经济规模以上单位数据库，进行动态统计监测分析，协助杭州浮云网络科技有限公司、浙江华东测绘有限公司、浙江和盛传媒有限公司、浙江中拓物流科技有限公司等重点企业，布局数字经济新领域，推动数字经济与五大产业深度融合。

2019年，下城区南应加河创建成为市级"美丽河道"。图为南应加河畔的银杏林
（区城管局　供稿）

【环境综合整治】 2019年，朝晖街道完成双河弄"美丽小巷"、南应加河"美丽河道"建设。完成老旧小区加装电梯10台。完成朝晖四区63幢、耀江公寓两处高层住宅二次供水改造。开展"翻盖"行动"清肠行动"，疏通雨污水井206处。应家桥、华联、老房地社区推行"小区管家"服务。以中央、省环保督察信访件销号为导向，办理第一轮中央环保督察信访件17件、省环保督察信访件7件。开展小餐饮环境污染整治大行动，出动900多人次，整治小餐饮店111家，其中关停16家，业态转型94家。破解以塔里木餐厅和中山花园为典型的油烟扰民、违法搭建、占道经营等难题，副市长胡伟给予批示肯定。全年申报垃圾分类示范小区7个，实行全域垃圾分类定时定点投放。辖区小区垃圾投放点由708个整合为120个。完成智能垃圾房改造9处，安装智能可再生资源回收机器16台、可溯源智能垃圾袋发放兑换机78台。在西湖文化广场成立全省首个智能化、普惠化垃圾分类宣传教育基地。依托智能设备、视频介绍、互动体验、模拟投放、环保课堂五大功能区，通过寓教于乐、丰富多彩的环保宣

传活动，引领下城区垃圾分类新体系、新时尚的形成。

【社会事业建设】 2019年，朝晖街道全力打造应家桥精品示范社区和稻香园省级无障碍社区，全面完成12个社区硬件设施提升改造。稻香园社区坚持"政府主导、部门协作，社会参与"的原则，投入50多万元，对小区内道路、公园、公厕及社区办事大厅、辖区学校等无障碍设施进行改造，修整无障碍道路，改造古河巷盲道250米、主干道路面洼地60多处，新建缘石坡道20个，公共场所轮椅通行率100%。设立社区办事大厅无障碍服务台，增加无障碍厕位、无障碍停车位，加装无障碍电梯。推出无障碍个性化服务，实施残疾人家庭无障碍改造26户、老年人家庭无障碍改造68户。稻香园社区打造成为省级无障碍社区。深化"最多跑一次"改革，启动街道行政服务中心大厅提升改造，设置24小时综合自助服务机3台，融合多个部门便民服务事项207项。开展第十九次"春风行动"，发放街道四级救助圈家庭慰问金97.55万元。率先完成1.8万名企业退休人员档案数字化工作。华联社区成功申报省级高质量就业社区，"幸福华联·就业微驿站"工作获市有关部门认可。完成用工企业书面审查613家，对501家企业开展劳动保障监察。

【社区文化建设】 2019年，朝晖街道推进文化强街建设，举办杭州市"武林炫风"广场舞大赛（第二季）、"潮涌之江"国庆巡游彩车展、庆祝中华人民共和国成立70周年文化展示、朝晖地区艺术家联谊会元宵联欢等活动。成立朝晖诗社，编印诗刊《朝晖风雅》，诗刊选辑诗社社员诗作102首。朝晖文化综合体开设的"文化微课堂"组织文化培训和体验活动28场，受众1100人次。"文化惠民"培训学校授课144天，受众2800人次。朝晖文化公园开设"古韵居评话书场"，吸引观众2万余人次。完成国民体质监测260人，申报国家体育指导员二级4人、三级15人。应家桥、稻香园社区创建成为杭州市三星级社区文化家园。

【维护社会稳定】 2019年，朝晖街道加强维护稳定工作。拆除朝晖四区地锁176把，彻底解决遗留10多年的乱停车问题。排查整治安全隐患2500多个。新增智能充电桩11处，可供1000多辆电动自行车安全充电。新增183个社区监控探头。提升改造社区微型消防站3个。辖区社会生活平稳有序，无重大安全生产事故发生。

【基层党建】 2019年，朝晖街道坚持党建引领小区治理，强化（社区、业委会、物业）三方联动，落实小区党群议事会制度，建立施家花园社区绿洲花园小区"1+5+N"联动共管平台，深蓝广场业委会党支部创办的"幸福里"党建品牌在绿城小区全面推广，培育老房地社区"居民点评会"、华联社区"同心协商圆桌会"等特色议事平台，破解小区治理难题。完成街道、社区党群服务中心全覆盖，承办全区"武林红盟"启动仪式。成立机场轨道快线临时拆迁工程党支部，服务保障地铁建设。加强流动党员教育管理，成立灌南驻杭流动党员党委创新创业党支部。施家花园社区党委和大家苑社区党委书记金盛华被评为市级

2019年9月18日，下城区朝晖街道庆祝中华人民共和国成立70周年文化展示活动在杭州剧院魔方剧场举行（朝晖街道 供稿）

"最强党支部"和"最强领头雁"。坚持正风肃纪，打造"三小"（小微权力清单、小型工程项目、小额资金拨付）监督体系，建立小微权力清单制度。强化招才引智工作，3人入选区"513"人才库，18人被认定为市高层次人才。加强干部队伍建设，提拔科级干部10名，其中年轻干部3名。

【机场轨道快线（朝晖段）征迁项目完成】 2019年3月27日，杭州市机场轨道快线（朝晖段）征迁项目历时4个月完成。机场轨道快线是服务亚运会的省重点建设项目，起点为吴山西站，终点为靖江站，途经杭州火车西站（筹）、杭州火车东站和杭州萧山国际机场，全长57.5千米，设置车站15座。机场轨道快线（朝晖段）征迁项目于2018年12月3日启动，涉及住宅楼4幢、住户216户，总建筑面积1.28万平方米；非住宅12户、商户60户，建筑面积3500平方米。朝晖街道精心做好签约、腾房、拆房、交地等工作，做到"一户不剩、一事不留、一天不拖"，创造轨道快线建设项目拆迁的"朝晖速度"，朝晖段西湖文化广场站成为全市机场轨道快线首个腾空交付的站点。

【"无违建街道"创建】 2019年，朝晖街道推进"无违建街道"创建工作，全年拆除违章建筑1212处，面积5.85万平方米。会同有关部门拆除塔里木餐厅遗留15年的违章建筑，包括屋顶、雨棚及室外烧烤设施等违建，面积600多平方米。集中拆除朝晖三区14处空中违建，面积1100平方米。借助朝晖四六区农贸市场改造、双河弄"美丽街巷"打造的契机，拆除朝晖六区违建25处，面积250平方米。推进危房解危工作，完成秋水巷7号、朝晖一区37幢、38幢3幢C级危房加固。朝晖街道获评杭州市"基本无违建乡镇（街道）"。

【街道居家养老服务中心开业】 2019年11月13日，朝晖街道居家养老服务照料中心开始营业。该中心是下城区"1+2"养老服务综合体项目中第一个正式运行的居家养老服务中心。中心位于朝晖二区26幢4楼，面积900平方米，设床位11张，助餐位64张，具有日间综合照护、社区助餐、健康管理、居家上门、休闲娱乐、照护者培训六大功能。其中，日间综合照护为辖区内的老年人提供日托服务，向长期照料老人的家庭提供喘息服务，通过专业医护人员指导，实现科学养老、延缓衰老。社区营养助餐根据老年人的需求提供配餐服务，给不便集中用餐的老人送餐上门。健康管理主要针对老年人进行健康养身科普，提供用药咨询指导，提升老年人慢性病控制率，降低疾病发生率。居家上门主要为老年人提供户外活动陪护、购物助引、清洁护理、沐浴更衣、理发剃须、交谈聊天、法律援助等服务。该中心启用后投资200多万元，委托全国知名养老机构上海福苑专业团队管理、中大金石集团旗下朗和（杭州）国际医养中心运营。中心坚持以精准定位、精心设计、精致环境的"三精"建设标准，构建多元化、差异化、专业化的"三化"服务模式，开创辐射面广、综合性和针对性强的养老格局。试营业当天，街道组织12个社区近300位老人到中心轮流体验专业化的服务水准。

【华联社区"孝心车位"设立】 2019年5月，朝晖街道因地制宜，首先在停车困难并且老年人较多的华联社区推广"孝心车位"做法。华联社区系朝晖街道老旧小区，有60周岁以上老人1046人，占总人口的34.1%。其中，多数老人未与子女一同居住，不少子女反映回家看望父母遇到停车难题。华联社区结合社区文化家园"孝文化"建设，对"亲情停车服务"进行升级，将免费停车时间改为6小时。在此基础上，设法拓宽小区道路，增加小区停车泊位，并在小区主干道附近施划若干"孝心车位"，设置明显标识专供高龄老人、独居老人的子女在周末和节日停放。朝晖街道通过设立"孝心车位"营造浓厚的"孝文化"氛围，用实际行动弘扬中华民族的传统美德。

【"邻里和睦互助协会"建设】 2019年，朝晖街道"邻里和睦互助协会"建设探索政府引导、居民自治、人人参与的基层人民调解新路径。协会围绕服务街道发展大局、社会和谐稳定目标，建立"5+12+X"（5名核心"和事佬"、12个社区互助协会分会、若干名调解志愿者）架构。邀请杭州市"和事佬"30强获评者余芝君任协会会长，推选12名优秀调解员任分会会长，并聘任法律顾问，招募调解工作者等100名。健全属地分包制、会商调解制、每月例会制、规范操作制四大机制，编印《邻里和睦互助园地》普法刊物，实现“小事不出楼道，难事不出社区，大事不出街道”，全年成功调解邻里纠纷478起，调解成功率95%。省委常委、市委书记周江勇，市委常委、常务副市长戴建平予以批示肯定。

【生态型智慧网红菜场打造】 2019年，朝晖街道对朝晖二区、四六区农贸市场进行提升改造，打造生态型智慧网红菜场，进一步满足市民的购物需求。通过市场研究细分，科学规划果蔬、肉类、海鲜、熟食等区域。针对不同功能、不同业态的市场划分，运用不同的灯光效果，构建舒适明亮的购物环境。引入菜芯智慧农贸系统，该系统可查询店主、货品、价格变动等信息，为市场运营管理提供数据支持。采用智能电子秤，接入支付宝、微信、银联等支付渠道。安装运行生鲜易腐垃圾一体处理设备，日处理生鲜易腐垃圾500千克，产生优质有机肥100千克，实现生鲜垃圾就地减量为“零”。7月，朝晖四六区农贸市场完成升级改造。改造后的农贸市场以科学的规划和完善的设计，吸引新生代消费者前往购物。（韩　芸）

文晖街道

【概况】 文晖街道位于下城区中东部，是下城区行政中心所在地。面积5.48平方千米，辖京都苑、流水西苑、流水东苑、打铁关、和平苑、现代城、胜利、三里家园8个社区和打铁关、胜利2个经济合作社。2019年，街道常住人口1.94万户、6.07万人，流动人口1.76万人。文晖街道坚持“谋定而动，主动出击”工作思路，发扬“文晖铁军”精神，实现搬迁工作“文晖速度”。举办“阿里淘宝造物节”、ADM亚洲设计管理论坛等各类会展，提升“武林博览”会展品牌知名度。推进流水北苑、河垾上、同心弄（绍兴支路）“美丽家园”（“美丽小巷”）建设，流水北苑老旧小区改造项目成为全市“美丽家园”建设现场会实地调研点。发挥居民议事会议制度和“请你来文晖，协商百家事”议事平台作用，完成民生实事24件，建成打铁关、和平苑2个社区文化家园。推进“清廉文晖”建设，探索建立“10+X”日常监督模式，编制街道日常监督工作手册，形成权力清单88项。文晖街道办事处获评杭州市第四次经济普查先进集体。

【经济发展】 2019年，文晖街道实现税收11.38亿元，比上年下降1%。地方财政收入6.19亿元，增长1.6%。社会消费品零售总额18.61亿元，增长11.5%。完成固定资产投资63.52亿元。辖区有纳税企业2470家，其中年纳税1000万元以上的企业19家，300万元～1000万元的企业38家。引进内资29.78亿元，利用外资124万美元，浙商回归资金970万元。全年出让“武林之星”杭氧商住地块、杭锅地块、文晖单元地块等地块5宗，出让面积18.99公顷，收取出让金123.24亿元。街道主动对接城北新城规划，谋划企业数创港、武林博览创意港、浙金创新总部城、双铁活力示范城四大产业功能板块，与区级招商引资平台形成联动。辖区杭州商业储运公司地块、地铁打铁关站上盖物业等7个项目开工，浙江农都农产品流通产业园等续建项目进度加快。

【环境综合整治】 2019年，文晖街道推进流水北苑、河垾上、同心弄（绍兴支路）3个“美丽家园”（“美丽小巷”）建设，项目涉及房屋20幢、居民1200户，改造面积8万平方米。改造内容包括屋顶修缮、立面粉刷、雨污分流等15个大类50个小项。结合环境整治，与161户沿街商铺签订“门前三包”公约。研究并推广垃圾分类“居民自治互联网+”模式，建成并投用智能垃圾房7处，打造垃圾分类示范小区12个。推进餐饮企业垃圾分类。全年拆除违法建筑85处、7026平方米。重点加强环境卫生、环境秩序整治，辖区环境治理重点点位及背街小巷环境卫生质量达标率100%。

【社会事业建设】 2019年，文晖街道发挥居民议事会议制度和“请你来文晖，协商百家事”议事平台作用，推进民生实事项目建设。流水东苑社区老年食堂和居家养老服务中心完成提升改造，并对外开放。落实家庭医生签约服务，为1614名老人提供“七个一”（一份高龄老人生活津贴、一份智慧养老综合服务、一份家电统筹保修服务、一份人身意外伤害保险、一份居家养老服务补贴、一名签约医生服务、一次免费健康体检）居家养老服务包。探索社会资本参与老旧小区改造，引进绿城理想生活集团对流水西苑进行治理改造，流水西苑“空间+服务+文化”的改造方案获全区老旧小区改造设计方案大比武一等奖。建成街道和8个社区退役军人服务站。完成既有住宅电梯加装6台。平凡里公寓二次供水采取无负压、分管式方法从根本上解决小区老大难问题，成为全市十佳设计案例。深化“最多跑一次”改革，推出3个提升、1次回访、“零次”办件的“310”工作法，为老年人代办浙江省老年优待证和基本医疗保险就医凭证，为高龄、残疾、行动不便等人群提供“零跑次”办事服务。

2019年4月15日，文晖街道开展“党建凝心，聚力文晖”主题活动。图为“两新”组织与结对社区认领微心愿 （文晖街道　供稿）

【维护社会稳定】 2019年，文晖街道坚持“化解就是生产力、防范依靠创新力”的思路，把维护社会稳定纳入经济社会发展规划，开展平安建设各项工作。组织矛盾纠纷排查调处专项行动，成功化解经济合作社集体资产抵押担保引发的风险及区级以上重点积案4起。核查中央督导组交办的扫黑除恶线索2条。建成街道社会治理综合服务中心和数字驾驶舱。改造提升社区微型消防站3个，增配单元楼道灭火器1128只，辖区安装“智慧用电”设备132台。开展居民消防安全宣传月活动，张贴、发放消防安全宣传资料800份，提高居民消防安全意识。打造“武林大妈”精英版，创新“和事代办制”，助力搬迁拆违、老旧小区改造。“和事代办员”斯利民被评为杭州市“最美平安卫士”。

【基层党建】 2019年，文晖街道党建工作贴近新形势、新要求，制订“不忘初心、牢记使命”主题教育方案，街道领导班子带头参加主题教育。全年各级党组织集中学习125次，上党课496次，开展主题党日活动1452场，增强党员干部“四个自信”，配合完成省、市委两级巡回指导组督查调研。金都华庭业委会党建工作被新华社、人民网记者采访40多次，获评2019年中国10个“幸福小区”。京都苑社区党委书记王晓燕被评为杭州市“最美社工”，并推荐作为浙江省“担当作为好支书”候选人。加强小区业委会工作指导，京都苑、现代家园启动业委会换届选举，现代中心首次召开业主大会并完成选举，九龙仓、平凡里、新德嘉苑小区抓紧筹备业主大会。辖区11个业委会中，单独建立党组织4个，联建党组织5个，选派党建指导员2个，业委会成员中党员占60%，党的建设和组织工作实现全覆盖。以“党建凝心，聚力文晖”为主题，开展党建联盟系列活动20多场，成立“党建引领小区治理共建基金”。落实意识形态工作责任制。全年各级主流媒体刊发文晖街道新闻稿120多篇（条）。“学习强国”App覆盖率全区第一。

【民生项目建设】 2019年，文晖街道根据区域发展需要，完成浙金地块焦家里项目51户居民、长隆公寓218户住户等2个项目（地块）拆迁“清零”，刷新“文晖速度”。完成流水东苑老年食堂和社区居家养老服务照料中心提升改造。提升改造后的老年食堂面积260平方米，每天有12种不同的荤素菜可供老人选择，并且价格实惠，解决独居、行动不便老人"吃饭难"问题。居家养老照料中心设置多功能活动厅和休息室，为居民提供"医养康"服务。

【餐饮行业垃圾分类联合行动】 2019年11月5日，文晖街道会同区垃圾分类办公室、团区委、浙江省互联网公益慈善基地在杭州和平广场举办"百社联动、'益'起分类、'晖'常时尚"文晖街道餐饮行业垃圾分类联合行动。活动现场，进行支付宝蚂蚁森林生态积分垃圾回收设备交接，用新技术引领分类新时尚。印发《文晖街道餐饮行业垃圾分类指导手册》《文晖街道餐饮行业垃圾分类管理标准》，制作垃圾分类公示牌，将商家承诺、责任人、检查结果公示公开。街道为7家垃圾分类达标餐饮店颁发A级牌。

【综合自助办事服务机升级】 2019年，文晖街道对综合自助办事服务机进行升级，提升服务机功能和服务质量。综合办事服务机整合各部门业务，在首页设置社会保障、市民卡、交通出行、户籍护照、医疗教育、工商税务等8个类别，市民可在首页选择相应的部门办理有关事项。系统升级后，市民自助办理事项从124项增加到207项，住房公积金提取、住房证明出具、医保个人账户共济等业务均可凭办事者身份证原件在网点自助办理。自助机右下角新增自助打印、自助复印、终端机点位查询等便民功能。

【"和事代办制"推行】 2019年，文晖街道经过摸索，推出具有自身特色的"和事代办制"，以破解基层信访工作人手不足、权限不够等矛盾。"和事代办制"源于打铁关社区创立的"党员和事佬"村民自治组织。该组织从2008年的5人小组发展到2019年有60多人的"和事佬协会"。"和事代办制"平台下设10个代办点，由社工、居民志愿者等组成的和事代办员轮流值守，居民通过电话、微信随时联系和事代办员，和事代办员通过"百姓下单，我来跑单"的运作机制，实现信访办件的闭环管理。该制度将民间公益组织纳入社会治理和城市运营范畴，让民间公益组织参与化解老旧小区提升改造、建设项目房屋拆迁、辖区环境治理等引发的矛盾纠纷。"和事代办制"根据辖区实际情况，设置"热点""办件""诚信"三大参考指数，平衡基层信访资源与信访需求，避免公共资源的重复使用与浪费。年内，"和事代办制"平台受理各类信访诉求176件，办结率100%。

【推进"无欠薪"行动】 2019年，文晖街道深入推进"无欠薪"专项行动。成立街道防范处置企业欠薪工作领导小组，建立会商研判机制，不定期召开联席会议，研究"无欠薪"行动各项工作。12月，根据省根治欠薪工作领导小组办公室部署，开展根治欠薪冬季攻坚行动。街道劳动监察中队会同区防范处置企业拖欠工资工作领导小组办公室，向2个在建项目建设单位通报农民工投诉情况，要求建设单位和各专业分包单位按照《保障农民工工资支付条例（草案）》《浙江省拖欠工资"黑名单"管理实施办法》规定足额支付农民工工资，确保其按时回乡过年。组织根治欠薪冬季攻坚行动，专项检查13个在建工地业主"无欠薪"六项机制（按月足额支付、分账式管理、实名制管理、银行代发工资、工资支付保障金及维权信息公示等防欠薪制度）落实情况，并依法进行处置，确保农民工按时足额领到工资。

【"无障碍设施进家庭"改造】 2019年，文晖街道按照"三个坚持"（坚持自愿申请、坚持需求导向、坚持公开公正）的原则，为辖区困难残疾人、老年人家庭实施"无障碍设施进家庭"改造。工程实施前，社区开展入户调查排摸，鼓励符合条件的残疾人及老年人提出改造申请。根据改造对象的残疾类别、身体状况和住宅情况，制订个性化改造方案。家庭无障碍设施改造按照规定程序严把工程质量关。改造内容包括出入口、户门、卧室、卫生间、厨房等改造及残疾人无障碍辅助器具安装。年内，纳入改造的困难家庭9户，其中3户进行无障碍设施改造，6户配送辅助器具。

【康复工作】 2019年，文晖街道工疗站坚持"以人为本，爱残助

2019年4月1日，文晖街道承办下城区“两岸邻里节”十周年庆活动

（文晖街道　供稿）

残”理念，为辖区内的智力及精神障碍患者提供有针对性的康复训练。对部分工疗员开展居家、饮食等生活服务类训练，帮助其独立完成简单家务，增强生活自理能力。组织工疗员开展道路交通安全认知、“我当家”系列生活适应训练，让其学习社交技巧，增强对事物的认知功能。工疗站引进VR心理治疗设备，引用催眠治疗等虚拟场景，开展心理精神康复治疗。组织手工香皂、包装盒粘贴组合、趣味冰箱贴制作等劳动技能训练，并设立对外售卖工疗产品的小铺——工疗小屋，提升工疗员自我价值感。街道通过政府购买服务和公益创投的方式，吸引专业社会组织和各界爱心人士为工疗康复注入新生力量和资源。春晖家庭综合服务中心、杭州心景科技有限公司等组织开展工疗产品社区义卖、文艺演出等活动143场。与浙江树人大学合作，采取“高校老师督导+学生实践”的模式定期组织小组活动，安排相关专业实习生以“定期+随机”的方式到工疗站开展志愿服务。

【下城区“两岸邻里节”十周年庆活动】2019年4月1日，文晖街道承办以“同根同源同发展，两岸携手一家亲”为主题的下城区“两岸邻里节”十周年庆活动，来自台湾基层的里长、邻长、妇联会成员等27位台湾同胞重回邻里节发源地——杭州市下城区，开展交流探讨。“两岸邻里节”起源于2009年，由居住京都苑社区的市台商协会常务副会长周鲍华发起，每年定期举办，成为两岸民间交流的平台。活动现场，两岸同胞通过“印象杭州行”“邻里大串门”“社区话服务”“台商说故事”“青少年走亲”等特色活动开展文化、经贸交流。“两岸邻里节”作为下城区首创的两岸基层交流活动品牌，在福建、江苏南京、山东青岛等地推广。

（王　瑞）

东新街道

【概况】东新街道位于下城区北部，区域面积7.3平方千米，辖中舟、灯塔、三塘、西文、沈家、富春园、杭氧、德胜东村、长青苑、三塘苑、三塘北苑、沁苑、新颜苑、东新园、水漾苑、万家星城16个社区和长木、灯塔、三塘、西文、沈家5个经济合作社。2019年，街道常住人口2.45万户、7.02万人，流动人口5.29万人。辖区有新天地“城市大脑”应用示范区、中国（杭州）汽车文化精品街区、杭州城北体育公园、中国杭州人力资源服务产业园、“太阳马戏”亚洲唯一驻场秀、“独角兽”企业浙江点我达网络科技有限公司和云集共享科技有限公司等。街道完成“三村”范围内集体企业、中亚市场、国有土地上企业和居民搬迁“清零”，省工业品市场650户商户搬迁全部签约。建成街道级“城市大脑”数字驾驶舱，打造“城市大脑”新天地应用示范区，提升园区精细化治理能力。英格玛人力资源集团、优蓝浙江区域总部、国药集团融资租赁有限公司等企业落户各产业平台。中国（杭州）汽车文化精品街区完成提升改造，实现景观优化、配套完善、业态拓展、文化融合。街道获评杭州市“无违建街道”、杭州市“五水共治”工作先进集体等荣誉。街道农民工文化家园被省总工会授予浙江省“农民工文化家园”称号，西文社区获评浙江省气象防灾减灾标准化村（社区），东新园人大代表联络站获评“杭州市最美人大代表联络站”。

【经济发展】2019年，东新街道实现税收32.35亿元，比上年增长4.9%；地方财政收入17.24亿元，增长0.5%。中国(杭州)汽车文化精品街区、中国杭州人力资源服务产业园、新天地园区三大产业平台完成营业收入330亿元、税收5.11亿元。完成有效投资45.68亿元，为年度目标任务的122.2%。实现商贸销售额715.67亿元，增长13.8%；规模以上商贸及其他服务业增加值33.8亿元，增长20.9%；文化创意产业增加值8.59亿元，增长9.8%；社会消费品零售总额92.79亿元，增长4.9%。全年引进注册资金1000万元以上五大产业项目80个、产业链项目10个、“大好高”项目6个、“小而美”项目4个。新引进企业注册资本30.23亿元，到位外资2.28亿美元。主要经济指标均领先全区各街道。

【环境综合整治】2019年，东新街道围绕“美丽城市”建设，深入开展环境综合整治。根据省、市环保督察整改要求，加强油烟扰民和污水排放问题治理。对王马路进行补种绿化、施划车位，彻底清理卫生死角。清理拆除东新园架空层、杭州金属材料有限公司仓库等违章建筑1.7万平方米。万家星城社区以志愿带动、自管自治和智能提升“3Z”工作模式，推进垃圾分类工作，成功创建垃圾分类省级示范小区。全年街道创建垃圾分类市级示范小区4个，所有小区实行垃圾分类定时定点投放。

【社会事业建设】2019年，东新街道成立全省首个街道级物业综合管理工作站，得到住房和城乡建设部及市领导肯定。在全区率先完成街道机构改革，实现科室设置、人员管理、职责分工三不交叉。推行社区专职工作者绩效管理，充分调动社区干部工作积极性。探索经济合作社创办3岁以下婴幼儿幼托点，集中力量办好社区老年食堂，增加小区停车泊位。以“最多跑一次”改革为牵引，推动就业、企业退休人员服务、帮扶救助、优抚、劳动监察等政务服务便利化。对辖区2800多位独居、孤寡、空巢、高龄老人开展“探视+服务”的居家养老服务。建立预警排查防控和劳动纠纷多元化解机制，巩固外来务工人员“无欠薪”工作成果。开展困难家庭和特殊人群定期走访慰问，全年发放各类补助金、慰问金500多万元。

【社区文化建设】2019年，东新街道探索建设公共文化服务群众评价与反馈机制，完善街道文化站功能布局，新增党史展厅、耆乐童趣、红色咔咔等活动室，组织丰富多彩的文化娱乐活动。全年文化站接待社区居民8100人次。文化站与社区卫生服务站、杭州市德天实验小学等单位开展合作共建，提高文化活动场所利用率，丰富综合体内文化活动形式和内容。投入资金22万元，更新社区健身苑点器材121件。会同市体育局对辖区内60个健身苑点的近700件健身设施进行安全检查，确保群众安全使用健身设施。街道获评杭州市“30分钟市民学习圈”示范街道。街道组织参加下城区第四届排舞比赛、庆祝中华人民共和国成立70周年歌咏比赛、“武林杯”足球比赛，均取得较好成绩。

【维护社会稳定】2019年，东新街道加强网格防控体系建设，对维稳工作实行项目化管理。做好各级“两会”、中华人民共和国成立70周年庆祝活动、第六届世界互联网大会期间排查巡查工作，消除安全隐患。完成4家企业合并破产，助力灯塔经济合作社化解企业债务风险。开展交通安全综合治理和“护校安园”专项行动，消除问题隐患20多个。配合扫黑除恶专项斗争，开展常态化线索排查，通过大走访收集线索，并完成中央督导组交办线索的核查，以高压严打态势确保辖区稳定。

【基层党建】2019年，东新街道围绕新时代城市基层党建工作要求，坚持问题导向和效果导向，加强党建工作与中心工作融合，推进东新党建示范带建设。开展“不忘初心、牢记使命”主题教育，搭建“夜学、夜访、夜谈、夜议”4个平台，组织集中学习24次、公开党课19场，参与学习党员4500多人次。开展问题大检视，收集意见建议125条，对查摆出的问题制订整改措施。深化“三服务”活动，街道班子成员开展调研26次，完成调研课题13个。推动“红色纽带”工程建设，全年新增党建共建单位23个，实施党建共建项目58个，解决社区“关键小事”102件。推行"头雁工程",依托"武林新城"大课堂组织开展培训12期,参训720多人次。举办基层党组织"党建双强"大擂台,营造比学赶超氛围。结合"最强支部"争创,实施"支部+项目"机制,推动办成社区民生实事28件。增强基层党建创造力,万家星城社区成立小区党支部,建立街道"物业红盟",推动小区治理体系和治理能力现代化建设。探索开展"社企结对"新模式,全年有22个"两新"党组织与社区结对,认领项目16个,开展志愿服务活动15次。

2019年9月30日,全市首场"城市大脑"建设工作现场推进会在东新街道新天地园区举行
（东新街道　供稿）

【浙江省工业品市场搬迁签约"清零"】 2019年12月24日,浙江省工业品市场搬迁签约工作启动。该市场于1996年开业,占地6公顷,位于东新路728号,隶属西文经济合作社。根据大城北建设及"武林新城"建设需要,市场实行搬迁。东新街道与市场主体西文经济合作社密切合作,深入开展搬迁动员工作。成立由街道党工委书记领衔的搬迁工作专班,组成5个工作组分片推进搬迁。工作专班与区城投集团、区公安分局、区信访局、区城管局、区市场监管局、区税务局、交警下城大队等部门建立联席会议制度,共同分析研判,第一时间协调解决搬迁过程中遇到的问题,有序推进搬迁工作开展。12月31日,浙江省工业品市场650户商户实现签约"清零"。

【街道级"城市大脑"数字驾驶舱建成】 2019年,东新街道致力于街道级"城市大脑"数字驾驶舱打造,通过打通市、区、部门间数据平台,整合"食安慧眼"、城管系统、人社系统等16个平台和系统,构建三维立体地图,汇集物联网设备资源,精准掌握、动态呈现人、房、企三方实时数据,实现街区"吃、住、行、游、购、娱"六大应用场景的立体化监控、科学化监管。9月30日,全市首场"城市大脑"建设工作现场推进会在东新街道新天地园区举行,标志着东新街道正式建成街道级"城市大脑"数字驾驶舱。"城市大脑"新天地应用示范区被认定为全市首批场景应用示范区。

【街道级物业综合管理工作站成立】 2019年8月13日,东新街道成立街道级物业综合管理工作站(简称物管站)。物管站整合社会力量参与小区治理,搭建居委会、业委会、物业公司多方交流平台,改变物业涉及部门多、参与力量分散和多方议事不便的状况。组建专家团、行业协会、律师团队等智囊团,聚力小区共治共享,将居民、业委会、物业拧成一股力量,共同创建小区美好生活。物管站牵头制订东新园小区"亲情卡"停车方案,降低子女探视父母的停车收费。推动东河星苑老年日间照料中心在装修扩建后增加老年食堂配餐业务,为后期小区老年居民的用餐问题开辟新途径。帮助水印康庭小区建立社区、物业、业委会三方联席会议制度,搭建协商议事平台,在小区新增8处充电点,新安装智能充电线插座120多个,解决居民的充电难题。指导沁苑社区、沈家社区选举成立业委会,并协助东新园社区重新选聘物业公司。

【首创垃圾分类"3Z"工作模式】 2019年,东新街道以辖区万家星城小区二期972户居民为试点,推出垃圾分类"志愿、自管、智能""3Z"工作模式,调动党员干部、社区骨干、物业管理人员力量，推进垃圾分类工作落实落细。利用宣传栏进行覆盖式宣传，引导居民树立垃圾分类意识。开设“漂流书吧”“星妈约吧”“童乐享吧”，开展“书香换绿植”“垃圾分类天天见”等活动，促进居民养成自觉分类习惯。将垃圾分类工作纳入基层组织建设重要内容，发动党员带头做好家庭垃圾分类。由社区网格社工担任专管员，加强分类工作指导和监督。物业公司保洁员负责终端精准分类，当好“桶长”；楼道组长线上线下包片到户，进行入户巡检。设置垃圾袋发放机、有毒有害垃圾箱、黄绿二联桶和可回收垃圾五联桶，通过一户一码进行垃圾袋领取、垃圾投放等，实现全过程实名制及溯源管理。推行积分兑换办法，调动居民参与分类工作积极性。垃圾分类“3Z”工作模式实施后，小区垃圾投放正确率超过90%，每日垃圾投放量减少1400千克左右。

【全区首个国际人才驿站成立】 2019年11月12日，杭州国际人才交流与项目合作大会下城分会场——“携手西想村·绽放新天地”国际项目对接暨下城区首个国际人才驿站揭牌仪式在新天地园区举行。活动现场，与国际科技创新合作联盟、区国投集团、新天地集团、浙江西联集团共同签署“四方共建战略合作协议”，区委人才办、区科技局、团区委与国际科技创新合作联盟签署“战略合作协议”。新成立的国际人才驿站以“汇聚海外人才，促进下城国际发展”为宗旨，以“融全球智力、促创新合作、谋共同发展”为目标，依托政府政策支持，广纳海外人才，厚植本土人才，集聚青年人才。揭牌仪式上，南非金伯利国际钻石及珠宝学院院长兼首席执行官Richard John Lawty Sabatini与国际人才驿站签订入驻协议，驿站成功引进第一个海外人才项目。

【“太阳马戏”亚洲唯一驻场秀首次公演】 2019年8月9日，杭州新天地集团与“太阳马戏”在新天地太阳剧场举行“绮幻之旅，触碰梦境”——《X绮幻之境》首次公演。太阳剧场由原杭州重型机械厂老厂房改建，可容纳1440名观众，剧场内设置100米长城巨幕和东西双向的可旋转座椅。《X绮幻之境》由16幕剧情组成，表演时长72分钟，有50位擅长柔术、杂技、表演、舞蹈、演唱的表演者参加表演，为观众带来超真实的沉浸式体验。“太阳马戏”将中国元素同杂技艺术完美融合，舞台布景和演员服装均加入中国古代文化的元素，在保留异域特色的同时带有中华文化古韵，呈现世界顶级水准的现场演出。

【第十三届中国国际女装设计大奖赛总决赛在新天地举行】 2019年10月29日，由区政府主办，区文创办、东新街道承办的新天地之夜——第十三届中国国际女装设计大奖赛决赛在新天地园区举行。作为中国女装具有代表性及知名度的专业赛事，中国国际女装设计大奖赛在杭州举办过十二届。决赛当天，来自时尚界、产业界、传媒界人士从参加决赛的20组作品中好中选优，选出金奖1名、银奖2名、铜奖3名、单项奖6名（其中最佳创意奖2名、最具市场潜力奖2名、最佳新媒体人气奖2名）、优秀奖8名。女装大赛是东新街道首次在辖区承办的大型国际赛事，大赛将工业风和时尚风完美结

2019年8月9日，“太阳马戏”亚洲唯一驻场秀《X绮幻之境》在新天地太阳剧场举行首次公演

（东新街道　供稿）

2019年10月29日，第十三届中国国际女装设计大奖赛总决赛在新天地园区举行
（东新街道　供稿）

合，为新天地之夜增添独特璀璨的魅力。

【东新园人大代表联络站获评全市最美联络站】2019年10月，东新街道东新园人大代表联络站获评“杭州市最美人大代表联络站”。联络站通过建立“3+X”工作机制，打造“代表联络站+民情联络员”模式、“居民议事会+测评票选”模式、“代表专项监督+议事成员分组跟踪”模式，确保民情民意“实时收集”，监督评价“有头有尾”，重点项目“落地惠民”。代表通过定点接访、定时接访、带议题接访及省市区三级代表联合接访、单独接访和约访选民，及时掌握选民的诉求和建议，有效解决群众反映的实际问题。联络站充分发挥人大代表、居民议事成员会及民情联络员的作用，加大对安置房建设、民生实事项目、垃圾分类工作的监督。联络站工作得到东新园小区居民好评。

【“南非钻石”国家唯一钻石品牌落户西联集团】2019年11月6日，在第二届中国国际进口博览会上，东新街道辖区企业浙江西联集团与南非金伯利钻石珠宝孵化器共同为进口博览会南非钻石展厅揭牌，现场举行南非钻石（中国区）品牌发布和战略合作签约仪式。揭牌仪式由南非总统府特批，在下城区政府领导与南非小企业部副部长卡帕、南非中小企业发展署署长齐克瓦塔姆巴共同见证下举行，意味着南非政府唯一认可的国家钻石品牌“南非钻石”落户西联集团。南非钻石项目以钻石项目为载体，以发展钻石全产业和辐射中国——南非合作的其他矿产资源产业为目标，通过建设矿产资源教育培训中心、博物馆管理中心、鉴定中心，形成集品牌推广、鉴定体系建立、能源文化展示和专业技术人才交流于一体的全产业链项目。

（赵寄言）

石桥街道

【概况】石桥街道位于下城区北部，区域面积9.73平方千米，辖石桥、杨家、华丰、永丰、天堂园、景荣、景安、华中、景春、华锦10个社区。2019年，街道常住人口3.97万户、6.96万人，流动人口5.68万人。街道聚焦高质量发展，精心谋划“武林新城”建设，实现经济社会各项事业平稳有序发展。推进城中村改造，实现“四村”集体企业搬迁签约“清零”。推进永丰·印象城项目落地。001号区块链服务网络（BSN）创新孵化基地授牌。辖区国有工业企业旧厂房实施升级改造，原市公共交通公司修理厂改造成为金通数字经济科创园，元通汽修物业门店变身为物产元通智慧汽车广场。街道引进杭州世茂供应链管理有限公司、浙江好邻居供应链管理有限公司、杭州宝贝仓数字技术有限公司等数字经济产业企业106家。全国首批5G工业互联网项目——杭州汽轮机股份有限公司5G智能制造创新实验室成立。石桥街道获评第四次全国经济普查先进集体、杭州市“学习强国·学习组织之星”等称号。

【经济发展】2019年，石桥街道完成数字经济核心产业增加值6800万元，比上年增长20.5%，完成规模以上商贸及其他服务业增加值24.49亿元，规模以上文化创意产业增加值18.46亿元，分别增长4.9%和27.7%。固定资产投资

17.94亿元。社会消费品零售总额32.93亿元。服务贸易2.43亿元，增长12.6%。外贸出口额32.56亿元，增长3.3%。全年引进中慧（杭州）大数据科技有限公司、中刷（浙江）数字科技有限公司、浙江聚疗医院管理有限公司等企业628家，其中注册资金5000万元以上企业11家。引进五大产业项目86个、产业链项目4个。引进企业实现税收8723万元，位居全区第一。实现税收15.41亿元，地方财政收入8.6亿元。

【环境综合整治】 2019年，石桥街道全面改善环境面貌，拆除各类违章建筑97处，面积5.02万平方米。开展风险隐患大排查，出动6200人次，排查单身公寓492间、出租房230间、高层小区30多幢、沿街店铺1087个、重点企业33家，清理私拉电线23处、违规充电设施292处、卫生死角184处，整改消防隐患202处。加强登革热防控工作，委托PCO公司对绿化带、地下车库等重点区域进行药水喷杀，对地面和地下车库窨井、集水井、排水沟投放灭蚊颗粒剂，总消杀面积80.9万平方米。开展环境卫生整治，清理积水点2846处。开展老旧楼院屋顶防水改造、墙面粉刷、地下管网改造、路面修整，街道面貌明显改观。

【社会事业建设】 2019年，石桥街道推进地铁征迁工作，拆除华丰工业园区、新华工业园5幢房屋与和瑞公寓，完成地铁征迁任务25项。完成秋石、留石高架沿线9个点位的亮灯工程和宁杭高铁沿线10个点位的安全隐患整治。深化“最多跑一次”改革，精简办事流程，对社区涉及的93项日常事务进行重新梳理，并按要求在浙江政务网发布，提高服务效能。景春社区通过创建全省无障碍社区验收。景安社区打造全区首个刷脸支付老年食堂。全年新增就业2255人，实现失业人员再就业1322人。走访慰问四级救助圈困难群体350人次，春节发放慰问金67.5万元。有效处置化解杭州互星文化有限公司、杭州金属有限公司等20多家企业涉及搬迁、拖欠工资等事件，涉及人数870多人，金额1420万元。完成枫丹苑小区和亿城雅苑小区的二次供水改造。辖区建成充电桩25个。

【社区文化建设】 2019年，石桥街道开展各种主题文化活动，丰富和充实社区文化内涵。举办“青春心向党，建功新时代”歌咏比赛，展示石桥青年不忘初心、坚定不移跟党走，在新时代实现新作为的信心和奋发有为的精神面貌。开展“腊八节送温暖”主题活动，杨家社区和街道新阶层联谊会为居民送上500份灵隐寺熬制的腊八粥。景安社区携手公益服务社志愿者，在健身公园举办大型公益活动，为环卫工人、小区保安、保洁人员送衣送物；为高龄老人免费理发、缝补衣服、维修家电；现场发放新春“福”字500多份、对联200多副。编写“壮丽七十年，奋斗新时代”画册，绘制庆祝中华人民共和国成立70年主题墙景，主题墙景获市文明办墙景评比优秀奖。全年举办文艺演出、艺术培训、文化讲座、主题展览等各类文化活动156场次。推进街道、社区综合性文化服务中心建设，统一配置文体设施，提升辖区公共文化设施配套水平。

【维护社会稳定】 2019年，石桥街道坚持“防范为主，化解为上”

2019年5月16日，石桥街道举办“青春心向党，建功新时代”歌咏比赛决赛
（石桥街道 供稿）

的方针，推进“一体两翼”工作体系建设，不断筑牢社会稳定防线。以全科网格为抓手，发挥平安建设信息系统、“四个平台”、“平安通”App等作用，严控可防性案件发生。加大矛盾纠纷化解力度，妥善化解城中村改造商户和小产权业主矛盾问题，有效处置20多起有关企业搬迁职工补偿，涉及人数870多人、金额1420万元。开展流动人口涉毒人员排查，核查在辖区居住未满3个月的异地吸毒人员56人，排查情况及时汇总上报。组织特保人员、“武林大妈”志愿者和家长2400多人次参与护校安园行动，构建多方助力校园安保防范体系。开展扫黑除恶专项斗争，提高群众安全感和满意度。全年排查各类安全隐患234起，排查调处矛盾纠纷565起。

【基层党建】 2019年，石桥街道切实履行党建工作责任制，推动党工委主体责任、班子成员“一岗双责”及分管领域党建工作责任落到实处。开展“不忘初心、牢记使命”主题教育，坚持示范引领，党工委班子带头参加“红色之行悟初心”“学习研讨守初心”“攻坚破难践初心”等专题读书会，将主题教育与基层党建重点工作、党员日常教育管理相结合，教育引导党员干部以实际行动争做先锋表率。推进电竞小镇党组织建设，实现辖区工会、共青团、妇女组织及统战工作全覆盖。成立街道党建引领小区治理领导小组，打造街道“红色邻里港湾”小区治理红色阵地。发动社区党员做好群众工作，集中整治群众反映强烈的热点问题。组织社情民意调查，入户走访居民7800多户，征求意见建议138条。配合区委第一巡察组做好驻点巡察和问题整改工作。石桥街道机关党总支获评杭州市2019年度“学习强国·学习组织之星”。

【工会帮扶活动】 2019年，石桥街道总工会联合有关部门开展各类帮扶救助活动。为3名劳动模范申请低收入补助金，为49名市级以上劳动模范发放新春慰问金。指导基层会员通过“杭工e家”App申请工会医疗互助补助，全年申请医疗互助补助71人次，获得补助金4万余元。申请生活困难等救助16人次，发放救助金10.1万元。组织5家企业110名职工参加市总工会安排的免费健康体检，组织7家企业40名职工参加疗休养。组织8名职工参加全市“爱在杭州，缘定一九”新杭州人集体婚礼。夏季举行“送清凉”活动，为辖区50多家重点企业的4350名生产一线职工送去价值28万余元的慰问品。

【城中村改造全面“清零”】 2019年，石桥街道石桥、杨家、华丰、永丰“四村”集体土地企业搬迁补偿签约实现“清零”，“清零”面积82万平方米，涉及企业1019家。辖区795户国有土地居民集体宿舍搬迁签约全部“清零”。浙江商业机械厂、浙江省轻纺供销有限公司、杭州市消防培训中心、杭州第一汽车运输有限公司等13家国有土地企业完成搬迁签约，达成全年既定征迁目标。“四村”推平后，石桥社区推出“走亲连心”活动，为在外过渡居民提供各类代办服务。各社区通过各种方式，加强与居民的信息沟通，确保居民的知情权，并拓宽居民参与自治和监督的渠道，为“武林新城”建设凝心聚智。

【永丰·印象城项目落地】 2019年11月27日，区委副书记、区长柴世民带队赴深圳走访深圳印力集团、华为集团等知名企业，就永丰·印象城项目落地及华为集团合作有关项目进行洽谈对接，并达成共识，该项目正式落地。副区长王振峰，区政府办、区投资促进局、区数字产业园管委会、石桥街道等单位主要负责人参加对接活动。永丰·印象城项目位于“武林新城”北部，紧邻秋石高架永祥街出入口，南依城市主干道东新路，距杭州地铁3号线康宁路站200米，北与大润发超市石桥店相连。总用地面积5.53公顷，拟建设15万平方米商业用房。街道引进深圳印力集团营运团队，建设运营永丰·印象城综合体，打造一个集购物、餐饮、娱乐、文化于一体的一流商业综合体。该项目配套建设商业办公用房5万平方米、停车泊位2500个。

【街道老年食堂升级改造】 2019年11月19日，石桥街道老年食堂完成升级改造，重新开张营业。升级改造后的老年食堂从原来的40平方米扩大到150平方米，可同时容纳70人就餐。食堂增设老年人聚会场所，方便家庭或朋友聚餐。街道引进第三方机构，承接食堂服务项目，为老年人提供各种营养午餐。食堂推出“刷脸”付费服务，并对高龄老人实行补贴。改造后的街道老年食堂让老年人“吃得好、吃得健康”，街道居家养老老人就餐难问题得到有效解决。

【“新邻里社区治理模式”打造】 2019年，石桥街道对景荣社区服务大厅进行升级改造。街道邀请浙江财经大学社会工作系专家教授，参与服务大厅改造方案设计。根据居民需求，街道在景荣社区办公场地内划分出“引力空间”“知行空间”“创享空间”“乐活空间”“慧美空间”五大空间，以微治理、微组织、微平台、微行动“四微”机制为核心，推出“新邻里社区治理模式”。其中，“知行空间”面向亲子家庭，定期开展0～3岁幼儿的早教、安全教育等活动；“乐活空间”组织中老年人参加厨艺大赛、才艺展示、老年创意课程等。五大空间可满足不同人群不同层次的需求。“四微”机制中的“微治理”着眼社区“一盘棋”，充分整合辖区单位和社区资源，探索社区、苑区、楼栋、单元等不同层面的民主协商机制；“微组织”主打公益品牌建设，通过邻里间代购、邻里课业辅导和微信群释疑解难把共治共享落到实处。街道依托“智慧社区”建设、“最多跑一次”改革和“全能社工”建设等载体，把舆情反映、政策咨询、投诉建议等服务分流到电脑网站PC端和App移动端处理，把大部分办证服务流程化、简易化，归口到老年卡制卡机和计划生育服务一体机等自助式办证办事系

2019年7月1日，石桥街道举行庆祝中国共产党成立98周年大会
（石桥街道　供稿）

统，社区服务大厅添置智能机器人“小宝”作为社工小助手服务居民。景荣社区“新邻里社区治理模式”以社区良性互动带动居民自治进而统筹推进社会治理创新，社区服务大厅成为居民友好交流、互通信息的平台。

【城市化垃圾分类样板打造】 2019年，石桥街道以“抓硬件、抓自治、抓执法”为工作思路，以形成最有效、可持续、不反弹的垃圾分类制度为初级目标，以最终引导居民养成自觉源头分类的习惯为终极目标，打造城市化垃圾分类“石桥样板”。加大资金投入，购置易腐垃圾专用袋，并委托第三方为37个小区安装40台垃圾袋智能发放机，实现易腐专用袋智能化的全域发放。整合优化各种垃圾桶配置，及时更新替换非标准垃圾桶。推行垃圾桶“以奖代发”办法，向市级示范小区按户发放家用分类垃圾桶3799只。利用垃圾房改造契机，设立智能化垃圾房5个，智能垃圾房具有感应开门、除臭杀虫、冲洗等功能。发动各小区党员、居民骨干、楼道组长等，组建10多支志愿者队伍，开展定时定点劝导和宣传。启动“暑期垃圾分类少年先锋行动”，有2000多名中小学生参加。建立垃圾分类投放巡检制度、日常通报制度。辖区新鼎家园小区等35个小区开启早晚两次定时投放的垃圾收运新模式。

【单身公寓消防安全整治】 2019年，石桥街道专门成立单身公寓消防安全整治领导小组，在全街道范围内开展单身公寓集中整治行动。根据《浙江省消防条例》规定和《浙江省居住出租房屋消防安全要求》，制订单身公寓集中整治方案，成立7个检查组，对辖区单身公寓分批次进行消防隐患排查，形成单身公寓隐患问题汇总表和单身公寓消防隐患专项整治防控责任清单，并按照隐患整改清单立即启动整改。结合整治工作，探索建立单身公寓消防安全长效管理机制，按照属地原则，将单身公寓消防检查

2019年5月15日，浙江省电子竞技发展研究中心成立大会暨揭牌仪式在杭州电竞数娱小镇LGD联盟电竞馆举行　　（石桥街道　供稿）

纳入所在社区的日常工作，全面落实网格化管理。根据“谁受益谁负责”的原则，强化产权方的主体责任，督促经济合作社加强所属产业单位消防安全管理。规范经济合作社招商行为，严禁将不适合居住的场所出租为单身公寓。建立街道和职能部门信息沟通和联合执法机制，推广安装智慧用电系统和远程监控系统，综合运用法律、宣传、行政、技术等手段，形成消防安全管理合力。

【省电子竞技发展研究中心成立】2019年5月15日，由浙江省电子竞技协会、浙江传媒学院新媒体学院及杭州威佩网络科技有限公司主办，LGD电子竞技俱乐部承办的浙江省电子竞技发展研究中心成立大会暨揭牌仪式在杭州电竞数娱小镇LGD联盟电竞馆举行。研究中心由浙江省电子竞技协会、浙江传媒学院新媒体学院和杭州威佩网络科技有限公司三方联合组建，旨在为电子竞技行业输送专业人才，加快电子竞技行业有序健康发展。成立大会上，杭州威佩网络科技有限公司负责人介绍研究中心成立的目的及设想。研究中心成立后，依托各方优势资源，发挥各自所长，联合开展专业课程编写、实践基地设立、专题调研和专业人才培养等工作。其中，电竞专业课程参照高校选修课程，培养电竞赛事、电竞大数据、电竞媒体等领域人才。

【“辉煌七十载，筑梦新时代”文艺会演】2019年6月21日，石桥街道景安社区联合辖区党建共建单位跨贸小镇管委会、宏润地铁建设集团、北京银行杭州新天地支行在怀德文化剧场共同举办“辉煌七十载，筑梦新时代”文艺会演。活动现场，杭州市景成实验幼儿园小朋友表演舞蹈《啦啦宝贝》，菊香苑夕阳舞蹈队表演扇子舞《南泥湾》，外国留学生演唱《我爱你中国》，全体参加人员共同高唱《我和我的中国》，整场文艺会演表达对祖国母亲的热爱。

（富炎强）

2019年6月21日，石桥街道景安社区在怀德文化剧场举办“辉煌七十载，筑梦新时代”文艺会演　　（石桥街道　供稿）

31 人物

全国非公有制经济人士优秀中国特色社会主义事业建设者

何　军　男，1970年10月生，民盟盟员，留学归国人士，浙江省第十三届人大代表及杭州市第十、十一、十二、十三届人大代表。2003年投入慈善公益事业，创办民间公益组织公羊会，担任公羊会联席会议主席至今。16年来，致力于社会应急救援、社区助老、助残及边远地区助学、助医等公益活动，并且带领公羊会创建一支专业化、高标准的国际救援志愿者队伍——公羊救援队。成功完成四川汶川地震、九寨沟地震救援，重庆公交车坠江、泰国普吉岛沉船搜救，莫桑比克飓风救援等200多次国内外应急救援任务。2019年8月，被评为第五届全国非公有制经济人士优秀中国特色社会主义事业建设者。

全国自强模范

史　册　女，1985年12月出生，杭州制氧机集团有限公司职工，听力障碍残疾人，残疾人乒乓球运动员。从9岁开始乒乓球训练，自2003年至2019年，参加四届全国残疾人运动会和四届聋人奥林匹克运动会，分别获金牌6枚和11枚。2005年，在第二十届聋人奥运会上，获3枚金牌及女子团体银牌，被中国残联、国家体育总局授予“优秀运动员”称号。2005年2月，在国际聋人体育联合会第四十届代表大会上，获“最佳女运动员”奖。2019年4月30日，被国务院残疾人工作委员会授予“全国自强模范”称号，并受到习近平总书记的接见。

全国巾帼建功标兵

郭菲拉　女，1972年8月出生，中共党员，杭州市公安局下城区分局妇联主席。先后创建9个省、市、区级“巾帼文明岗”，一批优秀女民警受到立功嘉奖和各级政府表彰。下城区公安分局排舞队在各类大赛中取得好成绩；女民警心理咨询团队在G20杭州峰会期间，为民警开展心理辅导，让女民警始终保持良好状态，圆满完成安保任务。全力投入市公安局“少年警校”开办工作，打造“暖警工程”的下城样板。2019年3月1日，被全国妇联认定为全国巾帼建功标兵。

全国离退休干部先进个人

周鸿英　女，1946年9月出生，中共党员，下城区人大常委会教科文卫工委原主任，2002年2月退休。2011年创办“三和交流室”，接待居民群众1500多人次，预防化解矛盾纠纷500多件。组织普法宣传、培训，4000多人次参加，赢得居民群众好评。建立全国首个楼道关工小组，创建“楼道家风”文化，设置“青少年作品角”、邻里好人好事栏，开展“立家规、重家教、树家风”，“学雷锋，人人做公益”等32项主题活动。投入10多万元用于社区工作和公益活动，一直关爱独居、孤寡老人及残疾人。2019年12月，被中央组织部评为全国离退休干部先进个人。

省、市劳动模范

陈　发　男，1984年4月出生，杭州简悦服饰有限公司首席制版师。2003—2006年，发明用模具代替手工折边的方法，提高劳动生产效率近4倍，为公司扩大订单打下坚实基础。2007年至2019年，担任服装结构设计工作，解决版型技术难题30多个，公司年销售量增加到40万件。主持建立裤子数据库，使公司裤子销售量占总销售量从10%提高到30%。2011年，被评定为杭州市“服装设计（制版）师”。曾获浙江省五一劳动奖章。2019年4月，被评为浙江省劳动模范。

郭　华　男，1982年1月出生，时空电动汽车股份有限公司技术总监。在纯电动汽车锂离子电池组的安全性能领域提出创新发展思路。主导组建公司技术研发中心、品质管理中心，主持研发主打产品10千瓦时、12千瓦时、15千瓦时电动汽车用动力型锂离子电池组。产品安全性能和各项技术指标名列同类产品前茅，产品投放市场后，供不应求。先后取得20项专利授权。产品通过质量管理体系认证，成为东风汽车股份有限公司、重庆力帆汽车有限公司、长安汽车有限公司等企业合格供应商。2019年4月，被评为浙江省劳动模范。

戎陈英　女，1968年12月出生，杭州市下城区住房和城市建设局住房保障综合窗口负责人。曾获第二届市住保系统“最美房管人”称号。她热爱房管事业，秉持微笑待人、高效办事原则，带领窗口工作人员既在办事流程、环节上做好“减法”，更在提高办事质量、效率上做好“加法”。窗口多次获“红旗窗口”荣誉。2019年4月，被评为杭州市劳动模范。

朱建慧　女，1973年7月出生，中共党员，下城区疾病预防控制中心免疫规划科科长。在疾控工作岗位上，实事求是，勤奋敬业。大胆创新基层接种人员培训模式，先后组织以预防接种为主题的情景剧比赛、疑似预防接种异常反应应急处置桌面演练。牵头编写整理《预防接种家长百问》小册子，开展下城区男性行为人群对人乳头瘤病毒及其预防性疫苗认知研究，为HPV疫苗在MSM人群中推广和使用提供借鉴。2019年4月，被评为杭州市劳动模范。

傅良驹　男，1962年2月出生，中共党员，下城区建北市容环境卫生所清扫大班长。工作一贯勤勤恳恳，任劳任怨。2018年抗雪防冻一连几天奋战在第一线，每天工作10多个小时，带领职工将一条条道路清扫完成，其爱岗敬业的工作作风和与人为善的思想品质获得领导和同事一致好评。多次获下城区“优秀城市美容师”称号，2014年获评浙江省“优秀城市美容师”。2019年4月，被评为杭州市劳动模范。

徐晓威　男，1962年7月出生，中共党员，杭州市青春中学科学教师。指导学生参加全国初中物理竞赛，多人获全国一等奖；组织学生参加浙江省自然科学竞赛，取得较好成绩，多次被评为优秀指导教师。正式出版《初中科学自主探究学习研究》，20多篇论文在省级刊物发表或获奖。多次举行专题讲座和教学公开课，为浙江省名师名校长培训基地科学实践导师。兼任青春中学工会主席，组织单位参加“春风行动”捐款11万元。被评为浙江省教坛新秀、下城区教育名家、下城区职业技能带头人。2019年4月，被评为杭州市劳动模范。

陆　剑　男，1978年10月出生，中共党员，杭州市公安局下城区分局长庆派出所教导员。他将党建工作与队伍管理、公安工作深度融合，促进治理主体多元化。实行“钉钉+微警务”警务管理模式，创新发展新时代“枫桥经验”，发挥“三和交流室”等基层调解组织作用。把户籍室改建成“四合一”综合办事大厅，实现政务网数据共享及自助制证取证等服务，在全省率先推出“可信身份认证”“刷脸办”业务，让群众少跑腿。派出所获评“全省模范公安基层所队”“全省政法先进集体”“全省优秀公安基层单位”等荣誉。2019年4月，被评为杭州市劳动模范。

章　平　男，1962年4月出生，中共党员，杭州市下城保安服务公司总经理。带领企业从单一的保安服务企业发展成多种业务于一体的多元化服务型企业，为社会提供就业岗位4200多个。组织员工为“春风行动”捐款88.1万元。公司为辖区群众做好事400多件，收到锦旗125面。公司利税从2012年的672万元，增加到2018年的2978万元。连续3届蝉联由公安部和中国保安协会评选的“中国报警运营服务优秀企业”奖，连续6年被省公安厅、省保安协会、市保安协会评为“优秀保安服务公司”。2019年4月，被评为杭州市劳动模范。

韩玲玉　女，1959年10月出生，中共党员，下城区天水街道总工会原副主席。她积极探索工会发展新路子，辖区139家非公有制企业和11幢1亿元楼宇均建立工会组织，工会会员增至10279人。坚持工会活动推陈出新，成功打造技能竞赛、技能帮带、交友联谊、爱心驿站、妈咪小屋、职工书屋等工会品牌。曾被评为杭州市妇女儿童工作先进个人、杭州市优秀工会工作者。2019年4月，被评为杭州市劳动模范。

俞　红　女，1969年7月出生，中共党员，下城区长庆街道王马社区党委书记。她全身心投入社区建设和为居民办好事、做实事。在她的带领下，王马社区先后获评“全国先进基层党组织”“全国文明单位”“全国民主法治示范社区”等荣誉。她曾获浙江省新时代“千名好支书”、杭州市“最美社工”等称号，并当选中国妇女第十二次全国代表大会代表。2019年4月，被评为杭州市劳动模范。

朱国庆　男，1985年3月出生，杭州浮云网络科技有限公司大数据运维中心技术小组长。积极推进公司发展大数据与人工智能业务，成功推动公司与上海大学、哈尔滨工业大学合作共建人工智能联合研究中心、机器博弈联合实验室。开发完成“浮云用户画像系统IAMBDA”与“浮云数据展现系统HDV”两个项目，两项发明专利提交申请。公司获评“杭州市文化和科技融合示范企业”“杭州市创新引领型企业”。2019年4月，被评为杭州市劳动模范。

吴康远　男，1982年11月出生，浙江建筑规划设计院给排水设计室总工程师。主要负责建筑给排水设计及节能评估等工作，每年完成设计及节能评估项目50项以上。专业知识扎实，多次在国家级刊物上发表专业论文。2016年被评为下城区职业技能带头人。2017年以来，参与并完成义乌电子商务城二期、台州党校文旅地块等30个项目的施工图设计。完成节能评估项目100多项。2019年4月，被评为杭州市劳动模范。

赵建荣　男，1962年8月出生，中共党员，杭州东恒石油有限公司董事长。他带领公司转型升级，公司年销售收入由20年前的150万元增加到2018年的200亿元，税利累计超过20亿元。他坚持义利并重，自觉履行社会责任，组织企业员工参与杭州淳安县屏门乡“春风行动”“光彩行动”和西藏那曲市、贵州黎平县脱贫攻坚，累计捐款近1000万元。注重抓好企业党建，向社会传递更多正能量，为辖区民营企业树起一面争创一流的旗帜。2019年4月，被评为杭州市劳动模范。

王天才　男，1957年9月出生，中共党员，下城区石桥街道杨家社区党委书记。带领居民共同富裕，把杨家社区从一个负债几百万元的村庄发展成为有2亿多元积累的富裕社区。G20杭州峰会期间，主持制订各项安保措施，加强对辖区重点场所安保巡查，实现社区3平方千米区域内安全无事故。曾被评为浙江省“为民好书记”、浙江省“万名好党员”。2019年4月，被评为杭州市劳动模范。

浙江工匠

王笃清　男，1959年4月出生，杭州市下城区王笃清木雕工作室艺术总监、高级工艺美术师。他擅长黄杨木雕的人物和动物题材制作以及传统历史、现代生活题材的创作，作品在国内外报刊发表，并在国家级和省级工艺美术展览上多次获奖。2018年赴美国参加杭州非物质文化遗产黄杨木雕交流活动。其作品《千手观音》获浙江中国民间艺术展览金奖；作品《雨》获第四届中国浙江工艺美术博览会“中信杯”金奖，并于2016年入选中国当代工艺美术双年展。先后获“浙江省工艺美术大师”“杭州工匠”等称号。2019年9月，被评为“浙江工匠”。

（戴俊伟　林凌　屈宜静　祝凯伦　蒋金金）

2019年下城区国民经济和社会发展统计公报

杭州市下城区统计局

（二〇二〇年三月）

2019年，是新中国成立70周年，也是下城保持稳健发展、呈现稳中向好态势，取得明显成效的一年。全区上下聚焦高质量发展、高品质生活，提高站位、争创一流，高水平地推进中心城区治理现代化进程。

一、综合

经济总量。据初步核算，全年地区生产总值1049.60亿元，按可比价计算，同比增长6.8%。其中，第二产业增加值42.08亿元，同比增长2.2%；第三产业增加值1007.52亿元，同比增长7.0%；三次产业结构比例0：4.0：96.0。

金融、商贸、文创、健康、数字经济等主导产业稳步发展，增加值同比增长8.3%，转型发展动能不断积聚。全区金融产业增加值388.03亿元，占地区生产总值的比重达36.97%，同比增长8.6%；人民币存贷款余额同比增长12.5%，证券交易额同比增长21.5%，保费收入同比增长27.8%。商贸业增加值177.50亿元，同比增长3.0%；文创产业增加值166.08亿元，同

2004年—2019年全区生产总值（单位：亿元）

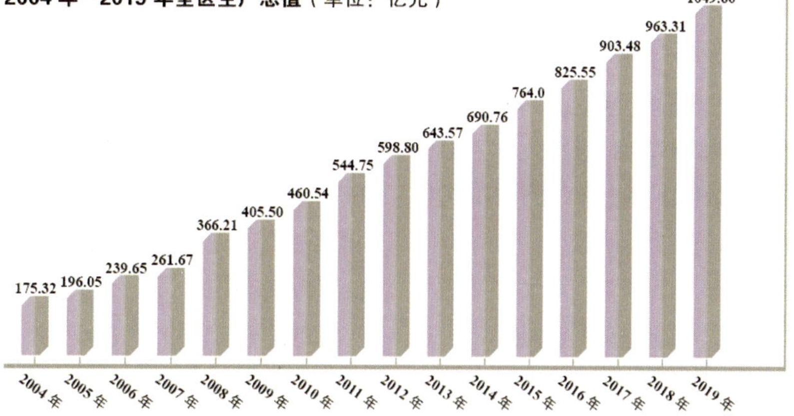

注：2008年起地区生产总值包含金融业。根据第四次全国经济普查结果和我国GDP核算制度规定，2018年下城区生产总值修订为963.31亿元

比增长12.0%；健康产业增加值106.56亿元，同比增长14.0%。深入实施数字经济"一号工程"，数字经济核心产业增加值24.28亿元，同比增长15.3%；数字经济核心产业规上企业营业收入106.86亿元，同比增长37.0%。

财政收支。全年财政总收入175.12亿元，同比增长6.71%；其中地方一般公共预算收入96.59亿元，同比增长8.04%。一般公共预算支出44.45亿元，同比增长15.33%，民生事业支出占财政支出的比重达81.56%；其中区级一般公共预算支出40.86亿元，同比增长11.32%，区级一般公共预算支出中民生事业支出比重达80.72%。

市场价格。全年市区居民消费价格比上年上涨3.1%。其中医疗保健类价格上涨7.0%、食品烟酒类价格上涨6.3%。商品零售价格上涨3.1%。工业生产者出厂价格下降1.0%，工业生产者购进价格下降3.2%（城区用市区数据）。

市区居民消费价格涨幅（%）

表10

项　目	2018年	2019年
市区居民消费价格	2.3	3.1
1.食品烟酒	2.7	6.3
2.衣着	1.4	1.3
3.居住	3.7	0.9
4.生活用品及服务	0.6	3.0
5.交通和通信	1.3	-1.0
6.教育文化和娱乐	1.5	4.3
7.医疗保健	2.0	7.0
8.其他用品和服务	0.0	2.8

人口就业。据2019年下城5‰人口变动抽样调查推算，全区年末常住人口52.6万人。全区户籍人口42.37万人，人口出生率9.54‰，死亡率4.38‰，人口自然增长率5.16‰。

2019年户籍人口数及构成

表11　　单位：万人

指　标	年末人口数	同比（%）
总人口数	42.37	3.21
其中：男性	20.81	2.64
女性	21.56	3.76

全区新增就业30671人，实现失业人员再就业2929人；发放促进就业专项资金8974.5万元，惠及5.36万人次。

二、工业和建筑业

工业。全年工业增加值14.39亿元，同比下降5.9%，其中规模以上工业增加值9.83亿元，同比下降8.5%。规模以上工业新产品产值20.11亿元，新产品产值率46.36%。万元工业增加值能耗降低率为1.64%。

建筑业。全年建筑业增加值27.71亿元，同比增长9.7%；建筑业总产值246.25亿元，同比增长19.5%；竣工产值100.51亿元，同比增长44.6%。

三、服务业

全年服务业增加值1007.52亿元，同比增长7.0%，占地区生产总值比重达到96.0%。从行业结构看，金融业、营利性服务业和非营利性服务业增速高于服务业总体

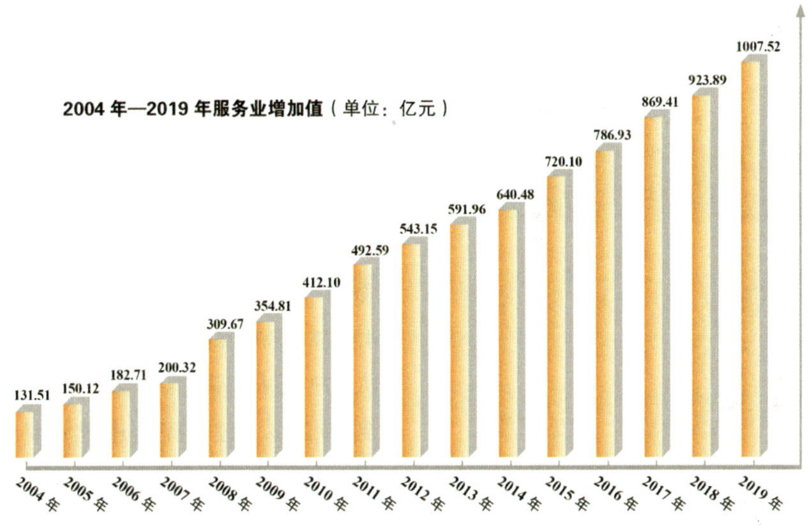

注：2008 年起服务业增加值包含金融业。根据第四次全国经济普查结果和我国 GDP 核算制度规定，2018 年下城区服务业增加值修订为 923.89 亿元

水平，其中营利性服务业增长最快，同比增长13.2%，高于服务业增速6.2个百分点。

四、国内贸易

全年商贸销售额实现稳步增长，其中批发业同比增长10.6%，零售业同比增长6.4%，住宿业同比增长0.5%，餐饮业同比增长15.0%。社会消费品零售总额同比增长8.5%。

2019年末拥有区属各类商品交易市场36个，其中农副产品市场24个，工业品市场9个，生活要素市场2个，服务市场1个；全年城乡集市贸易成交额79.46亿元。

五、固定资产投资

全年固定资产投资146.71亿元，同比增长30.2%。从固定资产投资方向看，第二产业投资1.54亿元，第三产业投资145.17亿元。从投资结构看，生态环境和公共设施投资5.44亿元，同比增长104.2%；高新技术产业投资6.77亿元，同比增长52.2%；民间项目投资4.15亿元，同比增长39.7%；工业投资1.54亿元，同比增长18.1%。

全年房地产开发投资119.66亿元，同比增长46.6%。房屋施工面积377.29万平方米，同比增长1.9%。商品房销售面积4.54万平方米，同比下降74.8%。

六、对外经济

外贸出口。全年实现自营出口总额187.80亿元，同比增长2.8%。完成跨境出口9.2亿美元，与上年持平。

服务贸易。全年服务贸易出口额13.13亿美元，同比增长22.29%，完成率106.34%，其中服务外包离岸执行额5.07亿美元。

利用外资。嘉里数创港、金蚂投资等29个大好高、小而美、产业链项目顺利引进，全年实际利用外资6.70亿美元，完成率155.87%。

七、教育和科技

教育。全区现有各类教育机构70个，其中：高中 1所，初中 13所，小学 17所，幼儿园37 所（含民办、部门办、街道办幼儿园），特殊教育学校 1所，教师教育学院1所。在校学生人数 53875人，其中幼儿园在校学生14427 人，小学在校学生 26964人，初中在校学生 11784

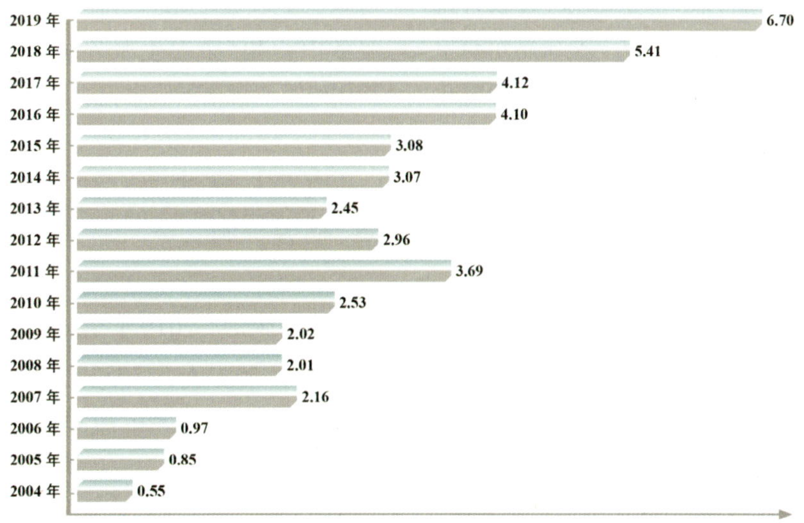

2004年—2019年在校学生人数（单位：人）

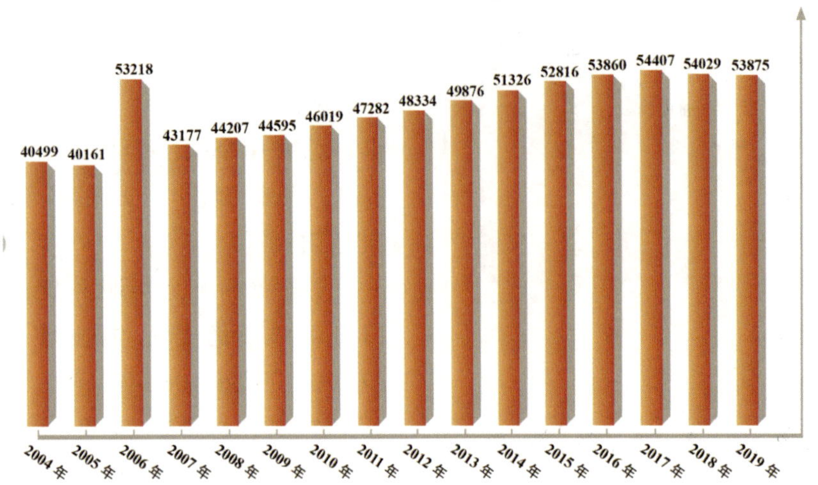

人，高中在校生610人，特殊教育学校学生90人。教职工人数5433人。引进学科领军人才6名，优秀管理人才2名，推评省市级荣誉24人，8位教师荣获省级优课。

科技。全区专利申请量6722件，同比增长7.76%，其中发明专利申请量3855件，同比增长10.49%；专利授权量3467件，同比增长0.23%；其中发明专利授权量1113件，同比增长10.42%。全区累计高新技术企业289家，科技型中小企业608家，全年新认定国家高新技术企业60家，新培育市级高新技术企业20家、省级科技型中小企业93家。全年新培育市级众创空间3家，省级、市级孵化器各1家。财政一般公共预算支出中科技支出1.61亿元，同比增长6.46%。

八、文体和卫生

文体。不断提升文化软实力和城市韵味，精心打造武林非遗集市，新增市非遗传承教学基地2个、区级非遗项目9个。推动文化事业大发展大繁荣。推出“夜游武林”“文化风情”“寻味街巷”等都市旅游专线，开展营业性文艺演出4535场，推动文旅融合发展。深化文化惠民个性化服务机制，推出特色培训300余场，演出服务60场。建成社区文化家园16个。

卫生。全区共有卫生机构数329个，实有床位7494张，卫生技术人员7430人。全面推进“舒心就医”信息化改造，提升家庭签约医生服务质量，开具慢性病连续处方20.8万张、免费送药到家2.1万余人次。改造迁建石桥社区卫生服务中心和5个卫生服务站。成功创建第三批全国健康促进区。

九、人民生活、社会保障、社会福利

人民生活。2019年全区居民人均可支配收入为70330元，比上年增长8.3%。全区居民人均消费支出50356元，比上年增长5.04%。

社会保障。2019年末下城区职工养老保险参保人数308791人，同比增长5.65%；生育保险参保人数301220人，同比增长3.95%；工伤保险参保人数318355人，同比增长6.09%；失业保险参保人数296911人，同比增长4.18%；医疗保险参保人数420530人，户籍人口基本医保参保率达到99.23%。健全完善违规领取养老金追回机制，全年共追回养老金86.58万元。加强医保定点机构监管，全年完成41家医保两定机构申请受理及实地考察工作。

社会福利。做好精准帮扶和托底救助，发放城乡居民最低生活保障金、残保金3976万元。完成100户困难残疾人、老年人家庭无障碍设施改造。新增5家养老服务综合中心、5家老年食堂，建设“1+2”养老服务综合体。构建社会化双拥优抚工作模式，建成三级退役军人服务保障体系。新增蓝领公寓2050套。

十、城建城管、平安建设和环境保护

城建城管。启动老旧小区综合改造提升工程，创新“10+X”改造模式，完成小天竺、知足弄社区和流水北苑小区市、区试点建设。打造6条“美丽小巷”，完成800幢楼房管网“清肠”、97个小区847幢楼房雨污分流整治，完成15个小区二次供水改造、60台既有住宅电梯加装。拆除违建472处8.17万平方米，成功创建省级“基本无违建区”。完成18座公厕提升改造工作，其中，武林路防疫站公厕成功打造成为全国首座引入5G通讯的全程无触碰智慧公厕，成功提升武林路街区功能品质。

平安建设。深入开展安全生产、消防安全专项整治，全年未发生较大及以上安全事故。全年发生各类生产安全事故12起、死亡2人，较上年均下降33.3%。

环境保护。完成石桥河等7条河3.4万方清淤；完成六塘汶漾等16条河道划界，明确管养责任；完成德胜河等14条河道"无违建"创建。继续加强河道水质监测，市控以上功能区断面水质达标率100%。全区新增绿化4.23万平方米，完成三塘中心公园等4个美化彩化工程。

注：1、本公报为初步统计数；

2、户籍人口数为公安部门年报数。

统计表

2019年下城区生产总值及重点产业增加值

表12

项　目	实绩（亿元）	增幅（%）
一、地区生产总值	1 049.60	6.8
第二产业增加值	42.08	2.2
第三产业增加值	1 007.52	7.0
二、重点产业增加值		
商贸业增加值	177.50	3.0
金融业增加值	388.03	8.6
文化创意产业增加值	166.08	12.0
健康产业增加值	106.56	14.0
数字经济核心产业增加值	24.28	15.3

注：1.地区生产总值增幅为可比价增幅

2.根据第四次全国经济普查结果和国家GDP核算制度规定，对2018年地区生产总值进行修订

2019年下城区规模以上工业、建筑业经济指标

表13

项　目	实　绩（亿元）	增幅（%）
一、规模以上工业		
增加值（亿元）	9.83	−8.5
高新技术产业增加值（亿元）	8.33	−5.2
总产值（亿元）	43.37	−15.8
新产品产值（亿元）	20.11	−14.5
新产品产值率（%）	46.40	—
高新技术产业总产值（亿元）	35.69	−13.0
销售产值（亿元）	44.41	−15.2

续表13

项　目	实　绩（亿元）	增幅（%）
出口交货值（亿元）	4.03	-40.8
高新技术产业销售产值（亿元）	36.08	-11.6
利润总额（亿元）	3.98	-18.1
二、建筑业		
建筑业总产值（亿元）	246.25	19.5

2019年下城区国内贸易情况

表14

项　目	实　绩	增幅（%）
商贸销售额（亿元）	5 524.46	10.4
批发零售业（亿元）	5 460.42	10.4
住宿餐饮业（亿元）	64.04	10.5
社会消费品零售总额（亿元）	534.87	8.5
批发零售业（亿元）	445.55	8.6
住宿餐饮业（亿元）	89.32	7.4
亿元以上商品交易市场成交额（亿元）	111.41	-7.1
商品交易市场数量（个）	36	-7.7
集市贸易成交额（亿元）	79.46	-4.9

注：根据第四次全国经济普查结果，对2018年商贸销售额和社会消费品零售总额进行修订

2019年下城区对外贸易、招商引资情况

表15

项　目	实　绩	增幅（%）
一、对外贸易		
自营进出口总额（海关统计）（亿元）	345.99	-1.6
进口总额（亿元）	158.19	-6.4
出口总额（亿元）	187.80	2.8
服务贸易出口额（亿美元）	13.13	22.3
二、招商引资		
到位外资（亿美元）	6.70	24.0

2019年下城区规模以上服务业企业分行业主要经济指标

表16　　单位：亿元

行　业	营业收入	利润总额
交通运输、仓储和邮政业	75.81	12.97
信息传输、软件和信息技术服务业	48.75	2.35
房地产业（除房地产开发经营）	28.67	3.25
租赁和商务服务业	193.36	70.36

续表16

行　业	营业收入	利润总额
科学研究和技术服务业	445.49	14.80
水利、环境、和公共设施管理业	5.06	0.73
居民服务、修理和其他服务业	8.63	0.21
教育	12.80	-0.65
卫生和社会工作	41.30	2.98
文化、体育和娱乐业	36.43	1.99

2019年下城区固定资产投资、房地产开发及销售情况

表17

项　目	计量单位	实　绩	增幅(%)
一、固定资产投资	亿元	146.71	30.2
(一)按产业分			
第二产业投资	亿元	1.54	13.3
第三产业投资	亿元	145.17	30.4
其中房地产开发投资	亿元	119.66	46.6
(二)按投资主体分			
国有投资	亿元	85.54	11.1
非国有投资	亿元	61.17	72.3
其中民间投资	亿元	43.52	30.1
二、房地产开发及销售情况			
房屋施工面积	万平方米	377.29	1.9
房屋竣工面积	万平方米	8.42	-68.5
商品房销售面积	万平方米	4.54	-74.8
其中住宅销售面积	万平方米	2.02	-83.5
商品房销售额	亿元	22.36	-73.9
其中住宅销售额	亿元	14.84	-79.1
商品住宅销售套数	套	72	-90.2

2019年下城区财政收支情况

表18

项　目	实绩(亿元)	增幅(%)
财政总收入	175.12	6.7
地方一般公共预算收入	96.59	8.0
增值税	30.29	-9.0
企业所得税	22.94	49.9
个人所得税	8.76	-24.8
一般公共预算支出	44.45	15.3

33 附录

重要文件选录

表 19

文 号	标 题
区委〔2019〕1号	中共杭州市下城区委关于落实党风廉政建设责任制主体责任情况的报告
区委〔2019〕6号	关于开展“不忘初心、牢记使命”主题教育的实施意见
区委发〔2019〕2号	中共杭州市下城区委杭州市下城区人民政府关于印发《杭州市下城区机构改革方案》的通知
区委发〔2019〕9号	关于加强党建引领推进小区治理建设幸福家园的指导意见
区委发〔2019〕10号	中共杭州市下城区委法律顾问工作规则
区委发〔2019〕16号	关于表彰下城区十佳“杰出人才”和十佳“伯乐企业”的决定
区委发〔2019〕17号	关于加强新时代下城公安工作的实施意见
区委发〔2019〕18号	关于高水平推进新时代人大工作和建设的意见
区委发〔2019〕21号	关于认定下城区第六批文化创意产业园区、特色楼宇的决定
区委办发〔2019〕3号	中共下城区委办公室　下城区人民政府办公室转发《下城区档案局关于做好全区机构改革中档案工作的意见》的通知
区委办发〔2019〕6号	中共下城区委办公室　下城区人民政府办公室关于印发《杭州市下城区街道职能调整和体制改革方案》的通知
区委办发〔2019〕8号	中共杭州市下城区委办公室关于印发《下城区党委信息工作考核办法》的通知
区委办发〔2019〕10号	中共杭州市下城区委办公室关于对《中共下城区委常委会2019年工作要点》进行责任分解和督促检查的通知
区委办发〔2019〕12号	中共下城区委办公室　下城区人民政府办公室关于成立下城区建设城市“数据大脑”领导小组的通知
区委办发〔2019〕14号	中共下城区委办公室　下城区人民政府办公室关于建立区“服务企业服务群众服务基层”活动协调督查办公室及有关运行机制的通知
区委办发〔2019〕17号	中共下城区委办公室　下城区人民政府办公室关于做好《下城年鉴（2019）》编纂工作的通知
区委办发〔2019〕66号	关于规范和完善街道居民议事制度的实施意见
区委办发〔2019〕68号	下城区开展“请你来协商”平台建设工作的意见

续表19

文　号	标　题
区委办发〔2019〕71号	区委常委会带头深入开展“不忘初心、牢记使命”主题教育的实施方案
区委办发〔2019〕74号	关于贯彻中办5号文件推进城市基层社会治理体系和治理能力现代化的实施意见
区委办发〔2019〕77号	下城区党政主要负责人履行推进法治建设第一责任人职责实施细则
下政办发〔2019〕1号	下城区人民政府办公室关于印发下城区贯彻落实杭州市创建国家安全发展示范城市三年行动计划（2018—2020年）的通知
下政办发〔2019〕3号	下城区人民政府办公室关于公布下城区第四批非物质文化遗产代表性项目名录的通知
下政办发〔2019〕4号	杭州市下城区人民政府办公室关于转发《下城区2019年政府投资计划》的通知
下政办发〔2019〕13号	下城区人民政府办公室关于印发《下城区出租房屋消防安全和流动人口集中清理整治工作实施方案》的通知
下政办发〔2019〕22号	杭州市下城区人民政府办公室关于印发《下城区3岁以下婴幼儿照护服务试点工作实施方案》的通知
下政办发〔2019〕24号	杭州市下城区人民政府办公室关于印发《下城区统筹使用上级促进跨境电商发展财政专项切块资金管理办法》的通知
下政办发〔2019〕25号	下城区人民政府办公室关于印发2019年下城区食品安全工作要点的通知
下政办发〔2019〕26号	关于公布《2019年度下城区重大行政决策目录》的通知
下政办发〔2019〕27号	杭州市下城区人民政府办公室关于印发《下城区关于加快促进3岁以下婴幼儿照护服务工作发展的意见》的通知
下政办发〔2019〕30号	下城区人民政府办公室关于印发下城区老旧小区综合改造提升工作实施方案通知
下政办发〔2019〕31号	杭州市下城区人民政府办公室关于印发《下城区政府投资项目投资控制管理办法》的通知
下政办发〔2019〕32号	杭州市下城区人民政府办公室关于印发《下城区创新型产业用地管理的实施细则》的通知
下政函〔2019〕30号	下城区人民政府关于促进数字经济产业发展的实施意见
下政函〔2019〕49号	杭州市下城区人民政府关于促进股份经济合作社产业发展和规范管理的若干政策

先进名录

先进集体

2019年度国家级和部级先进集体

表20

获奖单位	先进荣誉称号	颁奖单位	颁奖时间
长庆派出所	集体一等功	公安部	2019年3月
共青团国家税务总局杭州市下城区税务局办税大厅支部委员会	2018年度全国五四红旗团支部	共青团中央	2019年4月
杭州市朝晖中学	中国学生营养与健康示范学校	中国学生营养与健康促进会、中国关心下一代委员会	2019年5月
区法院	关于对在司法宣传工作中表现突出的人民法院予以表扬的通报	最高人民法院政治部、新闻局；人民法院新闻传媒总社	2019年8月
区卫生健康局、下城区疾病预防控制中心	全国健康促进区（试点技术评估全国第三）	国家卫生健康委办公厅	2019年8月
区检察院	2019年度全国检察宣传先进单位	检察日报社	2019年9月

续表20

获奖单位	先进荣誉称号	颁奖单位	颁奖时间
杭州市景成实验学校	全国青少年校园足球特色学校	教育部	2019年10月
杭州市求知小学	第六批国家足球梦想学校	第19届亚运会组委会	2019年11月
长庆派出所	全国首批“枫桥式公安派出所”	公安部	2019年11月
下城区	“全国家校（园）共育”数字化项目试验区	国家教育行政学院家庭教育研究中心、国家教育行政学院培训部、全国家校（园）社区共育先进经验推广指导办公室	2019年12月
区统计局	第四次全国经济普查国家级先进集体	国务院第四次经济普查领导小组办公室	2019年12月
杭州中国丝绸城	第二十届中国国际丝绸博览会“最佳组织奖”	中国国际丝绸博览会组委会	2019年12月
区总工会	2018年度市级工会财务工作先进单位	中华全国总工会	2019年12月
区卫生监督所	2019年度卫生监督微课优秀作品二等奖	国家卫生健康委卫生健康监督中心	2019年12月
下城消防救援大队朝晖中队	改革转隶教育先进中队	公安部消防局	2019年12月

2019年度省级和省属部门先进集体

表21

获奖单位	先进荣誉称号	颁奖单位	颁奖时间
区委老干部局	《探索社区机关事业单位离退休党员临时党组织“一五五”工作机制》获2018年度全省老干部工作“优秀创新案例”	省委老干部局	2019年1月
区委老干部局	2018年度创新案例“新媒体宣传奖”	省委老干部局	2019年1月
新华坊高层小区	浙江省节水型居民小区	省住房和城乡建设厅	2019年1月
长庆综合执法队	浙江省综合行政执法文明规范公正基层队所	省司法厅、省综合行政执法指导办公室	2019年1月
东新街道总工会	2019年省级农民工文化家园	省总工会	2019年1月
区市场监管局	政务信息工作先进单位	省市场监管局	2019年2月
区检察院	2018年度检察工作成绩突出基层检察院	省检察院	2019年2月
区市场监管局	2018年度浙江省药品不良反应监测工作优秀集体	省药品不良反应监测中心	2019年3月
下城区大成岳家湾实验学校家长学校	浙江省示范中小学、幼儿园家长学校	省妇联、省教育厅	2019年3月
下城区天水街道仓桥社区家长学校	浙江省示范村（社区）家长学校（家庭教育指导站点）	省妇联、省教育厅	2019年3月
区公安分局	浙江省模范集体	省委、省政府	2019年4月
下城区数字城管协同指挥中心	浙江省三八红旗集体	省妇联	2019年4月
杭州市下城区数字城管协同指挥中心	浙江省三八红旗集体	省妇联	2019年4月
下城区	2018学年全省教育宣传工作先进集体	省教育厅新闻办公室、浙江教育报刊总社	2019年4月

续表21

获奖单位	先进荣誉称号	颁奖单位	颁奖时间
王马社区	全省城乡社区治理和服务成绩突出集体	省委、省政府	2019年5月
杭州市朝晖新村五区幼儿园	浙江省青少年数字体育创新大赛最佳合作学校	省体育总会	2019年6月
长庆街道团工委“三和交流室”助推社区治理志愿服务项目	省青年志愿服务项目大赛银奖	团省委、浙江省志愿者协会	2019年6月
下城区	基本无违建县（市、区）	省委、省政府	2019年7月
下城区	浙江省创建法治县（市、区）工作五星级示范单位	省委依法治省办公室	2019年7月
区总工会	浙江省创建和谐劳动关系暨双爱活动先进组织	省总工会	2019年9月
下城区疾控中心党总支	浙江省疾病预防控制系统思想政治工作优秀论文二等奖	省疾病预防控制中心	2019年9月
鲍大妈聊天室	浙江省离退休干部先进集体	省委组织部、省委老干部局	2019年10月
区民政局	社会组织党群服务中心示范点	中共浙江省社会组织综合委员会	2019年11月
区总工会	“中国梦，劳动美”浙江省第二届职工电子竞技大赛优秀组织奖	省总工会	2019年12月
杭州市下城区数字城管协同指挥中心	2019年度浙江省智慧城管工作绩效评价成绩优秀	省住房和城乡建设厅	2019年12月
杭州支队下城区大队半山站党支部	先进基层党组织	省消防救援总队党委	2019年12月
下城区消防救援大队	安全工作先进大队	省消防救援总队	2019年12月
区委老干部局	《12140工作法打造全省首个社区“银尚之家”》获得2019年度全省老干部工作“十佳创新案例”	省委老干部局	2019年12月
杭州长江实验小学	浙江省先进教研组	省教育厅	2019年12月
文晖街道	全省“示范数字档案室”	省档案局	2019年12月
长庆街道办事处	全省“示范数字档案室”	省档案局	2019年12月
长庆街道吴牙社区青春坊（高层）小区	浙江省节水型居民小区	省住房和城乡建设厅	2019年12月
浙江星火集团有限公司	2019年浙江省职工书屋	省总工会	2019年12月

2019年度市级先进集体

表22

获奖单位	先进荣誉称号	颁奖单位（限市委、市政府）	颁奖时间
区住建局	杭州市创建“国家生态园林城市”行政奖励集体三等功	市政府	2019年2月
区住建局	2018年度杭州市城乡建设工作行政集体嘉奖	市政府办公厅	2019年2月
长庆综合执法队	2018年度杭州市综合执法推进工作先进集体	市政府办公厅	2019年3月
东新街道	2018年度杭州市“无违建乡镇（街道、管理处）”	市政府办公厅	2019年4月
原杭州市国土资源局下城分局	2018年度杭州市“双清”专项行动集体嘉奖	市政府	2019年6月
区人力资源和社会保障局	2018年度“杭州无欠薪”行动成绩突出单位	市政府办公厅	2019年6月
原杭州市下城区土地整理中心	2018年度“做地攻坚和双清工作”集体嘉奖	市政府办公厅	2019年12月
石桥街道石桥社区	第四次全国经济普查先进集体	市政府	2019年12月

先进个人

2019年度国家级和部级先进个人

表23

获奖单位	获奖人姓名	先进荣誉称号	颁奖单位	颁奖时间
下城区疾病预防控制中心	周晓红	2004—2013中国慢性病及其危险因素监测工作“突出贡献先进个人”	中国疾控预防控制中心慢性非传染性疾病预防控制中心	2019年1月
下城区疾病预防控制中心	席胜军	2004—2013中国慢性病及其危险因素监测工作先进个人	中国疾控预防控制中心慢性非传染性疾病预防控制中心	2019年1月
下城区疾病预防控制中心	王　峥	2004—2013中国慢性病及其危险因素监测工作先进个人	中国疾控预防控制中心慢性非传染性疾病预防控制中心	2019年1月
下城区疾病预防控制中心	何宝华	2004—2013中国慢性病及其危险因素监测工作先进个人	中国疾控预防控制中心慢性非传染性疾病预防控制中心	2019年1月
区公安分局	郭菲拉	全国巾帼建功标兵	全国妇联	2019年3月
区残联	史　册	第六届全国自强模范	国务院残疾人工作委员会	2019年4月
公羊会	何　军	第五届全国非公有制经济人士优秀中国特色社会主义事业建设者	中央统战部、工业和信息化部、人力资源社会保障部、国家市场监管总局、全国工商联	2019年8月
区市场监管局	王　帅	全国“12315”岗位标兵	国家市场监管总局	2019年11月
区司法局	黄向阳	全国普法宣传工作先进个人	司法部	2019年12月
区委老干部局	周鸿英	全国离退休干部先进个人	中央组织部	2019年12月

2019年度省级和省属部门级先进个人

表24

获奖单位	获奖人姓名	先进荣誉称号	颁奖单位	颁奖时间
区法院	叶宇轩	司法警察信息宣传工作先进个人	省高级人民法院	2019年1月
区税务局	陶甜甜	“新机构、新职责、新业务、新作为”知识网络竞赛优秀奖	省税务局	2019年1月
区税务局	陈茵岚	三等功	省税务局	2019年2月
区税务局	胡斌伟	三等功	省税务局	2019年2月
区税务局	黄正宇	三等功	省税务局	2019年2月
区税务局	郭呈福	嘉奖	省税务局	2019年2月
区税务局	施红升	嘉奖	省税务局	2019年2月
区税务局	顾晓军	嘉奖	省税务局	2019年2月
区税务局	郭颖	嘉奖	省税务局	2019年2月
区税务局	裴芬蓉	嘉奖	省税务局	2019年2月
区税务局	杜金强	嘉奖	省税务局	2019年2月
区税务局	徐　芸	嘉奖	省税务局	2019年2月
区税务局	陶甜甜	嘉奖	省税务局	2019年2月
区税务局	王沈楠	嘉奖	省税务局	2019年2月

续表24

获奖单位	获奖人姓名	先进荣誉称号	颁奖单位	颁奖时间
区法院	周培芳	法院系统个人二等功	省高级人民法院	2019年2月
区市场监管局	应　瑶	政务信息工作先进个人	省市场监管局	2019年2月
下城区疾病预防控制中心	冯哲伟	2018年度浙江省食品安全风险监测分析报告三等奖	省卫生健康委	2019年3月
公羊会	何　军	浙江省助残先进个人	省政府	2019年5月
区法院	何　敏	第一期“院长论坛”优秀心得体会	省高级人民法院	2019年5月
石桥街道	包志明	浙江省担当作为好干部	省委组织部	2019年6月
区城管局	陈竹青	第十批省优秀农村工作指导员	省委办公厅、省政府办公厅	2019年7月
区司法局	沈月华	全省指导人民调解工作先进个人	省委、省政府	2019年8月
区编委办	陈怡贞	浙江省机构改革成绩突出个人	省委办公厅、省政府办公厅	2019年8月
长庆街道	刘　昕	全省机构改革成绩突出个人	省政府办公厅	2019年8月
区民政局	池宇翔	全省民政系统先进工作者	省人力资源和社会保障厅、省民政厅	2019年8月
下城区王笃清木雕工作室	王笃清	浙江工匠	省总工会	2019年9月
区人力资源和社会保障局	滕伊凡	全省人社系统窗口单位业务技能练兵比武竞赛优秀选手	省人力资源和社会保障厅	2019年9月
区委老干部局	朱松范	浙江省“最美共和国同龄人”称号	省委老干部局	2019年9月
长庆街道	李云龙	全省司法行政系统第六届“十大百优”百名司法为民标兵	省司法厅	2019年10月
区司法局	沈　琪	大庆安保维稳工作个人嘉奖	省司法厅	2019年11月
区法院	沈　丹	浙江省法院系统第二十九届学术研讨会论文评选 优秀奖	省高级人民法院	2019年11月
区法院	王仕林	浙江省法院系统第二十九届学术研讨会论文评选 三等奖	省高级人民法院	2019年11月
下城区疾病预防控制中心	陈　琦	2019年度浙江省防治艾滋病性病优秀志愿者	省性病艾滋病防治协会	2019年11月
下城区疾病预防控制中心	冯哲伟	浙江省营养配餐技能竞赛一等奖	省卫生健康委、省总工会	2019年11月
区关工委	张汝民	浙江省关心下一代工作先进个人	省关工委、浙江省精神文明建设委员会办公室	2019年11月
区关工委	周仁娣	浙江省关心下一代工作先进个人	省关工委、浙江省精神文明建设委员会办公室	2019年11月
区司法局	金伟娜	全省司法行政系统岗位技能比武个人嘉奖	省司法厅	2019年12月
区法院	周培芳	全国法院先进个人	最高人民法院	2019年12月
区人力资源和社会保障局	杨燕琪	全省劳动人事争议仲裁员业务技能竞赛二等奖	省劳动人事争议仲裁委员会、省人力资源和社会保障厅、省总工会	2019年12月
杭州市下城区社会经济调查队	徐　超	浙江省第四次经济普查省级成绩突出个人	省政府第四次经济普查领导小组办公室	2019年12月

续表24

获奖单位	获奖人姓名	先进荣誉称号	颁奖单位	颁奖时间
杭州市下城区社会经济调查队	俞钟鸣	浙江省第四次经济普查省级成绩突出个人	省政府第四次经济普查领导小组办公室	2019年12月
东新街道东新园社区	张桂英	浙江省"女红巧手"	省妇联、中国丝绸博物馆	2019年12月
下城区疾病预防控制中心	谢　嘉	2019年浙江省科普大赛微图文类三等奖	省疾病预防控制中心	2019年12月
下城消防救援大队	童　惠	全省消防救援队伍优秀党务工作者	省消防救援总队	2019年12月
下城消防救援大队	王颖佳	全省消防救援队伍"巾帼敬业模范"	省消防救援总队	2019年12月
下城消防救援大队	邹芳桂	全省消防救援队伍执勤训练工作先进个人	省消防救援总队	2019年12月
下城消防救援大队	童　惠	个人嘉奖	省消防救援总队	2019年12月
下城消防救援大队	姚思骋	个人嘉奖	省消防救援总队	2019年12月
下城消防救援大队	吴志明	个人嘉奖	省消防救援总队	2019年12月
下城消防救援大队	方能飞	优秀团员	省消防救援总队	2019年12月
东新街道	陈如英	浙江省第四次经济普查省级成绩突出个人	省政府第四次经济普查领导小组办公室	2019年12月

2019年度市级先进个人

表25

获奖单位	获奖人姓名	先进荣誉称号	颁奖单位	颁奖时间
杭州市下城区征地事务所	杨新东	2018年度杭州市"双清"专项行动个人嘉奖	市政府	2019年6月
杭州市规划和自然资源局下城分局	朱云祥	2018年度"做地攻坚和双清工作"个人嘉奖	市政府办公厅	2019年12月
下城区国有投资控股集团有限公司	叶晨海	2018年度"做地攻坚和双清工作"行政奖励	市政府	2019年12月
区百井坊地区综合改造工程指挥部	戴　雁	"2018做地质量提升年"专项行动优秀个人	市政府	2019年12月

科技进步奖名录

2019年科技进步奖获奖情况

表26

项目名称	主要完成单位	主要完成人	奖　项
高质高效激光表面改性技术及其工业应用	浙江工业大学、杭州汽轮机股份有限公司、杭州博华激光技术有限公司	姚建华、王梁、张群莉、董刚、李波、叶钟	2019年省技术发明奖一等奖

续表26

项目名称	主要完成单位	主要完成人	奖　项
重腐蚀区域输电设备高效防腐技术创新及工程应用	国网浙江省电力有限公司电力科学研究院、国网浙江余姚市供电有限公司、中国科学院海洋研究所、中国科学院金属研究所、杭州意能电力技术有限公司、国网浙江平湖市供电有限公司	周海飞、祝郦伟、钱洲亥、胡家元、刘敏、周自强、丁文宣、王静、刘福春	2019年省科学技术进步奖二等奖
建筑固废高效利用关键技术及工程应用	浙江大学、浙江省建筑设计研究院、杭州富丽华建材有限公司、桐乡市同德墙体建材股份有限公司、杭州市路桥集团股份有限公司	赵羽习、孟涛、袁静、张金星、王海龙、沈海强、沈林昌、翁大庆、张鸿儒	2019年省科学技术进步奖二等奖
大型电站锅炉超低NOx燃烧改造后高温腐蚀治理技术及应用	国网浙江省电力有限公司电力科学研究院、浙江大学、浙江浙能嘉华发电有限公司、浙江国华浙能发电有限公司、华北电力科学研究院有限责任公司、杭州意能电力技术有限公司	李汝萍、胡建根、吕洪坤、童家麟、钱晓峰、叶云云、赵振宁、孙荣华、李剑	2019年省科学技术进步奖二等奖
网络敏感视频和图像监管关键技术及应用	嘉兴学院、杭州海络信息技术有限公司、浙江卓信信息技术有限公司	朱蓉、李永刚、陈滨、叶利华、魏远旺、马柏林、董骅	2019年省科学技术进步奖三等奖
电力变压器绝缘健康状况辨识与带电恢复技术及应用	国网浙江省电力有限公司电力科学研究院、西安交通大学、国网浙江省电力有限公司金华供电公司、国网浙江省电力有限公司、杭州柯林电气股份有限公司	詹江杨、何文林、穆海宝、孙翔、梅冰笑、邵先军、盛骏	2019年省科学技术进步奖三等奖
高风险药品全生命周期精准管控的关键技术研究与应用	浙江省标准化研究院、浙江理工大学、华东医药供应链管理（杭州）有限公司、浙江省疾病预防控制中心、浙江省药品监督管理局信息中心	施进、沈炜、张海军、袁淼洪、徐校平、赵志强、丁炜	2019年省科学技术进步奖三等奖
爆炸法处理深厚淤泥形成悬浮式堤坝关键技术及工程应用	中国电建集团华东勘测设计研究院有限公司、中国水利水电第十二工程局有限公司、浙江华东建设工程有限公司、浙江大学	单治钢、徐学勇、李洪林、洪义、何奔、金忠良、饶猛	2019年省科学技术进步奖三等奖
单机400MW级抽水蓄能电站工程关键技术	中国电建集团华东勘测设计研究院有限公司、浙江仙居抽水蓄能有限公司、国网新源控股有限公司、中国水利水电科学研究院	侯靖、胡万飞、陈顺义、姜成海、丁光、李成军、杨经卿	2019年省科学技术进步奖三等奖
直流组网核心技术、装备研制及工程应用	国网浙江省电力有限公司、南京南瑞继保电气有限公司、国网浙江省电力有限公司电力科学研究院、全球能源互联网研究院有限公司、国网浙江省电力有限公司舟山供电公司	魏晓光、陆翌、李继红、卢宇、裘鹏、韩坤、乔敏	2019年省科学技术进步奖三等奖
大型发电机机械故障诊断及综合治理技术	国网浙江省电力有限公司电力科学研究院、杭州意能电力技术有限公司、国电浙江北仑第一发电有限公司、浙江国华浙能发电有限公司、浙江浙能台州第二发电有限责任公司	吴文健、李卫军、应光耀、蔡文方、张宝、顾正皓、周轶喆	2019年省科学技术进步奖三等奖
大电网低频振荡精准溯源与宽频段抑制关键技术及应用	国网浙江省电力有限公司电力科学研究院、河海大学、浙江浙能技术研究院有限公司、浙江大学、国网浙江省电力有限公司	鞠平、楼伯良、吴跨宇、黄弘扬、黄晓明、陈新琪、沈轶君	2019年省科学技术进步奖三等奖

媒体看下城

南连武林都市　北接武林新城

南有“武林都市”，北有“武林新城”，如何把区域内的两大发展主战场连通起来，展示出下城区“南精北快”两种不同的繁华？近日，记者从该区区委十届五次全体（扩大）会议上找到了答案：启动东新路整治工程，打造一条“时尚大气、交通畅行、宜商宜居”的“城市芯路”。

东新路南起环城北路，北至同协路，全长约10公里，由建国北路—东新路—华丰路三段组成，为城市主干道。此次整治工程，将以“一路繁华”为理念，以留石、德胜快速路为界，把东新路打造成“一轴联三区、双星链多点”的规划结构。即由北往南依次建设以“创享繁华”“品质繁华”“文化繁华”为主题的三大核心景观风貌区；在兼顾其交通性和生活性基础上，景观设计将保留现有梧桐为基调，打造三季有花、四季有景的梧桐景观大道，同时融入周边城市功能，提升沿线城市景观及生活品质。

事实上，“一路繁华”除了体现在景观改造上，更落实于功能的整合中。如果现在你去东新路上走一走，已能“望见”属于这条道路未来的欣欣向荣——这里不仅有地铁3号线、5号线共4个站点正在开工建设，沿路还有正在紧张建设中的启正中学，以及城市之星、电竞生态公园等重大项目蓄势待发，更重要的是东新路两侧还有195亩黄金宝地等待出让，今后也将成为下城发展的“新能极”。

除了沿线可期的美好未来，东新路两头连接的南部武林都市和北部武林新城，今年也将动作不断。在南部武林都市区域，下城将继续提升武林商圈发展能级，加快恒隆广场等一批优质项目开工建设，全力打造延安路国际商业精品街和武林路国际商业步行街区，增强杭州中国丝绸城发展活力等。武林新城区域，则将加快“城市之星”重大项目建设步伐，改善杭氧杭锅地区城市面貌；推动跨贸小镇“产业+旅游+文化”融合发展，充分发挥太阳马戏项目的集聚效应，扩大中高端商品进口；优化电竞数娱小镇“一核一街三带四组团”空间布局，对游戏开发、赛事活动、教育培训等上下游全产业链实施精准招商；加快人力资源服务产业园、创新中国产业园等园区的提升、创新步伐，打造智慧园区，助推平台建设等。

（《杭州日报》2019年1月8日头版）

下城找准痛点改造老旧小区美丽小巷，生活像花儿一样

“在这里住了几十年，我最近才知道，原来这条老巷子里住过这么多名人！”站在杭州下城区东园街前，“老杭州”施磊对记者说，这条小巷最近完成改造后，居民们都惊艳了。白墙黛瓦的建筑外立面、古朴的木制店招，还有小巷东口的“袁枚行吟”铜像……改造后的小巷风格独特，成了藏在杭州繁华市中心的一道别样风景线。

武林广场地处杭州繁华闹市区，有着时尚亮丽的风景。如何让藏在市中心背街小巷里的老社区也绽放光彩，让城市居民与游客在闹市的转角，产生遇到另一种风景的惊喜？去年下半年，下城区以“美丽小巷”建设作为老旧小区改造的“牛鼻子”，进行先期改造。

同丰巷、麒麟街、窑瓶巷、东园街、文昌巷、打铁关巷南段，这6条率先列入改造的“美丽小巷”，首先面临的是改“里子”大梳理。事关居民生活环境的痛点，下城区一个个找出来解决。“以前最大的问题是人行道窄，有些地方一个人走都要侧着身，行人经常和车子‘抢路’。”家住麒麟街附近的吴彬告诉记者。改造后的麒麟街，路面平整了，原来在空中交错、黑压压的电线改到了地下，最重要的是人行道拓宽了，行人舒坦多了。

改善街巷硬件，更要挖掘小巷的历史文化印记。“下城的老城区，走到哪里都有故事。”下城区城管局市政园

林管理所副所长孔晨曦告诉记者，“我们要做的，就是把这些故事和文化碎片挖掘出来、表现出来。”

一条窑瓶巷，因曾是南宋瓷窑所在地而得名，新建的青瓷文化公园，再现了窑瓶巷烧制青瓷的作坊；凸显“北关夜市”古韵的同丰巷；“青砖小瓦马头墙，回廊挂落花格窗”风格的打铁关巷……改造后的老街巷，每条都各具特色，让人难忘。

美丽小巷改造只是一个开始。下城区已全面启动“美丽下城”行动，率先改造的小巷就像“非”字形中的两竖，完工后将向小巷两侧的老旧小区延伸改造，全面推动“武林都市”有机更新，让老城区的居民生活“像花儿一样”。

（《浙江日报》2019年1月17日头版）

杭州下城全区联动打造助企服务链一张资源清单，解了企业安家难

最近，杭州市浮云网络科技有限公司从朝晖街道搬到了位于武林新城的独栋小楼。“公司从20人到现在的200人只用了4年，办公场所很快就不够用了。”公司副总经理陈菲笑着说，“搬到这里的园区后不但办公区域宽敞了，还有很多互联网企业做‘邻居’，我们可以大展拳脚。”

“浮云网络”的成功“搬家”得益于下城区的联动助企服务链。朝晖街道发现在辖区内难以解决“浮云网络”的难题后，反映到区级层面，为公司在区“资源清单”里找到了合适的办公场所。

下城区是杭州的核心城区，寸土寸金，办公用地和楼宇资源尤为珍贵。“我们调查后发现，‘安家难’是许多下城企业的痛点，这在很大程度上是信息不对称造成的。”下城区投促局相关负责人告诉记者，下城数字经济、文化创意产业发展迅速，企业对办公场所的需求变化很快；同时区内也有武林新城等以打造“双创”产业新高地为目标的潜力平台，打通信息对接渠道显得尤为重要。

今年初，下城区各部门和各街道联动，统筹打造助企服务链。企业和项目的需求向属地街道反映后，街道会即时收集并汇总到区里的企业（项目）需求库中；全区的地块、楼宇和园区等资源则由区投促局统一收录整理，归结为一张“资源清单”。只要企业有需求，街道和部门都能迅速进行选址推荐，做到企业与资源无缝对接。

“我们目前已经梳理了下城区有可供招商楼宇104幢，近40宗合计1000余亩土地可供出让。这些信息会定期进行系统梳理、及时更新，确保企业获得最新消息。”下城区投促局相关负责人表示。

今年1月，了解到位列全国会计师事务所百强的华普天健会计师事务所有意来杭发展，下城区主动和企业对接，根据企业需求“量身定制”，迅速在清单上列出嘉里中心、汇金国际、野风现代中心等相关楼宇进行推荐。不到一个月，华普天健会计师事务所就完成了选址签约，在春节后入驻汇金国际。

据悉，今年以来，下城已经帮助20余家企业解决了办公场所的问题，极大推动了企业发展，促进区域经济发展的活力。对此，下城区委主要负责人表示：“要真正当好服务企业的‘店小二’，就要针对企业发展进程中的痛点难点，全力帮助企业一揽子解决实际问题。服务企业，永无止境。”

（《浙江日报》2019年3月25日头版）

下城区 7 所校园 2019 列队“出航”全力打造美好教育新地标

刚刚开学不久，下城区就传来了好消息：今年9月将有5个新校园投入使用，2所幼儿园将在今年底竣工。这意味着，下城新的“校园战舰”即将编队起航，朝着“致力打造全域优质、卓越引领的教育新地标”前进。

习近平总书记提出：中国特色社会主义进入新时代，我国社会主要矛盾已经转化为“人民日益增长的美好生活需要和不平衡不充分的发展之间的矛盾”。满足人民日益增长的美好生活需要，教育首当其冲。

为了与建设独特韵味别样精彩世界名城，打造展示新时代中国特色社会主义重要窗口相匹配，杭州市已启动“美好教育”行动。打造“美好教育”，下城教育的思路很清晰——让区内的孩子都能享受到更优质的教育公平。

打造教育新地标　5所高标准新校新园将投入使用　美好校园让更多前沿教育尝试成为可能

这段时间，下城区教育局局长黄伟经常去下城区几个在建学校工地上走动，了解项目时间表，严把项目质量关，拧紧项目安全阀。

新学校的修建是民生工程，作为局长黄伟事无巨细，他心中有一张下城教育布局图：十三五期间，下城将陆续新建校园30所，未来几年，将新增总用地面积约50万平方米，投入教育资金约70亿元。

“在寸土寸金的主城区，要为教育发展腾挪出这么大的空间、投入这么多的资金，体现了下城党委政府对教育的高度重视。”黄伟坦言，2019年，“开工6所，启用5所”校园建设任务，也已经列入区政府十大为民办实事项目。

美好教育的基础是公平供给，首先要有硬件上的支撑，硬件的核心就是美好的校园环境。下城区在新校建设上一直坚持高起点规划、高标准建设——

观成实验学校，位于东新路和颜三路西北侧，学校建有国际交流中心、室内游泳池、千人剧场、多功能运动馆等。整个校园以“竹意梅韵”为形象塑造。不同建筑之间以艺术化的街巷空间及空中连桥联结为一个整体，是一座既具有现代风格，又具有江南情怀的特色校园。

长寿桥小学岳帅校区，位于胜景路西侧，城市之星区块核心区，定位为现代化、信息化、示范性优质实验学校，校园建筑外立面为流线型造型设计，外观简洁、时尚、大气，与周边城市之星综合体等现代建筑融为一体。

安吉路幼儿园锦绣园区，位于石祥路与东新路的西南侧，建筑分为四个独立的圆形，单体与单体之间通过建筑连廊与构件进行串联，形成一个动感的流线体块。而连廊与单体之间形成的庭院、天井、架空层活动场地等联动空间，让儿童可以在立体的空间中进行活动、学习以及加深对未知世界的认识。

杭州布莱顿幼儿园，位于下城区回龙路139号，北景园小区内，“以儿童的视角看世界”为设计理念，以圆为设计出发点，将外立面、室内、室外统一打造为一个魔幻的自然城堡，让孩子们在探索、玩乐中完成对世界的最初学习和认知，以此作为迈向社会生活的最初原点。

西园实验幼儿园白石园区，位于新西路与红西河的西北侧，幼儿园建筑设计中采用一体式、集约式的布局模式。通过教学空间（实体空间）与交通休闲空间（灵动空间），以及庭院广场绿色空间的交互穿插，形成一个有机的整体，形成一体式规划模式。

这5所学校都将在今年9月投入使用。此外，万家星城幼儿园星漾园区和东园婴幼园绘景园区也将在今年年底完工。安吉路实验学校新天地校区计划2020年竣工。

“前不久，下城区委、区政府提出‘纵深推进全域中央商务区建设，奋力打造世界名城一流核心城区’的发展目标。落实到教育上，下城教育也提出了要‘打造全域优质教育、创设美好教育新地标’的目标。”黄伟坦言，这些现代化校园的打造，能让更多前沿的教育尝试成为可能，从而助推教育质量提升。

不仅要让学生有书读　还要读好书　“新名校集团化办学”让新校以名校标准起步

下城地处杭州市中心，承续文脉，底蕴深厚。近几年来，杭州城市布局和产业更迭发生了很大变化，今年还正式启动了大城北地区规划建设项目，而下城的北部地区是城市化推进过程中的最前沿阵地。这里的人们除了聚焦“高质量发展、高品质生活”，他们对优质教育资源的需求也跟着猛涨。此次的8所即将投入使用或正在建设的学校中，有7所就位于下城区的北部，还有1所则是在人口稠密的文晖单元。

对于下城的百姓来说，他们不仅要有书读，更要读好书。然而看到这些新校园的名字，家长们吃下了定心丸："观成""安吉路""长寿桥"……无一不是下城区响当当的教育品牌。

"这一系列新校园的亮相，不单单是冠了名校的品牌，而是下城区区域推进'新名校集团化'战略的具体行动。"黄伟说，杭州市"美好教育"实施意见中提出"新名校集团化办学"，他理解主要在两方面：一是量上，体现新一轮的扩面增量，进一步扩大优质教育资源覆盖；二是质上，体现新的特征，通过价值认同、文化归属、质量共建、办学经验共享等，快速提升校园办学质量。

下城区在推进的"新名校集团化办学"，在新校打造中得到了很好的展现。比如长寿桥小学岳帅校区，是长寿桥小学教育集团在城市之星板块的新校区。为了保证岳帅校区一开学就打上"长寿桥"高品质办学的烙印，学校提前对新校区的师资力量进行了储备，经验丰富的老教师和年轻有活力的新教师搭配好，发挥团队力量，引领新校区尽快发展成熟。安吉路幼儿园锦绣园区，由拥有60多年办园史、已培养出3位特级教师的安吉路幼儿园领衔，"诗意"教育理念、"享乐"园所文化和"巴学"特色课程将在新园区获得更好的发展。

公办新校园强势推进，民办新校园也是多点开花。观成实验学校，是一所9年制的民办学校，小学部和初中部将分别由原长江实验小学体育公园校区，观成中学整体移植搬迁。也就是说，观成实验一开学，就植入两所知名民办学校的教育资源，实现了"1+1＞2"的效果，同时学校还提供住宿床位，以满足更多学生的需求。而杭州布莱顿幼儿园与澳洲墨尔本布莱顿文法学校合作办学，定位民办国际幼儿园，将设计智慧教育、艺术创意、生活教育、国学教育等多元课程。

同时，下城区也在探索与本地高校联盟办学的新模式，比如西园实验幼儿园将由灯塔实验幼托园领衔，并在与中国美院艺术管理与教育学院洽谈共建实践基地。

很快，这些羽翼丰满的新校区园区将会成为下城教育品牌的"种子选手"，为下城百姓提供更优质的教育资源。

下城迈入新名校集团化办学3.0时代　四部曲为推进美好教育提供"下城样本"

2004年，杭州在全国率先推行名校集团化战略，力求走出一条优质基础教育质量更高、规模更大、成本更低、特色更强的发展之路。而下城区是杭城探索实施名校集团化办学中，实施较早、覆盖面较大的城区之一。

下城的名校集团化之路，在黄伟看来分为三个阶段：在集团化办学初期，下城区着眼教育均衡，回应群众"有书读、有好书读"的期盼，通过联盟办学、嫁接办学等模式，逐步组建32个集团体，集团化办学覆盖面达到90%以上。

2009—2017年，是下城区集团化办学的2.0时期，此时集团化办学主要着眼内部"经络"疏通、功能优化，通过九年一贯制学校集群式发展、素质教育体验点全域共享、学区互联互通等，拓展名校集团内涵。

而到了新时代，下城区迈入了集团化办学3.0时期，将从域内拓展到域外，从盘活存量走向扩展增量，从注重均衡迈向提升品质。

"当下的名校集团化，我们不仅追求名校到某个区块实行点对点的嫁接办学，还要追求链式、块式、甚至带状的发展。"黄伟坦言，比如观成实验学校，未来会探索链式发展的模式，不仅有现在的小学部、初中部，未来可能还会有幼儿园和高中部，甚至加入更多国际元素，从而让孩子的教育能一以贯之。

"过去的名校，其优质资源更多时候是辐射校内，但未来下城的名校集团化应该着眼于全域优质，块式发展就是一个很好的途径。"黄伟说，比如像布莱顿幼儿园将设"0～3岁早期教育研究院"，可以为区内的幼儿园提供教研支持。这只是一个缩影，未来一个区块内的学校将形成命运共同体，内部有竞争更要有合作，同时还有专门的督导组进行总体考评，促使区块内的学校在名校的带动下协调发展共同进步。

“美好教育应该是共享式的教育，不仅要对域内，更要拓展到域外，使得下城的优质教育以‘带状’的形式，植入对口援助的县市。下城教育人有这个大局意识、担当意识。”黄伟举例说，像安吉路实验学校在余杭合作举办安吉路实验良渚学校，长寿桥小学与桐庐文正小学合作办学，此外下城区还在桐庐设立了名师智慧空间站，为两地教师进一步学习、交流、互动搭建机制性平台。

点式发展、链式发展、块式发展和带状发展，下城教育正在以其带有“下城”烙印的新名校集团化“四部曲”，丰富着杭州推动名校集团化办学的内涵，也为杭州推进“美好教育”提供了“下城样本”。

（《杭州日报》2019年3月1日16版）

下城区组织减税降费专家团服务企业送“大红包”

近日，下城区税务局一行7人——1位局长带着6位科长，走进知名企业王星记扇业有限公司，现场办公，与企业负责人面对面，详细宣传解释税务政策，送上减税降费“大红包”。

作为一直致力于建设全域中央商务区的下城，服务企业历来是工作重点。自党中央、国务院颁布减税降费重大决策部署以来，该区迅速行动、多措并举，将减税降费政策落实落细，确保纳税人和缴费人充分享受政策红利。

该区抽调骨干力量组成了一支“减税降费专家团”，不仅专门录制了减税降费政策培训视频，通过“云上课堂”的方式向广大纳税人和缴费人开展宣传辅导，还通过短信及钉钉平台发送政策宣传短信7万余户次，并通过华数电视滚动播放减税降费宣传片。

王星记扇业有限公司创建于清光绪元年（1875年），是下城区一家集研发、生产、商贸和传统文化展示交流为一体的外向型企业和中华老字号企业。“减税降费专家团”详细了解企业生产经营情况和运营特点，为企业讲解自身适用的减税降费政策，介绍深化增值税改革政策实施后开票申报过程中的注意事项，确保企业开好票、报好税，帮助以非遗手工制作为特色的传统企业进一步降低生产经营成本，提振发展转型升级的信心。

“受益于一系列税收优惠政策，仅去年增值税税率下调，我们就实现减税约10万元。今年增值税税率下调，预计公司增值税还能再减约50万元。节约下来的资金，我们计划将用于制扇手工技艺的传承和人才的扶持培养。”王星记扇业有限公司董事长孙亚青兴奋地说。

据悉，截至目前，下城区“减税降费专家团”已经组织企业专题辅导会7次，通过“面对面”培训及电话辅导纳税人4000余户次，组织涉税中介开展减税降费专项辅导培训会，按政策类型开展讲解，覆盖下城区58户涉税中介。组建减税降费微信群28个，由税务工作人员在线及时答疑，提升咨询解答的针对性。

此外，下城区还按照人、事对应的原则设立监督项，对减税降费各项任务实施动态监控。对监督检查过程中发现的问题，及时提醒纠正或提出改进建议，促使其优化流程、改进服务，提高办事效能。

（《杭州日报》2019年4月8日头版）

下城区成立全省首个城市基层党支部学院

让党务“菜鸟”变达人，“红色学堂”里边请。昨天上午，全省首个城市基层党支部学院在下城区揭牌成立。

该学院由下城区委组织部和下城区教育局联合组建，旨在深入推进新时代城市基层党建工作，全面提升基层党务干部履职能力。重点对党支部书记、党务工作者、党员和入党积极分子等四类对象进行系统培训。

学院实行分级办学，在各街道中建立分院。学院主要负责制定培训的总体规划和年度计划，办好重点班次。各街道分院主要负责落实分层培训和兜底轮训。同时，还注重把课堂延伸到基层一线，在社区、两新组织、机关中择优建立若干现场教学点。

“我是一名学校的党组织书记，从2011年开始担任学校党总支书记。说实话，对于如何成为一名合格的书记，如何更好地组织党员老师推动学校中心工作，也是摸着石头过河。我希望通过这次到城市党支部学院的系统培训，使自己在党务知识方面掌握得更加全面，让自己成为一名更优秀的书记。”杭州市青蓝小学党总支书记、副校长李洁说。

“我们两新企业党务工作者最怕的是工学矛盾，以前要抽出3–5天时间参加培训，真不容易。现在下城区城市党支部学院根据我们两新企业的特点专门开设了‘模块化’教学，对我们用处很大。一个‘模块’的教学内容，分成了3–5个半天完成，而且时间也比较灵活，可实行预约报名、满额开课，真正解决了我们的大问题。”杭州万华控股集团有限公司党委书记陈铭说。

据了解，学院通过培训目标“精准化”、培训组织“网格化”、培训课程“模块化”、培训环节“全程化”、培训形式“多元化”和培训资源“集约化”等“六化”教学模式，为学员量身定制培训套餐，确保让每一名学员都学有所获，学以致用。

学院的师资力量也很有特色，既有来自党校、高校和科研院所的专家学者，也有来自社区、企业等基层一线的实战专家。

下城区城市基层党支部学院特聘讲师、云集共享科技有限公司党委书记刘友才表示：“此次我受聘担任特聘讲师，感到责任重大、使命光荣。我会把多年来从事基层党建工作的经验与大家分享，尽自己所能，把课备好，把课上好，让大家学有所得、学能所用。”

据学院负责人介绍，今年学院计划开设社区党组织书记、新任两新党务工作者、新任机关党组织书记等培训班次。

（《杭州日报》2019年4月26日8版）

杭州城市大脑下城平台发布

5月8日，杭州城市大脑首个区县平台——城市大脑下城平台正式发布，公布了平台在经济发展、社会治理、城市管理等领域的初步成果和建设规划。繁华的武林商圈，“云上探头”“智能管控”等层出不穷的“黑科技”正在这个大试验场应用。

目前，城市大脑下城平台已经完成了区内各部门的数据归集，实现数据统一管理、共享共用，开始探索如何利用大数据和新技术优化城市管理、服务市民和商户。不久后，更多的便民利商服务将陆续上线：“乐游下城”模块开发城市旅游资源，为游客定制个性化旅游线路；“智慧社区”模块就像大管家，归集小区内水电煤和烟感的各类数据，探索社区管理智慧应用；“智能停车”模块通过手机导航地图提示停车场（库）空置车位数据、停车最优惠价格等。

城市大脑下城平台还将成为城市规划建设的“参谋长”。它将收集历年的影像数据，对比该区的航天航空影像，研究城区的变迁与发展；提供全覆盖、高仿真的数据支持，让各类规划、设计更精确、直观、可控、科学。

“这个平台是对城市大脑建设的积极实践和场景化应用，我们希望通过在实践中不断发展，为城市治理现代化作出积极的探索。”下城区委主要负责人表示。

（人民网2019年5月9日）

3岁以下的宝宝也可托管啦

近日，星原托育园负责人韩绯在杭州市下城区民政局领到一张登记证书——全省首张3岁以下婴幼儿托育机构民办非企业单位登记证书。

“领到这张意义非凡的登记证书很激动。”韩绯告诉记者，星原托育园是一家非营利性的民办机构，领取证书并通过相关审核、完成备案后，就将开始对外招生。

“目前，对3岁以下婴幼儿照护服务的需求强烈。以下城区为例，目前全区约有1.26万名3岁以下婴幼儿，我们调查发现大约有35%有托育照护服务需求。”下城区卫生健康局妇幼计生科科长张洵涛告诉记者。

这张登记证书的发放意味着下城区相关部门将出台一系列机构管理办法、场地和师资标准、服务操作指南等相关规定，并开展规范引导市场工作。记者了解到，下城区是我省3岁以下婴幼儿照护服务工作试点，早在去年9月就开展了一系列准备工作。

（《浙江日报》2019年6月2日2版）

下城双创尽显“国际范儿”　全域高端创新　全球遴选人才

700多年前，意大利旅行家马可·波罗途经上塘河最先踏上下城地界，称杭州为“华贵之天城”；

700年后，美国人JACKY坐在位于嘉里商务楼8楼内的德事联合办公中心朝南的一个小单间里，他正在做一个人工智能方面的创业项目，他抿了一口咖啡，一抬头，武林商圈尽收眼底……

历史与现实，在下城这片沃土上碰撞出灿烂火花。

以“武林商业”起家闻名于世的下城，近几年来，坚持把“高端创新”这一发展“内核”嵌入到打造全域中央商务区的各项规划和建设之中，将国际创新创业力量，导入传统武林都市，注入新兴武林新城。

唯有坚持创新，才能顺应和引领经济发展新常态；唯有坚持创业，才能激荡出令人炫目的崭新气象。下城“双创”之路，已走出了有自身特色的国际范儿，这里让“双创”元素更丰富、土壤更肥沃、人才更集聚。

“武林新城将打造武林数字硅巷”国际化商圈优质平台竞相布局

说起下城的创新创业平台，不得不提“千亿级武林商圈”。在下城最新的发展规划中，将下城版图分为武林都市和武林新城，二者遥相呼应，互为补充。

近几年，武林商圈已经迈入“千亿级俱乐部”，与不少世界级商圈相媲美。武林商圈，其商业体量无论是地上还是地下都成倍增长，组建成一个环武林广场的巨型“商业航母”。

除了原有的杭州大厦、武林银泰、百货大楼、嘉里中心、国大城市广场，正在建设中的还有总建筑面积约25万平方米的杭州中心，规划设计业态包括高档商场、超五星级酒店、甲级写字楼等；被誉为省内最具商业价值地块的百井坊，被香港恒隆以107.3亿元拍下，或建杭州首个恒隆广场，未来将打造成对标东京银座、法国香榭丽舍大街的世界顶级商业区。今年，武林商圈还将在智慧应用、新零售业态、商圈品牌等方面发力，“将力争在武林广场率先开通5G试运行，争夺智慧商业的制高点，引入无人酒店、智能餐厅以及体现跨贸、电竞等产业元素。”下城区商务局相关负责人表示。

武林“商业航母”之上，德事商务中心、泛创空间、WeWork、氪空间等一些“小而美”的中高端众创空间、联合办公机构等竞相落地。走进位于嘉里中心商务楼的德事商务中心，优雅高端的办公空间里摆设着个性有格调的办公家具，入驻这里的有来自英国、美国、日本等地的外资公司。

与此同时，下城区拉开“武林新城”建设大幕，推进国际化产业园区、科技企业孵化器和众创空间平台建设，创新中国产业园、跨贸小镇、电竞数娱小镇等相继诞生。

据统计，2019年1—4月，下城区创新中国产业园企业1236家，贡献税收达1.03亿元；点我达、时空电动等独角兽企业在下城成长壮大；跨贸小镇成立了全省首个来华留学生创新创业园区。其中，跨贸小镇近年来成立了来华留学生“创业园”和“创业馆”，截至目前，已经和浙江大学、浙江工业大学、浙江理工大学等九所高校签订战略合作协议，有来自50多个国家的200多名留学生入驻“创业园”“创业馆”学习、实践，21位留学生在小镇成功创办企业。日前，“创客天下·2019杭州市海外高层次人才创新创业大赛”来华留学生专场暨浙江省外国留学生创新创业大赛决赛在跨贸小镇举行，共吸引了来自25所省内外高校80多个国家和地区的来华留学生的163个创新创业项目。

而放眼整个武林新城，总体功能布局概括起来是“一心一核二轴三带三区”。“一心”指以电竞生态公园和新天地为主体，打造新城中心；“一核”指以杭氧北地块为主体的武林硅巷创新核；“二轴”指石祥路产业发展轴和石桥路城市发展轴线；“三带”东新上塘都市风情带、长浜国际文化活力带、华中国际合作发展带；“三区”指由北往南依次打造数字互娱发展区、数字贸易文化区和数字技术创新区。

值得一提的是，未来的数字技术创新区，将以杭氧北为核心打造杭州首个无边界高科技园区和全球数字经济研发创新地——武林数字硅巷，规划大力发展人工智能、物联网、AI芯片等数字经济核心技术，通过重点引入跨国企业总部和科研院校，把数字精英聚集在一起。

“杭州人才旗舰店全球筛选武林人才”国际化武林英才奋力争先

创新驱动，实质上是人才驱动。下城又凭什么留住人才？

有这么一位极有潜力的80后海归创客，用脚投了票。他叫徐清华，今年35岁，生物信息学硕士、肿瘤学博士。5年前，他带领一支由海归高端人才和本土化精英组成的项目团队到下城创业，基于十余年的研究积累并通过近三年的潜心开发，打造出以生物信息学数据分析为核心、分子生物学技术应用与病理临床实践紧密结合的癌症分子诊断产品研发与转化平台，受到资本市场的青睐，获得数千万元的投资。

对于优秀“创客”，下城区向来是竭尽所能、大力扶持。比如徐清华的创业项目，从一开始就得到了下城区“513武林英才”、孵化器种子资金计划、雏鹰计划等“双创”扶持政策的培养和资助，赢得了发展先机。

自2017年“513武林英才”培养引进计划实施以来，下城区引进海外高层次创新人才和创业人才共计12名，2019年有16人申报“513武林英才”计划，申报人数创历史新高，目前评审工作正在紧张地进行中。开展“十三五”第一批区“258”培养人选评选工作，确定10人入选第一层次、21人入选第二层次、42人入选第三层次。积极做好博士后研究人员的培养和使用工作，目前全区共有博士后科研工作站5家，其中国家级3家、省级2家，2018年累计引进博士84名，已出站50名，开展科研项目78项，与2017年相比引进人数增长55.56%，出站人数增长51.52%，科研项目增长122.86%，博士后工作站引才聚才效应进一步显现。

下城的国际人才，既要留得住，也要进得来。而被誉为“杭州人才旗舰店”的中国杭州人力资源产业园，便是下城国际人才的一大“吸入口”。

2018年，下城区举办或参与了中国杭州国际人力资源峰会、中国人力资源产业园联盟年会、国际劳工组织研讨会、海峡两岸（浙台）人才交流合作研讨活动、国际人才项目交流与合作大会等8场大型活动，集中展示该区优越的人才创新创业生态环境和产业园丰硕的建设成果。园区陆续收到20余家国内外人力资源机构落地意向，其中国际知名猎头机构斯坦顿大通入驻园区事宜已落地。随着园区品牌影响力逐渐提升，服务辐射范围也在逐渐扩大，目前园区已有北美、德国、意大利、南非等国家（地区）的9家海外人力资源机构以中外合作形式入驻，业务范围遍及全国，触角已延伸至海外市场。截至2018年底，中国杭州人力资源服务产业园成功引进海外专家及高端智力项目274个，累计从世界各地引进各类高层次人才6706人，越来越多的外籍人才将下城区作为在华创新创业的基地。

"能在武林留得下来的都非等贤之辈"国际资本抢占高地结硕果

"我负责阳光雨露，你负责茁壮成长。"下城所处的优越地理位置以及国际化的创新创业环境，一直被国际资本、企业、人才所青睐。

从上世纪90年代开始，下城的"武林商圈"一直是杭州城里的宇宙中心，寸土寸金成为这片地域的"标签"和"门槛"。正如一位"武林"中人，德信投资董事长胡斌所言，能在武林这片土地上留得下来的，都非等贤之辈！

上个月5月17日，对于纵深推进全域中央商务区建设的下城来说，是一个里程碑式的"日子"——这一天，下城区东新路区域的"武林之星"杭氧商住地块和杭锅商业地块，经过126轮竞逐，最终由香港嘉里建设摘得。不久的将来，下城将迎来全新定位的"嘉里中心"。

为什么是"全新定位"？因为14年前的2005年，香港嘉里拿下浙大湖滨校区地块，打造成了目前颇受欢迎的集酒店、商场、商业办公楼等为一体的高端商业综合体——嘉里中心。一年前，2018年的5月28日，香港恒隆还拍下了著名的下城百井坊地块，将打造杭州首座恒隆广场。

下城国际化的创业环境，更是得到了境外投资者的青睐，其中尤以港资最为突出。经过十几年的酝酿，港资到下城来投资创新创业的氛围已经相当浓厚，下城已经成为不折不扣的"港资集聚区"。截至目前，下城区已经集聚了80多家港资企业，实际利用港资突破45亿美元，都集中在高端服务业领域。今后，下城将与香港构建"金融+科技"生态圈以及集结创新创业要素，主动拥抱和香港合作发展的机遇，在经贸、投资、金融等领域开展合作，加快形成完整产业链，构建产业生态圈。

该区还将打造高端港资集聚区新高地。依托下城区港籍人士联谊会等组织和在港企业资源，延伸招商引资触角，深化与世界500强及行业领军企业合作。将加强与摩根士丹利（香港）、仲量联行、科锐国际等高端中介的合作，放大港资集聚区的虹吸效应，促进高端现代服务业资源落地，不断提升业态能级。

下城的国际创新创业氛围，也离不开武林文化的熏陶。国际女装大奖赛、抖in杭州城市美好生活节、之江国际青年艺术周校园歌手走进武林路国际音乐街区、武林炫风、武林诗韵、武林K歌等武林文化系列活动的常年推出，营造出浓浓的武林国际文化氛围。

当前，中国大地正涌动着大众创新创业的滚滚浪潮，下城正以奋斗者的姿态迎接新的挑战。在这伟大的征程中，创新创业创造的火焰将照亮下城走向世界名城一流核心城区的脚步，照亮全域中央商务区的"双创"新气象，照亮更为美好、更值得期待的明天。

下城拥有市级以上众创空间7家，其中，国家级众创空间3家，市级以上科技企业孵化器4家，其中国家级科技企业孵化器2家。

（《杭州日报》2019年6月13日专版）

下城区比学赶超建设一流核心区 “互学互看”赛“绝活”拿出亮点成绩单

老旧小区连片改造、3岁以下婴幼儿照护、AI智能破解垃圾分类难题……近日，下城区举行首轮“互看互学”大比武活动，展示上半年工作亮点，同时通过看现场、比成绩、学经验，掀起全区下半年比学赶超的浓厚氛围，纵深推进全域中央商务区建设。

在原石桥华丰村工业经济园地块，原集体企业已经全部搬迁清零，卡车和推土机正组团作业推进地块的清理工作。“今年上半年，在街道各经合社的大力支持下，石桥街道实现了四村集体非住宅建筑面积82万平方米全部签约清零，搬迁企业1019家。”石桥街道党工委书记姜利民介绍说，“大家现在看到的这个地方，以前是工业园，以后将规划建设成一流的智慧商住项目。”

垃圾分类是我市环境立市的一项重要工作，在下城天水街道的灯芯巷社区也有了积极的探索。在江山弄凤起里交叉口，一个配有两个摄像头和一个电脑屏幕的AI智能垃圾房，吸引了参观者的目光。它可以利用人脸识别、AI技术和“城市大脑”平台，对垃圾投放点环境、定时定点参与等情况实时监控，并对垃圾箱满溢、垃圾外露等情况第一时间发出预警，有效弥补非集中投放时段志愿者缺少的监管问题。

上半年以来，下城区坚定不移贯彻市委“干好一一六、当好排头兵”决策部署，以一流施工队的标准大抓落实，苦干实干，在经济提质、环境提升、民生保障和基层党建等方面纷纷拿出了“亮眼”的成绩单。如上半年全区完成地区生产总值480.18亿元，同比增长6.6%；财政总收入111.32亿元，同比增长12.12%，增速高于杭州市平均水平。重点项目集中签约24个，总投资170亿元。引进外资9.8亿美元，创历史同期新高，港企数字创新先行区蓄势启航。

（《杭州日报》2019年7月28日头版）

下城区跨贸小镇和电竞数娱小镇“两镇合一”为杭州数字经济发展播种“实验田”

本报讯 （记者　霍翟羿　通讯员　柳景春）8月2日，杭州市下城区跨贸小镇和电竞数娱小镇宣布“两镇合一”，成立下城数字经济产业园区。这意味着，杭州在大城北的“战略要地”有了一个集产业发展、生活、生态于一体，占地面积约6平方公里的数字产业大平台，距离杭州市中心武林广场只有6公里，距杭州东站仅15分钟车程。

作为杭州的核心城区，下城区一直被产业增长放缓和新动能不足所困扰。而下城数字经济产业园区的成立，将成为该区最值得期待的发力点和增长点。“我们希望为杭州的数字经济发展提供一片广阔的‘实验田’。”下城区数字经济产业园区管委会副主任赵向阳告诉记者，目前，跨贸小镇已入选第二批省级特色小镇创建名单，电竞数娱小镇已入选第三批省级特色小镇培育名单，“两镇合一”将促进优势互补，形成“1+1>2”的综合集聚效应，为数字经济产业的发展提供一个大平台。

除了区位和规模优势外，两个小镇相对成熟的特色产业现状，为下城数字经济产业园区的进一步发展打下了基础。以跨贸小镇为例，这里已经聚集了近2000家跨境电商产业链企业，形成了明显的产业集聚效应。据统计，下城数字经济产业园区目前共入驻企业5000余家，跨境电商、数娱产业业态丰富，2018年度实现税收超16亿元。未来，园区还将出让1500亩土地，规模之大在杭州市区十分罕见。以此为契机，园区将大力招引优质企业，寻求与数字经济行业领军企业的更多合作。

据悉，下城区还出台了推动数字产业发展的一系列政策，7月底，该区针对数字经济七大核心产业，推出新引进企业财政资助、房租补助、研发资助等11条专项扶持政策。下城数字经济产业园区还会出台更具针对性的数字经济产业扶持政策。

“未来，下城要着力培育数字经济生态系统，共建‘云’平台、共享‘数’资源、共创‘+’速度，力争实现全年数字经济快速增长。”下城区委主要负责人表示。

（《浙江日报》2019年8月4日头版）

杭州市首幢旧改样板楼昨天“出炉”

一幢整修一新的老房子，如同一位待出嫁的漂亮新娘，引来了街坊邻居们的争相围观。昨天上午，作为杭州老旧小区改造的全市试点，亦是杭州市推出的首幢旧改样板楼，下城区潮鸣街道回龙庙前四弄样板楼房揭开了“红盖头”，接受居民们的“检阅”。

今年70岁的郦林生是样板楼里的居民，他的房子位于2单元302室，面积40平方米。郦林生告诉记者，这幢房子始建于1973年，房龄已经有46年了，一共两个单元，30户居民。“改造前，楼道里黑乎乎的，楼下的化粪池还经常要满出来，我们住在这里真是苦不堪言，现在改造得这么好，真是太开心了。”郦林生激动地述说着喜悦的心情。

记者在现场了解到，这幢老房子以及周边设施都进行了“脱胎换骨”式的改造。房子的外立面做成了青砖白墙，全部换上了新型并且统一样式的雨棚、防盗窗、晾衣架、花架、空调架，整体格调颇具江南古韵；楼道入口还换上了崭新的带刷脸对讲功能的智能楼道门；楼道里面粉刷一新，挂上了楼道居民的全家福以及潮鸣地区的老照片；楼道灯全部换新，在每隔两层的转角处还装上了一张可折叠的休息椅；楼前地面全部铺的是渗水沥青，地面上的雨水井、污水井、化粪池全部进行了整修，换上的井盖上都有江南水乡的图案。“下一步，楼道里的所有线路都还要做进墙内管槽，包括楼下的电线杆都要上改下。”小天竺社区书记陈志新说。

事实上，这次整修一新的还不仅仅是这幢“样板楼”，该楼居民的自行车停车棚、健身区、楼边的小花园等配套设施都同时进行了更新和改造，且大多统一成青灰色，保持统一的江南韵味格调。样板楼的楼下，一个被命名为“驻跸亭”的仿古亭子也在昨天亮相了。“据说当年乾隆皇帝下江南，曾在这里休息过，所以取了这个名字。”正在亭子里下棋的一位居民告诉记者。

这幢样板楼只是一个起点，整个潮鸣街道旧改整改工程范围涵盖街道下辖的小天竺和知足弄两个社区，涉及房屋25幢，涉及居民1405户，总投资达5000万元，将在今年12月底前完工。而从更大范围上来看，下城区还计划通过四年时间，基本完成全区88个老旧小区提升工程，涉及房屋1300幢，6.55万套，总建筑面积346.5万平方米，预计改造资金达13.9亿元。

（《杭州日报》2019年8月26日头版）

下城区：融入长三角　建设高能级发展先行区

8月2日，下城区将跨贸小镇、电竞小镇功能进行整合，组建下城区数字经济产业园区管委会，在数字经济“一号工程”发展上迈出了颇具下城特色的一步。

今天上午在下城区委十届六次全体（扩大）会议上，下城区委书记刘颖对上半年下城区的发展做了点评，除了新组建的下城区数字经济产业园区管委会外，借力“七村”连片改造逐步打开了下城发展空间，有力保障了城市建设、产业发展、财政收入和重点项目落地等做法也是下城区纵深推进全域中央商务区建设，奋力打造世界名城一流核心城区的亮点工作。

今年上半年以来，下城区深入实施数字经济“一号工程”，推进产业数字化、数字产业化，加快实施商贸、文创等产业数字化改造，积极培育大数据、云计算等数字产业发展壮大，与香港嘉里集团共同打造港企数字创新先行区。

延安路、武林路商业街改造及景观提升工程进展顺利，盒马鲜生等新零售企业落户下城。大力实施“俊鸟工程”，支持“云集”等优质企业上市，培育独角兽和科技型小微企业。

出台加快实现教育现代化“1+X”制度文件，有序推进观成实验学校等24所校园建设，加快安置房项目建设，续建项目9个，新开工5个，蓝领公寓筹建取得新进展。

上半年全区实现地区生产总值480.18亿元，同比增长6.6%；完成财政总收入111.32亿元、一般公共预算收入57.97亿元，同比分别增长12.1%、8.5%；完成固定资产投资64.48亿元，同比增长10.5%；实现社零462.57亿元，同比增长9.2%。

当前，全市正在贯彻市委十二届七次全会关于贯彻实施长三角一体化发展国家战略工作精神，刘颖指出接下来，下城区要全方位参与省市贯彻实施长三角一体化发展战略的一系列重大举措、重大项目，全面提升下城发展能级和核心竞争力。

下城区要立足都市圈，发挥核心城区优势，建设高能级发展先行区。主动接轨大上海，承接辐射带动，积极承接上海“五个中心”建设的外溢效应，拓展与长三角城市兄弟城区对接合作的新内涵，彰显下城自身特色，在区域创新、公共服务、生态环境、社会治理等方面全方位融入长三角。

下半年，下城区还要重点打造一批重点项目，比如，加快推进延安路国际商业大街、武林路国际特色街区和“两广”亮灯工程建设，提升延安路（北段）和中河高架沿线景观，打造城市亮丽风景，优化旅游、休闲、消费等功能，确保在国庆节前让杭城的“心”更美、“眼”更靓。丰富国庆期间群众文化生活，统筹做好新天地“太阳马戏”、西湖文化广场“金海岸演艺”等项目展演保障，积极打造高品质运河文化产业带，让下城更有气质、更具内涵。

东新路整治工程全面开工，打造下城最具特色的景观大道。打通杭锅支河、纵三路、石横路等多条断头河、断头路。

有序推进老旧小区综合改造提升工程，完成60台既有住宅电梯加装任务。

进一步做优城市大脑下城平台，完善数字化治理综合基础设施，推进全区非住宅类停车场库改造，扩大“先离场后付费”便民服务模式的覆盖面。

（杭州网2019年8月5日）

下城：当好一流“施工队”

2019年，下城区委十届六次全体（扩大）会议上提出，下城全区上下要抢抓实施长三角一体化发展国家战略重要机遇，解放思想、奋发有为，在贯彻实施长三角一体化发展国家战略中彰显下城担当、贡献下城力量。

下城被称为“杭州的心、城市的眼”，有着得天独厚的区位、人文、环境等条件，但也有自己“成长中的烦恼”。这个杭州的核心城区，要如何借好东风、赢得主动、谋求自身发展，又将如何助推长三角一体化发展的宏大战略?

下城给出的答案是：全力以赴、全心投入、全体动员，绘制一张产业“双引擎”的发展蓝图，打造一个人民幸福生活的“下城样本”，当好贯彻实施长三角一体化发展国家战略的一流“施工队”。

增强动能谋高质量发展　描绘产业转型的“下城蓝图”

提到下城，繁荣的商业是人们的第一印象。作为杭州传统商贸大区和中央商务区，下城的商业动能依旧强劲。

坐拥武林商圈的下城，近年来社会消费品零售总额一直位列全省各区、县（市）首位，今年上半年实现社零462.5亿元，同比增长9.2%，全年可望突破千亿元大关。

2019年上半年，下城积极推进消费升级。延安路、武林路商业街改造及景观工程进展顺利，武林商圈地下交通系统建设和业态调整也正在稳步推进，盒马鲜生等新零售企业落户下城，杭州中心、恒隆广场蓄势待发，强势的传统零售业迎来更多新机遇。今年下半年，下城还将举办2019浙江国际进口博览会（武林洋淘）等活动，进一步集聚人气财气。

另一方面，下城区也在谋求新的产业增长点。在要建设“数字经济第一城”的杭州，下城集中力量办大事，打造了下城区数字经济产业园区，规模和区位优势是这个园区的最大亮点。这一以数字经济为核心的产业园区将已有的跨贸小镇和电竞小镇进行了功能整合，成了主城区范围内罕见的兼具规模和区位优势的产业园区，园区区域面积达到了6平方公里，到杭州市中心武林广场的车程也仅需十几分钟。一系列有针对性的助企政策也正式出台，下城要在武林新城大力推进数字经济产业。

下城区数字经济产业园区的成立释放出的另一个信号，是老城区寸土寸金、企业“拿地难”的状况正在改变：下城北部在完成了大规模的“七村”连片改造后，开拓出了广阔的发展空间，也迎来了全新的发展机遇。上半年下城区已做地955亩、收储105亩、出让215亩，既逐步打开了下城发展空间，又有力保障了城市建设、产业发展、财政收入和重点项目落地；而规划中，下城区数字经济产业园区未来将有1500多亩土地用于出让，用地性质涵盖商业商务用地、创新型产业用地、其他商务设施用地等，企业可自主拿地开发、与经合社/跨投公司合作开发或由跨投公司做地建设与招商运营。

下城在产业转型发展方面已经取得了诸多成效。半年来，下城深入实施数字经济“一号工程”，推进产业数字化、数字产业化，加快实施商贸、文创等产业数字化改造，积极培育大数据、云计算等数字产业发展壮大，与香港嘉里集团共同打造港企数字创新先行区；大力实施“俊鸟工程”，支持“云集”等优质企业上市，培育独角兽和科技型小微企业发展；全力开展招商引资、招大引强，新引进国药华东总部等优质产业项目626个；深入开展“双创”活动，成功举办人力资源服务国际峰会，多渠道搭建高层次人才引育平台……

一张全新的产业蓝图，正在下城徐徐铺开。

提升城市管理服务品质　打造幸福生活的“下城样本”

与“高质量发展”同步推进的，是“高品质生活”。

幸福的模样，可以很笼统，也可以很具体。更舒适的居住条件，更优美的环境，更可靠的社会保障，更贴心的公共服务……美好生活的落脚点，总会来到城市的管理和服务上。

“方便”是这两个月来长庆居民对办事的最大感受：作为浙江省试点城区，下城正加快推进基层社会治理体系和治理能力现代化改革，长庆街道组建了全省首个街道综合执法大队，下放了大量事项，很多事居民不用再跑远路，家门口就能办成。

这是下城在城市管理服务方面全面提升的一个缩影。半年来，下城聚焦群众关心的热点难点问题，推进了一系列工作。

综合治理方面，下城探索党建引领小区治理的新模式，打通了城市治理最末端；加快推进城市治理智慧化，在全市率先发布区县级城市大脑平台，率先推进停车场付费“先离场后缴费”模式，在全省首个启用“居民身份证网上功能凭证”；推动“最多跑一次”改革向公共服务领域和机关内部延伸扩面，治“痛点”、攻“难点”、疏“堵点”。

教育是民生热点问题。今年上半年，下城率先破题3岁以下婴幼儿照护服务工作，颁发全省首张民办非企业单位登记证书；召开全区教育大会，推出教育发展“1+X”行动纲领，有序推进35所校园建设，开展立德树人行动计划，全力打造下城“美好教育”。

同时，下城的安置房项目建设也在快速推进，上半年续建安置房项目9个，新开工5个，蓝领公寓筹建取得新进展。

作为杭州老城区，下城有许多老旧小区。半年来，下城有序实施老旧小区改造，在潮鸣街道小天竺、知足弄等社区进行了实践，同时新完成了既有住宅加装电梯11台，计划全年完成60台。“雨污分流”、“清肠行动”、美丽小巷建设、公厕改造、二次供水改造等民生工程，改变旧模样、换来新面貌，改善了老旧小区居民的生活环境。

“小区管家”服务试点稳步推进，垃圾分类攻坚战已经打响；“互联网+养老”项目成果丰硕，品质型为老服务阵地初见雏形；就业援助成效显著，实现失业人员再就业1900余人，安置就业困难人员近2000人……

一系列民生实事，给下城人带来了看得见摸得着的改变，幸福生活，就在身边。

直面挑战体现担当　为融入长三角提供“下城力量”

半年里，下城将落实高质量发展、打造高品质生活贯穿始终，取得了许多工作上的新进展；未来，下城将如何在长三角一体化发展中更好地展现下城担当、体现下城作为，为长三角一体化的大战略提供“下城力量”？

“创新驱动、项目带动”推动产业提升层次，是下城区产业发展的规划目标：配合杭州市委提出的“产业双引擎”重要决策部署，下城提出要深入实施数字经济“一号工程”，着力培育数字经济生态系统，共建“云”平台、共享“数”资源、共创“+”速度，并全力推进区数字经济产业园、人力资源服务产业园等重大平台建设，盘活存量，开发增量，提升创新发展水平和亩均效益。

今年下半年，下城将扎实推进恒隆广场、杭州中心等项目建设，在确保安全和质量的基础上，能快则快，早出成果。还要抓牢招商引资“生命线”，大力推进产业链招商、精细化招商和平台招商，加快引进龙头型项目，全力争取网易游戏、数字王国等项目早日落地见效。并完善“产业+企业+人才+金融+政策”区域创新体系，落实“国高企三年翻番培育计划”，让下城成为科技创新成果转化的新高地。

另一方面，下城提出要破“服务短板、治理弱项”，立“全域推进、全面提升”，为人民带来高品质生活。下城作为人口密集的老城区，民生服务和社会治理一直走在省市前列，但有些工作仅停留在盆景阶段，还没有真正变成风景，南部北部在公共服务上存在较大差距，老旧小区改造提升也有很大空间。随着人民群众对美好生活的需求不断提高，老百姓对教育、医疗、养老等公共服务的品质提出了更高要求。

提升公共服务的智能化程度是下城提升治理能力的抓手之一。下城有庞大的志愿者队伍、“66810”工作法等传统优势，但在大数据、云计算背景下，更要将传统治理与科技赋能相结合，在城市大脑下城平台的应用等方面进一步探索深化。下城提出，要从群众最关心的事情做起，从群众最不满意的地方改起，坚持办好关键小事和民生实事，让治理更加科学、生活更具智慧、城市更有温度。

杭州作为长三角南翼中心城市，是浙江融入长三角的“头雁”，杭州的中心城区，要如何担当作为？

下城的回答掷地有声：发挥得天独厚的区位条件，当好“头雁”战队的主力队员，坚持一流的标准、实干的导向、前列的意识，紧密联系实际，做优大平台、做强大产业、做深大融合、做好大统筹、做精大治理、做实大民生，在多方面取得新突破，在推动长三角一体化发展国家战略中更好地体现下城担当、展现下城作为、贡献下城力量。

（《浙江日报》2019年8月5日10版）

小区治理“老大难”？杭州下城有“新路子”

走进杭州下城金都华庭小区，眼见的是道路干净，花草如茵。花园里，业主散步、打球，一派和谐之景。谁能想到，这个小区四年前还因业主和业委会互相攻讦上了报纸版面头条。

邻里纠纷、物业矛盾、业委会乱象……近年来，小区治理难屡见报端。如何破解，成了摆在政府面前的一道难题。杭州市下城区政府在多年探索中，摸索出了一条党建引领助推小区治理的“新路子”，通过实施“十法”，小区治理水平显著提升。2018年全区物业方面信访投诉量同比下降43.8%，信访比重从全区第三下降到第九。

党建引领，小区有了“领头羊”

在平安居小区3幢门口，一个大大的公示墙引起来来往往人们注意。上面，所有党员家庭都被特别标注，亮明身份。据仓桥社区相关负责人讲述，目前小区已有85户党员亮明身份，起到了良好示范带动作用。比如在缴纳物业费方面，党员不仅自己主动缴纳，还带动小区其他人缴纳，小区物业费缴纳率从原先不足10%，提升到目前的99.5%。

如何提升小区治理水平？下城区在实践探索中抓住党建引领牛鼻子，以提升党组织的组织力为重点，树立起小区治理的“主心骨”，提升小区整体凝聚力。

金都华庭小区一个距离杭州市中心不到2公里的高档住宅小区，拥有406户住户。2013年，小区原业委会因账目不清被罢免后拒绝移交，并采用威胁阻挠等方式，导致多次业委会选举未果。小区陷入长达四年的管理真空期，导致小区品质急剧下降。

早期，由于小区治理不完善，金都华庭小区业主和业委会相互攻击，导致小区陷入长达四年的管理真空期。

2017年，京都苑社区党委牵头启动新一轮业委会选举工作。社区工作人员分4组对华庭小区8幢房子406户住户先后五次进行地毯式“扫楼”，摸清居民党员信息。对于有威望、有资历、有领导经验党员业主，反复上门鼓励动员。最终通过选举，成功产生第四届业委会，9名成员中共有党员6名，并于2017年6月建立了业委会临时党支部。

在红色业委会带领下，短短两年小区面貌就发生了翻天覆地变化。通过与物业协作，小区破旧外墙被翻修一新，还增设了连廊、休憩区、健身室，业主们相约在室外喝茶、打球成了常事。邻里关系也更和谐，党员楼大姐儿子出差车位空出几日，在小区发布消息给有临时需业主停放，此举感染了许多业主，大家也纷纷效仿。

平安居小区开展党员亮身份活动。目前已有85户党员亮明身份，接受全体业主监督。

今年年初，下城区出台《关于加强党建引领推进小区治理建设幸福家园的指导意见》，其中提出，新组建或新换届业主委员会中的党员比例原则上不低于50%，鼓励机关事业单位党员参选业主委员会，在小区发挥作用，引导和支持籍贯、企事业单位离退休党员将组织关系转入居住地社区，参与小区治理工作。

环东公寓小区选举新一届业委会时，小区临时党支部参照社区党组织换届的“五不能”“六不宜”标准，划出底线标准，并就是否按照缴纳物业费、党员政治素质是否过硬等对业委会人选进行资格审查，最终选出的业委会中党员一半以上，业主公认程度较高。

民主决策，小区凝聚力更强

每个月第二个周六，平安居小区业主接待室都热闹非凡。众多业主围着业委会，你一句我一句提建议、讨论问题。为了及时了解民情民意，该小区业委会开展了“业主接待日”活动，听取业主意见建议。针对业主们提出的地下车库改造、高空抛物、南北门门禁、外来车辆等问题，业委会及时对接相关部门，实现长效管理，提升业主居住安全感。

“小区是我家，管理靠大家”。下城区在小区管理实践中积极引导业委会建立健全联系服务群众的工作机制，畅通民意收集渠道，增强互信，推动协作。

平安居小区业委会制定《平安居管理规约》，经业主大会表决通过，共八章三十七条，对物业管理规定、物业使用与维修等都做出了详细规定。

2017年底，丽景西苑小区被列为杭州市二次供水设施改造试点小区，改造方案一出，小区业委会就第一时间召开全体业主大会，征求全体业主意见。因担心改造中水表出户会对业主装修造成影响，134户中有20户居民提出反对意见。为此，业委会积极上门沟通，同时对接水务部门做好方案调整，最终经过50余次协调，6次方案调整，实现了供水设施顺利改造。

金都华庭小区每年年初都会征集小区民生实事项目，通过在小区入口张贴告示、在业主微信群发放通知的形式，征集业主意见建议。

在小区治理过程中，下城区积极推行小区党群议事会制度，社区党组织至少每月牵头召开一次由社区、业主委员会和物业服务企业等单方共同参加的小区治理联席会议。

金都华庭小区“三方协调”工作机制运作示意图。

仙林苑小区属于传统市中心老旧小区，小区内道路狭窄，随着小区内车辆增多，小区原有的主通道已很难满足车辆、人流的通行。为了改善小区交通环境，社区党委以业委会区域性党支部名义，牵头召开社区、业委会、物业公司三方协调会议，决定对小区通道进行包括更换破旧石槛、拓宽行车道路、平整坑洼路面等综合整治。

整治中，根据业主提出不同意见，业委会区域型党支部作出了不同方案调整，对于只限于居民通行的21～22幢道路采用只修复不拓宽的改造方式，对有地下管道线路的18幢门口通道制作略微扩宽以便行人通行。最终，小区治理获得了全体业主认可。

公开监督，业主有本“明白账”

“河道地面与中央花池地面石子清理及垃圾清理，共计630方，需花费16254元……”在金都华庭小区门口，一张中央河道改造费用清单引起了人们注意。作为今年要办的小区十大实事之一，小区业委会将该项目所有需要花费项目列成一张清单，向业主公开征求意见。

京都苑社区党委书记王晓燕告诉记者，新一届金都华庭小区业委会成立以来，推行“一述职两公开”监督机制，即业委会半年度工作述职机制、重大事务公开机制和财务公开机制，在小区公开栏、业主群、微信公众号，定期通报工作成果、经费使用情况，推动业委会工作在阳光下运行，时刻接受业主监督。

金都华庭小区业委会对中央河道改造花费进行公示，接受全体业主监督。

业委会是业主大会的执行机构，管理者小区业主的公共资金和资产。当前由于业委会的规范化规度不高，立法相对滞后，造成对业委会的指导和监督“失之于软”，甚至演化为信任危机。为此，下城区下大力气立规矩，健全管理机制，积极引导业委会将权利摆在阳光下运行。

在《关于加强党建引领推进小区治理建设幸福家园的指导意见》里下城区明确规定，要探索小区“资金资产监管委员会”等做法，建立业主委员会资产资金监管、物业管理小区行政纠错等制度，加强对物业经营性等各类收益使用的公开、监督力度，保障业主的知情权和监督权。

平安居小区在开展小区经营性收入公开时，首先考虑了外聘专业财会，但经咨询发现费用较高。后经广泛走访，发现一幢有位在职党员，是央企的高级会计师，业务精通。业委会上门后，她非常爽快答应了。经过全体业主表决同意，聘请她为业委会会计，全权负责账务管理。

金都华庭小区今年5月就使用部分经营性资金用于小区中央溪流等区域改造问题向所有业主书面征求意见。

景安社区制定出台《关于景安社区业主资金监督委员会实施办法（试行）》，明确业主资金监督委员会任期一年，可以连任。首届业主资金监督委员会共有10名，由社区和4个成立业委会小区各推选2人组成，社区党委副书记担任主任。

2019年1月30日，荷风苑第三届业主委员会未向资金监委会商量、报备，在小区张贴通告，计划动用经营性收入向广大业主发放红包300元/户。景安社区业主资金监督委员会知晓后，紧急约谈业委会，指出该做法不符合《荷风苑小区议事规则》，业委会接受意见立即撤下通知并叫停了发放，避免了小区矛盾。

据悉，经过努力，下城区小区治理水平得到全面提升。2018年全区物业方面信访投诉量同比下降43.8%，信访比重从全区第三下降到第九。

（节选自人民网2019年9月2日）

美丽下城书写高质量发展新篇章

说起杭州，“武林”是一个绕不过去的词——城市中心商贸区的繁华，自宋以降传承悠久的善贾与工匠文化，流光溢彩的时尚夜景，都是这块城市最中心土地里让人难忘的记忆。

从上世纪80年代中期开始，杭州大厦、电信大楼、科技大楼等相继落户武林广场，环武林广场商业体成为武林商圈的发展基石。之后的20多年，下城区不断谋求转型发展与蝶变新生，相继引入银泰、国大城市广场、杭州中心等项目，实现了新旧商贸发展动能的转换。

如今，在贯彻落实“实施长三角一体化发展国家战略”中，下城区全面提升发展综合能级和核心竞争力，纵深推进全域中央商务区建设，奋力打造“世界名城一流核心城区”。

传统的武林商圈，继续引领城市的繁华，全新的武林新城，正在下城北部崛起。记忆里的码头菜地变身华灯大道，零星楼宇发展为繁华商厦，充满生命力的商业综合体披上都市霓虹的“盛装”。下城区正以全新的面貌，迎八方来宾。

新经济——南北武林　创建国际消费中心城区

前不久，百井坊地块的杭州恒隆广场项目正式开工。在这个高端综合商业项目中，商业特色街区将对标东京银座、巴黎香榭丽舍大街等国际知名街区，云集来自世界各地的一流时尚品牌；写字楼部分将建成国际金融、信息技术、文创产业等高端企业集聚的国际一流企业集聚地。

从杭州大厦的国际腔调，到银泰的青春范儿，下城南部的武林商圈从来不缺少人气。近年来，武林商圈更是大动作不断。

2017年，国大城市广场时隔八年惊艳回归，总建筑面积约25万平方米的杭州中心开工建设。2018年，武林广场中央商城开始试营业，打通了武林广场的整体脉络，推动商圈从以大型百货商场为主的传统商业模式，向以城市购物中心为主的现代商业格局转变。

“后峰会，前亚运”时期，武林商圈及延安路作为杭州乃至全省、全国都具有盛名的商圈，如何打破以杭州大厦、银泰百货等传统业态为主的“发展桎梏”？国际化，成为下城的不二之选。杭州恒隆广场落成后，将在产业上撬动武林商圈的蝶变。

消费升级的脚步不止于此。当杭州国际化进程日益加快，下城的消费活力也被激发。9月中旬，下城迎来第二届中国国际进口博览会省级配套活动（武林洋淘），来自50多个国家和地区近500家参展商和近100万SKU商品参与展会。

与此同时，人气爆棚的“淘宝造物节”，也随之亮相下城中部的杭锅老厂房。造物节和杭锅的碰撞产生出新的时尚消费热点，400家网红店、1000多新物种的入驻，成为备受都市年轻人欢迎的又一打卡胜地。

9月25日，下城区公布十大新零售业态。网易考拉、银泰喵街、乐乐茶等榜上有名。随着传统商业向“新商业”转变的动力不断增强，传统零售向“新零售”变革的活力提升，传统消费向“新消费”发展的趋势也愈加明显。这些新业态的出现，将有力促进下城稳步创建国际消费中心城区。

消费升级的背后，是下城区深耕产业、培育沃土。2018年以来，下城区陆续出台了一系列促进新经济、新零售发展的产业扶持政策。尤其是今年7月底，下城针对数字经济七大核心产业，推出新引进企业财政资助、房租补助、研发资助等11条专项扶持。真金白银垒砌的“政策体系”，正慢慢形成“雨林式”的“新零售”“新消费”“新商业”成长生态，促使全区消费结构不断优化，消费环境不断提升，消费动能不断增强，今年社零预计将破千亿，成为全省首个社零破千亿的区（县）市。

让杭城的“心”更美、“眼”更靓。最近，延安路国际商业街、武林路国际特色街区和武林广场、西湖文化广场亮灯工程建设正加快推进。9月28日，延安路夜景将正式亮相。这场“光影盛宴”还增加了沉浸式互动灯光体验，构建了一条可游、可观、可玩、可读，新型的体验式、互动夜景游线。擦亮商贸业“金名片”的下城，不断优化提升休闲、旅游、观光、购物消费等功能。

在城市转型发展中，“数字经济”悄然成了城市发展的“核心武器”。今年8月，跨贸小镇和电竞数娱小镇“两镇合一”，成立下城数字经济产业园区，集产业发展、生活、生态于一体。这也意味着，下城在杭州大城北的“战略要地”，为杭州数字经济发展播下一块新的“实验田”。占地面积约6平方公里的数字产业大平台，不仅为下城的转型发展提供新“引擎”，也为纵深推进下城“全域中央商务区”建设开辟新途径。

持续的提质扩容、各大项目的推进，正在为杭州展现全新的南北武林。

新环境——“美丽下城” 让老百姓“生活像花儿一样”

精彩的武林故事，终要由幸福的武林人家书写。而环境的全面提升，则是百姓最朴素的愿景。

今年8月，作为杭州老旧小区改造的全市试点，潮鸣街道回龙庙前四弄样板楼房揭开了红盖头，接受居民们的“检验”。样板楼外立面青砖白墙，颇有江南历史韵味。楼下的仿古亭子，也让人们在茶余饭后之时，找回历史的印记。

在今年1月的全会报告中，下城提出“全域美丽”城区发展目标——“要在城市建设和管理上追求精细化、品质化，打造时时处处都经得起检验的一流环境品质，扎实做好老旧小区改造、小区管家服务、蓝领公寓筹建、既有住宅电梯加装等，用‘微整形’提升城市颜值，让下城的老百姓‘生活就像花儿一样’。”

从新城土地规划到老旧小区改造，从生活垃圾分类到城市绿化建设，“全域美丽”几乎涉及下城居民生活中的每一个细节。而像“花儿一样美丽”的生活，不仅考验着政府对改善百姓生活的态度，还有基层社会治理的能力。

作为人口密集的老城区，下城区的民生服务和社会治理工作一直走在省市前列。今年以来，下城积极推进全国街道服务管理创新实验区建设，多个城市大脑街道级数字驾驶舱建设已经完成，新天地场景示范区稳步推进，共同打造城市数字治理的下城范本；下城在全省率先试点基层社会治理体系和治理能力现代化改革，在长庆建成街道社会治理综合服务中心，成立全省首个街道综合执法大队；同时作为3岁以下婴幼儿照护服务工作的全省试点，下城先后出台5个文件、构建5种模式、打造一中心一平台，积极破题3岁以下婴幼儿照护服务工作。

新内涵——“武林文化” 激活城市发展内生动力

72分钟完整展现16幕剧情，在可以360° 旋转座椅和亦虚亦实的声光电配合中，剧目将传统杂技与故事主线完美融合。今年初夏，堪比迪士尼的“国际级文化IP”加拿大太阳马戏驻场秀剧目《X绮幻之境》，在杭州新天地太阳剧场正式上演。杭州也成为太阳马戏在中国的唯一常驻秀场地。

项目整体投资达15亿元的太阳马戏的进驻，不仅成为杭州城市国际化的重要文化标签，也为“武林文化”注入新动能。

武林文化，是1300多年来在杭州下城武林门一带形成的商业集市文化。武林“北关夜市”曾因“人烟辐辏，商贾云集”被列入元代“钱塘十景”。

如今，城中村改造为下城赢得发展新空间，一批新的文化项目也应运而生。曾经的重机厂变身新天地，打造的一片约180万平方米的中央活力区，经过十年建设，在保留工业记忆的基础上，相继引入太阳马戏、华东最大酒吧ONE THIRD、五星级丽笙酒店等文旅产品。

文化的融入，让下城更有气质和内涵，同时也赋予城市发展更深厚的力量。

10月3日晚，由浙江省文联、杭州市政府、中国美术学院联合主办，浙江省文化会堂、下城区政府、中国美术学院雕塑与公共艺术学院承办的“葵颂——大型雕塑影像展演”即将在浙江展览馆拉开帷幕。葵园主体雕塑是二十个四米左右高度和直径的硕大葵盘，葵盘由红铜锻塑而成，均是由浙江省美术家协会主席许江精心塑成的。

葵，寓意着太阳。而浙江展览馆前的广场，正是老杭州人口中的“红太阳广场”。半个世纪前与“红太阳广场”同时耸起的展览馆大楼将充满葵的意象。虽然时代沧海变迁，城区繁华数迁，但南来北往的百姓，总能在此找到内心深处的回忆。

从杭州市中心的武林商圈，到中部西湖文化广场，再到北部崛起的武林新城，下城精心布局演艺、时尚设计、电竞、影视等文化产业，振兴“武林”文化品牌，激活撬动地区发展的新动能。

9月26日，提升改造后的武林国际商业街区正式亮相。定位金融集聚区、国际音乐街区、新零售商业集聚区三大功能区块，华丽变身国际化商业大街，续写繁华美丽传奇。同时武林夜市经过业态提升，引进非遗手作、传统工艺等摊位。走到路的尽头，由中国美院参与打造的美美艺趣空间也是创意十足，引入文化新元素的特色街区，引来了新的消费增长点。

作为武林文化的源头，下城一直坚持文创与产业有机结合，整合各方特色资源，融入文创产品创作、生产、传播和消费的各个环节。

去年，下城区开始打造一条文化长廊，由南向北贯穿全区，将那些关于武林的新旧文化地标串珠成链、扩线成片，支撑起一个“文化下城”。

建立于民国时期的石库门里弄式住宅梅鹤堂、带有欧式风情的时尚音乐街区WAKE TOWN，以及马寅初旧居、司徒雷登故居、龙兴寺经幢、天主教堂、王星记扇博物馆、男工杭绣……新的文化故事还在不断掀开历史的面纱，出落成一颗颗明珠点缀在文化长廊之上，续写一个个武林传奇。

当下，浙江全面落实长三角一体化发展国家战略。杭州是浙江融入长三角的“头雁”，而下城，则是“头雁”的中心城区，区位条件得天独厚，有人文、环境等优势。

下城区委主要负责人说，要围绕“全力打造杭州接轨大上海融入长三角主战场”的定位，在区域创新、公共服务、生态环境、社会治理等方面全方位融入长三角。尤其是紧盯数字经济“一号工程”“新制造业计划”，激活“双引擎”“双驱动”，形成更多特色优势，不断开辟高质量发展的新路径。70年栉风沐雨，70年美丽嬗变。下一步，下城将以“不忘初心、牢记使命”主题教育为契机，进一步扛起省会城市核心城区的使命担当，持续聚焦高质量发展、高品质生活，续写纵深推进全域中央商务区建设，打造“世界名城一流核心城区”的历史新篇章。

（《浙江日报》2019年9月27日3版）

杭州城市大脑数字驾驶舱正式上线

“让城市会思考，让生活更美好。让资源最优化，让治理更高效。”今年以来，杭州城市大脑逻辑构架日益完善，机制平台不断形成，11大系统、48个场景同时推进。城市大脑建设正不断联结各个应用场景，强化中枢算力，串珠成链，从“盆景”向“风景”升级。在昨日举行的杭州城市大脑建设工作现场推进会上，城市大脑数字驾驶舱正式上线运行。实现数字治理、治理能力现代化，杭州再添一有效工具。

数据“融会贯通”赋能移动治理

作为面向各级政府和部门的数字化管理工具，数字驾驶舱为城市管理者们提供了数据化、在线化、智能化的城市管理服务平台。依托城市大脑中枢系统的算力支撑，数据传递不再“逐级报送”，数字驾驶舱能将各部门各层级的城市运行数据进行打通、融合、计算，实现横向贯通、纵向比较、在线监控和智能预警，为城市管理者们提供较为科学精准的决策参考，成为各级各部门城市治理的“分析仪”“扫描仪”和“指南针”。

在使用层面，数字驾驶舱推出了大屏版、PAD版和手机版三个版本，全面支撑移动办公。“一部手机治理一个城市”，在杭州将率先变成可能。同时，驾驶舱还能根据不同的岗位、级别，严格区分权限，呈现个性化界面和内容，最大限度保护数据安全。

区域特色指标实时动态呈现

位于下城区东新街道的城市大脑新天地示范区，遍布商务、酒店、百货、娱乐等多元业态。在这里，便捷泊车、智慧电梯、“10秒找房、20秒入园、30秒入住”等城市大脑场景应用有效落地，让民众充分体验到了便捷生活与科技魅力。实现这一切，与数字治理能力的提升分不开，在东新街道数字驾驶舱界面，各类相关数据实时更新，为管理者提供一目了然的区域动态。

市级和区县平台数字驾驶舱按区域内经济、政治、文化、社会和生态文明领域数据“五位一体”呈现。区县平台还能根据区域特点和具体情况，展现个性化数据指标。而部门系统数字驾驶舱则按职能梳理出的重点业务指标，实时动态呈现。

目前，首批上线的部门系统数字驾驶舱包括市公安局、市文广旅游局、市卫健委、市市场监管局、西湖风景名胜区管委会等13个部门。市级数字驾驶舱和14个区县（含钱塘新区）平台数字驾驶舱已全部上线，除了东新街道以外，下城区潮鸣街道和长庆街道也正在试点街道平台数字驾驶舱的运行。

“让数据从‘别人看’变成‘自己用’；让不同部门数据发生‘化学反应’，产生更多价值，这是杭州城市大脑建设的显著变化。”杭州城市大脑总架构师王坚认为，数字驾驶舱可以让政府部门实现“前看看、后看看，左看看、右看看”，从“人脑算数据”变成“城市大脑算数据”，实现城市管理无盲点。

（《杭州日报》2019年10月1日6版）

打造世界名城重要增长极 高质量建设大城北活力区

高质量推进大城北规划建设的号角，在下城区域，全面吹响。

今年以来，按照“聚焦高质量发展、高品质生活，纵深推进全域中央商务区建设，奋力打造世界名城一流核心城区”的总体部署，下城区域紧密结合区位优势和产业特点，全力推进大城北区域16.06平方公里范围“武林新城”建设，努力将“武林新城”打造为全市“大城北”区域发展的重要增长极。

站在长三角城市群一体化发展和提升杭州城市能级的重要时期，大城北下城区域精心谋划的一座宜居、宜业、宜学、宜游、产城人文融合发展的“武林新城”，正在蓄势待发。

“下城北部地区兼具城中村、上塘河文化和城市山水资源，有较好的基础，以创新的思路和举措实施高品质规划建设，推动老工业区块城市有机更新，这片全新的发展空间，已逐渐显现出强劲的吸引力。”对于大城北重要区域的规划建设，下城区大城北办负责人表示，将进一步加快推动大城北规划建设在下城区域的落地，“加快打造大城北区域中的武林新城，为杭州加快推进城市国际化、建设独特韵味别样精彩的世界名城，打造展示我国城市有机更新成果的重要窗口做出新的更大贡献。”

眼下，一系列旨在提升杭州城市能级的重大建设项目，正在紧锣密鼓地展开。

统筹推进产业发展 首个数字经济产业园区强势崛起

作为杭州的核心城区，也是大城北规划建设中的重要区域，随着建设的持续推进，眼下，下城区域不断释放出了新的发展活力。

今年8月，新整合的下城数字经济产业园区正式成立。

“这是杭州市第一个以数字经济命名的产业园区。”下城区大城北办相关负责人表示，这意味着，杭州在大城北的“战略要地”有了一个集产业发展、生活、生态于一体，占地面积约6平方公里的数字产业大平台，距离杭州市中心武林广场只有6公里，距杭州东站仅15分钟车程，“在这里，未来将是大城北发展的新空间、新产业和新引擎。”

据了解，该园区以跨贸和电竞产业为主；其中，跨贸小镇目前共齐聚了1800多家产业链企业，2018年税收达16亿元；电竞小镇吸引了来自全国的电竞团队入驻，两者融合，助推着下城朝着全域中央商务区建设的目标阔步前进。

事实上，这正是杭州谋划大城北规划建设的初衷和落脚点，这也是杭州提升城市能级的重要体现。

此外，新天地中央活力区建设，也将是未来下城区域推进大城北规划建设的重要板块。

“这里原先是杭州重机厂，保留了许多工业遗存；这个活力区项目占地850亩，建筑体量180万方，涵盖了生产（商业、科技）、生活、生态等，旨在打造开创城市CBD、综合体的升级版本，为大城北地区乃至杭州，贡献‘中央活力区’的新范式。”下城区大城北办相关负责人介绍，新天地中央活力区打造了两大特色街区，并在此基础上，结合国际化的艺术、文化元素，整合购物消费、音乐酒吧等夜生活业态、休闲景观，打造国际文化艺术公园。

这些产业，都将为高质量建设大城北核心区，注入源源不断的动力。

东新路整治11月开工　梧榉景观大道串起一城繁华

城市发展，交通先行。城市交通路网等重大基础设施是大城北区域规划建设的重要内容。

作为贯穿整个下城区的主干道，东新路将是未来大城北连接主城区南部的主要脉络。眼下，下城区域正在谋划打造东新路景观大道，扮靓北部城市形象。

据了解，整治工程南起环城北路，北至同协路，全长约11公里，双向6车道，由建国北路–东新路–华丰路三段组成，沿东新路道路红线范围内提升改造，主要涉及交通优化、景观提升、地下联通、道路改造、立面整治等内容。

一带连三区，三星串多点。

“此次提升改造以留石、德胜快速路为界，依靠东新路城市繁华带由北往南依次打造创享繁华、品质繁华、文化繁华为主题的三大核心景观风貌区；在兼顾其交通性和生活性基础上，景观设计主要以保留现有梧桐为基调，打造三季有花、四季有景的梧榉景观大道”下城区大城北办相关负责人介绍，针对道路夜景灯光的设计，考虑两侧办公商业高层相互俯瞰和沿路步道相互眺望等观赏视角的可视范围，进行区块整合设计和建设，可远程控制操作，满足不同季节展示，方便展示不同灯光文化内涵。

不仅如此，“一路繁华”除了体现在景观改造上，还会落实于功能的整合中。

“以东新路为脉，以特色文化为灵魂，串联产业发展，打造联系武林新城与武林都市的发展走廊，这也是大城北地区的一个重要发展通道。”下城区大城北办相关负责人指出，东新路的整治提升和有机更新，将会对下城区域以及大城北区域的交通出行、城市景观、产业振兴和文化发展起到极其重要的纽带作用和示范效应，最终的目标是要将东新路打造成一条兼具城市交通、景观功能、连接产业的东新大道。

据悉，东新路整治工程（红线内）EPC招标已经于9月底完成，计划将于11月正式开工。

留住工业记忆　因地制宜打造特色生活配套

大城北建设如火如荼，民生项目加紧推进。

如今，在大城北规划建设中保障改善民生，下城区域已经交出了一份有温度的答卷。

随着大城北建设的持续推进，下城区域结合安置房建设，配合新建配套服务、商业商务、文娱体验，使历史文化与新商业服务完美融合，形成独具特色的商业居住风貌区，改善商业生态的同时进一步提升了民生福祉。据统计，下城区域共有27个安置房项目，面积达230万平方米，截至目前，已经开工16个项目。

与此同时，在这片80.2公顷的土地上，规划以“特色建筑物+特色构筑物”为基础，遵循“改造再利用”的设计原则，留住杭汽轮记忆的同时嫁接文创产业，整体构建“一体、两心、二街”的公共设施布局与“一轴、三带、四片”的城市发展格局已经初步形成，为周围的市民群众增加了一处充满活力的文化创意区。

值得一提的是，下城区域在规划建设大城北项目中，因地制宜地设置了各有千秋的民生项目。

例如下城中部片区的杭氧北片区，考虑到该地块高品质住宅小区较少，公共服务配套设施不足的情况下，下城区域着力在该片区导入高知产业，实现从国际视野的聚焦到国际人才的聚集，打造便捷生态的居住社区，配以休闲时尚的商业街区；同时，还实现了片区内公寓、酒店、银行等服务功能有效组团，打造适合居民工作、娱乐、居住三者合一的24小时国际化商务街区。

此外，武林新城区块内包括安吉路幼儿园锦绣园区、杭州观成幼托园、西园实验幼儿园白石园区等3所幼儿园，以及一所九年制观成实验学校也已投入使用。下一步将充分发挥名校资源的辐射功能，进一步推进下城区

"南北"教育优质均衡发展。

眼下，又一座承载着诗与远方的地标项目正在马不停蹄地建设中。这座位于下城区域东新板块的重量级文化地标建筑——中国·武林美术馆已经正式启动开工建设。

据了解，该项目南临沈家幼儿园，北至新天地街、东临欣景苑小区、西沿永福桥路，项目用地面积约为1.49公顷，计划总投资4亿元人民币左右。美术馆将打造成为一个面向全社会的文化综合体，以美术展览和文化展示为依托，设计结合场地特点及未来日常使用，使展览的艺术空间远离城市喧嚣，并能凸显其在城市空间中的重要地位。

一个个生态项目和地标，正在大城北核心的下城区域，拔地而起。

事实上，这些民生项目，正是通过大城北规划建设，提升民生福祉、优化区域统筹，提升杭州城市能级的生动实践。

随着大城北规划建设的持续推进，一个"天蓝、地绿、水清、景美"的宜居城区正跃然纸上。

（《杭州日报》2019年10月31日17版）

做新时代枫桥经验的践行者

杭州市中心的吴牙社区里，小区密布、居民集中、单位众多，除了约20%外来人口，还有不少外籍人士，复杂的管理内容给辖区派出所带来不小考验。可就在社区小小10个平方米的警务室里，长庆派出所民警沈宏创新推出的"沈Sir工作室"，却发挥出了巨大的影响力。

（节选自《人民日报》2019年11月29日头版）

下城：多管齐下打造一流人才生态赛会聚才　新政引才　服务爱才

广聚天下英才，建设世界名城。近年来，杭州人才净流入率强劲上扬，稳居人才净流入城市榜首位，创造了城区招才引智的黄金机遇期。

作为"杭州的心、城市的眼"，下城区正抢抓长三角一体化战略机遇，聚焦高质量发展、高品质生活要求，纵深推进全域中央商务区建设，奋力打造世界名城一流核心城区。

人才资源是地区竞争的制胜法宝。驰骋于国际化进程的道路上，下城区始终贯彻落实新发展理念，进一步做优人才生态，推进高水平建设人才强区。

目前，全区已有经认定的高层次人才338名，其中市级以上领军人才126名。近两年来，每年新增高层次人才100名以上，硕士以上高学历人才1000名以上，人才集聚速度不断加快。

筑巢引凤栖，花香蝶自来。围绕打造人才生态一流城区的目标，下城区出台"揽才新政"、举办创客大赛、表彰杰出英才，多管齐下深培人才厚土、涵养创新活力，搭建有利于人才干事创业的软环境，打造动力强劲的创新引擎。

揽才新政发力　"黄金30条"构筑引才留才优势

面向全球引进"高精尖缺"人才、加快本土人才国际化步伐、大力集聚各类青年人才、高标准打造人才平台……

金秋十月，下城区发布了《关于聚焦下城高质量发展打造人才生态一流城区的实施意见》，这一"揽才新政”在6个方面提出30条“含金量”较高的政策，因此被称为下城人才生态“黄金30条”，实现了人才政策的“一本通”。

“新政立足下城发展现状，聚焦破解人才发展中的重点难点问题和薄弱环节，聚焦吸引青年人才，对处于加速器、产业化阶段的人才项目加大扶持，补齐发展短板，激发潜在优势。”下城区委人才办负责人说。

生态打造有广度。“黄金30条”提出了拓展深化区“513武林英才”计划、加强国际顶尖人才引进培养、集聚来华留学生等广纳海外人才、厚植本土人才、集聚青年人才等政策，统筹加大了对海内外英才的引进培育力度；提出了建设一批创新研究平台、加大安居保障力度、优化人才生活服务等举措，从多个维度构建了与“热带雨林”般人才生态相适应的政策体系。

政策扶持有力度。新政大幅提升了对海内外高层次人才的扶持力度，如针对海外高层次人才，优化提升了“513武林英才”计划，给予创业人才最高1500万元项目资助；创新人才的安家补助提高到50万元；构建本土高层次人才“518武林英杰”计划，给予入选人才最高50万元的资助。

市场挖潜有深度。扩大引才奖励范围，激发引育各类高端人才和团队的市场动力。同时，鼓励发展人才组织和行业协会发挥引才作用，以购买服务的方式，一次性给予10万元工作经费补助。并支持企事业单位以市场化方式办好各类人才活动，根据活动成效给予最高100万元资助。

差异发展有精度。“黄金30条”对杭州市高层次人才分类认定目录进行拓展延伸，将产业发展急需、社会贡献较大的人才纳入目录，制定高层次人才分类认定目录“下城版”，提出了明确的引才育才目标。同时，围绕数字经济“一号工程”和“新制造业计划”，加大和区内重点产业发展导向相匹配人才的奖励力度。

人才服务有温度。新政全面解决高层次人才衣食住行的后顾之忧。通过实物配租和货币补贴的方式，为在市区无房的高层次人才提供住房保障。明确子女入（转）义务教育段学校或幼儿园，并对高层次人才提供定期免费健康体检和疗休养。对高层次人才的父母，提供优先安排入住区内养老服务机构的贴心服务。

条条干货，体现出下城区求贤如渴的诚意。“‘黄金30条’的出台，旨在进一步推动‘人才强区’发展战略深入实施，着力打造一支有规模、优结构、高素质的人才队伍，引领和支撑下城高质量发展。”下城区委人才办负责人说。

借势重要赛会　人才盛会搭好招才引智舞台

11月9日，2019杭州国际人才交流与项目合作大会即将揭幕。在本次大会上，下城区分会场将举办国际项目对接暨下城区首家国际人才驿站揭牌仪式。

借力重要会展活动招才引智，已成为今年以来下城区的常态举措。

杭州是一座“创客之城”，为吸引更多优秀国际青年人才来杭创新创业，今年6月初，“创客天下·2019杭州市海外高层次人才创新创业大赛”来华留学生专场暨浙江省外国留学生创新创业大赛决赛在下城区跨贸小镇举行。

这是“创客天下”大赛首次针对来华留学生创业项目举办专场比赛，共吸引了来自清华大学、浙江大学、东华大学等省内外25所高校80多个国家和地区留学生的163个项目参赛。参赛选手来自伊朗、赞比亚、美国、法国、德国等国家，大赛国际化程度大幅提升。

经过激烈角逐，最终来自浙江工业大学的iHear项目获得大赛特等奖；浙江大学的Amorphyx项目、宁波大学的阿里光伏获得大赛一等奖。“项目的创新程度、可行性、市场模式、对风投吸引力都有显著提高。”下城区委人才办负责人说。

同样在6月拉开帷幕的，还有“制胜未来·人才先行”2019中国杭州国际人力资源峰会。大会通过搭建国内外人力资源机构交流合作平台，传递全球人力资源领域最新理念，从大趋势、大数据中洞察先机，共同探讨新时代人才机制创新与未来企业人力资源管理的制胜之道。

此次峰会上，全球十大高端猎头公司之一的斯坦顿大通国际与下城区签署了意向入驻协议，这也是迄今为止我省引进的国际排名最高的高端猎头公司。同时，下城区政府还与两家国家级小微企业园代表签署了合作协议，并举行了项目对接会，推动两大平台携手共进。

火热7月，一场重量级论坛在下城举行——这是以“人才引领 科技赋能 数智未来”为主题的2019中国“数智武林”院士论坛。论坛请来了中国人工智能应用的开拓性人物、中国工程院院士潘云鹤，以及数字设计设计与智能制造专家、中国工程院院士谭建荣作主题演讲。下城区委主要负责人说，要在人才保障上，加快实施数字经济人才引育计划，推动人才资源服务产业园发挥更大作用。

9月，下城区第二届天使梦想基金创业大赛决赛现场，十余家投资机构向10个优质创业项目伸出“橄榄枝”。除了获得社会资方和天使基金的共同投资，项目方还能优先入住创投中心，下城区将给予优惠政策和全面创业指导，并帮助项目申请科技和人才的扶持政策。

与此同时，36氪基金、中信创投、浙商创投等23家优质投资方与杭州下城产业基金管理公司共同创建了下城区政府产业基金创投联盟，联盟成员能为拟投项目提供专业意见，还能作为产业专家为拟招商项目提供专业的第三方判断，旨在构建起各方共赢的产业生态链，服务更多人才在下城区创新创业。

此外，第二届浙台合作周·人力资源交流与产业合作论坛活动于9月在下城举办，来自浙台两地知名科研机构和人力资源机构、文创企业负责人共计200余人共襄盛会，此次论坛将进一步推动浙台两地在人力资源服务业、文创产业、大健康产业方面的合作。

评选十佳人才企业　尊才爱才培育“固巢留凤”氛围

爱才、敬才、惜才，方能人尽其才、才尽其能。

在10月28日召开的下城区人才工作大会上，王小军、周维平、陈晓东等10位英才被评为“下城区十佳杰出人才”；中国电建集团华东勘测设计研究院有限公司、中国联合工程有限公司、浮云网络科技有限公司等10家企业被评为“下城区十佳伯乐企业”。这也是下城区首次评选伯乐企业。

方飞来是中国水利水电第十二工程局有限公司副总经理，他所在的单位，是新中国水利水电建设的摇篮之一，其中面板堆石坝和抽水蓄能电站是公司两大拳头品牌。“参加工作30多年来，我始终身先士卒，深入施工现场，掌握一手资料信息，第一时间参与协调、解决重大困难与问题。”

30多年的探索和积累，让方飞来成为多项国家、省部级工法及国家专利创建与发明者。据不完全统计，其主持并参与策划、设计、优化的施工技术方案直接创造的经济效益已达数亿元。

“人才的培育、人才队伍建设是标杆引领的战略性工作，我将做好人才队伍建设领军者，做好‘传、帮、带’，全力加强人才培养。”方飞来说。

中国联合工程有限公司自20世纪80年代落户石桥，是下城区的“老朋友”。此次获得“十佳伯乐企业”殊荣，董事长郭伟华深表感谢。“十年树木，百年树人。中国联合长期重视人才机制的持续创新和人才工作的管理提升，实施青年员工培养计划，重点建设管理、经营等七支人才队伍。”

郭伟华说，公司将进一步加大优秀年轻干部的选拔，加大专家和大师的分类别分梯队培养，加快公司人力资源管理信息系统的建设，为公司五大发展战略提供强有力的支撑。“中国联合衷心希望能切实发挥自身人才、技术、品牌等优势，为下城区发展贡献一份力量。”

功以才成，业由才广。提升尊才爱才意识，是“固巢留凤”的必需。下城区委、区政府坚持当好服务人才的

“店小二”，落实区四套班子领导联系重点人才制度和区领导带队开展“走企访才”，开展专题培训和评选等工作，在全区营造“识才、爱才、育才、用才”的浓厚氛围。

时代呼唤人才，发展更需要人才，环境造就人才，下城新一轮发展更加渴求人才。下城区委主要负责人提出，要抢抓机遇、担当作为，形成打造下城人才生态一流城区的强大合力。做到坚定不移坚持党管人才“大原则”、坚定不移打造创新创业“大平台”、坚定不移做好引进培育“大统筹”、坚定不移营造人才生态“大环境”。

要充分发挥省会城市核心城区的区位优势、环境优势、人文优势，找准差距、补齐短板、争先进位，重点要在体制机制等方面实现新突破，在引领下城经济社会高质量发展上彰显人才的支撑作用，为纵深推进高质量发展、高品质生活的全域中央商务区建设，奋力打造世界名城一流核心城区作出更大贡献！

（《浙江日报》2019年11月8日12版）

让基层治理创新从“盆景”到“风景”
下城：健全基层治理体系　提升现代治理能力

县集而郡，郡集而天下，郡县治天下无不治。

治国安邦重在基层。地处杭州市中心的下城区，作为老龄化程度最高的城区之一，就曾遭遇过“九龙治水”的社会治理之困。

城区街道既是改革落实的“最后一公里”，也是改革探索的“最先一公里”。下城区在纵深推进全域中央商务区建设中，以全国前十、全省唯一的全国街道服务管理创新实验区建设和全省基层社会治理改革试点为契机，着力破解政务信息流转低效、服务形式单一、管理力量分散、基层负担较重等问题——

“一声哨响、各方联动，工作更加顺畅了。”

“一支队伍、赋权下沉，执法更加高效了。”

“一call即办、打包解决，百姓更加方便了。”

“一个大脑、多方植入，治理更加智慧了。”

“一个目标、人人出力，社会更加美好了。”

下城31.46平方公里的土地上，一场基层治理“化学实验”正在进行。

一顶“大盖帽”管好民生事　先行先试打造基层治理“试验田”

垃圾分类管理找市容环卫、无违建小区创建找城乡规划、绿化管理找城市绿化、雨污分流找市政公用……过去，一个物业小区的管理，需要在10多个领域方面，接受多个部门审查管理。而今，这一境况发生了改变。

“原来需要多个领域多个部门的不同执法人员上门审查的问题，现在由街道2名执法人员就可以查清。”长庆街道综合执法大队负责人说，改革后，物业小区只需接受街道综合执法大队一支队伍统抓统管，解决了原先因部门分工产生的“自扫门前雪”多头执法和执法扰民难题。

作为杭州市的中心城区，下城区一直以来都秉持先行先试、不断革新的理念。而改革的初衷，就是要率先打破壁垒、精简机构，解决部门之间推诿扯皮、管理低效等问题。针对房屋违法装修、无证蔬菜店管理等新下放事项，街道执法大队都有了执法权，以街道名义开展执法工作，可以解决多头执法、职能交叉的问题。精简、集中、规范、高效的改革理念，达到了“执行快、办事近、成本省”的改革目标。

今年，杭州率先启动基层社会治理体系和治理能力现代化改革，首块“试验田”选在下城区长庆街道。5月，全省首个街道综合执法机构——下城区长庆街道综合执法大队在柳营巷22号揭牌。这个新成立的队伍，以街道名义开展执法工作，按照有关法律规定，相对集中行使行政处罚权。

9月29日，下城区8个街道综合执法大队成立。如今，全区梳理出320项执法事项清单，区城管局执法中队场地、人员、装备全部下放至8个街道，共有146名执法队员下放到基层。

除了执法权力下放，还有审批权力的赋予。在今年5月成立的长庆街道社会治理综合服务中心，长庆街道将原先13个办事窗口精简为4大综合审批服务窗口，实现“无差别全科受理”“一窗办”向基层延伸。这些窗口可办理132个事项，其中39项实现了“闭环办理，当场办结”。

为了让居民办事更智能，下城的脚步迈进了“一次都不用跑”的时代。在“1 call”政务服务平台咨询、预审、预约等服务的基础上，实现了8个高频民生事项全流程“视频办”、跑零次，将手机变成了“口袋”办事窗口。这8个事项包括：残疾人证申请及制发（本人办理和他人代办）、残疾人证遗失补办（本人办理和他人代办）、机动车所有人联系方式变更备案、遗失补领机动车驾驶证、期满换领机动车驾驶证、个人参保信息查询。下城区审管办负责人介绍，如今，只要通过浙里办App、“杭州办事”App或“智慧下城”微信公众号等扫码进入“1 call”办事平台，便可由办事专员一对一全程指导，聊天办事，极大提高了办事效率。

让群众少跑腿，背后是让数据多跑路。材料上传审批系统，数据全程在后台流转，按时限办结，不用见面，更不用群众跑腿，真正做到“把方便留给百姓、把复杂留给系统、把高效还给政府”。

科技引领“智治”支撑 “互联网+大数据”打开现代化治理大门

井盖丢了、路灯坏了、马路积水了……“城市小病”如何快速发现？城管队伍偷懒了吗？饭馆的餐厨垃圾去哪儿了……万千民生相关情况如何有效监管？作为浙江省唯一一个入选全国街道服务管理创新实验区的城区，为街道装上“大脑”的下城，让社会管理更加精细化、智能化。

“十一”长假前夕，遍布商务、酒店、百货、娱乐等多元业态的东新街道，成了杭州市数字化建设的一个新的示范点——城市大脑新天地示范区。便捷泊车、智慧电梯、“10秒找房、20秒入园、30秒入住”等城市大脑场景应用，在这里纷纷落地。这是东新街道的杭州城市大脑数字驾驶舱。在数字驾驶舱界面，各类相关数据实时更新，为管理者提供一目了然的区域动态。

信息化、智慧化、精细化的模式，打破了基层原有的治理格局。依托城市大脑中枢系统的算力支撑，数据传递不再“逐级报送”，数字驾驶舱能将各部门各层级的城市运行数据进行打通、融合、计算，实现横向贯通、纵向比较、在线监控和智能预警，为城市管理者们提供较为科学精准的决策参考，成为各级各部门城市治理的“分析仪”“扫描仪”和“指南针”。

在街道级“数字驾驶舱”创建中，潮鸣街道率先探索，利用智能AI设备和城市大脑，推出“云字典、云管家、云服务、云办理、云网格”。“依托城市基础设施、政务环境、公共服务、社会资源等数据，把城市管理的种种烦琐小事，搬到‘云’上，实现‘机器换人’、实时管理、智能管理。”潮鸣街道负责人说，如今街道内可能需要的各类服务事项，均实施“智能提醒”，提前落实，主动对接，打造一套民生服务保障系统。

作为首个严格按照统一标准全面接入杭州城市大脑中枢的区县平台，“杭州城市大脑下城平台”渗透至智慧交通、智慧医疗等领域。与此同时，智慧化的“小脑”以量化、实时和智能分析为特征的大数据、云计算等现代技术，也在下城区各个街道提供了新的治理方式和载体。

石桥街道都市枫林小区曾是物业服务乱和差的代表。如今，街道物业和业委会联合打造治安小区，投入80万元，引进了一套智慧停车和人脸识别门禁系统。一旦有“重点人群”进入，街道和公安便可立即知晓，保障小区安全。不仅如此，小区的水箱水位、烟感也装上了预警。从杂乱的社区到智慧化的生活，居民的幸福感与日俱增。

“大脑”和“小脑”相互配合，让城市变得更加智慧，也为百姓生活带来了丰富性和更多可能性。

擦亮共建共治共享“金字招牌”让这个“家”更温暖

社会治理不是“独角戏”，而是一场“大合唱”。在基层社会治理中，下城充分发挥党建引领示范作用，引领基层社会共建共治共享。

在天水街道“四个平台”综合信息指挥中心的监控屏幕上，辖区内的角落一览无余，屏幕上跳动的“网格员”遍及大街小巷、楼宇社区。

据了解，天水街道细分了28个网格，党建、综治、民政、城管等网格整合为统一服务管理，每个网格配备了网格长以及10余位专兼职网格员，组建起由机关党员干部、基层站所、社区工作者、居委会成员、社区及辖区单位党员等组成的网格队伍。街道还专门开发了“网格通”App，网格员可以第一时间通过App进行信息交互、任务派单、办理反馈。

作为基层治理体系中最接地气的“单元”，网格员瞄准服务群众“最后一百米”，倾听诉求，发现问题，解决疑难，成为基层管理的“接地线”和服务群众的“前哨站”。而来自民间的志愿者们，也在社会治理中发挥着自己的光和热。

头戴鸭舌帽，身披红马甲，手佩红袖章……一支名为“武林大妈”的队伍悄然走红，成为守护杭城的“新名片”。2016年，为推进平安下城建设，下城区发动辖区居民组建平安志愿者队伍，武林街道的“武林大妈”应运而生。从最初18人，壮大到如今4.2万人的“大部队”，他们为平安宣传、安全巡防、民情收集、纠纷调解、文明劝导等贡献力量。据悉，“武林大妈”已参与平安巡防50余万人次，报送各类隐患信息2.97万余条，提供志愿服务时长达70余万小时，参与纠纷调解1.04万起，成功率达99.8%。

党委领导、政府负责、社会协同、公众参与，在党建引领下，下城不断强化群防群治力量，把矛盾化解在一线。如今，越来越多的群团组织、社会组织、志愿服务组织等行动起来，参与到共建共治中。

“和事佬”“安全巡查员”“鲍大妈工作室”“三和交流室”……在这些居民的参与下，“小事不出楼，大事不出社区，邻里矛盾自行化解”的“枫桥经验”，得到了完美诠释。

在基层社会治理中，下城织密“一张网”。通过党建引领，下城纵向延伸党的组织和工作触角，大力推进小区党组织建设，完善楼栋、小区、市场等网格化管理单元；横向强化街道社区和单位的党建融合共享，构建沉底到边的基层社会治理组织体系。

今年以来，下城又全面推进党建引领小区治理工作，研究出台了《区委关于加强党建引领推进小区治理建设幸福家园的指导意见》《党建引领小区治理十法》等，努力打通基层社会治理的“最后一公里”。

坐落于文晖街道的金都华庭社区，就是在党建引领下实现了华丽转身。2013年，小区原业委会因账目不清被罢免后拒绝移交，并想方设法干扰业委会换届选举，导致小区陷入长达四年的管理真空期，业主居住品质急剧下降。2017年开始，社区通过上门走访、广泛发动小区内党员和骨干，成立了第四届业委会。“小区还成立了业委会临时党支部，建立了一套业委会规范运作机制。这两年下来，效果很不错，小区门头换了，建筑安全隐患排除了。”文晖街道金都华庭社区负责人说。

朝晖街道施家花园社区的绿洲花园小区则组建了业委会区域型党支部的“一张网”。由社区副书记牵头，业委会党员为主体，联合物业企业党员，形成了党组织领导下的社区、业主委员会、物业服务企业三方联动机制。同时，还整合资源成立“1+x”联动共管中心，下设物业企业共促平台、业委会互助平台、多元议事协商平台和问题矛盾调处平台，让社区班子成员、业委会成员、物业公司负责人、居民代表等共商小区大小事。

党建引领、多元参与、协商治理、智慧服务，小区关系更加和谐。今年来，下城区着力协调社区、业委会、物业服务企业“三方关系”。据统计，上半年，全区物业方面的信访投诉量占信访总量的比重同比下降了24.4%。

从“最多跑一次”到全国街道服务管理创新实验区，从“上门千根线下面一根针”到“街道吹哨 部门报到”，从政府管理到居民自治，从一个人的善举到全社会的文明……多维度的基层治理模式已在下城成为一道“风景”。下城不断创新探索社会治理举措，走在了全省乃至全国前列。“我们要以学习贯彻十九届四中全会精神为契机，锚定目标，再接再厉，努力使各方面制度更加科学、更加完善，不断提升社会治理现代化水平。”下城区委主要负责人说。

基层事情基层办、基层权利给基层、基层事情有人办、基层群众有更直接的改革获得感。下城区探索基层社会治理释放出的红利，正逐步改变人们的生活——高效便捷的办事流程、全能型的执法力量、智慧化的生活和管理……在全国掀起的基层社会治理实践中，一系列政策举措落地生根，为基层社会治理提供“下城样板”。

（《浙江日报》2019年11月22日16版）

杭州下城区探索区块链技术助力社会治理，数据上“链”信用加码

12月3日，杭州城市大脑下城平台东新街道数字驾驶舱上，显示出一组画面：位于东新街道的华盛达雷迪森酒店，10余个移动5G摄像头正对准消毒间，拍摄工作人员清洗、消毒等保洁的全过程。采集到的这些画面，结合物联网终端数据和人工智能算法，能对工作人员是否进行正常消毒进行判定。“哪怕是一双筷子，都可以查得出有没有消毒。”东新街道党工委副书记汤灵峰说，“数据全上‘链’，防止遭篡改，增强了公信力，提升了民生服务水平。”

这是区块链技术与社会治理相结合的一个应用场景。近日，杭州启动区块链服务网络助力社会治理和城市大脑下城平台试点，探索更高效、透明、可信的政府服务。“数据上‘链’后不可更改，不仅可助力信用生态环境建设，还可确保数据隐私性。”下城区数据资源管理局相关负责人介绍，在城市大脑下城平台试点的过程中，选择了城管道路信息及贡献管理、酒店消毒监管、机关内部“最多跑一次”等多个应用数据上“链”。

众人监督，数据可信，让机关内部“最多跑一次”更具公信力。在机关内部“最多跑一次”改革中，此前很多事项需要串联办理，耗时长、流程多。应用区块链技术后，方便对整个业务流程进行全面监管。与此同时，各部门工作人员的身份认证信息统一纳入区块链管理，取代了传统的身份目录系统，更具安全性、可靠性。

更具公信力的数据，也便于职能部门作出决策。近日，一辆出租车经过东新路一处窨井盖时，感测到窨井盖凹陷，车辆立即将数据回传至云上城管指挥中心。“系统显示它的位置，并给出了问题类型和GPS定位。”下城区云上城管指挥中心负责人说，这个系统基于志愿者司机的行车数据，行车情况同步共享至城管、市政、路政各部门，监管单位则可以调用区块链接口进行实时查询和分析。司机上传的数据通过区块链电子合约还可以自动转换为贡献值。

据了解，下城区已成立区块链服务网络孵化基地，接下来，将就区块链技术在政务服务领域的运用进行更多探索，让政务服务变得更高效、透明、可信。

（《浙江日报》2019年12月4日头版）

杭州党建引领多方协同破解小区治理难
“区区小事”齐抓共管

“以前小区设施老旧、绿化杂乱，想休息也没处歇脚。今年改造了大门和路灯，还重建了中心花园，终于有了幸福品质小区的样子。”临近岁末，说起小区这一年来的变化，杭州市下城区绿洲花园小区居民楼正君赞不绝口。

在小区党支部书记史廷谷看来，这些变化缘自小区成立由社区、业委会和物业企业党员骨干组成的小区党支部，有效强化了对小区事务的统领。在小区党支部的牵头下，三方同向发力，居民积极参与，解决了一大批前期积累的矛盾和难题。

小区治理是城市基层治理的重点、难点和痛点，3年前，杭州主城区关于物业管理的信访一度占到信访总量的近三成。“基于这样的情况，近年来，杭州坚持以党建为引领，强化物业行业指导监管和保障支撑，着力构建街道社区党组织领导下的社区、业委会和物业企业联动服务机制，取得良好成效。”杭州市委组织部相关负责人说。目前，杭州市业委会和物业项目的党组织覆盖率分别达到92%和88%，478名业委会主任、物业负责人进入社区“两委”兼职。

搭建协商议事平台，重大事项多方联议。下城区水星阁小区有3幢房屋由于供水管道老旧等原因，456户住户多年面临“喝水难”。小区所在的长庆街道今年决定采用“3幢整体改造”方式破解难题，但具体操作可能会对住户装修造成一定影响。“为了尽可能减少由此引发的矛盾，6月施工开始前，社区党委牵头，组织业委会、物业召开‘三方’协调会15次。”街道相关负责人说。开工后，“三方”协调会坚持每隔10天召开一次，贯穿施工全程，保障了工程在年底前顺利完工。

党建引领多方协同的机制还破解了老旧小区无物业的困境。72岁的丁文珠是西湖区求智社区第四党支部书记、“自管小组”成员，最近她一直在为求智社区美丽家园提升工程奔波忙碌。西湖区西溪街道地处市中心，无物业老旧小区占比超70%。去年开始，街道积极探索党组织领导下的“我的家园共同体”新模式，把老旧小区划分为60个自管治理片区，形成社区党组织牵头的“自管小组”，党员占比不少于50%。截至目前，西溪街道60个老旧小区成立“自管小组”，实现了“全自管”，其中18个成功实现物业化管理。

加强党建对业委会的引领，杭州进一步构建“小区党组织–业委会–物业公司”新三方治理架构，让“民主事项党组织先议、重大事项党组织先审”成为常态。

（《浙江日报》2019年12月30日头版）

区块链网络技术助力社会治理　杭州下城迎来新机遇

12月1日，首届区块链服务网络合作伙伴大会暨区块链服务网络助力社会治理和城市大脑下城平台试点启动仪式在杭州市下城区举行。

据介绍，区块链服务网络以互联网理念为开发者提供公共区块链资源环境，极大降低区块链应用的开发、部署、运维、互通和监管成本，推动区块链技术快速发展和普及。

中国移动通信集团有限公司副总裁李慧镝裁在主旨演讲中指出，区块链助力国家治理现代化具有独特优势，在区块链+政务领域，推动实现政务数据跨部门、跨区域共同维护和利用，打造政务内网和服务平台，深化“最多跑一次”改革，最终实现区块链助力社会治理和治理能力现代化。

杭州市下城区人民政府副区长王振峰也对区块链服务网络助力社会治理和城市大脑下城平台试点情况进行了主题汇报。他介绍在城市大脑下城平台试点的过程中，下城区选择了城管道路信息及贡献管理、酒店消毒监管、“1Call”积分管理、内部最多跑一次等多个应用数据上链。依托于下城区先进完善的城市大脑下城平台，各开发单位利用区块链服务网络（BSN）低开发难度、低成本的优势，在一周时间内实现了接口对接、数据上链等工作，顺利实现区块链在社会治理应用的突破。

借助区块链技术可以提升社会治理的智能化水平，利用共识机制和智能合作来打造透明、可信、高效等应用，在部门数据共享、业务联动等场景助力政府提升政务效率，突破部门间的信息壁垒，让数据多跑路，提升群众对政府机关的满意度。

下城区城管局在云上城管“道路智能监测系统”的数据基础上，借助于中国移动等单位发起的区块链服务网络（BSN），在BSN底层区块链基础网络基础上开发了区块链《道路信息和贡献管理》服务，主要包含了“道路信息存证共享”和“市民贡献值管理”两个模块。通过区块链技术提供的数据有“安全、真实、便捷”等特点，目的是让数据更加开放、公正，让更多的人参与到城市治理中来。

一直以来，杭州市下城区深入贯彻打造“全国数字经济第一城”的战略部署，为加速推动杭州数字经济和实体经济深度融合，助力杭州打造“5G第一城”。

会上还举行了区块链服务网络BSN助力社会治理和城市大脑下城平台试点启动仪式，以及区块链服务网络BSN全球运维中心和合作伙伴大会永久会址落户杭州仪式。此举标志着杭州市下城区社会治理和城市数字化建设开辟新天地、取得新助力、迈入新阶段。

此外，区块链服务网络发展联盟和杭州市下城区人民政府签署全面战略合作协议，同时杭州市下城区人民政府与中国移动通信集团浙江有限公司杭州分公司就加快推进全区数字经济发展的全面战略合作，签订5G及杭州城市大脑下城平台和区块链战略合作协议。接下来，三方将强强联合，整合优势资源，抢占区块链产业发展高地，实现区块链相关生态蓬勃发展。

（人民网2019年12月20日）

下城区直属各单位和相关单位规范化简称

表27

全　称	简　称
中共杭州市下城区委员会	区委
杭州市下城区人民代表大会常务委员会	区人大常委会
杭州市下城区人民政府	区政府
中国人民政治协商会议杭州市下城区委员会	区政协
中共杭州市下城区委办公室［中共杭州市下城区委保密委员会办公室（杭州市下城区国家保密局）、中共杭州市下城区委机要局（杭州市下城区密码管理局）、杭州市下城区档案局］	区委办
杭州市下城区人民代表大会常务委员会办公室（杭州市下城区人民代表大会常务委员会研究室）	区人大办
杭州市下城区人民政府办公室	区政府办
中国人民政治协商会议杭州市下城区委员会办公室	区政协办
中共杭州市下城区纪律检查委员会、杭州市下城区监察委员会	区纪委、区监委
中国人民解放军浙江省杭州市下城区人民武装部	区人武部
杭州市下城区人民法院	区法院
杭州市下城区人民检察院	区检察院
中共杭州市下城区委组织部（中共杭州市下城区委新经济与新社会组织工作委员会、中共杭州市下城区委党史研究室、杭州市下城区公务员局）	区委组织部
中共杭州市下城区委老干部局	区委老干部局
中共杭州市下城区委宣传部（杭州市下城区人民政府新闻办公室、杭州市下城区精神文明建设委员会办公室、杭州市下城区新闻出版局）	区委宣传部
中共杭州市下城区委统一战线工作部（杭州市下城区民族宗教事务局、杭州市下城区人民政府侨务办公室）	区委统战部（区民宗局、区侨办）

续表27

全 称	简 称
中共杭州市下城区委政法委员会	区委政法委
中共杭州市下城区委全面深化改革委员会办公室（中共杭州市下城区委政策研究室、杭州市下城区最多跑一次改革办公室）	区委改革办
中共杭州市下城区委直属机关工作委员会	区委直属机关工委
中共杭州市下城区委机构编制委员会办公室	区委编办
中共杭州市下城区委巡察工作领导小组办公室	区委巡察办
中共杭州市下城区委下城区人民政府信访局	区信访局
杭州市下城区发展改革和经济信息化局（杭州市下城区对口支援和区域合作局）	区发改经信局
杭州市下城区教育局	区教育局
杭州市下城区科学技术局	区科技局
杭州市公安局下城区分局	区公安分局
杭州市下城区民政局	区民政局
杭州市下城区司法局（杭州市下城区行政复议局）	区司法局
杭州市下城区财政局（杭州市下城区人民政府国有资产监督管理办公室）	区财政局
杭州市下城区人力资源和社会保障局	区人力社保局
杭州市下城区住房和城市建设局（杭州市下城区人民防空办公室、杭州市下城区民防局）	区住建局（区人防办、区民防局）
杭州市下城区商务局	区商务局
杭州市下城区文化和广电旅游体育局	区文广旅体局
杭州市下城区卫生健康局	区卫生健康局
杭州市下城区退役军人事务局	区退役军人事务局
杭州区下城区应急管理局	区应急管理局
杭州市下城区审计局	区审计局
杭州市下城区市场监督管理局（杭州市下城区知识产权局）	区市场监管局
杭州市下城区人民政府金融工作办公室	区金融办
杭州市下城区统计局（杭州市下城区社会经济调查队）	区统计局（区社会经济调查队）
杭州市下城区城市管理局（杭州市下城区综合行政执法局）	区城管局（区综合行政执法局）
杭州市下城区数据资源管理局	区数据资源管理局
杭州市下城区投资促进局（杭州市下城区人民政府外事办公室）	区投资促进局
杭州市下城区行政审批服务管理办公室（杭州市下城区公共资源交易管理委员会办公室）	区审管办（区公资办）
杭州市下城区机关事务中心(杭州市下城区委、区政府接待中心)	区机关事务管理中心
杭州市下城区数字经济产业园区管理委员会	区数字经济产业园区管委会

续表 27

全 称	简 称
杭州市下城区多层农居建设管理中心（杭州市下城区政府投资建设项目管理中心）	区建管中心
杭州市下城区城市建设投资发展集团有限公司	区城投集团
杭州市下城区国有投资控股集团有限公司	区国投集团
杭州市下城区市政园林工程有限公司	区市政公司
杭州市下城区总工会	区总工会
中国共产主义青年团杭州市下城区委员会	团区委
杭州市下城区妇女联合会	区妇联
杭州市下城区关心下一代工作委员会	区关工委
杭州市下城区工商业联合会	区工商联
杭州市下城区残疾人联合会	区残联
杭州市下城区红十字会	区红十字会
中共杭州市下城区天水街道工作委员会、杭州市下城区人民政府天水街道办事处	天水街道
中共杭州市下城区武林街道工作委员会、杭州市下城区人民政府武林街道办事处	武林街道
中共杭州市下城区长庆街道工作委员会、杭州市下城区人民政府长庆街道办事处	长庆街道
中共杭州市下城区潮鸣街道工作委员会、杭州市下城区人民政府潮鸣街道办事处	潮鸣街道
中共杭州市下城区朝晖街道工作委员会、杭州市下城区人民政府朝晖街道办事处	朝晖街道
中共杭州市下城区文晖街道工作委员会、杭州市下城区人民政府文晖街道办事处	文晖街道
中共杭州市下城区东新街道工作委员会、杭州市下城区人民政府东新街道办事处	东新街道
中共杭州市下城区石桥街道工作委员会、杭州市下城区人民政府石桥街道办事处	石桥街道
国家税务总局杭州市下城区税务局	区税务局
杭州市生态环境局下城分局	市生态环境局下城分局
杭州市规划和自然资源局下城分局	市规划资源局下城分局
杭州市交警支队下城大队	交警下城大队
杭州市消防救援支队下城区大队	下城消防救援大队

34 索　引

说　明：

一、本类目设主题索引、图照索引和表格索引3个分目。

二、主题索引和图照索引均采用主题分析方法制作，数字开头的标目按数字0—9顺序排列；汉字开头的标目按汉语拼音顺序排列；英文字母开头的标目则按首字母A—Z顺序排列；如第一字相同则按第二字音序排列，依次类推。

三、主题索引标目后的阿拉伯数字表示内容所在页码。数字后的英文字母a、b、c分别表示从左到右第一、二、三栏。标目后有多个页码的，则表示相关信息在这些页码中均出现。

四、图照索引标目后的阿拉伯数字表示内容所在页码，不标注分栏。标目后有多个页码的，则表示相关信息在这些页码中均出现。

五、表格索引按序号排列，仅标注所在页码，不标注分栏。

六、本年鉴的“卷首彩页”“特载”“大事记”“统计资料”“附录”均未做索引。

主题索引

0~9

A

B

C

D

F

G

H

图照索引

G

H

J

K

L

M

N

Q

S

T

W

X

Y

Z

表格索引